A HISTÓRIA DOS JUDEUS

Obras de Simon Schama publicadas pela Companhia das Letras:

A história dos judeus — À procura das palavras — 1000 a.C. - 1492 d. C.
Cidadãos — Uma crônica da Revolução Francesa
O desconforto da riqueza — A cultura na época de ouro: uma interpretação
O futuro da América — Uma história
Paisagem e memória
Travessias difíceis — Grã-Bretanha, os escravos e a Revolução Americana

SIMON SCHAMA

A história dos judeus
À procura das palavras — 1000 a.C.-1492 d.C.

Tradução
Donaldson M. Garschagen

3ª reimpressão

Copyright © 2013 by Simon Schama

Grafia atualizada segundo o Acordo Ortográfico da Língua Portuguesa de 1990, que entrou em vigor no Brasil em 2009.

Título original
The Story of the Jews: Finding the Words — 1000 BCE-1492 CE

Capa
Celso Koyama

Foto de capa
© rhkamen/ Getty Images

Preparação
Cacilda Guerra

Índice remissivo
Luciano Marchiori

Revisão
Huendel Viana
Angela das Neves

Dados Internacionais de Catalogação na Publicação (CIP)
(Câmara Brasileira do Livro, SP, Brasil)

Schama, Simon
 A história dos judeus : À procura das palavras : 1000 a.C. - 1492 d.C. / Simon Schama ; tradução : Donaldson M. Garschagen — 1ª ed. — São Paulo : Companhia das Letras, 2015.

 Título original: The Story of the Jews : Finding the Words : 1000 BCE – 1492 CE.
 ISBN 978-85-359-2630-9

 1. Judeus — Civilização — 2. Judeus — História — até 1500 I. Título.

15-06246 CDD-909.04924

Índice para catálogo sistemático:
1. Judeus : História 909.04924

Todos os direitos desta edição reservados à
EDITORA SCHWARCZ S.A.
Rua Bandeira Paulista, 702, cj. 32
04532-002 — São Paulo — SP
Telefone: (11) 3707-3500
www.companhiadasletras.com.br
www.blogdacompanhia.com.br
facebook.com/companhiadasletras
instagram.com/companhiadasletras
twitter.com/cialetras

*Para Chaya e Avraham Osea,
com saudosa memória*

Todos os rios correm para o mar e, contudo, o mar nunca se enche; embora chegando ao fim do seu percurso, os rios continuam a correr.

Eclesiastes 1,7

Sumário

Lista de mapas 11
Prólogo 19

PARTE I: PAPIRO, CACOS DE CERÂMICA, PERGAMINHO

1. No Egito 25
2. As palavras 51
3. Pesquisando, adivinhando… 80
4. Judeus clássicos? 114

PARTE II: MOSAICO, PERGAMINHO, PAPEL

5. A menorá e a cruz 203
6. Entre os crentes 262
7. As mulheres asquenazes 328
8. Julgamentos 364
9. Exílio do exílio 412

Agradecimentos.. 463
Cronologia 467
Notas.. 471
Referências bibliográficas... 493
Lista de ilustrações 505
Índice remissivo... 509

Lista de mapas

1. As terras bíblicas (século x a.C.-ano 70 d.C.)
2. Sinagogas na Antiguidade tardia
3. Cidades judaicas na Arábia
4. O mundo judaico revelado pela Guenizá do Cairo
5. Os judeus na península Ibérica cristã, *c.* 1390
6. Massacres e expulsões na cristandade medieval

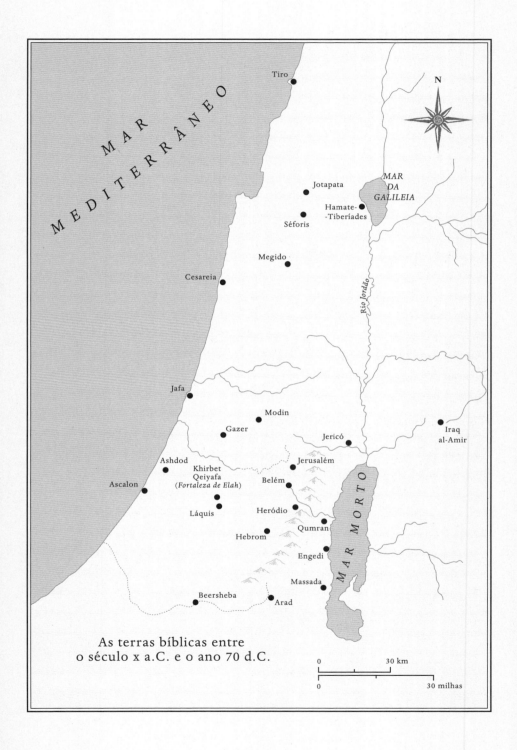
As terras bíblicas entre o século X a.C. e o ano 70 d.C.

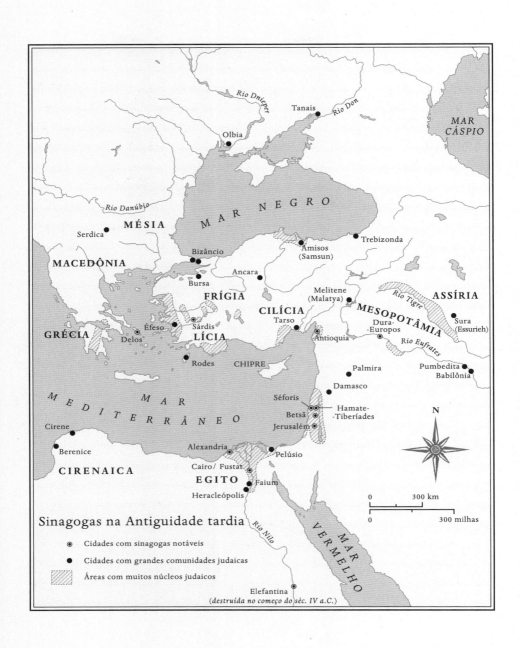

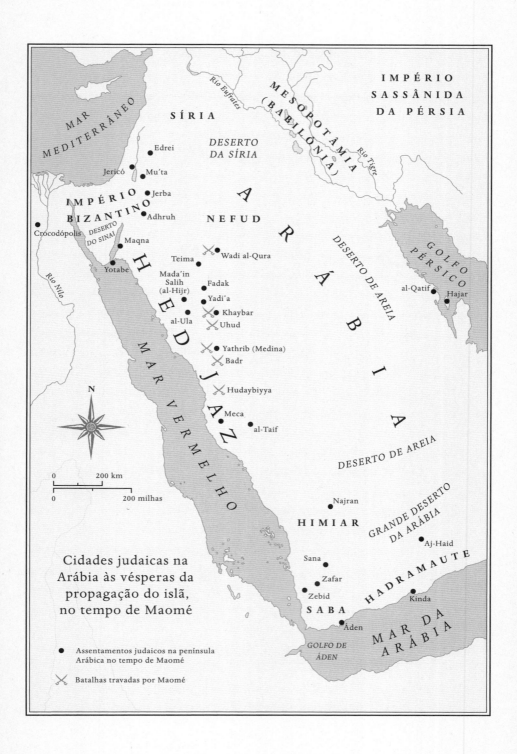

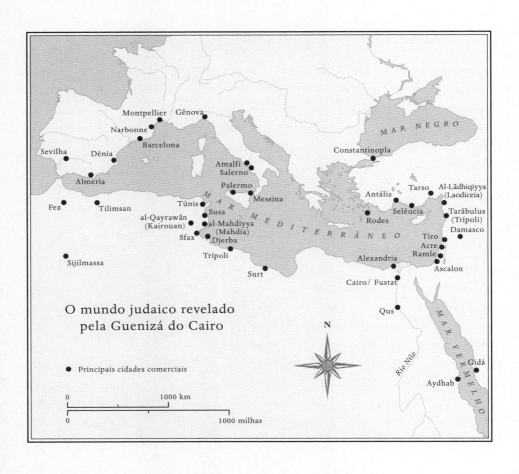

O mundo judaico revelado pela Guenizá do Cairo

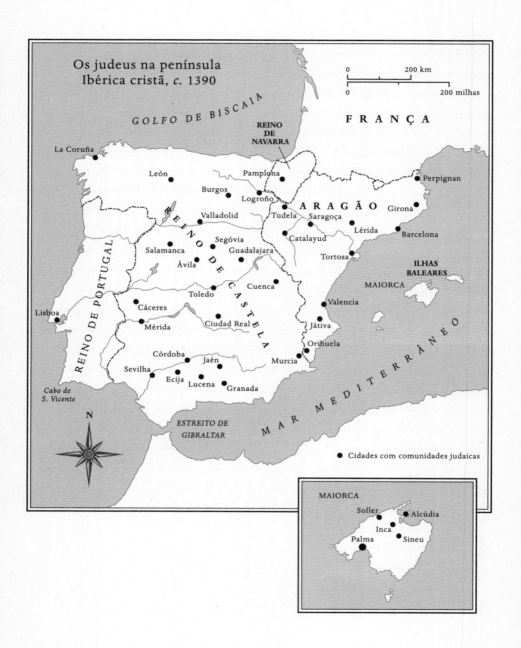

Prólogo

Não posso dizer que não fui avisado. "Meu filho", adverte o sábio e experiente pregador do Eclesiastes, "[…] fazer livros é um trabalho sem fim, e muito estudo cansa o corpo" (Eclesiastes 12,12). Quem se embrenha na história dos judeus tem de estar absolutamente ciente das imensas cordilheiras de obras de letrados que se alteiam às suas costas. No entanto, há quarenta anos concordei em completar uma história dos judeus, que ficara inacabada com a morte de um desses eruditos, Cecil Roth, que dedicou toda a vida ao assunto. Nessa época, eu estava trabalhando num livro sobre os Rothschild e a Palestina. Junto com um amigo e colega na Universidade de Cambridge, Nicholas de Lange, estudioso da filosofia judaica na Antiguidade tardia e tradutor de Amós Oz, eu vinha me educando, às custas dos estudantes, em história pós-bíblica num seminário informal realizado em meu apartamento no Christ's College. Durante algumas horas, depois do jantar, sábios, falsos messias, poetas e agitadores se juntavam a nosso grupinho. Comíamos nozes, contávamos piadas, bebíamos vinho... E nossas taças transbordavam de palavras judaicas.

Entretanto, Nicholas e eu tínhamos organizado essas reuniões por um motivo sério. Parecia-nos que, fora do estudo dos textos rabínicos do período pós-talmúdico, não existia outra área que justificasse que estudantes de história ou literatura se reunissem para falar da cultura judaica, e isso era já em si um sinal de quanto o tema tinha se afastado da corrente acadêmica dominante. Quando surgiu o convite para eu terminar o livro de Roth, havia outras razões prementes para que eu quisesse fazer uma ligação entre a história dos judeus e do resto da humanidade. Estávamos em 1973. A Guerra do Yom Kippur, entre árabes e israelenses, tinha acabado de acontecer. Apesar de outro sucesso militar israelense, o estado de espírito era tão contido quanto fora eufórico sete anos antes, depois da Guerra dos Seis Dias. Este último conflito tinha sido bastante difícil, sobretudo durante o ousado avanço egípcio, que cruzou o canal de Suez e penetrou no Sinai. As areias estavam mudando de lugar; o que antes parecia seguro tinha deixado de ser. Os anos que se seguiram viram a história judaica, em ambas as extremidades de sua cronologia multimilenar, tornar-se ferozmente autocrítica em relação ao triunfalismo. A arqueologia bíblica deu uma guinada de ceticismo radical. Verdades dolorosas começaram a ser ventiladas sobre o que acontecera de verdade entre judeus e palestinos em 1948. Impôs-se a realidade da ocupação prolongada e, depois, a da primeira intifada. Ficou impossível conversar com não judeus sobre a história judaica sem que o tema fosse afogado pelo conflito árabe-israelense. A fumaça dos crematórios, compreensivelmente, ainda estendia seu manto trágico sobre todo o resto. Por sua monstruosidade, a magnitude sem paralelo daquela catástrofe parecia exigir silêncio, por parte de judeus e gentios.

No entanto, o silêncio não é uma opção para o historiador, qualquer que seja o custo de quebrá-lo. Entendi que, ao escrever uma história pós-medieval para o público não especializado, uma história que desse pleno peso à experiência geral, uma história feita não só de narrativas de perseguições e massacres, eu poderia atuar como um interlocutor, persuadindo os leitores (e os redatores de verbetes de história de que nenhuma história, qualquer que seja seu foco principal, estará completa sem a história dos judeus, feita de muito mais do que pogroms e comentários rabínicos, uma crônica povoada de vítimas antigas e conquistadores modernos.

Esse era o instinto com que eu tinha sido criado. Meu pai era obcecado, em igual medida, pela história judaica e pela britânica, e agia como se as duas fossem uma só. Manobrando o leme de um barquinho no Tâmisa a resfolegar entre Datchet e Old Windsor, com morangos, bolinhos e um vidro de geleia numa cesta, ele ora falava de Disraeli como se o tivesse conhecido pessoalmente

("Batizado? Que diferença fez isso?") e no instante seguinte discorria sobre o falso messias Shabbetai Zevi, do século XVII, cujo embuste meu pai (e os Schama ancestrais) tinham *obviamente* percebido ("Que *momser*! [canalha]"). Ou quem teria entendido direito os judeus? Walter Scott ou George Eliot? O Dickens caricaturista de *Oliver Twist* ou o Dickens sentimental de *Our Mutual Friend* [Nosso amigo comum]? Parávamos sob os salgueiros para discutir a questão do sofrimento de Shylock. Foi também de meus pais que herdei a ideia de que o Velho Testamento fora o primeiro compêndio de história, de que, apesar dos excessos poéticos dos milagres, ele era o pergaminho que enfeixava escravizações e libertações, arrogâncias de reis e rebeliões filiais, cercos e aniquilações, legislações e transgressões da lei: o molde que daria forma a todas as histórias subsequentes. Se meu pai tivesse escrito essa história, ela se chamaria "De Moisés à Carta Magna". Mas ele não a escreveu.

Nem eu, não em 1973. Tentei dar prosseguimento à narrativa de Cecil Roth, mas por esta ou aquela razão o enxerto não pegava. E então começaram meus quarenta anos de perambulação, não exatamente pelo deserto, mas por áreas que nada tinham a ver com minha origem judaica, pela Holanda e pela Carolina do Sul, por Skara Brae e pela Paris jacobina. No entanto, durante todo esse tempo, as linhas da história que eu poderia ter contado mantiveram-se vagamente presentes em meus pensamentos e lembranças, como parentes que me puxassem pela manga, com gentileza mas insistência, em casamentos ou funerais da família (o que às vezes eles de fato faziam). Nunca subestime o poder de uma tia judia, e muito menos a censura silenciosa e paciente de uma mãe judia.

Assim, em 2009, quando Adam Kemp, da BBC, marcou uma reunião para falar da ideia de uma nova série de documentários de televisão "que você vai amar ou odiar", de alguma forma eu sabia, antes que ele abrisse a boca, do que se tratava. Houve, admito, um momento fugaz de Jonas. Uma voz dentro de mim dizia: "Fuja para Jope, reserve lugar no primeiro navio que partir para Társis". Contudo, de que isso lhe valera? Desse modo, assumi o projeto abandonado havia tantas décadas, com todas as nuanças de gratidão e temor. Dessa vez, a história contaria com o poder persuasivo da televisão, e, utilizando os dois meios — o texto e a imagem — que estão ligados organicamente, mas não são idênticos, tive a esperança de, enfim, conseguir construir aquela ponte entre o público judeu e o não judeu, que parecia ter fugido de mim quarenta anos antes.

Apesar das desmesuradas dificuldades (três milênios de história em cinco horas de televisão e dois livros), essa empreitada foi, e ainda é, um trabalho apaixonante. Embora eu não esteja à altura de narrar essa história, faço isso exultante, mesmo porque as fontes — as visuais e as textuais — passaram por enorme transformação nos últimos decênios. Descobertas arqueológicas, sobretudo inscrições do período bíblico, conferiram uma nova ideia de como surgiu aquele texto, que se tornaria herança de grande parte do mundo. De uma ponta a outra do mundo judaico encontraram-se mosaicos que alteraram radicalmente não só nossa ideia de como eram uma sinagoga e o culto judeu como também o quanto aquela religião tinha elementos em comum com o paganismo e o cristianismo primitivo. Sem incluir à força piedades agradáveis na narrativa, nem minimizar as muitas aflições que marcaram de lágrimas esse relato, a história que se desenrola narra tanto o heroísmo da vida cotidiana quanto o das grandes tragédias. Este livro e os episódios da série de televisão estão cheios das pequenas revelações que resultam numa cultura, o prosaico junto com o poético: um desenho rabiscado no caderno escolar de uma criança procedente do Cairo medieval; uma batalha entre gatos e ratos numa Bíblia espanhola suntuosamente ilustrada; o dote, de uma pobreza comovente, de uma escrava egípcia do século v a.C. que se casou com um servidor do templo judeu de uma cidade do interior; a irritação de um suboficial, membro da guarnição de um forte no alto de uma colina, que aguardava com ansiedade e impaciência a aproximação dos babilônios; os versos melancólicos de uma bênção sacerdotal gravados em hebraico arcaico num minúsculo amuleto de prata datado da época do rei Josias.

Isso é o trivial do dia a dia. No entanto, a história dos judeus foi tudo menos corriqueira. O que os judeus vivenciaram, e de alguma forma sobreviveu para contar a história, foi a versão mais intensa, conhecida pela humanidade, de adversidades sofridas também por outros povos; de uma cultura que resistiu sempre ao aniquilamento, refazendo lares e habitats, escrevendo a prosa e a poesia da vida através de uma sucessão de expulsões e agressões. É isso que torna essa história a um tempo particular e universal, a herança comum de judeus e não judeus, uma narrativa de nossa humanidade comum. Em todo o seu esplendor e atribulações, nas repetidas desditas e na criatividade infinita, a narrativa apresentada nas páginas seguintes constitui, em muitos sentidos, uma das grandes maravilhas do mundo.

PARTE I

PAPIRO, CACOS DE CERÂMICA, PERGAMINHO

1. No Egito

No princípio — não o princípio imaginado de patriarcas e profetas, e decerto não o princípio de todo o universo, apenas o princípio documentado dos judeus comuns —, *nesse* princípio, um pai e uma mãe estavam preocupados com seu filho.

Esse filho, um jovem soldado, chamava-se Shelomam, a versão aramaica de meu nome hebraico, Shelomo. Seu pai chamava-se Osea, o segundo nome de meu próprio *aba*.[1] Isso foi há 2500 anos, em 475 a.C., décimo ano do reinado de Xerxes, rei da Pérsia aquemênida, que, embora com o poder muito debilitado na Grécia, ainda governava o Egito, onde viviam Shelomam e Osea. Xerxes ainda teria outra década no trono antes de ser morto por seu ministro de maior confiança, Artabano da Hircânia, que cometeu o crime com a ajuda de um eunuco. Jesus de Nazaré só nasceria meio milênio depois. A darmos crédito aos diversos autores da Bíblia hebraica, oitocentos anos tinham se passado desde que Moisés levara os israelitas, até então escravizados no Egito, para as montanhas do deserto, onde, de posse das leis dadas diretamente por Iahweh — na verdade, escritas por Seu próprio dedo —, eles se transformaram, a despeito de repetidas experiências com a idolatria e um ardente desejo de outros deuses, em alguma coisa parecida com judeus.

Os autores bíblicos apresentaram o êxodo do vale do Nilo, o fim da escravidão no estrangeiro, como o processo no qual os judeus se tornaram plenamente israelitas. Viram a jornada como uma ascensão, tanto topográfica quanto moral. Foi em cumes altos e pedregosos, paradas no caminho para o céu, que YHWH — como grafavam Iahweh — havia Se mostrado (ou pelo menos mostrara Suas costas), fazendo o rosto de Moisés queimar e resplandecer com a radiação refletida. Desde o princípio (seja na versão bíblica, seja na arqueológica), os judeus se formaram em regiões acidentadas. Em hebraico, o ato de imigrar para Israel ainda é chamado de *aliyá*, uma subida. Jerusalém era inimaginável na planície fluvial baixa. Tentações turvavam os rios; o mar era ainda pior, infestado de monstros escamosos. Aqueles que viviam em suas margens ou singravam suas ondas, como os fenícios ou os gregos, eram tidos como inconstantes, idólatras e impuros. Desse modo, aos olhos daqueles para quem o êxodo era o começo adequado de tudo o que era judeu, voltar para o *Egito* seria uma queda, uma descida à despudorada idolatria. Os profetas Ezequiel e Jeremias — embora este último tenha ido ele próprio para o Egito — tinham advertido contra essa recaída, esse desjudiamento. Aqueles que sucumbissem a esse desejo, advertiu Jeremias, se tornariam "uma maldição, um objeto de espanto, de escárnio e de vergonha" (Jeremias 29,18).

Sem lhe dar ouvidos, os israelitas desobedeceram, não pela primeira nem pela última vez, retornando ao Egito aos magotes. Por que não, se o reino de Israel, no norte, tinha sido destroçado pelos assírios em 721 a.C., e um século depois o reino de Judá foi também pulverizado pelos babilônios? Os autores das narrativas bíblicas podiam interpretar todas essas desgraças como castigos de YHWH pela apostasia, e assim fizeram. No entanto, os castigados podiam ser perdoados por pensar: muitas graças Ele nos concedeu. Por ocasião do Pessach (a Páscoa judaica, celebração do êxodo do Egito), o rei Josias sacrificou cerca de 30 mil cordeiros e ovelhas no Templo; rasgaram-se roupas em massa, em penitência contrita pelo fato de seus donos terem se interessado por falsos deuses; nenhuma ajuda receberam para escorraçar os invasores infernais que vinham da Mesopotâmia com suas cabeleiras, panteras e incontáveis fileiras de arqueiros e lanceiros.

Assim, os israelitas desceram de seus montes fulvos na Judeia para a área inundada no Egito, para Táfnis, no delta, e para Mênfis, mais abaixo, e sobretudo para Patros, no sul. Quando os persas chegaram, em 525 a.C., trataram os israelitas não como escravos, mas como proprietários de escravos e, acima de tudo, como duros soldados profissionais, nos quais se podia confiar, tanto quanto nos arameus, cáspios e cários, gregos da costa ocidental da Anatólia, para reprimir os levantes egípcios contra a Pérsia. Também policiariam a turbulenta fronteira sul, onde começava a África núbia.

Shelomam, o filho de Osea, era um desses jovens, um mercenário (era um meio de ganhar a vida) que estava servindo na guarnição da Hayla hayahudaya, a Tropa da Judeia, na ilha de Elefantina, pouco depois da primeira catarata no Nilo. Talvez, naquele momento, tivesse sido destacado para participar das escoltas de caravanas, protegendo os tributos em marfim, mogno e moços etíopes que antes eram pagos pela Núbia ao faraó e agora eram enviados ao governador persa que lhe sucedera.

O pai, Osea, escrevia de Migdol, provavelmente na parte oriental do delta do Nilo, onde Shelomam servira antes. Sua carta, remetida para um lugar a oitocentos quilômetros de distância no sul, a fim de esperar a chegada do soldado em Elefantina, estava escrita em aramaico, a língua franca da região e de todo o império, na superfície alisada de um papiro. Embora essas folhas estivessem unidas, o papiro se degrada muito lentamente. Se protegido da luz, a tinta permanece escura e nítida. Os caracteres quadráticos, no mesmo estilo elegante em que o hebraico seria grafado desde a época do Segundo Templo até nossos dias, ainda são claramente legíveis. Na memória judaica, é como se Osea houvesse escrito ontem. Um pai preocupado é um pai preocupado. Ele não consegue evitar que o rapaz saiba desde o primeiro momento como ele se sente, no começo da carta: "Desejo-lhe saúde e força, mas desde o dia em que você seguiu seu caminho, meu coração não está tão bem". E a seguir, o argumento conclusivo, as palavras que Shelomam com certeza sabia que viriam, mesmo se Osea não as tivesse escrito, a frase que todos os rapazes judeus escutam em algum momento, a frase a partir da qual a história se desenrola: "Sua mãe, a mesma coisa".

Um golpe preventivo clássico. Meu próprio pai, Arthur Osea, recorria a ele descaradamente se, como no caso do Osea egípcio, estivesse ansioso, temendo que a notícia que viria em seguida não deixasse o filho plenamente feliz. "Não se preocupe [...] sua mãe está um tanto aborrecida com isso, mas [...]."

O que poderia deixar sua alegria e seu orgulho, seu Shelomam, preocupado? Problemas com o soldo e os pertences pessoais? Ah, não se irrite. "Aquela túnica e a roupa sobre as quais você escreveu estão prontas, sabe? Não se zangue comigo porque não pude levá-las a Mênfis a tempo (para a sua viagem ao sul). Vou levá-las, para que você possa encontrá-las ao retornar." O soldo? É, bem, temos um probleminha aqui, meu filho. "Quando você saiu de Migdol, eles não quiseram nos mandar seu dinheiro." E pior, quando Osea procurou saber dos pagamentos atrasados, foi tratado com as desculpas convencionais reservadas aos zés-ninguém dos impérios. Sinto muitíssimo, na verdade isso não é meu departamento, sabe, mas, por favor, não deixe de apresentar sua queixa às autoridades competentes. "Quando você voltar para o Egito, diga-lhes suas razões e eles hão de lhe pagar." Portanto, ouça, meu filho, continua Osea, tentando afastar qualquer ideia de que ele tinha deixado de atender ao rapaz com relação ao assunto crucial dos pertences: "Não chore. Seja homem [...]. Sua mãe, as crianças, todos vão bem".

Seria bom sabermos com mais pormenores como Shelomam vivia no mundo fronteiriço dos soldados judeus em Elefantina, mas a carta ficou ali, de modo que talvez ele nunca tenha chegado à ilha, nunca tenha recebido sua túnica ou seu soldo. Ou talvez tenha recebido, mas largou a carta lá. Seja como for, ela permaneceu ali durante dois milênios e meio, até 1893, quando um americano, Charles Edwin Wilbour, egiptólogo amador e ex-jornalista do *New York Herald Tribune*, comprou vasos de cerâmica cheios de papiros de mulheres que escavavam os montículos da ilha em busca de *sebagh*, um fertilizante. "Todos esses pap. de Kom me foram mostrados por três mulheres em diferentes datas", anotou Wilbour em seu diário. Mas assim que viu que os papiros estavam escritos em aramaico e datavam da XXVII dinastia, ele se desinteressou. Seu hobby eram antiguidades mais relevantes, mais antigas, faraônicas.

Vinte anos antes, ele deixara Manhattan às pressas, quando um grande amigo seu, o rei das propinas, William M. Tweed, vulgo "Boss" Tweed, que conseguira alguns rendosos contratos para a fábrica de papel de Wilbour, fora expulso da cidade. Em Paris, Wilbour ganhou vida nova com o Egito Antigo, cuja estupenda história ele aprendera com o famoso intelectual Gaston Maspero. O americano aparelhou um *dahabiyeh*, de modo que ele e a mulher,

Charlotte Beebee, ardorosa sufragista, pudessem navegar pelo Nilo com todo o conforto, parando de vez em quando para ajudar em escavações em Karnak, Luxor e Tebas. Eminentes egiptólogos alemães, franceses e britânicos achavam seu entusiasmo ianque divertido, às vezes até útil. De vez em quando, Wilbour via Flinders Petrie em sua barraca tosca e julgava que o arqueólogo britânico fazia questão de mostrar-se espartano pelo fato de acampar como um árabe.

Ostentando uma barba de profeta, Wilbour fez do Nilo sua sala durante duas décadas. Quando, perto do fim desse período, ele subia nos montículos de Elefantina, no meio das mulheres que cavoucavam a terra, ele sabia que o *sebagh* que elas procuravam para suas plantações eram os restos pulverizados de antigos tijolos de barro, aos quais se juntaram feno e restolhos suficientes para lhe conferir efeitos fertilizantes. Mas com certeza não lhe ocorreu que em algum ponto sob seus pés havia uma cidade judaica decomposta, a primeira que podemos reconstruir para sentir a agitação de suas atividades cotidianas: seus litígios em torno da propriedade de cômodos e casas, suas entradas e saídas; seus casamentos e divórcios; seus testamentos e contratos nupciais; seus alimentos e seu vestuário; seus juramentos e suas bênçãos. Desatento a tudo isso, Wilbour levou os papiros, bem dobrados e reunidos, com os nomes dos destinatários no exterior, tal como tinham sido escritos nos séculos V e IV a.C., para sua residência em Paris, onde ele expirou em 1896.

Dez anos depois, coleções maiores foram descobertas por expedições alemãs, que examinaram seu conteúdo, levaram-nas para Berlim e Paris e publicaram um pouco mais do que tinha sido dado a público antes. É desnecessário dizer que os britânicos, que de capacete de fibra na cabeça tinham feito do Egito seu domínio, não estavam muito atrás. Papiros e cacos de cerâmica com inscrições (os chamados óstracos) acabavam devidamente em seus destinos habituais, Oxford e o Museu Britânico, e quando os procônsules da arqueologia queriam se mostrar especialmente magnânimos, no Cairo. Alguns papiros foram publicados no começo do século XX, mas só quando os tesouros de papiros passaram para o Museu do Brooklyn foi que a cortina de fato se abriu, revelando a maravilha que foi a Elefantina judaica.

Fragmentos de cartas e inscrições em cacos de cerâmica, no hebraico linear clássico (entre dois e três séculos mais antigos que os papiros de Elefantina) ainda sobrevivem — são gritos e lamentos da Judeia, meio perdidos na ventania do tempo: um trabalhador rural cujo traje foi confiscado por um credor sem escrúpulos; um oficial de intendência que, sitiado, enfrentava o avanço da horda de babilônios e necessitava com urgência de óleo e cereais; um oficial de baixa patente em outra cidadela, buscando em vão os fogos de advertência que deveriam vir de fortes situados em colinas próximas.

E a Bíblia judaica? A menos que suponhamos (como os judeus ultraortodoxos e os cristãos) que ela seja a palavra de Deus, ditada diretamente a Moisés e aos profetas, grande parte da estupenda narrativa poética das Escrituras não é senão aquilo que outro arqueólogo caracterizou como um "eco" da verdade histórica. E às vezes, como ocorreu com o relato do êxodo, inteiramente carente de documentação, escrito quase meio milênio depois de quando se acreditava ter acontecido, é provável que nem isso seja. Há um ponto na epopeia em que a trama da narrativa e a realidade da história judaica de fato convergem, mas a Bíblia judaica é a marca da mente judaica, a imagem de suas origens e ascendência imaginadas; é a epopeia do tratado-aliança de YHWH com Israel, o Deus único e informe movendo-se pela história, assim como o tesouro original de sua imaginação espiritual.

Os papiros fulvos da ilha Elefantina, escritos com a letra caprichada e negra dos escribas, nos dão uma coisa inteiramente diferente, uma coisa mais grosseira, humana e mundana: o registro cotidiano da vida de judaítas e israelitas expatriados, com os quais podemos conviver natural e materialmente como se morássemos no bairro deles: sujeitos brigões, mães ansiosas, esposas escravas, pessoas intrometidas e encrenqueiras, criadoras de casos por causa de limites de propriedades, redatores de contratos nupciais, servidores de templos, "chaves de cadeia" furiosas por estarem correndo perigo de ser desmascaradas, os mandachuvas e a arraia-miúda. Sabemos seus nomes, nomes desbragadamente judeus que, terminando com o sufixo "ias" (em hebraico, *yah*), alusivo a Deus ou a deidades, embutiam YHWH na identidade deles, a fim de invocar Sua proteção: Berequias, Ananias, Delaías, Maseías, Semaías, Gedalias, Jedanias, Mitaías, Pelalias, Malquias, Urias, Jezanias, Gemarias, Azarias, Zacarias.

Ali estavam todos, a gente de YHWH, acotovelando-se na ilhota em forma de bastão no Nilo. Não seria, talvez, lugar para sonhadores, mas, tudo pesado e medido, não era um lugar tão ruim: sombreado no calor calcinante; famoso pelas figueiras que nunca perdiam as folhas; as palmeiras peculiares, com seu topete de folhas jovens, encontradas apenas na região sul do Nilo; juncos bordejando a costa; acácias, cássias e amoreiras um pouco mais no interior — um denso capão de mato verde no ponto em que a planície aluvial cultivável na margem ocidental recuou, tornando-se uma fita estreita sob as dunas douradas. Na margem oriental, ainda mais árida, erguiam-se as pedreiras de Siena, à sombra das quais ficava um acampamento de arameus, tanto soldados quanto canteiros que lavravam pedras. Lajes de granito cinzento do local, pintalgadas de rosa ou vermelho-sangue, eram penosamente carregadas em barcaças ou chatas e enviadas rio abaixo para que mestres de obras construíssem templos e mausoléus, como se os governantes do Egito ainda fossem senhores faraônicos e não, desde a conquista por Cambises, no fim do século VI a.C., as criaturas subjugadas pelos caprichos persas. Uma dessas lajes era tão descomunal que todo um santuário real pôde ser construído com ela — ou assim Heródoto (que era capaz de pecar por exagero) nos informa. Essa laje, ele insiste, era tão colossal que levou três anos e exigiu o trabalho de 2 mil homens para chegar a seu destino, em Sais, no delta ocidental.

A ilha de Elefantina — para a gente do lugar, "Yeb", da palavra egípcia *Iebw*, que significa "lugar de elefantes" (embora ninguém, nem mesmo Heródoto, soubesse bem por quê, apesar de as pedras arredondadas e cinzentas do rio decerto lembrarem o dorso de paquidermes a se espojar) — era famosa como o último lugar do Egito real, a orla de sua civilização antes que ela evaporasse nas areias e rochas núbias. Era ali que o rio letárgico e lamacento, transportando sua carga de limo fertilizante, de repente passava por uma mudança radical, precipitando-se como louco pelos afloramentos graníticos que aceleravam os barcos rumo à catarata. Só os "barqueiros das águas revoltas", vizinhos dos judeus cuja conduta, infelizmente, era tão violenta quanto o rio turbulento, eram capazes de arrostar suas fúrias, vencendo suas corredeiras, rio acima, com a ajuda de cordas enganchadas nas pedras salientes. O geógrafo Estrabão — todo viajante grego que se prezasse visitava a ilha de Elefantina no século V a.C. — descreveu proezas fluviais por eles executadas para impressionar os turistas. A torrente espumosa encerrava mistérios: a essência da vida egípcia. Entre as colinas gêmeas de Crófi e Mófi, que se erguiam das margens, ou pelo menos foi isso que Heródoto disse que um sacerdote egípcio lhe contara, ficava a nascente do Nilo, num abismo tal que não se podia tocar o fundo. O faraó Psamético I tentara fazê-lo com um cabo torcido de mil braças de extensão, mas ainda sem tocar em nada, a não ser nos redemoinhos de suas águas agitadas. Esse puxão sob a superfície era a válvula fluvial que dividia a corrente, mandando metade dela para o sul, para a causticante Núbia, e metade para o norte, a fim de alimentar o vale aluvial. O deus Khnum, com cabeça de carneiro, era cultuado em Elefantina, porquanto era ele que garantia a inundação anual, sem a qual os lavradores locais estariam condenados à fome. Os carneiros sagrados de Khnum têm seu próprio mausoléu especial na ilha, e suas múmias repousam nas pedras calcárias em que os escultores prazerosamente entalhavam animais gordos e lanosos. Um nilômetro em forma de degraus que levam à margem media a constância da benevolência de Khnum.

Além de mitos e ritos, o rio também levava homens, dinheiro e armas até a fortaleza na ilha. Junto com Siena, ela tinha sido a sentinela da região sul, a válvula de pressão do Egito clássico. Precisava de manutenção, vigilância, policiamento — mas isso era trabalho para homens de Judá? O que estavam fazendo ali? Teriam se mostrado surdos às advertências de Jeremias? Contudo, poucos dos livros dos profetas já haviam sido escritos, e um número ainda menor deles havia sido divulgado, na época em que israelitas e judaítas, do norte e do sul da Palestina, tomaram mais uma vez o caminho do vale do Nilo, provavelmente em algum momento no fim do século VII a.C.

A identidade judaica se formaria, por fim, em algum ponto entre os dois polos culturais do Nilo e do Eufrates, mas a agulha magnética de atração e repulsão oscilava de forma desigual. Os livros da Bíblia foram escritos na Judeia e na Babilônia, e não no Egito. Na mente e nos textos dos sábios, escribas e profetas hebreus — todos aqueles que, entre os séculos VII e V a.C., se ocupavam de compilar e redigir as memórias, as tradições orais, o folclore e os textos que no futuro viriam a constituir o cânone da Bíblia —, havia uma migração boa (para a Mesopotâmia) e uma ruim (para o Egito). Ambas as regiões eram cativeiros que serviam aos despotismos das planícies aluviais: ambas sustentavam gigantescas populações urbanas com a produção das planícies irrigadas pelas inundações dos dois rios; ambas produziam cereais e frutas graças ao aluvião. Os hieróglifos e a escrita alfabética, junto com as leis e epopeias, as pirâmides e os zigurates, enriqueciam e ordenavam as suas cidades-Estados. Embora as duas sociedades fossem brutais e aniquiladoras, ambas dedicadas a cultos sacrificiais (Marduk e Rá) e ambas sob o domínio de uma idolatria voraz, a região entre o Tigre e o Eufrates nunca teve na mente protojudaica um peso tão forte quanto o do vale do Nilo. Se havia uma coisa em que os memorialistas egípcios e os autores dos livros da Bíblia hebraica concordavam era com a dificuldade de levar uma vida judaica no Egito.

Viver no Egito era viver de forma impura ou num regime de servidão — assim os autores do Gênesis e do Êxodo definiram a situação. No Deuteronômio, o livro que, mais do que qualquer outro, definiu as obrigações da memória judaica, Deus é definido, da mesma forma que no Êxodo, como Ele, "que te fez *sair* da terra do Egito" (Deuteronômio 5,6). É muito provável que isso tenha sido escrito em algum momento dos séculos VII e VI a.C., precisamente na época em que os judeus voltavam para lá. Para os "deuteronomistas", que também retrabalharam a história oral, transformando-a na narrativa de Juízes e Reis, toda volta desse tipo seria uma violação deplorável da aliança.

Por outro lado, em certo sentido misterioso, punitivo, conhecido pelo Deus que o ordenou, o exílio na Babilônia, depois do saque de Jerusalém no século VI a.C., foi como um *retorno* ao manancial: a fonte do impulso para a aliança. Narrando a jornada de Abraão para uma comunhão visionária com YHWH e a origem da ideia de um povo separado que estava sob Sua guia e proteção especiais, os autores do Gênesis deram como o local de nascimento do patriarca a Caldeia, na Mesopotâmia. Por conseguinte, o berço do monoteísmo foi a cidade-Estado de Ur. Foi isso que deu significado especial à destruição do maculado Templo de Jerusalém pelos babilônios, liderados por Nabucodonosor, em 587 a.C. O povo do qual os israelitas tinham se afastado primeiro, para se impor na história, passou agora a ser o instrumento escolhido por YHWH para trazê-los de volta à aliança original. A Babilônia aniquilara o Templo. Da Babilônia, ou do Império Persa que lhe sucedera, viria sua restauração purificada, quando, depois de meio século de exílio, o rei persa Ciro permitiu que eles regressassem a Jerusalém.

No espírito daqueles que escreviam a Bíblia, a Babilônia-Pérsia fora cooptada como instrumento da vontade divina. O Egito sempre fora o inimigo obstinado dos planos de YHWH para a história. Esse sentimento de eterna inimizade talvez fosse mútuo. O primeiro artefato histórico em que aparece o nome "Israel", de fins do século XIII a.C., é a famosa inscrição triunfal do faraó Merneptá ou Meremptá, filho de Ramsés II, este último mais tarde identificado no Êxodo como o faraó cujo coração estava "endurecido". "Israel foi arrasado e não tem mais semente", diz a inscrição, e os hieróglifos não deixam dúvida de que o nome Israel aí indica um povo, e não um lugar. Uma história do Egito, do sacerdote-gramático Mâneton (escrita no século III ou II a.C. e de cuja existência temos conhecimento através do historiador judeo-romano Flávio Josefo, ativo no século I d.C.), narra uma partida dos israelitas do Egito — mas como a expulsão de uma população desprezível e impura de escravos e, talvez, bandidos, e não o êxodo vitorioso dos Filhos de Deus, protegidos por YHWH.

Nesse sentido, a epopeia libertária da Torá (o Pentateuco, os cinco livros de Moisés, que dão início à Bíblia) representou uma inversão dessa indignidade — a fixação da identidade de Israel não apenas como um ponto final à servidão no Egito, mas como uma inversão da narrativa triunfalista egípcia. A Babilônia podia destruir Jerusalém e o Templo, mas jamais obliteraria a fé; o plano divino de exílio poderia até sustentá-la. O caso do Egito era inteiramente outro — voltar para essa terra, como advertira Jeremias quando foi levado para lá, era cortejar a perdição, tanto espiritual quanto física. Nunca voltem ao Nilo.

No entanto, foi exatamente isso que fizeram os judeus, várias vezes, com tanta frequência e com tanta insistência que é difícil separar a história judaica da egípcia. O Egito era o supremo Eles; mas foi também, geração após geração, de maneira inequívoca, Nós. O mais judeu de todos os nomes, o de Moisés, o libertador, em cuja epopeia uma nação foi definida, era provavelmente egípcio. Não importa que uma das mulheres do rei Salomão fosse filha de um faraó. "Ai dos que descem ao Egito, à busca de socorro. Procuram apoiar-se em cavalos [...]" (Isaías 31,1), advertiu Isaías ao rei Ezequias, de Judá, pois sabia que durante séculos os israelitas e os judeus tinham feito exatamente isso, comprar cavalarias para os grandes estábulos do norte da Palestina.

Quaisquer que fossem os riscos, depois que os assírios partiram da Mesopotâmia para conquistas devastadoras, no fim do século VIII a.C., a relação com o Egito tornou-se crítica para a sobrevivência dos reis e das populações de Israel e de Judá. Os últimos reis de Israel naquela época, cuja capital ficava em Samaria, fizeram uma aliança tática com o Egito (muito embora essa aliança não impedisse, por fim, que fossem destruídos; provavelmente o contrário). Nos últimos anos do século VIII a.C., sitiado em Jerusalém pelo exército assírio de Senaqueribe, o rei Ezequias mandou escavar na rocha os aquedutos que poderiam definir a rendição ou a sobrevivência, mas ainda assim precisou de ajuda vinda do Egito.

O que aconteceu quando o enorme exército de Senaqueribe cercou Jerusalém em 715 a.C. é um dos grandes mistérios da história. A Bíblia e Heródoto nos informam que o exército assírio sucumbiu a uma peste não identificável (de maneira pitoresca, Heródoto diz que um exército de ratos roeu as cordas dos arcos assírios). A inscrição triunfal de Senaqueribe jacta-se de que todas as cidades de Judá foram destruídas e de que Ezequias foi trancafiado em sua própria cidadela real ("como um pássaro na gaiola"), mas admite que não conseguiu derrotá-lo. O mais surpreendente, embora plausível em termos históricos, é a afirmação, encontrada em fontes egípcias, de que foi um exército comandado por um faraó núbio da xxv dinastia que rompeu o cerco assírio e preservou tanto o reino de Judá como sua capital, Jerusalém. O Egito se tornara o salvador de Judá.

Nos dois séculos seguintes — a época em que a Bíblia começou a ser escrita —, Judá jogou os mesopotâmicos e os egípcios uns contra os outros. O momento decisivo para o restabelecimento dos judeus no Egito ocorreu depois do primeiro sítio de Jerusalém por Nabucodonosor, em 597 a.C., quando muitos dos membros da elite de Judá, entre sacerdotes, nobres e escribas, foram deportados para o Eufrates, obrigando o povo — agricultores, pastores e artesãos — a se arranjar como pudesse. Dez anos depois, os babilônios desferiram o *coup de grâce*, destruindo Jerusalém e o Templo de Salomão e infligindo uma terrível devastação no interior de Judá. Muitos daqueles que preferiram não permanecer em meio às cinzas e aos escombros migraram para o sul, buscando as colônias de judeus já desenvolvidas em Tafnes, Mênfis e na região que Jeremias chamou de Patros, a província do sul, que tinha sua capital em Elefantina.

Ciente de que os judeus tinham voltado ao Egito fugindo das dificuldades, da fome e do terror que imperavam na Judeia, Jeremias foi para lá a fim de advertir contra as falsas esperanças de refúgio: "Se decidis partir para o Egito e se lá entrardes para ficar, a espada que temeis vos atingirá lá, na terra do Egito, e a fome que vos inquieta seguirá vossos passos no Egito: lá morrereis" (Jeremias 42,15-16). As invectivas do profeta Ezequiel eram em geral fulminantes, mas, escrevendo de um campo de trabalho babilônio à margem do canal de Chebar, ele se mostrou ainda mais colérico em suas admoestações. Assumindo a voz de YHWH, falou diretamente ao faraó:

> Eis que estou contra ti, faraó, rei do Egito, grande dragão deitado no meio do Nilo, tu que dizes: "O Nilo é meu, fui eu que o fiz". Porei o arpão no teu queixo e

farei com que os peixes dos teus canais se preguem às tuas escamas, e te removerei do meio dos canais [...]. Abandonar-te-ei no deserto [...]. Dar-te-ei por pasto aos animais do campo [...] reduzindo a terra do Egito a uma ruína e a uma desolação desde Magdol até Siene e até as fronteiras de Cuch. Por ela não passará pé de homem, nem passará aí pé de animais. Ela ficará desabitada por quarenta anos. (Ezequiel 29,3-5.10-11)

Ainda melhor que Jeremias, Ezequiel, apesar de seu endereço na Babilônia, parecia saber perfeitamente onde os judeus tinham se radicado depois da destruição de Jerusalém: especificamente "na terra de Patros", que seria, o profeta advertiu mais uma vez, na voz de YHWH, "o mais insignificante dos reinos". Todavia, os judeus do sul não definharam numa terra condenada a quarenta anos de desolação; ao contrário, prosperaram. Assim, na época da conquista persa em 515 a.C., comandada por Cambises, filho de Ciro, os militares judeus em Elefantina estavam em condições de fazer algo notável: construíram um templo, uma Casa de YHWH, ou, em aramaico, *Yahu*, a divindade que chamavam de Deus do Céu. Fizeram-no apesar da proibição, explícita e rigorosa (registrada em Reis e em Crônicas, e afirmada não uma, mas duas vezes, primeiro no reinado de Ezequias e, depois, de novo, no reinado reformista de Josias, no fim do século VII a.C.) de que houvesse templos fora de Jerusalém.

E mais: o Templo de Elefantina, erguido para os militares judeus e suas famílias, bem como para a ativa comunidade local, nada tinha de dissimulado e humilde. Tendo como modelo o chamado Primeiro Templo, descrito na Bíblia, seus cinco portões de pedra abriam-se para um pátio espaçoso com um habitáculo sagrado em seu centro, destinado à Arca e à Torá. A porta do santuário interior tinha dobradiças de bronze, o teto era de cedro e em seu interior havia vasos de ouro e prata.[2] Pior ainda: em flagrante violação das disposições bíblicas, realizavam-se periodicamente no templo sacrifícios de animais, além de oferendas de cereais e incenso, pois aquela era, afinal, a morada de YHWH e (quase como se Ele fosse outra deidade local) Suas necessidades tinham de ser atendidas.[3] Portanto, havia muito derramamento de sangue e também nuvens de fumaça, provocadas pelos "sacrifícios em holocausto", em geral de carneiros e ovelhas — o que, dada a proeminência do culto ao deus-carneiro Khnum no templo egípcio, do outro lado da "rua do Rei", não deixava de ser uma perigosa demonstração de falta de tato. Com certeza, isso seria uma afronta às autoridades restauradas em Jerusalém: os sacerdotes, os escribas e os autores dos livros proféticos. No entanto, os judeus de Elefantina orgulhavam-se de *seu* templo, que, segundo eles, fora tão importante que, quando Cambises destruiu o dos egípcios, fez questão de preservar a Casa de YHWH.

O fato de haver um templo de YHWH no Alto Egito significa uma de duas coisas para nosso entendimento de como eram os judeus nesse momento embrionário de sua existência coletiva. Ou eles eram pré-bíblicos, conscientes apenas de alguns códigos legais da Torá e de certos elementos da epopeia de fundação, sem ter ainda assumido o Deuteronômio, livro escrito dois séculos antes, como o legado que, aos 120 anos, à morte, Moisés deixaria aos israelitas, codificando com mais rigor os preceitos do Levítico, esses bem mais frouxos e com frequência contraditórios. Ou então os judeus de Elefantina conheciam as restrições apresentadas por Moisés no Deuteronômio e talvez soubessem de todas as reformas que o rei Ezequias e seu bisneto Josias tinham feito, tornando o Templo de Jerusalém o único local onde haveria peregrinação e rituais de sacrifícios, mas não tinham intenção alguma de aceitar tal monopólio. Os yahudim de Elefantina eram iavistas que não se dispunham a seguir ao pé da letra as regras de culto formuladas por hierosolimitas — do mesmo modo que, por exemplo, a vasta maioria dos judeus de hoje que se creem, a seu modo, praticantes da religião não se dispõe a aceitar instruções dos ultraortodoxos sobre o que significa ser judeu (ou, menos ainda, sobre quem é e quem não é judeu).

É até possível que os sacerdotes, os anciãos e os funcionários que cuidavam do Templo de Elefantina e constituíam a elite da ilha acreditassem que seu santuário era *mais* fiel ao original salomônico que o edifício de Jerusalém, modestamente reconstruído e só finalizado em 515 a.C. Alguns deles talvez tivessem ido para o Egito no século VII a.C. numa reação hostil à volta do rei Manassés ao politeísmo e erguido um prédio que seguia o estilo e as proporções do santuário-tabernáculo descrito na Bíblia.[4] Tal como na Palestina, ainda não tinham surgido as sinagogas, locais de culto coletivo. Um templo seria o único foco monumental da comunidade, a expressão física de sua religião. É provável que em seu centro houvesse uma coluna de culto, uma *massebah* muito semelhante à que se erguia em outro santuário de fortaleza, o de Arad, na extremidade norte do deserto de Neguev. Talvez houvesse uma mesa de sacrifícios, de pedra e com cornos, também nos santuários fora de Jerusalém.

Mesmo assim, como uma mãe judia, não sem motivo, perguntou ao filho, curador da exposição dos papiros de Wilbour no Museu do Brooklyn há alguns anos, esses judeus egípcios pré-bíblicos, muito viajados, eram *mesmo* judeus? Seus nomes — Zacarias, Gemarias, Jedanias, Ageu, Maseías e Mitaías — eram sem dúvida de yahudins, e dar nome a pessoas era coisa seriíssima no mundo antigo. Usavam o calendário lunar de seus pais, com seus belos nomes (Marcheshvan, Kislev, Tishri, Nissan), com o ano dividido da mesma forma que para os judeus dois milênios e meio depois. Ao que parece, circuncidavam os filhos, mas, afinal, todo mundo no Egito fazia isso, porém não na infância, que dirá no oitavo dia após o nascimento.[5] Abençoavam e, às vezes, maldiziam e prestavam juramentos solenes, assinavam contratos legais e começavam e rematavam cartas invocando o "Deus do Céu e da Terra": "Eu te abençoo em nome de YHWH", "Que YHWH te abençoe", "Queira YHWH que recebas uma boa notícia a cada dia", "Queira YHWH que hoje seja um bom dia para ti". Embora se saiba que vez por outra invocavam deuses arameus, fenícios e até egípcios, o que talvez se esperasse deles formalmente, havia muito era tido como natural professar devoção a YHWH e também à consorte que costumavam lhe atribuir, Aserá. É bem possível que as restrições dos profetas mais inflexíveis, como o chamado Segundo Isaías (que acrescentou vinte e poucos capítulos ao livro e exigiu devoção a "apenas Iahweh", talvez dois séculos depois do texto original), não fossem respeitadas pelos judeus de Elefantina, cujos ancestrais imigrantes tinham ido para o Egito bastante impregnados das tradições e da magia da religião israelita popular.

O Deuteronômio não menciona o Shabat (nem do Dia do Perdão), porém sabemos que os judeus de Elefantina guardavam o sábado (ou, como a maioria dos judeus de hoje, sabiam que se esperava que o guardassem). Havia na colônia inúmeros Sabadoais,* embora alguns deles talvez fossem arameus e mostrassem, em relação ao dia do descanso, a mesma ambiguidade que os hierosolimitas quando se tratava de negócios e das conveniências da vida, permitindo a mercadores não judeus de Tiro vender seus artigos no sábado, dentro e fora dos muros da cidade. Se hoje em dia Tel Aviv e Jerusalém mostram atitudes bem diferentes em relação ao que é permitido ou não no Shabat, a conduta em Elefantina decerto era mais parecida com a de Tel Aviv. Entre-

---

* Sabadoai ou Shabtai, nome dado a muitos meninos judeus nascidos no sábado, e que foi comum até a Idade Média. (N. T.)

tanto, uma carta, escrita num pedaço de cerâmica a um certo Islá da cidade revela o quanto podiam se enfurecer a respeito de fazer o que tinha de ser feito antes da interdição do trabalho no Shabat: "Escuta, vou te mandar verduras e legumes amanhã. Vai lá [ao cais] amanhã, antes que o barco chegue, por causa do Shabat [*bsbh*, em aramaico], para que não se estraguem. Se não for, juro pela vida de YHWH que te mato! Não confie em Mesalemet ou em Semeías [mais dois nomes judeus alusivos a Deus] para que cuidem disso. Em troca, vende a cevada para mim". E para o caso de Islá não ter entendido o recado, havia uma repetição da ameaça: "Agora, pela vida de YHWH, se não fizer isso, vai pagar a conta".

Mais ainda do que o Shabat, o que identificava os judeus como judeus era, e ainda é, a reunião para o Pessach. Essa festa em Elefantina devia ser um pouco estranha, uma vez que YHWH era definido como o libertador da escravidão no Egito, e o êxodo, como o verdadeiro momento de separação, do nascimento da religião e da nação — a condição necessária para receber a Lei que diferençara os judeus. No entanto, os judeus de Elefantina não estavam de todo diferençados, e, com certeza, não iriam a parte alguma, pelo menos não por livre e espontânea vontade. A mais antiga Hagadá, a narrativa que dispõe sobre o ritual do Seder, no começo do Pessach, data do século IX d.C., de modo que não temos a menor ideia a respeito do que era ou não era recitado na véspera do Pessach pelos judeus egípcios — em Tafnes e Mênfis, bem como em Elefantina. (A própria "ordem" formal do Seder era, como tantas coisas mais, tida como imemorial, instituída por rabinos não antes do século III d.C., talvez em resposta à eucaristia da Páscoa cristã, e não seu modelo.)

Os anciãos de Jerusalém no século V a.C., preocupados com as contaminações "estrangeiras", desejavam apor a marca de sua autoridade sobre as práticas irregulares dos judeus no exterior. O rei Artaxerxes enviou Esdras, o "Escriba do Deus do Céu", ao ocidente a fim de corrigir as práticas frouxas daqueles que tinham permanecido na Palestina depois do saque do Templo e que os exilados na Babilônia suspeitavam de práticas impuras, de retorno a hábitos pagãos e de casamentos com "estrangeiras". Em 419 a.C., um certo Ananias, possivelmente irmão ou parente de Neemias, o governador retornado da Judeia, escreveu uma carta ao chefe da comunidade judaica de Elefantina, Jedanias bar Gemarias, expondo a lei para a correta observância do Pessach.[6]

É até possível que tenha levado pessoalmente a carta ao Egito. Em alguma data, Ananias apareceu em Elefantina, e isso foi motivo de transtorno.

Não é incomum que em momentos como esse, na histórica judaica, veja-se um judeu dizendo a outro como deve fazer as coisas. Ananias faz questão de não repetir o tom ameaçador de Ezequiel e Jeremias exigindo a saída do país maldito — de que adiantaria isso? —, mas os detalhes das suas reprimendas indicam a vaga ideia que fazia da frouxidão com que os elefantinos comemoravam a festa da partida. Um óstraco mais antigo, em que o remetente pedia ao destinatário "diz-me quando celebrarás o Pessach", implica uma festa convenientemente móvel. Assim, Ananias instrui Jedanias sobre o dia exato do mês de Nissan em que começava a festa (o dia 15), qual seria sua duração e que o essencial era comer tão somente pão sem fermento, o *matsá*. Como os egípcios desse período eram grandes consumidores de pão, isso com certeza representaria uma mudança importante em seus hábitos domésticos. Quanto ao outro elemento importante de sua alimentação, a cerveja, durante o Pessach deveriam abster-se de "bebidas fermentadas". A prática moderna compensou essa proibição de álcool com a prescrição de quatro taças de vinho no Seder. "Não trabalhes no 15º e no 21º dia de Nissan" e "fica puro". O sexo nada tinha de impuro na tradição judaica (a menos que ocorresse durante a menstruação), de modo que essa última instrução era ou uma ordem para que os sacrifícios de animais fossem realizados de acordo com os rituais de purificação do Templo de Jerusalém, ou para que se evitasse rigorosamente o contato com os mortos, o que não era nada fácil no Egito, a terra do embalsamamento. O que fazer com o *chametz*, aquelas crostas, fatias ou migalhas, ou qualquer coisa que tivesse tido contato com elas, hoje em dia eliminadas com todo o cuidado das casas de judeus ortodoxos ao aproximar-se o Pessach? Para horror dos modernos guardiães da lei, Ananias ordenava que o *chametz* fosse levado para *dentro* das casas judias e guardado em vasos e vasilhas que permaneceriam lacrados durante a festa! Esse costume consternaria os judeus modernos que cumprem os preceitos do Talmude e para os quais o importante não é a invisibilidade, ainda que a Mishná (a primeira versão escrita da Torá oral) e o Talmude (a imensa antologia de comentários, que inclui a Mishná) permitam a "venda" temporária de alimentos fermentados e objetos a vizinhos não judeus.

Não temos como saber com segurança se Jedanias bar Gemarias agiu como fora instruído e conduziu os judeus de Elefantina a uma observância mais correta do Pessach, mas a missão dada a Ananias de impor as boas normas aponta para uma forte preocupação dos hierosolimitas com os costumes desregrados dos judeus egípcios. Eles não estavam de todo errados em suas suspeitas. Isso porque, em outro aspecto crucial, a questão que tocava na essência do que era ser judeu — as condições nas quais judeus podiam se casar com gentios —, os soldados da tropa e seus colegas adotavam uma atitude decididamente relaxada. No entanto, seus superiores persas os incentivavam a constituir família. Que não se imaginem quartéis poeirentos de soldados celibatários, esfalfando-se naquele fim de mundo, perdidos em sujeira, álcool e tédio. Elefantina era, a seu modo (como os cosmopolitas postos avançados da Muralha de Adriano), uma cidade de famílias, e esperava-se que os soldados judeus gerassem rapazes que, por sua vez, cresceriam para servir à *brigada*, o regimento de fronteira. Fora da fortificação, os judeus — servidores do templo, escribas, mercadores, artesãos — moravam em casas cinzentas de tijolos, às vezes sobrados, com fogões e estábulos na parte inferior e áreas de habitação surpreendentemente espaçosas em cima. As portas de entrada davam para ruas mais estreitas do que sugerem nomes imponentes como "rua do Rei", mas, mesmo assim, escavações feitas a partir da década de 1990 revelaram uma verdadeira cidade: escadas de pedra que levam de um nível a outro, muros altos, longas ruelas retas e ruazinhas sinuosas. Não precisamos forçar a imaginação para vaguear pelas ruas de Elefantina, ouvir as conversas e sentir os aromas que vêm das panelas. Elefantina não era um bairro judeu fechado. Seus vizinhos eram persas, cáspios e, claro, egípcios. E às vezes, como os contratos em papiros nos informam, os judeus se casavam com mulheres desses povos. Se a estrangeira era trazida para a comunidade de YHWH, melhor, mas mesmo assim o Êxodo e o Deuteronômio não viam a prática com bons olhos ("Não contrairás matrimônio com elas" [Deuteronômio 7,3]), como mais tarde fariam livros da Bíblia e do Talmude.

Entretanto, no mesmo momento em que a Judeia era atacada por invasões e aniquilamentos, quando grande parte de sua população estava na Babilônia e no Egito, e mercenários desfilavam pela própria Palestina, aqueles que se sentiam responsáveis pela preservação e restauração da religião do Deus único "do Céu e da Terra" exibiam uma postura compreensivelmente defensiva. Os escribas e profetas consideravam que os judaítas e israelitas que permaneciam nos montes e vales da Palestina achavam-se mais vulneráveis a retrocessos para práticas pagãs. No caso de se casarem com edomitas ou outros pagãos questionáveis, sua decisão de obedecer às injunções da Lei poderia se ver debilitada pelo apego notório de seus maridos e mulheres a "abominações". Talvez comessem carne de porco; a influência de egípcios e fenícios talvez transformasse YHWH no deus da lua crescente; colunas de culto talvez começassem a surgir em suas casas e grutas fúnebres. Não seriam diferentes das nações pagãs. Grande parte do Livro de Esdras, escrito por volta do auge de Elefantina, em meados do século V a.C., época aproximada em que se deram os fatos que descreve, ordena a hierosolimitas e judeus que permaneceram nos reinos após a destruição do Templo e se casaram fora de sua religião que "repudiem" suas mulheres estrangeiras.

Os elefantinos não agiram assim, tinham uma forma em tudo diferente, em seu entender, de ser bons devotos de YHWH. Um de seus líderes, Ananias bar Azarias, *lechen* do Templo de Yahu, provavelmente sabia tão pouco sobre as solenes proibições impostas aos hierosolimitas que se casou com uma escrava adolescente egípcia, a criada Tapemet, conhecida como Tamet.[7] Contudo, Tamet não era escrava do marido. No antebraço esquerdo, ela trazia tatuado o nome de seu senhor, Mosolam, outra figura proeminente no apinhado mundo de Elefantina. Parece provável que Mosolam tivesse recebido Tamet, originalmente, como garantia num empréstimo de moedas de prata que fizera a uma judia, Jehohen. Essas garantias humanas eram comuns; Mosolam fixou 5% sobre o montante emprestado e especificara no contrato que, se o pagamento atrasasse pelo segundo ano, ele poderia se apoderar do que quisesse entre as propriedades da mulher, e nesse caso ele ficou com a garantia.

Pode-se levantar diversas hipóteses sobre a forma como Ananias bar Azarias conheceu sua futura mulher, e me arrisco a propor uma. Talvez tenha sido numa visita à casa de Mosolam, pois os dois homens se conheciam bem. Mosolam deixou a Ananias a decisão de tomar ou não a egípcia como sua concubina, considerando-se que ela chegou mesmo a lhe dar um filho, Pilti. De sua parte, Ananias poderia deixar tudo como estava e fazer visitas ocasionais ao filho. Mas ele não procedeu assim, e em 449 a.C. casou-se com a egípcia Tamet. "Ela é minha esposa e eu, seu marido, a partir de hoje e para sempre", reza o "documento uxório" legal. Quaisquer que tenham sido os sentimentos que levaram Ananias, um homem livre, a se casar com a escrava, decerto não tinham nada a ver com considerações mercenárias. Tudo o que Tamet levou para o casamento, como dote, foi "um traje de lã", um espelho barato (afinal, tratava-se do Egito), um par de sandálias e alguns punhados de óleo de bálsamo (precioso) e de óleo de rícino (menos valioso, mas não digno de desdém), tudo isso avaliado em míseros sete siclos. Isso era tudo o que a menina-mãe possuía de seu, tudo o que podia trazer para o que era, claramente, uma união amorosa. É evidente que Mosolam, o senhor da noiva, mostrou-se impassível. Do ponto de vista legal, o novo estado de Tamet como mulher casada em nada contribuía para mudar sua condição de escrava, mesmo que ela fosse viver com o marido. Contudo, como homem prático que era, Mosolam endureceu o jogo, exigindo que, se eles viessem a se divorciar, ele manteria seus direitos de senhor, extensíveis ao menino Pilti. No caso da morte de um dos cônjuges, ele receberia metade dos bens do casal. Como os recém-casados não aceitaram isso, recorreram à justiça e obtiveram uma reformulação do acordo. Se Mosolam reclamasse a propriedade de Pilti, teria de pagar uma multa elevada, e ele perdeu o direito à metade dos bens do casal se um dos cônjuges morresse — resultado satisfatório para Tamet e Ananias.

Não se sabe onde foram morar, ou mesmo se moraram juntos desde o começo. Os textos citados são de documentos legais, e não do diário de um casamento. No entanto, doze anos depois de se casar com Tamet, Ananias comprou uma casa dilapidada, antes pertencente a dois cáspios, Bagazushta e Whyl, por um preço ínfimo, apenas catorze siclos. Afinal, a propriedade não era mesmo grande coisa, não passava de uma casa caindo aos pedaços a pouca distância do Templo. Havia um quintal lamacento, caixilhos nas janelas, e a casa perdera as vigas do teto, mas ainda assim era, um tanto tardiamente, uma casa própria que poderia ser reformada. Três anos depois, quando Ananias a deixou em condições de ser habitada, ele formalmente doou um "apartamento" — na verdade, um único quarto — a Tamet. Isso não era coisa que acontecesse com escravas, mesmo as tratadas de acordo com os preceitos mosaicos. Quase com certeza, a ocasião foi o nascimento de outra criança, a menina Jossima.

De um modo ou de outro, no mundo militar de vielas com muros altos, o senhor de escravos, a ex-escrava e o servidor do Templo e seus filhos tornaram-se uma família estendida. Em 427 a.C., quando Jossima contava apenas sete anos, seu proprietário legal, Mosolam, talvez depois de algum incitamento, deu manumissão à menina e à sua mãe, Tamet, uma alforria parcial sujeita a certas condições — foram "liberadas", na simpática fórmula egípcia, "da sombra para o sol". Havia, claro está, um detalhe. A menina se tornaria parte da família de Mosolam e, se assim desejassem, os filhos dele poderiam exigir que ela os servisse. Entretanto, todos os sinais indicavam que pelo menos um dos irmãos adotivos de Jossima, Zaccur, filho de Mosolam, tornou-se um verdadeiro irmão de sua irmãzinha adotiva. Sete anos depois, quando ela estava com catorze anos e se casando com um homem que tinha o mesmo nome de seu pai, Ananias, coube a Zaccur garantir que ela se casasse com mais pompa que a mãe. Para começar, havia o que toda noiva adolescente precisava: um guarda-roupa de verdade — um vestido novo de lã listrada, um xale longo, um *caftan* de linho, um "traje de franjas", um "baú de folhas de palmeira" para guardar todas essas roupas, bem como outro baú de colmos de papiro, um terceiro para suas joias, taças e utensílios de bronze, belas sandálias persas e, junto com os óleos habituais, outro óleo referido como perfumado. Graças a seu irmão adulto, a noiva adolescente teve um bom dote. E possuía um lugar onde morar, pois antes do casamento o pai lhe concedera o direito legal de residir na metade da casa não ocupada pelo irmão mais velho, Pilti.

Dezesseis anos depois, em 404 a.C., 45 anos depois que a escrava e o *lechen* se casaram, Ananias, perto de morrer, passou a propriedade, agora um solar de família, para o nome da filha, ao menos em parte em consideração "ao apoio" que ela dera ao pai em sua velhice. Boa menina, essa Jossima. Ao fim da cuidadosa descrição da propriedade, o árido documento diz: "Essa é a medida da casa que dei a Jossima, minha filha amada". Todavia, ela não teve de esperar o enterro do pai. Um ano e meio depois, Ananias fez um adendo ao documento para que ele passasse a valer de imediato. "Tu, Jossima, minha filha, tens direito à propriedade a partir de hoje e para sempre, e teus filhos têm o direito a ela depois de ti."[8] Talvez a essa altura o velho Mosolam já tivesse ido para o cemitério da ilha, e a escrava e sua filha estivessem enfim, de fato, "libertadas da sombra para o sol".

Elefantina podia ser uma cidade militar, mas as mulheres tinham muito mais presença, em termos legais e sociais, do que suas irmãs em Jerusalém e na Judeia. A "sra." Mitaías, filha de Maseías bar Jezanias, provinha da extremidade oposta do arco social em relação a Tamet.[9] A família de Mitaías pertencia ao grupo de líderes da comunidade, os notáveis do Templo. Isso não impediu, porém, que ela escolhesse dois de seus três maridos entre a população egípcia local. Ambos eram mestres de obras. Um deles, Eshor (renomeado como Natan), era chamado de "construtor do rei". No decurso de sua longa vida, Mitaías — tão segura de si e glamorosa quanto Tamet fora recatada e despretensiosa — terminaria com três casas, além de três maridos, começando por se unir a um vizinho, Jedanias. Seus presentes de casamento foram opulentos e incluíram, além de joias e baús, um leito de papiro, mas ela também chegou ao casamento como proprietária de uma casa, presente de seu abastado pai, que pôs o imóvel em nome dela. "A quem amares, podes dá-la, e o mesmo poderão fazer teus filhos, depois de ti", rezava o documento de transferência. Por outro lado, no caso de o marido não conhecer o seu lugar, tinha apenas o direito ao *uso* da casa enquanto perdurasse o casamento. Que acabou durando pouco, devido à morte precoce de Jedanias.

O segundo marido, um egípcio chamado Peu, não serviu, e os papiros relativos ao divórcio deixam claro que no Egito judeu, ao contrário de qualquer coisa sancionada pela Torá (então ou hoje), as mulheres tinham o direito de tomar a iniciativa de se separar. Deuteronômio 24,1-4 dava ao marido o direito unilateral de se divorciar meramente declarando que "viu nela algo de inconveniente". Se um homem decidia que a mulher "não encontrava mais graça a seus olhos", a mesma ata de divórcio punha fim ao casamento, "deixando-a sair de sua casa". Entretanto, não era assim que se procedia em Elefantina, pelo menos não a sra. Mitaías, cujo dote substancial tinha de ser devolvido. Ela e Peu bateram à porta do tribunal por causa da divisão de bens, mas foi Mitaías quem ganhou a causa — depois de fazer um juramento em nome de Sati, a deusa egípcia local, o que teria horrorizado os guardiães da Torá em Jerusalém, mas que era formalidade para os judeus do Nilo.

Assim, nessa primeira sociedade judaica sobre a qual temos boa quantidade de informações, as famílias da tropa podiam ser judias à sua própria maneira — abertas às práticas dos egípcios sem se desfazer de suas próprias crenças, muito menos de seus nomes ou identidades. A missão de Ananias, de impor obediência aos preceitos — já que não podia ou não queria exortar aqueles judeus a abandonar o Egito, como desejavam os profetas —, chocava-se contra gerações de práticas documentadas pelos papiros de Elefantina que resistiam a essas instruções. Afinal, aquela comunidade se formara antes que a lei da Torá se solidificasse, e havia distância suficiente para permitir que seus costumes e leis se tornassem uma herança comum.

Em outras palavras, embora uma praça-forte na fronteira nilótica do Alto Egito não fosse um exemplo para o desenrolar posterior da história judaica, na realidade da época, ela era. Como tantas outras sociedades judaicas surgidas entre gentios, a judeidade de Elefantina era mundana, cosmopolita, vernácula (aramaica) e não hebraica, obcecada por leis e propriedades, voltada para o dinheiro, atenta com o decoro, muito preocupada com casamentos e separações, com a assistência aos filhos, com as sutilezas da hierarquia social e com os prazeres e as obrigações do calendário religioso. A única obra literária encontrada no arquivo da fortaleza foi o "Livro da Sabedoria", as *Palavras de Ahiqar*. E no coração dessa comunidade, alteando-se, monumental, sobre as ruas apinhadas que seus membros dividiam com vizinhos arameus, cáspios e egípcios, estava seu templo, um pouco ostentatório demais, porém profundamente deles.

O que se afigura, por um momento, absolutamente maravilhoso é a normalidade suburbana dessa comunidade, uma história meio judaica, mas sem mártires, sem sábios, sem tormentos filosóficos, o Todo-Poderoso irritável pouco em evidência; um lugar de banalidade feliz, muito preocupada com disputas de propriedade, com trajes elegantes, com casamentos e festas; um lugar em que soldados rudes viviam ao lado de barqueiros góis de águas turbulentas e mais rudes ainda; um lugar de unguentos e ruelas, de atirar pedras no rio e de matar o tempo sob palmeiras; um tempo e um mundo inteiramente inocentes do romance do sofrimento. Mas, como já se pode imaginar, mesmo assim os problemas aconteceram.

Como muitas comunidades judaicas semelhantes que lançariam raízes fora da Palestina nos séculos e milênios seguintes, os elefantinos talvez tenham se mostrado um pouco ingênuos na suposição displicente de que as relações entre eles e seus vizinhos eram tão boas, senão melhores, quanto se poderia esperar e que continuariam tranquilas enquanto o poder persa estivesse ali para manter a salvaguarda contra ciumeiras locais. No entanto, o problema era exatamente esse. Quando as potências imperiais se esgarçam nas bordas, os grupos étnicos vistos como beneficiários de sua confiança começam de repente a parecer estrangeiros, e não nativos, não importa por quanto tempo tenham estado ali. Foi o que ocorreu no fim do século v a.C., quando o Egito, que já se rebelara em 486 e em 464-54 a.C., como também no fim do século, começou mais uma vez a se conduzir de maneira agressiva em relação a seus senhores persas. De repente (como voltaria a acontecer 2500 anos depois no Egito do século XX), os judeus de Elefantina foram estigmatizados como colonizadores e instrumentos dos ocupantes persas; suas práticas sociais passaram a ser vistas como anômalas, e sua religião, como uma intrusão profanadora. Se a tolerância persa havia permitido que eles prosperassem na qualidade de seus cúmplices imperiais, a marca da rebelião egípcia nativa seria estigmatizá-los como ocupantes, marginalizá-los e intimidá-los, extirpá-los do corpo da cultura local.

Os papiros falam de distúrbios e pilhagens, formas antigas de protopogroms. Seis mulheres que esperavam os maridos na porta de Tebas — todas elas casadas com judeus, mas algumas, como muitas vezes era o caso em Elefantina, portadoras de nomes egípcios como Isireshwet — foram presas sem explicação. Mausias escreveu a Jedanias contando que tinha sido incriminado falsamente e atirado na prisão como receptador de uma joia roubada que fora encontrada nas mãos de comerciantes, até que uma agitação provocada pela injustiça tornou-se tão séria que ele foi enfim posto em liberdade. Entretanto, seu tom é preocupado e nervoso. Tomado de gratidão pela ajuda que teve para sair da prisão, ele diz a Jedanias que proteja seus salvadores: "Dá-lhes tudo o que quiserem!".

No último decênio do século V a.C., coisas que antes pareciam seguras de repente tornaram-se instáveis. Os yahudim do Egito criticavam viajantes da Judeia que não compreendiam seu modo de vida e tentavam interferir em seus costumes. Mausias culpava a presença de Ananias, enviado de Jerusalém para corrigir os ritos do Pessach, de provocar os sacerdotes de Khnum e fazer com que agissem com agressividade, até contra a guarnição de judeus. O poço usado para fornecer água potável quando a tropa era mobilizada e chamada ao forte foi fechado. De repente e misteriosamente surgiu um muro que dividia a praça-forte. Mas esses atos eram apenas provocações. A verdadeira calamidade veio mais tarde.

Três anos depois do desastre, Jedanias, o líder da comunidade, junto com "os sacerdotes que estão em Elefantina", relatou a Bagavahya, governador persa da Judeia, a triste história da destruição do Templo de YHWH no ano 410 a.C. O tom é exatamente igual ao das Escrituras: uma crônica impregnada de cólera e lamento. A comunidade ainda estava chocada, ainda vestia roupas de aniagem, símbolo do luto. "Jejuamos, nossas mulheres se portam como viúvas [isto é, tinham renunciado ao sexo]. Não nos ungimos com óleo nem bebemos vinho."

O problema que causou a destruição do Templo de Yahu talvez fosse inevitável. Uma de suas funções mais importantes era, afinal, o sacrifício de animais, quase sempre carneiros, justo as criaturas veneradas pelos vizinhos ao lado, no Templo de Khnum, cujas portas eram adornadas com belas talhas de cabeças de carneiro. Não seria fácil ignorar os ritos judaicos, pois saíam do Templo os sinais de uma atividade constante: fumaça, sangue, cantos. E, como que acotovelando, irados, os vizinhos irreverentes, os sacerdotes de Khnum expandiam as próprias instalações, reduzindo a estreita divisa entre as duas casas rituais. Na verdade, em certos pontos elas parecem ter compartilhado os mesmos muros. Em algum momento, os sacerdotes de Khnum mobilizaram os ressentimentos contra a tropa da Judeia, que, por ser sequaz dos persas, merecia ter seu templo destruído ou até que a destruição se estendesse aos próprios soldados e suas famílias. Os sacerdotes persuadiram o comandante da ilha a agir — "o perverso Vidranga" (como o chamou a petição judia, cheia de queixas e lamentos). Uma carta foi enviada a Naphaina, filho de Vidranga e comandante da guarnição egípcio-arameia em Siena, incentivando seus soldados a atacar e demolir o Templo de YHWH.

> Invadiram o templo à força, arrasaram-no, derrubando os pilares de pedra [...] os cinco portais de pedra talhada foram postos abaixo; tudo o mais foi queimado: as portas e suas dobradiças de bronze, o teto de cedro. Para si carregaram as bacias de ouro e prata, e tudo o mais em que puderam pôr as mãos.

Pensando nas suscetibilidades persas, Jedanias falou com emoção sobre a antiguidade do Templo, construído nos dias dos reis egípcios e respeitado pelo rei Cambises ao conquistar o país. Lembrou ao governador persa que já remetera uma carta a Jerusalém, endereçada ao sr. Bagavahya, ao sumo sacerdote Joanan e aos "nobres de Judá" na cidade, mas nenhum deles se dignara a responder! (Pode-se imaginar que os hierosolimitas, cada vez mais insistentes quanto a seu monopólio do culto em templos, não estivessem de todo insatisfeitos com a destruição do edifício de Elefantina, heterodoxo e não autorizado.) Tampouco os anciãos de Elefantina receberam satisfação de uma carta enviada aos filhos de Sambalate, governador de Samaria.

As preces não tinham ficado inteiramente sem resposta. Os culpados, do "cão Vidranga" para baixo, haviam sido de fato punidos, e Vidranga ficou sem seu butim, "e todos os que atacaram o Templo foram mortos e nós os vimos". Agora, porém, a única satisfação verdadeira não seria a vingança, e sim a restauração do Templo do Deus YHWH. Fosse ela autorizada, "a oferenda da refeição, o incenso e o sacrifício pelo fogo serão feitos no altar do Deus YHWH em vosso nome e oraremos por vós todas as vezes; nós, nossas mulheres e nossos filhos".

Por fim, veio uma resposta. Autorização concedida, mais ou menos. A permissão determinava que o Templo fosse reconstruído "como era antes e no mesmo local". De maneira sutil, a permissão era dada sob a condição inflexível de que daí em diante as oferendas seriam apenas de cereais e incenso, não de sacrifícios de animais. Alguém em Jerusalém tinha falado com o governador. Ou talvez os judeus de Elefantina desejassem atrair os hierosolimitas para sua causa. De qualquer forma, aceitaram o princípio de que oferendas queimadas só poderiam ser feitas no interior do recinto sagrado do Templo de Jerusalém. Aceitando sua posição subalterna, e talvez aliviados com a permissão de construírem um templo, não importando como fosse, o que continuava a violar o monopólio do culto, os anciãos de Elefantina, reunidos num "Conselho" — Mauzi, Semeías, dois Oseias e o próprio Jedanias —, prometeram solenemente que não fariam mais sacrifícios de "carneiros, bois e cabras". Para melhorar a situação, enviaram alguns presentes: prata e lotes de cevada.

O Segundo Templo de Elefantina foi de fato construído, mas teve apenas a mesma duração que o poder persa sobre o Egito. Ficou seriamente abalado com outra revolta egípcia séria em 400 a.C. e achava-se totalmente em ruínas em meados do século IV a.C., antes da instalação do poder de Alexandre, o Grande, e seus generais. Com o fim do Egito persa, desapareceram também a tropa judaica e seu mundo de soldados, escravas jovens, óleo e incenso, litígios por propriedades e alianças nupciais; mascates, notáveis do Templo e barqueiros, todos se eclipsaram nas trevas documentais, sob as pedras da ilha no Nilo.

Fora de um círculo de acadêmicos, essa primeira e rica história de uma colônia de judeus quase não deixou marca na memória comum da tradição judaica. Talvez isso não deva surpreender. Uma vez que essa história começou, desde seu primeiro instante, como um caso de nítida separação, esse cadinho de judeus, egípcios, persas e arameus em Elefantina estava fadado a ser visto como uma anomalia, uma curiosidade marginal, sem nada a ver com a criação de uma cultura judaica pura e inconfundível. Na época do fastígio de Elefantina, acredita-se, estavam sendo escritos em Jerusalém dois livros formativos das Escrituras hebraicas — Esdras e Neemias —, com o objetivo expresso de expurgar da sociedade judaica os elementos "estrangeiros": um processo de filtragem de mulheres estrangeiras, cultos estrangeiros e hábitos estrangeiros — mesmo que estivessem arraigados no cotidiano da Judeia. É possível que os autores desses livros e seus sucessores tenham visto com horror o episódio egípcio — seu templo herético e proibido, a audácia com que seus servidores se arrogavam o privilégio de oferecer sacrifícios, talvez até dizer-se uma sociedade de yahudim — e concluído que, se por fim haviam sido atingidos por uma desgraça, fora por vontade de YHWH, outra punição para os que se desviavam do bom caminho.

Entretanto, suponhamos que haja outra história judaica, inteiramente diferente, uma história em que a divisão entre os estrangeiros e os puros fosse muito menos estrita e severa, em que o fato de ser judeu não se fizesse acompanhar da exigência de enxotar as culturas vizinhas, mas, pelo menos em certa medida, de viver em sua companhia; em que fosse possível ser judeu e egípcio, tal como mais tarde seria possível ser judeu e holandês ou judeu e americano, como seria *possível* (mas não necessariamente fácil ou simples) viver uma vida em equilíbrio com a outra, não ser menos judeu por ser também egípcio, holandês, britânico ou americano.

Esse segundo tipo de história não pretende substituir o primeiro. As duas maneiras — a excludente e a inclusiva, Jerusalém e Elefantina — têm coexistido desde que existem judeus. Se ambas são formas legítimas de ver a história judaica, de narrar sua crônica, Elefantina poderia ser vista não como anomalia, mas como precursora. E tampouco, é claro, ela foi o fim de uma história verdadeiramente judaica no Egito, mas apenas outro começo.

2. As palavras

Neemias, de acordo com seu livro, inspeciona as muralhas à noite.[1] Não consegue dormir. As muralhas semidestruídas de Jerusalém, para onde ele voltou, o deixam de coração partido.

O ano é 445 a.C., quase um século e meio depois da catastrófica destruição do Templo por Nabucodonosor e do começo do cativeiro dos israelitas na Babilônia. Os babilônios tinham deixado Jerusalém havia muito tempo, mas a fuligem de seus incêndios ainda escurece o calcário cor de mel da cidade. Fora das muralhas, a província persa de Yahud ainda é pouco povoada; muitas aldeias tinham sido abandonadas ou reduzidas a um nível primitivo de subsistência.[2] A cidade está imunda, pobre, com uma população vinte vezes menor do que nos últimos anos dos reis da Judeia, e os poucos habitantes que ali permaneciam moram em casas amontoadas junto das muralhas meio derrubadas.

Décadas tinham transcorrido desde que o rei Ciro, em conformidade com a política persa de fazer voltar os deportados e restaurar os cultos locais (esperando obter, com esse favor, a lealdade dos subjugados), autorizou por decreto, "no primeiro ano" (2º Crônicas 36,22) de seu reinado, o retorno dos israelitas a Yahud, como conta o Livro de Esdras.[3] O jovem príncipe Zorobabel, que alegava provir da antiga linhagem real davídica, fora escolhido para liderar, junto com o sumo sacerdote Yeshua, a volta de alguns milhares de israelitas para Jerusalém. A construção de um segundo templo no local arrasado da Casa de YHWH de Salomão havia começado. "Quando os construtores acabaram de colocar os alicerces do santuário de Iahweh, os sacerdotes, paramentados e com trombetas, bem como os levitas [...], com címbalos, apresentaram-se para louvar a Iahweh [...]. E o povo todo aclamava com altas vozes [...]" (Esdras 3,10-11). Concluída a construção, em 515 a.C., viu-se que se tratava de uma reconstrução modesta, mas suficiente para que ali se fizessem a aspersão de sangue e os sacrifícios em holocausto exigidos pelo Código de Santidade do Levítico e suficiente para impor a reverência dos peregrinos nos dias de festas das colheitas.

O decreto de Ciro foi uma autorização preciosa, tanto assim que o Livro de Esdras conta que "fizeram-se pesquisas nos tesouros onde estavam guardados os arquivos" (Esdras 6,1) e transcreve o decreto na íntegra, como uma resposta a opositores mal-intencionados, gerações depois, no reinado de Dario.[4] De fato, uma cópia se encontra na Babilônia, especificando a altura e a largura do Templo reconstruído, que as despesas correriam por conta do erário real e que os vasos de ouro e prata saqueados por Nabucodonosor fossem restituídos. Melhor ainda, o decreto ameaça que, se alguém tentasse fazer qualquer alteração no edito, uma viga de madeira seria arrancada de sua casa, posta de pé, e nela seria enforcado o transgressor, devendo sua casa ser "convertida num montão de imundícies". Como fragmentos do texto do Cilindro de Ciro foram identificados numa tábula cuneiforme diferente, achada numa escavação de 1881, é bem possível que Esdras e seus contemporâneos estivessem de posse de uma cópia que lhes dava os pormenores do decreto de autorização.[5]

Os filhos e netos dos que voltaram tiveram de confiar na promessa e na garantia do decreto de Ciro, uma vez que ainda viviam, a cada dia, em meio aos escombros e matagal da destruição. E eram muito poucos, talvez não mais que 2 mil almas. Os olhos de Neemias marejam de dor ao contemplar as ruínas. Atrás dele, a alguma distância, aturdidos, vêm os poucos homens escolhidos que ele tirara da cama. O resto da população de Jerusalém ronca, despreocupada — os sacerdotes, os escribas, os poderosos, os edomitas e outros grupos, que tratam com arrogância os judeus esfarrapados, estufando o peito por imaginarem que a corte persa lhes concedia autoridade. Neemias é o enóforo — o encarregado dos vinhos — do rei persa Artaxerxes no palácio de Susa, seu homem de confiança e governador por nomeação. Os descendentes do rei

Jeconias de Judá, deposto e levado pelos babilônios, ainda se dão ares da Casa de Davi, mas a verdade é que não há rei algum na Judeia, e essa corte fantoche e exilada depende de burocratas babilônios para suas dotações de óleo.[6] Ou seja, Neemias ocupa um lugar bastante elevado na hierarquia de poder — é o homem que lidava com decretos assinados por imperadores persas.

Ele se senta ereto na sela, enquanto o cavalo escolhe com cuidado o caminho entre as pedras despedaçadas. Neemias passa pela porta do Esterco, com as estrelas acima de sua cabeça, a noite de verão agradavelmente fresca; passa pelo poço fundo onde, dizem, jaz um dragão, permitindo que as águas fluam apenas quando ele dorme com as asas dobradas, retraindo as garras sob o corpo escamoso; passa também pela porta das Águas e avança para Siloé e o arroio de Cédron, evitando os montes de lixo e a serpenteante linha de destroços, avançando até o animal não ter mais espaço em meio aos escombros para trotar ou mesmo andar. Neemias guia a cavalgadura pela devastação e retorna às ruelas da cidade. Agora pode descansar. Sabe o que tem de acontecer.

Em Elefantina, nessa época, os judaítas vivem tão bem entre os egípcios quanto se poderia esperar. Seus vizinhos ainda são arameus, cários, cáspios e gregos. Têm seu próprio templo, seu próprio jeito de viver. Neemias sabe muito bem disso, mas esse jeito não é o dele, e é isso que ele nos diz em suas "memórias" (uma das mais pujantes da Bíblia), nem acredita que seja o jeito de YHWH.

No dia seguinte, Neemias convoca uma reunião dos sacerdotes, chefes e escribas. "Estais vendo a situação miserável em que estamos: Jerusalém é só ruínas, suas portas foram devoradas pelo fogo. Vinde! Reconstruamos as muralhas de Jerusalém e não seremos mais objeto de insulto" (Neemias 2,17). Quando autoridades locais — Sambalate, o Horonita, e Gesém, o Árabe — zombam da temeridade, Neemias enrijece: "É o Deus do céu que nos fará triunfar. [...] Quanto a vós, não tendes parte, nem direito, nem lembrança em Jerusalém" (Neemias 2,20).

Mesmo os acadêmicos mais moderados chamam o Livro de Neemias, breve, mas de excepcional vividez, de "memórias". Ao contrário de outros livros da Bíblia hebraica (mas da mesma forma que o Livro de Esdras, com o qual sempre faz par, a ponto de serem lidos juntos, como uma única narrativa), foi escrito quase com certeza perto da época dos fatos que descreve.[7] As longas citações de decretos reais e alvarás persas em Esdras correspondem ao estilo cortesão e legal persa de meados do século V a.C. São, na verdade, transcrições diretas. A impressão dominante é de imediatismo documental, um livro que, em sua carga material de ferro, pedra e madeira, recorda fisicamente seu momento.

O momento, meados do século V a.C., está repleto de significados formativos. Algo está sendo construído, e não só um edifício — embora seja em Neemias que a construção real acontece: alinham-se vigas de madeira; limpam-se lajes de pedra; carregam-se detritos; prendem-se dobradiças fortes e confiáveis a portas seguras por cravos; os serralheiros se esfalfam. Neemias relaciona em minúcias as turmas de trabalho, menciona seus chefes e os mandachuvas locais de cada quarteirão da cidade devastada:

> Melquias, filho de Recab, chefe do distrito de Bet-Acarem, restaurou a porta do Esterco junto com seus filhos: fixou seus batentes, suas fechaduras e trancas. Selum, filho de Col-Hoza, chefe do distrito de Masfa, restaurou a porta da Fonte: construiu-a, cobriu-a [...]. Depois dele, o povo de Técua restaurou outro setor, em frente da grande torre que sobressai e até o muro de Ofel. (Neemias 3,14-15.27)

É como se cavalgássemos com Neemias em seu giro de inspeção: o martelar incessante, o governador se certificando de que seu escriba se esmera nas anotações para que nenhum responsável pela construção ou pelo embelezamento seja esquecido, como doadores modernos que esperam ver seu nome gravado em paredes de agradecimento.

A obra progride em ritmo acelerado, apesar da oposição local, que se torna tão intensa que as turmas têm de trabalhar com suas armas por perto, para se defender no caso de um ataque. Neemias tem de armar os operários, que trabalham com uma ferramenta numa das mãos e a espada na outra, ou encostada na pedra. Tem de fazer com que agricultores e mercadores não explorem a súbita necessidade de provisões, cobrando preços extorsivos pelos alimentos; ou, pior, que a elite judia local não se dedique a extorquir dinheiro de quem hipotecou olivais e pastos para juntar-se ao esforço de construção. O conserto das muralhas é feito em 52 dias.

Muros separam. Podem confinar e excluir. Ainda que a mensagem de Neemias a Sambalate, o Horonita, e a Gesém, o Árabe, fosse hostil — eles não tinham nem "áreas" nem "monumentos" em Jerusalém —, não devemos transformá-lo num levantador de muros de segurança do século V a.C., embora decerto suas muralhas se destinassem a dar às ruínas da cidade devastada e exposta alguma forma e definição (como ainda fazem) e um sentido de comunidade às pessoas que moravam no interior delas, assim como às que acampavam nos montes, nos bosques e nos vales da Judeia. Esse sentido, entretanto, não poderia ser transmitido meramente por pedra, madeira, tijolos, ferro e argamassa. Em última análise, a casa do destino comum foi construída — como seria durante milênios — com palavras. Assim, um mês depois da conclusão dos reparos das muralhas, houve necessidade de uma segunda ação cerimonial.

De acordo com a fantástica enumeração de Neemias, no primeiro dia do mês de Tishri, exatamente 42 360 judeus de Jerusalém, seus escravos e escravas (mais 7337) e, decerto, os 245 cantores e cantoras (uma vez que não havia nem há nenhum ato religioso israelita sem música) foram convocados para se reunir na praça diante da porta das Águas. Embora os números sejam um exagero absurdo (é provável que menos de 40 mil judeus vivessem então em toda a Judeia e Samaria), juntou-se ali uma multidão.

No centro do evento, que foi orquestrado como um segundo momento de autodefinição, está Esdras, que, de maneira inusitada, acumula as funções de sacerdote e escriba. Essa dupla ocupação era importante, pois o que estava para ser santificado era a escrita dos escribas. Esdras traz consigo "o livro da Lei de Moisés, que Iahweh havia prescrito para Israel" (Neemias 8,1). A congregação (que Neemias faz questão de dizer que se compunha de homens e mulheres, e, como todas as fontes primitivas, sem sinal algum de separação) sabia que estava presenciando um momento solene. Esdras está de pé sobre um estrado elevado de madeira, talvez construído especialmente para a ocasião, sobre as muralhas reconstruídas. À sua direita e à sua esquerda, há um grande número de escribas, levitas e sacerdotes diante do povo, que aguarda em silêncio. Esdras abre o rolo, e todos se põem de pé. Antes de começar a leitura, "Esdras bendisse a Iahweh, o grande Deus; todo o povo, com as mãos erguidas, respondeu: 'Amém! Amém!', e depois se inclinaram e prostraram diante de Iahweh, com o rosto em terra" (Neemias 8,6). A seguir, o escriba começa a ler. Para os que não o escutavam bem, devido à distância, havia explicadores, cujos nomes Neemias informa com cuidado, como se eles próprios estivessem envolvidos na produção das palavras, como de fato estavam. Uma vez que a língua materna de muitos de seus ouvintes era o aramaico, e não o hebraico, havia necessidade dos levitas, que "explicavam a Lei ao povo" — uma questão de tradução e de explicação.

Se a leitura não era exatamente do tipo interativa, nem por isso deixava de ser intensamente participativa. A plateia não recebia de forma passiva as palavras de Deus. Neemias (na verdade, o empresário oficial) diz que foi *o próprio povo*, "reunido como um só homem", que tomou a iniciativa, pedindo a Esdras que trouxesse o rolo de Moisés. Essa conexão ativa entre ouvinte e leitor era coisa nova no mundo do Oriente Próximo antigo, onde mais comumente o povo era convocado para ficar pasmado diante do poder e da grandeza sagrada das palavras do rei, chamado a assistir a seus atos de julgamento e a venerar e cultuar sua imagem levada em procissão. No entanto, as procissões do judaísmo têm em seu centro devocional um rolo de texto (tratado com muitas mesuras e beijos reverentes, através das franjas de um xale de oração, como os que seriam feitos para um ídolo cultuado). Ademais, não havia naquela solenidade um rei, e a ansiedade dos ouvintes e a intensidade da leitura consolidaram uma comunidade unificada de pessoas atentas. Na preocupação acadêmica de ressaltar as diferenças entre a religião israelita e as convenções, as práticas e as imagens de seus vizinhos, costuma-se omitir o quanto foi significativo esse destaque, caracteristicamente judaico, dado ao "povo" em aliança fiel e direta com seu Deus único, cuja presença se manifestava por palavras sagradas. Fossem essas pessoas relutantes ou obedientes, penitentes ou relapsas, eram atores de sua própria história, e não um mero coro sem rosto, convocado ou dispensado por sacerdotes, príncipes e escribas. Desde o primeiro momento, o judaísmo — um caso único na época — foi concebido como uma religião popular.

A leitura pública diante da porta das Águas ensaiava costumes antigos de recitação oral. A palavra hebraica para "leitura" pressupõe vocalização perante uma plateia: a palavra *qra* significa, literalmente, "gritar", e *miqra*, dela derivada, é a forma substantiva de uma reunião de ouvintes e leitores.[8] Essa mesma obrigação de leitura se tornaria a prática típica da observância judaica fora do Templo, onde o espetáculo do sacrifício definia a filiação a uma comunidade crente. Enquanto o sacrifício no Templo era uma atividade hierarquicamente organizada que cabia à casta sacerdotal, a leitura era uma experiência intrinsecamente compartilhada e comum, e o impacto de sua vocalização não dependia nem mesmo de alfabetização. O que era dito estava se tornando uma literatura escrita, mas é revelador que sua forma escrita exaltasse, de modo paradoxal, uma longa e estimada história de momentos de ditado, uma história que remontava ao próprio Moisés a escrever o que o Todo-Poderoso lhe ditava. No Deuteronômio, Moisés ordena a todos os sacerdotes e anciãos de Israel:

> [...] durante a festa das Tendas, quando todo Israel vier apresentar-se diante de Iahweh teu Deus [...], tu proclamarás esta Lei aos ouvidos de todo Israel. Reúne o povo, os homens e as mulheres, as crianças e o estrangeiro que está em tuas cidades, para que ouçam e aprendam a temer a Iahweh vosso Deus [...]. (Deuteronômio 31,10-12)

A elevação de Esdras sobre a multidão arrebatada não é só o cumprimento daquela primeira ordenação mosaica, e sim uma reencenação consciente dela. Neemias narra a ocasião como se pretendesse voltar a transmitir a substância daquelas palavras às pessoas que a tinham perdido: a Lei e a história reveladas como dadas naquele momento, vivificadas pela centelha da voz pública. O próprio rolo devia ser importante também: o pergaminho compacto de memória portátil, algo que poderia ser salvo das fogueiras dos desastres.

Orquestrador do espetáculo, Neemias sabia o que estava fazendo. Embora os códigos da lei mesopotâmica fossem de imensa importância para definir o rei como o adjudicador soberano, os rituais das cortes babilônia e persa, muitas vezes encenados diante de estátuas monumentais, destinavam-se sobretudo a encher os olhos. A leitura feita por Esdras tinha a ver com boca e ouvidos, com a força viva das palavras. Ela consagrou, logo nos primórdios, a atitude judaica em relação à leitura como uma atividade buliçosa. A leitura da Bíblia pelos judeus, na alvorada de seu próprio reconhecimento como povo, não se faz em solidão e no silêncio (invenção dos cristãos), nem visa ao enriquecimento da consciência coletiva (embora isso não esteja de todo excluído). A leitura judaica é, literalmente, feita aos gritos: um ato público, social, loquaz, animado, declamatório, destinado a levar o leitor da assimilação à ação; uma leitura que tem implicações humanas, imediatas, necessárias; uma leitura que pede discussão, comentário, questionamento, interrupção e interpretação; uma leitura que nunca, jamais, se fecha em si mesma. A leitura judaica se recusa a satisfazer-se com o que diz o livro.

O desempenho de Esdras leva a austeridade de um código legal — a Torá — ao domínio do teatro público coletivo: um espetáculo santo. É o clímax de um drama em três atos de reconsagração e de um novo despertar: primeiro, o reparo das muralhas de Jerusalém; a seguir, a construção de um segundo Templo in situ; e, por fim, a manifestação pública da Lei de Moisés, sem a qual os dois primeiros atos teriam sido destituídos de sentido. Nenhuma dessas atividades era meramente cerimonial. Juntas, pretendiam afirmar uma singularidade caracteristicamente judaica: a diferença iavista. A reconstrução das muralhas era uma declaração arquitetônica de que Jerusalém era a fortaleza de Davi, que o núcleo do culto real a Iahweh ressurgira, embora já não houvesse rei algum na Judeia. A Casa de YHWH reconstruída seria o único Templo verdadeiro dos judeus, o árbitro do que era e do que não era a observância correta, e a Lei autorizada da Terra tornando-se, em essência, a Constituição judaica. Para se revestirem de autoridade, as palavras da Torá, dando ao povo o conteúdo diretivo de sua singularidade, dispensam um rei, e muito mais um rei divino. Por trás delas havia a crença num YHWH invisível, a quem, muito depois, os talmudistas chegariam a representar consultando uma Torá preexistente, antes de começar a criar o universo!⁹

No século XVII, Baruch Espinosa, inaugurando a crítica bíblica ao insistir que o Pentateuco era um documento histórico escrito por autores humanos muitas gerações depois dos fatos narrados, apontou Esdras como o candidato mais provável ao papel de autor principal.¹⁰

Tudo isso era necessário porque Esdras e Neemias tinham clara consciência das dificuldades que enfrentariam para redefinir quem era e quem não era um verdadeiro membro da comunidade de YHWH. Tanto o escriba quanto o governador pertenciam à elite extirpada por Nabucodonosor, junto com o clã real, seus juízes e magistrados, talvez a maior parte da classe dos letrados, e todos eles levados para a Babilônia em 597 a.C. É possível que parte do restante da população de Judá (ampliada com os descendentes dos milhares de israelitas do norte que haviam descido para Jerusalém depois que os assírios destruíram o reino, em 721 a.C.) tenha acompanhado o êxodo da elite. Houve, afinal, três deportações em massa — em 597, em 587 e em 582 a.C. Os registros arqueológicos mostram uma redução indiscutivelmente brutal do número de aldeias na zona montanhosa da Judeia no século VI a.C. Vinhedos, olivais e pastagens foram abandonados. Os soldados se viram forçados a cuidar de si mesmos à medida que, uma a uma, as fortificações da Judeia ao pé das montanhas caíam, transferindo-se, como narra o Livro de Jeremias, para o Egito, instalando-se nas cidades à margem do Nilo e em Patros, a região ao sul da primeira catarata.

Embora a redução demográfica fosse enorme, a Judeia e Samaria não se esvaziaram de todo. Milhares de pessoas devem ter permanecido em suas velhas vilas e aldeias, na esperança de subsistirem depois que os incêndios da guerra tivessem se transformado em cinzas frias. Nas circunstâncias traumáticas do ataque babilônio, há motivos de sobra para imaginar que aqueles que permaneciam apegavam-se, buscando reconforto e esperança, não só a YHWH como à sua casa e aos deuses e cultos locais de suas próprias tradições antigas. Sobreviveram, de uma geração anterior, colunas de culto, amuletos e até inscrições com referências a outros deuses que não YHWH — inclusive Sua consorte, Aserá —, mesmo na época em que os livros escritos por escribas faziam todo o possível para promover o monoteísmo inflexível. Em Samaria, sobretudo — para onde devem ter fugido alguns dos mais prejudicados pela invasão e pelos incêndios babilônios —, os sobreviventes se disporiam a aceitar deuses que não aquele que claramente não os tinha protegido contra Nabucodonosor.

Os alvos das proclamações públicas da Torá por parte de Esdras e Neemias eram exatamente os sobreviventes locais, suspeitos de adotar práticas religiosas "estrangeiras" junto com esposas "estrangeiras". Na verdade, a novidade era o feroz monoteísmo do "Iahweh Único", centrado no Livro, e não os hábitos ancestrais de manter em casa a estatueta de uma deusa de seios exuberantes ou, em casas maiores, até uma pequena coluna de pedra sem inscrições. Agora, porém, o exclusivismo de Esdras e Neemias exigia dos correligionários um comportamento mais sério e mais rigoroso, e eles apresentavam sua versão do culto a YHWH como tendo sido *sempre* exigente assim, embora, do ponto de vista histórico, não fosse esse o caso. Pela primeira vez (mas não pela última), ouviu-se o debate sobre "quem é judeu", e Esdras deu início a um processo amplo e impiedoso de eliminação daqueles tidos como contaminados por cultos "estrangeiros". Isso ocorreu *precisamente* na época — meados do século V a.C. — em que os yahudim de Elefantina, que desconheciam o novo puritanismo da Judeia, estavam se casando com egípcias e invocando com entusiasmo, em seus votos solenes, os deuses pagãos de seus vizinhos arameus, às vezes ao mesmo tempo que juravam por YHWH. Havia começado a altercação entre uma concepção restrita e outra ampla sobre o que significa ser judeu.

Radical, Esdras jejuava, mortificado pelo fato de "os filhos do cativeiro" terem "desposado mulheres estranhas", aumentando com isso "a culpa de Israel". Em conformidade com sua convicção de que os assim casados deveriam se envergonhar de seu pecado, os 25 versículos finais do Livro de Esdras não passam de uma lista dos ignominiosos, entre os quais muitos sacerdotes e levitas. (É escusado dizer que não aparecem ali os nomes das infelizes esposas.) Os culpados "comprometeram-se por juramento a repudiar suas mulheres e, por seu pecado, ofereceram um carneiro como sacrifício de reparação" (Esdras 10,19). Na realidade, devem ter sido milhares. O objetivo de Esdras era exatamente extirpar a heterodoxia, fazer de Jerusalém o único templo para festas de peregrinos e sacrifícios, e dar aos sacerdotes do Templo competência para julgar quem poderia e quem não poderia ser admitido nessa nação renascida, objeto de uma nova aliança.

O rolo da Torá ocupava a posição suprema como objeto de submissão ortodoxa, exaltado por Esdras como lei e como história. Eram o culto instituído do Livro e a obrigação da leitura coletiva em voz alta que, mais do que o culto a um deus único, tornava singular essa religião israelita de Iahweh naquela época e naquele lugar. No Egito, o faraó Akhenaton, da XVIII dinastia, também tinha proclamado o culto exclusivo a um único deus solar e destruído todas as suas imagens, exceto a do disco solar. Os cultos egípcios, babilônios e zoroastristas personificavam-se em estátuas e relevos, tanto em santuários específicos e fixos quanto em templos, e as imponentes inscrições épicas que proclamavam os mandamentos divinos e os saberes do rei eram igualmente gravadas com caracteres cuneiformes em estelas monumentais e imóveis. Quando os exércitos assírios e babilônios travavam batalhas, faziam-no sob a proteção de imagens de deuses e reis divinizados. Já os israelitas tinham ordens de levar consigo seus rolos sagrados.[11]

A intenção da classe dos sacerdotes e dos escribas (e também a de seus coadjuvantes, os profetas visionários e itinerantes, bem como a de seus reis, com os quais viviam frequentemente às turras) consistia em sacralizar a escrita móvel, no hebraico alfabético padronizado, como o suporte exclusivo da Lei e da visão histórica de YHWH para seu povo.[12] Assim codificado e definido, o rolo falado (e memorizado) poderia durar mais que os monumentos e a força militar dos impérios (o que de fato aconteceu). Ele foi criado para pertencer tanto à elite quanto ao povo, bem como para as vicissitudes da instabilidade política e territorial. O santuário no Tabernáculo do deserto, que na origem teria abrigado a Torá, e que, portanto, era a residência de YHWH em meio a Seu povo, não era mais que uma tenda de dimensões modestas, ainda que um pouco adornada; e, em seu interior, as especificações descrevem a Arca como menor que os armários de cozinha de nossas casas. Mas a obsessão dos criadores da religião israelita do Livro era tornar a Torá onipresente, *inescapável*, não apenas depositada num local sagrado, mas disponível, em formas miniaturizadas, nos bens e nas pessoas. Em lugar da imagem de uma criatura divina ou de uma pessoa, afixada numa porta para repelir demônios, era o texto da Torá na mezuzá que protegeria os judeus. Faziam-se caixinhas de filactérios, os *tefilin*s, para que as palavras sagradas estivessem em contato com a cabeça e os braços dos fiéis quando orassem. Amuletos protetores usados em torno do pescoço ou no peito para defesa contra infortúnios ou doenças, e que em outros cultos teriam a imagem de um deus, agora traziam palavras da Torá. O livro em formato de rolo estaria presente em todos os aspectos da vida, em todas as habitações, em todos os corpos.

Por conseguinte, a Torá era, de forma compacta e móvel, história, lei, sabedoria, canto poético, profecia, consolo e conselho fortalecedor. Do mesmo modo que o santuário podia ser erigido em segurança e desmontado numa crise, o rolo falado foi imaginado para sobreviver até à incineração, pois os escribas que o haviam composto e editado haviam memorizado suas tradições orais e seus textos como parte de sua educação básica. Um certo debate cerca o papel exato do *mazkr*, termo que aparece em Daniel 3,4 e é traduzido de modo impróprio como "arauto" ou "pregoeiro". No entanto, os israelitas não tinham arautos. A raiz da palavra é *zkr* ou, em hebraico rabínico, *zakhor*, "memória", de forma que tal pessoa, um leigo ou sacerdote, teria sido um memorizador, um registrador. Com a escrita e a memória humana em sincronia, o povo de YHWH poderia ser maltratado e assassinado, porém seu livro a tudo resistiria.

Portanto, não é de admirar que o Livro em si, como objeto físico, figure em algumas das cenas mais impactantes da Bíblia hebraica. Ele não era, claro, do tipo de nosso livro moderno, com páginas de numeração consecutiva, um receptáculo de histórias, que, em sua forma inicial de códice de folhas reunidas e dobradas, só surgiria com os romanos. O livro como rolo aparece na Bíblia hebraica em formas potentes, mágicas. O extraordinário sacerdote-profeta Ezequiel (que provavelmente escreveu no exílio, apegando-se ao rolo, portanto, com especial intensidade) falou de uma visão em que aparecia uma mão segurando um rolo, repleto de advertências e lamentações, porém um dos animais de quatro rostos e quatro asas que apareciam no sonho lhe ordenou que não o lesse, mas o comesse — que o mastigasse e engolisse. "'Filho do homem, ingere este rolo que te estou dando e sacia-te com ele.' Eu o comi. Na boca parecia-me doce como o mel" (Ezequiel 3,3). Só depois que ele houvesse enchido a boca, fisicamente, com o conteúdo do livro, e literalmente digerido seu conteúdo, essa mesma boca poderia se tornar o órgão de eloquência profética.

Isso é impressionante, mas o mesmo rolo faz uma aparição ainda mais dramática no reinado do rei-menino, Josias, cuja história é narrada duas vezes na Bíblia hebraica, primeiro em Reis 2,22-3 e, depois, de forma mais elaborada, pelo autor de Crônicas 2,34-5. As duas versões foram escritas em momentos de crise prolongada. O relato original, em Reis, foi redigido provavelmente no fim do século VIII ou começo do século VII a.C., quando ainda estava bem viva a memória da destruição do reino do norte pelos assírios, em 721 a.C. A narrativa bastante posterior de Crônicas teria sido escrita em meados do século V a.C., na época de Esdras e Neemias, de modo que é um prólogo da leitura-espetáculo da Torá na porta das Águas.

A história de Josias é uma fábula de inocência recuperada. Josias torna-se rei aos oito anos de idade, após um momento ruim na história de Judá: o longo reinado de seu avô Manassés, que, segundo os redatores da Bíblia, não teve paralelo em sua ânsia de profanar o Templo com "abominações" pagãs, e de seu pai, Amon, cujo nome homenageava o culto solar do Egito, o que já diz tudo. As gerações se alternavam entre piedade e impiedade. Antes de Manassés, seu pai, o rei Ezequias, fora um reformador purista, cooptado em retrospecto pelos autores dos Livros dos Reis como um destruidor de ídolos, atento às advertências de Isaías, o patrono dos escribas que estavam escrevendo os livros que viriam a constituir a Bíblia. Analistas posteriores — e havia famílias em que muitos membros eram atraídos para a função de escriba — atribuíram a salvação de Jerusalém, por um triz, diante dos invasores assírios (que sucumbiram a uma epidemia) ao zelo iavista de Ezequias.

Manassés escolheu o caminho oposto. Vivendo perigosamente entre o Egito e a Assíria, mostrara-se não só indiferente ao purismo iavista como, para desgosto dos escribas clericais, um entusiasmado politeísta que edificou altares ao deus fenício Baal, outros para "todo o exército do céu" (deidades astrais), criou um bosque pagão, "praticou encantamentos", "estabeleceu necromantes e adivinhos" e, o mais infamante de tudo, recorreu a sacrifícios de crianças, inclusive do próprio filho, que, segundo os horrorizados autores da Bíblia, "fez passar pelo fogo" de Moloc. A resposta a esse catálogo de iniquidades (grande parte do qual, claro, era o repertório da religião popular em toda a Palestina) foi a decisão de YHWH de "limpar Jerusalém como se limpa um prato" (2º Reis 21,5-6).

A limpeza celeste é protelada por algum tempo. O Segundo Livro dos Reis foi, quase com certeza, escrito (ou reescrito) pelos historiadores "deuteronomistas", a geração de sacerdotes e escribas dos séculos VI e V a.C., dedicados agressivamente a YHWH não só como uma divindade suprema, mas também à Sua identidade exclusiva como o único Deus. O Deuteronômio havia sido acrescentado aos quatro primeiros livros da Torá como a alocução de despedida do próprio Moisés às portas da morte, reiterando e editando os pormenores da Lei revelada no Sinai (inclusive os Dez Mandamentos), dando conselhos de política externa às tribos ("não vos intrometais com Edom, não molesteis a Moab"), formalizando bênçãos e maldições — uma tradição comum no Oriente Próximo ("Maldito seja aquele que se deita com sua sogra") — e solenizando uma aliança renovada, mas também com o mandamento expresso de recordar e repetir (em voz alta) a narrativa do êxodo. No Deuteronômio, assim como no Livro dos Reis, posterior, paira uma suspeita, tanto em relação à capacidade do povo de se ater ao caminho mosaico, direito e estreito, quanto, como no caso dos crimes e transgressões exóticos de Manassés, em relação à disposição dos monarcas da Casa de Davi de impor a retidão. O que está em questão é se é Ezequias ou Manassés quem representa a norma para os reis judeus da linhagem de Davi. A história de Josias dá uma resposta decisiva.

O drama tem início enquanto Josias ainda é jovem e sobe ao trono depois do assassinato do pai, o iníquo Amon. De acordo com o Livro dos Reis, o evento decisivo para Josias ocorre quando ele está com dezoito anos; o cronista, prevendo a possibilidade de surgirem questões acerca do intervalo de dez anos entre a ascensão ao trono e a descoberta da vocação, adianta a revelação para os doze anos. No entanto, a essência da história é a mesma. O Templo acha-se num estado lastimável de abandono e corrupção, negligenciado e profanado por Manassés. Repudiando as "abominações" de seu avô ímpio e aceitando os mandamentos do Pai Celestial, o rei-menino determina que impostos em prata sejam cobrados ao povo de Judá para restaurar a pureza e a beleza do Templo. (E de fato há fragmentos de cerâmica ordenando esses pagamentos.) A obra de restauração tem início com "carpinteiros, pedreiros e construtores" sob a supervisão do sumo sacerdote, Helcias, a personificação da ortodoxia iavista.

Durante os trabalhos de construção, eis que Helcias descobre, por acaso, um "Livro do Senhor" perdido, meio enterrado nos escombros do Templo. Entrega-o ao escriba-conselheiro Safã, que logo o lê em voz alta para o jovem rei. Josias fica atordoado com o que ouve e é tomado por pressentimentos, mesmo porque o livro é (surpresa!) o Deuteronômio, com aquela lista exaustiva de maldições. Pela desobediência aos mandamentos de Moisés, "maldito serás tu na cidade, e maldito serás tu no campo! Maldito será o teu cesto e a tua amassadeira! [...]. Iahweh te ferirá com úlceras do Egito, com tumores, crostas e sarnas que não poderás curar" (Deuteronômio 28,16-17.27). Não é de admirar que Josias tenha então sentido que "grande deve ser a ira de Iahweh que caiu sobre nós, porque nossos pais não observaram a palavra de Iahweh e não agiram segundo tudo o que está escrito neste livro" (2º Crônicas 34,21).

O rei não deixa as coisas assim. Como que antecipando a leitura de Esdras diante da porta das Águas, em Jerusalém, Josias reúne sacerdotes, levitas "e todo o povo, do maior ao menor", e lê "diante deles todo o conteúdo do livro da aliança encontrado no Templo de Iahweh". Está "de pé sobre o estrado" (2º Crônicas 34,30-31) e faz diante de toda a multidão uma profissão pública de aliança penitente e renovada. Então, por volta do ano 620 a.C., lança uma operação de limpeza rigorosa, começando pelo Templo, onde celebra um Pessach para acabar com todos os Pessachs. Trinta mil cordeiros e cabritos, exatamente 2006 cabeças de "gado miúdo" e trezentos bois foram sacrificados, de modo que todos pudessem comemorar a data de maneira correta. O abate para os sacrifícios não para, há muito derramamento de sangue e depois a carne assada é distribuída ao povo. "Não se havia celebrado em Israel", exclama o cronista com certa redundância, "um Pessach semelhante ao que celebrou Josias." E com o Templo redimido das profanações de Manassés, o rei (ou seus sacerdotes e conselheiros) determinou que ele seria o único local para os sacrifícios rituais e as peregrinações festivas que constituíam o calendário da observância religiosa.

A história da redescoberta fortuita do Livro, durante o reinado de Josias, é a mais astuciosa das restaurações deuteronomistas da identidade judaica/ israelita à imagem do iavismo exclusivo. No âmago dessa ficção sagrada está a negação, pelos escribas, de sua autoria da Bíblia deuteronomística. A simulação literária é que ele existira imemoravelmente e independente, é claro, de qualquer mão humana; até Moisés está apenas tomando um ditado. Assim, as Palavras, a Escrita e o Livro têm uma vida inteiramente separada dos reis, que são seus guardiães temporários mas que, na maioria das vezes, se mostram rebeldes e indignos de confiança, corrompidos com facilidade por práticas estrangeiras e — como no caso das mil mulheres de Salomão, entre as quais a princesa egípcia — mulheres estrangeiras. (Presas na paranoia de Jezabel dos redatores deuteronomistas, as mulheres assumem repetidamente o papel de demônios tentadores.) Ao repudiar seu ímpio avô, o jovem Josias logra reaver o legado de Davi e de Salomão (e passa por cima das múltiplas transgressões deles) a fim de restaurar as credenciais da Casa de Davi, como convinha a curadores do Livro.

Contudo, o agente da reforma é o próprio Livro falante, que esperava a "descoberta" por Helcias e a verdadeira maioridade de Josias, uma espécie de *bar mitsvá* real, como o herdeiro consciente da Lei mosaica e da história de sua revelação. Era Moisés quem falava de novo através de Josias, do mesmo modo que Deus falara através de Moisés. Portanto, é a mística bruxuleante daquele Livro Perdido, com suas palavras aguardando olhos que as lessem e bocas que as pronunciassem, deixado em algum lugar, meio enterrado nos detritos da incredulidade, à espera de uma ressurreição, que constitui o cerne da narrativa. A simplicidade do mistério é a graça da história. Sua força reside não numa estatuária triunfal, em minas de metais preciosos ou num exército inumerável, mas num mero rolo de palavras: é por essa razão que o conceito do termo grego "Deuteronômio" ("Segunda Lei") é expresso muito melhor pelo hebraico *dvarim*, que significa "palavras". Desde o momento em que os judeus se entenderam como uma cultura separada, ser judeu foi ser livresco.

Contudo, apesar das reiteradas promessas de YHWH de prostrar os poderosos aos pés do povo com o qual celebrara a aliança, o Livro nunca garantiu invulnerabilidade, nem mesmo a Josias, seu redescobridor. O Livro fornecia detalhes abundantes sobre as aves que os judeus podiam ou não podiam comer (nada de abutres, águias-pescadoras e milhafres, muito menos corvos, morcegos e corujas), mas não prestava ajuda alguma quando se tratava de oferecer orientação estratégica para os reis de Judá sitiados em fins do século VII a.C. Tendo escapado dos assírios, duas gerações depois o reinozinho apertado e montanhoso viu-se comprimido por duas potências expansionistas e agressivas do Nilo e do Eufrates. Na Mesopotâmia, os babilônios tinham praticamente acabado com a Assíria e, reconhecendo o perigo, o faraó Necao II (cujos mercenários judeus provavelmente estavam servindo em Elefantina) decidiu, em 609 a.C., intervir em favor dos assírios sitiados e enfrentar a Babilônia antes que fosse tarde demais para impedir que seus exércitos se firmassem como uma força hegemônica invencível. Obrigado a escolher, Josias apostou na Babilônia, pondo seu próprio exército, e a si próprio, no caminho do avanço egípcio para o norte.

Escrevendo depois do desastre, o cronista dramatiza a história, fazendo Necao enviar embaixadores a Josias, implorando-lhe que se afastasse: "Não é a ti que vou atacar hoje, mas é com outra dinastia que estou em guerra [...]. Deixa, pois, agir o Deus que está comigo, para não suceder que ele te arruíne" (2º Crônicas 35,21). Mas é possível que Josias desse pouco crédito à palavra de um deus que saía da boca de um faraó, e atacou os egípcios em Megido, no norte do país. Uma flecha disparada por um arqueiro egípcio encontrou o alvo. Ferido de morte, Josias foi levado de volta a Jerusalém, "onde ele morreu. Sepultaram-no nos sepulcros de seus pais. Todo o Judá e Jerusalém o pranteou" (2º Crônicas 35,24).

O momento de Josias mostrou ser uma falsa alvorada para a aliança entre a santidade e o poder; na verdade, foi um prelúdio de catástrofe. Depois do ocorrido em Megido, o filho de Josias, Joacaz, coroado no lugar do pai, foi destronado sem mais aquela por Necao e levado cativo para o Egito, sendo seu irmão Joaquim posto em seu lugar como um aliado confiável do Egito. Quatro anos depois, em 605 a.C., duas derrotas devastadoras dos exércitos de Necao diante dos babilônios, em Carquêmis e Hamate (Hama), levaram Joaquim a repensar sua estratégia de sobrevivência. Durante quase uma década, ele jogou as duas grandes potências uma contra a outra, mas, o que talvez seja compreensível, nunca tomou uma decisão definitiva, aliando-se sempre com a que no momento parecia mais poderosa. Ao morrer, não se sabe ao certo se pela mão de um assassino ou em defesa de Jerusalém, na primavera de 597 a.C., já pagava o preço de ter presumido prematuramente que o pior da ameaça babilônia já passara.

Depois da destruição final, o Livro de Jeremias (cujo autor foi, é quase certo, o próprio secretário-escriba de Jeremias, Baruc) dá uma explicação bem de escriba para a morte de Joaquim: a recusa a escutar, sua obstinação em não ouvir as palavras do Livro. Numa das cenas mais vívidas de Jeremias, o capítulo 36, o rei, que vinha ignorando as advertências do profeta, está sentado diante do fogo de um braseiro em sua "casa de inverno", permitindo de má vontade que seu conselheiro Judi leia os sombrios pronunciamentos do rolo: "E assim que Judi lia três ou quatro colunas, o rei as cortava com a faca do escriba e as lançava no fogo do braseiro, até que todo o rolo foi consumido pelo fogo do braseiro" (Jeremias 36,23). Não é preciso dizer que YHWH ordena a Jeremias que mande Baruc reescrever o rolo queimado — com algumas adições —, trazendo mais más notícias: que o cadáver de Joaquim ficaria exposto ao calor do dia e ao frio da noite. Pode-se tapar os ouvidos, queimar o Livro, ignorá-lo, transformá-lo em pasta. Ainda assim, sua mensagem há de chegar ao destino, alta e clara.

Sem um novo Ezequias ou Josias, reis que escutavam o que o Livro dizia, não haveria nenhum "milagre assírio". O reinado do filho de Joaquim, de nome muito semelhante, Joaquin, durou apenas três meses antes que ele fosse deposto por Nabucodonosor e levado prisioneiro para a Babilônia, com "príncipes" e "homens de Judá". Em seu lugar, foi entronizado o último filho de Josias e tio do rapaz — Sedecias, que viria a ser o último rei de Judá.

Nem tudo estava acabado. O reino tinha sido transformado num Estado fantoche dos babilônios, mas nem Sedecias nem o povo de Judá aceitavam a submissão, o que irritava profetas como Jeremias, que pregavam que a Babilônia estava executando o castigo imposto por YHWH. Esses profetas podem ter aborrecido Sedecias, mas a atitude deles não era necessariamente a dos demais. Existem provas documentais de que, durante quase dez anos, Sedecias e os habitantes da região montanhosa ao sul e a oeste de Jerusalém estiveram a um passo da revolta, causando problemas contínuos aos babilônios. Por volta do final da década, as fortalezas que os reis, a partir de Davi, tinham espalhado pelos cumes dos montes, bem provisionadas pela produção abundante da planície de Sefelá, resistiram mesmo quando, em 588 a.C., a própria Jerusalém foi cercada. É possível que os comandantes desses bastiões tenham acreditado que, se Sedecias conseguisse suportar a pressão e se o sistema de abastecimento de água de Ezequias continuasse a funcionar, o novo faraó, Apriés (ajudado, talvez, por mercenários judeus vindos do Nilo), talvez pudesse resolver a situação antes que fosse tarde demais. Pelo menos dessa vez, a esperança de Judá era o Egito.

No entanto, Apriés estava mais interessado em garantir sua fronteira sul contra núbios e etíopes, e abandonou a Palestina e a Síria aos babilônios. Era apenas uma questão de tempo para que a poderosa máquina militar babilônia investisse contra o que restava do reino de Judá. E foi exatamente nesse período, 588-7 a.C., os últimos anos da independência de Judá, que ouvimos a voz de um judeu na linha de frente, em fragmentos de cartas escritas em hebraico em tábulas de cerâmica, por um oficial, Osaías, que servia na grande fortaleza amuralhada de Laquis, incumbida de controlar a estrada que ia de Ascalon, na costa, até Hebron, nos montes.

Osaías, como todos na Judeia naquele tenso verão de 587 a.C., aguarda, nervoso, o que está para acontecer. Em vista da situação, sua voz, que o escriba deixa soar com toda a aspereza coloquial, é compreensivelmente irritada, tentando fazer com que suas mensagens cheguem a um oficial superior em outro posto. Ele quase nunca poupa palavras e tem o hábito de tomar o nome de YHWH, se não em vão, decerto com bastante familiaridade. Presumivelmente atendendo ao pedido de um oficial superior, o "sr. Joás", com relação a uma informação sobre tropas ou suprimentos, ele responde: "Por que pensou em mim? Afinal de contas, não passo de um cão. Que YHWH o ajude a saber o que deseja". Por ora, felizmente, a estrada para Jerusalém ainda está aberta, mas à medida que o horizonte escurece as cartas de Osaías passam a mencionar prisões, confiscos, interrupções agourentas da correspondência. Numa delas, perto do fim, ele diz que de Laquis não se consegue avistar a fogueira de sinalização de outra fortaleza mais próxima a Jerusalém, a de Azeca. Interpretações românticas sustentaram que isso significava que a fogueira tinha sido apagada pelos babilônios depois de capturarem o forte, mas é possível que seja uma mostra da vigilância atenta de Osaías quanto à visibilidade do sinal de Azeca ao longo da cadeia de sinalização.[13]

Estamos, pois, diante de *duas* histórias dos judeus, originárias da mesma época agitada, escritas lado a lado, provindo uma dos registros arqueológicos e a outra do trabalho infinitamente editado, redigido, antologizado e revisado que acabará sendo a Bíblia hebraica. Uma é poética, a outra, prosaica, mas nem por isso um registro menos vívido da vida judaica. Uma exalta o nome de YHWH, a outra o utiliza com displicência como parte da linguagem do dia a dia (embora, ao contrário dos judeus de Elefantina, sem juntar a ele os nomes de outras divindades locais). Uma voz é irritada e prática; a outra é profética, poética, altissonante. Uma trata de azeite, vinho, utilização de tropas e sinalizações de defesa; a outra entoa, extática, louvores a YHWH ou prescreve o número de animais a serem sacrificados, impõe aos servidores de YHWH a obrigação de observar com rigor os últimos mandamentos de Moisés. Uma das vozes tenta chegar aos demais judeus no monte mais próximo; a outra busca alcançar os judeus em toda a eternidade. Uma não consegue imaginar o futuro após um apocalipse; a outra estremece, frenética, diante de sua iminência.

Nunca saberemos com absoluta certeza quantos e quais foram os livros da Bíblia hebraica escritos *antes* da deportação em massa de 597 a.C. e da destruição final de Jerusalém dez anos mais tarde, e quantos foram escritos depois disso. Todavia, especialistas determinaram que as partes mais antigas desses livros (canções épicas de triunfo como o "Canto de vitória" do Êxodo, que exulta com o afogamento do faraó e do exército que perseguia os israelitas) datam, no mínimo, do século XI a.C., ou seja, *antes* do reinado de Davi![14] O estilo do cântico — "Cantarei a Iahweh, porque se vestiu de glória;/ ele lançou ao mar o cavalo e o cavaleiro" (Êxodo 15,1) — tem sido comparado, de forma convincente, com poemas míticos cananeus nos quais o desafiador deus Baal conquista o mar numa violenta tormenta. Ou seja, embora os primeiros editores e escribas que elaboravam suas primeiras narrativas, quem sabe no fim do século X a.C., desejassem distinguir YHWH como a divindade local suprema, deviam algumas de suas passagens mais comoventes à tradição poética de seus vizinhos. Ao passarem a escrever a crônica de fatos relativamente mais recentes, fizeram questão de incorporar a suas narrativas aquelas formas antigas de coro e refrão, de dar ao livro escrito e formador de uma identidade uma marca forte da memória oral herdada de tempos imemoriais. Não é por acaso que sua dicção épica lembra os cantos de guerra quase contemporâneos da *Ilíada*. No entanto, no caso hebreu-israelita essas narrativas são apresentadas como uma herança comum para uma audiência compartilhada. Nelas ecoam, intensos, cantos e nênias autenticamente arcaicos, seja em triunfo exultante ("Cântico de Débora e de Barac", em Juízes: "Vós que cavalgais brancas jumentas/ e vos assentais em tapetes,/ e vós que ides pelos caminhos, estai atentos,/ às aclamações dos pastores,/ à beira dos bebedouros./ [...]/ Desperta, Débora, desperta!/ Desperta, desperta, entoa um cântico!" [Juízes 5,10-12]), seja na trágica "Elegia de Davi", no Segundo Livro de Samuel, sobre a morte de Saul e Jônatas:

*Não o publiqueis em Gat,
não o anuncieis nas ruas de Ascalon,
que não se alegrem as filhas dos filisteus,
[...]
Que sofrimento tenho por ti, meu irmão Jônatas.*

*Tu tinhas para mim tanto encanto,
a tua amizade me era mais cara
do que o amor das mulheres.
Como caíram os heróis
e pereceram as armas de guerra?*[15]
(2º Samuel 1,20.26-27)

Os poemas épicos e os cânticos conferem às compilações da narrativa bíblica, feitas pelos escribas, seu ar de enorme antiguidade, de forma que pudessem retroceder da história mais ou menos recente de Davi (transcorrida um século e meio antes), contada em Samuel, passando por Juízes e pelas conquistas de Josué, para chegar ao grandioso e seminal mito de fundação do Êxodo; a seguir, recuando ainda mais, para a saga dos patriarcas, as peregrinações que os fizeram entrar e sair do Egito, os tropeções pelas epifanias dramáticas de sofrimentos e alianças: a gravidez de Sara nonagenária, o quase sacrifício de Isaac, a exploração do faminto Esaú por Jacó, a túnica de várias cores de José e a interpretação dos sonhos do faraó. Todo esse fabulário, que pretendia narrar as origens, continuou a ser embelezado, enriquecido, modificado e repetido ao longo de muitas gerações, dando aos israelitas um forte senso de história determinada pela vontade divina e de uma ancestralidade coletiva imaginária que seus escribas e sacerdotes acreditavam ser necessárias para suster uma identidade comum ameaçada pela dolorosa realidade histórica.

No fim do século xix, biblicistas alemães identificaram quatro linhas narrativas separadas. Entre eles destacou-se Julius Wellhausen, que lançou a "hipótese documentária" (ou documental), segundo a qual os cinco primeiros livros da Bíblia tiveram origem em culturas separadas, cada uma das quais deu um nome diferente à divindade suprema. Cada uma delas oferece versões próprias dos mesmos eventos — até da Criação —, que são contadas mais de duas vezes, e diferentes destaques tonais que atestam suas respectivas preocupações.

O texto iavista ou texto "J" chama o Deus israelita de YHWH e, como formas desse nome ocorrem no sul de Canaã e em regiões desérticas, considera-se que a narrativa foi iniciada por escribas do sul. O texto eloísta ou texto "E", que chama Deus de *El*, o mesmo nome da divindade suprema fenício-cananeia, caracteriza-se como obra de uma cultura mais setentrional. No século VIII a.C., provavelmente no reinado do reformador Ezequias, esses textos foram reunidos. É possível que os escribas responsáveis pelo texto "E", ou seus descendentes (quer no sentido profissional, quer no familiar), tenham descido para Jerusalém depois da destruição do reino de Israel pelos assírios, em 721 a.C., e ali reunido as narrativas no texto judaíta "J". Em algum momento no século VII a.C., talvez em reação ao flagrante politeísmo de Manassés, montou-se um texto sacerdotal ou texto "P" [do alemão *Priester*, sacerdote], com suas obsessões corretivas e compulsivas em relação a minúcias de observância, à estrutura do Templo e à hierarquia sagrada de tribos e pessoas. O mesmo clangor do Deuteronômio reverbera no fim desse século, quando Josias fazia reviver as reformas de seu bisavô Ezequias e, junto com elas, uma incisiva reelaboração e expansão das histórias de Josué, Samuel, Juízes e Reis: a versão deuteronomista ou versão "D".

No caso dos profetas posteriores, no entanto, surge uma quinta linha, com uma sonoridade mais poética e uma beleza mais visceral do que quaisquer textos anteriores — ainda que, vez por outra, num tom ezequieliano um tanto alucinado e delirante. Essa linha chega ao auge com quem quer que tenha sido responsável pelo Segundo Isaías, os últimos 26 capítulos do livro. Referências a decretos do persa Ciro situam o acréscimo no século VI e até, possivelmente, no século V a.C., e grande parte do texto é, evidentemente, uma reação ao fato de seu autor viver num mundo de colossos pagãos e à reverência a imagens e ídolos.

O Segundo Isaías é o primeiro livro da Bíblia hebraica a repisar de modo inequívoco não só a supremacia de YHWH como também a exclusividade de Sua realidade. "Eu sou Deus e não há outro! Sim, sou Deus e não há quem seja igual a mim" (Isaías 46,9), proclama a divindade. "Eu sou o primeiro e o último, fora de mim não há Deus" (Isaías 44,6). Entretanto, os capítulos fazem mais do que apenas anunciar uma declaração ou advertir contra a idolatria, cujo absurdo é mostrado no capítulo 44. Vê-se um carpinteiro a trabalhar, com sua régua, o compasso e a plaina, produzindo uma escultura com "a beleza de um ser humano". A seguir, o autor passa para uma visão de ciprestes, cedros e carvalhos, derrubados pelo machado para que o mesmo carpinteiro possa fazer pães e assar carne.

> Uma metade ele queimou ao fogo; com ela fez um assado, que come até saciar-se. Aquece-se ao fogo e diz: "Que delícia! Aqueci-me e vi a luz". Com o resto faz um deus [...] prostra-se diante dele e o adora e lhe dirige súplicas, dizendo: "Salva-me, porque tu és o meu deus". (Isaías 44,16-17)

Em contraste, YHWH é "um Deus que se esconde" (Isaías 45,15), um deus sem forma humana nem nenhuma outra, um deus de voz e de palavras. "O Senhor Iahweh me deu uma língua" (Isaías 50,4).

O Segundo Isaías está consciente de que suas palavras estão fazendo algo novo; não só reciclando uma memória imemorial, uma injunção à obediência mosaica, mas também proporcionando um hino de consolação ("Consolai, consolai meu povo" [Isaías 40,1]), expectativa e esperança paciente. Seus versos destilam um traço de desprezo pelo poder terreno dos impérios que não poderia contrastar mais com as inscrições triunfais do Egito, da Assíria e da Babilônia: "Para ele as nações não passam de uma gota que cai do balde,/ são reputadas como o pó depositado nos pratos da balança./ [...]/ Todas as nações são como nada diante dele,/ não passam de coisa vã e nada" (Isaías 40,15.17). Essa é de fato uma voz sintonizada com as necessidades dos desvalidos, dos "cativos" e dos desabrigados. O "cântico novo" de seus versos parece talhado para aqueles destinados a desenraizamentos, a vagueações incessantes e a jornadas incertas. As águas e as fogueiras da Mesopotâmia marulham e cintilam nos versos desse novo cântico: "Quando passares pela água, estarei contigo,/ quando passares por rios, eles não te submergirão./ Quando andares pelo fogo, não te queimarás" (Isaías 43,2).

Um fato central, possivelmente *o* fato central, com relação à Bíblia hebraica é que ela não foi escrita num momento de apogeu, e sim ao longo de três séculos de tribulações (dos séculos VIII ao V a.C.). É isso que dá à Bíblia sua sobriedade cumulativa, sua poesia admonitória, e a salva da crueza do autolouvor triunfalista que se vê nas culturas imperiais. Mesmo quando ela reivindica um vínculo especial com YHWH, uma aliança da qual nenhuma outra nação poderia também participar, qualquer tentação de ufanar-se dessa excepcionalidade é atalhada pela epopeia consternadora de divisão, traições, tumultos, fraudes, atrocidades, desastres, transgressões e derrotas que se desenrola em suas páginas. Absalão, o filho mais amado de Davi, morre de forma particularmente medonha numa rebelião contra o pai. O reino de Salomão, fadado a grandezas imperiais, não perdura nem uma geração depois de sua morte. O rei Manassés institui o horror que é o sacrifício de crianças pelo fogo. Os egípcios estão sempre diante de uma porta e os impérios mesopotâmicos, em outra.

Isso não quer dizer, porém, que a Bíblia foi composta *basicamente* como um documento de consolo, que desde o começo seu pergaminho se manchou de lágrimas. Isso equivaleria a reforçar a impressão anacrônica de que a história dos judeus foi toldada por uma antevisão trágica desde o começo, que suas palavras foram sempre escritas com o pressentimento de iminente aniquilação: babilônica, romana, medieval, fascista. Isso equivaleria a endossar a tradição romântica do hebreu lastimoso — a se descabelar, a bater no peito, o *schreiyer* nas cinzas. Isso não quer dizer que não houve nada que lamentar na longa história que se segue — a Bíblia hebraica e grande parte da história subsequente de fato caminham na sombra do vale da morte —, mas suas páginas, e a história dos judeus ao longo dos milênios, saem dos vales de lágrimas para lugares mais amenos, e vozes judias trocam os cantos fúnebres por canções alegres com mais frequência do que se imagina.

As várias gerações de autores bíblicos escreveram o Livro não presumindo o pior, mas preparando-se para essa possibilidade. Há nisso, como qualquer judeu lhe dirá, uma grande diferença — a diferença entre a vida e a morte. Grande parte do Livro falante não é um ensaio para a tristeza, mas uma luta contra sua inevitabilidade, outra diferença importante. Trata-se de um combate ao fatalismo, e não de sua promoção.

Os longos anos durante os quais a Bíblia hebraica ganhou vida não estão envoltos no mesmo silêncio das celas dos escribas que a criaram. Por mais de um século, a arqueologia resgatou do esquecimento um surpreendente palavrório hebraico, ao lado das sonoridades da dicção bíblica. Inevitavelmente, suas frases são tão quebradas quanto os cacos de cerâmica em que muitas vezes estão escritas. Às vezes não são mais do que o equivalente a um tuíte em hebraico, avisando que um jarro de vinho ou azeite é de fulano de tal, ou (com muita frequência) uma impressão de sinete em que se lê *lmlk*, indicando que o objeto pertence ao governo ou a uma pessoa, em geral o rei. Entretanto, às vezes (e nós, meros historiadores, devemos essa mágica à perseverança dos epigrafistas) os tuítes se convertem em verdadeiros textos: histórias de queixas, ansiedades, profecias, bravatas. Basta a abundância cacofônica dessas vozes, seu volume, para deixar claro que havia em Judá e em Samaria — os territórios que formavam o velho reino unificado — uma vida diferente da narrativa central da Bíblia, e não de todo dominada por ela. Era a diferença entre o pergaminho e o caco de cerâmica: o primeiro, uma pele de animal, curtida, preparada, escrita com todo o cuidado, destinada a funções arquivísticas e à recitação pública; o segundo, escrito à tinta em qualquer pedaço quebrado de cerâmica que estivesse à mão. Estes últimos eram materiais simples, pobres, à disposição de quem quisesse usá-los. Podemos imaginar pilhas desses cacos amontoados no canto de um cômodo ou num quintal. A simples *existência* física desses textos — escritos de forma a poupar espaço, cartas com um milímetro de altura, compactadas no espaço disponível do caco, com a mão se dobrando sobre a superfície muitas vezes curva, a disponibilidade fácil desses cacos — é em si uma indicação da ânsia de conversa, da inquietação singularmente irreprimível da cultura hebreia e judaica. Às vezes a escrita é de tal modo espremida no caco que dá a sensação de judeus (todos os conhecemos) falando uns por cima dos outros, não deixando que o outro consiga participar da conversa. As interrupções nesses cacos tampouco são raras.

Esse palavreado febril não estava totalmente distanciado do hebraico clássico, falado ou escrito. Usava o mesmo alfabeto padronizado; mais ou menos as mesmas formas, a mesma gramática e a mesma sintaxe, ainda que pudesse ser escrito da direita para a esquerda *ou* da esquerda para a direita. Entretanto, o hebraico do dia a dia, que se desenvolveu a partir do cananeu-fenício, era pouco cuidado — fraturado, carregado de energia exclamatória e rude. A eloquência da Bíblia é poética; a eloquência dos fragmentos de cerâmica e dos papiros é social. Não obstante, seu ruído mundano ultrapassa as paredes da meditação bíblica para tornar a história judaica singularmente vocalizada entre os livros do monoteísmo. A Bíblia pode ter moldado a língua hebraica, mas não a criou; antes, como Seth Senders mostrou de forma brilhante, ela viaja *através* de uma animada língua anterior que, no século VIII a.C., já está pronta para ser retrabalhada para os fins da história e do direito e das necessidades da genealogia e da ancestralidade — todas respostas para as perguntas perenes:

quem somos, por que isso está acontecendo conosco?¹⁶ As transposições — entre a linguagem sagrada e a social, entre a língua oral e a escrita, entre o que é claramente hebraico-iavista e o que está, na verdade, muito próximo das culturas vizinhas (moabita, fenícia e até egípcia) — atuam nos dois sentidos, afetando tanto as Escrituras quanto a sociedade. Se a Bíblia deve sua infinita vitalidade, sua pulsação de vida terrenal em meio a todas as visões e mistérios (a tortuosidade de Jacó, a irritabilidade de Moisés, o carisma lascivo de Davi, a covardia de Jonas, mas também suas harpas e trombetas, os figos e o mel, as pombas e os jumentos), ao fato de importar com êxito versões nada heroicas da humanidade da matriz animada que era o hebraico falado e escrito, também é verdade que a realidade cotidiana em Judá foi marcada pela Bíblia — por suas orações e prodígios, por suas leis e juízos.

A exuberância sensual do texto da Bíblia deve muito a uma redação que coabita com a língua falada, retendo sua verve e seu vigor. O fato de essas histórias famosas do Livro Descoberto envolverem um leitor e uma plateia não significa que os ouvintes assumem um estado de obediência passiva (não mais, digamos, do que numa leitura da Hagadá no Pessach hoje em dia). Às vezes eles se aborrecem com a presunção de que é preciso lê-las para eles. Osaías, nosso oficial militar, enfiado na cidade fortificada de Laquis às vésperas da invasão babilônia, achou tempo para protestar, indignado, contra o fato de seu superior, o sr. Joás, pressupor que ele era analfabeto. Depois das habituais introduções polidas ("Que YHWH lhe envie boas notícias"), Osaías reclama do sr. Joás.

> Mas o senhor poderia fazer o favor de me explicar o que quis dizer com a carta que me enviou ontem à noite? Estou chocado desde que a recebi. "Não sabe ler uma carta?", o senhor escreveu. Por Deus, ninguém nunca teve de ler uma carta para *mim*! E quando recebo uma carta [...] posso recitá-la, palavra por palavra!¹⁷

A carta, uma das dezesseis encontradas numa sala de guarda junto do portão monumental durante as escavações de Laquis, na década de 1930, evidencia não só que o conhecimento da leitura e da escrita tinha se espalhado, em Judá, para bem além da elite de sacerdotes, escribas e cortesãos, como também que soldados comuns, como Osaías, muito dado à linguagem de caserna — "filho de um cachorro que eu sou" —, consideravam uma desfeita alguém supor que eles não soubessem ler. Basta essa carta para responder, em parte, à pergunta sobre quem seria o público leitor dos rolos da Bíblia, além da plateia que ouvia sua leitura.

A educação, pelo menos nos rudimentos da leitura e da escrita, já remontava a pelo menos três séculos antes de Osaías, o soldado de pavio curto. Tanto cartilhas quanto o alfabeto linear e a escrita semítica ocidental, que surgiu do cananeu e se tornou um hebraico reconhecível (a base para a escrita do grego e de todas as grafias alfabéticas posteriores), foram descobertos há pouco tempo em Tel Zayit, a certa distância do porto de Ascalon, datando do período davídico-salomônico do século x a.C., e no posto avançado de Kuntillet Ajrud, no norte do Sinai, datando do século VIII a.C. Os dois conjuntos apresentam as 22 letras do alfabeto hebraico (embora com algumas alterações importantes em sua ordem), que assinala uma ruptura em relação aos sistemas de escrita dominantes de seus vizinhos maiores — os caracteres cuneiformes de assírios e persas e os anteriores hieróglifos egípcios.[18]

É possível que essas cartilhas de ensino e treinamento fossem um componente da formação dos escribas, e houve quem imaginasse (forçando um pouco as evidências) que já no século VIII a.C. existiam escolas de escribas em todo o reino. Mas na verdade o que surpreende é o ar *corriqueiro* das cartilhas, a forte sensação que dão de serem tábulas de treinamento, cadernos de pedra — com a direção da escrita ainda variável (da esquerda para a direita ou, como hoje em hebraico, da direita para a esquerda) —, e não alguma forma oficial de ensino.

Tanto Tel Zayit (onde os caracteres foram talhados numa rocha calcária) como Kuntillet Ajrud chamam a atenção por serem lugares provincianos em termos culturais, mas, ainda assim, encruzilhadas de comércio, movimentos militares e cultos locais. Desse modo, é bem possível que a simplicidade muito maior do alfabeto linear em relação à escrita com caracteres cuneiformes significasse que a aptidão para ler e escrever, ainda que com frequência exercida para o registro de mensagens prosaicas funcionais, já tivesse alcançado grupos muito abaixo da elite. Em Kuntillet Ajrud, a quantidade de bênçãos, maldições, hinos de louvor e — o mais notável — desenhos estilizados (de mulheres tocando liras, de uma vaca amamentando um bezerro e coisas assim) indica uma espécie de exuberância que vai e volta entre o domínio do sagrado e a agitação da vida cotidiana. Na mesma linha, um famoso almanaque agrícola do século IX a.C. encontrado em Gazer, nas planícies de Sefelá, cerca de trinta quilômetros a oeste de Jerusalém, com as rotinas agrícolas divididas pelos meses ("um mês de juntar feno/ um mês de colher cevada/ um mês de podar as vinhas/ um mês de frutos de verão"), também aponta para um tipo de escrita inteiramente distanciado do estilo burocrático e formal dos escribas, monopólio daqueles que dirigiam o reino em outras áreas da região. De maneira convincente, Sanders caracteriza o fenômeno como uma escrita profissional, desenvolvida no reino, e não como produto de algum "iluminismo salomônico".

Algo de profundo ocorreu entre o século VIII e o V a.C., quando a Bíblia estava sendo composta, no mundo paralelo que cercava os escribas e os sacerdotes do Templo. Como sistema de escrita, o hebraico evoluiu do fenício-cananeu para uma forma padrão que era praticamente a mesma língua do norte ao sul da Palestina (e também para leste, do outro lado do Jordão): uma língua unificada, muito embora os reinos de Israel e Judá estivessem separados (ou, no caso de Israel, destruído). Era uma língua que se estendia além dos reinos iavistas, pois as inscrições de IX a.C. da pedra de Mesa, rei dos moabitas, que comemorava a libertação de seu povo do domínio de Israel, foram feitas num vigoroso hebraico clássico, a língua do inimigo.

Em Judá e Samaria, o mesmo hebraico une, em vez de dividir, diferentes classes da população. Aqueles que escrevem petições e aqueles que as avaliam não são separados por mundos linguísticos distintos. Em parte, a continuidade pode se dever à maneira como se expressam os escribas que escrevem em nome dos peticionários, mas, é inegável, o mesmo hebraico está vivo em muitos lugares diferentes, social e geograficamente. Ele tem sido encontrado (e as descobertas prosseguem, numa época de escavações de fecundidade excepcional) nos armazéns de Erad, outra praça-forte no norte do Neguev, onde o intendente Elyashib ben Eshyahu, que aguardava o ataque babilônico, recebia carta após carta requisitando carradas de azeite, vinho e farinha de trigo.[19] Mais ou menos vinte anos antes, um trabalhador agrícola numa área costeira perto de Ashdod, onde um forte judaíta resistia ao avanço egípcio contra Josias, apelou a um oficial superior na guarnição para que lhe fosse restituída uma camisa que lhe fora tirada como garantia de um empréstimo, apesar da proibição bíblica desses confiscos.[20]

> Depois que terminei minha colheita, há alguns dias, ele tirou a roupa de teu servo [forma como o peticionário se refere a si próprio] [...]. Todos os meus companheiros que colhiam comigo sob o calor do sol darão testemunho de que digo a

verdade. Sou inocente de qualquer transgressão [...]. Se o governador não considera ser sua obrigação devolver a roupa de teu servo, que o faça por compaixão. O senhor não deve ficar em silêncio.

Trata-se de um caso triste, mas ele nos mostra mais do que o desespero de um trabalhador para recuperar a camisa que, em seu entender, lhe foi roubada. O texto indica também que o peticionário sabia alguma coisa do código legal bíblico, em especial as proibições do Levítico e do Deuteronômio sobre tratar os pobres com dureza. É como se elementos das prescrições "sociais" consagradas na Torá já tivessem sido internalizados, não só como preceitos semioficiais e legais, mas também, de alguma forma, como parte das expectativas do povo, protegido pelo rei jeovista.

A escrita alfabética é usada tanto por Deus como pelos homens. YHWH, que no século VI a.C., no máximo, é proclamado como o único Deus verdadeiro, pode não ter rosto nem forma, mas há ocasiões em que assume um único aspecto revelado: o dedo que escreve. Em um dos relatos da teofania a Moisés, esse dedo escreve o mandamento direto na tábua de pedra. No Livro de Daniel, escreve a advertência na parede durante o festim do rei Baltazar. Deus é o dedo; Deus escreve; Deus é, acima de tudo o mais, palavras. Mas não as guarda para Si. Qualquer tentativa, por parte dos sacerdotes do Templo, de condicionar a escrita à obediência religiosa é derrotada pela versatilidade libertada da forma. O gênio saiu da garrafa. Na verdade, estava à solta e circulando antes que a Bíblia o prendesse na garrafa. Desse modo, essa escrita hebraica, como tantas coisas mais da vida judaica que se seguiria, está ligada, mas não presa servilmente, à observância. Está livre e levando sua vida estupenda, argumentativa, indisciplinada, gárrula.

Não há exemplo mais dramático desse vigor independente que uma inscrição em hebraico talhada na parede da extremidade sul de um túnel aberto pelos engenheiros militares do rei Ezequias para levar água captada da fonte de Gion, em Siloé, para um amplo reservatório dentro das muralhas da cidade. A construção desse aqueduto subterrâneo fazia parte dos preparativos estratégicos de Ezequias para resistir ao sítio dos exércitos assírios de Senaqueribe no fim do século VIII a.C., depois que resolveu confiar em YHWH (de cujo Templo ele tirara os ritos e imagens pagãos) e desafiar as exigências incessantes do pagamento de tributo por parte do rei assírio. No entanto, embora a abertura do túnel, com seus 643 metros de extensão, fosse uma proeza notável, por ele ter sido cavado na rocha calcária sem a ajuda de poços verticais de ar e luz, como parte de um sistema de abastecimento de água sem paralelo em nenhuma parte do mundo de então, o novo aqueduto é mencionado apenas de passagem no Segundo Livro dos Reis ("Ezequias [...] construiu o reservatório e o aqueduto para levar água à cidade" [2º Reis 20,20]) e, com um pouco mais de detalhe, no Segundo Livro das Crônicas ("Foi Ezequias que obstruiu a saída superior das águas do Gion e as canalizou para baixo, para o ocidente da Cidade de Davi" [2º Crônicas 32,30]). Mas o trecho transcrito a seguir constitui outra forma de descrever, ou antes, de dramatizar o que de fato aconteceu no clímax da obra. O notável é que a inscrição pretende ser uma narrativa fiel à realidade, uma história em miniatura, a primeira que conhecemos, de judeus comuns realizando uma obra:

> [...] e essa é a história [*dvr*] do túnel [...] de como os homens brandiam suas picaretas, cada qual voltado para os companheiros, e quando ainda faltavam abrir três côvados ouviu-se a voz de um homem que chamava pelos companheiros, pois havia na rocha uma fissura à direita e [à esquerda]. E no dia em que ela foi furada, os cavadores golpearam [a rocha], com cada homem voltado para o companheiro, picareta contra picareta. E a água correu da fonte para o reservatório, numa distância de 1200 côvados. E cem côvados era a altura da rocha sobre as cabeças dos cavadores.

As 180 palavras do original constituem a mais longa e contínua inscrição em hebraico antigo que conhecemos. Ao contrário das estelas da Babilônia e da Assíria, do Egito ou mesmo do pequeno Moab, seu tema não são os feitos e o renome do monarca, nem a invencibilidade de seus deuses. Ela celebra o triunfo de trabalhadores judeus comuns — homens que usavam picaretas. Não era uma inscrição monumental destinada a ser admirada pelo público, mas para ser vista por quem um dia, avançando com dificuldade pelo leito escorregadio do túnel, desse com ela. É uma achega histórica fora da Bíblia; palavras deixadas para a posteridade, com a espontaneidade de uma pessoa que rabisca grafites numa parede, mas, ao contrário de grafites, talhada na rocha em caracteres hebraicos perfeitos e grandes (dois centímetros de altura). Tudo isso decerto faz dela, também, uma história judaica.

3. Pesquisando, adivinhando...

Como é possível que ninguém tenha descoberto antes a história deixada pelos trabalhadores do túnel, há dois milênios e meio? Como é possível que o desfile de ingleses rosados — biblicistas, missionários, engenheiros militares, cartógrafos e agrimensores, munidos de trenas, mapas, cadernetas, cadernos e lápis, acompanhados por oficiais militares e guias, todos eles chapinhando, vadeando e depois forçosamente rastejando pelo túnel cavernoso e inundado — tenha deixado de notar aquelas seis linhas de caracteres hebraicos entalhados na parede rochosa? Ou já seria trabalhoso demais avançar pela passagem sinuosa, tentando respirar mesmo com a água na altura do queixo, levantando a vela para a cera não queimar os dedos, para que aqueles homens procurassem inscrições — que se supõe estarem ao ar livre, à luz do dia, e não ocultas na escuridão subterrânea?

Nenhuma dessas dificuldades foi impeditiva para um estudante adolescente.[1] Jacó Eliyahu, com dezesseis anos em 1880, nascera em Ramalá, para onde sua mãe fora fugindo da cólera em Jerusalém. Seus pais eram judeus sefardis que, depois de emigrarem da Turquia para a Palestina, tinham sido convertidos ao cristianismo pela Missão de Londres. Poliglota e curioso, Jacó se interessava pelas histórias sobre o aqueduto subterrâneo que, pelo que diziam, serpenteava sob a rocha do monte do Templo a mais de sessenta metros de profundidade, partindo de um manancial chamado Fonte da Virgem e chegando ao Reservatório de Siloé. Crendices que diziam que um fantasma ou dragão (o mesmo que dera nome ao Poço do Dragão, pelo qual passara Neemias) vivia escondido ali despertavam sua curiosidade. Dizia-se também que o túnel tinha sido aberto por grupos de trabalhadores que partiram das duas extremidades e se encontraram no meio. Jacó chamou um amigo, Samson, para começar a percorrer o túnel a partir da Fonte da Virgem, enquanto ele iniciou sua exploração do Reservatório de Siloé, cuja entrada tinha quase um metro e meio de altura.

Sabendo que o túnel logo se reduziria a um espaço escuro e confinado, Jacó partiu bem preparado, levando velas apoiadas em boias de madeira e um suprimento de fósforos pendurado ao pescoço. Entretanto, quando as águas ficaram mais fundas, os fósforos se molharam, os flutuadores das velas não funcionaram direito e Jacó passou a avançar às apalpadelas junto da parede, a água espumante subindo cada vez mais. Ninguém sabia por que os construtores do túnel o fizeram sinuoso, embora houvesse quem imaginasse que eles estariam evitando os túmulos dos reis de Judá, ocultos em algum ponto sob o Templo.

A mais ou menos trinta metros da entrada de Siloé, Jacó percebeu uma súbita mudança na rocha, que ficava mais lisa e parecia se transformar em um painel entalhado, com mais ou menos dois centímetros de profundidade. Nesse espaço havia letras, dispostas em várias linhas, que desciam até o nível da água, talvez até abaixo de sua superfície, e ainda assim ele conseguia sentir os pontinhos aguçados, produzidos por um cinzel, separando os grupos de caracteres que formavam palavras.

Adolescentes costumam estar atentos a mensagens secretas. Quem saberia dizer quem fora o autor daquela mensagem, com sua caligrafia misteriosa, ou quando ela fora escrita? Um espião? Um prisioneiro? Um soldado? Emocionado com sua descoberta, Jacó avançou rápido para a Fonte da Virgem, a fim de dar a notícia a Samson. Mas este, menos ousado, já tinha dado o fora do túnel havia muito tempo. Todo animado, mas com os olhos ainda não ajustados à luz forte, Jacó agarrou um vulto que supôs ser o do amigo. Só quando uma árabe gritou, assustada com o espírito aquático que saía do túnel, foi que o garoto se deu conta do engano, mas não depressa o bastante para evitar que outra mulher que lavava roupas na Fonte da Virgem o agredisse. Assim que conseguiu fugir de seus gritos e tapas, ele se apressou a dar a notícia a seu professor na Escola Industrial da Missão Juvenil, Herr Conrad Schick.

Embora desconfiasse de que aquilo era importante, Schick não conseguiu decifrar logo o texto em hebraico antigo. Isso teria de aguardar a inspeção do douto professor Archibald Sayce, assiriologista de Oxford que foi de Chipre para Jerusalém e agachou-se na água, examinando os caracteres na parte de baixo da parede e reclamando do desconforto, enquanto seu paciente auxiliar, John Slater, segurava uma vela e era comido vivo pelos mosquitos. Apesar da dificuldade da leitura, pois as letras entalhadas tinham sido obscurecidas pelo silicato de cálcio trazido pela água, Sayce sabia, por detalhes como o "*vav* conversivo" — a letra V feita com três traços e uma linha curta que corta a longa haste vertical — e a longa linha horizontal na base da letra *bet*, que caracterizavam o hebraico do século IX ao VI a.C., que aquela era uma inscrição judaica anterior à queda do reino. Schick, com quem Sayce colaborou na publicação da descoberta, tinha certeza de que aquilo tinha sido feito pelos construtores do túnel de Ezequias. Eles tinham descoberto a voz perdida da Judá do século VIII a.C.

Como todos os que se interessavam pela história de Jerusalém, Schick lera *Biblical Researches* [Pesquisas bíblicas], do mestre da exploração bíblica moderna, o dr. Edward Robinson, ianque de Connecticut que sondara as profundezas do túnel em 1838 junto com o reverendo Eli Smith. Foi Robinson quem concluíra que houve necessidade de duas turmas, partindo das duas extremidades do túnel, para escavar 520 metros de rocha. Eles tinham feito duas expedições ao túnel, "descalçando os sapatos e as meias e enrolando as calças até acima do joelho", avançando pelos primeiros 250 metros, até o ponto em que o teto de rocha baixava e as águas subiam de modo tão alarmante que, mesmo de gatinhas, o avanço se tornava impossível sem uma melhor preparação. Por isso, Robinson e Smith haviam traçado "com a fumaça da vela as iniciais de nossos nomes", recuado e voltado três dias depois para percorrer todo o túnel. Embora Robinson fosse excelente observador, a inscrição lhe passara despercebida, mas ele vira o suficiente para se convencer de que o túnel de Ezequias provava que a Bíblia, ou pelo menos os Livros de Reis e Crônicas, que mencionavam o aqueduto, não eram apenas Escrituras sagradas, mas registros históricos empiricamente verificáveis. Esses achados, escreveu Robinson, "nos permitiram resgatar outro fato histórico antigo do longo esquecimento, ou antes, descrédito, em que tinham permanecido durante tantos séculos".[2]

Tornar a Bíblia uma fonte histórica, além de obra religiosa, era a obsessão também de Conrad Schick. Em 1846, ainda bem jovem, ele foi enviado a Jerusalém como missionário protestante. Fez longos passeios solitários em torno das muralhas, buscando repetir o caminho seguido por Neemias em seu périplo noturno em meados do século v a.C. Observou cada palmo das muralhas e das portas, e ninguém, nem mesmo os engenheiros militares britânicos que tinham feito o mapa do Ordnance Survey entre 1867 e 1870, conhecia tão bem quanto ele o labirinto de túneis e passagens sob o Haram al-Sharif, o monte do Templo. Entre 1873 e 1875, sempre que podia escapar de seus deveres de professor nas bancas de carpintaria da Escola Industrial, ele estudava os quilômetros de túneis e passagens, assim como os tanques, cisternas e reservatórios que acumulavam muitos milhões de litros de água nos meandros sob as mesquitas do santuário.

Schick tinha sonhado com esse lugar, sagrado e profano, tanto acima quanto abaixo do chão, desde seus tempos de jovem irmão na Missão dos Peregrinos na Basileia, o seminário fundado pelo banqueiro evangélico C. F. Spittler. A aspiração de Spittler era que seus jovens organizassem uma cadeia de eremitérios missionários na área que ia de Jerusalém e do mar Morto até a Etiópia. Em Jerusalém, Schick morou com outro irmão-peregrino, Johannes Ferdinand Palmer, tirou das ruas moleques órfãos árabes para poupá-los de uma vida de mendicância e, sempre que podia, trabalhava com o torno e a plaina, fazendo estatuetas de madeira, que esperava vender a mosteiros, junto com um ou outro relógio de cuco.

A carpintaria bíblica era sua paixão. Deus não tinha julgado adequado que o Salvador se criasse numa oficina de carpinteiro? Assim, Conrad Schick encontrou na produção de maquetes arquitetônicas bíblicas sua verdadeira vocação. Sua primeira maquete (que, por incrível que pareça, ainda existe) foi do Haram al-Sharif, feita quando ele era um jovem seminarista na Basileia. Mais tarde, produziu várias outras. Esses modelos em escala eram tão bem executados e complexos que deixavam os moradores de Jerusalém pasmos e conferiam credibilidade à afirmação de Schick de que ele era um verdadeiro arquiteto. Empreendedores judeus e não judeus puseram à sua disposição recursos provenientes de um banco suíço-alemão para que ele erguesse moradias-modelo (no outro sentido) para judeus sem recursos, que as ocupariam sem nenhuma obrigação, embora o lado evangélico do dinheiro esperasse, naturalmente, que nas casas entrasse a Luz do Evangelho, ao lado da natural. Os muitos judeus ortodoxos que hoje residem no bairro de Mea Shearim ficariam surpresos se soubessem que ele foi levantado por mãos ardorosamente cristãs.

As maquetes de Schick receberam elogios dos cônsules britânico, alemão e austríaco, e com tamanho entusiasmo que ocorreu ao governador otomano, Izzet Pasha, que talvez fosse uma boa ideia pedir a Schick que fizesse outra maquete do santuário, a ser exibida na Exposição Internacional de Viena, em 1873, mostrando de forma indireta e elegante o cuidado escrupuloso que o governo otomano dedicava aos lugares santos dos três monoteísmos. Schick fez o que lhe foi solicitado e, além de seus honorários, ganhou o direito especial e raríssimo de ter acesso ao interior dos pátios do Haram al-Sharif e às escavações que estavam sendo realizadas durante obras de reparo das fundações do Domo da Rocha na década de 1870. No subsolo, fez as anotações detalhadas que, como esperava, lhe permitiriam construir a rainha das maquetes, não só do edifício acima da superfície, como também do que ele chamou, em seu inglês estropiado, das "substruções" subterrâneas.

Os ingleses, sobretudo os engenheiros enviados pelo Fundo de Exploração da Palestina para fazer o levantamento topográfico de Jerusalém, acima e abaixo da superfície, já tinham estado nas substruções antes dele, compensando com bom senso militar e exatidão técnica a familiaridade de Schick com a cidade. Um deles, o capitão Charles Warren, navegou pelos esgotos usando uma porta de madeira como jangada. Quando a água subiu muito e o teto baixou, Warren teve de abandonar a navegação pelo esgoto e se arrastou com o corpo debaixo d'água, as águas fétidas a lamberem seu rosto. A força inesperada da torrente fez com que Warren engolisse o lápis que ele levava preso entre os dentes, causando-lhe uma sufocação que quase o mandou desta para melhor. Só o socorro oportuno de seu leal sargento Birtles o salvou — e ainda bem, pois "que espécie de honra", escreveu Warren em seu livro *Underground Jerusalem* [A Jerusalém subterrânea], "haveria em morrer de rosto para baixo, como um rato no esgoto?".

Todos aqueles vitorianos decididos que enfrentaram a corrente subterrânea observaram que deveria ser possível separar a água suja de Jerusalém da limpa. Para provar o que dizia, o dr. Robinson, com arrojo ianque, provou a água e viveu para declarar que não era de todo desagradável. Afinal, ela provinha da fonte natural de Gion, no vale do Cédron. Acima da superfície, porém, a água que servia a população de Jerusalém estava horrivelmente contaminada por vísceras animais e partes não comestíveis de reses, um caldo que, convidando à cólera, a intervalos de poucos anos cobrava um horrendo tributo. As águas pluviais, que pelos padrões do Oriente Médio eram até abundantes no inverno e na primavera, simplesmente escoavam pelo calçamento, por falta de tubulações e reservatórios que as conservassem. Para quem conhecia tanto a superfície como a subestrutura da velha cidade, isso era outro exemplo do ponto a que chegara a degradação da Judeia em relação a seu passado régio.

Naquela época, para os europeus, em especial os pálidos do norte, a qualidade do governo era medida pelo saneamento. Na Grã-Bretanha vitoriana, Disraeli — o turista de Jerusalém, autor de romances ambientados na Terra Santa e líder dos conservadores — declarara que dos melhoramentos sanitários decorria "a maioria dos elementos civilizatórios da humanidade", e sua divisa, *Sanitas sanitorum, omnia sanitas*, havia, ele estava certo disso, salvado vidas. E se tais melhorias eram possíveis na Jerusalém britânica, por que não na região inteira? O turismo na Terra Santa ia de vento em popa em meados do século do progresso. Livros sobre viagens pelo Nilo e pelo Jordão eram publicados todo ano para um mercado aparentemente insaciável. O motivo era evidente. A profecia de Thomas Carlyle, de que a "era da máquina" esmagaria o espírito, não se concretizara. Na verdade, ocorrera o contrário. Quanto mais a sociedade europeia se industrializava — sobretudo em sua frente mais significativa, a Grã-Bretanha —, mais ardentes se tornavam seu entusiasmo religioso e espiritual. As máquinas podiam não ter alma, mas aqueles que pagavam para tê-las e as faziam funcionar, afirmavam os bem pensantes, decerto tinham.

As máquinas podiam até mostrar as verdades da Bíblia com mais eficiência do que nunca. Na década de 1850, as primeiras fotografias da Terra Santa começavam a ser impressas a partir de chapas de formato grande, substituindo ou melhorando as litografias, as pinturas e as gravuras em aço que até então eram os meios convencionais de ilustração. Seria preciso esperar ainda a invenção do sistema de meios-tons, na década de 1880, para que as fotografias pudessem ser impressas em livros, mas nesse ínterim havia exposições comerciais e álbuns. O *aspecto* da Palestina, de suas ruínas, de sua paisagem, de seus povos das três religiões marcou o espírito vitoriano.[3] Em 1862, depois que o príncipe de Gales foi mandado numa viagem de penitência e correção cristã à Terra Santa, na companhia do deão de Westminster, Arthur Stanley (pois sua mãe achava penoso estar num mesmo aposento com ele, uma vez que culpava a conduta libertina de Bertie pela morte do pai, Albert), a Grã-Bretanha acompanhou toda a viagem e algumas pessoas chegaram a ver as fotografias que Francis Bedford fez dela.

Assim, a tentação de ligar a antiguidade bíblica ao progresso moderno, juntar o renascimento espiritual à reforma sanitária — e política —, levar saúde à deteriorada Palestina tornou-se irresistível para o Bem e a Grandeza da Grã-Bretanha vitoriana. Ademais, aqueles que se mostravam mais entusiasmados eram os menos literais e fundamentalistas na recuperação (palavra que usavam muito) da Bíblia para a modernidade. Da mesma forma como os letrados alemães (na realidade, judeus) da época afirmavam, contra o parecer dos crentes mais literais, que o Livro era uma obra toda ditada pela divindade, os engenheiros de espírito aberto troçavam das afirmações mais pueris de milagres a fim de insistir na realidade fundamentalmente histórica do cerne da Bíblia hebraica, assim como a do Novo Testamento. Este precisava daquela como sua precondição necessária. Jesus era — essencialmente, não incidentalmente — judeu; o Antigo e o Novo Testamentos estavam ligados organicamente. A história cristã provinha da história judaica.

Nesse espírito, tanto científico quanto teológico, eles precisavam conhecer a história comprovável da Bíblia hebraica. Consideravam que o saber, e não a superstição cega, devia ser a parteira da fé. E o conhecimento sólido e incontroverso do que tinha de fato acontecido aos judeus ao longo dos séculos bíblicos só poderia ser obtido por contato direto e imediato com a própria Terra Santa. Foi isso o que Edward Robinson quis dizer com o título de sua conhecida obra *Biblical Researches*. Ele contou que tinha crescido com os nomes Samaria, Jerusalém, Belém, todos os quais geravam "os sentimentos mais santos", mas "no meu caso eles acabaram se ligando, mais tarde, a uma motivação científica. Eu tinha refletido durante muito tempo sobre a preparação de uma obra sobre geografia bíblica".

Dois livros sagrados orientavam os geógrafos bíblicos mais fervorosos: o Antigo Testamento e *The Engineers and Machinists' Assistant* [O auxiliar dos engenheiros e maquinistas], escrito por David Scott e publicado em 1853, na primeira década de exploração contínua da Terra da Bíblia e do turismo esclarecido. A geração que se seguiu a missionários e letrados como Robinson, os homens que impulsionaram com mais energia o esforço moderno para compreender a Bíblia como história factual, eram engenheiros antes de serem arqueólogos.

O mais dinâmico e incansável era George Grove. Ele é lembrado hoje quase exclusivamente pela façanha impressionante que foi seu *Dictionary of Music and Musicians*, mas, embora sua atuação na área da música fosse prodigiosa — como defensor do até então subestimado Schubert, como diretor musical e de concertos no Crystal Palace em sua sede de Sydenham e diretor do Royal College of Music —, Grove tinha outra vida como biblicista, e irritava-se com o fato de esse seu outro lado não ser muito reconhecido. "As pessoas insistem em me considerar músico, o que eu não sou mesmo, de modo algum", queixava-se. "Tanto quanto pela música, interessei-me também pela geografia física e pelas cidadezinhas da Palestina, que estudei para colaborar com o *Dictionary of the Bible*, de Smith, e com *Sinai and Palestine*, de Arthur Stanley [...]. Talvez mais ainda."

William Smith, o notável dicionarista, de fato contratara o incansável Grover para ajudá-lo com as concordâncias dos topônimos hebraicos que figuram na Bíblia, um trabalho que Grove em grande parte já realizara com sua mulher, mesmo enquanto cuidava dos programas musicais na Grande Exposição e, depois que a mostra chegou ao fim, no Crystal Palace. Ele gostava de montar coisas, bíblicas e mecânicas. Tendo se formado em engenharia civil (a única ocupação vitoriana tão respeitada quanto a eclesiástica), Grove se especializara em faróis de ferro fundido nas Índias Ocidentais, trabalhou com Robert Stephenson na ponte Britannia, sobre o estreito de Menai, fez-se amigo e colega de todos os titãs da engenharia (Brunel e Sir Charles Barry, assim como Stephenson), além de manter relações cordiais com os mais famosos nomes da aristocracia vitoriana: o conde de Derby e o duque de Devonshire, o filósofo William Thompson, o arcebispo de York, o editor John Murray e, decisivamente, o grande filantropo, reformador e promotor social judeu Sir Moses Montefiore. Este, em particular, estava resolvido a arrancar os judeus palestinos do que julgava ser um estado de letargia, degradação e lamentável miopia, que os impedia de reconhecer as bênçãos do mundo moderno; bênçãos que, acreditava, ele próprio mostrara serem plenamente compatíveis com o progresso. Afinal, a empresa de Montefiore utilizara a iluminação a gás para levar luz a regiões do planeta que viviam mergulhadas nas trevas. Ele gostava de equiparar a luz cultural e a luz técnica. Não surpreende que ele e Grove se dessem bem. Ambos tinham visitado a Palestina, Grove em tempos mais recentes, em 1859 e 1861.

Outro turista com interesses comerciais e bíblicos, que viajara pela Palestina para apresentar propostas para a modernização da região (entre elas, a reconstrução do porto de Jafa), foi o engenheiro civil John Irwine Whitty, que, valendo-se dos bons ofícios do cônsul britânico James Quinn e de seu filho Alexander, tivera permissão para descer aos túneis e inspecionar o que ele chamou de "um vasto lago subterrâneo" e (citando Tácito) "uma fonte de águas perenes". Em 1862, durante o passeio da família real pela Terra Santa, ele bombardeou o deão Stanley com uma arenga sem fim, em que insistia que os horrores insalubres e letais da cidade (*todo mundo* se queixava das emanações mefíticas) seriam uma coisa do passado se o antigo sistema de água de Judá fosse reformado. De volta a Londres, Whitty passou a defender sem cessar a modernização do sistema de água e esgotos de Jerusalém, fez uma palestra sobre o assunto na Sociedade Sírio-Egípcia no começo de 1864 e, a seguir, publicou suas ideias visionárias com o título de "O sistema de águas de Jerusalém, na Antiguidade e na Idade Moderna" na edição de primavera de uma revista acadêmica, *Journal of Sacred Literature and Biblical Record*.[4] Ainda hoje, qualquer pessoa que se interesse pela história e pelo destino da saúde pública, tema que nunca se esgota com a passagem do tempo, apreciará o ensaio de Whitty. É uma obra de notável imaginação hidráulica e entusiasmo construtivo, inspirada em Frontino, famoso engenheiro hidráulico romano, cujos passos ele acreditava estar seguindo.

Whitty escreveu sobre os problemas de água dos 20 mil habitantes de Jerusalém como uma extensão dos esforços que haviam tentado solucionar os de Londres e Nova York, cidades de enorme população. Whitty descrevia Jerusalém como "a metrópole das nações cristã e hebreia". O curioso, mas não surpreendente, é que ele não parecia levar em conta que os muçulmanos talvez sentissem o mesmo em relação a al-Quds. Jerusalém, ele escreveu, para espanto de seus leitores, computava mais chuva entre dezembro e março (1700 milímetros) do que Londres durante todo o ano. Mas a água de imediato passava a correr por ruas imundas, muitas delas com esgoto a céu aberto, e essa água, perigosamente contaminada, era armazenada nas cisternas que constituíam os únicos reservatórios da cidade. Essa água, diziam os estudos de Jerusalém realizados pelo Ordnance Survey britânico, só poderia "ser bebida com segurança depois de submetida a filtragem e eliminação dos numerosos vermes e insetos" que nela se reproduziam. E, de qualquer maneira, no começo do verão as cisternas em geral estavam secas. Os moradores da cidade que não dispusessem de tanques domésticos debaixo de suas próprias casas podiam optar entre comprar água de vendedores que a captavam no Reservatório de Siloé (onde mulheres ainda lavavam grandes quantidades de roupas) e a transportavam em odres de couro ou ir buscá-la, eles próprios, do mesmo modo.

O que poderia ser feito para melhorar as coisas? A resposta, afirmava Whitty, estava na Bíblia, e sobretudo nos aquedutos de Ezequias que passavam sob o monte do Templo, ampliados na época dos asmoneus e de Herodes, o Grande, no século I a.C. Se tirassem daquelas passagens e canais o lixo e o entulho que os obstruíam, e impedissem que atirassem neles entranhas de animais e esgotos in natura, as águas saciariam com facilidade a sede da cidade, e isso daria ensejo a um florescimento de Jerusalém como não se via desde a destruição pelos romanos. "É patente", escreveu ele, "que Jerusalém dispõe dos elementos necessários de força e prosperidade e que, sem nenhum milagre, as pessoas podem vir a torná-la uma cidade mais gloriosa do que já foi."

Os aristocratas, tomados de virtude vitoriana, ouviram essas palavras com atenção. O deão Stanley, que já vendera 200 mil exemplares de seu próprio livro sobre a Terra Santa, afirmou que o plano de Whitty revestia-se de "um halo sagrado". O fato de poder ser realizado a um custo de apenas 8 mil libras foi celebrado, do Athenaeum ao jornal *The Jewish Chronicle*. Muito se falou da promessa de Whitty de que esse seria um empreendimento conjunto de judeus e cristãos. Em 1864 foi criada a Sociedade para o Manejo da Água de Jerusalém, que tinha como patronos os Montefiore e os Rothschild, bem como membros do clero e da nobreza britânicos.

Um ano depois, em 12 de maio de 1865, muitos daqueles que se mostravam mais arrebatados com relação à junção da antiguidade bíblica e da ciência moderna reuniram-se — onde mais? — na Câmara de Jerusalém da abadia de Westminster (onde morrera o rei usurpador Henrique IV, em vez de partir numa cruzada de penitência). Ao lado do deão Stanley estavam o douto e zeloso arcebispo de York, William Thompson, que, tal como Stanley, visitara duas vezes a Palestina e era autor de outro livro sobre a Terra Santa, e George Grove. Também estava lá a mulher que ocupava o segundo posto na Inglaterra em riqueza (depois da rainha Vitória): Angela Burdett-Coutts, filha de um renomado parlamentar radical e neta de um banqueiro, o que a talhava à perfeição para ser uma fanática por movimentos sociais, criadora de casas-modelo para os moradores de cortiços do East End, amiga de Dickens e de mulheres decaídas, pioneira de cursos noturnos para os pobres de Londres (além de patronesse da Sociedade Britânica de Caprinos, presidente da Apicultores Britânicos e da recém-criada Sociedade Horológica). Duas paixões, gêmeas, tinham reunido essa extraordinária congregação: a bíblica e a científica, pois nos altos círculos da Inglaterra vitoriana era não só possível como *esperado* que uma pessoa se dedicasse a ambas.

Tal como Edward Robinson, em cujos estudos topográficos pioneiros todos confiavam, os fundadores da entidade que se tornou o Fundo de Exploração da Palestina acreditavam que, embora fosse sensato manter um certo grau de saudável ceticismo em relação aos milagres mais improváveis descritos no Antigo Testamento (a parada do sol sobre Ai em benefício dos interesses militares de Josué, por exemplo, ou o fim de semana que Jonas passou na barriga do cetáceo), a ciência moderna — e sobretudo as ciências da cartografia precisa e da arqueologia culta — comprovaria ser a Bíblia, *em essência*, a verdadeira história dos israelitas e, portanto, dos ancestrais do Salvador. Uma vez criado (e abençoado, como fatalmente seria, pela rainha Vitória), o fundo poria seus poderes a serviço do único império que importava, o império do conhecimento. Com a devida licença do incansável Robinson, o mapeamento da Terra Santa, como gostavam de chamá-la, mal havia começado e ainda apresentava vastas lacunas e ermos sem nada a mostrar. A obra que se propunha a oferecer informações sobre lugares bíblicos, o *Dictionary of the Bible*, de William Smith, fora muito bem-feita, mas era um almanaque. Grove, seu editor assistente, era o primeiro a reconhecer isso. O que se queria era observação absolutamente precisa, de primeira mão. O fundo seria o padrinho dessa importante empreitada, mapeando, fazendo levantamentos topográficos, identificando, publicando. Dessa atividade surgiria uma verdadeira história dos hebreus, que a era moderna poria lado a lado com seu Testamento sagrado.

Assim, criou-se o Fundo de Exploração da Palestina, ajudado pela generosidade de Lady Burdett-Coutts. A entidade teria como principal promotor

George Grover, que, se não viesse a se ocupar também com a música, seria seu secretário.⁵ Engenheiros militares fariam os levantamentos topográficos da Terra Santa, começando com Jerusalém mas cobrindo, por fim, toda a "Palestina Ocidental", do monte Hermon ao sul do Neguev e do Jordão ao Mediterrâneo.

Mais tarde, o Sinai, o deserto da teofania, onde Deus se revelara a Moisés e lhe entregara a Lei — agora uma zona inteiramente vazia no mapa do conhecimento moderno —, receberia o mesmo tratamento minucioso. Ninguém esperava poder algum dia mapear as perambulações de Abraão e dos patriarcas que, partindo da Caldeia, tinham seguido para Canaã e para o Egito — o Gênesis era vaguíssimo com relação a rotas e topônimos, com exceção de Betel e dos carvalhos de Mamre —, mas com relação ao Êxodo sinaítico, sobre o qual as informações eram um pouco melhores, não pairavam dúvidas. Ali tinha se originado tudo o que dizia respeito à formação dos judeus e, portanto, do cristianismo, seu mais puro descendente. Estudos estatísticos separariam os fatos e a fantasia e determinariam com exatidão a verdade da Bíblia hebraica e da história antiga dos israelitas. Junto com as medições topográficas, seriam feitas pesquisas correlatas: botânicas e zoológicas, estudos hidráulicos e arqueológicos. Como esse era um empreendimento moderno, voltado para a busca da ancestralidade, uma câmera registraria todos os seus passos. Mas primeiro, e antes de tudo o mais, seriam produzidos os mapas.⁶

George Grove assumiu de imediato a responsabilidade pelo fundo como seu secretário honorário (Walter Besant era o secretário efetivo), encaminhando a entidade no sentido da união da ciência prática — a topografia e a engenharia — com a história bíblica. O mais premente era pôr tropas em ação: batalhões de heróis, rapazes altruístas que, sem pensar na saúde ou em seus bolsos, se animassem a prestar trabalho voluntário para o fundo, mapeando, abrindo túneis e fazendo escavações. Cadetes da Academia Militar Real de Woolwich, muitos dos quais já trabalhavam na produção de mapas para o Ordnance Survey, foram chamados a se apresentar. O Fundo de Exploração da Palestina desejava contar com jovens cuja inteligência e integridade se igualassem à coragem e à perseverança que se esperavam dos pioneiros do império do conhecimento. Alguns morreram de doenças, sobretudo de febre amarela, outros foram assassinados no deserto ou, como Claude Conder, jovem e brilhante topógrafo, companheiro de Kitchener no *Survey of Western Palestine* [Levantamento topográfico da Palestina Ocidental] na década de 1870, foram agredidos com tamanha ferocidade que nunca se recuperaram por completo de suas lesões.

Ainda assim, os batedores de Woolwich se apresentaram. O primeiro e mais graduado deles foi Charles Wilson, de Liverpool, que fora enviado à Terra Santa para dar início ao levantamento autorizado dos túneis, tanques e cursos d'água de Jerusalém antes mesmo da criação oficial do Fundo de Exploração da Palestina. Seu trabalho, completado com a ajuda de Conrad Schick, mostrou-se tão competente que ele foi convidado a realizar um estudo de "viabilidade" in loco para um levantamento completo da "Palestina Ocidental".

No inverno e na primavera de 1866, saindo do Líbano e da costa mediterrânea da Síria, Wilson e o pequeno batalhão que o ajudava levaram seus teodolitos e correntes de agrimensor para a Galileia, onde ele se emocionou ao identificar sinagogas que datavam do tempo de Cristo ou pouco depois. Os resultados obtidos valeram-lhe o cobiçado cargo de engenheiro-chefe do Ordnance Survey da Escócia, deixando a outros — como Charles Warren, Claude Conder e o jovem Herbert Kitchener — a tarefa de levar a cabo o trabalho do levantamento da Palestina.

Contudo, Wilson se aborrecia nas urzes e se impacientava por atuar como mero membro do comitê do Fundo de Exploração da Palestina. Em 1868, quando se propôs levar o levantamento mais para o sul, indo além da Palestina propriamente dita e chegando aos ermos do Sinai, ele correu a se apresentar para a missão. Para aqueles que ansiavam por uma resposta à pergunta principal — qual tinha sido a rota do êxodo? (ou, para os espíritos mais audazes, tudo acontecera mesmo como a Bíblia contava?) —, aquela era a expedição realmente importante. Talvez achassem restos do Tabernáculo, vestígios de antigos acampamentos dos israelitas. Em algum ponto entre as montanhas do deserto deviam subsistir respostas sobre a marca que os israelitas tinham deixado na história do mundo; como Moisés (cuja realidade histórica nenhum integrante das brigadas do Fundo de Exploração da Palestina punha em dúvida) havia recebido direto das mãos de Deus as leis que criaram o primeiro monoteísmo e transformaram os israelitas em judeus.

O deão Stanley formulou a pergunta que guiaria a expedição de Wilson de 1868-9: "É possível traçar uma ligação entre a paisagem, os acidentes geográficos, a [...] situação do Sinai e da Palestina e a história dos israelitas?".[7] E a composição do batalhão refletia o misto de crença bíblica e pesquisa moderna: Edward Palmer era um notável linguista e arabista (cuja primeira língua estrangeira fora o romani, aprendido em acampamentos de ciganos perto de Cambridge, onde ele fora criado); o reverendo F. W. Holland, biblicista; o naturalista Wyatt, sempre atento a gazelas ou cabritos monteses; outro engenheiro, H. S. Palmer, que não era parente de Edward; e o sargento porta-bandeira James MacDonald, figura indispensável, que integrava o grupo como fotógrafo e produziu, com suas chapas de colódio úmido, imagens do avanço da expedição pelo Sinai.

Quando a expedição de Wilson chegou ao Egito, em fins de 1868, já surgira uma pequena mas florescente atividade econômica destinada a atender às necessidades dos pesquisadores de Moisés. Havia camelos a comprar, guias a contratar, provisões que sobrevivessem ao calor escaldante e às tempestades de areia que podiam se levantar no *qhamsin*. Um estabelecimento no Cairo, de propriedade de Carlo Peni e convenientemente localizado perto do consulado britânico, tornou-se o local ideal onde adquirir café, azeite, fumo, lentilhas, tâmaras e damascos secos, velas, lanternas, odres tratados de modo a não apresentar um gosto demasiado forte de couro de bode, e as indispensáveis garrafas de conhaque, pois os membros da expedição não gostavam nada da cerveja ou do vinho locais. Guias tagarelas competiam entre si para prestar informações *exclusivas* e de primeira mão quanto à localização de rios secos e oásis não mapeados, mosteiros e eremitérios que ofereciam alojamento no deserto, alegando familiaridade com topônimos, o folclore e lendas árabes capazes de transformar *aquela* rocha na pedra em que Moisés bateu para conseguir água, ou indicar *aquele* vale onde colhiam o maná.

É claro que os expedicionários não eram tão ingênuos como pensavam esses guias. Já na década de 1830, Edward Robinson chegou à Palestina armado não só com um par de velhos mosquetes como também com um arguto grau de ceticismo quanto a essas "tradições" orais e com uma pequena biblioteca representando a sabedoria acumulada de gerações prévias de exploradores letrados: *Travels in Syria and the Holy Land* [Viagens na Síria e na Terra Santa], de Burckhardt; *Palaestina ex monumentis veteribus illustrata* [A Palestina ilustrada a partir de seus monumentos antigos], do professor Adriaan Reland, holandês do século XVII; e *Voyages de l'Arabie Petrée* [Viagem pela Arábia Pétrea], de Laborde, que incluía mapas dobráveis do Sinai. Outras obras apreciadas pelos exploradores da década de 1840 eram as de Samuel Sharpe, egiptólogo e unitarista, e o *Livro de Moisés, ilustrado com monumentos egípcios*, do teólogo alemão Ernst Wilhelm Hengstenberg. Robinson e Smith viajavam com simplicidade, a cavalo, com o cozinheiro seguindo atrás numa mula, e os guias e criados árabes nos oito camelos do comboio da carga. Na época em que o pintor e gravador W. H. Bartlett chegou para escrever seu *Forty Days in the Desert on the Track of the Israelites* [Quarenta dias no deserto na rota dos israelitas], o comboio e os suprimentos recomendados tinham se expandido de modo considerável, e agora era *de rigueur* o explorador viajar montado num dromedário e escrever sobre a experiência (quase nunca agradável) para os leitores em seu país. A equipe de Wilson, a serviço do Ordnance Survey, era uma verdadeira caravana, totalizando cem camelos a avançar pelo deserto.

Fossem os expedicionários acadêmicos, artistas (profissionais ou diletantes), "geógrafos bíblicos" ou engenheiros, as perguntas que determinavam seu itinerário eram sempre as mesmas. Onde, precisamente, ficava a "Terra de Gessen"? Qual era a localização mais provável para a travessia do mar Vermelho? Essa fuga miraculosa podia ser explicada por tempestades provocadas pelo vento do leste? (Volumes inteiros tentavam modernizar as explicações das dez pragas: a transformação das águas do Nilo em sangue se deveria a uma carga inusitada de silte vermelho; a pestilência do gado era... pestilência do gado; a escuridão, um eclipse, e assim por diante.) Qual dentre as várias nascentes e poços tinha produzido a "água amarga" de Mara que os israelitas foram obrigados a engolir antes de adentrar o deserto? (Os viajantes sempre faziam questão de provar a água de Ayn Musa, o Poço de Moisés, para verificar seu amargor, e em geral declaravam que nada havia nela a objetar.) Qual dos dois candidatos prováveis a ser o monte Sinai era o verdadeiro (pergunta complicada pelo fato de o Deuteronômio chamá-lo de monte Horeb): o Djebel Musa, o ponto culminante e local do famoso Mosteiro de Santa Catarina, ou o Djebel Serbal, um pouco distante, com suas ravinas agrestes e espetaculares e seus múltiplos picos? Qual das duas montanhas tinha em seu sopé uma planície ampla o bastante para conter os 2 *milhões* de israelitas (600 mil homens mais suas mulheres e filhos, fazendo-se a soma como a Bíblia), além dos seus rebanhos e manadas, que avistavam com clareza Moisés descendo com as tábuas da Lei?

Os caçadores de Moisés viam-se como homens modernos, no entanto, como o deão Stanley, também ansiavam por arroubos de identificação com os israelitas e seu líder. "Estávamos, sem dúvida, na trilha dos israelitas", ele escreveu, extasiado, em 1852. O deão acreditava que as acácias silvestres e espinhentas que pontilhavam o deserto eram a madeira de *shittim* prescrita para a construção do Tabernáculo em Êxodo 30, mas que devia ter sido também a sarça ardente. Uma parte do douto clérigo queria se acautelar contra fábulas absurdas, mas em Ayn Musa — que passava por ser o lugar de chegada ao Sinai e de partida para os quarenta anos de deambulações pelo deserto — Arthur Stanley desmanchou-se num completo romance bíblico. "Vi, ontem, ao anoitecer, quando as estrelas saíam, e também mais tarde, ao clarão da lua cheia, o deserto alvo e arenoso em que eu estava, o mar profundo e negro, como um rio, e as vagas montanhas argênteas de Atakah no outro lado."[8]

Em Edward Palmer, a expedição topográfica de Wilson encontrou seu excêntrico poeta lírico, assim como seu etnógrafo dos beduínos, o conhecedor das variantes do islamismo e das tradições da epopeia de Moisés. Ele trazia em si um ceticismo saudável a respeito das tapeações habituais com que guias e monges tentavam os peregrinos e turistas do Sinai, mas houve lugares nos recônditos montanhosos em que também ele se rendeu ao êxtase de ilusões em que se queria acreditar: "Não importa o que pensemos a respeito da autenticidade de algumas dessas tradições, não podemos nos despojar inteiramente de reverência". Numa fenda na face rochosa do Ras Sufsafa, Palmer empurrou a ciência para o fundo de sua mente e se rendeu à teofania, registrada com uma explosão de poesia alcandorada à maneira de Ruskin: "Uma massa imponente e formidável que alteia a fronte colossal sobre a planura, como que a contemplar, desdenhosa, o mundo lá embaixo. Que cenário melhor que o desses rochedos vetustos para testemunhar a proclamação da Lei primeira?".[9] Sobrevieram iluminações, uma após outra.

> Neste local retirado, Moisés pode ter se separado dos Anciãos, pois basta uma pitada de imaginação para acreditar que os Dez Mandamentos tenham sido proclamados da própria fissura [...]. Quem há de dizer que não foi nessa terra enegrecida diante de nós que o Israel faminto se sentiu tentado a pecar e comeu os sacrifícios de mortos?

O otimismo da "geografia sagrada", como a chamavam, começou a suplantar as obrigações da ciência. Mesmo quando o mapa do Sinai foi publicado pelo Ordnance Survey, em 1870, em seus volumes azuis in-fólio, os capítulos e versículos relevantes do Êxodo foram impressos acima de seus topônimos. Assim, acima de "planície de Raha" vinha a indicação "Êxodo 19,12" a fim de identificá-la como o local do acampamento dos israelitas diante do verdadeiro e fumegante monte Sinai/ Horeb. A afirmativa otimista de Palmer segundo a qual os alicerces de pedra encontrados num oásis no deserto deviam ser os vestígios intatos de um acampamento israelita não foi contestada. E em outro aspecto crucial o trabalho de levantamento do Sinai serviu para tornar o Êxodo "real" na mente daqueles que depois refizeram seus passos — arqueólogos, topógrafos, soldados — e também de um vasto público leitor na Europa e nos Estados Unidos, graças às fotografias estupendas de James MacDonald.

Apesar das imensas dificuldades físicas de preparar o colódio úmido no deserto abrasador, fazer exposições intermináveis e depois revelar as chapas em sua tenda, as imagens de MacDonald, de sublime dramaticidade, gravaram-se na imaginação daqueles que desejavam ver o local onde Moisés recebera os mandamentos e a Lei das mãos de Deus. Ele sabia muito bem o que estava fazendo, encontrando pequenos anfiteatros naturais separados do vale lá embaixo e penhascos íngremes acabando em pináculos amuralhados que pareciam tocar o céu. O sargento porta-bandeira pode até, como Edward Palmer, ter sido levado a uma fé absoluta. No entanto, não resta dúvida de que aqueles que compraram o assombroso álbum com cem fotografias (das trezentas que tinham sido feitas) ou as imagens estereoscópicas, ainda mais impressionantes, julgavam estar vendo o local onde nascera o verdadeiro monoteísmo mosaico.

Portanto, foi a aliança de palavra, imagem, topografia e cartografia que efetivou esse estágio formativo na história, que só em termos instrumentais era a dos israelitas, mas que ocorrera, como os geógrafos sagrados a compreendiam, para toda a humanidade. A narrativa era de uma clareza estrondosa. Em pleno mundo pagão, um povo cativo libertado, que os patriarcas expunham de forma intermitente à aliança com Jeová na mais remota Antiguidade, tinha renascido, quase com certeza em algum momento no século XIII a.C., durante o reinado de Ramsés II, graças à teofania durante o êxodo para o Egito. A Lei recebida por Moisés e deixada, segundo o Deuteronômio, como legado antes de sua morte no monte Nebo, deu aos israelitas seu sentido de singularidade garantida pela aliança ao entrarem em Canaã, levados por Josué, agora conquistador, e ao criarem o Estado davídico centrado em Jerusalém. Essa singularidade viria a ser diferenciada pela devoção desse povo a um Deus único, informe e sem rosto entre os impérios dos deuses múltiplos, seria codificada na Bíblia, instituída fisicamente no Templo e preservada apesar de todas as destruições terrenas.

O fato de essas verdades essenciais serem comunicadas na linguagem da ciência moderna inculcou na Bíblia sua autenticidade histórica. Os milagres mais improváveis podiam ser descontados como licença poética, mas, da mesma forma como os filólogos estavam identificando e datando, de maneira aproximada, os diversos fios que compunham o texto bíblico, a geração do fim do século XIX se deu conta de que estava atuando com pioneirismo na redescoberta da Bíblia como história. Foi esse o momento do nascimento da arqueologia bíblica, livre por completo de qualquer ideia de paradoxo. A justificativa empírica que fora a esperança do deão Stanley na época da criação do Fundo de Exploração da Palestina se tornaria a vocação de gerações de arqueólogos, desde William Flinders Petrie, na virada do século, até William Foxwell Albright, o filho do missionário, entre as guerras mundiais, e soldados-arqueólogos israelenses como Yigael Yadin.

O frustrante é que, a despeito de uma caçada que já dura um século e meio, jamais veio à luz algum vestígio de prova de que os israelitas tenham algum dia saído do Egito e vagueado pelos ermos do Sinai durante quarenta dias, que dirá quarenta anos, antes de conquistar Canaã, vindos do leste. A única menção egípcia a israelitas, no período da XVIII dinastia, é o registro triunfal de terem sido derrotados e dispersados. No entanto, como otimistas bíblicos observaram, por que os egípcios desejariam lembrar a aniquilação de seu próprio exército?

Entretanto, antes que o êxodo seja posto de lado como uma epopeia fictícia, há uma pergunta que, embora especulativa, não se cala. Nenhum erudito discute a antiguidade arcaica do mais antigo componente da Bíblia hebraica: o Cântico do Mar e de Moisés. Há um forte consenso de que sua forma é consistente com a de outros cânticos arcaicos semelhantes, provenientes do Oriente Próximo no fim da Idade do Bronze, no século XII a.C. Se isso for correto, muito embora o Cântico do Mar tenha muito em comum com a epopeia fenícia sobre a conquista do mar por Baal, o deus das procelas, por que poetas israelitas antigos teriam criado, talvez apenas um século depois do suposto evento, sua própria epopeia de identidade, na qual o elemento degradante de cativeiro e libertação é em tudo diferente de outros arquétipos, se não havia nada ligado a ele arquivado na memória popular? A visão mais cética pressupõe um subgrupo nativo de cananeus, instalado nos montes da Judeia, diferenciando-se do restante das tribos e Estados cananeus, através de uma história mítica de separação, migração e conquista, tudo com uma topografia excepcionalmente detalhada. Por que *aquela* história?

Essa é nossa situação, portanto, na verdadeira história dos judeus. Não existe indício algum, fora da Bíblia hebraica, que torne o êxodo e a entrega da Lei fatos de razoável historicidade, em qualquer sentido moderno. Mas isso não quer dizer *necessariamente* que pelo menos alguns elementos da história — o trabalho servil, a migração, talvez até a conquista de uma terra nova — não possam ter acontecido em nenhuma circunstância. Isso porque, como já vimos, alguns capítulos da história contada na Bíblia, mesmo que apenas nas profundezas do aqueduto de Ezequias, são irrefutavelmente verdadeiros.

Entretanto, a história não pode ser construída sobre ausências ou inferências negativas. Em 1973, outra travessia do ramo norte do mar Vermelho, o de Suez (onde os vitorianos acreditavam que os exércitos do faraó tinham sido aniquilados), gerou uma onda de ceticismo acadêmico agressivo quanto às premissas em que os arqueólogos bíblicos, desde os cartógrafos do Fundo de Exploração da Palestina, baseavam suas pesquisas. No Yom Kippur, tropas egípcias atravessaram o mar, num ataque de surpresa contra as posições avançadas das Forças de Defesa israelenses no canal. Seguiu-se uma guerra difícil e encarniçada. O poderio de Israel não foi destruído, mas o choque do êxodo invertido mudou o país de maneira irreversível.[10]

E as escavações arqueológicas realizadas nas décadas de 1950 e 1960 com o intuito de aprofundar as ligações de Israel com sua antiguidade remota foram criticadas por transformar a arqueologia em um simples instrumento de justificação bíblica. A arqueologia na Palestina, dizia-se, deveria pôr de lado sua obsessão com a busca de provas das conquistas de Josué e vestígios da fortaleza de Davi ou do Templo de Salomão, por uma boa razão: a arqueologia independente jamais encontraria o que queriam os otimistas bíblicos, pois a realidade científica nua e crua era que, fora das fantasias literárias do Livro, nada daquilo tinha de fato acontecido.

Examinando com frieza e imparcialidade, sem paixões, o que se poderia afirmar com segurança a partir dos dados arqueológicos? Que, segundo seu próprio relato, um faraó egípcio tinha triunfado numa campanha no século XIII a.C. contra Israel, e não o contrário; que mais ou menos na mesma época houvera uma destruição em grande escala, na Palestina, de cidades cananeias ricas e antigas, como Hazor, mas que, com toda a probabilidade, a devastação fora infligida por "povos do mar", e não por israelitas errantes, vindos das montanhas; que os assentamentos nos montes da Judeia nos séculos XII e XI a.C. não indicavam nada mais que rudimentares aldeias pastoris; que a própria Jerusalém, construída sobre os resquícios de estruturas de jebuseus, não passava de um enclave modesto e rústico; que não existiam nem sombra de restos de estruturas imperiais davídicas ou salomônicas, muito menos algo que se assemelhasse de fato a um "Estado" israelita-judaíta, com uma burocracia letrada semelhante à do Egito, da Fenícia ou da Mesopotâmia. As portas, muralhas e armazéns monumentais, tal como os supostos estábulos escavados por Yadin em Megido e outros locais semelhantes, não eram evidência de grandeza salomônica, e sim obras que datavam do fim do século IX a.C. — sustentava o decano dos críticos da "baixa cronologia", Israel Finkelstein. Elas teriam sido construídas pelos descendentes de Amri, rei do reino de Israel, no norte. O construtor-mor mais provável foi o governante atacado por Elias no Livro dos Reis, Acab, cuja rainha fenícia, Jezabel, reintroduziu no culto israelita o politeísmo pagão de sua terra. Nessa visão cética, as poderosas estruturas de Megido e Hazor não poderiam ser obra dos reis da "monarquia unida", que se estendia do norte da Galileia a Bersebá, pela simples razão de que tal reino nunca existiu. Em vez disso, dois minirreinos separados, Israel e Judá, cresceram lado a lado. O primeiro, mais ambicioso do ponto de vista político e arquitetônico, com mais probabilidade de fazer rapapés ao paganismo fenício, mas sofisticado o bastante para construir cidades fortificadas nos montes.

Essa "arqueologia negativa" niveladora teve, é claro, efeitos políticos e acadêmicos. A narrativa da singularidade judaica, de um "povo especial" separado das "nações", sobretudo dos egípcios e dos filisteus navegadores, pelo êxodo e pelo recebimento da Lei no Sinai, e de sua conquista de Canaã, de acordo com a aliança abraâmica, passou a ser vista como profundamente a--histórica. Para essa visão, a epopeia da autodescoberta, da separação levando à diferenciação (senão à singularidade), era uma invenção retrospectiva da Bíblia hebraica escrita no exílio, e não, de modo algum, a história verdadeira dos israelitas. A história real mostraria um subgrupo tribal de cananeus nativos que, depois do colapso de sua cultura no fim da Idade do Bronze, transferiu-se para o leste (e não para o oeste, vindo da Transjordânia), buscando os montes mais seguros, porém mais primitivos, da Judeia, e por fim apossou-se da antiga cidadela dos jebuseus — Jerusalém. Entretanto, essa versão — a de cananeus um pouco diferentes — teria diluído a singularidade israelita, em lugar de aguçá-la, da forma exigida pelos mitos de origens étnicas. Os judeus se tornariam apenas mais uma variedade de semitas ocidentais, sem nada de especial. E assim permaneceram por muitos séculos, numa rusticidade tribal. Nessa visão cética, é muito provável que o rei Davi nunca tenha vivido nem reinado, salvo na imaginação romântica dos autores da Bíblia no exílio babilônico.

O que os historiadores da religião israelita primitiva acrescentaram subverteu ainda mais o mito da singularidade. Em vez de uma dramática conversão em massa ao culto exclusivo do YHWH informe e sem rosto por volta da época da revelação no Sinai, os dados arqueológicos provenientes da Palestina mostraram o quanto a religião israelita era fechada, sobretudo no que tinha sido considerado seu período de formação, do século XII ao século X a.C., em relação à religião de seus vizinhos.[11] *El*, a palavra hebraica que designa Deus no texto "E" da Bíblia — e nas orações judaicas desde então —, era a mesma usada na religião fenícia, como também sua forma plural, *Elohim*. O deus das tempestades que aparece aos israelitas numa nuvem vulcânica fumegante e divide as águas do mar era, da mesma forma, quase idêntico ao Baal fenício. Mesmo os objetos, imagens e práticas de culto que os profetas criticam como idolatria em Juízes, Reis e Crônicas — árvores estilizadas e estatuetas do tipo "colunas" com formas femininas e seios exuberantes (decerto associados à fertilidade) — eram encontrados em toda a Palestina, de norte a sul, inclusive em Jerusalém e na Judeia, pelo menos até o século IX a.C.[12]

Essas estatuetas têm sido associadas com frequência ao persistente culto de Astarte ou "Aserá", a esposa-consorte de Deus, comum em toda a região.[13] Uma famosa inscrição do século VIII a.C. em Kuntillet Ajrud menciona "YHWH de Samaria e sua Aserá", o que deixa pouca margem à dúvida de que na religião do povo, em oposição à ensinada pelos sacerdotes no Templo, Aserá e YHWH não eram vistos como mutuamente excludentes, mas de fato como um casal celestial.[14] Os profetas bíblicos, é claro, invectivam constantemente a reversão habitual dos volúveis israelitas e hebreus ao culto de falsos deuses e ídolos. A impressão que a Bíblia deixa é de um vaivém cíclico entre o culto de muitos deuses e o culto de um YHWH único e exclusivo. No entanto, pode ter havido um período prolongado em que YHWH foi cultuado como o Deus principal, e não como o Deus único. Mesmo o primeiro mandamento diz "Não terás outros deuses diante de mim", o que nos leva a presumir que havia outros — uma questão de antiguidade e não de exclusividade. É só com o Segundo Isaías, já no século V a.C., que a primeira declaração do "Iahweh Único" torna-se categórica. Durante muitos séculos, uma religião muito mais pluralista e sincretista — do círculo familiar, do campo e da cidade, representada em especial pelas colunas de culto, as pedras verticais e sem adornos chamadas *massebot*, encontradas em toda a Palestina — coexistiu com as prescrições da lei sacerdotal emanadas do Templo. Em Arad, a cidade fortificada no norte do Neguev, identificou-se um pequeno "templo" do século X a.C., construído no mesmo lugar de um santuário anterior, completo, com um altar de pedra, os chifres habituais nos cantos, para o sacrifício de quadrúpedes e aves, e, num nicho elevado, duas *massebot*, uma delas pintada de vermelho. Cacos de cerâmica encontrados nas proximidades trazem os nomes de famílias sacerdotais de Jerusalém mencionadas nos livros de Jeremias e Esdras. O minitemplo de Arad era, precisamente, o tipo de local de culto transitório, cheio de objetos rituais, que os expurgos de Ezequias e Josias se esforçaram por suprimir. Por ocasião da escavação do sítio, encontraram-se pequenos altares subsidiários revirados e recobertos de gesso, o que de fato indica um fechamento oficial do templo-satélite, cujo funcionamento daí em diante não foi autorizado.[15]

A que conclusão chegamos? No entender desses ultrarrevisionistas, a Bíblia deve ser tratada apenas como a fantasia de exilados, que atendia à necessidade de um mito para que os judeus pudessem se apresentar como um povo diferenciado. Essa epopeia bíblica de origem narra a história de uma nação plenamente formada em seu momento de criação, uma nação que cultuava um Deus único e que levou esse culto consigo para Canaã e o instituiu no Templo de Jerusalém. Não deve ser confundida com história.

No entanto, esse "minimalismo" foi uma enorme supercorreção, agora confundida por muitas atividades arqueológicas recentes e por um reexame cuidadoso de evidências anteriores, como a inscrição existente no túnel de Ezequias em Siloé. Já ficou patente que a visão "minimalista" da Bíblia, que a vê como uma obra inteiramente ficcional e dissociada da realidade histórica, pode ser tão errônea quanto o literalismo bíblico que ela procurou superar.

Embora seja uma obra de muitos séculos e gerações, a própria Bíblia hebraica não poderia ter *começado* no exílio babilônico e muito menos ter sido escrita, em sua maior parte, mais tarde ainda, no período persa ou no asmoneu, como querem os ultrarrevisionistas. Isso porque em 1979 o arqueólogo Gabriel Barkay encontrou, nas cavernas mortuárias de Ketef Hinnom, a sudeste de Jerusalém, um amuleto precioso, formado por dois pequeninos rolos de prata, um deles com os versículos da bênção sacerdotal, na sua origem transcrita no Livro de Números e até hoje usada nas sinagogas em dias santificados. Provavelmente, esses rolos eram usados pendentes do pescoço, como um talismã, invocando as bênçãos de Deus contra o mal e os infortúnios. Quem os portava tinha substituído, pelas palavras da Torá, o que em outro culto seria uma imagem de uma deidade protetora. E, surpreendentemente, de forma irrefutável, o amuleto pôde ser datado com precisão: fim do século VII a.C., época do reinado de Josias, expurgador reformista do Templo e "descobridor" do Livro.

  Portanto, embora os mais antigos textos completos dos livros da Bíblia sejam os Manuscritos do Mar Morto, que se sabe com segurança datarem dos séculos III e IV a.C., os rolos de prata de Ketef Hinnom fazem a data da escrita recuar para o fim da monarquia judaíta. Já que o aramaico em ampla medida substituiu o hebraico como língua falada e escrita no século IV a.C., parece improvável que a maior parte da Bíblia pudesse ter sido escrita nessa data. Ainda que o hebraico tenha sido preservado como a língua dos sacerdotes e escribas, sabe-se pelos livros apócrifos e de sabedoria, muito posteriores, encontrados junto com os Manuscritos do Mar Morto, que o hebraico helenístico "moderno" tem um caráter e um estilo drasticamente diverso do hebraico "clássico" em que a maior parte da Bíblia foi escrita. Sempre se julgou improvável que, em meio à devastação e ao despovoamento que se seguiram à destruição babilônia, pudesse florescer o tipo de exuberância e de força literárias necessárias para compor a Bíblia nos séculos VI e V a.C. Faz muito mais sentido considerar que os textos bíblicos tenham surgido do hebraico, língua cheia de vitalidade e usada pelo povo, na poesia sacerdotal e nos documentos dos escribas na Judá do fim do século VIII a.C., durante a monarquia de Ezequias. A rigidez posterior dos deuteronomistas — da religião do "trono vazio", destituído de todas as figuras de culto, cujo santuário sagrado era ocupado apenas pela Torá e pela *kabod* (a glória inefável de YHWH) — deu então à Bíblia sua forma mais severa, dois séculos mais tarde, antes e depois do desastre babilônico.

A cada nova descoberta esboça-se um quadro mais matizado da história antiga dos judeus — um quadro, é claro, não idêntico à narrativa da Bíblia hebraica, mas nem por isso *inteiramente* distinto dela. Em 1993, descobriu-se em Tel Dan, no extremo norte de Israel, uma estela de pedra do século ix a.C. com uma inscrição em aramaico que celebra a vitória do rei arameu Hazael sobre o rei de Israel e, de maneira explícita, na linha 31, sobre a "Casa de Dwt". Isso, portanto, derruba a presunção minimalista de que Davi e sua dinastia foram uma invenção de gerações posteriores de escribas. É preciso separar a história do surgimento de um Estado israelita bem caracterizado e de uma cultura de língua hebraica da história do monoteísmo judeu, reunidas pelos autores da Bíblia como se, desde o começo, a segunda definisse a primeira. Não é esse, claramente, o caso. Entretanto, os dois elementos de uma nítida história judaica — o Estado e a história — de fato evoluíram de alguma forma interligada, um se enroscando no outro, com frequência se esgarçando, às vezes se despedaçando por inteiro, bem antes que encontrassem a trama forte do texto bíblico canônico.

Não há mais dúvida alguma de que um pequeno Estado centrado em Jerusalém, com uma população, no tempo de Ezequias e Josias, da ordem de 40 mil habitantes só na cidade, era muito mais importante do que o vilarejo rural e analfabeto a que foi reduzido pelos ultraminimalistas. Praças-fortes provincianas, como Gazer e Hazor, eram núcleos temíveis, dotados de portas com seis câmaras e duas torres, alojamentos fortificados para autoridades locais, ruas e praças pavimentadas, depósitos e estábulos amplos. E elas eram feitas não de pedras toscas, mas de pedras de cantaria aparelhadas, muitas vezes de grandes dimensões. Os recursos de mão de obra e de engenharia necessários para a construção dessas cidades pressupõem o poder e a hierarquia de um ambicioso Estado militar. Ramat Rahel, na zona sul de Jerusalém, ostentava o que Yohanan Aharoni e Ephraim Stern descrevem com segurança como "o último palácio real judaico", edificado com cantaria de pedras calcárias, ostentando um pátio decorado com capitéis protoeólicos e janelas formadas por balaustradas esculpidas e encimadas por requintados rolos de pergaminho e com motivos de "folhas secas" — uma arquitetura nada apropriada para um edifício que corria o risco de destruição pelos assírios.

A partir de coisas pequenas, às vezes minúsculas, vislumbra-se um quadro enorme. Podem ser impressões deixadas em argila ou cera por sinetes de pedras semipreciosas, com os quais se marcavam documentos escritos ou enviados por altos funcionários do rei. Nada menos que 51 desses sinetes foram encontrados em escavações na Cidade de Davi. Às vezes não são mais que rosetas (lindas em sua simplicidade), que parecem ter sido o selo pessoal dos reis de Judá. Entretanto, como é típico do Oriente Próximo, com frequência mostram animais, aves, corpos celestes; besouros; um disco solar alado; o leão de Judá, este num sinete pertencente a Shema, servo de Jeroboão (talvez o rei Jeroboão II de Israel); um macaco; um lírio; um asno; a lira que indicava uma princesa, Maadana. Olhá-los numa vitrine de museu traz de volta à vida não só os homens importantes "sobre a Casa", para usarmos a frase burocrática da época — um *sar'ir*, governador da cidade —, como os muitos homens sob a Casa: os trabalhadores e artesãos que faziam os sinetes. E também outros, reunidos de repente na comunidade de ilustradores e escribas: os que gravavam caracteres, com frequência "*lmlk* [pertencente ou a ser enviado] ao rei", em vasos e asas de jarros, mas também nomes dos proprietários dos objetos, como Salomit, filha de Zorobabel, ou Avaniahu, servo do rei.

Não se trata de obras-primas, e é isso que nos interessa. À diferença de alguns sítios arqueológicos egípcios e mesopotâmicos, o que os cacos de cerâmica documentam e os sinetes e as inscrições em asas de jarros indicam é a grande teia de relações que se espalha pelos territórios de Israel e Judá, de Samaria para os montes da Judeia e daí para o Neguev, enlaçando os mundos da religião, do poder militar, das operações da lei, da coleta de impostos, das necessidades da mesa, do prazer dos olhos (aqueles capitéis protoeólicos!), a marca da propriedade, a autoridade do rei e até o calendário da vida agrícola.

Para aqueles que ainda não se convenceram de que isso tem alguma ligação com o mundo mostrado na Bíblia hebraica, nem mesmo inscrições em nome de "Godolias sobre a Casa" — o governador nomeado pelos babilônios depois da destruição de Jerusalém — ou de Gamarias, filho de Safã, mencionados especificamente no Livro de Jeremias, serão suficientes para desfazer a convicção de que a Bíblia não passa de um conjunto de fantasias retrospectivas de exilados.[16]

Mas há também a vista de Khirbet Qeiyafa. Eu a contemplei no começo da primavera de 2011, com o arqueólogo Yossi Garfinkel, da Universidade Hebraica de Jerusalém, que continua a fazer escavações no local.[17] A colina baixa fica na planície de Sefelá, trinta quilômetros a sudoeste de Jerusalém, local que sempre foi considerado a fronteira entre a planície dominada pelos filisteus e o Estado montanhoso da monarquia judaíta, com centro em Jerusalém. No começo de abril, o campo é de uma fertilidade notável, de um verde tão luxuriante que nos dispomos a perdoar os viajantes vitorianos por suas constantes comparações com Kent e Yorkshire. As chuvas de inverno tinham engrossado riachos e enchido lagoas; os carvalhos antigos já se cobriam de folhas, e as campinas atapetavam-se de flores silvestres. Uma delas, um tremoço silvestre restrito a uma encosta próxima, ganhara um azul tão intenso que atraía amantes da botânica de todo Israel para admirar sua breve e densa florada. Ainda naquela semana encontrei-me com escritores de Jerusalém, que, envolvidos como de costume com os problemas nacionais, só queriam falar de tremoços, para variar.

Entretanto, Khirbet Qeiyafa localiza-se num lugar de lutas nada floridas, no passado e no presente. Sua colina, tal como os sítios próximos de Socó e Azeca, mencionados em Josué 15,35, domina a antiga estrada entre as cidades montanhescas de Hebron e Jerusalém, como também a planície costeira da Filisteia. A oeste estaria a praça-forte filistina de Gat (localizada onde hoje fica Tel Safi). Como o vale de Elah, junto de Qeiyafa, é o lugar onde, segundo o Livro de Samuel, o jovem pastor Davi matou Golias, o gigante filisteu, todos os viajantes vitorianos faziam questão de passar por ali sem prestar muita atenção ao muro baixo no topo da colina, voltado para o acampamento para onde os beduínos levam seus rebanhos no pasto verdejante. Afinal, Khirbet significa "ruína" em árabe, e os cartógrafos vitorianos já tinham visto ruínas demais. Essa era "apenas um monte de pedras", escreveu Conder com desdém.

Foi preciso que se passasse algum tempo para que as pessoas percebessem que Khirbet Qeiyafa era muito mais do que isso. Que era um lugar de certa importância estava claro pela muralha de setecentos metros que circundava o assentamento com mais de 20 mil metros quadrados na crista da colina. No entanto, a julgar pelas dimensões relativamente reduzidas das pedras visíveis na muralha, ela parecia ser uma estrutura do período helenístico, entre o fim do século IV e o século II a.C. Só quando Saar Ganor, na época um dos alunos de Garfinkel, fazendo o levantamento topográfico do sítio, em 2003, notou uma gritante diferença de tamanho entre as pedras da superestrutura e os blocos muito maiores embaixo, meio escondidos por uma cortina de mato, ficou evidente que devia haver uma construção muito mais antiga na base. Retirando o matagal, viu-se que essas pedras eram de proporções megalíticas, pois algumas tinham três metros de extensão e algumas chegavam a pesar cinco toneladas. Esses blocos teriam exigido uma imensa mobilização de mão de obra, nada que uma aldeia rural isolada pudesse ter realizado. Melhor ainda, sob essa camada de pedras que os arqueólogos chamam de ciclópicas estendia-se um leito de rocha. Portanto, à diferença de muitos sítios que haviam experimentado períodos de utilização e destruição, esse tinha sido construído, habitado e então, de repente, abandonado, só tendo sido reocupado durante o período de seu apogeu helenístico. Não haveria mistura desordenada de artefatos que dificultasse sua datação.

As escavações, iniciadas em 2007, expuseram um assentamento-fortaleza densamente habitado, que teria abrigado de quinhentas a seiscentas pessoas, dividido numa cidade mais baixa e uma acrópole no cume. O perímetro defensivo era constituído de uma muralha externa e outra interna, separadas por um espaço suficiente para conter depósitos, casas de guarda ou até acomodações simples. Como as muralhas duplas praticamente deixaram de ser usadas nessas fortificações depois do século x a.C., isso é outra indicação de uma data anterior, talvez da monarquia unida e não da dividida. Ao lado das muralhas havia numerosas moradias, muitas delas com quatro cômodos. No centro da face da muralha voltada para oeste, havia, inequivocamente, uma larga porta monumental, sendo algumas de suas pedras as mais "ciclópicas" do sítio. Escavações posteriores revelaram o que Garfinkel acredita, sem contestação por outras pessoas, ser uma segunda porta no outro lado do forte, o que o fez crer que Khirbet Qeiyafa (ou Fortaleza de Elah, como os israelenses agora chamam o lugar) seja, na verdade, a cidade de Saraim, a única com duas portas, mencionada por Samuel.

Yossi Garfinkel não é um romântico bíblico. Não se vê como um recruta nas guerras em torno da Bíblia, travadas entre fanáticos à moda antiga que insistem num núcleo de historicidade nos livros e aqueles que acreditam que eles não passam de uma construção inteiramente literária, sobretudo quando falam de uma monarquia centralizada com capital em Jerusalém e governada por um Davi imaginário. "Eu não sou *religioso*!", ele declarou para mim numa outra visita, um ano depois. "Minha mulher cresceu no único kibutz em que há criação de porcos. Não tenho nenhum motivo para querer provar que a Bíblia é verdadeira ou falsa. Eu só vejo o que está diante de mim." No entanto, queira ele ou não, Garfinkel está no meio do fogo cruzado, sobretudo porque antes das escavações em Khirbet sua especialidade era a história do Paleolítico e do Neolítico, e, pela forma como suspirava ao explicar as batalhas que vinha enfrentando sobre o vale de Elah, desconfio que há dias em que ele gostaria de retornar a seus estudos sobre aquela época mais antiga e mais tranquila. Entretanto, ele está preso a Qeiyafa porque as implicações do que o sítio já revelou são explosivas.

O que não pode ser contestado (embora, é claro, já tenha sido) é a antiguidade do forte. De acordo com testes precisos de radiocarbono feitos na distante Universidade de Oxford, caroços de azeitona queimados encontrados no sítio datam de fim do século XII ou começo do século XI a.C. Isso faz de Qeiyafa, sem sombra de dúvida, uma praça-forte da Idade do Ferro, mas praça-forte *de quem*? Sua importância estratégica é óbvia, mas ela se encontra bem na fronteira móvel entre o poder filisteu na planície e os assentamentos judaítas nas montanhas; Gat está numa direção, Jerusalém na outra.

Não tendo nenhum interesse pessoal na questão, Garfinkel convenceu-se de que o assentamento-fortaleza tinha de ser obra da Judeia israelita, não da Filisteia. Ele insiste em que não se conhecem nos sítios cananeus muros interiores de muralhas duplas servindo de paredes da frente das moradias, e prevê configurações idênticas em outros fortes irrefutavelmente judaítas em Arad, Gazer e Bersebá. Também é verdade que, na cultura cananeia tardia, novos assentamentos e fortificações em geral eram construídos sobre os restos de sítios que tinham sido habitados no passado. Já Khirbet Qeiyafa, da Idade do Ferro, foi edificada no alto de uma colina estratégica onde nada existira antes, o que seria forte indicação de que ela era um posto avançado de um novo Estado guerreiro e religioso, em rápido desenvolvimento.

Há ainda a questão do que *não* foi encontrado em Khirbet Qeiyafa: ossos de porcos. Acharam-se ali *milhares* de ossos de todos os outros animais domesticados conhecidos — bodes, carneiros, burros e bois —, mas nenhum de porcos, proibidos pelas restrições de dieta do Levítico e do Deuteronômio. Os céticos apressaram-se a apontar que a abstinência do porco era generalizada em toda aquela região, de modo que a ausência de restos de suínos não representa, em si, nenhuma evidência de assentamento judaico. No entanto, considera-se que a proibição do consumo de carne de porco, devido provavelmente à triquinose, provocada pela infecção de animais por larvas de vermes nematódeos, ocorreu dois séculos depois da data dos caroços de azeitonas de Qeiyafa. E a única cultura local que continuou a comer carne de porco era justo a que se situava diante do forte da colina: os filisteus.

Foi então que um dos estudantes voluntários fez uma descoberta momentosa num duto de água, numa escavação anual de verão: um caco de cerâmica, com palavras escritas à tinta, o que pareceu talvez tão importante quanto a cartilha de Tel Zayit ou a inscrição no túnel em Siloé. São seis linhas de texto, mas não há como decifrar muitas palavras e letras, ou porque a tinta está desbotada, ou porque ainda não se sabe com certeza em que língua estão escritas. As letras talvez pertençam ao protofenício, a língua alfabética da qual saiu o "velho" hebraico, ou podem representar um estágio embrionário do próprio hebraico, compatível com a propagação do conhecimento da leitura e da escrita na Sefelá controlada pelo reino judaíta que os minimalistas acreditam nunca ter existido. Essa inscrição e mais a cartilha de Tel Zayit, de idade também recuada, fazem crescer os indícios de que a propagação da escrita alfabética na área a oeste de Jerusalém estava se desenvolvendo depressa, quase com certeza mais cedo do que se acreditava.

Nada disso basta, porém, para aqueles que se apressaram a proclamar que o sítio é não só um posto avançado do Estado davídico como um lugar que conhecia uma Bíblia que só pode ter sido escrita antes do século VIII a.C.[18] Um historiador da Universidade de Haifa, Gershon Galil, propôs uma leitura do caco de cerâmica — "julgai a viúva e o órfão [...] devolvei o pobre às mãos do rei; protegei os pobres e os estrangeiros" — que faz com que ele pareça um ensaio de preceitos éticos bastante semelhantes aos presentes no Êxodo, em Isaías e nos Salmos. Galil não teve também nenhuma dificuldade para ver palavras como *asah* ("está feito"), que só existiam no hebraico. Os que contestam ferozmente a leitura de Galil, considerando-a por demais imaginativa, não conseguem ver tais palavras, e as que eles enxergam apareceriam também em textos não hebraicos. Haggai Misgav, epigrafista a quem Garfinkel pediu que estudasse a inscrição, identificou um número muito menor de palavras decifráveis, ainda que uma delas de fato pareça ser o termo hebraico que significa "julgai". Mas outras versões da mensagem podem também conter insinuações crípticas de vingança ou até nomes de pessoas.

Mas está patente que a inscrição no caco de Qeiyafa consiste em algo mais do que apenas um conjunto arbitrário de palavras desconexas. Elas formam um texto contínuo que é, provavelmente, uma comunicação de algum tipo de uma pessoa para outra. Não basta? Basta para tornar Saraim um assentamento, que, como Arad mais tarde, era um posto avançado estratégico, um lugar para onde se escrevia, que abrigava um conjunto de habitantes — militares, suas mulheres e filhos, escribas, lavradores e comerciantes — ou, pelos padrões da Idade do Ferro, uma cidadezinha. E são os resquícios desse mundo, seu dia a dia, que mais atiçam minha imaginação enquanto respiramos o doce ar primaveril de Sefelá: as pedras verticais de um cômodo que Garfinkel acredita serem postes de amarrar cavalos num pequeno estábulo, talvez para animais de tração. Mais adiante, nos acocoramos para examinar utensílios de cozinha da Idade do Ferro: uma pedra de amolar, outra com pontas, que talvez fosse usada para raspar e ralar. Numa das covas, com toda sorte de vasos domésticos de cerâmica vermelha — jarros e ânforas —, encontrou-se um belíssimo tabuleiro de assar. De repente, sinto-me à vontade nessa cozinha, preparando uma refeição, pegando um pouco de azeite.

Yossi se levanta, as mãos na cintura, e examina o lugar, pensando em outra temporada de escavações no verão seguinte, imaginando a "pilha de pedras" como um parque arqueológico educativo para crianças de todo o Israel. Ele não é, nem de longe, um fanático, o tipo de arqueólogo que, como Palmer, viajava à Terra Santa com uma colher de pedreiro numa mão e a Bíblia na outra. Tudo o que procura, afirma, é a verdade. Sua fisionomia assume uma expressão entre um sorriso e um ar de seriedade. "Sabe, é preciso ter construtores de verdade para fazer um lugar assim, os degraus, as ruas, os muros das casamatas. Não é uma obra que um bando de pastores pudesse fazer. É preciso ter um tipo de Estado capaz de mobilizar a mão de obra para trazer pedras desse tamanho para cá — algumas delas têm mais de cinco toneladas. É preciso haver impostos, uma cultura com domínio da escrita. E essa não é a versão dos filisteus."

Ele lança o olhar lá para baixo, para a antiga zona de fronteira, marcada por guerras. Suas batalhas serão travadas em outros lugares, nas páginas de revistas acadêmicas, em conferências e em laboratórios de conservação ligados a museus. Haverá palavras ásperas, muitas trocas de réplicas desdenhosas, a um passo do insulto aberto. Garfinkel já foi acusado de ser cúmplice dos "maximalistas" ressurrectos, só por declarar que Khirbet Qeiyafa pertence "à época de Davi", como se invocá-lo fosse o mesmo que tornar uma figura imaginária ilegitimamente real.

Não obstante, a cada temporada de escavações acumulam-se evidências convincentes que apontam para um posto avançado militar israelita da época do Primeiro Templo. Encontraram-se milhares de armas, como espadas e hastes de dardos, lanças e flechas. Não existem, porém, implementos agrícolas em Khirbet Qeiyafa, o que para Garfinkel confirma que a fortaleza cobrava impostos aos lavradores e pastores que trabalhavam nos campos ao redor — outro indício da afirmação de poder coator. Garfinkel considera irrelevante a ideia de que uma datação da época do Primeiro Templo signifique aceitar a existência dos "palácios" de Davi e Salomão imaginados pela Bíblia. "Veja, não estou dizendo que o Estado israelita que construiu este lugar fosse um *império* ou mesmo um grande reino. Não, a Jerusalém que construiu isto era um Estado pequeno, como Moab e outros vizinhos, mas ainda assim era um verdadeiro Estado, que dispunha de letrados e era capaz de mobilizar mão de obra, coletar impostos, projetar muralhas e portas monumentais, organizar sua defesa."

Isso, em si, não faz da Khirbet Qeiyafa da Idade do Ferro um assentamento israelita. Entretanto, as escavações mais recentes revelaram objetos que talvez venham a identificar o sítio de forma decisiva e inegável: dois pequenos oratórios, portáteis, um de cerâmica, e o outro de pedra calcária. Foram encontrados em uma das três salas de culto do sítio, cômodos nos quais também se acharam pedras verticais do tipo *massebot*. Algumas dessas salas são um pouco maiores do que os cômodos de habitação, como que dedicadas à devoção, e uma delas — onde estão os oratórios — tem um inequívoco lanço de degraus que passa por uma pequena fonte, usada evidentemente para purificação ritual, com um dreno que leva para fora, atravessando as paredes.

Isso não começa a parecer familiar, até um pouco kosher? Por mais que um cético empedernido e contrário a associações bíblicas relute, são os pequenos oratórios portáteis, o de argila com apenas vinte centímetros de altura, e o de pedra com 35, que, somados a todas as outras evidências, realmente parecem apontar para uma só direção inelutável. Para começar, as próprias salas de culto fazem parte dos cômodos de moradia, mesmo que seja fácil imaginar que talvez fossem compartilhadas por vizinhos próximos. Mas, em conformidade com a ênfase dada pela religião israelita à onipresença do sagrado — santificando o local —, os minioratórios teriam trazido a essas casas uma versão do

Tabernáculo ou mesmo do Templo como um foco de veneração. A rigor, encontram-se objetos de culto, privados e domésticos, em todo o Oriente Próximo semita, mas em geral são imagens das próprias divindades, de reis celestiais ou de suas personificações animais, como se esperaria do politeísmo pagão. E existem pequenos oratórios cananeus, mas estes quase sempre incluem estatuetas de culto. Os oratórios de Khirbet Qeiyafa não mostram sinais de que houvesse alguma coisa em seu interior, a não ser pedrinhas sem adornos. É também possível que fossem representações do vazio sagrado que se tornaria a marca inconfundível do judaísmo, um vácuo só preenchido pelo rolo de palavras reveladas. O pórtico estilizado do minioratório de cerâmica é surpreendentemente elaborado: duas colunas de cada lado, com leões guardiães, pombas sobre o teto. E o que mais chama a atenção é a cortina de tecido dobrada, feita pelos dedos do oleiro de modo a sugerir panejamento e evocando exatamente a *parochet* ou cortina que, segundo Reis, cobria a entrada do Santo dos Santos e é um elemento importante nas descrições de ambos os Templos de Jerusalém. O ato de rasgar a *parochet* viria a ser visto como o gesto supremo de profanação por parte dos destruidores do Templo, de modo que, conforme uma tradição, quando Tito rasgou a cortina com a espada, jorrou sangue do tecido.

O minioratório de calcário, com sua pintura vermelha original ainda visível aqui e ali, não é menos eloquente, pois, embora lhe faltem a cortina e os leões de guarda, tem o portal com múltiplos recessos descrito como a entrada do Templo e, ainda mais notável, o teto com sete tríglifos separados por métopas, uma característica da arquitetura de templos em outras áreas da região. Além disso, acharam-se nas salas de culto minialtares de basalto negro, com as mesmas formas escavadas ou com chifres que se tornariam a norma. É essa impressão inequívoca de uma religião — sem os habituais corpos e rostos de divindades pagãs, uma religião de vazio físico e plenitude conceitual — tornada portátil, doméstica e local que parece evocar de modo tão profundo aquilo que se tornaria o judaísmo. E de repente, em Khirbet Qeiyafa, negar tal possibilidade parece de um dogmatismo obtuso.

Yossi Garfinkel não diz que os oratórios *provam* que o sítio de Khirbet Qeiyafa foi construído e habitado na mesma época que o Templo de Salomão estava de pé em Jerusalém, mas apenas que parece impossível não ver os oratórios como expressões de uma cultura religiosa que não se distinguia da mostrada na Bíblia hebraica. Não admitir essa possibilidade, afirma, é despropositado. Um dos críticos de Garfinkel reclamou, um tanto furioso, que ele quer uma "arqueologia livre dos livros", com o que quis dizer livre da Bíblia; uma arqueologia que afasta da mente as Escrituras e que, ao contrário dos vitorianos, de William Foxwell Albright, de Yigael Yadin e de Benjamin Mazar, cujos descendentes ainda brigam por causa disso, só vê e estuda o que está diante dela, como se o Livro nunca tivesse sido escrito. A mim parece, no entanto, que uma arqueologia em Israel que não tenha *nada* a ver com a Bíblia é tão ilusória quanto aquela "geografia sagrada" que *só* tinha a Bíblia em mente quando traçava mapas ou fazia escavações.

Nessa história não se escapa das palavras, da escrita. Certa tarde, vi os minúsculos rolos de prata encontrados na gruta mortuária de Ketef Hinnom, muito bem iluminados e ampliados numa vitrine do Museu de Israel. São objetos belíssimos. Nenhum judeu hoje, de modo algum, reconheceria os caracteres gravados, com suas fortes hastes verticais, como pertencentes ao hebraico, mas ainda assim o texto é autêntico. A microescrita (que em outra era se tornaria uma especialidade judaica) não provém direto da Bíblia, mas, com certeza, vem de sua poesia devocional. "Misericórdia para aqueles que o amam e guardam seus mandamentos […]. Ele é nosso restaurador e nossa rocha", diz um dos rolos, mas é o outro, catalogado como kh2, que agita profundamente algo dentro de mim: "Seja abençoado […] aquele que afasta o mal […] abençoe e faça resplandecer o Seu rosto sobre ti e te conceda a paz!". Esse algo é a atração gravitacional da memória, o choque violento de um antigamente remoto contra um agora fugaz — o risco profissional que ameaça todo aquele que se aventura na história dos judeus.

Tenho nove anos de novo e estou em minha sinagoga. Antigamente, durante o ofício, a Torá era erguida bem alto e, antes da leitura, levada a rodear a congregação em procissão. Em tempos anteriores ao judaísmo, imagens de deuses eram objeto de veneração, mas aqui o objeto de nossa adoração é o Livro, são nossos *tallitim*, os xales de oração, estendidos na direção dos rolos que passam para serem tocados. A Torá e suas palavras são tão puras em sua santidade que não se permite nenhum contato manual direto. O escriba que as escreve deve lavar as mãos repetidas vezes; o leitor que as canta só deve tocar o rolo com um simulacro de dedo, um apontador feito de prata, o *yad*. E não devemos tocar o Sefer Torá diretamente, mas só com a fímbria do *tallit*, que levamos aos lábios com devoção.

A procissão do Livro ocorre duas vezes, antes e depois da leitura. Mas agora os sacerdotes, os cohanim, estão de pé, elevando-se sobre a congregação, nos degraus atapetados diante da Arca, com os xales de oração passados sobre a cabeça, unidos de modo a formar uma cobertura. Nós, a massa de judeus, somos proibidos de olhar para eles quando dão a bênção, mas é claro que não resisto à tentação de dar uma espiadela. A cobertura creme desbotada, listrada de preto, sobe e desce enquanto os homens sob ela entoam a bênção cantada, alguns se inclinando desde a cintura. "Iahweh te abençoe e te guarde!", estão dizendo, como se recitassem as palavras de um rolo recém-descoberto no reinado de Josias, "Iahweh faça resplandecer o seu rosto diante de vós sobre ti e te seja benigno! Iahweh mostre para ti a sua face e te conceda a paz! *Omayn*." O *Omayn*, amém, ecoa pela sinagoga revestida de painéis, e menos de dez anos depois do fim da guerra aniquiladora, sinto-me em segurança.

4. Judeus clássicos?

1. NEM MOISÉS NEM PLATÃO?

O que prevaleceria: o nu ou a palavra? Deus como beleza ou Deus como escrita? A divindade invisível ou o olho atento ao corpo perfeito? No que dizia respeito a Matthew Arnold, helenos e hebreus eram azeite e água.[1] Ambos eram "augustos" e, cada grupo a seu modo, "admiráveis", mas não se misturavam. Os gregos buscavam a realização pessoal; os judeus se esforçavam por dominar a si próprios. "Sê obediente" era a ordem maior do judaísmo; "sê fiel à tua natureza" era o que importava para o heleno. Mas a pretensão de neutralidade de Arnold não convencia. Quem desejaria passar a vida à espera da nova rodada de fogo e enxofre quando poderia buscar brandura e luz?

Se você é criado na tradição clássica, crê que a Europa começa com a derrota dos invasores persas, narrada por Heródoto. Se é criado como judeu, uma parte de você deseja que os persas ganhem. Afinal de contas, eles foram os restauradores de Jerusalém; Ester tornou-se a rainha deles — como podiam ser maus? O vilão, Amã, que desejava acabar com os judeus, não passava de um monstro maluco que teve o que merecia pelas mãos do rei persa. Por outro lado, o rei selêucida grego, Antíoco IV Epífanes — que atirava bebês circuncidados do alto das muralhas de Jerusalém, junto com suas mães —, parecia, de acordo com o Primeiro Livro dos Macabeus, ser mesmo digno de sua cultura. O helenismo era o inimigo, tanto quanto o monarca enlouquecido. O Segundo Livro dos Macabeus é ainda mais aterrador na catalogação das atrocidades gregas. Aqueles que guardavam o sábado às escondidas são queimados vivos em suas cavernas. O historiador judeu Flávio Josefo discorre sobre o sadismo de forma ainda mais horripilante. Aqueles que persistiam na observância, escreve ele, "eram açoitados com bastões, seus corpos eram feitos em pedaços e eles eram crucificados enquanto ainda viviam e respiravam".[2]

O que os gregos odiavam (nessa visão) era a obstinação dos judeus em serem diferentes, uma diferença marcada pelo corte que efetuavam no membro viril, pela interrupção que faziam na semana, pelas restrições que impunham à sua alimentação, pela singularidade que atribuíam a seu deus sem rosto e sempre casmurro, pela exasperante recusa de *serem como todo mundo*. A filosofia grega pressupunha verdades universais, passíveis de descoberta; a sabedoria judaica parecia o tesouro privado de uma cultura fechada. Os templos gregos, erguidos segundo os princípios da harmonia cósmica, eram desenhados para atrair pessoas; o Templo de Jerusalém estava vedado aos "estrangeiros". A estatuária e os monumentos gregos pretendiam sobreviver aos Estados que os construíam; a Torá pretendia superar a arquitetura. Para os gregos, era no culto à natureza, em especial à natureza selvagem, que se descobria o êxtase; já para os judeus, os bosques sagrados eram lugares onde uma pessoa podia se perder em meio às abominações pagãs. O enlouquecimento extático dos sentidos era a essência do culto dionisíaco; na tradição judaica, eram as bebidas fortes que faziam coisas ruins acontecer. Noé estupidificado e nu diante de seu zombeteiro filho Cam; os israelitas desobedientes fazendo cabriolas em torno do Bezerro de Ouro; embebedar-se em meio à *vegetação* era o pior de tudo, de modo que quando Antíoco obrigou os judeus a acompanhar os cortejos de Baco "coroados com hera", como relata o autor do Segundo Livro dos Macabeus, o culto grego da natureza selvagem havia sobrepujado a obrigação judaica de dominá-la.

Portanto, um judeu helenizado seria um paradoxo. Só que não era, para um número incontável de judeus, desde Cirenaica, na Líbia, passando pela grande metrópole de Alexandria, até a Judeia, a Galileia, e nas ilhas do Mediterrâneo oriental. Durante o período aproximado de dois séculos entre as conquistas de Alexandre, o Grande, no século IV a.C., e a dominação pelos romanos, a ideia de que a cultura grega e a cultura judaica fossem mutuamente excludentes teria parecido desconcertante, se não bizarra. Para essas multidões, helenismo e judaísmo nada tinham de incompatíveis. O estilo de vida das duas culturas exemplificava mais ou menos o oposto: convergência não forçada; coexistência espontânea (se não isenta de dificuldades). Antes da descoberta dos Manuscritos do Mar Morto, em 1947, e do amuleto de prata de Ketef Hinnom, em 1979, o mais antigo texto contínuo em hebraico (descoberto em 1898) vinha da região helenizada de Faium, no curso médio do Nilo, hoje datado com certeza de meados do século II a.C. O papiro traz o texto dos Dez Mandamentos (numa ordem um pouco diferente daquela que judeus e cristãos hoje os conhecem), junto com a oração afirmativa diária, o *shema*. Segundo o Talmude, no passado era costume ler o Decálogo antes da recitação do *shema*, e o que esse papiro por milagre preservou foi a rotina diária de um judeu egípcio praticante que vivia num mundo intensamente helenizado e, no entanto, cumpria sem problemas os hábitos definidores de sua identidade religiosa.

Nas cidades da região de Faium, viver de acordo com a lei greco-egípcia *e* a lei prescrita pela Torá (muitas vezes lida em sua tradução para o grego, a Septuaginta) não costumava oferecer problema algum, tanto para os *ioudaioi* quanto para seus vizinhos gentios. Um rico arquivo de papiros provenientes de Heracleópolis, ao sul do Cairo — onde, como em outros lugares, os judeus formavam uma *politeuma* autônoma —, revela que, embora eles tivessem o direito de usar a lei da Torá em questões ligadas a casamentos, divórcios e empréstimos, só o faziam quando isso os favorecia. Em geral, seu dia a dia era regido pela lei greco-romana-egípcia local. Segundo essa lei, as mulheres podiam possuir propriedades e reclamar a devolução do dote quando da dissolução de um casamento (tal como fora a regra em Elefantina), e quem fazia empréstimos podia cobrar as elevadas taxas de juros (que chegavam a 20%) que prevaleciam ao longo do Nilo.

No entanto, se invocar a lei da Torá convinha aos interesses dos judeus egípcios, eles o faziam. Por exemplo, Peton, filho de um judeu chamado Filoxenes, apelou para Ktesias, um chefe de polícia, contra o que afirmava ser uma tentativa de extorsão — cobrar pagamento duplo por terras arrendadas da Coroa. Ao argumentar diante das autoridades religiosas locais, ele sabia muito bem qual passagem da Torá invocar para evitar o confisco de certos bens (como a camisa que o cobria) como garantia do pagamento.³

Esses judeus falavam o grego *koiné* no dia a dia e tinham nomes como Demétrio, Arsínoe (como a rainha prolomaica), Heráclides e Aristóbulo. Os Yakov tornaram-se Yakoubis; um Yehoshua, Jasão; e havia muitos Apolônio judeus. Alguns tinham nomes gregos que invocavam o Deus único onipotente, como Doroteu. Mesmo o rei asmoneu que governava o Estado judaico de maior extensão territorial que já existira chamava-se Alexandre. Por suas roupas seria impossível distingui-los de outros cidadãos judeus dos impérios gregos, e eles moravam em cidades como Antioquia e Alexandria, onde (neste último caso) dizia-se que constituíam um terço da população.

Foi o mundo judeu-helenístico que inventou a sinagoga, ainda que quase sempre chamada *proseuche*. A palavra, que na sua origem designava uma assembleia ou reunião (para a leitura da Torá, não para orações), por fim veio a designar as próprias construções criadas para atender às necessidades dos judeus que viviam longe de Jerusalém. Havia *proseuchai* em Cirenaica, em Crocodópolis, Schedia e Alexandria, no Egito; em Esparta, na grande cidade mercantil de Sardes, na Lídia e nas ilhas de Chipre, Cós e Rodes. Uma das mais antigas sinagogas em Delos era *tão* parecida com uma *villa* campestre da aristocracia que durante muito tempo se supôs que fosse exatamente isso — e na verdade pode ter sido uma propriedade privada que passou a ter função religiosa.

Quase sempre as sinagogas eram construídas com linhas que reconheceríamos de imediato como o estilo do templo grego clássico: pórticos com frontão, entablamento (arquitrave, friso e cornija), corredores com colunas e pisos de mosaicos decorativos. Em alguns relatos judaicos, inclusive o Talmude, elas são às vezes chamadas de *basílicas*, e inscrições em algumas de suas fachadas declaravam serem dedicadas a *theos hypsistos* — tradução literal do hebraico *El Elyon*: o Deus Altíssimo.⁴ Essas sinagogas tinham dirigentes (um *archisynagogos*), que se vestiam em grande estilo, um bedel (o *chazam*, que não era ainda um cantor), zeladores e, em certos casos, seus próprios agentes de segurança, encarregados de afugentar malfeitores. Em Alexandria, a sinagoga acolhia e dava alojamento a judeus de outros lugares do mundo judaico, já bastante disperso, e a muitas *proseuchai* foi concedido o direito raro e precioso de dar asilo. Algumas acrescentaram salas de reunião adicionais, as *exedra*. Todas precisavam de água corrente para rituais de purificação, bem como para o conforto de seus hóspedes. E parece provável, a julgar pelos cemitérios judaicos no Egito, que prestassem ajuda para sepultamentos. Em muitos desses aspectos podemos reconhecer na sinagoga judeo-grega original o protótipo das nossas — com duas exceções: nenhuma delas separava os sexos, e elas apreciavam muito pisos de mosaicos. (Um historiador considerou, por uma descrição da Grande Sinagoga de Alexandria, que agrupava os congregantes por ofício e ocupação, que ela devia ser mais um mercado do que uma casa religiosa, distinção que revela uma inocente falta de familiaridade com a *shul* moderna.)

Essa era uma cultura na qual os judeus escreviam poesia, filosofia, peças de teatro (como *Exagoge*, de "Ezequiel, o Dramaturgo", que narra a partida do Egito e inclui um sonho em que, de maneira surpreendente, o trono celestial de Deus é desocupado para que nele se sente Moisés). Os judeus escreviam textos que tinham características de obras históricas, e narrativas ficcionais a que alguns críticos se referem como os primeiros "romances" gregos. Toda essa atividade literária era realizada sem nenhuma perda de fidelidade aos ritos e leis singulares que tornavam seus autores judeus. Na verdade, essas formas gregas tornaram-se o veículo de expressão daquela judeidade. Os últimos livros a serem incluídos no cânone bíblico refletem, eles próprios, algo daquele caráter híbrido. O Eclesiastes é um "Livro de Sabedoria" que deve alguma coisa à literatura proverbial pérsico-babilônica, mas por vezes pode parecer obra de um filósofo epicurista ("Não sejas demasiadamente justo e nem te tornes sábio demais: por que irias te destruir?" [Eclesiastes 7,16]), como fazem livros que não integram o cânone judaico, a exemplo do Eclesiástico, chamado em grego "Livro da Sabedoria de Jesus ben Sirac". Tanto o Eclesiastes quanto o Eclesiástico mostram o tom de textos gregos, mesmo quando pregam transcendência com relação às questões desprezíveis da vida terrena.

Toda essa cultura híbrida foi possível no mundo helênico-egípcio dos Ptolomeus e no império sírio dos selêucidas, a nordeste, porque os soberanos de ambos os reinos haviam dado prosseguimento à política persa de tolerar e subsidiar as religiões locais. Na verdade, o conflito intestino entre os *diadochi* — ptolomaicos e selêucidas que contestavam a sucessão de Alexandre, o Grande — com frequência fazia com que competissem pelo apoio da população judaíta que vivia na área estratégica entre os dois reinos. Antíoco IV Epífanes pode bem ter cometido todas as infâmias relatadas nos Livros dos Macabeus e em *Antiguidades judaicas*, de Josefo, obra de dois séculos depois, mas ele e qualquer um dos Ptolomeus que ordenaram que judeus de Alexandria fossem pisoteados até a morte no hipódromo por elefantes de guerra embriagados eram a exceção, e não a regra. Não havia nada na conduta do primeiro selêucida a governar a Palestina, Antíoco III, que indicasse intolerância, muito menos perseguição. E mesmo Antíoco IV, derrotado e moribundo em algum ponto dos ermos da Ásia Menor, teria, de acordo com o autor do Segundo Livro dos Macabeus, manifestado arrependimento em seu leito de morte, determinando que seu governo restabelecesse a proteção e o subsídio para o Templo judeu. Findo o conflito mais feroz entre judeus e gregos, tornou-se perfeitamente possível a restauração do antigo mutualismo. O governante grego voltou a aceitar a autonomia das leis e das tradições religiosas judaicas, enquanto o líder judeu, o asmoneu Jônatas, num gesto que implicava submissão formal, recebeu o cargo de sumo sacerdote das mãos do rei selêucida.

Embora o mundo judaico e os mundos clássicos, o grego e o romano, acabassem mergulhados num conflito catastrófico e deletério, que culminou na aniquilação de Jerusalém pelos romanos, não havia nenhuma presunção, por parte dos judeus, de que suas culturas fossem mutuamente hostis, que o apocalipse era apenas uma questão de tempo. Na verdade, acontecia o contrário. Desde os primórdios de sua aproximação do mundo grego dominante, os judeus quiseram crer que tinham muito em comum com ele. Na mente de seus escritores e filósofos, o judaísmo era a raiz antiga, e o helenismo, a árvore jovem. Zeus era apenas uma versão paganizada do Todo-Poderoso YHWH, e Moisés, o legislador moral de quem se originavam todas as legislações éticas. Escrevendo em meados do século II a.C., o judeu Aristóbulo de Panias queria que seus leitores acreditassem que Platão tinha estudado a Torá de forma meticulosa e que Pitágoras devia seu teorema à antiga ciência judaica. Diante desse tronco comum de sabedoria, devia parecer bastante possível que os dois mundos se compreendessem.

De modo geral, isso foi uma paixão unilateral. Antes das conquistas de Alexandre, os gregos encontrariam judaítas como colegas em tropas mercenárias em Elefantina ou como soldados ligados a oficiais judaítas em fortificações costeiras como Mesad Hashavyahu, em fins do reinado de Josias, no século VII a.C. Ainda que isso possa hoje surpreender muita gente, o fato é que, para grande parte do mundo antigo a oeste de Babilônia, os judeus eram vistos sobretudo como lanceiros de aluguel. Não obstante, há na literatura antiga lampejos ocasionais de outra espécie de curiosidade dos gregos pelos judeus como descobridores e conservadores de antigos conhecimentos orientais. No século XIX, Jacob Bernays — filho de um rabino-chefe de Hamburgo, famoso por sua devoção, e tio da mulher de Sigmund Freud, Martha — descobriu que Teofrasto de Éreso, discípulo de Aristóteles e seu sucessor como líder da academia peripatética, manifestara fascínio pelos judeus, a quem se referia como um subgrupo de "sírios". Em seu livro *Sobre a piedade*, Teofrasto diz que os judeus eram "filósofos natos" (frase que deve ter feito a alegria de Jacob Bernays), que "conversavam entre si com muita frequência sobre a divindade e que à noite faziam observação de estrelas, contemplando-as e invocando Deus em orações".[5] Malgrado o fato de Teofrasto afirmar absurdos, como o de que os judeus praticavam sacrifícios de animais vivos, regando as carcaças sobre o fogo com mel e vinho, eles não eram de todo avessos a essa velha reputação de preservadores de cosmologia e augúrios antigos. Isso os tornava os guardiães de uma sabedoria oriental esotérica (ainda que alguns gregos insistissem em supor que eles eram originários da Índia). De modo geral, porém, escritores judeus que viviam no mundo clássico afirmavam ser a religião judaica constituída, ao mesmo tempo, por ética, história e profecia, coisas que, se eles sabiam o que lhes convinha, só podiam chamar a atenção de impérios pagãos.

É com esse espírito de certa vanglória que Josefo conta um episódio lendário de Alexandre, o Grande, em 332 a.C., ano de suas campanhas na Palestina e no Egito. O conquistador teria ficado tão comovido com a humildade devota dos sacerdotes e da população de Jerusalém que proclamou a unidade de Deus.[6] Embora não tenhamos nenhuma prova cabal de que, no ano de seu longo sítio de Tiro, Alexandre não foi a Jerusalém, essa viagem parece totalmente improvável. No entanto, a narrativa de Josefo deve ter alguma base numa tradição já antiga e, como ocorre muitas vezes quando ele se afasta da verdade documental, seu relato é vívido e brilhante.

Para Josefo, os judeus de Jerusalém, até o fim gratos e fiéis ao Império Persa em colapso, tremiam diante do que, imaginavam, seria uma terrível vingança dos macedônios. Entretanto, o sumo sacerdote, Jedua, teve um sonho em que lhe foi dito que "se animasse de coragem, adornasse a cidade e abrisse as portas". Os moradores da cidade deveriam se reunir diante do conquistador grego vestidos com o branco da humildade, enquanto ele e os demais sacerdotes do Templo trajariam vestes magníficas, como convinha a sua posição sagrada. Uma combinação de pureza e majestade: como os gregos não se deixariam cativar quando o cortejo triunfal de Alexandre parasse diante de "um lugar chamado Safa, que significa 'panorama'?". Foi, portanto, com aquela vista das torres, das muralhas e do Templo em sua colina que o general vitorioso encontrou a multidão vestida de branco e à sua frente o sumo sacerdote vestido de "escarlate e púrpura, com uma faixa dourada costurada em sua tiara, na qual estava escrito o tetragrama que era o nome de Deus". Trocam-se saudações. Alexandre pronuncia as palavras improváveis, declarando que "adora" esse Deus, pois, como explica a um surpreso ajudante de ordens, também ele teve uma visão em que o sumo sacerdote, vestido exatamente dessa maneira, concedia a bênção divina por sua vitória sobre os persas. Alexandre então "estende ao sacerdote sua mão direita" e faz sacrifício a YHWH no Templo, "de acordo com as instruções do sumo sacerdote". No dia seguinte, depois de lhe ser mostrado o Livro de Daniel, que profetiza seu triunfo (o que é curioso, já que em 332 a.C. o livro ainda estava por ser escrito), ele retribui a confiança ao garantir, como faziam todos os bons governantes gregos, "as leis de seus antepassados". Alexandre suspende o tributo dos judeus no ano sabático e promete (já que os judeus eram soldados tão competentes) que aqueles que se alistarem em seu exército terão plena liberdade para viver segundo suas tradições.[7]

Entretanto, essa homenagem à sabedoria superior dos judeus empalidece quando comparada com outra história, na qual um governante grego passa a admirar tanto o judaísmo que cobre seus guardiães de todas as honras imagináveis. A *Carta de Aristeu* foi um drama a respeito de um livro, ou antes, O Livro. Escrita no século II a.C., era o pretenso relato, feito pelo chefe dos guarda-costas e alto conselheiro de Ptolomeu II Filadelfo, sobre como a Bíblia hebraica veio a ser traduzida para o grego em Alexandria. Flávio Josefo inclui uma versão abreviada da história em suas *Antiguidades judaicas*, mas o manuscrito original era importante o suficiente para que sobrevivesse em pelo menos vinte cópias e chegasse ao começo da era cristã, quando a tradução grega da Bíblia hebraica, conhecida como a Septuaginta, era tratada, para todos os efeitos, como o texto definitivo do que tinha passado a se chamar "Antigo Testamento".

Os rabinos que, séculos depois, criaram a Mishná e o Talmude não viram motivo algum para dar atenção à *Carta de Aristeu*. A Septuaginta era uma Bíblia cristã; a deles tinha sido restaurada para o hebraico. A *Carta de Aristeu*, em que gregos e judeus fazem ponderações sobre a sabedoria da Bíblia, teria lançado por terra os pressupostos rabínicos de que a Torá era patrimônio exclusivo dos judeus. Especialistas modernos já imaginaram que a *Carta*, com seu idílio de harmonia intercultural, talvez tenha surgido de uma necessidade de defender o judaísmo das calúnias egípcias que, volta e meia, punham a comunidade judaica de Alexandria em perigo real. Ao implorar a sacerdotes e escribas que fossem a Alexandria a fim de fazer a tradução, o rei faz um comentário de improvável sensibilidade: "Se algum dia sua gente sofreu com as paixões do populacho, eu já lhe prestei as devidas reparações". Quase toda a *Carta* foi escrita como se o fato de gregos e judeus se compreenderem e terem os mesmos interesses fosse a coisa mais natural do mundo. Assim, o promotor de toda a empreitada, o bibliotecário real Demétrio de Faleros, diz a Ptolomeu:

> Tive muito trabalho para descobrir que o Deus que lhes deu a Lei é o mesmo Deus que mantém teu reino [...] eles [os judeus] cultuam o mesmo Deus, o Senhor e Criador do Universo, embora lhe demos outro nome, o de Zeus [...]. É ele que dota de vida todas as coisas.

A *Carta* aludia a certos marcadores que pareciam distinguir os judeus — a mezuzá com os rolos em miniatura na porta da casa e os *tefilins* ou filactérios atados na testa e no braço esquerdo, ambos contendo a oração diária em louvor do Deus único e passagens das leis da Torá (a primeira menção de cada um dos objetos em qualquer fonte) —, mas eram apenas lembretes para que os devotos de YHWH não se esquecessem de nunca se separar da presença de Deus ou de Seus ensinamentos.[8]

O verdadeiro Aristeu não teve, é claro, nenhuma participação na *Carta* fictícia, mas seu autor judeu era um sagaz imitador das vozes de cortesãos e letrados gregos, o melhor para persuadir os judeus de Alexandria, grecófonos, de que havia de fato um vínculo entre a Torá e a filosofia grega. Como, durante mais de um século depois das conquistas de Alexandre, os Ptolomeus dominavam a Judeia tanto quanto o Egito, era bastante plausível que o rei enviasse uma missão exploratória a Jerusalém a fim de convencer o sumo sacerdote a viajar a Alexandria levando a reboque um batalhão de tradutores.

A instrução dos enviados gregos sobre as maravilhas judaicas de Jerusalém começa praticamente assim que chegam. Depois da turnê hidráulica, Demétrio e Aristeu expressam espanto com "as maravilhosas e indescritíveis cisternas subterrâneas" que recebiam sangue dos sacrifícios no Templo e armazenavam água potável não contaminada para a população. Muita história clássica pode ser escrita em suas tubulações.

Os trajes suntuários também impressionariam os gregos. Eleazar, o sumo sacerdote, veste-se com o esplendor de um potentado: guizos de ouro pendem de seu hábito, produzindo um tilintar delicado quando ele se move. Seu traje é costurado com romãs (cujas 613 sementes, segundo se dizia, representavam os mandamentos da Torá) e em seu peitoral dourado está "O Oráculo de Deus", cravejado de pedras preciosas. Sua tiara traz o tetragrama que é o nome de Deus. Setecentos sacerdotes cumprem seus deveres no Templo no mais completo silêncio e com grave decoro. Bem a propósito, a mesa triangular decorada, enviada por Ptolomeu como um agrado para o Templo, é uma calculada obra-prima do estilo híbrido greco-judeu. Além de "coroas onduladas, entalhes em forma de cordas, do mais fino lavor", a mesa também ostenta (o que mais?) o ornato geométrico conhecido como *grega* — a essência da Grécia levada a Jerusalém — feito com rubis, esmeraldas, ônix, cristal e âmbar. Os pés são entalhados em forma de lírios e acantos.

Como poderiam declinar do convite real? Eleazar e 72 escribas, seis para cada uma das tribos de Israel, viajam a Alexandria, onde o rei, reverente, os cumula de honras e presentes, e são alojados em aposentos elegantes na ilha de Faros, ligada à cidade por uma estrada. Antes de começarem a trabalhar na tradução, em seus arejados aposentos, eles são homenageados com um banquete de uma semana, que se transforma num simpósio grego, embora com pratos kosher. O rei faz perguntas corteses e respeitosas sobre a melhor forma de reinar, na verdade a melhor forma de *viver*, e ouve respostas decididamente judaicas:

> REI O que é viver bem?
> ELEAZAR Conhecer a Deus.
> REI Como suportar as tribulações com equanimidade?
> ELEAZAR (*falando no mesmo tom do Eclesiastes e de Jesus ben Sirac*) Tendo pleno domínio da ideia de que todos os homens foram criados por Deus para partilhar o maior mal e também o maior bem.
> REI Como nos livrar do medo?

ELEAZAR Tendo a mente consciente de que não praticou mal algum.
REI Qual é a pior forma de incúria?
ELEAZAR Um homem não cuidar dos filhos ou não devotar todos os esforços na educação deles.

Houve ainda várias perguntas tiradas do repertório convencional de aconselhamento político (como Aristóteles havia instruído Alexandre), para não deixar dúvida de que o pseudo-Aristeu tinha os truísmos estoico-epicuristas gregos na ponta da língua:

REI Qual é a essência da realeza?
ELEAZAR Governar bem a si próprio e não se deixar levar, pela riqueza ou pela fama, a desejos imoderados.
REI Qual é o bem mais precioso de um governante?
ELEAZAR O amor de seus súditos.

E juntos eles penetram nos domínios da consulta mental platônica:

REI Como uma pessoa pode dormir sem pensamentos perturbadores?
ELEAZAR Tu me fizeste uma pergunta difícil, uma vez que não podemos fazer uso de nossas faculdades durante as horas de sono, mas somos dominados por nossa imaginação, que a razão não pode controlar. Pois nossa alma tem a sensação de que de fato vê as coisas que entram em nossa consciência durante o sono. Mas erramos ao supor que estamos realmente navegando em barcos ou voando pelo ar.

É exatamente isso que os leitores do pseudo-Aristeu em Alexandria devem ter desejado: não só a certeza de que os judeus estavam no mesmo nível intelectual dos gregos como também de que poderiam até tirar do acervo de sua própria sabedoria venerável alguma coisa para ensinar aos gentios. O tom da *Carta* passa uma forte sensação de que os judeus egípcios helenizados queriam ir além de uma reputação de devoção misteriosa ao "Deus Altíssimo" e demonstrar a *racionalidade* da Bíblia como literatura de sabedoria. Daí a ânsia em insistir que mesmo suas minúcias mais desconcertantes — as leis dietéticas, por exemplo — não eram apenas tabus arbitrários ou formas vulgares de controle de pragas, preocupadas com "doninhas e camundongos". Em vez disso, ao proibir predadores e rapinantes como milhafres e águias, elas seguiam a aversão humana natural a comer criaturas que já tinham comido outras criaturas. Era muito mais saudável comer aves "limpas" que se alimentavam de cereais, como "pombos, pombas-rolas, perdizes, gansos e [...] [de acordo com o Levítico] gafanhotos".[9] "Todos os preceitos expostos quanto ao que é permitido no caso desses animais e aves, ele os expôs com o intuito de nos ensinar uma lição moral." Seguem-se então palavras que nos deixam perplexos: "As regras que regem a divisão de garras e cascos destinam-se a nos ensinar a discernir em nossas ações pessoais". Com a mesma intenção de afirmar a sabedoria ética *natural* da Torá, Eleazar observa que, enquanto outras nações eram capazes de violar até suas mães e suas filhas, essas práticas abjetas — que incluem a cópula homossexual — eram vedadas aos judeus.[10] (Esta última observação talvez não fosse muito bem vista pelos helenos.) A mesma compulsão de fazer os gregos entenderem a Bíblia levou "Demétrio, o Numerologista", quase um historiador judeu-alexandrino, a submeter as fantásticas genealogias e cronologias bíblicas a uma investigação lógica. Era crível que Jacó, a partir dos 77 anos, tivesse sido pai de *doze* filhos em sete anos? Pelos cálculos de Demétrio, com toda a certeza!

A combinação de sabedoria ancestral e crítica racional exerce seu fascínio. O grupo de tradutores, saudado por Ptolomeu a cada manhã antes do começo do trabalho, completa sua tarefa em 72 dias (seis vezes as doze tribos — o mesmo número de tradutores) e recebe uma homenagem do rei, que, ajoelhando-se sete vezes diante do Livro, declara ser impensável (e talvez ilegal) mudar nele uma só palavra. Entretanto, nessas criações literárias produzidas com muitas intenções, os governantes egípcios com muita frequência se curvam à retidão moral, à astúcia política e à douta autoridade dos inteligentes judeus. Antes de Moisés, segundo o Gênesis, José ascendera a postos de comando no governo do faraó. (De fato, numa obra intitulada *Ioudaikon*, o autor judeu se entusiasma e atribui a José a criação do sistema egípcio de canais de irrigação — talvez em reação a histórias egípcias como a do sacerdote-gramático Mâneton, que pintava os israelitas como indigentes e leprosos.)

Na história de *José e Asenet* (às vezes chamada "o primeiro romance grego"), o jovem e poderoso israelita, em ascensão social, se casará com Asenet, de dezoito anos, filha de Putifar, conselheiro do faraó. Sempre de véu e isolada,

Asenet, conhecida por seu ódio aos homens, não está nada feliz com essa perspectiva, até que, vendo o judeu, tão bem-apessoado quanto sábio, ela é tomada por uma onda de arrebatamento amoroso. Nesse ponto, é claro, o rapaz se faz de rogado, exigindo que ela se converta plenamente como o preço da boda. Presa num dilema, Asenet recebe a ajuda oportuna de uma dupla de anjos, que no último momento faz malograr um plano do filho do faraó para violentá-la, matar seu pai e subir ao trono. Depois de apresentarem suas credenciais como solucionadores de problemas, os anjos fazem com que Asenet coma a Bíblia na forma de um favo de mel sagrado, do qual sai, inconvenientemente, um enxame de abelhas. Mas esperem! Os anjos reaparecem e transformam as abelhas em pequeninos cúmplices sem ferrão da felicidade nupcial e da epifania religiosa de Asenet. Um milagre! Incólume graças ao judeu e a sua dupla de anjos, o faraó entrega a noiva a José e cobre de bênçãos o feliz casal judeu. *Mazel tov*, bebamos.

A lua de mel alexandrina entre judaísmo e helenismo não durou muito, mas durante dois séculos e meio foi um mundo tão vigoroso, ativo e criativo quanto qualquer uma das culturas da diáspora que se seguiria. Era possível ascender tão alto quanto José, e menos ficticiamente. O irmão mais novo do filósofo Filo tornou-se coletor de impostos dos Ptolomeus, e seu sobrinho Tibério Júlio Alexandre foi feito governador de Roma no século I d.C., ainda que na qualidade de apóstata. Outro personagem que vagueou na orla da comunidade judaica, Dositeu, filho de Drimilo, ascendeu aos mais altos postos da corte, tornando-se arquivista real.

Em meados do século III a.C., bem antes dessas famosas histórias de sucesso, havia comunidades judaicas em Schedia, a sudeste de Alexandria, em Crocodópolis, em Heracleópolis, nos bairros de Kerkeosíris, Hephaistias e Trikomia, e em Tebas, Leontópolis (onde o sacerdote Onias, fugindo de Jerusalém, criou um Templo rival, como o que existira em Elefantina, em desafio a Jerusalém). Era comum que judeus se radicassem onde havia necessidade de suas especialidades, muitas vezes de natureza militar e burocrática: cavalaria em Tebas (entre os quais um cidadão com um nome ótimo, Sabbathaios, "nascido no sábado", de quem temos conhecimento por um papiro de meados do século II a.C.); guardas de alfândega em Schedia; infantaria em Leontópolis. Dizia-se que os bairros suburbanos na periferia de Crocodópolis eram cobertos de verde, tamanha a quantidade de jardins floridos e hortas pelos quais os judeus passavam com perigosa atitude senhoril diante de meeiros que labutavam. Eles eram numerosos e suficientemente abastados para construir uma sinagoga e dedicá-la a Ptolomeu III.

No entanto, Crocodópolis não era Alexandria, uma das grandes cidades da história judaica: quase 200 mil judeus, um terço da população (embora 4% de todos os egípcios).[11] Ainda que não estivessem formalmente confinados, a maioria deles se concentrava em bairros claramente judeus a leste do porto, sobretudo na área do Delta, "na praia sem porto", como dizia o hostil gramático Apião, mas não muito longe do palácio real. Havia sinagogas em todos os bairros, e ainda hoje sobrevivem inscrições com dedicatórias a benfeitores de alta posição, inclusive os próprios Ptolomeus, o que dá uma ideia do tipo de vínculo que as comunidades judaicas manteriam com o poder local ao longo de toda a história da diáspora.

Nenhuma, porém, se comparava à Grande Sinagoga, lendária mesmo depois da destruição da comunidade no século II d.C., em especial para os sábios do Talmude como o rabino Judá ben Ilai, que insistia em que "quem não a viu, não conheceu a magnificência". Em seu relato um tanto fantasioso, a sinagoga de Alexandria tinha fileiras de colunas duplas e setenta cadeiras de ouro cravejadas de pérolas (em homenagem à Septuaginta) destinadas a seus anciãos, além de áreas separadas para cada uma das artes e ofícios da metrópole: ourives, tecelões, caldeireiros... A congregação e a sinagoga eram tão vastas que a voz do leitor, na *bimá* — o pódio elevado para a leitura da Torá —, podia não ser ouvida em todo o recinto do templo, de modo que o *chazam*, de pé num estrado, agitava uma grande bandeira branca, feita de seda, para indicar à congregação quando devia entoar o amém ao fim de cada uma das partes da leitura.

Tal como ocorreu em Elefantina, papiros que chegaram até nós dão uma vívida ideia da sociedade de judeus que tinha um pé em sua *politeuma* judaica e o outro no mundo exterior. Nesse caso, em documentos, do arquivo Zenon, de um coletor de impostos dos Ptolomeus que viajou à Palestina em meados do século III a.C., e também nos papiros de Heracleópolis, provenientes da região de Faium. Um exemplo típico desses documentos é o caso apresentado ao arconte, ou governante da comunidade local, por um certo Doroteu. Diz ele que, por bondade de seu coração (e cumprindo um mandamento da Torá), levara seu cunhado Seute, que estava doente, para sua casa e cuidara dele, "gastando boa parte de meus bens" durante toda a sua enfermidade. Doroteu não só fizera isso como também tirara a sobrinha, Filipa, da prisão dos devedores e a levara para sua casa, a fim de que ela ficasse com o pai, doente. Um verdadeiro *mensch*? Não, afirma Doroteu, ele só estava fazendo o que manda a Torá. Antes que o cunhado inválido morresse, Filipa foi adotada formalmente como membro da família de Doroteu, com a qual permaneceu durante quatro anos. Esse idílio doméstico fora quebrado pelo súbito aparecimento de Iona, mãe de Filipa, que tirou a moça da casa da tia, com isso privando seu benfeitor de uma colaboradora útil da família. Em defesa de sua reivindicação de que a moça deveria lhe ser devolvida, Doroteu insistia que Filipa voltaria para sua casa como uma órfã bem cuidada, e não como uma criada útil restituída ao amo (Deus é testemunha!). Em sua petição ao arconte, ele invocou o fato de ter cumprido fielmente o preceito de Levítico 25,35 — "Se o teu irmão que vive contigo achar-se em dificuldade e não tiver com que te pagar, tu o sustentarás como a um estrangeiro ou hóspede, e ele viverá contigo" —, embora não houvesse na Torá nada que estipulasse a devolução obrigatória de uma sobrinha. O arconte, talvez porque esse fosse um caso clássico de convergência entre os princípios judaicos e gregos de tutela, parece ter apoiado Doroteu.[12]

Mais abaixo na hierarquia social judaica, os dados ficam mais incompletos. O mercador Ahibi só é conhecido por uma carta em papiro, enviada a seu sócio Jônatas, dando conta de embarques de cevada e trigo; Tasa, filha de Ananias (nenhum dos dois nomes helenizado), apenas por sua acusação contra o grego que a estuprou; e um casal, ambos residentes em comunidades da diáspora bem distantes uma da outra — "o jovem de Temnos" (na costa ocidental da Anatólia) e "a donzela de Cós" —, pelo contrato de casamento. A atmosfera do lugar e de seus cidadãos tem de ser construída a partir de cacos de cerâmica, dedicatórias inscritas em sinagogas e, sobretudo, inscrições em sepulturas de judeus. Nessa época, sepulcros subterrâneos estavam deixando de ser simples ossuários e se transformavam em câmaras com nichos preparados para famílias específicas e onde algumas pessoas eram sepultadas deitadas, com a cabeça apoiada numa almofada de pedra ou barro. Encontramos essas inscrições já no século III a.C., embora as mais eloquentes datem da Alexandria romana.

Arsínoe, a viajante: Detende-vos e chorai por ela [...] pois sua sina foi cruel e terrível. Pois estive privada de minha mãe quando era menina e quando a flor da

Ruas e casas de Elefantina feitas de barro e argila, com utilização ocasional de granito, século V a.C.; o mundo dos soldados da tropa judaíta e de suas famílias.

Cidade fortificada de Khirbet Qeiyafa, com vista para o vale de Elah.

Acima, réplica em miniatura de um santuário de templo, proveniente de Khirbet Qeiyafa, do século XI ou X a.C. Há vestígios de pombos no teto e um motivo têxtil que sugere uma cortina.

Amuleto de prata com inscrição em hebraico arcaico, encontrado numa das câmaras fúnebres de Ketef Hinnom, fim do século VII a.C.

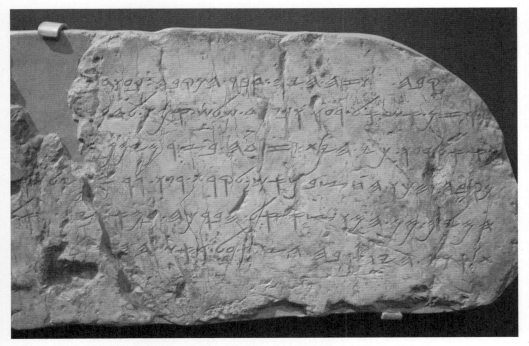

Inscrição no túnel de Siloé, da época do reinado de Ezequias, século VIII a.C., em que os homens que abriram o túnel narram sua façanha — a primeira manifestação conhecida de orgulho de trabalhadores braçais judeus.

Estatuetas de Aserá, encontradas em toda a Palestina e Judeia, dos séculos IX a VII a.C. O gesto de erguer os seios simboliza fertilidade.

Equipe do Levantamento Topográfico do Fundo de Exploração da Palestina, 1868, em fotografia do sargento James MacDonald. O homem sentado no centro da imagem é Charles Wilson, com Edward Palmer a sua direita.

A planície de Er Rahah, vista da fenda do Ras Sufsafeh, na cadeia do Sinai, local onde se supõe que Moisés tenha dado aos israelitas as tábuas da Lei. Fotografia do sargento James MacDonald.

Ossuário de calcário decorado como uma casa helenística, do século II ou I a.C.

Ossuário do sumo sacerdote Caifás, com decoração de rosetas, ao qual se atribui uma data entre I a.C. e I d.C.

O Iraq al-Amir, na Jordânia, palácio-fortaleza dos tobíadas, do século II ou I a.C. Colunas de calcário, panteras, fontes e colunatas evocam a magnificência de um nobre que teria ligações com o sumo sacerdote.

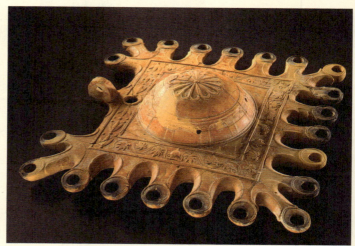

Candelabro de cerâmica do século II ou I a.C.

Moeda de *prutá* da monarquia dos asmoneus, com motivos de romãs e cornucópias.

Leão amamentando filhotes no teto do Iraq al-Amir.

O Túmulo de Zacarias, helenístico, no vale do Cédron, nas imediações de Jerusalém. A elegância espetacular do mausoléu mostra judeus do período asmoneu seguindo o estilo cultural dominante do mundo pagão.

Frisa no Arco de Tito, em Roma, mostrando cenas de saque do Templo de Jerusalém, século I a.C.

Pedras do Muro Ocidental do Templo de Jerusalém, derrubadas por tropas romanas depois do sítio da cidade.

mocidade preparou-me para um noivo. Meu pai assentiu, e Febe e o Fado levaram-me ao fim da vida quando nasceu meu primogênito.

Rachelis: Chorai por Rachelis, amiga casta de todos; cerca de trinta anos; mas não choreis por mim em vão.

Pela formosa *Horna*, derramai uma lágrima; estamos aqui os três, marido, a filha Irene e eu.

Esse é o estilo funerário clássico, e quando adornados os túmulos são esculpidos com motivos arquitetônicos, sobretudo colunas, indistinguíveis dos de seus vizinhos gregos. Não se veem dizeres em hebraico, citações da Bíblia que se tornariam convencionais em cemitérios judaicos. Ou seja, mesmo na morte há poucas indicações de que os *ioudaioi* estavam no exílio. Sua ligação com Jerusalém e a Judeia era constante; as normas que os tornavam judeus estavam perfeitamente claras, mas não em desacordo com as do Egito helenizado. Contudo, eles não eram ingênuos a ponto de pensar que eram amados por todos os integrantes das culturas hospedeiras em que viviam. Se conheciam a história do sacerdote-gramático Mâneton, do século III a.C., sabiam que eram associados não só a leprosos banidos do convívio humano como também aos reis hicsos, de má fama pelo tratamento rude dispensado aos egípcios. Havia sempre a possibilidade de que, apesar da vida tranquila que levavam, o horror estivesse à espreita, pronto para atacar, como acontecera com os judaítas de Elefantina.

Sabemos disso por causa da narrativa acauteladora a respeito dos judeus que escaparam por pouco da morte diante de elefantes de guerra. Contada no chamado Terceiro Livro dos Macabeus, obra tida como demasiado apócrifa para ser incluída na lista dos Apócrifos (mas que faz parte dos pseudepígrafos, menos canônicos ainda), a história era bem conhecida pelos judeus egípcios, o suficiente para constituir a base de uma festa local de salvação, exatamente da mesma forma como Purim tornou-se a festa da trama malograda para massacrar os judeus da Pérsia, e Chanuká, a festa da libertação da tirania selêucida. Assim como nessas histórias, paralelas e contemporâneas, na narrativa egípcia aparecem um louco que odiava os judeus, a ameaça de mortes em massa e, de modo ainda mais fantástico do que em Susa ou Jerusalém, uma intervenção de anjos no último instante.

O Terceiro Livro dos Macabeus e Josefo divergem quanto ao Ptolomeu envolvido na história e, portanto, em relação à época em que ela teria ocorrido, mas o historiador Joseph Modrzejewski defendeu de maneira convincente sua tese de que o rei seria Ptolomeu IV Filopátor, do século III a.C. Fazendo uma campanha na Palestina contra os selêucidas, sobre os quais obteve uma efêmera vitória, o rei decide violar a santidade do Templo, forçando uma entrada triunfal. O resultado, claro, é que no momento de consumar a transgressão ele fica paralisado, incapaz de mover um músculo. Tomado de ódio pelos judeus que o humilharam, assim que volta ao Egito ele ordena a prisão de todos os judeus no hipódromo de Alexandria. Ali (numa antecipação sinistra e espantosa do que aconteceria aos judeus de Paris no Vélodrome d'Hiver em 1942), ficam expostos ao calor brutal e são obrigados a trabalhar durante quarenta dias.

Isso, porém, não satisfaz a sede de vingança do rei, que, a conselho de um perseguidor perverso (cujo nome, Harmon, assemelha-se de modo suspeito ao do vilão na história de Purim, Amã), ordena que quinhentos elefantes de guerra sejam enlouquecidos com incenso e bebidas alcoólicas fortes e lançados contra os judeus cativos. Por um instante, a história se torna farsesca. Desnorteado, o rei esquece o plano, do qual só se lembra no dia seguinte. Vamos ao massacre! Juntem os paquidermes ébrios! Multidões se acotovelam no hipódromo para ver a fuzarca. Bramindo, bêbados e trôpegos, os animais avançam pelas ruas, seguidos da soldadesca a gargalhar. No último minuto, como é seu hábito, dois anjos aparecem, esvoaçam um pouco por aqui e ali e, pimba, os elefantes dão marcha a ré, pondo rápido fim às gaiatices de soldados e plebeus, esmagados na confusão. Devidamente impressionado, o rei sádico se arrepende e devolve aos judeus todos os seus direitos.

Trata-se de um desfecho fantasioso, mas o autor do Terceiro Livro dos Macabeus sabia que sua história era um alerta. Por mais serena que fosse a vida que levavam, sempre poderia sobrevir o dia em que a brisa traria bramidos distantes de paquidermes raivosos, e a placidez da vida deles chegaria ao fim. Isso, afinal, era o que tinha acontecido em Jerusalém.

2. A QUERELA DOS SACERDOTES

Quem vinha pelo oeste sentia o cheiro de Jerusalém antes de avistar a cidade: um manto de fumaça pairava sobre os tetos e as muralhas, capturando o odor de carne queimada. Os fogos no altar do Templo tinham de ser mantidos acesos dia e noite, tamanha era a demanda de sacrifícios de animais oferecidos a YHWH a cada manhã e cada tarde, como prescrevia a Torá.[13] A essas imolações sem fim dava-se o nome de *tamid*, palavra hebraica que significa "constante", mas havia também uma palavra grega para essa cremação ritual de animais inteiros — *holocausto*. Isso era outra coisa que as duas sociedades tinham em comum. Entre todas as culturas, do Egito à Mesopotâmia e à Pérsia, só gregos e judeus faziam sacrifícios de animais inteiros pelo fogo. Assim, milhares de cabras, carneiros, bois e outros animais eram levados dos campos circundantes para a cidade. Números 28,11-15 preceituava, só pela lua nova, um sacrifício cerimonioso no Templo de dois novilhos, um carneiro e sete cordeiros (bem como oferendas de flor de farinha, azeite e vinho). Nem todos os sacrifícios do Templo eram "oferendas queimadas" (*olim*). Alguns eram "sacrifícios de imolação" (*korban*), nos quais dividiam-se as carcaças em porções para consumo, enquanto a gordura derretida e o sangue colhido eram separados como a porção dedicada ao Todo-Poderoso e queimada em vasos exclusivos para esse fim. Entretanto, por volta da virada do século II a.C., holocaustos de animais inteiros passaram a dominar nas ofertas. Enquanto eram realizados, levitas entoavam salmos, mas ainda não havia orações, ao que parece.

O ritual do *tamid* era elaborado e meticuloso. À primeira vista, o derramamento de tamanha quantidade de sangue animal parece em gritante desacordo com a inflexível proibição de ingeri-lo, mas os dois conjuntos de práticas estavam interligados.[14] É bem possível, como propõe David Biale, que a combinação de sacrifícios sangrentos de animais e a dieta sem sangue se destinasse a criar uma contracultura em oposição aos hábitos mais sanguíneos dos povos que viviam em torno dos judeus. A Bíblia reafirma que no sangue de uma criatura está sua *nefesh* — sua essência vital, às vezes traduzida como "alma". Assim, não há por que imaginar o pátio do Templo saturado de sangue. Depois do abate do animal, em geral por um sacerdote, o sangue era colhido com todo o cuidado numa bacia. O que não era necessário para a oferenda era vertido através de canalizações, o que deixava a área de sacrifício limpa. A seguir, o animal era esfolado e sua carcaça, lançada ao fogo, onde permanecia até ser consumida por inteiro, restando apenas os ossos e uma ocasional barba de bode. As peles, muito prezadas, em geral cabiam ao sumo sacerdote, que às vezes as doava a outros sacerdotes; mas podiam dar ensejo a muitas disputas.

Em festas que atraíam peregrinos, o volume de sacrifícios aumentava e, com ele, o número de espectadores e participantes que acorriam a Jerusalém para as solenidades e comemorações. Por volta de 200 a.C., a Jerusalém grega parecia estar crescendo depressa, se não em dimensões físicas, ao menos em população. O número de habitantes informado por Hecateu de Abdera (120 mil) é inteiramente fantasioso, mas a população talvez chegasse a dezenas de milhares, e a cidade tinha se expandido para mais ou menos oito quilômetros quadrados. Com certeza, a maior demanda de gente a alimentar teria feito prosperar a área rural em torno da cidade, que levara gerações para se recuperar da destruição causada pelos babilônios. A planície de Sefelá, a sudoeste, que recebia chuvas abundantes no inverno e na primavera, tinha voltado a produzir trigo, enquanto as encostas das colinas, mais secas, eram pontilhadas de bosques de oliveiras, vinhedos e pastos. Para alimentar as multidões de peregrinos, as bancas perto das muralhas, que vendiam os produtos das fazendas judaítas, eram suplementadas por vendedores de locais mais distantes: peixeiros vindos de Tiro; mercadores das cidades costeiras de Ascalon, Ptolemais e Gaza, que vendiam cerâmicas do Egeu, cuja demanda vinha aumentando; e comerciantes do norte que vendiam objetos de vidro.

Já havia sinagogas, em Jerusalém e em seu entorno, que funcionavam como centros de recepção de peregrinos e como locais de leitura, mas em última instância Jerusalém *era* o Templo, com sua esteira rolante incessante de abate sacralizado de animais, seu calendário de peregrinações festivas e dias santos de expiação, a pausa no sábado (uma inovação no mundo antigo) e as leituras regulares da Torá, inauguradas por Esdras dois séculos e meio antes. Embora o reino não tivesse um rei, mas fosse abrilhantado pelos fantasmas literários de Davi, tido como o autor dos Salmos, e de Salomão, de quem se dizia ser o autor do sensual Cântico dos Cânticos e das "Sabedorias" apócrifas, o carisma da autoridade se concentrava na figura imponente do sumo sacerdote, em torno de quem giravam o ritmo e o significado social da cidade.

Com a interrupção da dinastia real, era importante, pelo menos durante um pouco mais de tempo, que o sumo sacerdote fosse um descendente linear de Sadoc, que estivera ao lado de Davi e coroara Salomão. E era importante que o próprio Sadoc fosse descendente do mais velho dos dois filhos de Aarão, Eleazar, razão pela qual esse nome aparecia com tanta frequência entre os sacerdotes. Com efeito, era possível inclusive estender a linhagem até Levi, o filho de Jacó e Lia. Assim, a presença do sumo sacerdote no Templo, à vista do público, e suas raras entradas no Santo dos Santos, onde ninguém mais podia penetrar, eram conscientemente majestosas e cercadas de denso simbolismo. (Ver o sumo sacerdote, com suas vestes esplendorosas, era o mais perto que os judeus chegavam de uma aparição da divindade em forma humana.)

No entanto, embora uma genealogia de sucessão tivesse sobrevivido, sendo recorrentes os nomes Simão e Onias, quase nada se sabe sobre cada um dos sumos sacerdotes, nem mesmo os detalhes de seus deveres e cerimônias fora da prescrição bíblica (e pouco se sabe desses deveres e cerimônias). O epítome da tradição rabínica continua a ser a figura nebulosa de Simão, o Justo, ainda que, como de costume, não haja consenso sobre sua vida (além de situar seu sacerdócio em algum momento do século III a.C.), a não ser que ele exemplificava a união de devoção pessoal, justiça judaica e autoridade cerimonial. (Destaque-se que não há um verbete para ele na *Encyclopedia of Early Judaism*, obra em outros aspectos exaustiva.)

Sabemos, porém, que o sumo sacerdote não estava sozinho em sua grandeza, riqueza e poder. Ele ocupava o centro de um sistema dinástico e de uma aristocracia sacerdotal, uma aristocracia cujos membros, todos eles, contavam com famílias estendidas, propriedades, autoridades e parasitas. Josefo também menciona uma gerúsia, um conselho de anciãos em Jerusalém, semelhante ao que existia em Alexandria, cujos integrantes podiam negociar com as autoridades gregas as questões importantes e perenes de impostos e também de subsídios para a manutenção do Templo (outra herança do período persa). Juntos, os membros da elite de Jerusalém e Judá, cada vez mais administrativa e mundana, assim como espiritual, constituíam um sistema de poder responsável por sustentar a singular cultura social em que o judaísmo estava se transformando.

Em meio a todas essas conjecturas, destaca-se um fato (pelo menos segundo Josefo) que revela muito sobre a realidade pragmática da aristocracia do Templo. Em algum momento, em fins do século III a.C., o sumo sacerdote Onias, o mais recente da linhagem de Sadoc e filho de Simão, o Justo (e, de acordo com o historiador, dotado de mãos ávidas por dinheiro), casou a filha com um transjordaniano agressivo e arrivista. Esse Tobias tornou-se o padrinho de um clã poderoso, ao qual Josefo dedica várias páginas, cuja história dramática bem poderia ser classificada como outra fantasia histórica se não tivessem surgido no arquivo Zenon cartas escritas por um certo "Tubias", comandante de um forte na margem leste do Jordão. Essas cartas foram enviadas ao Tesouro dos Ptolomeus e tinham como remetente, é óbvio, um figurão da área de coleta de impostos bastante parecido com o maioral armado citado por Josefo, visto como bom partido. De origem amonita e, portanto, fora do grupo étnico judaíta, Tobias, com sua riqueza e poder, tinha se tornado *suficientemente* judeu para se casar com uma moça pertencente ao mais alto grau da aristocracia sacerdotal. Conseguira amealhar fortuna ao transmutar função militar em exação fiscal em benefício do governo ptolomaico, cada vez mais necessitado de recursos para financiar as guerras infindas contra os selêucidas. Tobias estava adiantando dinheiro ao ministro das finanças, Apolônio, dinheiro que recuperava com lucros elevados junto à população local. Em outras palavras, era o tipo de figura que sempre floresce em épocas de guerras constantes: uma combinação de chefe de uma força militar privada, magnata e fornecedor do governo, rico o suficiente e judeu o suficiente para atrair o olhar da filha do sumo sacerdote.

Josefo dedica muita atenção a Tobias e a seu filho, José, que, como de praxe na segunda geração, burila os contornos mais ásperos da fortuna do pai e se converte no Homem Indispensável, negociando acordos difíceis entre os Ptolomeus e os selêucidas. Todavia, foi Hircano, neto de Tobias, que, transformando num opulento palácio de pedra calcária a leste do Jordão o que as cartas do arquivo Zenon mostram com clareza que era um forte provinciano, deixou a mais espetacular evidência arquitetônica de como parece ter sido a vida desse clã helenizado na virada do século II a.C.

Qasr el-abd (ou Iraq al-Amir, como é conhecida hoje a propriedade), situada num fértil vale jordaniano, é uma das mais sedutoras relíquias do mundo helenístico. Colunas graciosas sustentam a fachada de seus dois andares; outras colunas aparecem no interior do amplo pátio; leões e panteras vagueiam na fachada de calcário. De maneira cativante, um dos escultores deu asas à sua imaginação criadora e permitiu que ela sobrepujasse seus conhecimentos zoológicos, ao fazer um leão de vasta juba amamentar uma ninhada de leõezinhos no teto do palácio. O prédio original era cercado por um lago ornamental que refletia suas linhas harmoniosas. No entanto, esse lago, bem como a elevação sobre a qual o palácio foi edificado, preservava em sua elegância as linhas de sua função original como o reduto do homem poderoso. Com toda a probabilidade, era também o centro administrativo de um pequeno Estado tobíada, com todo seu quadro de escribas, funcionários e coletores de impostos. Quando o sumo sacerdote Jasão (que depusera o irmão, Onias III, oferecendo ao novo rei selêucida, Antíoco IV, o tesouro e o tributo necessários para mais uma campanha contra os Ptolomeus) foi ele próprio substituído por Menelau, um personagem ainda mais bajulador, Jasão se refugiou no palácio de Hircano, em "Amonites". Ali rilhou os dentes e deu tempo ao tempo, antes de mobilizar um exército privado que, quando chegasse o momento oportuno, marcharia em direção a Jerusalém.

É bem possível que o grandioso palácio de Hircano, afastado como estava do centro político judaíta, não fosse típico de nada além das pretensões dinásticas e do poder impiedoso dos tobíadas, ainda que, como um centro de poder que se opunha a Jerusalém, tenha desempenhado seu papel de provocar a grande sublevação que estava para ocorrer na Judeia. No mínimo, esse palácio remete a uma cultura na qual uma identidade judaica (pois os tobíadas decerto se identificavam com ela) e a observância da Torá coexistiam como a cultura grega, sem que ambas se excluíssem mutuamente. Da mesma forma, os asmoneus, que recriariam o primeiro Estado judaico desde a conquista babilônica, e que todo estudante judeu é levado a crer que eram a antítese dos helenos, mostram-se seus imitadores.

As culturas helenística e judaica estavam se aproximando de formas sutis e materiais, sobretudo no aspecto das cidades e suas moradias. Escavações recentes em Jerusalém e cercanias expuseram casas e mansões de dimensões e esplendor surpreendentes, com cômodos espaçosos decorados com afrescos. Vinhas se retorcem, lírios desabrocham, romãs comprimem-se contra o cálice. Em meio a destroços e ruínas, encontraram-se objetos de cerâmica vermelha, feitos na cidade grega de Mégara, ricamente decorados com flores e cenas de amor. Também se veem ali jarros e ânforas de Rodes, além de vasos de vidro fenícios, perolados e de longos gargalos. Em Jerusalém e em seus arredores, pela primeira vez a fulva pedra calcária da área estava sendo usada para a fabricação de copos e taças, mesmo porque a pedra era tida como uma barreira contra a impureza ritual (ao contrário da cerâmica). A cerâmica local também se desenvolveu, ganhando formas decorativas, sendo as mais comuns as pinturas florais em pratos e tigelas rasos. Com o aumento do tamanho dos cômodos, os lustres e candelabros também cresceram, apresentando um número cada vez maior de velas em suportes em forma de discos ou pires carmesins.

Esse foi o primeiro capítulo na longa história do comércio judeu. Na costa do Mediterrâneo, a nova demanda de bens vindos do Egeu transformou cidades mais antigas, como Gaza, Dor e Ascalon, em dinâmicos centros portuários e criou um novo porto importante na área costeira da Galileia: Ptolemais (depois, Acre). Mais no interior, entre o vale de Jizreel e a Baixa Galileia, ao lado do sítio de uma antiga fortaleza cananeia, Bete-Seã tornou-se a *pólis* grega de Citópolis, cujo nome provinha dos mercenários citas, oriundos da região entre o mar Cáspio e o mar Negro, que se instalaram ali, longe da Pérsia. Muitos desses núcleos urbanos contavam com casas de tijolos, às vezes decoradas com gesso e erguidas sobre fundações de pedra, além de avenidas com colunas nas quais ficavam as três instituições que definiam a vida grega: o ginásio, a escola-academia chamada *ephebeum* e o teatro.

Esses núcleos ainda estavam na periferia da vida judaica, e é improvável que já nessa época os judeus tenham migrado para eles em quantidades significativas, ainda que Séforis, perto de Nazaré (que viria a se tornar o grande centro urbano da Baixa Galileia), tivesse desde o começo uma população judaica, bem como um contingente grego. Cada vez mais, os judeus do coração da Judeia, grecófonos e quase helenizados, sentiam a atração magnética desses lugares. Para muitos, o teste mais duro da aproximação cultural com o helenismo seria na porta do ginásio, pois os exercícios eram praticados sem roupa e os pênis circuncidados provocavam gargalhadas nos gregos, que se orgulhavam de um longo prepúcio, o que pode ser observado em inúmeros vasos e ânforas. Especialmente embaraçosa e causa de muitos risos maliciosos era a ideia de que os judeus cortavam deliberadamente o prepúcio para se privar de prazer sexual. O geógrafo Estrabão acreditava até que os judeus praticavam a excisão do clitóris pela mesma razão equivocada. E, até certo ponto, a ardente defesa dessa prática por Filo, para quem o costume era intrínseco à vida moral (para não falar de questões de higiene), só confirmava o desprezo que o mundo pagão sentia pelo espírito de sacrifício judeu. Para a elite dos atletas gregos, exibir um belo e longo prepúcio era tão obrigatório que alguns passaram a usar o *kynodesme*, ou "guia de cão", uma tira de couro estreita que rodeava as costas, contornava o escroto e era amarrada num lacinho pequeno e mimoso onde a pessoa quisesse.

Aqueles judeus para os quais sua plena aceitação como cidadãos da *pólis* era mais importante do que a aliança, e que sabiam que se graduar na academia do *ephebeum* exigia que fizessem nus os exercícios, tinham à sua disposição a restauração parcial do prepúcio. Como na Antiguidade, ao que parece, a circuncisão não envolvia a remoção total do prepúcio, o vestígio remanescente podia ser esticado por tração, sendo a pele amaciada com mel ou uma loção obtida com o esmagamento de uma planta, a táspia, tratamento usado de forma rotineira por gentios que se julgavam prejudicados no quesito prepúcio e que, expondo sem querer a glande no ginásio, eram alvo de risadas humilhantes.[15] Quando, como era inevitável, os judeus que tinham sido submetidos à cirurgia de reversão eram tomados de remorso, os rabinos, que encaravam tudo isso com enorme seriedade, pois a questão envolvia a aliança, discutiam se havia necessidade de uma completa recircuncisão para um retorno ao judaísmo ou se a operação seria perigosa demais. Mas a partir de então e até hoje, além da insistência talmúdica em que o prepúcio era em si revoltante, a exigência da Mishná com relação à cerimônia do *brit milá* tem sido a remoção completa e irreversível do prepúcio. Que nada se faça pela metade.[16]

No entanto, foi um sumo sacerdote que propôs a criação de um ginásio em Jerusalém, conduzindo os judeus (na descrição surpresa de 2º Macabeus 4,12) "ao uso do pétaso [chapéu grego]" (sendo os chapéus coisa importante para os judeus), e teve o prazer de enviar uma delegação de judeus helenizados aos jogos em Tiro, que se realizavam a intervalos de cinco anos. Esse sumo sacerdote atrevido e renegado foi o usurpador Jasão, que em 172 a.C. tinha afastado do cargo o irmão, Onias III, chegando ele próprio à função graças a subornos. O ginásio era apenas parte de um plano maior lançado por Jasão para transformar Jerusalém numa cidade grega. Assim que seus habitantes tivessem passado pelo *ephebeum* que também seria criado, poderiam se tornar cidadãos, e sua cidade passaria a ser chamada "Jerusalém em Antioquia". A quase apostasia de um sumo sacerdote equivalia a um repúdio do ato fundador da diferença israelita: a aliança feita entre Abraão e YHWH, renovada de forma dramática quando Séfora atira o prepúcio ensanguentado do filho em seu marido, Moisés, e exclama: "Tu és para mim um esposo de sangue" (Êxodo 4,25). O rei selêucida, segundo Josefo, queria que os judeus fossem iguais a todos os demais, mas o desejo nasceu primeiro de Jasão, sumo sacerdote inteiramente judeu.

A força disso é ainda mais chocante na medida em que nada nos selêucidas levara a crer que estivessem empenhados, mais do que os Ptolomeus, em helenização coercitiva como questão de política. Depois que a cavalaria de Antíoco III (que chamava a atenção pelas couraças, que cobriam não só os soldados como também suas montarias) esmagou o exército ptolomaico de Escopas na batalha de Banias, nos contrafortes do monte Hermon em 200 a.C., uma das primeiras ações do rei vitorioso, que viria a emitir editos em que prometia ser um protetor ainda mais solícito das "leis e práticas ancestrais" dos judeus, proibia que estrangeiros entrassem no Templo e que se importassem de Jerusalém carnes e animais proibidos, entre os quais, talvez desnecessariamente, leopardos e lebres. Os sacrifícios no Templo seriam mantidos, os danos decorrentes da guerra, indenizados, e os sacerdotes, isentados para sempre de impostos (os demais habitantes de Jerusalém foram isentados durante três anos).

Os decretos de Antíoco III eram tudo que o antigo Templo de Jerusalém poderia ter pedido, e compatíveis com três séculos do relacionamento entre os senhores imperiais e os judeus, porém não sobreviveram às campanhas ou à vida do próprio rei. Tentado a ir longe demais, Antíoco III quis explorar sua vantagem levando a guerra ao próprio Egito, onde suas forças foram destroçadas pelo poder crescente dos romanos na batalha de Magnésia. Esse foi um momento decisivo. Os romanos exigiram uma indenização astronômica e levaram o jovem Antíoco (mais tarde, o de número IV) para Roma como refém, onde (de acordo com Políbio) ele criou uma reputação precoce de excêntrico e irritadiço. Contudo, os problemas criados para o orçamento militar do norte selêucida foram de tal ordem que eles devem ter se arrependido da magnanimidade imprevidente que Antíoco III tinha prometido a Jerusalém.

No reinado de seu sucessor, Seleuco IV, essa escassez de recursos tornou-se tão grave que o rei não pôde mais manter as mãos distantes do ouro e da prata do Templo, sobre os quais muito se falava. Um confisco por parte do ministro das finanças, Heliodoro, pode ter ocorrido ou não, mas tornou-se o tema de outra história de milagre quando o pretenso saqueador foi detido por anjos salvadores (é claro), que agiam depressa na literatura fantástica judeo-helênica.

Foi esse impasse fiscal-militar muito específico e em tudo pragmático de um mini-império inseguro, e não algum tipo de choque predeterminado de culturas religiosas, que provocou os fatos que levaram à grande rebelião dos asmoneus. Ela com certeza se *tornou* uma guerra de resistência dos judeus contra a aniquilação cultural e até étnica, e os Livros dos Macabeus, empenhados em mostrar os asmoneus como guardiães da Torá, apresentam-na dessa forma.

A verdade é mais complicada, com um toque de sordidez, e por isso mais crível do ponto de vista histórico. Percebendo o que os governos selêucidas queriam, facções rivais da elite do Templo passaram a competir em bajulação monetizada em troca de favores oficiais nas guerras pelo sumo sacerdócio. Ambos os contendores ao cargo, depois da acessão de Antíoco IV Epífanes — Jasão e seu rival nos subornos, Menelau —, eram helenizantes, e um procurava suplantar o outro na oferta de agrados monetários aos selêucidas. Três anos depois de ascender ao sumo sacerdócio, Jasão perdeu a briga. Como seu sucessor, Menelau, mandasse matar Onias (irmão de Jasão e o sumo sacerdote original), Jasão não perdeu tempo e atravessou o Jordão, escondendo-se no palácio-fortaleza de Hircano.

Um tanto atordoado por se ver como o sumo sacerdote para acabar com todos os sumos sacerdotes (literalmente), Menelau autorizou a criação de uma cidadela, a Acra, para tropas estrangeiras, o que teve o efeito de transformar Jerusalém numa cidade ocupada (não obstante o fato de ser tida e havida como uma *pólis* livre). A construção da cidadela exigiu a demolição de uma faixa de propriedades numa cidade cada vez mais cheia de gente.[17] E uma política de demolições em Jerusalém sempre foi receita certa para encrenca. As equipes de demolição começaram a agir, o que provocou distúrbios violentos. Ou seja, a guerra entre judeus e gregos não teve início com a revolta dos Macabeus em Modin, e sim com uma insurreição de cidadãos (embora armados apenas com paus, facas e pedras) contra a cidadela e o irmão de Menelau, o vice-sumo sacerdote Lisímaco, e seus oficiais. Segundo o Primeiro Livro dos Macabeus, as multidões também atiraram cinzas contra seus inimigos. Supondo-se que alguma parte da "poeira" ou "cinzas" tenha caído em seus alvos, é improvável que tenham causado muito desconforto aos opressores, mas o objetivo do gesto era simbólico: o resíduo dos sacrifícios lançados contra aqueles que os tinham proibido.

De algum modo informado do tumulto, Jasão, no palácio dos leões de Hircano, do outro lado do Jordão, entendeu que aquela era uma oportunidade política preciosa. Agora ele podia posar como defensor da tradição judaica.

Acreditando em sua própria propaganda e emitindo ondas de retidão imerecida, Jasão reuniu os lanceiros.

A oportunidade de sua intervenção foi determinada por uma notícia da morte de Antíoco IV. O selêucida, que tinha avançado rumo ao sul para avistar-se, como de hábito, com os Ptolomeus, teve sua intenção frustrada pelos romanos, mas sobrevivera. Na verdade, fez algum tipo de acordo com os vencedores.[18] Jasão, nesse ínterim, julgou que tinha chegado o seu momento. Conduzindo um pequeno exército que organizara com a ajuda de Hircano, cruzou o Jordão, atacou Jerusalém e trucidou não só as tropas estrangeiras e os mercenários que defendiam a cidade para o rei selêucida, como também milhares de judeus que, ele decidiu, tinham sido cúmplices dos gregos.

Na verdade, porém, Antíoco IV estava vivíssimo. Libertado de seu impasse no Egito por um tratado com os romanos, ficou fora de si com o golpe de Jasão. Frustrado num teatro militar, não estava disposto a permitir que o poder selêucida fosse humilhado em outro. Assim, o rei virou um monstro, e as brincadeiras segundo as quais ele não era, como proclamavam suas moedas, *epífanes* (uma manifestação de Deus) e sim *epímanes* (lunático), de repente ficaram sérias. Além do mais, era uma loucura com método, ou pelo menos com um precedente. Jasão — e a recepção entusiasmada que ele recebera de muitos setores em Jerusalém — tinha levado a Judeia para além dos limites da ponderação civilizada e a sujeitara a um tratamento de território subjugado, não mais protegida pelos acordos que Antíoco III fizera, mas entregue ao poder absoluto do conquistador, para que ele tratasse seu povo, seus santuários, seus costumes e suas propriedades como lhe aprouvesse.

E o que ele queria era medonho: uma carnificina que durante três dias, segundo os Livros dos Macabeus, ceifou 40 mil vidas, inclusive de mulheres e crianças, e igual número de pessoas escravizadas, que foram mandadas para mercados de escravos fenícios, onde seriam vendidas por somas que facilitariam em muito o problema do Tesouro selêucida. O autor do Primeiro Livro dos Macabeus acrescenta, com uma sinistra falta de objetividade poética, que o trauma ameaçava a sobrevivência biológica dos judeus, já que "moças e moços perderam seu vigor,/ murchou a beleza das mulheres" (1º Macabeus 1,26).

Seguiu-se a aniquilação cultural, relatada nos Livros dos Macabeus: a proscrição de todos os rituais que tornavam os judaítas judeus — a leitura da Torá, a circuncisão, a purificação ritual, a observância do sábado. Em lugar da abstenção da carne de porco, os judeus foram obrigados a comê-la. Ao roubar ao Templo todos os seus vasos e acessórios rituais — o altar de ouro, a mesa dos pães da proposição e seu conjunto de pães e oferendas de farinha, a menorá, com seu profundo simbolismo do florescimento de luz, e a cortina de véu que definia o Santo dos Santos —, Antíoco não só tornou impossível a realização de qualquer tipo de sacrifício ou oferenda de cereais e pão, como a própria existência do Templo como foco definidor do judaísmo. O que os substituiu — as estátuas, a paródia do sacrifício de porcos num novo altar, os cultos dionisíacos, as prostitutas, os cortejos de pessoas cobertas de hera em honra a Baco — foi uma nota de rodapé dessa abrangente erradicação. Como ocorreria quando os exércitos romanos finalmente puseram fim à insurreição dos judeus, o Templo, para todos os efeitos, tinha deixado de existir. Quando as tropas de Apolônio, o general que Antíoco enviara com uma expedição de perseguição e castigo, percorreram as ruas de Jerusalém, matando todos os que encontravam *no Shabat*, a mortandade representou um aviso de que dali em diante os judeus eram prisioneiros impotentes de um Estado terrorista.

Em sua fortaleza palaciana, Hircano entendeu o recado. Sem esperar o destino que o visitaria, o último dos tobíadas caiu sobre sua espada, observado pelas panteras de calcário. Privado de seu abrigo, Jasão — que, segundo o autor do Segundo Livro dos Macabeus, tinha iniciado essa cadeia de catástrofes — tornou-se agora um fugitivo sem guarida, correndo "de sua cidade, perseguido por todos, detestado como apóstata das leis" (2º Macabeus 5,8) e a seguir embrenhando-se na terra dos lacedemônios, onde morreu, como lhe era apropriado, em seu exílio grego. "Ele, que havia atirado por terra uma multidão sem sepultura, morreu sem ser chorado e não teve funerais: nem funeral comum nem muito menos sepultura com seus pais" (2º Macabeus 5,10).

3. MACABÍADA

Depois da destruição de tudo na aniquilação babilônica, os sacerdotes levaram para o exílio uma única chama tirada do fogo dos sacrifícios do Templo. A chama foi guardada num poço secreto, mas quando seu guardião, Neemias, foi recuperá-la para a restauração de Jerusalém, o poço tinha se enchido de "água espessa" e o fogo se extinguira. Quando chegou o momento de queimar uma oferenda, Neemias disse aos sacerdotes que borrifassem aquela água em gravetos. Perplexos, eles fizeram o que Neemias lhes dizia, e nesse instante um raio divino de sol transubstanciou a água saturada em combustível. O fogo sagrado ancestral tinha sido restaurado.[19]

Ou pelo menos foi nisso o que o autor do Segundo Livro dos Macabeus, cuja imaginação literária era uma chama vivaz, quis que seus leitores judeus acreditassem. Embora sejam bem diferentes um do outro, os Livros dos Macabeus constituem, em seu conjunto, o épico de liberdade dos judeus, à sua maneira tão estupendo, fantasioso e emocionante como a história fundadora do êxodo mosaico.[20] O milagre do óleo para o reacendimento da lâmpada do Templo, que, suficiente apenas para um dia, ardeu durante oito, não se conta entre os prodígios registrados pelos dois livros. Essa lenda, compreendida por todos os judeus modernos como o sentido central de Chanuká, é uma invenção puramente rabínica, acrescentada pelo menos três séculos mais tarde. No entanto, a Macabíada, em suas duas versões — em especial a do segundo livro —, está cheia de portentos, assim como de história: uma mistura de crônica factual e invenção fabulosa, exatamente com o sabor grego que os Macabeus estariam repudiando.

Ambos os livros foram escritos no fim do século II a.C., como histórias de propaganda em nome do reino judaico-asmoneu que fora criado quarenta anos antes em meio aos remanescentes do poder selêucida. A história épica do patriarca Matatias (não por acaso descendente de sacerdotes) e de seus cinco filhos, que lideraram a revolta contra a perseguição dos Antíocos, visava a legitimar as pretensões da dinastia dos asmoneus (nem sadóquita nem davídica), que pretendiam ser, *ao mesmo tempo*, reis e sumos sacerdotes, uma inovação chocante e sem precedentes. Nenhum dos dois livros mostra preocupação alguma com a violação da separação de papéis estabelecida desde o tempo de Moisés e de Arão. E os "assideus", forma grecizada do hebraico Hasidim, ou os piedosos — embora a correspondência não seja precisa —, estavam entre os mais militantes dos aliados rebeldes dos asmoneus, conquanto não haja ainda nenhuma indicação de que se considerassem uma vanguarda puríssima da ortodoxia da Torá ou, muito menos, como a geração fundadora dos fariseus. Defendendo-se de acusações de usurpar o sacerdócio (uma multidão cobriu o rei asmoneu Alexandre Janeu de cidras quando ele tentou liderar a celebração da Festa dos Tabernáculos no Templo), as asmoneus precisavam se apresentar como autores de milagres, militares e religiosos, realizados por obra divina, e como os protetores do judaísmo da Torá contra contaminações helenísticas, até quando a verdadeira história era bastante mais ambígua. Pela primeira vez, além disso, o poder judaico pretendia corrigir os mandamentos da Torá, que agora punham os judeus numa situação desvantajosa. Depois que a população indefesa de uma aldeia de Judá foi passada a fio de espada num Shabat, Judas Macabeu, o "Martelo", decidiu que, se necessário, poderiam lutar no dia do descanso, uma resolução justificada pela mudança do rumo dos acontecimentos. Há todos os sinais de que, tal como os imperadores soberbos do mundo pagão, os asmoneus vieram a acreditar que tinham sido incumbidos de uma missão divina. A festa oficial que inventaram, Chanuká, entronizou-os como purificadores e reconsagradores do Templo profanado.

Inebriados com o êxito inesperado, embora não garantido, contra exércitos gregos muito maiores, e explorando de maneira pragmática uma aliança tática com os romanos e as contínuas disputas dos selêucidas rivais, os asmoneus logo descobriram uma confiança vigorosa que tornava o Estado judaico mais ambicioso, do ponto de vista territorial, e capaz de agir com um proselitismo mais agressivo do que os reinos israelitas que ele pretendia restaurar. Deixando o território montanhoso de Judá onde a rebelião tinha começado, seus exércitos — que incluíam contingentes consideráveis de mercenários estrangeiros — atravessaram Samaria e penetraram na Galileia, chegando até a cidade grega de Ptolemais e, passando pelos contrafortes do monte Hermon, chegaram ao planalto hoje chamado Golã e mesmo ao sudoeste da Síria. A seguir, atravessaram o Jordão, entrando na área montanhosa de Moab e dos vales amonitas. No sul, chegaram ao deserto de Neguev, tomando cidades portuárias antigas como Jafa, Gaza e Ascalon, que no passado tinham sido filisteias e fenícias. E à medida que conquistavam, também convertiam, às vezes pela força. O processo era menos penoso, em termos físicos, do que às vezes imaginavam, uma vez que, de qualquer modo, as populações locais praticavam a circuncisão.[21]

O mini-império, impondo a Torá, foi literalmente cunhado do zero. João Hircano foi o primeiro governante judeu a emitir moeda, embora ela fosse apenas um *prutot*, minúscula e em pequenos valores. Uma das faces mostrava quase sempre cornucópias (que vinham de fontes clássicas) e romãs (de fontes judaicas); a outra tinha inscrições em caracteres proto-hebraicos que praticamente já tinham sido abandonados em favor dos caracteres assírio-aramaicos quadrados em que o hebraico é escrito até hoje. Em vez de usar o conhecido nome do rei em grego, Hyrcanus, a inscrição se referia a ele como *Yochanan Cohen Gadol, Rosh Hever Hayehudim*, ou "Jônatas, sumo sacerdote e líder do Conselho dos Judeus".

Da mesma forma, o Primeiro Livro dos Macabeus, escrito originalmente em hebraico, mas só conhecido em sua versão em grego, apresenta-se como a epopeia de fundação do reino judaico renascido, e a narrativa se aproxima bastante do estilo dos livros históricos da Bíblia hebraica. Por outro lado, o Segundo Livro dos Macabeus é mais rico em fantasias míticas e invenção poética, o que faz crer que tenha sido escrito no Egito helenizado, onde esse tipo de criação literária greco-judaica, como a história de José e Asenet, era apreciado. Outra característica a destacar é o fato de o texto apresentar a voz do autor-historiador, que afirma ter buscado sintetizar a obra em cinco livros de um certo Jasão de Cirene.

O Segundo Livro dos Macabeus inicia com uma carta (atribuída a um morador de Jerusalém) para os judeus do Egito, que inclui a história da preservação miraculosa do fogo dos sacrifícios, cuja implicação é que, não importa o que aconteça às potências terrenas, a centelha do judaísmo será levada de um lugar a outro. Ciente, tal como o autor do "papiro do Pessach", de que se dirigia aos judeus de Elefantina três séculos antes, de que os judeus egípcios precisavam ser postos sob a autoridade de Jerusalém através do calendário ritual de observância, o autor tem o cuidado de mencionar a data — 25 de Kislev, dia da rededicação do Templo — em que deverá ser celebrada a nova festa de Chanuká, que comemora a libertação pelos asmoneus. Na verdade, como se instruídos pelos novos sacerdotes-reis asmoneus, os autores dos Livros dos Macabeus deixam claro que não desejam que Chanuká seja celebrado apenas durante os oito dias da Festa dos Tabernáculos, citada explicitamente como modelo de regozijo, porém com o mesmo grau de santidade que as festas de peregrinação — Pessach, Pentecostes e Tabernáculos. Quer isso um dia acontecesse, quer não, o ensino rabínico rejeitaria essa prescrição, da mesma forma como manteve os Livros dos Macabeus fora do cânone bíblico. Era quase como se os rabinos decidissem, em retrospecto, que havia alguma coisa suspeitamente mundana com relação à invenção dos asmoneus. Apesar dos esforços dos dois autores dos Livros dos Macabeus para mostrar a libertação como o equivalente do Êxodo formativo, a analogia nunca se firmou.

Entretanto, quem quer que tenha sido o autor do Segundo Livro dos Macabeus (e se seguiu de perto os textos de Jasão de Cirene, ou se o usou com muita liberdade), ele decerto sabia escrever uma epopeia no estilo clássico, pós-homérico, uma história repleta do tipo de prodígios, maldições e improbabilidades admiráveis que atrairia leitores sofisticados, helenizados: um estilo grego a competir com o triunfalismo grego. No Primeiro Livro dos Macabeus, Antíoco IV, enlouquecido e subjugado, morre na Ásia Menor "com quanta amargura [...] em terra estrangeira" (1º Macabeus 6,13), arrependendo-se da perseguição que lhe causou tantos problemas com os judeus. Já no Segundo Livro dos Macabeus, seus últimos dias são narrados de maneira vívida, expirando nos espasmos incessantes e fétidos da diarreia que Deus lhe infligiu. "Assim, aquele que pouco antes parecia estar tocando os astros do céu, ninguém agora aguentava carregá-lo, por causa do peso insuportável desse odor fétido" (2º Macabeus 9,10). No horror de sua agonia, o rei atormentado chega a desejar converter-se ao judaísmo e, no caso de se recuperar, vaguear pelo mundo pregando a Torá.

Da mesma forma, embora ambos os livros narrem o martírio dos judeus que rejeitavam as leis de Antíoco, o exaltado autor do segundo produz um drama, em estilo grego, de crueldade e tragédia familiar muito mais elaboradas. O escriba Eleazar, de noventa anos, "homem [...] muito belo de aspecto em seu rosto", tem a boca aberta à força e nela metem carne de porco, "mas ele, preferindo a morte gloriosa a uma vida em desonra, [depois de cuspir a carne] encaminhou-se espontaneamente para o suplício" (2º Macabeus 6,18-19). Colaboradores que se compadecem dele lhe propõem que mande vir carne kosher e a coma como se fosse carne de porco, mas Eleazar declara: "Não é condizente com a nossa idade o fingimento" (2º Macabeus 6,24). Uma mãe de sete filhos assiste à preparação de assadeiras e caldeirões em que os filhos seriam assados e cozidos. O primeiro a protestar tem a língua cortada e os membros decepados, que são fritos diante do olhar dos irmãos, resolvidos a se manter fiéis a Deus. Um a um, são submetidos a tormentos medonhos — escalpamentos e coisas piores —, mas permanecem firmes. Frustrado, o ardiloso Antíoco poupa o sétimo e pede à mãe que convença o único sobrevivente a aceitar sua ordem e repudiar o judaísmo. Por essa conversão, ele seria cumulado de riquezas e favores reais. Em vez disso, é claro, a mãe pede: "Filho, tem compaixão de mim, que por nove meses te trouxe em meu seio e por três anos te amamentei [...] tornando-te digno dos teus irmãos, aceita a morte, a fim de que eu torne a receber-te com eles na Misericórdia" (2º Macabeus 7,27-29). O filho diz que não aceitará a ordem do rei, mas obedecerá "ao mandamento da Lei [...] que foi dada aos nossos pais por meio de Moisés" (2º Macabeus 7,30). Enfurecido, o rei determina que esse moço seja tratado com crueldade ainda maior que a dispensada aos outros, mesmo que, em vista do repertório exaustivo das torturas e mutilações prévias, seja difícil imaginar como poderia ser isso.

Como a legitimidade dos asmoneus estava ligada ao heroísmo dinástico, o núcleo dos dois livros é uma série de romances familiares. A austeridade do ambiente provinciano em que começa a rebelião é o oposto, rude e penoso, dos gentis costumes helenísticos. Em Modin, o pai dos Macabeus, Matatias, reage à sua maneira a um judeu que se dispunha a oferecer um sacrifício ritual da forma prescrita por Antíoco IV. Matatias usa sua espada para matar o homem. Para citar um precedente, o Primeiro Livro dos Macabeus invoca o caso de Fineias, que, no Livro de Números, mata, com o mesmo golpe de espada, um israelita e uma madianita que copulavam no interior da tenda sagrada dos israelitas. A implicação do texto é que essa é a recompensa da promiscuidade, de uma união nada natural, em contraste com a união ortodoxa do clã familiar judeu.[22]

"Todo aquele que tiver o zelo da Lei e quiser manter firme a Aliança, saia após mim" (1º Macabeus 2,27), declara Matatias, levando os cinco filhos para as montanhas, de onde passam a desfechar ataques contra os inimigos. Expulsos das cidades corrompidas, muitos homens vão com as mulheres e filhos, além de rebanhos, para o acampamento dos asmoneus, e dessa cidadela livre e natural lançam uma guerra de purificação, destruindo altares pagãos e circuncidando "à força todos os meninos incircuncisos que encontrassem pelo território de Israel" (1º Macabeus 2,46) (a única área com tradições filistinas-fenícias onde isso poderia ocorrer). Ou seja, a referência a refazer a aliança original de sangue de Abraão e Moisés é levada absolutamente ao pé da letra na campanha dos Macabeus de purificação da carne.

Antes de morrer, Matatias reúne os filhos e faz um discurso em que vincula sua própria condição de pai à dos patriarcas e profetas judeus, de Abraão a Daniel, conferindo autoridade especial de generalato a Judas Macabeu e a seu segundogênito, Simão, um "homem ponderado" que, um dia, "será o vosso pai". É com o mesmo espírito de benevolente patriarcado que Judas, nomeando "capitães", pessoas do povo, para seu exército rebelde, manda para casa todos aqueles que já estão comprometidos com uma vida familiar: aqueles que "estavam construindo casa, aos que haviam noivado, aos que tinham plantado uma vinha" (1º Macabeus 3,56). Sua própria família faz sacrifícios para que seja possível criar um Estado explicitamente judeu, alicerçado na observância da Torá. Um a um, os irmãos caem na execução dessa missão. Judas triunfa sobre uma série de exércitos poderosos e generais arrogantes enviados contra ele. Um dos mais implacáveis, Nicanor, tem a cabeça e o braço que levantou contra Judas cortados e exibidos como troféus. A fama do Macabeu é tal, afirma o Primeiro Livro, que "das batalhas de Judas falavam os povos" (1º Macabeus 3,26). Na realidade, entre 164 e 160 a.C., Judas e suas forças sofrem uma série de reveses e derrotas. Segundo o Primeiro Livro dos Macabeus, ele perece numa emboscada, embora não antes de tanto Roma como Esparta terem reconhecido a comunidade liberada como aliada.

Um dos irmãos de Judas, Eleazar, morre quando o elefante cujo ventre ele estava esfaqueando cai e o esmaga. Outro, Jônatas, é o purificador espiritual, substituindo como sumo sacerdote a Alcimo, o último da linhagem de Sadoc, que, depois de ter sido prematuramente aclamado como o restaurador da observância da Torá, se mostra apenas outro helenizador interesseiro. Entretanto, o sacerdócio de Jônatas é autorizado não por uma assembleia de judeus, mas pelo contendor selêucida que ele decidiu apoiar, em troca do status quo que existira antes de Antíoco IV. O resultado é que também ele é vitimado pelas maquinações das facções gregas.

Resta então, por fim, o segundo irmão, Simão. Como o autor do Primeiro Livro dos Macabeus escreve durante o reinado do filho de Simão, João Hircano, e, possivelmente, do neto de Simão, Alexandre Janeu, não é de admirar que a passagem mais floreada do livro seja a visão de um idílio entre Simão e os judeus. Os outros irmãos, sobretudo Judas, tinham invocado os antigos patriarcas e pais da nação, de Moisés a Davi. Simão torna-se o herói desses antepassados, como sacerdote, príncipe, juiz e general. É ele quem por fim consegue livrar a cidadela de Jerusalém das tropas estrangeiras, pondo fim à sua ocupação e fazendo com que o Estado judeu, subjugado, se torne um verdadeiro reino independente. Esse momento, no ano 142 a.C., torna-se um clímax jubiloso da epopeia, comemorado com "aclamações e palmas, ao som de cítaras, címbalos e harpas, e entoando hinos e cânticos, porque um grande inimigo havia sido esmagado e expelido fora de Israel" (1º Macabeus 13,51).

Com o governo de Simão, sobrevém uma era áurea de paz e prosperidade. As guerras entre judeus e gregos — na verdade, entre judeus e judeus — chegam ao fim. Cidades helenizadas, como Citópolis, que não haviam abrigado soldados inimigos, são poupadas; e Citópolis, rebatizada como Betsã, passa a contar com uma população mista, de judeus e gregos. As fronteiras do Estado se expandem. Um grande porto é construído em Jafa; o comércio se abre "para as ilhas do mar". Romanos e espartanos se impressionam, porém não tanto quanto o autor do Primeiro Livro dos Macabeus, que pinta um cenário de harmonia multigeracional e semidespotismo benevolente. Imaginava-se que os últimos livros do cânone bíblico e alguns dos livros ditos apócrifos tivessem Salomão como autor, e Simão aparece no Primeiro Livro dos Macabeus como sua reencarnação, presidindo um paraíso judaico na Terra:

> *Cultivavam a terra em segurança,*
> *e a terra lhes dava os seus produtos*
> *e as árvores das planícies o seu fruto.*
> *Os anciãos sentavam-se nas praças,*
> *todos sobre venturas discorrendo,*
> *enquanto os jovens revestiam-se de glórias,*
> *endossando suas vestimentas de guerra.*
> *As cidades, [Simão] proveu-as de mantimentos*
> *e dotou-as de meios de defesa,*
> *a tal ponto que a fama de sua glória*
> *até aos extremos do mundo ressoou.*
> *Consolidou a paz por sobre a terra*
> *e Israel se alegrou com grande júbilo.*
> *Podia cada um ficar sentado*
> *debaixo de sua vinha e de sua figueira,*
> *e não havia quem medo lhes causasse.*
> *Não mais apareceu sobre o país quem os atacasse,*
> *e nesses dias também os reis foram batidos.*
> *Revigorou todos os humildes do seu povo,*

e todo iníquo e malvado exterminou.
Foi observante da Lei,
de glória cobriu o lugar santo,
do lugar santo as alfaias multiplicou.
(1º Macabeus 14,8-15)

Simão e sua linhagem declaram-se entronizados em governo permanente, embora a ressalva — "à espera de que viesse algum profeta" (1º Macabeus 4,46) (no sentido de um messias ou seu precursor) — seja na verdade de máxima importância (e se repita nos Manuscritos do Mar Morto, que estavam sendo escritos nessa época). No entanto, mesmo esse *basileus* judeu, o monarca divino, não é invulnerável à traição. Ao começar a viver e governar como os potentados helenísticos locais, os asmoneus passam a morrer como eles. Aprisionados nas rixas de família que por fim derrubarão a dinastia numa guerra civil fratricida (a lenda dos bons irmãos de sangue degenerou nos complôs dos maus irmãos), Simão é assassinado pelo próprio genro, enquanto festeja e bebe num banquete oferecido em sua honra — um acontecimento corriqueiro na Antiguidade pagã. Todavia, como seu pai, Matatias, antes dele, Simão já convocou os filhos, em particular os dois mais velhos, para lhes conferir os direitos sucessórios como sacerdote e como rei, anunciando que, como está idoso, "ocupai, pois, o meu lugar e o de meus irmãos, e saí a combater por nossa nação. E que o auxílio que vem do Céu esteja convosco!" (1º Macabeus 16,3).

Quando de seu assassínio, Simão tem seu corpo, como os de seus irmãos, Judas e Jônatas, e o de seu pai, Matatias, "sepultado no sepulcro de seus pais" (1º Macabeus 2,70). Esse sepulcro asmoneu já não é uma modesta sepultura de família na ancestral cidade natal deles, Modin, se é que um dia foi assim. Pela primeira vez, o Primeiro Livro dos Macabeus faz uma descrição detalhada de uma edificação opulenta e muito decorada que não seja o Templo.[23] Simão encomendou uma estrutura pomposa e monumental, em tudo tão grandiosa quanto as obras helenísticas a que os asmoneus se opunham de forma ostensiva (mas não convincente). Esse mausoléu contava com sete torres imponentes, uma para o pai de Simão e outra para sua mãe, sendo as outras cinco para seus irmãos e ele próprio, cada qual encimada por uma pirâmide. A fachada, com pilastras, era feita de pedra lavrada e polida, e entre as pilastras viam-se relevos de armaduras completas, prestando homenagem aos guerreiros macabeus, assim como imagens de navios. Essa construção em nada se distinguia do tipo de edifício que os governantes clássicos gostavam de construir para si mesmos, e seu protótipo mais óbvio foi uma das maravilhas do mundo antigo, datado do século IV a.C.: o mausoléu de Halicarnasso.[24]

Nada disso parece muito judeu, em desacordo com o desdém judaico pelas pretensões da pompa arquitetônica quando comparadas com a imperecibilidade da palavra. No entanto, o objetivo do mausoléu asmoneu era passar uma mensagem aos estrangeiros: os judeus tinham chegado como atores importantes no mundo helenístico. O Primeiro Livro dos Macabeus informa que foi dada ao monumento de sete torres uma altura tal que pudesse ser bem visto em terra e admirado de navios que passassem pela costa.

A monumentalidade ostentatória tinha chegado à Judeia. Essa era, evidentemente, a função dos túmulos que, cavados na rocha, datam do mesmo período do fim do século II e do século I a.C. e ainda sobrevivem no vale do Cédron, nas cercanias de Jerusalém. Em vez de criptas subterrâneas ou cavernas antigas como ossuários comuns, os chamados Túmulo de Absalão e o de Zacarias, bem como os túmulos de Jasão e o maravilhoso sepulcro da família Bnei Hazir, com sua loggia de duas colunas, pretendem expressamente se destacar no mundo, causar forte impressão tanto em judeus quanto em gentios. E a mensagem desses monumentos é a elegância clássica: as famílias pertencentes à aristocracia sacerdotal (como essas sem dúvida eram) não tinham de se envergonhar por exibir mausoléus com colunas e capitéis dóricos, escadas internas (como o Túmulo de Absalão), inscrições em frisas e, às vezes, o aspecto levemente oriental do teto cônico a lembrar um chapéu com forma de pirâmide. Também inovadores, como observou a arqueóloga Rachel Hachlili, são os *kokhim* — nichos para pessoas pertencentes ao mesmo clã — e o provimento de caixas de pedra ou *ossilegia*, destinadas à inumação secundária de ossos, um ano depois do primeiro sepultamento. No século I a.C., essas caixas se tornariam objetos de beleza notável, quase mundana: eram feitas de pedra calcária, na qual se entalhavam motivos florais e vegetais (sobretudo rosetas complexas). Num exemplo notável, o ossuário era feito de modo a parecer uma casa helenística, com entablamento, pórtico e janelas em arco: a última palavra em acomodação urbana elegante para os mortos. Não é muito revelador que a palavra *nefesh* (alma ou essência espiritual imaterial) tivesse passado a ser usada para se referir às estruturas materialíssimas construídas ao lado de túmulos?

O que era verdadeiro em relação a esses dignitários asmoneus da Jerusalém reconstruída, cujo tamanho fora quadruplicado, também era verdadeiro em relação à dinastia governante. Os Macabeus tinham liderado a revolução contra as aniquilações culturais e físicas do enlouquecido Antíoco IV, mas bastou pouco mais de uma geração para que se transformassem de rebeldes em atores do mundo selêucida. Embora fossem muito dados a conversões forçadas, destruição de ídolos e demolição de altares pagãos (bem como do templo dos samaritanos no monte Gerizim), a guerra deles nunca foi contra o helenismo em geral, pois não tinham motivo algum para crer que ele fosse em essência incompatível com o judaísmo. A Alexandria judaica, centro de glória cultural, parecia a demonstração viva do oposto. Como símbolo dessa compatibilidade, Alexandre Janeu fez inscrever em suas moedas tanto seu nome judaico, Yohanatan, em hebraico arcaico, quanto seu nome moderno em grego. Ele podia obedecer ao segundo mandamento, deixando de incluir seu rosto na moeda, mas isso não significava que evitasse as imagens de forma absoluta. No caso dos asmoneus ocorria o contrário, e a escolha que faziam dessas imagens era significativamente híbrida. Uma face da *pruta* pequenina trazia a imagem clássica de uma cornucópia dupla, envolta em guirlandas (bem adequada à propaganda de prosperidade dos asmoneus), e entre os dois cornos via-se a romã, o símbolo mais autenticamente judaico e associado ao Templo. A outra face da moeda de Janeu tinha a imagem de uma estrela de oito pontas (às vezes vista como uma roda de oito raios), baseada em um protótipo macedônio. No entanto, a estrela era também uma alusão à profecia do moabita Balaão, registrada em Números 24,17, segundo a qual "um astro procedente de Jacó se torna chefe" — um chefe que, como o punho couraçado de Alexandre, "esmaga as têmporas" de Moab, Edom e outras nações vizinhas.

A festa de Chanuká, instituída oficialmente pelos asmoneus, durava oito dias, como a Festa dos Tabernáculos, e também era de oito dias o período correspondente às festividades pagãs do solstício de inverno que saudavam a volta da luz, celebradas com animação na Grécia e em Roma. Dias triunfais, no estilo grego — como o Dia de Nicanor, que comemorava a derrota desse general —, foram acrescentados ao calendário.

O gosto pela grandeza clássica, superposto de forma desajeitada ao núcleo mais austero do judaísmo, às vezes é associado à suposta adulteração do judaísmo por Herodes, o Grande. O que mais se poderia esperar, pergunta-se, de um idumeu convertido, filho de Antípatro, um aventureiro militar do sul edomita? Entretanto, Herodes não estava fazendo mais do que intensificar o judeo--classicismo inaugurado pelos asmoneus, cujo arqui-inimigo tinha sido o lunático Antíoco IV, e não os gregos. Que mal poderia haver em imitar o estilo elegante deles? Muito antes de Herodes, João Hircano mandou construir um palácio suntuoso em Jericó, com piscinas e um pavilhão com colunatas. No local da Acra (e, portanto, não muito longe do suposto local de um palácio davídico), os asmoneus construíram sua própria residência fortificada, como convinha a suas pretensões reais como sacerdotes-generais e "etnarcas", como eram chamados.

Assim, no espírito deles e no daqueles que escreveram sua história, não havia contradição alguma em invocar, sempre que possível, as monarquias judaicas originais que eles afirmavam reencarnar ao mesmo tempo que serviam como aliados leais dos selêucidas. Mais de uma vez, os asmoneus se mostraram dispostos a transigir com a autonomia de seu Estado judaico, sempre pouco definida, como o preço da sobrevivência. Um longo e intenso sítio de Jerusalém por Antíoco VII, de 134 a 132 a.C., que quase pôs a cidade de joelhos, só foi suspenso quando João Hircano concordou em transformar seu reino num Estado tributário, de forma muito parecida com o que ocorrera no governo do benevolente Antíoco III. Só aquele presente habitual dos gregos — a morte súbita do rei em campanha — permitiu à dinastia judaica recuperar, durante algum tempo, um arremedo de independência.

Mesmo isso só aconteceu graças ao aumento do poder dos romanos. Desde que Judas Macabeu enviara Eupolemo a Roma, na primeira de três embaixadas no fim do século II a.C., os asmoneus se viam como parceiros em igualdade de condições (ainda que talvez subalternos) em tratados de aliança. Esses tratados, como nos informam o Primeiro Livro dos Macabeus e Josefo, eram inscritos em tábuas de bronze para exibição pública em Jerusalém. É possível que, durante algum tempo, a importância que os asmoneus se atribuíam não tivesse sido de todo ilusória, uma vez que a marcha das campanhas expansionistas de Hircano e Alexandre Janeu pode realmente ter feito o quase reino judeu parecer a potência dominante numa região estrategicamente crucial entre o Egito e a Ásia Menor.

Entretanto, ganhar o respeito das potências gentias significava, inevitavelmente, perdê-lo junto aos sacerdotes, que viam a si mesmos, e não a dinastas armados, como os verdadeiros guardiães do judaísmo. No entender de muitos, a chocante usurpação do sumo sacerdócio amargurava os corações e reabria as antigas discussões e ciumeiras entre sacerdotes e príncipes. A discussão — levantada pela primeira vez, mais de meio milênio antes, pelos autores dos Livros de Reis, Juízes e Crônicas (Paralipômenos) em suas histórias de Saul, Davi, Salomão e seus descendentes — tinha um núcleo: se o poder político sustentava ou prejudicava a religiosidade. Trata-se, é claro, de um debate que depois de dois milênios não desapareceu de todo da vida judaica. Na época, tal como hoje, o que ocorria era um choque entre a política e a Torá. O judaísmo precisava do Estado para se proteger, mas a religião israelita tinha sido fundada numa fuga da realeza egípcia e se firmara sem o Estado na Terra Prometida. Junto com todas as demais pretensões que os asmoneus gostavam de imaginar que tinham herdado da linhagem davídica, vinha esse dilema infindo.

Aqueles que se acreditavam os guardiães do Templo e da Torá dividiam-se em relação a essa questão vital (como ainda hoje). Os saduceus, que, segundo nos diz Josefo, formavam a casta de membros do governo aristocrático, eram estatistas que não se preocupavam com a concentração de poder sacerdotal e militar pelos asmoneus e, presume-se, exultavam com a imposição do judaísmo pela espada (e pela faca do circuncidador) a povos vizinhos, como os itureus e idumeus. Por outro lado, seus adversários, os fariseus, tinham passado a acreditar que, quanto mais jactancioso se tornava o poder dos asmoneus, mais provável seria que eles violassem a pureza da lei judaica e que, em última instância, o único soberano em Israel seria a Torá. O sentido exato da palavra aramaica da qual provém o termo "filisteu" tem sido muito discutido entre os que optam por "esclarecimento" e os que preferem "separação", mas para seus numerosos seguidores uma coisa implicava a outra.

Daí o afastamento gradual, mas inequívoco, entre a dinastia governante e os guardiães da santidade, como os sacerdotes se viam. O Primeiro Livro dos Macabeus e Josefo narram a vigorosa história de Hircano, originalmente "discípulo" dos fariseus, que, acreditando-se dotado de poderes proféticos, tomou a liberdade de pedir-lhes, numa festividade, que o corrigissem quando julgassem que ele estava se desviando de uma conduta irrepreensível. Todos os ditadores gostam de se julgar capazes de ser repreendidos pelos religiosos, até descobrirem que não apreciam nem um pouco essas admoestações. Um fariseu septuagenário, Eleazar, foi ingênuo o bastante para acreditar no que ouvia e declarou que Hircano deveria pôr de lado o papel sacerdotal e se satisfazer com o poder secular. Interrogado sobre o motivo dessa opinião, explicou que era porque a mãe de Hircano (a segunda mulher de Simão) fora cativa na época da perseguição de Antíoco IV. Isso era um eufemismo para dizer que ela tinha sido estuprada, lançando dúvidas sobre a própria legitimidade de Hircano. Furioso, este perguntou aos fariseus que castigo merecia uma resposta tão atrevida e ficou mortificado quando propuseram que uns poucos açoites seriam suficientes.

A acusação de ilegitimidade repetiu-se contra seu filho Alexandre Janeu, que também foi submetido a uma humilhante chuva de *etrogim* — as cidras encaroçadas, crescidas e não comestíveis, parecidas com limões, que os judeus carregavam na Festa dos Tabernáculos (junto com a palma chamada *luvav* e raminhos de murta e salgueiro). A saraivada de cidras foi provocada pela indiferença arrogante de Alexandre pelas regras prescritas para a libação de água enquanto ele oficiava como sumo sacerdote durante a Festa dos Tabernáculos, despejando-a sobre os próprios pés e não sobre o altar. Por mais cômico que o incidente possa parecer, foi um recado aos fariseus ultrajados de que a atitude dos asmoneus como guardiães da Torá não passava de pose. Afinal, qual era a diferença entre esses reis-sacerdotes autocoroados e os escandalosos ultra--helenistas que eles mesmos tinham deposto no tempo de Judas? A indignação tornou-se letal, levando a uma sanguinária guerra civil de seis anos entre os judeus (nem sempre narrada de maneira satisfatória nas histórias mais conhecidas do período dos Macabeus), na qual milhares de judeus descontentes bandearam-se para o exército do selêucida Demétrio (até pouco antes, o inimigo), com a esperança de derrubar os iníquos asmoneus. O sangrento conflito, cujo clímax foi a derrota completa de Janeu por Demétrio e seus colaboradores judeus, custou a vida de 50 mil homens. Contudo, o trono e o Estado de Janeu foram salvos pela necessidade habitual do governante grego de recuar de repente para o norte e o leste, permitindo a Janeu voltar à Judeia e impor um castigo horripilante aos traidores. Sua vingança culminou com uma crucifixão em massa de oitocentos judeus, por ele considerados os maiores culpados, enquanto o rei-sacerdote, que se divertia "com suas concubinas", via as mulheres e filhos dos crucificados serem degolados diante deles.

A brutalidade da repressão de Janeu permitiu que os asmoneus ganhassem algum tempo, mas a ferida aberta entre a dinastia e os fariseus nunca cicatrizou.

Em algum momento depois da morte de João Hircano, em 104 a.C., a *suposição* de uma identidade entre o judaísmo e os asmoneus começou a se esgarçar e, com seu filho Alexandre Janeu, rasgou-se de forma violenta e permanente. Um elemento intrínseco dessa divisão era a pergunta profunda que o judaísmo sempre fez e continua a fazer: qual é a relação própria entre o poder e a devoção? Uma pitada da coerção do Estado é a condição para que uma pessoa leve uma vida justa como judeu, ou é mais provável que essa pitada a corrompa e destrua? Favorecidos pelo benefício da dúvida, os reinos de Davi e Salomão talvez tenham resolvido o problema mediante um silêncio documental quase absoluto. Todas aquelas impressões de *lmlk* feitas por sinetes em jarros e lacres nos permitem inferir a existência de uma burocracia real, mas sabemos muito pouco sobre a forma abrasiva como o governo e o sacerdócio se atritavam, a não ser quando a Bíblia narra cenas de confronto. Essas cenas — seja Davi confrontando-se com seus pecados pessoais e um poder exagerado na guerra, seja Salomão com sua rainha egípcia e as outras incontáveis consortes — ocorrem com bastante regularidade na Bíblia para que percebamos que aquela santidade e aquele mundanismo estavam sempre em atrito (conquanto ambos fossem necessários para que alguma coisa semelhante a um Estado judaico sobrevivesse, quanto mais florescesse). O fato de profetas como Jeremias apresentarem a derrota do reino e até a destruição do próprio Templo — toda a aniquilação babilônica — como em perfeita consonância com o desígnio de Deus não tornava mais simples conciliar força e fé.

A maior parte da Bíblia, de geração a geração, foi escrita quando a debilidade do poder do Estado se tornava mais patente. O rolo de pergaminho portátil tornou-se a força que se contrapunha à espada. Quando isso acontecia, a ideia de que a vida judaica *eram* as palavras judaicas, capazes de resistir às vicissitudes do poder, à perda de território e à submissão do povo, entrava na história. Como outros credos monoteístas baseados num livro aliavam palavra e espada, em vez de divorciá-las, essa passaria a ser uma concepção singularmente judaica.

Na época, quando as civilizações oriental e ocidental regiam-se pelo truísmo segundo o qual sem força imperial o domínio sagrado pouco valia, essa inversão de pressupostos por parte dos judeus representou um rearranjo radical das prioridades da existência humana. Quando ele foi reexposto, com numinosa insistência e clareza por um obscuro pregador de Nazaré, a doutrina do poder dos impotentes começou a atrair a fidelidade de milhões. Não poderia ser mais significativo que o mais eficaz criador do universo cristão, Paulo, tenha começado como um ativo instrumento do Estado — homem de confiança do governo, exator de impostos, burocrata — e depois se desligado do Estado ao cair das alturas de sua autoridade num relâmpago de iluminação, cegado pela luz, derrubado pela verdade evangélica. Contudo, quando o cristianismo se tornou imperial, o dilema antes enfrentado pelos Estados bíblicos — e de forma mais funesta e dramática pelos asmoneus — foi imposto à nova igreja: podem impérios, em qualquer época, ser sagrados e muito menos romanos?

Os fariseus tornaram-se importantes não apenas porque afirmavam defender a Torá com mais pureza e firmeza do que o governo dos asmoneus e sua casta de sacerdotes-cortesãos, os saduceus. Em circunstâncias nas quais o Estado judeu se mostrava instável, a fonte da legislação e o incentivo para o cumprimento das leis tinham de vir de outro lado. Tampouco a Torá escrita poderia arcar com as vicissitudes da vida cotidiana que adviriam de um regime e de uma sociedade abaladas. Assim, os fariseus deram início a um processo de acréscimos militantes, proporcionando uma "lei oral" que pretendia ser não só uma extensão da lei escrita como também uma conexão orgânica, vital, entre o texto dos mandamentos e as dificuldades da existência no dia a dia. De maneira chocante, insistiram em que suas próprias interpretações doutas teriam autoridade comparável à da Lei revelada que constava da Bíblia. Assim, criou-se um sistema que era, ao mesmo tempo, aberto e fechado e que tornou os julgamentos da Lei Oral objeto de discussões intermináveis, multimilenares. No entanto, desse grave ato de proclamação de autoridade fluiriam os primórdios da Mishná (duzentos anos depois) e, por fim, a autoridade de todo o Talmude.

Também em termos negativos, as insuperáveis condições de simplesmente *ser* um Estado ou, antes, um Estado em guerra perpétua convinham à ênfase dos fariseus em uma esfera de socorro comum para além das instituições do poder. Aqueles que mais sofriam com impostos abusivos, alistamento para o exército, episódios periódicos de brutalidade militar (com seus acompanhantes habituais: destruição de lavouras, fome e epidemias) só podiam apoiar os críticos segundo os quais, embora Deus enviasse sofrimentos, eles tinham sido agravados por homens arrogantes e presunçosos. O fato de o sistema do Templo estar nas mãos de saduceus próximos à casta dominante, de que esse sistema de alguma forma se tornara um espaço de exibição pessoal dos asmoneus, só dava mais força à indignação popular e aos que apoiavam essa má vontade dos fariseus.

Tudo isso serviu de prelúdio para uma das cenas mais espantosas da história dos judeus — e que não é muito mostrada nas lições de Chanuká e Tisha b'Ab (Nove de Av), que se diz ser o dia em que tanto os babilônios quanto os romanos destruíram o Templo —: o repúdio dos reis-sacerdotes em nome da retidão judaica. Depois que o general romano Pompeu, que parecia irreprimível, conquistou Damasco, três delegações judaicas avistaram-se com ele ali (quando ele já conduzia suas legiões para a Judeia), tentando persuadi-lo a apoiar sua causa. Duas delas eram missões enviadas pelos irmãos Hircano II e Aristóbulo, rivais na sucessão da dinastia dos asmoneus. Entretanto, uma terceira, conta Josefo, alegava falar com uma voz verdadeiramente judaica e "era de uma nação que se opunha a ambos [e] que não queria viver sob o governo de um rei, porque a forma de governo que tinham recebido de seus antepassados era de sujeição aos sacerdotes do Deus que cultuavam".[25] Os asmoneus tinham mudado essa forma de governo, "procurando escravizá-los", e por isso o que pediam aos romanos era que liquidassem o desejo de alguém ser rei e sumo sacerdote ao mesmo tempo e também que restaurassem a antiga separação entre os campos do mundano e do sagrado. No que dizia respeito aos fariseus, não consideravam importante que se entregasse a este ou aquele contendor o poder mundano — se a Hircano II, que, junto com seu homem de confiança, o idumeu Antípatro, havia convocado os romanos, ou a seu irmão Aristóbulo. Que quem desejasse esse poder, ou pudesse consegui-lo, ficasse com ele. O verdadeiro poder era outro.

4. O POLEIRO DA ÁGUIA VERMELHA

Era a esse ponto, então, que a história tinha chegado: uma disputa feroz entre a dinastia dos asmoneus, que sustentava ser a verdadeira materialização do Estado judeu que ela fundara, e aqueles para quem a dinastia se tornara o obstáculo à sobrevivência desse Estado. Entretanto, quando, por volta de meados do século I a.C., Hircano e seu sequaz, Antípatro, trouxeram um exército romano até as portas de Jerusalém, ele estava pondo em ridículo sua pretensão de ser um governante judeu? Porventura a loba romana amamentaria uma pessoa e depois a devoraria? Por ironia, depois que o pior aconteceu e o que fora um Estado judeu se transformou em vassalo de Roma, a aura dos asmoneus, depostos e impotentes, como condutores da chama na verdade cresceu. Para Herodes e seus sucessores, a recusa dos fantasmas asmoneus em morrer de uma vez por todas, sendo sua lenda mantida pela história de Chanuká, era motivo de irritação. A maneira como Herodes lidou com eles era o que se poderia chamar de versátil: casar-se com uma pessoa da família, cooptar outra e mandar matar as demais.

Nada disso incomodava particularmente os fariseus, e o mesmo se poderia dizer da perda de soberania e da redução da Judeia a um acanhado Estado tributário de Roma. Para seu modo de pensar, o fim da independência seria a condição de uma restauração verdadeiramente judaica, ou pelo menos de uma renovada separação entre o Estado e a religião. Nossa única fonte de informação para o que de fato ocorreu então é Flávio Josefo, nascido Yosef ben Mattityahu, que estava em excelente posição para compreender os dois lados da questão, já que vinha de uma família sacerdotal pelo lado do pai e dos asmoneus pelo da mãe. Entretanto, Josefo escrevia para um público romano, depois da destruição do Templo em 70 d.C., episódio em que ele não fora um espectador neutro, e sim um ativo colaborador e guia do exército exterminador de Vespasiano e Tito. Por conseguinte, seu relato sobre o conquistador Pompeu a admirar o Templo, maravilhado, era análogo à convicção de que não havia nada *intrínseco* ao poder romano que o levaria a destruir o judaísmo.

Lá está Pompeu, no umbral do Templo, depois de um cerco irritantemente longo, que envolveu a construção de rampas colossais e de aríetes montados no monte. Doze mil judeus são mortos em seu interior e em torno dele, mas Pompeu nota que, mesmo enquanto essa carnificina hedionda acontece, os sacerdotes continuam a oficiar suas cerimônias. Pondo de lado todos os tabus contra estrangeiros, o general invade o Templo, rasgando o véu da cortina e penetrando no Santo dos Santos, a que só o sumo sacerdote tinha acesso. Nesse momento, porém, Pompeu se mostra tão deslumbrado com o altar de ouro, com a mesa da proposição e com a menorá (segundo uma tradição, ele teria chegado a se prostrar) que, contra seus hábitos, abstém-se do saque. No dia seguinte, ele ordena uma purificação dos pátios do Templo e o reinício dos sacrifícios.

Reencenando o episódio de Alexandre — o conquistador que se vê intimidado pelo espetáculo de santidade —, Josefo harmoniza, pelo menos em sua imaginação, o judaísmo da família sacerdotal e o romanismo de sua cidadania. E em certos sentidos ele tinha razão. Embora os romanos viessem a se mostrar mais intervencionistas que os selêucidas ou os Ptolomeus, e mais abusivos em suas exigências de tributos, e ainda que substituíssem um Estado independente por um reino-fantoche, os primeiros setenta anos de seu domínio, pouco mais, pouco menos, não foram um tempo em que o desastre parecia estar sendo apenas protelado.

Isso não se deveu, todavia, a alguma semelhança benigna entre as duas culturas. Grande parte do crédito cabe à dinastia brutalmente ardilosa do comandante militar de Hircano II, Antípatro, que compreendia a essência do acordo já antecipado por Pompeu. Mostrem-nos que vocês podem subjugar a Síria e a Palestina e mantê-las em ordem para nós, dizia o lado romano do contrato, e não vamos interferir em seus costumes curiosos: essas manias de vocês em relação à carne de porco e ao prepúcio, a pausa maçante no trabalho a cada fim de semana, esse monte de carcaças queimadas de animais e os mil problemas, que vocês mesmos inventaram, de controle das multidões de peregrinos nas festas religiosas. Tudo isso é problema de vocês. Só não percam o controle sobre eles. Adiante, tornem-se um paisinho poderoso. Nós o chamaremos de reino, se assim quiserem. Mantenham a paz, reprimam com energia o menor sinal de revolta, tratem da questão do banditismo, enviem-nos o dinheiro nos prazos. Não causem aborrecimentos a nossos procuradores e estaremos entendidos. Por que não?

Antípatro e seus filhos, sobretudo Herodes, aceitaram de bom grado o acordo. Paradoxalmente, podiam cumpri-lo (por ora) não porque Roma fosse tão forte, mas porque ela estava, justo nesse momento, muito violentamente dividida. Pompeu morre; César é assassinado, seus assassinos são vencidos; Marco Antônio morre; Augusto acaba por triunfar. Em cada fase, em momentos de crise, uma ou outra das partes (até Cássio, que faz uma visita à Judeia) precisava da ajuda que Herodes, em particular, podia prestar. O Oriente Próximo — do Egito até a fronteira conturbada da Pártia — era tão importante quanto Roma para decidir quem prevaleceria. E todos eles conheciam Herodes. Ele tivera de se refugiar em Roma depois de um revés do exército de Hircano II; seus filhos tinham sido educados ali; o clã aproximou-se de algumas das famílias mais poderosas. Herodes tornou-se o tipo de judeu que os romanos apreciavam: vale dizer, um judeu não judaíta, um idumeu oriundo do território a sudoeste do mar Morto, conquistado e convertido à força por João Hircano. Embora Herodes fosse, de modo geral, escrupuloso em seu judaísmo adotado, os romanos com certeza percebiam que seus diferentes antecedentes étnicos o tornavam menos propenso a se deixar dominar pela *superstitio* que poderia significar encrenca. Herodes era o tipo de judeu em que eles julgavam poder confiar. Sua capacidade de brutalidade homicida (até contra a própria família, se necessário — o que em Roma era normal) era outro sinal de sua confiabilidade. E também não fazia mal que Herodes tivesse um carisma selvagem: o sorriso de um predador. Quando se apresentou a Otaviano, que em breve se tornaria Augusto, como aliado do derrotado Antônio, e teve a coragem de dizer ao vencedor, famoso por sua frieza, "Julgue-me por minha lealdade, não pela pessoa a quem sou leal", Augusto sentiu-se de certa forma desarmado.

Assim, os conquistadores cumpriram sua parte do trato. O Senado proclamou oficialmente Herodes como rei dos judeus, e César, generoso, ampliou o território do reino. Separado do trono, o sumo sacerdócio deixou de ser uma prerrogativa dinástica, embora o ocupante do cargo fosse nomeado pelo rei. O reino pagava tributos a Roma, e, em troca, ofereciam-se sacrifícios no Templo em nome do *Senatus Populusque Romanus*.

Esse acordo pragmático e a relativa paz que ele ensejou (sob o cetro do sociopata carismático) possibilitaram um notável florescimento da cultura judaica. Sua magnitude e seu dinamismo são, no mais das vezes, medidos pela arquitetura, na criação de cidades espetaculares como Cesareia e na assombrosa expansão do Templo. Mas não se deve esquecer que o período herodiano também foi de intensa criatividade religiosa no seio da comunidade farisaica, da qual, segundo posteriores tradições talmúdicas, surgiram as escolas concorrentes dos letrados Hilel e Shamai. As disputas entre eles quanto a leituras mais rígidas ou mais concessivas das prescrições sociais da Torá e as famosas reduções dos mandamentos a epigramas, feitas por Hilel, foram uma espécie de modelo para as controvérsias posteriores e intermináveis da Mishná e, depois, do Talmude. Ninguém, entretanto, jamais igualaria a elegância moral da famosa resposta de Hilel, quando lhe pediram que declarasse, de pé numa perna só, qual era a essência da Torá: "Não faças aos outros aquilo que não gostarias que fizessem a ti. Essa é toda a Torá, o resto é comentário; agora ide e aprendei".[26]

Pensar que tudo isso aconteceu durante o reinado de um judeu não judaíta, membro de uma dinastia de conversos — para não falar de um rei com um traço de psicopatia —, não cabe muito bem na narrativa da história dos judeus. Faz parecer que a reforma e o reavivamento da religião foram uma reação ao governo de Herodes, em vez de apoiado por ele; e também que Herodes era um pseudojudeu. Já se imaginou que as alusões, nos Salmos de Salomão, a "um homem alheio à nossa raça" que ocupava o poder de maneira ilegítima se referissem à linhagem herodiana, mas a frase bem poderia aludir ao próprio Pompeu.

Isso porque Herodes na verdade não era pseudojudeu ou, como às vezes é incorretamente qualificado, "meio-judeu" (algumas histórias ortodoxas chegam a classificá-lo como árabe): ele era plena e incontestavelmente um judeu cuja família de conversos provinha da Idumeia. A reação dos sacerdotes e rabinos, saduceus e fariseus, a essa expansão rápida e cosmopolita do território controlado pelos judeus, expansão começada no governo dos asmoneus, não foi fazer distinções mais nítidas e puras entre judeus e não judeus, mas exatamente o oposto: criar procedimentos de conversão que os aceitassem de modo pleno na comunidade. Herodes representava à perfeição essa ampliação da identidade judaica. E uma das chaves de seu sucesso foi o fato de seu reino representar a integração de comunidades — os itureus, assim como os idumeus e outros povos — que tinham se convertido, de acordo com normas religiosas plenamente aceitáveis, a uma comunidade mais ampla de judeus.[27] Essa comunidade era, em termos étnicos e territoriais, menos limitada do que aquelas que a tinham precedido, mas isso não a tornava menos judaica. Muito pelo contrário. Ela era judaica da forma que muitas comunidades da diáspora já o eram (havia séculos): morando em cidades e ruas com não judeus, morando em cidades projetadas segundo o modelo clássico e que contavam com teatros, enormes mercados, fóruns e ágoras, e até ginásios, ao lado de *proseuchai* ou sinagogas. Na realidade, foi exatamente nesses ambientes urbanos mais variados e mais abertos, como também nessa época, que as sinagogas começaram a surgir — como locais de alojamento, de leitura da Torá, de purificação ritual e centros de peregrinação. As sinagogas foram criadas não por causa de rígidas separações, mas devido a uma razão que parece ser o oposto disso: uma nova noção de mobilidade, um repentino surto de viagens e reassentamento por parte dos judeus — a capacidade de mudar de ares e continuar a ser judeu. Desse modo, elas aparecem em Jericó, no caminho para o mar Morto, ativíssimo como hidrovia comercial, como hoje sabemos pelas âncoras do período descobertas no leito salgado. Havia sinagogas em cidades etnicamente variadas como Citópolis (Betsã), no interior de Samaria, e na nova e elegante cidade galileia de Séforis, a sudoeste de Tiberíades.

Por outro lado, cidades que no passado tinham estado praticamente vedadas a judeus, como Ptolemais, na costa da Galileia, Ascalon e Gaza, tinham agora populações crescentes de migrantes judeus que se radicavam nessas sociedades de comerciantes e navegantes voltadas para o Mediterrâneo, na direção de Rodes e Chipre, bem como das ilhas do Egeu, e, no rumo sudoeste, para Alexandria e Cirenaica. E foi devido a essa atração gravitacional social e econômica que Herodes resolveu construir, no centro geográfico da região, a espetacular cidade costeira batizada com o nome de seu mais recente protetor, Augusto — Cesareia Marítima. Orgulhosa de seu enorme anfiteatro, do porto com vinte braças de profundidade e atracadouros de pedra, do ostentoso palácio à beira-mar com piscinas, torres e colossos voltados para o oceano, Cesareia transformou a costa da Palestina, quase da noite para o dia, na nova Fenícia. Muitos judeus se instalaram em seus bairros elegantes, enquanto outros preferiam Jafa, ao sul, ou Ptolemais, ao norte. A expansão foi tão rápida e intensa que era inevitável que, por fim, provocasse distúrbios interétnicos entre judeus e não judeus, como ocorreu também em Roma e Alexandria. Enquanto Herodes governou, porém, esses problemas foram contidos, e as exigências dos procuradores romanos, mantidas dentro de limites, de modo a não provocar choques perigosos.

O outro polo da vida judaica era Jerusalém. E, da mesma forma que a noção de um mundo judaico — que impelia os judeus a buscarem a costa, o sul (rumo ao deserto) e o norte (penetrando na Galileia e no Golã) — fora no fundo inculcada por Herodes, também a transformação do Templo foi um feito do rei idumeu-judeu e de seu mestre de obras. Até que Herodes começasse a trabalhar nele, o Templo ainda tinha as dimensões modestas do projeto de Zorobabel e dos que tinham retornado, quatro séculos antes, apesar de sua luxuosa ornamentação. No período dos asmoneus, Jerusalém se tornara mais populosa, e a multidão que se acotovelava nos bairros ao redor do Templo durante as festas e nos dias santificados mais importantes havia criado um gargalo impraticável de devoção (e de clamor pouco sagrado). Herodes ampliou bastante a área em torno do Templo, extraindo lajes imensas de pedra calcária lavradas e transportadas ao monte para criar o grande muro externo do perímetro do recinto. Túneis abertos há pouco sob a moderna Jerusalém mostraram as medidas descomunais de muitas dessas lajes, sobretudo das que ficam logo acima do nível dos alicerces, e o enorme volume de mão de obra que teria sido mobilizado para dispô-las no lugar sem a ajuda de argamassa ou cimento. Mesmo pelos padrões romanos, as paredes de cantaria eram de tal forma imponentes que deram margem a suspeitas, em Roma, de que os judeus estavam construindo uma estrutura que, embora sob pretexto religioso, na verdade era estratégica: uma linha defensiva capaz de resistir, no futuro, ao sítio de qualquer inimigo. Hoje parece improvável que muitos daqueles que oram junto ao que resta do Muro Ocidental, ou que imaginam, a partir dele, o Templo que anseiam ver reconstruído, pensem muito no judeu idumeu e sociopata que o construiu.

Durante séculos, Jerusalém tinha sido o Templo: um centro de culto e sacrifício de profundo valor devocional para os judeus. Sem comprometer essa condição, Herodes desejava transformar o Templo numa cidade que rivalizasse com outras sensacionais realizações do mundo antigo: Atenas, Alexandria e Roma. Herodes pensou grande, e construiu ainda maior. A imensidão do Templo, no alto de sua montanha urbana, visível a muitos quilômetros de distância em qualquer direção, anunciava aos viajantes a escala imperial do que avistavam. Além das obras do santuário, o modesto palácio residencial edificado pelos asmoneus tornou-se um edifício muito mais grandioso, um misto de fortaleza amuralhada e local de lazer. Havia agora ali jardins, piscinas, ruas calçadas com elegância, mercados e pontes em arco que ligavam o monte do Templo ao monte Sião. Os aquedutos e as cisternas do tempo de Ezequias foram reformados e ampliados, e outro grande aqueduto foi construído a partir do zero para atender às necessidades de Cesareia. Essa cidade e Jerusalém tornaram-se os polos magnéticos da vida judaica no período romano: duas maneiras inteiramente diferentes de levar essa vida (que lembram bastante a forma como Tel Aviv e Jerusalém expressam a mesma diferença hoje), mas ambas marcadas pela mesma cultura singular. De um momento para outro, os judeus passaram a ser vistos como uma força a ser levada em conta no mundo mediterrâneo oriental.

Seus aristocratas — os leigos e os religiosos — deleitavam-se com esse novo esplendor. Sabemos hoje, pelo recém-descoberto ossuário de José, filho de Caifás, o sacerdote (e decerto saduceu) que, a mando de Pilatos, julgou Jesus de Nazaré, que os saduceus não viam contradição alguma entre a função que exerciam e a elegância de desenhos ornamentais. Se os seguidores de Jesus quisessem destacar a diferença entre seu messiânico paladino dos pobres e a vaidade dos sacerdotes judeus, nada caía melhor que o sepulcro de Caifás, com suas requintadas rosetas talhadas na pedra. Desde que a decoração não transgredisse a proibição de "imagens esculpidas" (que em geral se presumia referirem-se a representações de figuras humanas), constante do segundo mandamento, na verdade nenhum ornamento contradizia de forma clara a Torá. A *hiddur mitsvá* — a "glorificação" do mandamento, na frase usada em Êxodo 15,2 — veio a ser entendida como embelezamento material. Não há quem leia os livros intermediários do Pentateuco sem perceber o prazer que seus autores sentiam ao descrever em minúcias a ornamentação do Tabernáculo, ao mesmo tempo rudimentar em sua simplicidade portátil, pronto a ser levado numa viagem, e luxuoso em sua decoração. Beseleel, o mestre artesão que projetava tudo, desde suportes de tendas a paramentos sacerdotais, foi o primeiro judeu a tornar-se herói lendário de um ofício, e seu legado ao judaísmo pode ser comparado ao de Arão. Quase com certeza, as multidões de artesãos — ourives, joalheiros, tecelões, serralheiros, canteiros etc. — que transformaram Jerusalém e aumentaram imensamente sua prosperidade no período dos macabeus e dos herodianos se consideravam os descendentes de Beseleel. E foi o fato de terem como clientes a corte herodiana e os oligarcas leigos e religiosos, com seu apego à ostentação pública e a moradias suntuosas, que transformou a reputação da cidade no mundo clássico.

De modo geral, a monarquia herodiana tinha muito cuidado para não cruzar a linha do exibicionismo que pudesse ser visto como idólatra. No entanto, a atração da autoglorificação romana era tentadora. Em algum momento, Herodes fez com que seu emblema, uma águia dourada, fosse montado no alto de uma das portas externas do Templo. Não se tratava de nada ofensivo, como uma imagem dele, nem estava dentro dos muros, mas ainda assim isso bastou para que um grupo de *sophistai* (sofistas ou cumpridores rigorosos da letra da Lei, seguidores de Judas de Séforis na Galileia) descesse a águia por cordas do teto do Templo e a tirassem dali a machadadas. Cumpridores rigorosos da Lei eles talvez fossem mesmo, mas não teriam se atrevido a fazer isso se não acreditassem no boato que então corria, de que Herodes estava inteiramente, e não em parte, consumido por vermes. Para o azar dos machadeiros, ele não estava. Levados diante do rei afrontado, perguntaram a eles por que se mostravam alegres quando estavam prestes a morrer pelo crime que tinham cometido. Os sofistas responderam que haveriam de "gozar de maior alegria depois de mortos".[28] A réplica fez com que Herodes por fim atendesse com prazer o desejo deles.

A *hiddur mitsvá*, ou o que era feito com exagero em seu nome, ainda afrontava as duas outras seitas religiosas descritas por Josefo. Os fariseus — talvez os mais numerosos, embora ninguém os tenha contado — faziam muito alarde da simplicidade puritana, em consonância com a própria designação do grupo como mantenedores (ou intérpretes) da Palavra. Embora o cânone da Bíblia não estivesse formalmente fechado (e o fechamento não seria nunca objeto de uma proclamação pomposa), havia um consenso de que a era da profecia já tinha de fato passado. Agora era possível, pois, dar início aos primeiros exercícios intensivos do *midrash*, palavra que tem o mesmo sentido do grego *historia*, ou seja, inquirição ou exame com investigação. Considerava-se, em especial, que na época de seus pronunciamentos os profetas, de Isaías em diante, não poderiam ser proféticos *o suficiente* para prever como suas palavras seriam confirmadas no caso de ocorrerem mudanças de circunstâncias, de modo que os fariseus se dispuseram a fazer, na verdade, profecias aplicadas. E isso levou a um fenômeno ainda mais radical: a concessão de autoridade, a si mesmos, para tornar a interpretação da Torá contemporânea de seu texto. Ninguém tinha criado ainda uma expressão como "lei oral", mas o ensino dos fariseus já presumia que, por fim, ela governaria a forma como a Torá regia a vida cotidiana. Essa novidade era séria e radical o bastante para provocar uma reação por parte dos samaritanos, que insistiam na autoridade exclusiva da lei escrita.

Os fariseus se consideravam mestres e guias não corrompidos pela importância usurpada do poder institucional saduceu. Outros, entretanto, julgavam impossível a uma pessoa alcançar um estado de pura observância — muito menos a investigação intensa e minuciosa de significados — se estava presa no mundo agitado da populosa, soberba e fervilhante Jerusalém. A costa noroeste do mar Morto distava apenas 55 quilômetros de Jerusalém, mas isso bastava para dar aos ascetas que viviam em Qumran pelo menos uma ilusão de purificação pelo deserto. Esses ascetas eram identificados, havia muito tempo, com a seita dos essênios, mencionada por Josefo, e a descrição da topografia do lugar onde viviam, feita uma geração depois por Plínio, o Velho, parece coincidir com a paisagem de deserto e mar de Qumran. Nos últimos anos surgiram dúvidas que abalam um pouco tal identificação, mas a palavra que eles às vezes usavam para designar "comunidade" — *yachad*, "juntos" — é apropriada e poética para ser usada sem preocupação excessiva com a precisão de sua origem essênia. A primeira geração, dirigida por um "Mestre de Justiça", pode ter chegado a Qumran durante o período dos Macabeus ou mesmo antes (os mais antigos dos 850 documentos descobertos nas onze cavernas são do século IV a.C.). No entanto, a motivação que os levou para lá — fugir do mundanismo urbano e das manifestações exteriores do poder da realeza judaica — teria sido a mesma. A importância deles estava em personificar outro modelo de devoção judaica, que permanece bem vivo ainda hoje: autossuficiente, desconfiado de estranhos, obcecado com pureza. (Passagens do *Serekh Hayachad* — a Regra da Comunidade, da qual foram achadas em Qumran quinze cópias! — tratam em minúcias os tipos de manchas de pele que desqualificam um homem para participar da comunidade e alertam contra aquele que, ainda não pertencendo plenamente à aliança, espremer azeitonas ou figos maduros na época da colheita, de modo a macular o sumo com seu toque imperfeito e assim contaminar as provisões da comunidade.) A Regra mostra uma obsessão compulsiva por abluções (antes e depois das refeições em comum) e extrema severidade na punição de apóstatas.[29] Que o céu se compadecesse de quem dormisse em reuniões do conselho (mas, pensamos, como não adormecer?). Quanto ao Shabat, não só ninguém deveria pensar em trabalho como também "não dirá uma palavra a respeito de trabalho ou riqueza" (o que de saída teria desqualificado meu pai e meus tios para participar dessa comunidade, embora eles ficassem contentes com o fato de outra atividade cara a seus corações — comer e beber — ser tolerada).[30]

É Josefo quem nos informa sobre essa divisão tripartite de seitas (é dele que vem tudo o mais que sabemos sobre o período), mas não temos por que julgá-la fictícia. Ele com certeza exagerou mais tarde (em *Contra Apião*, escrito para corrigir os enganos dos gentios), quando insistiu na unidade da cultura e da prática judaicas (o que não é uma opinião unânime). Mas acertou ao opinar que, salvo a política perniciosa do sumo sacerdócio, a divisão em seitas não teria necessariamente destroçado a comunidade judaica se não tivesse existido uma quarta tendência, surgida entre os fariseus, mas implacavelmente hostil tanto ao governo herodiano quanto aos romanos, que o protegiam e apoiavam. Isso representou o começo do que viria a ser a seita e o partido político dos zelotes, que acabariam por provocar a guerra de destruição na Palestina. Alguns líderes dos zelotes (que, infelizmente, só conhecemos pelas caracterizações caricaturais e bastante antagônicas de Josefo, como a de João de Giscala) sem dúvida se consideravam movidos tanto por fervor religioso quanto por uma espécie de fúria tribal judaica. Outro desses líderes foi um misterioso "profeta" egípcio, bastante carismático para comandar uma marcha de 30 mil seguidores até o monte Sião antes de debandarem. No entanto, os zelotes e suas posições cada vez mais violentas, além da convicção (que era também a da *yachad* em Qumran) de que era iminente algum tipo de ajuste de contas entre as forças da luz e as das trevas, indicavam que sob a superfície aparentemente adamantina da Pax Herodiana avultava toda sorte de problemas.

Parte dessa hostilidade era de fundo étnico. O fato de migrantes de Tiro, gregos, sírios, judeus e punhados de egípcios viverem juntos nas cidades novas não significava que gostassem uns dos outros ou que não se importassem com as diferenças entre eles, sobretudo abaixo do nível das elites, em geral helenizadas. Às vezes, em Ptolemais, Citópolis, Cesareia e Jafa, ressentimentos casuais degeneravam em violência em bairros, cada uma das partes apelando para que autoridades do governo interferissem a seu favor. E essas partes também queriam que comandantes e soldados romanos defendessem seus interesses e punissem seus desafetos. Uma irrupção de violência particularmente grave entre comunidades e a falta de apoio dos romanos aos judeus provocaria a revolta generalizada.

A divisão social também estava tornando mais difícil manter a Pax Herodiana. Como é praxe nesses casos, a aceleração de uma economia comercial e de mercado na costa, com o concomitante fluxo de pessoas para o interior da Baixa Galileia e para suas belas cidades novas, criara também uma considerável classe baixa. Muitas dessas pessoas tinham sido, provavelmente, pastores nômades em locais semidesérticos, que se situavam além das vilas rurais da Galileia e de Jizreel, mas que prosperavam fornecendo grãos, azeite e vinho aos incipientes mercados urbanos. Constituíam a reserva de mão de obra para os grandes projetos de construção herodianos e sofriam quando essas obras cessavam. Com a conclusão da construção do Templo, nada menos que 18 mil trabalhadores ficaram sem um ganha-pão. Quando os pregadores cristãos lhes diziam que eles, e não os ricos, tinham mais probabilidade de entrar no céu, é certo que ouviam com atenção. É provável também que formassem uma reserva em que se recrutavam homens mais violentos capazes de ver possibilidades de lucro assaltando gregos e samaritanos ou até romanos, se juntassem coragem para tanto. Barrabás e Jesus de Nazaré eram, de fato, lados opostos da mesma moeda.

Qualquer pessoa podia ser um alvo. Há alguma coisa que parece horrivelmente verdadeira na descrição que Josefo faz dos *sicarii*, assim chamados devido às adagas curvas que escondiam na camisa e metiam no ventre das vítimas em meio às multidões que abarrotavam Jerusalém em dias de festas religiosas, roubando bolsas e depois juntando-se ao clamor público. Isso não quer dizer que os pobres se dividissem em mendigos e ladrões. Com sua formação aristocrática, Josefo se inclinava a classificar todos os rebeldes ou dissidentes como "bandidos", mas não poderia também estar de todo errado. A cada dia, as ruas, montes e cais de Jafa, Ptolemais e Cesareia tornavam-se mais perigosos. Com frequência cada vez maior, o governo herodiano recorria à soldadesca romana para operações policiais e de pacificação. Como é de prever, essas operações desproporcionais aterrorizavam inocentes, além dos culpados, e começavam a fazer os romanos parecerem mais inimigos que protetores.

Não surpreende, pois, que todo esse sistema só tenha se mantido de pé enquanto o próprio Herodes viveu e apesar da política palaciana homicida que o levou a mandar executar, entre outras pessoas, a própria mulher e os filhos. Isso, como se sabe, era rotina no mundo romano, e, aliás, os últimos asmoneus não tinham sido também uma família-modelo. É notório que, depois de matar qualquer pessoa de sua própria família que pudesse representar uma ameaça, Herodes contraiu uma longa série de infecções abdominais, inclusive tumores de cólon, uma "insuportável comichão nos intestinos" e uma horrível supuração no pênis, onde assembleias de vermes se reuniam em locais que surpreendiam até seus médicos, sempre compreensivelmente nervosos. Quando por fim morreu, no ano 4 d.C., numa agonia prazerosa para aqueles que suspeitavam serem os próximos em sua lista de mortos, e foi sepultado, de acordo com instruções, no sepulcro especialmente preparado em Heródio, o complexo de palácios que ele fizera edificar a leste de Jerusalém, o cortejo fúnebre com quilômetros de extensão incluía contingentes de tropas de todas as nações que ele conseguira juntar à águia dourada — gregos, sírios e gálatas — e, de maneira mais inesperada, germânicos.

Vinte anos depois, o edifício aparentemente majestoso erguido pelo Rei dos Judeus passou a ser ameaçado. As incertezas da sucessão em Roma se traduziram em procuradores agressivamente interesseiros e ambiciosos. Percebendo que a autoridade romana estava debilitada ou se tornando facciosa, as comunidades étnicas das novas cidades, que até então tinham coexistido sem mais que preconceitos e receios mútuos, agora trocavam insultos, procurando motivos para atormentar e até atacar umas às outras. Em Cesareia, os gregos e a crescente população de judeus, que antes dividiam a cidade, agora discutiam para saber quem era seu verdadeiro dono. Gregos e sírios diziam que se Cesareia tinha templos, teatros e um ginásio, não podia pretender ser uma cidade judaica. Os judeus respondiam que como fora Herodes, um judeu, que a construíra, a verdade era justamente o oposto. Vez por outra, a discussão tola degenerava em confronto e até violência.

Pouco a pouco, a Pax Herodiana se desfez. Seus pilares gêmeos — o compromisso romano de proteger as leis e as tradições judaicas e a garantia de que a dinastia de Herodes estava próxima o bastante do poder imperial para impedir qualquer ameaça à integridade do judaísmo — desmoronaram durante o breve mas letal reinado de Caio Calígula. Todos, é claro, tiveram o que dizer, em retrospecto, sobre o peculiar Calígula, embora ninguém percebesse direito, de antemão, a loucura de seus delírios — pessoas que decerto não a perceberam foram os filhos e netos de Herodes, que tinham passado a juventude na companhia dele, bem como Druso, o filho de Tibério, e o coxo Cláudio, que viria a reinar depois do assassinato do lunático. O filósofo Filo, judeu de Alexandria pertencente à aristocracia sacerdotal, julgou valer a pena comparecer em pessoa diante do imperador para defender seus irmãos judeus das ofensas e dos ataques físicos de que estavam sendo vítimas.[31]

E a insistência de Calígula em erigir estátuas de si mesmo em todos os templos do império não se dirigia especialmente aos judeus. Ninguém devia levar isso para o lado pessoal, por que ser tão sensível? Alguns de seus melhores amigos etc. Um deles, na verdade, era um neto de Herodes, Agripa, que, junto com o procurador Petrônio, fora incumbido da ingrata tarefa de pôr em prática o projeto da estátua em Jerusalém. Interrogados por Petrônio — "Os senhores vão fazer uma guerra contra César?" —, os anciãos de Jerusalém tinham retrucado que, embora oferecessem sacrifícios duas vezes por dia a César e ao povo romano, "se o imperador erigisse imagens entre eles, estaria sacrificando toda a nação judaica, estavam prontos a se apresentar com as mulheres e os filhos para serem mortos". Depois de notícias de atitudes como essa, e em resposta a apelos pessoais de Agripa, Calígula voltou atrás, o que não era de seu feitio, mas foi provavelmente seu assassinato, em 41 d.C., que garantiu que a opinião imperial não mudasse de novo. Não obstante, a confiança absoluta na promessa romana de manter o Templo inviolado sofrera um dano irreversível. Pela primeira vez, o símbolo externo do acordo celebrado com César e Augusto — os sacrifícios recebidos e feitos no Templo para Roma — começou a ser questionado e interrompido. Por fim, num ato de provocação deliberada, foi abandonado.

Cláudio, astuto e nada desumano, fez o que pôde para que se retornasse à tradição de Augusto, emitindo editos que renovavam expressamente aquelas promessas e tentando estabelecer a paz entre a comunidade egípcia e a judaica em Alexandria, agora em guerra aberta. Mas então veio Nero. Não que o novo imperador repudiasse as promessas de Cláudio, ou fosse particularmente hostil aos judeus, em Roma ou fora da cidade. Sua segunda mulher, Popeia Sabina, era, ao que se dizia, "temente a Deus", do tipo que seguia com entusiasmo o judaísmo sem uma conversão formal, o que, em vista de seu famoso apetite sexual, talvez tenha sido melhor. A propósito, o ator predileto de Nero (uma questão importante para ele) era o judeu Alytorus, alvo das habituais piadas sobre circuncisão quando usava vestes folgadas no palco.[32] O maior dano causado por Nero aos judeus foi nomear como procuradores na Palestina homens que tratavam o cargo como oportunidade de enriquecer (ou pelo menos ele não impediu que tais pessoas ocupassem funções públicas). O pior de todos, para Josefo, foi Géssio Floro, que não só endossava os crimes de extorsionários locais como operava um esquema de "proteção", com o qual se apoderava da parte do leão. Cada vez mais, queixas de judeus eram recebidas com indiferença ou desdém, e embora em Cesareia tanto judeus quanto gentios fossem, é evidente, culpados pelos distúrbios, o gume afiado da feroz ação punitiva era mais sentido pelos primeiros. A nação que, no reinado de Augusto, estivera disposta a viver como judeus leais de um Estado tributário do *Imperium Romanum* começava, mais e mais, a ver os romanos como descendentes de Antíoco IV.

Já antes de Nero havia sinais de que soldados romanos, às vezes incentivados (ou, com certeza, não dissuadidos) por seus oficiais e governadores, planejavam provocações que fatalmente terminavam em distúrbios, que por sua vez serviam de pretexto para campanhas romanas de pilhagens e chacinas. Durante o Pessach, com multidões entrando no Templo, um dos guardas ali postos para evitar problemas decidiu em vez disso provocá-los: "Repuxando a veste e acocorando-se de maneira indecente, virou as nádegas para os judeus e pronunciou as palavras que se poderia esperar de uma pessoa em tal posição".[33] Houve protestos, seguidos de uma saraivada de pedras. O procurador Cumano convocou as tropas, que penetraram nos "claustros" do Templo, espancando os desordeiros com tal violência que eles fugiram em pânico. No entanto, as portas eram estreitas, e as pessoas, muitas. Dez mil, conta Josefo, morreram pisoteadas. Em vez do regozijo no Pessach, "essa celebração tornou-se motivo de luto para toda a nação".

5. UM PÉ EM CADA BARCO

Ficamos sabendo que Josefo foi o primeiro historiador verdadeiramente judeu — e, durante muitos séculos, o único — quando, com uma ponta de culpa, ele se refere à mãe. Ele está servindo no exército romano, para o qual se bandeou quando era governador militar na Galileia judaica. Como sempre, suplica à população de Jerusalém que "aja com bom senso antes que seja tarde demais" e aceite a inevitabilidade da onipotência do império mundial que é Roma, argumentando que Deus deve ter atribuído aos romanos o papel de punidores dos judeus por seus reiterados pecados. Ainda há tempo, repete para os judeus que estão no interior das muralhas e aos quais se refere como cativos das maquinações egoístas dos zelotes, para evitar o pior: a destruição do Templo, da cidade e do povo.

Enquanto ele argumenta assim, uma pedra atirada das muralhas o derruba, sem sentidos.[34] Felizes por terem atingido o alvo, o judeu que mais amam odiar, os defensores organizam uma investida, e Josefo, ainda inconsciente, é resgatado por um pelotão volante de soldados romanos enviados por Tito. Corre a notícia de que morreu. Os zelotes e seus seguidores se alegram; os civis judeus que Josefo imagina serem seus reféns se entristecem, pois a partir de agora não terão possibilidade alguma de buscar um lugar seguro. E a mãe de Josefo, na prisão, dá de ombros.

> Aos que estavam próximos ela disse [...] que sempre considerara que, desde o sítio de Jotapata [o lugar defendido pela guarnição judaica que Josefo comandava e cenário de sua vergonhosa deserção para o lado do futuro imperador Vespasiano], ela nunca mais se alegrara por vê-lo vivo [...] e também se lamentou amargamente com as criadas que a atendiam, em privado, dizendo que essa era toda a sua recompensa por ter trazido ao mundo uma pessoa tão extraordinária; e que ela nem sequer poderia sepultar esse seu filho, por quem ela própria esperava ser sepultada.[35]

Isso, ao menos, parece verdadeiro. São palavras ao mesmo tempo vaidosas, emocionadas e com um toque da tristeza torturada que tomou conta de Josefo em Roma, depois da guerra, quando ele escrevia suas histórias dos judeus, talvez não mais que cinco anos depois da destruição do Templo.[36] Josefo nunca haveria de se recuperar de sua conduta em Jeteba, mas o que ele esperava? O comando daquela guarnição lhe fora entregue quando ele tinha apenas 26 anos, sendo de presumir que o conquistou porque afirmava ser descendente do clã dos asmoneus pelo lado da mãe e de sacerdotes pelo lado do pai. Era conhecido, é claro, por seu nome hebraico, Yosef ben Mattityahu. Tudo isso era levado muito a sério. Na juventude, como ele conta na autobiografia, tinha ido para o deserto, a fim de morar com um certo Banus, mestre de ascetismo a quem imitava, "não usando como roupa senão o que cresce em árvores" e tomando banhos frios, noite e dia, a fim de manter-se casto.[37] Um pouco mais tarde, no ano 62 ou 63 d.C., tendo sobrevivido a um naufrágio, foi enviado a Roma a fim de tentar obter a liberdade de alguns sacerdotes que estavam presos ali. Em Roma, com a intermediação de Alytorus, foi apresentado à mulher do imperador, Popeia Sabina, a "temente a Deus".

Essa primeira visita a Roma pode ter dado ao jovem sacerdote asmoneu uma sensação de compatibilidade entre as culturas romana e judaica — o suficiente, de qualquer forma, para que ele se preocupasse com a maré montante de alienação e possível rebelião em sua terra. No espírito da incessante negação das consequências nocivas de suas próprias ações, que perpassa todo o relato que ele fez da guerra terrível que se seguiu, Josefo sempre se mostra evitando danos — ora tentando conter pessoas coléricas, ora advertindo que investir contra o poderio de Roma era cortejar o desastre, e só aceitando o comando na Galileia com essa verdade lúcida presente em seu espírito. Ele está sempre atento aos pedidos de socorro daqueles que se acham entre as legiões romanas e o terror dos zelotes, e lhe agradam cidades como Séforis, que por fim optam por uma subordinação pacífica e não por uma resistência patriótica. Escrevendo sobre si mesmo na terceira pessoa (como se esse artifício conferisse maior credibilidade à narrativa), ele faz com que "Josefo" corra de um lado para o outro dispondo tropas, procurando de todos os modos organizar as caóticas forças de judeus na Galileia. Nem tudo isso é ficção em causa própria. Nas encostas escarpadas do monte Arbel, diante do mar da Galileia, cavaram-se cavernas defensivas, trabalho ao que tudo indica realizado por fugitivos do governo herodiano, fossem eles grupos de salteadores ou bandos armados de judeus anti-herodianos (na verdade, provavelmente os dois). Essas cavernas tinham sido fortificadas durante o período de comando de Josefo — e assim, quase com certeza por ordem dele — como postos de guerrilheiros que lutavam contra Roma, para o caso de serem o último recurso da resistência judaica.

O relato de Josefo sobre os 47 dias em que Vespasiano sitiou Jeteba é qualquer coisa menos derrotista. Ele usa tudo o que tem contra a enorme superioridade numérica e as 160 armas de cerco dos romanos. Para proteger os homens que estavam aumentando a altura das muralhas defensivas contra as pedras e flechas romanas, ele cria uma cobertura que, feita de couro de bois recém-abatidos, é bastante forte para deter essas pedras e flechas e úmida o suficiente para não pegar fogo. Depois passa a tentar jogos mentais. Como os romanos supõem, corretamente, que a cidade está com pouca água, Josefo ordena que os defensores encharquem suas roupas e as pendurem nos baluartes, de modo que a água escorra pelas muralhas e engane os atacantes. Em outros momentos, ele deixa a fortaleza à frente de seus homens para incendiar tendas romanas e semear confusão. E o historiador não se furta a incluir exageros em sua narrativa, enfatizando o poderio do adversário. Um projétil arremessado por uma balista atinge um soldado judeu com tanta força que sua cabeça é lançada a centenas de metros; outro atinge uma mulher grávida, cujo bebê salta de seu ventre e cai a alguma distância da mãe.

O recurso ocasional à fantasia hiperbólica não lança Josefo em descrédito automático. Heródoto era conhecido pelas liberdades que tomava não só com os fatos como também com as fábulas, e até o severíssimo Tucídides não se abstinha de "imaginar" com exatidão o que Péricles talvez dissera aos atenienses de acordo com alguém que afirmava tê-lo escutado. Josefo lançava mão de balelas para injetar um pouco de diversão em seu relato, e em vista de seu detalhamento e das muitas repetições, devemos agradecê-lo por isso. Entretanto, o clímax da história é tão pouco lisonjeiro para o autor que parece inconcebível que Josefo o tenha inventado.

No 47º dia, os romanos invadem a fortaleza e matam todos os seus defensores, só poupando mulheres e crianças: 40 mil homens, diz o historiador. Vespasiano envia um oficial que Josefo conheceu em Roma para convencê-lo a se render, e a fúria de seus camaradas impede que ele concorde com a proposta: "Josefo, ainda aprecias a vida, e suportas ver a luz num estado de escravidão?".[38] Assumindo um tom filosófico, o comandante brande um argumento casuísta: como a batalha terminou e os romanos não estão mais ameaçando ninguém de morte, "são igualmente covardes tanto o homem que não morre quando tem a obrigação de morrer quanto aquele que morre quando não está mais obrigado a isso". Expelir do corpo o *depositum* divino é um ato repreensível. A verdadeira coragem, diz ele, consiste em continuar a viver, o que pode ser uma desculpa, para salvar as aparências, de um verme moral, mas que também pode, na tradição judaica, ser verdade. O argumento não surte efeito entre seus companheiros de armas. Assim, Josefo propõe um método de suicídio coletivo pelo qual aquele a quem coube a segunda sorte mata o primeiro, e assim por diante, de três em três pessoas, até restar um único homem vivo, que mata a si próprio. Só que em vez de usar sua própria espada contra si, Josefo logo a entrega ao filho de Vespasiano, Tito, que se tornará seu amigo, protetor e patrono. Tito convence o pai a poupar a vida do comandante inimigo e lhe apresenta Josefo. Nesse ponto, o sacerdote judeu assume a postura de grandeza profética, anunciando ao comandante romano que lhe traz uma mensagem de Deus. O ponto principal dessa mensagem é que Nero não existe mais e que Vespasiano será chamado a assumir o trono. "Se sabias disso tudo de antemão, poderias ter posto as pessoas que estavam em Jetape a par do segredo e poupado muito sofrimento a todas elas", diz Vespasiano. "Ah, não foi outra coisa que fiz", replica Josefo, deixando no ar a implicação "Mas por acaso quiseram me dar ouvidos?". Josefo é liberado, ganha belas vestes e, muito mais importante, recebe permissão para se casar com uma das judias cativas. Dois anos depois, quando a profecia se concretiza, Vespasiano se lembra do jovem militar judeu que desertou e faz dele um colaborador de confiança seu e de seu filho. Josefo não é o único judeu nessa posição. Durante o sítio de Jerusalém, o homem de confiança de Tito, Tibério Júlio Alexandre, não é outro senão o sobrinho do filósofo judeo-alexandrino Filo. Se existisse um teste supremo de apostasia, seria esse.

Do ponto de vista de Josefo, é claro, quem melhor do que um vira-casaca para ser um historiador imparcial, capaz de ver as coisas de duas perspectivas? Não que ele seja cego para a conduta extorsiva, brutal e corrupta de uma série de procuradores romanos — embora Vespasiano, em cujo velho apartamento, no Quirinal, Josefo se hospeda quando volta a Roma com seu exército, não pareça cometer nenhum erro. Do mesmo modo, Tito, o sucessor imperial, apenas faz o que tem de ser feito e muitas vezes com relutância, segundo Josefo. Pouco antes de transporem, por fim, as muralhas de Jerusalém, Tito convoca os oficiais para uma reunião, aconselhando-os a não destruírem o Templo, não só por respeito a seu esplendor (muito improvável), como também por motivos de respeito religioso (não muito menos improvável). Em histórias posteriores de Roma, em especial a de Tácito e a de Dião Cássio, Tito toma a decisão preventiva de obliterar o Templo, o que parece bem mais plausível. Tácito chega a afirmar que os soldados romanos se abstiveram de incendiar o Templo até serem informados de que tinham ordens explícitas de seu general para fazê-lo. A versão de Josefo é muito mais lisonjeira para seu protetor. A catástrofe ocorre quando o fogo se espalha a partir das portas exteriores (incendiadas pelos soldados de acordo com suas ordens), avança pelo pátio grande e sai do controle — como também se descontrolam as tropas que receberam ordens de nada saquear.

Os escrúpulos de Tito, não confirmados por nenhuma fonte posterior, não passam, é evidente, de vontade do desertor judeu de se iludir. E é impossível encontrar em *A guerra judaica* qualquer relato nuançado da motivação dos rebeldes zelotes, e muito menos sobre suas tropas. Josefo praticamente nada diz, por exemplo, sobre a "escola" farisaica de Shamai, cujos jovens seguidores (em contraste com os adeptos do mais pacífico Hilel) eram instados por seu mestre passional e intransigente a se comprometerem com a resistência aos *kittim* — termo hebraico pejorativo com o qual designavam os romanos. Em vez disso, o historiador assume a postura altaneira do aristocrata-sacerdote judeu transformado em patrício romano e pensionista imperial, e desenha caricaturas dos líderes rebeldes, reduzindo-os a celerados sociopatas (*leistei*): sedentos de sangue, enlouquecidos pelo poder, valentões saqueadores, que dirigiam os ingênuos para locais diferentes daqueles aonde queriam ir para tirar vantagens pessoais criminosas deles. O adversário por excelência de Josefo na Galileia, João de Giscala, era

> um mentiroso contumaz, porém muito astuto para ganhar crédito por suas invencionices, um homem que considerava uma virtude ludibriar pessoas [...]. Um hipócrita que simulava ser humano, mas que não fugia ao derramamento de sangue onde quer que houvesse esperança de ganho.[39]

Simão bar Giora também era péssimo — não sagaz como João, porém mais monstruoso em sua força bruta, um pequeno tirano que apreciava torturar os ricos. O destino de Jerusalém é selado quando os dois e seus exércitos de celerados investem contra a cidade e aterrorizam a população cativa, que, se deixada a seus próprios recursos, teria capitulado. Os zelotes nomeiam então seus próprios sacerdotes e poluem o Templo com despropósitos, dos quais, diz Ananias, o perturbado representante do antigo sacerdócio, até os romanos teriam fugido. As coisas degringolam com rapidez. Gangues se servem de bens e de mulheres, depois de matar-lhes os maridos. Para escândalo geral, os sicários de João transformam-se em travestis, em terroristas homossexuais

> que se entregavam à devassidão feminina [...] com penteados elaborados, vestindo roupas de mulher, cobrindo-se de pomadas e imitando não só as pomadas, como também a luxúria de mulheres e inventando prazeres ilícitos daquela espécie, bamboleando-se pela cidade para cima e para baixo como se estivessem num lupanar [...] tendo no rosto a expressão do rosto das mulheres que mataram com a mão direita.[40]

Por mais pitoresco que isso seja, não constitui um quadro correto da convulsão social em massa que ocorreu nas cidades e aldeias da Palestina. Algo diferente de intimidação estava acontecendo quando, depois da conquista da Galileia por Vespasiano, dezenas (talvez centenas) de milhares de pessoas passaram a acompanhar os líderes do levante até Jerusalém, para ali montar seu confronto com as legiões romanas. "Desordeiros" e "bandidos" desde sempre foram os termos que as classes endinheiradas (às quais Josefo sem dúvida pertencia) usaram ao assistir a uma revolta dos desvalidos e esbulhados.[41] É provável que uma economia de mercado em rápida expansão que, partindo da costa comercial, avançava para o interior, tenha induzido a elite judaica a investir em terras, reduzindo pequenos proprietários rurais à condição de rendeiros, que podiam ser aceitos ou postos para fora à vontade, e que tenha sido nessa classe, bem como numa população de trabalhadores contratados para o sem-fim de obras civis em toda a Palestina romana, que João e Simão recrutavam homens para seus exércitos zelotes.[42] Outra fonte, inesperada, de recrutas para as forças rebeldes vinha de veteranos idumeus e suas famílias, que (a darmos crédito a Josefo), embora fervorosamente leais ao judaísmo, tinham empobrecido durante a monarquia idumeia, em vez de enriquecido, e agora, ativamente militantes, se voltavam contra os aristocratas e os romanos que os protegiam.[43]

As portas da cidade estavam fechadas para eles, mas quando os zelotes e idumeus as transpuseram à força, a primeira coisa que fizeram, conta Josefo, foi massacrar os guardas, judeus e romanos, que tinham tentado detê-los, cerca de 8500 numa só noite.[44] A seguir impuseram um reinado de terror, a fim de eliminar qualquer pessoa suspeita de moderação — aprisionando, matando e deixando os mortos sem sepultura (contrariando princípios judaicos), como "um rebanho de animais impuros". Entre as vítimas estavam os símbolos da contemporização institucional, com destaque para o ex-sumo sacerdote Ananus bar Ananus, que perseverara em tentar dissuadir zelotes e idumeus da guerra total, e cujo assassinato público, acreditava Josefo, foi o que determinou uma sorte terrível para Jerusalém. Os idumeus, porém, insistiram que eram eles que honravam "a casa de Deus". A cidade, escreve Josefo, estava como "um grande corpo despedaçado". A paranoia cresceu, e qualquer pessoa que nem sequer sugerisse transigência, que dirá rendição, era sumariamente executada — e com isso morreram 12 mil jovens da cidade, afirma o historiador.[45]

Nesse ponto, Josefo, recuperado do ferimento na cabeça, e com lágrimas nos olhos, persiste em tentar fazer os defensores pensarem melhor e evitarem maiores sofrimentos. Poderíamos duvidar de sua postura de compaixão desinteressada se não fosse o fato de que havia judeus intensamente devotos, sobretudo entre os fariseus, que também recomendavam a paz. Acreditavam que

Deus havia escolhido os romanos como o mais recente instrumento de castigo das transgressões, que Roma figurava na lista dos quatro impérios dominantes da visão de Daniel e que, por conseguinte, continuar lutando era um ato inútil contra a vontade divina. Séculos mais tarde, o Talmude mostra Hilel debatendo com o belicoso Shamai e usando os mesmos argumentos.

Na tradição talmúdica, o mais jovem discípulo de Hilel, Yohanan ben Zakai — que, em todo caso, suspeitava bastante dos saduceus — era quem se mostrava mais angustiado com a perspectiva de um esforço desesperado dos zelotes resultar na destruição do Templo. Segundo três tradições ligeiramente diferentes, Yohanan e seus filhos, Josué e Eliezer, decidem resolver a situação, improvisando uma fuga, provavelmente não depois da primavera de 68 d.C., durante uma pausa ordenada por Vespasiano, antes de seu filho Tito desferir o ataque final. De acordo com uma versão, espiões de Vespasiano dentro da cidade descobrem que Yohanan talvez apoiasse a rendição se Roma prometesse respeitar as tradições, os textos e as leis do judaísmo. Ao que parece, dispararam-se flechas sobre as muralhas com mensagens que informavam aos romanos a possibilidade de um acordo. O rabino é conduzido então à presença de Vespasiano, que, compreensivo, atende ao pedido de Yohanan para ir, com um grupo de seguidores, à cidade de Yavne, no sul, onde criaria uma academia de estudos da Torá e observaria seus mandamentos.

As outras duas versões são mais inventivas. Em ambas, o sábio é retirado de Jerusalém, controlada pelos zelotes, como cadáver. Numa das histórias, vai escondido num ataúde, onde alguma coisa exala um persuasivo mau cheiro; na outra, um dos filhos sustenta seu corpo rígido, e outro, a cabeça. Nas duas versões, Vespasiano não faz ideia sobre quem seria o peticionário que retorna à vida, mas fica impressionado com sua coragem, sua devoção e, decerto, com sua saudação profética — *vive imperator*. Aparentando uma modéstia pouco convincente, Vespasiano declara que as saudações são prematuras, presunçosas e que, se noticiadas, provavelmente lhe custarão a vida. Yohanan lhe assegura não ter nenhuma dúvida, pois não profetizou Isaías que somente um rei capturaria Jerusalém e seu Templo? Muito impressionado com tudo isso (e talvez recordando que já ouvira isso em Jeteba), Vespasiano concede a autorização: "Vá!".[46]

Seja a história verídica ou fictícia, sua essência — que o judaísmo continuaria a existir, mesmo que o pior acontecesse e seus elementos materiais exteriores fossem obliterados, e que um mestre, Yohanan, não um sumo sacerdote, seria a partir de então a fonte da autoridade judaica — deixaria uma marca profunda na memória dos judeus. Esse foi o momento de fundação da litania da resistência. Em essência, nesse ponto o tempo judeu se detém; a realidade do culto no Templo, seus sacrifícios e suas peregrinações, torna-se virtual, com as próprias festas embalsamadas num judaísmo de perda. Diz-se até que, em Yavne, Yohanan instituiu um dia de luto nacional, provavelmente o jejum do Nove de Av. A melhor expressão da adaptação do judaísmo a seu desalojamento material é a dispensa de Yohanan que permitiu que a bênção continuasse a ser feita onde quer que os judeus se reunissem para o culto. O tema sacerdotal das mãos erguidas transferiu-se então para amuletos e vasos fúnebres, para a *ossilegia* e, por fim, para túmulos, de modo que os sacerdotes ficavam até mesmo entre os judeus mortos, por mais remoto que fosse o local do sepultamento. O próprio judaísmo se desgarrara do túmulo da história. Viria a ser um eterno presente, reanimado infindavelmente na memória. E essa trágica atitude de humildade, incorporada aos relatos de Yohanan — de que um começo pressupunha um desfecho epicamente intenso —, lançou uma longa sombra sobre a história judaica. Com efeito, esse foi o momento em que, como diz Yosef Hayim Yerushalmi em seu belo *Zakhor* [Lembrar], a crônica histórica é substituída pela memória atemporal.[47]

E essa é a razão, imagino, por que Josefo, criador do episódio de Yohanan e Vespasiano, foi o primeiro e durante muitos séculos o único historiador judeu. Ele não só aceita que o renascimento do judaísmo — a vivificante transfusão, para a Bíblia, do sangue do comentário — esteja condicionado à morte e à destruição, como também é, em algum sentido muito pungente, o autor de seu desdobramento. Creio que em seu exílio romano, olhando para o passado com certa melancolia, também Josefo insistia que não tinha traído a Deus, mas apenas a João de Giscala e aos equivocados zelotes. Pelo contrário, quando tentou convencer os demais judeus a se renderem, estava apenas expondo a vontade manifesta de Deus, que abandonara Jerusalém e estava lutando do lado de seus inimigos; e que "enquanto eu viver jamais serei tão escravo a ponto de renunciar à minha própria gente ou esquecer as leis de nossos antepassados. Ser um verdadeiro judeu exigia então resistência, se não traição, aos zelotes".[48]

O golpe de misericórdia sobrevém, na verdade, com a fome, e não com o fogo ou a espada, e Josefo nos brinda com uma história de horror, à maneira de

Tucídides (e talvez seguindo seu exemplo literário) ao escrever sobre a peste em Atenas. Cercada pelo exército de Tito, Jerusalém se vê reduzida à mais extrema penúria. Enlouquecidas pela fome, as pessoas transformam-se em bestas-feras, devorando não só o couro de suas sandálias, cinturões e escudos como também, conta Josefo, imundícies que nem os cães tocariam. As crianças metem a mão na boca e na garganta dos mais velhos para roubar nacos de comida meio mastigada; agressores enfiam varas no ânus de pessoas suspeitas de possuírem um pouco de farinha escondida em algum lugar. O ponto mais baixo é alcançado com a história de Maria, uma mulher vinda do outro lado do Jordão que, perdida em Jerusalém e meio morta de fome, assassina o filhinho que lhe sugava o peito, assa-o e o divide em duas partes, comendo uma metade e guardando a outra para mais tarde. O mau cheiro levanta suspeitas, e guardas rebeldes ameaçam degolá-la se ela não lhes entregar a comida escondida.

> Ela respondeu que guardara uma parte muito boa para eles, e com essas palavras exibiu o que sobrara do filho. À vista disso, os soldados foram tomados de horror e aturdimento, ouvindo-a dizer: "Este é meu filho, e o que aconteceu foi obra minha! Comei essa comida, pois eu mesma já a comi. Não vos fazei de mais delicados que uma mulher ou de mais compassivos que uma mãe, mas se fordes tão conscienciosos e abominardes meu sacrifício, como já comi uma metade deixai a outra para mim também".[49]

Estarrecidos, os homens se retiram; a história corre a cidade com rapidez e as pessoas "tremem como se esse ato inaudito houvesse sido cometido por elas próprias". Quem está a ponto de morrer de fome suplica pela chegada do fim, e os mortos são considerados venturosos por não terem sobrevivido para ver tais coisas. O próprio Tito, mesmo quando a primeira coluna de fumaça transpõe as muralhas, é levado a crer que o que acontecerá agora àquelas pessoas não poderia ser pior do que tais atrocidades desumanas.

Josefo dá conta da catástrofe com uma crueza educativa: milhares de pessoas consumidas pelas chamas; enormes pilhas de tesouros saqueadas do armazém do Templo; homens e mulheres atirando-se das muralhas; e, sem dúvida, um profeta confuso chamado Jesus. Esse Jesus (eles eram legião) era o filho do sacerdote Ananias, e quatro anos antes do começo da guerra tinha se tornado malquisto durante festas de peregrinação por ficar se lamuriando: "Ai de ti, ai de ti, Jerusalém". Açoitado por essa temeridade até "os ossos ficarem expostos", ele perdurou nessa gritaria por sete anos e cinco meses, até que por fim a grande calamidade lhe deu razão, e nesse ponto uma pedra lançada por uma das armas de cerco o matou em meio a uma lamentação.[50]

Tudo que resta agora a Josefo é somar. E assim o historiador, abandonando sua própria metodologia, afunda na numerologia bíblica. Tornou-se um mero contador do tempo judeu.

> Ora, o número de anos passados desde a sua primeira fundação, feita pelo rei Salomão, até sua destruição, ocorrida no segundo ano de Vespasiano, é calculado em 1130, mais sete meses e quinze dias, e desde sua segunda construção, feita por Ageu no segundo ano do rei Ciro, até sua destruição por Vespasiano passaram-se 639 anos e 45 dias.[51]

Do outro lado do Muro Ocidental ou Muro das Lamentações, com seu tropel de devotos, jaz um monte imenso de grandes pedras herodianas derrubadas por algum projétil ou atiradas pelos romanos do alto do lado sul do muro do Templo. Uma delas conserva um nicho bastante grande para que nele caiba um homem de pé, e uma inscrição informa tratar-se do lugar "[reservado] para o trompista", o tocador do shofar, que o fazia soar no começo e no fim do Shabat e nos dias santos. Silenciado para sempre. E há também a "Casa Queimada", uma atração turística no Bairro Judeu, onde, em meio aos vasos de barro quebrados, dispostos com esmero, e uma ponta de lança, jaz uma viga de telhado carbonizada, levemente azul, como a plumagem da asa quebrada de uma ave marinha. Os turistas têm sua atenção dirigida para uma fotografia de moldura empoeirada numa parede dos fundos. Embora esteja desbotada, mostra o osso do braço de uma menina, achado no porão em ruínas, com os ossos dos dedos parecendo querer pegar alguma coisa ou alguém e, sem exagerar o trágico romantismo judaico, devemos imaginar, em vão.

6. A VOLTA DE YOSEF BEN MATTITYAHU

Como se sentia o servidor do imperador Vespasiano, que havia pouco recebera um novo nome e passara a ser "Flavius Josephus", ao ver setecentos cativos judeus desfilar a ferros diante dele no triunfo de seu amigo Tito?[52] Era um dos vencedores ou um dos vencidos? Seu novo nome exaltava seus benfeitores, mas os flavianos baseavam sua autoridade imperial na subjugação dos judeus e na total obliteração de Jerusalém. Vendo-se obrigado a falar do desfile, ele o faz com abundância de detalhes (trata-se do mais minucioso relato de um triunfo romano em qualquer literatura), mas sem muito deleite, apesar das descrições de Vespasiano e do filho purpurados, da soldadesca engalanada, dos vivas e das saudações, das representações das batalhas e dos incêndios. Uma dessas encenações, afinal, era do incêndio do Templo.

Na conclusão do trecho, ele menciona o "véu babilônio púrpura" — a cortina do Santo dos Santos —, a mesa de ouro e, é claro, o candelabro de sete braços que seriam reproduzidos na frisa do Arco de Tito. Junto com os objetos mais suntuários do butim, e como o "último de todos os despojos", escreve Josefo, "foram trazidas as Leis dos Judeus".[53] Entretanto, embora a mesa das oblações esteja na frisa, é em vão que se procuram os rolos. Talvez fosse difícil representá-los de forma adequada. Abertos ou fechados, como poderiam meros rolos, textos em pergaminho, causar muita impressão a admiradores das conquistas romanas? Teria alguém se dado conta tardiamente da impossibilidade de capturar as palavras da Torá, quer em imagem esculpida, quer por poderio militar? Terá havido um momento de embaraço quando a impossibilidade de exibir o troféu tornou-se inelutável? À diferença de Simão bar Giora — levado pelas ruas, com uma corda no pescoço, até o Fórum, onde foi torturado e executado, o que sinalizou o encerramento das comemorações —, não era possível, por definição, dar fim aos Sifrei Torá, a essência da identidade judaica. As palavras vencem as espadas. As palavras desgarravam-se de sua expressão material como a *nefesh* se desgarrava do corpo. Enquanto alguém as guardasse na memória, enquanto alguém, em algum lugar, as houvesse copiado, as palavras sobreviveriam à aniquilação de tudo o mais. Yohanan ben Zakai estava certo. Os troféus sólidos foram levados para o Templo da Paz de Vespasiano, onde, como se dizia (como os vencedores diziam, claro), os judeus iriam olhá-los, suspirando, e o resto da população de Roma se maravilharia — pois aquele foi, de fato, o primeiro museu público da cidade.[54] Não se sabe se o acervo exibido incluía a Torá, mas por que ela estaria lá? Não passava de textos em pergaminho, nada que impressionasse.

Talvez Josefo compreendesse isso, pois o mais poderoso texto (relativamente sucinto) que ele escreveu, *Contra Apião*, torna-se, em seu clímax poderoso e emocionante, tanto uma explicação quanto um louvor da imperecibilidade e — paradoxalmente — do universalismo da Torá. Ainda havia muita coisa de Yosef ben Mattityahu, filho de sacerdotes e asmoneus, no historiador da casa dos flavianos, por eles protegido. Antes de encerrar a história trágica da guerra, ele muda de tom, talvez porque esse final espantoso se desenrolara no ano 73 d.C., pouco menos de dois anos antes que ele começasse a escrever.[55]

A cena se transfere de Jerusalém para Massada, fortaleza tomada pelos zelotes ao governo real ainda antes do início das hostilidades. Herodes tinha construído o palácio fortificado, que dominava os acessos por terra pelo oeste e era voltado para o mar Morto, com sua habitual disposição megalômana, uma fortaleza bastante poderosa para resistir a judeus não amistosos e à agressiva rainha do Egito, Cleópatra, que o odiava. Estocaram-se provisões, e construiu-se um notável sistema de coleta e armazenamento de água. Foi nesse baluarte nas montanhas que os sobreviventes da revolta, pouco menos de mil, se refugiaram enquanto Jerusalém ardia. Segundo Josefo, eram na maioria *sicarii*, os facínoras empedernidos transformados em rebeldes desesperados, porém é mais provável que fossem uma mescla de bandos de zelotes e de famílias. Comandados por Eleazar, o terceiro líder da revolta, instalaram-se entre os mosaicos, as piscinas e os banhos rituais, os depósitos e os pátios cavados na rocha.

Ali permanecem durante três anos depois da queda de Jerusalém. No entanto, não havia como escapar. Laboriosamente, o general Silva constrói a rampa pela qual suas armas de cerco e seus soldados subirão para selar a sorte dos últimos rebeldes. Como narra Josefo, Eleazar reúne os sobreviventes e propõe suicídio coletivo.

> Meus amigos, como nós, há muito tempo, resolvemos nunca ser servos de Roma nem de ninguém mais que do próprio Deus, que é o único senhor verdadeiro e justo da humanidade, é chegada a hora [...] que nos obriga a pôr em prática aquela resolução [...]. Fomos os primeiros que se revoltaram contra eles e somos os últimos que ainda lutam contra eles.[56]

Deus decidiu tornar conquistável a fortaleza inconquistável. Tudo está nas mãos dos romanos, exceto o poder de morrer em liberdade.

Que nossas mulheres morram antes de serem violentadas, e nossos filhos, antes de terem conhecido a escravidão, e depois de lhes termos dado fim concedamos uns aos outros esse glorioso benefício mútuo e preservemos nossa liberdade como um magnífico monumento fúnebre erigido para nós.

Se essas palavras parecem ao mesmo tempo familiares e suspeitas é porque Josefo pôs na boca de Eleazar um discurso que parece mais virtuoso do que o de seu próprio desempenho em Jotapata. Isso é o que ele gostaria de ter dito, é o que pelo menos uma parte dele gostaria de ter dito. Essa é a única voz que há de ecoar durante toda a história judaica, passando pelos suicídios na Europa medieval e chegando ao levante do Gueto de Varsóvia em abril de 1943. Diante do compreensível terror por parte daqueles que ele incitou a morrer, Eleazar tenta tranquilizá-los com um segundo discurso em que afirma a imortalidade da alma, libertada do mero invólucro do corpo. Essa fala dá a Josefo outra oportunidade de arejar sua consciência inquieta. Os que já morreram, diz Eleazar, na verdade devem ser considerados abençoados, "pois morreram defendendo, e não traindo sua liberdade". Os levados vivos pelos romanos são torturados e açoitados até a morte; os velhos jazem nas cinzas de Jerusalém. "Quem é tão inimigo de seu país ou tão pouco viril [...] que não se arrependa de estar vivo?"

Quem, de fato, senão o historiador da tribulação? A tragédia pavorosa acontece, e, no entanto, o último dos verdugos não caminha em direção ao inimigo, como fez Josefo, mas, contemplando um sangrento tapete de 960 corpos, ateia fogo ao palácio e "com a força de suas mãos poderosas atravessa o corpo com a própria espada". Entre os judeus, apenas uma anciã e cinco crianças, escondidas numa caverna, sobrevivem para contar a história.

Talvez tenha havido momentos em que Josefo de fato desejou para si o destino de Eleazar, mas ele decide, e talvez com melhor resultado, resistir de maneira inteiramente diferente. *Antiguidades judaicas* e *Contra Apião* provavelmente foram escritos vinte anos depois de *A guerra judaica*, época em que Josefo, já então na meia-idade, tivera tempo de avaliar como Roma e sobretudo seus escritores se sentiam em relação aos judeus que viviam entre eles. Eram cerca de 30 mil, grande parte deles descendente de cativos para ali levados depois da campanha original de Pompeu, embora uma ordem de expulsão de 139 a.C. deixe claro que já nessa data recuada havia uma substancial comunidade de mercadores judeus em Roma, outra colônia da já ampla população judaica espalhada pelo mundo mediterrâneo.[57] As *insulae* — blocos baixos de apartamentos apinhados, no Trastevere — abrigavam muitas das famílias mais pobres, como continuariam a fazer durante quase dois milênios, até a *razzia* de outubro de 1943. Embora as sátiras de Juvenal e as comédias de Petrônio façam graça às custas de mendigos judeus circuncidados e avessos à carne de porco, ao que parece uma sinagoga foi construída na cidade portuária de Óstia já durante o reinado de Cláudio, de modo que havia então outra comunidade de judeus, voltada para o comércio, mais distante do burburinho das ruas romanas de maior movimento.

Josefo não estava entre eles, claro, e sim instalado em condições bem melhores, graças a seu protetor Tito, o imperador que sucedera ao pai, Vespasiano, morto em 79 d.C. Entretanto, qualquer hipótese de que ele era o tipo de judeu que, como a família de Herodes, se encaixaria com desembaraço e sem problemas na sociedade e na cultura imperiais, se veria desmentida diante do desprazer que ele percebia por parte de pelo menos alguns de seus pares naturais: os literatos e oradores de Roma. Em alguns sentidos, o historiador dos flavianos estaria protegido do riso silencioso e escarninho, pois não resta dúvida de que a casa imperial tinha uma atitude de amor e ódio em relação aos judeus, a começar pelo próprio Tito, que, como era sabido e ressabido, apaixonou-se perdidamente pela judia Berenice, irmã de Agripa II, mais velha e três vezes casada (de quem se dizia também ser amante do irmão), a ponto de alguns patrícios, horrorizados, imaginarem que ele poderia se casar com ela.[58]

Desde Sêneca a Marcial, autor de epigramas, e ao satirista Juvenal, o discurso tinha sido, e continuava a ser, de uma previsibilidade deprimente. Ainda que em termos oficiais o judaísmo fosse declarado uma *religio licita*, uma religião tolerada, autores como Tácito insistiam em que ele seria mais bem definido como uma *superstitio* degradada e de baixo nível.[59] Dizia-se que os judeus eram misantropos que faziam questão de se manter distantes do resto da sociedade, recusavam-se a comer na companhia de outras pessoas e (invertendo o estereótipo grego), apesar de seu notório gosto pela luxúria, a dormir com mulheres de outras nações. Tácito ia mais longe em sua paranoia em relação ao isolamento dos judeus, afirmando que, embora leais uns aos outros, demonstravam "só ódio e hostilidade ao resto da humanidade" (*sed adversus omnis alios hostile odium*).[60] Circuncidavam-se para marcar a diferença, mas também para acentuar seus apetites sexuais animalescos e insaciáveis. Evitavam a carne suína porque cultuavam o porco como o primeiro animal que cavou sulcos no solo com o focinho. E cultuavam os jumentos — erigindo um asno de ouro em seu Templo — porque durante suas vagueações, depois de terem sido expulsos do Egito por serem leprosos e párias sarnentos, um jumento os levara à água quando estavam morrendo de sede. Da mesma forma, o Shabat de que se vangloriavam (um pretexto para a ociosidade, como muitos pensavam) tinha origem nos tumores desfigurantes da virilha que tinham acometido os israelitas nos seis primeiros dias de sua vagueação, incapacitando-os a ponto de obrigá-los a descansar no sétimo!

Muitos desses absurdos abomináveis, escreveu Josefo, tinham sido perpetuados por Apião, gramático e bibliotecário alexandrino. "É uma vergonha terrível que um gramático não escreva uma história verdadeira." No entanto, infelizmente, era típico de uma pessoa pertencente a uma cultura que reverenciava áspides e crocodilos imaginar os judeus a venerar jumentos. "Utilizamos os asnos do mesmo modo que outros homens sensatos, ou seja, são criaturas que carregam as cargas que pomos sobre eles."[61] Apião deixara sua marca na memória romana ao declarar a Calígula, no século I d.C., o motivo pelo qual os judeus de Alexandria tinham atraído para si o opróbrio e, na verdade, a violência dos egípcios. A ele se opôs o filósofo judeu Filo, irmão de um exator--tesoureiro dos Ptolomeus e tio de Tibério Júlio Alexandre, que mais tarde serviria a Tito como vice-comandante na guerra judaica. Num esforço penoso, Filo tentou fazer com que Calígula entendesse que sua intenção de colocar uma estátua dele, como um deus, em sinagogas e em outros locais era proibida pela Lei e pelas tradições judaicas e que a recusa fora pretexto para a aterradora violência usada contra uma comunidade inocente, com a cumplicidade de Flaco, governador romano do Egito. Não só os judeus egípcios tinham ficado de uma hora para outra privados da antiga autonomia de suas comunidades e sido redefinidos como estrangeiros na terra onde tinham nascido, como também foram expulsos por uma turba de quatro de seus cinco bairros em Alexandria e confinados num único bairro abarrotado. Tiveram suas casas saqueadas e incendiadas, suas famílias agredidas e suas sinagogas arrasadas.

A réplica de Apião consistira em reciclar a versão injuriosa e mítica da história judaica inventada no século III a.C. pelo sacerdote-gramático Mâneton: a expulsão deles do Egito, durante um ano de peste, por serem imundos e doentes, a história do jumento prestativo etc. Esses absurdos, escreve Josefo em *Contra Apião*, deviam ser combatidos não só com justa indignação como também por uma exposição irrefutável de sua impossibilidade, sobretudo porque, quanto mais fantasiosos e perversos fossem, com mais probabilidade dominariam a imaginação popular. O mito do viajante grego sequestrado por judeus e engordado para ser morto e devorado num festim canibal (repetido, entre outros, pelo severo historiador Tácito) era um exemplo típico. Dizia-se que o "rei Antíoco" (não fica claro qual deles, mas, presume-se, seria o "civilizador" Antíoco IV) tinha descoberto um grego amarrado no pátio mais recôndito do Templo, gritando para ser libertado, com uma mesa posta diante dele com travessas de peixes, aves e outras iguarias. Segundo a lenda, quando adequadamente carnudo e lustroso, ele seria levado a uma densa floresta e abatido, e depois disso uma imensa horda de judeus se deleitaria com suas entranhas. Para começo de conversa, escreveu Josefo, com espírito satírico, ainda que tolamente literal, por acaso era possível que "as entranhas de um único homem fossem suficientes para milhares?".[62] A consternação horrorizada de Josefo sinaliza o surgimento de uma demonologia que não teria fim (conclaves secretos e canibalescos de judeus chamados de todas as partes para se nutrir dos corpos de impotentes gentios).

Josefo parece ter pensado que a intensidade da aversão romana fosse uma reação defensiva à atração de uma deidade única, invisível e até sem nome. O fascínio que os gentios romanos sentiam pelo monoteísmo judeu nessa época costuma ser exagerado, mas fica claro que era um tema de interesse para escritores e retóricos romanos. Mesmo no reinado de Nero, Sêneca escrevera, ao tratar da presunçosa superioridade do monoteísmo judeu, que "os vencidos ditam a lei aos vencedores". Como não haveria ansiedade quanto à possibilidade de o judaísmo conquistar conversos, quando se dizia que a mulher do imperador simpatizava com os "tementes a Deus" e que outras damas de altos círculos imperiais e cortesãos também se interessavam por aquela religião? Uma expulsão de judeus no ano 19 d.C. foi provocada pelo choque causado pela notícia de que uma nobre romana, uma certa Fúlvia, se convertera. E talvez tenha causado assombro aos romanos saber que a dinastia real de Adiabena, no nordeste da Assíria, região onde as legiões romanas viviam cronicamente em pé de guerra, se convertera ao judaísmo — sua rainha, Helena, visitava Jerusalém com frequência e era benfeitora do Templo e de judeus.

Na outra ponta da sociedade, dizia-se que os judeus ofereciam a liberdade a seus escravos em troca da conversão. De maneira corajosa, embora fosse o único a ventilar tal ideia, o letrado Marco Terêncio Varrão procurou aproximar o judaísmo e o paganismo romano ao propor que o Deus judeu, único e informe, era, na realidade, idêntico a um proto-Júpiter, e de igual modo um *summum deum* que, nos primeiros dias de Roma, mais puros, fora igualmente abstrato e informe.

Alguns dos textos mais hostis traem uma certa percepção de que a lealdade dos judeus a um Deus único, cuja natureza transcendia qualquer coisa que pudesse ser fabricada até mesmo com os materiais mais preciosos, seria capaz de atrair, digamos, os platônicos, para os quais a força criativa essencial residia na esfera do espírito puro. Numa feroz digressão em sua breve narrativa da guerra judaica, Tácito afirma que os judeus

> concebiam um único deus [...] apenas no espírito [...] é impossível representar seu ser supremo e eterno, que também não tem fim. Por conseguinte, não erguem estátuas em suas cidades e muito menos em seus templos; essa lisonja não é feita a seus reis, nem essa honraria dada aos césares.[63]

Assim, embora Tácito qualifique seus ritos como "vis e abomináveis", suas maneiras como "degradantes e mesquinhas", suas "primeiras lições" como "desprezar os deuses, renegar seu país" e repise que "os judeus consideram profano tudo o que temos na conta de sagrado [enquanto] permitem tudo quanto abominamos", há, ainda assim, uma percepção relutante da peculiaridade não de todo ignóbil do culto dos judeus. A inquietação era incessante. Duas novas expulsões, no reinado de Cláudio, em 41 e 49 d.C., foram feitas em nome da "ordem pública", embora os judeus que eram cidadãos e homens livres pareçam ter sido eximidos nesse caso.

O tipo de louvor indireto representado pelo posterior reconhecimento, por Tácito, do poder misterioso do monoteísmo invisível representou para Josefo uma esperança de educar os gentios com relação à verdade dos judeus e do judaísmo. Os judeus eram humanos e não monstros (isso, claro, tinha de ser dito com todas as letras) — ora, podiam até ser togados como ele —, e suas observâncias e rituais eram humanos e nobres, não imundos e sinistros. Partindo do princípio de que a opinião de Tácito, de que os pais judeus não eram honrados pelos filhos e vice-versa, já era corrente entre a elite romana, Josefo esforçou-se para mostrar que, de fato, ocorria o contrário: a alegria e a principal virtude dos judeus estavam em "educar bem nossas crianças; [...] cumprir as leis que nos foram dadas, e observar os preceitos de devoção que nos foram ensinados".[64] O roubo, ele continua, contestando uma reputação difamatória anterior segundo a qual os judeus eram inescrupulosos nos assuntos econômicos, nos é estranho, como também as guerras para enriquecimento, uma vez que "não nos deleitamos com mercadorias ou com o mundo do comércio, pois nossa terra fica distante do mar e, sendo um país fértil, nosso prazer está em cultivá-lo".

Moisés, esclarece Josefo, paciente, não foi o líder de uma horda de réprobos contaminados e leprosos, mas "o mais antigo dos legisladores", movido por uma concepção do Deus imutável que seria a mesma de Platão e dos estoicos; um Deus "superior a todas as concepções mortais de glória; e que, apesar de conhecido por nós por seu poder, permanece desconhecido, porém, em sua essência". Nas leis por ele promulgadas uniam-se a cultura das palavras e a das práticas, ao passo que os atenienses tinham apenas a primeira, e os espartanos, a segunda. O cerne do judaísmo estava na inscrição dessas leis no espírito de cada um, ensinadas desde a mais tenra infância. Se alguém "perguntar a qualquer judeu sobre nossas leis, ele falará delas mais prontamente do que dirá seu próprio nome". Isso ocorre em consequência de os judeus as terem aprendido praticamente no momento em que se tornaram conscientes de alguma coisa, de modo que elas lhes ficaram "gravadas na alma".

De modo mais surpreendente, considerando o historiador que dera tanta importância à discórdia entre os judeus na revolta (e de um modo um tanto implausível), Josefo afirma que a permanência da Torá determinou "uma maravilhosa concordância mental entre todos nós". Além do mais, nada havia de obscuro ou sinistro, e muito menos de ridículo ou "supersticioso" em relação a essas leis. Elas proibiam a embriaguez e a sodomia, a violação de virgens e o adultério; determinavam a oração pelo bem-estar de todos e a inumação decentemente reservada dos mortos, e não a ostentação de monumentos fúnebres; impunham o respeito aos pais, a rejeição da usura e proibiam que os juízes aceitassem suborno, sob o risco de pena de morte.

E embora esses preceitos sociais e religiosos tivessem surgido entre os judeus e sejam o tesouro particular e imperecível deles, todos os povos civilizados, entre os quais os gregos, seguiram seus princípios norteadores, que se tornaram propriedade universal — começando com a invenção do fim de semana. "Não há nenhuma cidade dos bárbaros, nem de qualquer nação, seja qual for, em que nosso costume de descansar no sétimo dia [...] não seja observado."[65] Outras nações adotaram o dever judaico quanto à caridade e à "harmonia mútua" e a exigências morais de justiça nas relações econômicas. E tudo isso se inculcou por si mesmo, sem recurso à força convencional, e prevalece meramente "por sua própria força", que Josefo enfatiza ser caracteristicamente judaica. Essas leis, diz ele, dispensam defesa ou explicações, mesmo quando se trata de desmentir difamações infundadas assacadas contra os judeus, pois tais leis "são visíveis em sua própria natureza, e ensinam não impiedade, porém a mais verdadeira piedade no mundo". E como se respondesse às imprecações de Tácito, afirma Josefo:

> Elas não fazem os homens se odiarem uns aos outros, mas os encorajam a comunicar livremente uns aos outros o que pensam; são inimigas da injustiça, cuidam da retidão, banem a indolência e o luxo e instruem os homens a se contentarem com o que possuem [...] elas proíbem aos homens fazer guerra pelo desejo de possuir mais, porém tornam os homens corajosos na defesa das leis.[66]

Por fim, Flávio Josefo — que perdeu seu próprio povo e se vê, de forma óbvia e dolorosa, distanciado daqueles que o adotaram — dirige-se, altivo e desafiador, a pessoas como Sêneca, Marcial e Tácito, que presumiram não ter nada a aprender com as superstições bárbaras dos judeus — ignóbeis, predadores, lúbricos, reticentes, conspiradores que odiavam a humanidade —, e expressa a única vanglória que um judeu considera digno proclamar: "Nós nos tornamos os mestres de outros homens, em enorme número de assuntos".

7. O FIM DOS TEMPOS?

Como Deus pode permitir que tal tragédia recaia sobre Seu povo? É o que sempre perguntamos quando as cinzas nos fazem arder os olhos e começamos a cuspir fuligem. O que aconteceu à aliança, às promessas de que haveríamos de prevalecer sobre aqueles que buscam nos aniquilar? A resposta vem, sempre. Leiam as letrinhas miúdas! Veem o que está dito sobre os justos? O que andou ocorrendo? Transgressões! Iniquidades! Abominações, bobagens autodestrutivas, é isso! Chegou a hora de uma limpeza! Não escutaram os profetas? Não digam que não foram avisados. Entretanto, protestamos, somos humanos. Houve alguma época em que não nos desviamos, em relação à alimentação, em relação ao sábado, do caminho direito e estreito? O que dizer de Davi e sua lascívia, de Salomão e suas vaidades polígamas? Eles não foram pisoteados na terra nua, foram? Então, merecemos uma oportunidade, não é? Algumas refeições com carne de animais de cascos não fendidos ou que não ruminam, uma viagenzinha feita no dia do descanso... e Jerusalém é destruída, multidões incineradas? Francamente! De novo?

A pergunta não se cala: se YHWH é o senhor de todas as coisas e da história judaica em particular, por que sempre tanto *tsurus*, tanta confusão?

Os judeus do Segundo Templo e da época de sua destruição tinham uma resposta. Era pouco ortodoxa, não autorizada, não rigorosamente bíblica, mas também estava escrita e era lida, e não só por excêntricos periféricos. Sabemos disso por fragmentos de quinze cópias distintas do Livro dos Jubileus, por pedaços de sete cópias do Livro de Enoque, por um Gênesis Apócrifo que apresenta uma versão bastante diferente de como e quando os judeus receberam sua Lei (na Criação) e por muitos outros fragmentos de Escrituras paralelas ou, antes, alternativas, todas presentes entre os mais ou menos 850 manuscritos descobertos entre 1947 e 1955 nas cavernas de Qumran.[67] Os livros que se tornariam o cânone da Bíblia hebraica estão todos lá, com exceção de Ester e Neemias (o que é estranho, dada a importância vital deste último para a história da Torá). Um deles, Isaías, está completo. Encontraram-se várias cópias de Isaías, dos Salmos e do Deuteronômio, talvez uma indicação que nos informa o que era mais importante para a *yachad* (a comunidade ascética). A maioria dos livros está em hebraico; um deles, o Livro de Jó, tem uma *targum*, tradução, em aramaico, e há comentários (*pesharim*) sobre livros como os de Habacuc e Isaías. Há diferenças reveladoras em alguns desses textos em hebraico em relação à Septuaginta e ao texto massorético (pronúncia acrescentada), o texto autorizado pelos rabinos quase mil anos depois, perto do fim do século IX.

Mas isso, como ficamos sabendo, não é o fim da história. Entre os manuscritos de Qumran, há também livros incluídos entre os Apócrifos: Tobias; a Sabedoria de Jesus ben Sirac; Judite; os emocionantes textos de história que são os dois Macabeus; o *Serekh*, a Regra operacional para a comunidade ascética;

uma litania completa de Hinos de Ação de Graças e Salmos; e, mais fascinantes, vários textos-Escrituras, na maioria dos séculos II e III a.C., que até sua descoberta nas cavernas do deserto só eram conhecidos (e pouco) por manuscritos etíopes em geês, a língua judeo-etíope (uma conexão surpreendente em si mesma). Descobri-los em hebraico, em documentos quinze séculos mais antigos, mudou a história por completo, pois, embora essa linha religiosa não pudesse ser encaixada no panorama dos monoteísmos da África Oriental, podia ser ajustada ao quadro formativo do judaísmo. E foi nesses livros, a um só tempo intrincados e instantaneamente fascinantes, que se tentou dar uma resposta à questão da iniquidade no mundo.

Trata-se, sem dúvida, de uma resposta fantástica, no sentido literal, impregnada de uma narrativa judaica que parece mais próxima de outras religiões antigas, pagãs, e também das batalhas dualistas entre o bem e o mal, a luz e as trevas, que caracterizam o zoroastrismo persa e persistiriam em escritos gnósticos. Se esses textos sobreviveram em alguma abundância (e não há razão para supormos que isso não aconteceu), é fácil entender por que os rabinos os eliminaram até da memória apócrifa. Isso porque, à primeira vista, parece impossível que os judeus tenham lido, e muito menos aceitado, *tanto* a história autorizada da Bíblia — a história baseada na aliança — *quanto* a versão dada no Livro dos Jubileus, no Primeiro Livro de Enoque (que inclui o Livro dos Vigilantes, ou Sentinelas, e o Livro dos Gigantes) e no Gênesis Apócrifo.

Nessa Escritura alternativa, o Deus Único não está sozinho no espaço celestial, mas cercado por uma multidão de anjos sobre os quais exerce um controle imperfeito. Há anjos bons, comandados por Miguel, que sobrevive nos Testamentos, mas também anjos maus e insubordinados, chefiados por Belial, cujo nome frequenta bastante esses livros, inclusive num dos belíssimos Hinos de Ação de Graças pseudobíblicos, o de número XV:

> Quanto a mim, estou mudo; [meu braço] foi arrancado do ombro e meu pé afundou no lodo. Meus olhos acham-se fechados pelo espetáculo do mal, e meus ouvidos, pelos gritos de sangue. Meu coração se angustia com o desígnio perverso, pois Belial se manifesta no pendor [dos anjos maus para a iniquidade].[68]

Por sua desobediência (sobretudo por se recusarem a aceitar a presença de aspectos divinos no homem criado), esses anjos maus foram expulsos do céu e lançados na terra como Filhos do Céu — ou de forma mais preocupante, no Primeiro Livro de Enoque, como Os Vigilantes. No mundo, copulam com mulheres humanas que dão à luz gigantes monstruosos, os Nefilim. O mal está à solta na terra, e Deus se retira em esplendor, tomado de cólera e cercado pelos anjos da Luz, deixando o mundo à sua sorte. Enoque, o primeiro homem a dominar a linguagem, vagueia de uma extremidade a outra da terra como testemunha do horror e da devastação, anunciando que a maldade tomou conta do mundo. O dilúvio é mandado para extirpar os gigantes, mas espíritos demoníacos sobrevivem. Estes também são atacados, porém a figura mestra satânica de Mastema, um contra-Criador, apela com êxito para que apenas nove décimos deles sejam confinados nas profundezas. Um bom número deles permanece livre para produzir mais impiedades e malefícios.

Há nesses manuscritos, em especial no Gênesis Apócrifo, outras alterações curiosas em relação ao relato bíblico. Não só Israel recebe a aliança por ocasião da Criação como a mulher de Abraão, Sara — descrita com a sensualidade empolgada do Cântico dos Cânticos —, tanto excita o apetite de um faraó que ele a sequestra e a toma como mulher por dois anos. Abraão evita problemas alegando que ela é sua irmã.

São vários os episódios estranhos, mas que exercem um estranho fascínio. Lamec, o filho de Matusalém, duvida que um filho seja mesmo seu. Não porque ele o tenha gerado com a lépida idade de 182 anos, mas porque teme que sua mulher, Bat-Enosh, tenha sido inseminada por um anjo-vigilante ou por um dos iníquos Filhos do Céu: "Muito emocionada e a chorar, ela me respondeu: 'Oh, meu Senhor [...] lembrai o prazer, o momento da conjunção e minha ardente participação'". E ela lhe assegura, em suma, que o orgasmo de ambos garante que a semente que se transformou em Noé é de fato dele. Lamec não se convence e se apressa a buscar uma confirmação junto a Matusalém.

Os Filhos do Céu se insinuam na trama bíblica com perturbadora regularidade. Seu príncipe e líder Mastema maquina o sacrifício de Isaac, uma sugestão que Deus aceita, e Moisés recebe a Lei (de novo) de uma nuvem de anjos e também de Deus. A impressão cumulativa não é que Deus tenha renunciado à Sua criação, mas que, geração após geração, a soberania dela é disputada entre as forças do bem e do mal, com a certeza de que, por fim, na última batalha culminante que anunciará o Fim dos Tempos (narrada em minúcias impressionantes, quase homéricas, no mais longo manuscrito de todos, com oito metros e meio de comprimento), os Filhos da Luz hão de prevalecer sobre a Sociedade das Trevas. "No dia em que caírem os *kittim*, sobrevirá a batalha e uma terrível matança diante do Deus de Israel, pois esse será o dia designado desde a Antiguidade para a batalha de destruição dos filhos das trevas."[69] E ela durará 33 anos!

Até que ponto os autores e os leitores dessa história alternativa dos judeus e do mundo eram excêntricos? É evidente que esses textos foram postos de lado para sempre, e sua recuperação constituiu uma espécie de milagre acidental. Persiste ainda o debate entre acadêmicos como Geza Vermes, que continuam a acreditar que a comunidade de Qumran era formada, em sua totalidade, por essênios, e aqueles que como Norman Golb defendem a tese de que a diversidade e o tamanho da coleção de manuscritos apontam para uma biblioteca de Jerusalém mais eclética, tirada às pressas da cidade para garantir sua preservação. A distância era de apenas 55 quilômetros a leste, num território que, depois da captura de Massada, no sul, era mais ou menos controlado pelos zelotes. Sabia-se que Qumran vinha sendo ocupada pela *yachad* ascética havia muitas gerações. Portanto, existe a *possibilidade* de que os Manuscritos do Mar Morto (escritos, afinal, por muitas mãos e em muitas línguas) sejam uma combinação de regras e de normas disciplinares dos essênios, a que se juntaram cópias adicionais de livros que formariam o cânone bíblico e também obras apócrifas e míticas trazidas do exterior.

Esses manuscritos nos obrigam a alterar nossos pressupostos sobre a devoção judaica. O realmente surpreendente não é que eles eram obra e biblioteca dos essênios ou uma coleção mais eclética trazida de Jerusalém, e sim o fato de que os judeus liam *tanto* a versão autorizada *quanto* a não autorizada de sua história ancestral, a versão rigidamente monoteísta e a miticamente dualista — textos bastante contraditórios. Alguns manuscritos, como o Rolo do Templo, são uma reformulação de muitos preceitos sobre sacrifícios e normas de pureza, já detalhados na Torá, mas com regras atualizadas. Nem a lagartixa de parede, a lagartixa da areia, o "grande lagarto" e o camaleão, todos presentes na área de Qumran, por exemplo, são kosher. O manuscrito prevê um Templo decorado com ainda mais magnificência. Essas formulações híbridas, em parte tiradas da Torá, em parte não, nos permitem imaginar um saber e uma devoção mais ricos em sua variedade, mais livres em sua organização, mais míticos em sua sintonia, mais místicos em sua orientação e mais obcecados pelo sol do que o posterior cânone da Bíblia hebraica e o Talmude levam a crer. Entretanto, elas resgatam, das margens esotéricas para o centro da prática religiosa e dos contos dos judeus, todo o restante da cultura judaica — as costas mais bravias dos contos místicos, a existência de magia encantatória na Antiguidade tardia (conhecida através de milhares de vasos de encantamento babilônicos).

Alguns desses textos são prolixos a ponto de hipnotizar e enlouquecer. O Rolo da Guerra, por exemplo, não teria sido muito útil como manual de armamentos contra os romanos, já que dedica um espaço despropositado a detalhar as inscrições que devem ser feitas em trombetas, bandeiras e até em armas no arsenal de batalha dos Filhos da Luz. "Na ponta de seus dardos deverão escrever 'Dardo Fulgurante do Poder de Deus' [...] e nas azagaias da segunda divisão deverão escrever 'Lanças Sangrentas para Derrubar os Mortos pela Ira de Deus'." Vamos levar o inimigo à capitulação por meio de palavras! Rendam-se à nossa verbosidade, ou então...! Dão-se medidas precisas das dimensões de escudos de bronze polido, e a ponta da lança deve ser "feita de ferro branco brilhante, obra de um artesão; em seu centro, e viradas para a ponta, deve haver espigas de trigo de ouro puro".[70] Se a Batalha Suprema tivesse de ser decidida por excessos literários e pieguices extravagantes, seria uma moleza para os Filhos da Luz.

Nunca foi. Mas se o emocionante chamado às armas registrado no Rolo da Guerra, com sua fé invencível na vitória, de fato era parte da cultura geral e não apenas de uma comunidade separatista à margem do mar Morto, nesse caso até uma derrota total como a imposta por Tito podia ser tratada como apenas um prólogo ao triunfo final do Senhor dos Exércitos e de Seu povo, o da aliança. A esperança não estava extinta. A liberdade (e a palavra foi usada na moeda da geração seguinte de rebeldes) era iminente, viria junto com o Messias. O Templo seria reconstruído mais uma vez. O Senhor dos Exércitos selaria o cavalo e combateria ao lado de Seu povo. O jogo só termina quando acaba. Não percam o próximo episódio.

Daí a repetição, dentro de sessenta anos, não de uma, mas de duas grandes insurreições judaicas contra Roma, que, para espanto do império, exigiram muitas legiões para serem sufocadas. O notável é que a primeira teve lugar durante o reinado de Trajano, entre 115 e 117 d.C., numa ampla faixa da diáspora mediterrânea, começando em Cirenaica, passando pelo Egito, onde, em

Alexandria, alcançou um terrível paroxismo que quase erradicou aquela enorme comunidade, e afetou também as cidades sírias de Antioquia e Damasco. Se com relação à guerra judaica dependemos quase só do relato de Flávio Josefo, no que diz respeito ao lado dos judeus nessas rebeliões temos ainda menos fontes. Parece provável, porém, que elas tenham sido incentivadas pela fermentação messiânica generalizada que pulsa nos manuscritos heterodoxos de Qumran, na convicção ardorosa de que o Fim dos Tempos era iminente e na certeza de que os Filhos da Luz triunfariam sobre os Filhos das Trevas, pois numa batalha colossal Deus, o Redentor, combateria por Seus filhos. Fontes romanas, como Dião Cássio e Diodoro Sículo, nos informam sobre a escala da insurreição, a ferocidade da violência e os pavorosos massacres, saques e incêndios que caíram sobre aquelas cidades judaicas como Tito sobre Jerusalém.

Talvez surpreenda, talvez não, em vista do trauma de 70 d.C., que os judeus da Palestina não tenham se rebelado enquanto seus irmãos e irmãs eram chacinados na Líbia, no Egito e na Síria. No entanto, por volta do ano 132, rebentou na Judeia uma rebelião que, segundo autores como Dião Cássio, exigiu 50 mil soldados e três anos para ser reprimida.[71] Mesmo levando-se em conta a possibilidade de hipérbole, não resta dúvida de que a escala da insurreição pegou os romanos de surpresa. Em certo momento em que as coisas pareciam ir de mal a pior, o próprio imperador Adriano assumiu o comando da repressão, e o orador Frontão comparou essa segunda guerra judaica às longas e árduas batalhas que os romanos tinham travado nas áreas úmidas e enevoadas do norte da Grã-Bretanha.

Não temos nesse caso um Josefo para nos dar sequer uma ideia aproximada de como começou a revolta ou quais suas causas imediatas, ainda que a criação, por Adriano, de uma cidade a que ele chamou de Élia Capitolina no local da Jerusalém destruída, quase com certeza foi a maior provocação. Já se pensou que esse fato tenha sido o resultado, e não a causa, do levante, mas moedas cunhadas com aquele novo nome romano por volta de 130-1 para a obliterada Jerusalém deixam claro que isso foi de fato uma causa importante. Não sabemos se o líder da rebelião, Simão bar Kosiba, se via como o Messias, mas as fervorosas expectativas documentadas nos manuscritos de Qumran (para não falar da existência de uma religião verdadeiramente messiânica, o cristianismo) tornavam sua pretensão plausível, mesmo para fariseus como o rabino Akiva, que se empenhou na revolta e foi, depois de Simão, sua vítima mais famosa.

Foi o rabi Akiva que, invocando uma profecia que aparece em Números 24,17, segundo a qual "um astro procedente de Jacó se torna chefe, um cetro se levanta, procedente de Israel", consagrou a rebelião, dando ao líder um nome aramaico, mais adequado a um messias, Simão bar Kochba, "Filho de um Astro". Contudo, Bar Kochba também se dizia *nasi*, príncipe, e repisava a ideia messiânica de que — à diferença dos asmoneus, por exemplo — um verdadeiro redentor dos judeus teria de provir da linha de Davi (como foi dito de Jesus de Nazaré). Ele insistia na observância do Shabat e se dizia uma espécie de líder neodavídico da nação sagrada. Sabe-se muito menos sobre o rumo da revolta do que sobre a primeira guerra contra Roma, ainda que na década de 1960 se tenha descoberto numa caverna no deserto da Judeia um conjunto de cartas enviadas ou recebidas por ele.[72] O retrato que elas nos oferecem é o de um líder guerrilheiro brutal, com uma cadeia de comando organizada, que dividiu seu território em sete comandos, subdivididos em distritos, todos supostamente tributados para manter a revolta. Mais revolucionário do que simples rebelde, Bar Kochba mostra a brutalidade punitiva necessária, sem a qual não teria durado quase nada. Assina suas próprias cartas, lacônicas, diretas e obstinadas, e mesmo quando brevíssimas uma espécie de intensa força carismática emana delas, perceptível depois de dois milênios. Entretanto, a inscrição em suas moedas — "Pela Liberdade de Jerusalém" — era pura ilusão, já que fica patente, pela distribuição dessas moedas, que ele nunca tomou a cidade. No entanto, mais ainda do que a grande guerra de duas gerações antes, a rebelião demonstrou uma consciência de ser travada pela "Liberdade Judaica", frase também gravada nas moedas. Obviamente, isso era uma resposta provocadora à famosa moeda romana cunhada depois da vitória de Tito, que mostrava no reverso uma mulher, representando a "Judaea Capta" [Judeia Conquistada] a chorar sob uma palmeira.

As lágrimas ainda viriam. No auge de seu sucesso, por volta de 133, Bar Kochba controlava apenas a Judeia e Samaria, com capital em Betar. A Galileia e Jerusalém, ao que parece, permaneceram sob controle de Roma durante toda a insurreição. Por fim, e sabiamente, os romanos optaram por uma guerra de atrito, empurrando os revoltosos de volta para as cavernas fortificadas voltadas para o mar Morto, onde foram encontradas as cartas. Muitas delas, datadas dos últimos anos da revolta, revelam desespero em relação à carência de alimentos e suprimentos, até que chegasse o fim, em 135. Com o término do levante, se extinguiu a própria Judeia, que antes de sua morte Adriano rebatizou como província da Síria Palestina.

Mas seria possível, mesmo para quem não fosse um dos discípulos de Yohanan ben Zakai, esquivar-se de todo à história? Junto com os restos mortais de um grupo de trinta judeus aparentemente abastados que fugia dos romanos e que foram encontrados numa caverna no deserto da Judeia, havia a correspondência de uma mulher que tentara fazer isso ou pelo menos levar sua vida como sempre, embora os dardos voassem de um lado para o outro. Chamava-se Babata e era da aldeia de Maorza, da região dos nabateus, do outro lado do Jordão e da ponta sudeste do mar Morto, a pouca distância de Petra, a cidade rosada. Do ponto de vista étnico, Babata era idumeia, mas esse povo tinha sido convertido mais de dois séculos antes; quando ela deu um filho ao primeiro marido, o menino foi identificado como judeu no registro civil romano.

Seu mundo e sua riqueza eram as tâmaras, que, como há de confirmar qualquer pessoa que já tenha provado uma dessas frutas nessa parte do país, não têm comparação em termos de suculência e doçura, lembrando o mel. Come-se uma tâmara da região do mar Morto devagar, para apreciá-la bem. Babata herdara do pai um pomar e, como resultado de seu primeiro casamento com um homem chamado Jesus, expandiu sua propriedade. No ano 124, estava viúva; em 125, casada de novo com outro agricultor, chamado Judanes, que fora casado com uma mulher chamada Míriam, com quem teve uma filha com o belo nome de Salomé [Shelamzion]. A Torá sancionava a poligamia, e como Judanes possuía tamareiras em Ein Gedi, na margem ocidental do mar Morto, onde Babata se radicou em algum momento, é perfeitamente possível que ele tivesse mulher e tamareiras nos dois locais.

Seja como for, Babata tinha recursos para cuidar de si mesma. No ano 128, emprestou ao marido a soma principesca de trezentos denários para que ele pudesse juntar um bom dote para o casamento de Salomé, e as condições do empréstimo rezavam que ela poderia pedir o reembolso dessa soma quando lhe aprouvesse. Todavia, Judanes morreu e, temendo enfrentar dificuldades para recuperar seu dinheiro, Babata logo se apoderou dos pomares de Ein

Gedi como garantia. Isso aborreceu sobremaneira Míriam, a primeira mulher de Judanes, que entrou com um processo no tribunal romano, pedindo a devolução dos pomares. Para isso, ela contava com um trunfo importante: uma ligação com o novo regime de Bar Kochba, através de um parente ou amigo, Jônatas, o comandante do Astro em Ein Gedi.

De repente, a história estava se aproximando de Babata e de sua fortuna, feita com tenacidade e mantida de forma precária. Sem se intimidar, ela partiu para Ein Gedi a fim de defender a si mesma no processo e foi atingida pelo vento cruel da calamidade. Fugindo dos romanos até as cavernas próximas ao rio Nahal Hever (com seus soldados encarapitados acima delas, na face do penhasco), Babata entendia bem como as coisas funcionam no mundo para saber que tinha de se agarrar a seu parco registro legal, até o amargo fim se necessário fosse. Se Deus fosse bondoso e lhe permitisse sobreviver, ela sabia que precisaria do registro para se manter dona dos preciosos pomares de tamareiras sem maiores problemas. No entanto, algum Filho do Céu havia atrapalhado seu destino e ela ali pereceu junto com os judeus abastados de Ein Gedi, entre os espelhos, pentes e potinhos pretos de unguento daquela gente.

Pouco resta da insurreição de Bar Kochba, aquele último espasmo de rebeldia judaica, com exceção das moedas que os numismatas colecionam e alguns até elogiam, embora muitas delas sejam moedinhas minúsculas recunhadas. Às vezes elas têm uma beleza pungente, por mostrar o que se perdera: em particular o Templo com suas colunas e, amiúde, as quatro espécies levadas a ele na Festa dos Tabernáculos. Uma moeda de prata reúne imagística, memória do Templo, redenção messiânica e a primeira palavra de ordem de libertação revolucionária de que se tem notícia no mundo, pois, rodeando os shofarot que um dia soaram nas muralhas, lá está a divisa, grafada de propósito com caracteres hebraicos arcaicos, o que a liga aos primeiros textos da Bíblia: "Pela Liberdade de Jerusalém!".

Outras moedas trazem na face a *tamar*, a tamareira, lembrando o candelabro — a menorá —, um dos mais reiterados emblemas da imagística judaica. É lugar-comum dizer que a tamareira era um símbolo da fecundidade que Deus prometera ao povo de Sua aliança.

A tamareira tinha também outra associação. Os egípcios e todas as culturas que os sucederam a tinham conhecido como a árvore que nunca morria, mas se renovava sem cessar, com novas folhas substituindo as que feneciam e amarelavam, pendendo junto ao tronco antes de caírem. Qualquer pessoa pode ver isso, em especial em Israel e no Egito. Nesse sentido, ao menos, a tamareira era imortal, e tornou-se uma imagem de redenção e ressurreição. Mais uma razão para que o pseudomessias Simão, orientado pelos sacerdotes que, sabemos, o cercavam, a tivesse escolhido.

Todavia, outro conjunto de crentes messiânicos, muito voltados para a ressurreição, fez o mesmo, motivo pelo qual, quando surgiu a cruz cristã, ela aparece como uma tamareira.[73]

PARTE II

MOSAICO, PERGAMINHO, PAPEL

5. A menorá e a cruz

1. LADO A LADO

Novembro de 1933 não foi um bom momento para os judeus, não em Berlim. Aliás, tampouco foi um momento particularmente feliz para os americanos. Um em cada quatro trabalhadores estava sem emprego, e a proporção de desempregados era ainda maior em lugares de desespero, como Chicago. O novo presidente poderia ser o messias da crise, ou a economia americana, esperança de milhões e milhões, estava acabada? O desalento se insinuava até em lugares onde a vida continuava quase como antes do crash: Yale, por exemplo, onde rapazes que ostentavam numerais romanos em seus sobrenomes davam boas risadas de copo na mão.

Clark Hopkins não era um deles. Era na arqueologia que ele procurava restaurar sua confiança em meio a tanta melancolia. Se ao menos, pensava, analisando fotografias feitas no sítio de sua escavação no deserto da Síria, se materializasse algo de espantoso, uma coisa espetacular como Tutancâmon, descoberto por Howard Carter, talvez isso desse aos angustiados algo que os surpreendesse, outro tempo e outro lugar em que pensar, bem diferente da cova de tristezas de então. Ora, o que poderia haver de errado nisso?

Era tocante essa ingenuidade, essa fé no elixir da arqueologia. Mas Hopkins era um otimista. Tornara-se diretor de escavações em Dura-Europos, uma antiga praça-forte de fronteira no Alto Eufrates, escondida havia séculos sob imensas massas de areia. No fim da década de 1920, quando o vento varreu a areia, surgiu uma grande cidade, cheia de ruas muradas e templos. Chamar Dura de "a Pompeia do deserto" era um exagero para atrair a atenção do público, mas sem dúvida o lugar era uma maravilha inesperada. Como aqueles soldados de fronteira viviam! Fundada pelos gregos selêucidas por volta de 303 a.C. como uma fortaleza contra ataques vindos do Irã, localizada bem na rota do comércio entre a Babilônia e a Palestina, Europos, como era conhecida, foi tomada pelos partos persas no fim do século II a.C. Como de costume, essa mais recente versão de imperialistas persas via com naturalidade o florescimento de todo e qualquer culto, de modo que ao lado de seus próprios templos surgiram santuários dedicados a deuses sírios locais, junto com os helenísticos. Ao longo dos séculos de poderio parta, a nova potência na região, Roma, bateu às portas de Dura, mas foi só em 165 d.C. que Lúcio Vero, coimperador ao lado de Marco Aurélio, as escancarou. Por sua vez, os romanos a tiveram em seu poder durante pouco menos de um século, até que, por fim e de uma vez por todas, em 256 d.C., Dura foi tomada pelo imenso exército do novo rei persa, o sassânida Sapor I.

Nessa época, afora os poucos eremitas cristãos atraídos pelas ruínas quase enterradas na areia e alguma caravana ocasional de mulas e camelos que por ali passava, seguindo o curso do rio, Dura-Europos permaneceu desabitada e inexplorada. Se os sassânidas a tivessem transformado de novo numa cidade persa, poderiam tê-la alterado radicalmente, mas ela continuou adormecida e intacta sob seu manto de terra e areia. A logística de seus últimos sítios a sepultara viva. Por duas vezes a cidade mudara de mãos entre romanos e persas, com defensores e atacantes construindo enormes rampas de terra, dentro e fora das muralhas no meio do deserto, aterrando edifícios abandonados por seus ocupantes civis. As tempestades de areia completaram o amortalhamento do que um dia fora Dura-Europos, de modo que o lugar se converteu num colossal monte de areia entre o Eufrates e o céu da Síria.

Em 1920, C. M. Murphy, oficial do Exército britânico, bateu sua bengala nesse monte e encontrou resistência. Seguiu-se uma solicitação imperial de pás para os *fellahin*, agricultores e aldeões, e não demorou para que aparecessem formas erodidas de fundações de prédios de barro e gesso, seguidas por paredes com pinturas toscas que, no entender de Murphy, pareciam antiquíssimas. Alertado, seu oficial superior telegrafou para a extraordinária Gertrude Bell, ocupada na época com a criação de uma Constituição para o reino do Iraque, criado pelos britânicos. O governo do Reino Unido ofereceu apoio oficial — com a parcimônia e a má vontade habituais — e tiveram início os primeiros trabalhos de escavação. No entanto, Dura-Europos, a meio caminho entre a Mesopotâmia e Palmira, situava-se no território sírio que a Liga das Nações entregara em mandato à França. Lentos nos duelos da arqueologia colonial, os franceses foram batidos pelo egiptólogo americano James Breasted, que começou a escavar a sério em 1921. Impondo seus direitos de escavação, os franceses assumiram a atividade, mas a partir de 1928 uniram seus recursos aos dos americanos numa expedição conjunta organizada sob os auspícios da Universidade Yale.

Ao longo de cinco temporadas, foram sendo revelados tesouros assombrosos: onze templos e santuários da religião romana, da grega e do mitraísmo, alguns com murais. Descobriram-se couraças, papiros, objetos de cerâmica e joias à medida que se retiravam terra e areia, construção após construção. Havia inscrições numa babel de línguas, sobretudo em grego, mas também em aramaico (com vários dialetos), persa parto e não parto, latim, árabe e hebraico. A descoberta mais espantosa foi a do mais antigo templo cristão de qualquer espécie: uma capela-batistério do começo do século III e, portanto, anterior à adoção do cristianismo como a religião do Império Romano, no reinado de Constantino. Além disso, a capela tinha pinturas de cenas do Novo Testamento (a cura do paralítico, as três Marias no túmulo de Cristo) e do Velho Testamento (histórias como a de Davi matando Golias, lidas como prefigurações proféticas da vinda de Cristo e da vitória do Evangelho).

O professor Michael Rostovtzeff, de Yale, diretor de atividades arqueológicas em Dura-Europos, julgava que a descoberta de iconografia cristã *pré-bizantina* no local espantaria o mundo. Para sua consternação, fora dos espaços recônditos da arqueologia acadêmica ninguém parecia tão interessado assim. Grécia e Roma ainda eram as grandes atrações, e o Egito, colonizado arqueologicamente pelos britânicos, monopolizava as manchetes. O que se podia esperar de cristãos pouco imaginativos e tacanhos? Agora, os judeus, isso era outra história... Se ao menos, ele confidenciou a Clark Hopkins, pudessem desencavar uma sinagoga em Dura-Europos na temporada seguinte, a sexta, o significado crucial do sítio seria enfim apreciado e seus escavadores receberiam as devidas homenagens.

E aí, vejam só, chegou o mês de novembro de 1933.

De maneira um pouco desastrada, Hopkins comparou sua epifania com a experiência de um acidente de trem por que passara:

> Eu não tinha nenhuma lembrança do tempo transcorrido entre o choque, quando fui arremessado para fora de meu assento, e o momento em que comecei a me erguer no fundo do vagão tombado. O mesmo aconteceu em Dura. Só me lembro da enorme surpresa, da incredulidade, à medida que apareciam pintura após pintura. A parede oeste refletia o sol da manhã que nascera, triunfante, às nossas costas, revelando um fenômeno estranho. Apesar de terem estado cobertos por terra seca durante séculos, os murais conservavam um brilho vivo quase milagroso [...]. A lâmpada de Aladim fora esfregada e, de repente, do deserto seco, castanho e nu surgiam pinturas, não apenas uma, não um painel ou um mural, mas todo um edifício, cena após cena, todas saídas do Velho Testamento de uma forma nunca sonhada até então.[1]

Parecia inconcebível que estivessem vendo uma sinagoga, uma das mais antigas de que se tinha notícia, construída apenas um século e meio depois da destruição do Templo de Jerusalém por Roma. Isso porque essa sinagoga tinha uma coisa jamais vista em outra sinagoga antiga: pinturas. Todas as quatro paredes de um salão espaçoso, o maior cômodo público de toda a cidade, estava coberto de afrescos de ponta a ponta, do piso ao teto. Como isso era possível? Com certeza os judeus não pintavam quadros, sobretudo em seu local de culto. O texto de Êxodo 20,4, repetido em Deuteronômio 5,8, proscrevera imagens esculpidas "de qualquer coisa que se assemelhe ao que existe lá em cima, nos céus, ou embaixo, na terra". Rabinos, críticos culturais e grande parte da opinião geral do mundo gentio e do mundo judeu repetiam esse princípio. A única exceção, dizia-se comumente (não obstante a existência de uma das mais ricas tradições de iluminação de manuscritos do mundo, inclusive de livros de orações de uso diário e de festas, e também do Talmude), era a Hagadá de Pessach, mas nada disso existia antes do século X d.C., nem obras impressas, é claro, antes do século XVI. Parece estranho, em retrospecto, que um número maior de letrados nunca tenha se dado ao trabalho de definir o que o texto hebraico do segundo mandamento pretendia dizer exatamente.

É difícil precisar com segurança quando se tornou um truísmo, dentro e fora do mundo judeu, que a Torá é taxativa ao proibir a produção de imagens, em especial de formas humanas. Mesmo no século IV d.C., os autores e codificadores do Talmude ainda consideravam que o segundo mandamento proscrevia apenas objetos, sobretudo tridimensionais, de idolatria. E por uma boa razão. Êxodo 20,4 e Deuteronômio 5,8 utilizam duas palavras hebraicas para designar os objetos proibidos: *pesel* e *temunah*. A primeira, que parte de um radical que significa entalhar, sem dúvida não se refere a pinturas ou mosaicos, e sim figuras esculpidas — esculturas e relevos —, precisamente a categoria de objetos de culto, comuns no Oriente Próximo antigo, que uma religião com uma divindade informe rejeitaria. O caso do termo *temunah* é mais complicado, pois ele deriva de *min*, que designa uma espécie, uma classe de coisas que têm características definidoras idênticas. Ao que parece, pois, a palavra passou a ser usada com o sentido de "semelhança" ou "cópia", ou seja, mais ou menos com o mesmo sentido do grego *eikon*. A proscrição recaía sobre "semelhanças" de coisas "que existem nos *céus* e na terra", que mais uma vez indica com clareza objetos produzidos para devoção idólatra. O versículo seguinte do Êxodo (20,5) esclarece que o critério da transgressão era a possibilidade de culto inspirada por esses objetos.

Uma famosa e bela Hagadá (história exemplar) do código legal da Mishná, do século II ou III d.C., na parte que trata de objetos de idolatria, estabelece exatamente essa diferença entre ornamentos fortuitos e imagens devocionais. O sábio Rabban Gamaliel está se banhando nas Termas de Afrodite, em Ptolemais (Acre), quando Péricles (Peroqlos), um grego sabichão, o critica por não obedecer às prescrições da Torá quanto a evitar lugares onde haja estátuas. "Não se dão respostas em casas de banho", diz o rabino, e continua seu banho. Mas ao saírem ele, com astúcia, diz ao grego: "Eu nunca entrei na casa de banho dela. Ela entrou na minha! As pessoas não dizem: 'Vamos fazer uma casa de banho como ornamento para Afrodite', mas sim 'Vamos fazer uma Afrodite como ornamento para a casa de banho'". E para o caso de não ter sido claro, pois como termas não são um templo ninguém poderia acusá-lo de idolatria, ele acrescenta: "Mesmo que alguém te desse muito dinheiro, nunca entrarias num templo nu em pelo [...] e urinarias na presença dela [da estátua] [...] mas, veja, ali está ela [a estátua] [...] e todo mundo está urinando bem diante dela".[2] Entendemos, rabino. Numa cultura em que há estátuas por toda parte, não se pode mesmo evitá-las quando estamos cuidando da vida.

Entretanto, as pinturas de Dura não estavam numa casa de banho, e sim numa sinagoga, onde as imagens e o texto da Bíblia conviviam de forma inseparável como objetos de devoção. Elas cercavam a própria Torá. Da parede sul — ou seja, voltado para Jerusalém, como todas as sinagogas faziam — projetava-se um nicho com arco, ladeado por colunas "salomônicas" retorcidas, quase certamente baseadas em colunas do paganismo clássico e oriental. A mulher de Clark Hopkins posou para uma foto sentada no que imaginou ser uma espécie de banco de pedra ou trono. Há certos indícios de "assentos de Moisés" nas primeiras sinagogas, mas é provável que aquilo fosse uma prateleira de pedra baixa. Nos templos pagãos, teria sido usada como pedestal para uma estátua da divindade venerada. Em Dura, o nicho servia como uma arca em que se guardavam os rolos da Lei. Buracos abertos sobre o nicho levam a crer que sobre ele pendiam cortinas, numa clara imitação do "véu" púrpura-escarlate que protegia a santidade impenetrável do Santo dos Santos no Templo. As superfícies planas da "Arca" eram adornadas com imagens destinadas a manter viva a memória do Templo destruído e a fé em sua reconstrução (talvez por obra dos persas, que já tinham feito isso antes!). O próprio Templo era representado na pintura de um pórtico com colunas embutidas. Um candelabro de sete braços era recuperado pictoricamente do cativeiro romano e pintado de amarelo para indicar o ouro. Junto dele havia símbolos das festas de peregrinação representados nas "quatro espécies" — o ramo de palmeira, a cidra, a murta e o salgueiro — que eram levadas a Jerusalém para comemorar a Festa dos Tabernáculos. E, como em outras sinagogas antigas, lá estava o *akedá*: Abraão amarrando seu filho Isaac, na preparação obediente para o aterrador sacrifício exigido por YHWH como prova de lealdade. Os 120 judeus que poderiam acomodar-se com facilidade no salão de Dura teriam apreendido o complexo significado especial do sacrifício, evitado pela mão estendida de Deus e pelo providencial encontro de um cordeiro preso pelos "chifres num arbusto" como alternativa. O sacrifício de animais no Templo (bem como a proibição do consumo de sangue animal) era afirmação da repulsa ao sacrifício humano, mas o ato de fé cega de Abraão seria compensado pela celebração de uma aliança entre YHWH e Seu povo, simbolizado pelo corte, com uma faca, da pele do prepúcio. Uma promessa fora feita. Se os judeus cumprissem sua parte, garantia-se a promessa adicional de um messias redentor e da reconstrução do Templo. Assim, na periferia do Império Romano, o que Roma fizera a Jerusalém era desfeito na pintura da sinagoga.

Muitos temas bíblicos representados nas paredes podem ter sido escolhidos para transmitir essa mensagem de uma redenção final. Moisés e Davi, as duas figuras fundamentais na obtenção dessa promessa, são mostradas no começo de seu papel profético. Samuel unge Davi, ambos de toga e com corte de cabelo romano.

Numa pintura maravilhosa, a filha do faraó, de pé nas águas do Nilo, segura o bebê Moisés, sendo os juncos e caniços indicados por pinceladas recurvas. O quadro é ao mesmo tempo naturalista (humanizado) e formal (cerimonioso), como convém a um momento tão decisivo. A jovem, que afinal estava se banhando no rio, não veste mais do que um himácio molhado e transparente, em contraste com as figuras recatadas de Jocabed, a mãe de Moisés, e de sua irmã, Míriam, que assistem à cena, ansiosas, atrás dela. Diante da princesa está o cesto balouçante em que a criança foi achada, pintado como uma pequena arca, forma típica dos berços da época e da região. Nada realistas são os gestos efusivos e de braços abertos, feitos pela princesa e pela criança, sendo o eco mútuo quase uma antecipação do tema da Virgem e do Menino — mas nesse caso aberta à consciência do destino que se desenrolará nas águas a partir desse momento. A imagem é, ao mesmo tempo, formal e informal, hierática e secular, misteriosa e acessível, literária e icônica. Um pai judeu ou uma mãe judia que estivessem com os filhos naquela sinagoga teriam muito que mostrar a eles, apontando para isso ou aquilo na pintura.

Os dois pilares humanos da história dos judeus ressurgem repetidamente: Moisés diante da sarça ardente e, como um dístico em aramaico deixa claro, "abrindo o mar"; Davi entronizado como um Orfeu judeu, deixando a criação fascinada e derrotando os filisteus.

O principal benfeitor da comunidade de Dura — o primeiro mecenas da diáspora — foi um certo Samuel, e daí o destaque dado a seu xará na unção de Davi. Como muitas vezes acontecia nessa época distante, a sinagoga (como as capelas cristãs daquele tempo) tinha começado na casa desse benfeitor. Samuel deve ter sido rico o bastante para custear a expansão ambiciosa que se seguiu, exigindo a demolição de paredes externas e a construção de um magnífico teto, decorado com ladrilhos de cerâmica pintados. Do ponto de vista social, porém, os judeus de Dura deviam ser um grupo tão heterogêneo quanto os de Elefantina meio milênio antes. Tal como seus antepassados egípcios, eram soldados mercenários, artesãos e mercadores, alguns deles até funcionários locais, coletores de impostos, ainda que, à diferença dos de Elefantina, alguns seriam escravos ou ex-escravos que os conquistadores romanos transformaram em servos. Poucos, porém, desconheciam a Bíblia, pois podiam praticamente aprender tudo dela por meio dos afrescos tão coloridos e vívidos. Em Dura eles tinham, em imagens, tanto uma sinagoga quanto um centro de estudos judaicos, tudo em um só lugar. Dura era um Beit Hamidrash popular, uma academia de estudos e uma casa de oração, mas visual, acessível, instintiva.

No caso daqueles que já eram mais instruídos, cada uma das cenas bíblicas escolhidas teria um significado especial, passando mensagens específicas de consolo e esperança. A visão que Ezequiel teve de ossos secos trazidos de novo à vida *era* uma profecia sobre o momento em que uma Jerusalém morta ressuscitaria. A cena da humilhação de Amã, o persa que odiava judeus, obrigado a conduzir Mardoqueu num passeio a cavalo pela praça da cidade (embora a cena esteja pintada com cores persas brilhantes e num estilo bem diferente da representação do achamento de Moisés no cestinho), prossegue numa versão ligeiramente refeita de um triunfo romano, enquanto a resplandecente e taciturna rainha Ester senta-se num trono atrás do rei Assuero, este de calças à moda persa. Também essa cena era uma imagem de esperança, reconhecível com facilidade. Embora a pintura tenha sido feita quase com certeza enquanto as legiões romanas ainda mantinham os persas à distância, era uma referência óbvia à história destes últimos, que tinham reconstruído o Templo de Jerusalém. Os sassânidas, em ascensão, se compraziam em afirmar que representavam a volta da antiga dinastia aquemênida de Ciro, Dario e do próprio Artaxerxes, de modo que, se assumissem o poder, a festa de Purim poderia ainda ser vista como profecia, assim como história. Tudo se ajustava: passado e presente, luto e festa, exílio e retorno.

E estavam no ano 240 d.C.: quando *começava* a se esboçar o que as sinagogas viriam a significar para uma comunidade de diáspora, pós-destruição. Por sinal, Dura localizava-se bem entre os dois polos de saber rabínico — Palestina e Mesopotâmia —, de modo que não há possibilidade de que a sinagoga pintada na Síria fosse alguma aberração herética que os sábios teriam desaprovado. Pelo contrário, tudo faz crer que aquela era uma sinagoga exemplar.

Era também uma resposta às religiões próximas que estavam florescendo em Dura e, portanto, uma comprovação de como judeus observantes viviam entre pagãos e cristãos. A sinagoga situava-se bem diante de um templo de Adônis; a poucas quadras dali, outro era dedicado a Zeus; havia ainda santuários ao culto solar romano de Mitra. E é provável que todos eles tivessem pinturas romanas tardias, nas quais a sinagoga inequivocamente foi buscar seu estilo figurativo, assim como emprestou a convenção "frontal" dos partas, que alinhavam as figuras de maneira paralela ao plano da imagem, todas olhando na mesma direção, para o observador.

Contudo, se os projetistas e os pintores da sinagoga estavam copiando elementos dos pagãos para confundi-los, tinham em mente também a concorrência mais imediata dos cristãos, que, numa capela também iniciada numa casa particular, usavam personagens judeus — como Davi de pé, ao lado de Golias, caído — para declarar em imagens que a Bíblia hebraica fora a profecia de seu Messias e que o cristianismo era, de fato, a realização do judaísmo, e não seu oposto. Numa versão figurativa do impetuoso vaivém das disputas teológicas entre cristãos e judeus, que já tinham começado, no Diálogo de Justino Mártir e o "Trifo" judeu (que pode ou não ter sido o rabino Tarfon, do Talmude), as pinturas da sinagoga eram uma resposta ao desafio icônico. Como a própria palavra *Cristo* significava "senhor ungido" em grego, haveria uma forma mais incisiva de recuperar Davi para o judaísmo impenitente do que mostrá-lo sendo ungido pelo profeta Samuel? Mais impressionante ainda, há alguma coisa na postura heroica de Moisés, frontal, barbado, viril e principesco — trajando, ademais, uma toga, significativamente ornamentada com uma única listra púrpura —, que parece atuar como uma espécie de contra-Cristo para os judeus; o doador de leis, o criador dos judeus, tocado pela presença do Todo-Poderoso, mas enfaticamente não celestial. É significativo que a própria sarça, com as chamas atrás dela, esteja verde e viçosa, um simbolismo já usado livremente pelo cristianismo para sugerir a Nova Vida, que aqui, entretanto, começa com a primeira Lei revelada.

Já houve quem propusesse que os dísticos na superfície das pinturas indicam que o esplendor da sinagoga de Dura-Europos atraía admiradores de longe, talvez de Palmira, onde existia uma comunidade judaica substancial, com alguns membros convertidos, ou mesmo de cidades mesopotâmicas a sudeste. A sinagoga pintada talvez tenha sido uma espécie de lugar de peregrinação para os judeus de toda a região. Nesse caso, devem ter se afobado, pois de nada valeram todas aquelas promessas pintadas de redenção. Com sua ampliação e suas pinturas decorativas, a sinagoga funcionou por pouco mais de uma década antes que o rei sassânida persa conquistasse Dura e deixasse o lugar abandonado às areias que o recobriram.

Desde que a sinagoga de Dura foi descoberta, em 1933, não apareceu nada que se assemelhasse a ela, ou seja, nenhum outro lugar onde o judaísmo tenha sido mostrado em imagens tão atordoantes. No entanto, não é esse o fim da história de sinagogas antigas profusamente decoradas. As imagens abundantes, que, é evidente, faziam parte das expectativas judaicas sobre como deveriam ser seus locais de reunião e de culto, foram simplesmente transferidas para um meio diferente e mais perene — o mosaico —, tanto na diáspora quanto, de maneira mais copiosa, no coração mesmo da restauração rabínica do judaísmo: na própria Palestina e em especial na Galileia, onde Judá I, o patriarca *nasi*, presidiu o Sinédrio, ou assembleia.

Não imediatamente. Houve um período, não maior que um século, depois da aniquilação cultural da Judeia por Adriano, em que não se construíram novas sinagogas. No entanto, isso não fez do período uma Idade Média judaica. Muitos, se não a maioria, dos judeus modernos crescem com uma visão tragicamente superdeterminada dos dois séculos que se seguiram à destruição do Templo: um *marco zero* judaico, a deportação em massa de judeus, escravizados, um remanescente patético que permaneceu furtivamente na Palestina, os judeus da diáspora se comprimindo em celas austeras para rezar e estudar o que lhes sobrava.

Não foi isso que aconteceu. As leis de Adriano que proscreviam o estudo da Torá, a circuncisão, o Shabat etc. foram revogadas no reinado de seu sucessor, Antonino Pio, iniciado em 138, apenas três anos depois da supressão da insurreição de Bar Kochba. Segundo uma tradição, o douto imperador e o *nasi* judeu se reuniam e até se tornaram amigos, uma relação mantida nos reinados de Severo e Caracala. E sem dúvida é verdade que foi reafirmado o acordo celebrado entre Yohanan ben Zakai e Vespasiano — pelo qual os judeus se comportariam como súditos leais de Roma em troca da proteção, sem intervenção, de sua religião ancestral. Restaurou-se o status quo que prevalecia antes das revoltas judaicas, com o reconhecimento do judaísmo como uma *religio licita* e a concessão de um alto grau de autonomia legal e local aos judeus. Só foi mantida a proibição de entrar e residir em Jerusalém, a não ser para a lamentação anual do Nove de Av, data da destruição do Templo.

As sinagogas fora da Judeia — sobretudo na Galileia e na planície de Jizrael, bem como no litoral, onde tinham sido construídas antes — não foram fechadas. Outras floresceram e até assumiram proporções grandiosas na ampla diáspora que se estendia por todos os territórios à margem do Mediterrâneo (o Livro dos Atos dos Apóstolos, no Novo Testamento, é praticamente um guia de comunidades judaicas, de Corinto e Éfeso à Lídia e Icônio, na Ásia Menor). Muitas dessas sinagogas tinham vestíbulos e pátios com fontes no centro — a associação entre seus chafarizes e o Paraíso incorporada de maneira deliberada em seu projeto. A sinagoga com colunatas construída em Sardes (na atual Turquia), provavelmente no século IV, onde antes ficava a *palaestra*, o centro de ginástica da cidade, se tornaria em sucessivas expansões uma das mais esplêndidas de todo o mundo judeu: tinha nada menos que oitenta metros de comprimento, um átrio espaçoso, pisos de mosaico, um auditório escalonado voltado para o santuário da Torá e uma mesa de leitura, feita de pedra, com leões e águias![3]

É verdade, entretanto, que o maior e o mais duradouro edifício do judaísmo criado nesse período foi construído com palavras, não com pedras. A Mishná antecedeu o mosaico. Os sábios dessa época aproveitaram a oportunidade oferecida pela destruição permanente da elite do Templo para redefinir o judaísmo e nomear a si mesmos como seus codificadores e juízes. Com uma audácia impressionante, exposta em Avot, um dos livros da Mishná — que ocorre, de maneira estranha e abrupta, dentro de um livro maior sobre as regras de equidade no caso de danos —, os sábios (mais tarde chamados *tannaim*) redefiniram o que era a Torá. Ao escreverem que "Moisés recebeu a Lei no Sinai", não se referiam meramente aos 613 mandamentos escritos, e sim a um conjunto indeterminado e inespecífico de sabedoria oral da qual eles tinham se tornado os guardiães. O Avot é todo dedicado a essa genealogia de autonomeação coletiva. De Moisés, essa versão da Torá passou para Josué, e em seguida para "os anciãos e os profetas", a que se seguiram "os homens da grande assembleia" (fosse o que fosse — talvez o Grande Sinédrio, talvez não), e assim por diante até o sumo sacerdote asmoneu Simão, o Justo, e daí para muitas gerações de mestres, numa longa série de nomes, alguns famosos, como Hilel e Rabban Gamaliel, o filho de Judá, o Patriarca, e Yohanan ben Zakai, de Yavne, para outros menos conhecidos e até para alguns dos mais doutos, como Nitai, o Arbelita e Acábias ben Mehallel.

Os sábios obscuros (e, aliás, também os famosos) marcam seu lugar nessa escala descendente de sabedoria por meio de pronunciamentos epigramáticos (e às vezes gnômicos), os *pirkei avot*. Simão, o Justo, começa de forma comovente: "Ele diria: 'Três coisas sustentam o mundo: a Torá, o serviço no Templo e os atos de bondade carinhosa'". Outros se seguem a ele com uma impudica promoção de seus próprios irmãos: "Yose b Yoezer de Seredah diz: 'Que tua casa seja um sodalício de sábios. E chafurda no pó dos pés dos doutos e bebe suas palavras com prazer'". As palavras de Hilel tornaram-se famosas pela tocante união de consciência humana e reflexão filosófica enigmaticamente irrespondível: "Se não sou por mim mesmo, quem será por mim? E quando sou por mim, o que sou? E se não for agora, quando?". Shamai, como de costume, é mais lembrado por chavões: "Faz do estudo da Torá uma obrigação constante. Fala pouco e faz muito. Saúda a todos com alegria". O rabino Levitas de Yavne diz: "Sê muitíssimo humilde, pois a esperança da humanidade são os vermes". E assim por diante.

Nenhum desses pronunciamentos tem uma ligação discernível com aqueles que os precedem ou seguem no texto. Afora os nomes famosos, temos poucas informações sobre cronologia histórica além de uma cronologia interna. No século X, Jacó ben Nissim ibn Shahin, em Kairouan, na atual Tunísia, perguntou ao destacado *gaon* babilônico Sherira de Pumbedita quem eram os autores da Mishná e ouviu dele a lista de sábios: *tannaim* (os autores da Mishná), *amoraim* (os mestres e elaboradores da Mishná), os que completaram o Talmude duas ou três gerações depois — por volta dos séculos IV e V — e, por fim, os *sevoraim* e a seguir os *stammaim*, nos dois séculos seguintes.

Entretanto, a sequência dos sábios da Mishná não pode ser chamada de genealogia e com certeza não é história. No tocante aos herdeiros, a história judaica — do tipo narrado em Reis e Crônicas, em Ester e nos Macabeus apócrifos — termina com a destruição do Templo. A história não é mais problema dos judeus, a não ser pelo contato que eles têm com as relações abrasivas dos impérios, regimes que podem ser verificados nas descrições feitas em Daniel e outras fontes, indicadores do tique-taque da cronologia messiânica. Mesmo enquanto os sábios a estão criando, a Mishná pretende ser menos a-histórica que supra-histórica, para se sobrepor livremente a guerras, impérios e Estados. Ao se libertar da eventualidade histórica e se alojar, em vez disso, na memória e na tradição oral, a Mishná (e também o Talmude, que cresce em torno dela como um enorme recife de coral de comentários, exegese e interpretação bíblicas, ramificando-se interminável e organicamente num vasto hipertexto) viverá o tempo que for necessário para a vinda do Messias, para a devolução de Jerusalém e para a reconstrução do Templo. E talvez por mais tempo ainda.

Qual é, então, a alternativa à história? A lei, mas na forma de um exaustivo guia enciclopédico para que um judeu possa ser fiel à Torá, da circuncisão ao túmulo. Nada é demasiado trivial para estar fora da alçada da Mishná. Se alguém quiser conhecer as especificações precisas do sapato que uma viúva tinha de tirar do pé do cunhado que se recusava a cumprir o dever de se casar com ela, a Mishná tem tal informação. Deve ser uma sandália de couro *com salto* e com a qual se possa caminhar pelo menos quatro côvados. Uma meia de feltro? Nem pensar. Você teme que um cão tenha comido carne estragada (talvez até mordiscado um cadáver humano) antes de morrer, estendido em seu umbral, em consequência dessa refeição letal e nojenta? Você deve mesmo se preocupar. A Mishná insiste que esse umbral foi conspurcado e precisa de purificação urgente. Talvez você goste de pepino em conserva (qual judeu não gosta?), e entra em pânico ao descobrir que não o tem em casa; aí passa por sua cabeça que o preparo sub-reptício de uma conserva, tarefa bem simples, numa modorrenta tarde de sábado talvez não chegue ao conhecimento do Todo-Poderoso. Ai de ti, cozinheiro pecador! Isso é considerado trabalho e, portanto, proibido. Por outro lado, se um pouco de salmoura leve, só um pouquinho de água salgada que você tem à mão e que, sabe, de algum jeito, misteriosamente, por acidente, cai sobre o pepino já cortado... Bem, isso pode. Mas, não importa o que você fizer, e por mais tentado que esteja, nunca, jamais tire o selo de um vidro tapado para satisfazer sua vontade de comer um figo seco.

A Mishná pode dar ao leitor desatento a impressão de ser, em sua imensidão, um rol de ninharias. Ela dizia pretender, de modo pouco convincente, ser apenas uma descrição dos 613 mandamentos originais, indexada por temas e com explicações de trechos obscuros e resoluções de aparentes contradições (e são muitas as contradições entre o Deuteronômio e o Levítico: por exemplo, os gafanhotos são kosher no primeiro, mas não no segundo). No entanto, os autores opinam sobre assuntos éticos da maior seriedade. É a Mishná que expõe, sem apelação e com irritante frequência, sem pista alguma sobre o modo como se chegou a essas opiniões, a maneira consciente e decisivamente *judaica* de levar a vida no dia a dia. Há algo contraintuitivamente poderoso no circuito criado entre o hábito cotidiano e a conexão com o Todo-Poderoso. É de minúcias que vem a santificação, até o último sapato e o gafanhoto em que talvez ele pisasse. A Mishná resiste à possibilidade de separar os domínios do sagrado e do rotineiro: a santidade permeia tudo; e a menor ação, a menor criatura, o menor costume devem ser considerados à luz da retidão da divindade. Ainda que lidando com miudezas, isso não é pouca coisa, pois projeta uma espécie de resplendor sobre o próprio mundo, não por meio de panaceias abstratas, mas a partir da matéria real, concreta, da qual se faz um dia, uma semana, uma vida. Para os judeus, o erro cometido por Paulo e todos os demais que acompanharam seu modo de pensar foi imaginar que a Torá é uma mera lista de obrigações, além de tudo formulada por um não eleito, quando, ao serem lidas à medida que o rolo da Mishná é desenrolado, essas obrigações são o começo de meditações.

Nem isso bastava para os autores da Mishná, pois, embora só pretendessem explicar e comentar a lei, acabaram, é claro, refazendo-a. Essa permissão ambiciosa que se deram é comunicada pela linguagem em que a Mishná foi escrita, um hebraico que busca uma espécie de classicismo moderno sonoro. Sabendo que a língua diária das pessoas a quem ela se dirigia era o aramaico ou o grego (e, vez por outra, o latim), ela se inibe em tirar o idioma das Escrituras e inseri-lo no mundo do julgamento social. Por conseguinte, esse hebraico tem uma flexibilidade multívoca: é judicioso e até lacônico nas declarações arbitrais e nos pronunciamentos legais, porém mais relaxado e informal nas narrativas vívidas e quase coloquiais dos debates e polêmicas entre rabinos — a Hagadá. Pode-se aceitar ou rejeitar a opinião agádica, concordando numa página com o rabino Gamaliel II e em outra com o rabino Eliezer, como numa discussão sobre uma luta de boxe; em outras ocasiões, porém, passam-se julgamentos inequívocos — como respostas a perguntas formais ao rabino. A Halaca daí resultante tem força de lei. "Aquele que furta madeira e a transforma em utensílios [ou] furta lã e com ela faz vestuário paga indenização no valor da madeira (ou da lã) na época do furto." Não se discute. É isso e pronto. A Mishná falou.[4] *Sheqet.* Cale-se. E, como na questão quanto à equidade das indenizações ou à natureza dos delitos pelos quais se deve pagar ressarcimentos determinados por tribunais, a Mishná não é nada meticulosa com relação a miudezas ou distinções detalhistas. No caso dos motivos pelos quais um homem tem ou não tem o dever de se casar com a cunhada viúva, o julgamento depende de uma imensa lista de ônus de provas, como ocorre também no caso da forma correta de sepultamento de quem morre longe de casa.

Assim, a maior parte da Mishná consiste em textos de intenso caráter prático e social, mas ela não é só isso. Embora, de maneira surpreendente, faça poucas citações de capítulos e versículos da Bíblia, e ofereça menos ainda interpretações do tipo *midrash* (homiléticas) de um determinado texto, em suas digressões agádicas e divagações a Mishná com frequência lembra os livros bíblicos ou os Livros da Sabedoria apócrifos. "Yose b Yohanan de Jerusalém diz: 'Mantém as portas de tua casa escancaradas; senta o pobre à tua mesa'." Até aí, tudo bem, o rabino não fala de modo muito diferente daquele outro rabino famoso por sua concisão, Jesus de Nazaré. Mas a seguir ele acrescenta, num estilo muito distante do de Jesus: "E não converses muito com mulheres".[5] Alguns conselhos não passam de psicologia prática (e de extremo bom senso): "R Simeão b Eleazar diz: 'Não tentes pedir perdão a teu amigo quando ele estiver zangado, ou consolá-lo diante do cadáver de sua amada [...] nem procures perdoá-lo no momento em que ele faz um juramento, nem tentes vê-lo quando ele estiver humilhado'". É evidente que os autores da Mishná vão muito além de sua declarada intenção de apenas explicar a Torá e enfrentar suas contradições e obscuridades. Poucos, talvez nenhum, dos conselhos sociais sobre a maneira correta de proceder com o próximo (e, de vez em quando, com a próxima), levando em conta de maneira minuciosa suas pretensões de justiça e consideração, vêm de um texto específico da Torá. Mas esses preceitos éticos, às vezes em superabundância atordoante, de algum modo combinam-se na Mishná para criar todo um tecido de segurança moral. Sabedoria, consolo e até clareza parecem emanar da conversa casual entre sábios, mesmo que eles sejam pegos em constante interrupção e contradição mútuas (o que é um bom sinal no caso de judeus), ou da boca de pessoas reais, mas não de videntes oraculares, quase celestiais. De uma forma que nem sempre ocorre no caso de São Paulo ou São João Evangelista, por exemplo, a pessoa pode escutar os sábios e imaginá-los a tomar sopa ou limpando a sujeira das unhas.

Até que ponto, porém, o mundo judeu da Mishná é real? Em muitos aspectos, em nada. A Mishná foi escrita e organizada por uma elite rabínica circunscrita, homens que sonhavam com o que imaginavam ser o mundo judeu perfeito, centrado no Templo, que um dia existira e que poderia voltar a existir se ao povo fosse dado um templo de palavras, leis e instruções que reparasse o estrago da cantaria derrubada e a extinção do fogo sacrifical. O *tamid* poderia voltar a ser aceso, poder voltar a ser tão constante quanto seu nome em hebraico, e para isso bastaria reiterar as práticas não esquecidas. Daí o espaço desmedido dedicado a normas precisas sobre a aspersão do sangue de animais sacrificados — algo sem nenhum interesse prático para todas as gerações pós-Templo. O que estava por trás disso era a ideia de que, se o Messias aparecesse de repente e ocorresse o milagre da restauração do Templo, tudo estaria pronto para funcionar como no passado. No entanto, quase com certeza há outro aspecto importante no imenso inventário de procedimentos e rituais que não têm mais nenhum propósito prático. A memória, se não Deus, está presente nesses pormenores aparentemente gratuitos. O exagero das reminiscências da Mishná não difere daquele de pessoas que tentam desesperadamente evocar a substância de um ente querido desaparecido através de detalhes minúsculos, aparentemente insignificantes, do traje ou do modo de andar. A partir dessas minúcias, uma pessoa se rejunta em sua inteireza. Em essência, a Mishná é um ato de anseio com mil páginas.

No entanto, apesar de todo seu idealismo e de suas obsessões oníricas, a Mishná se apoia no aqui e agora, em meio a judeus reais, discutidores, céticos, muitas vezes intolerantes e implicantes. A partir de uma lista de hábitos inconvenientes, ela nos dá indiretamente um vívido retrato social de como de fato eram os judeus do século II que viviam na Roma imperial tardia. Não uses, diz a Mishná, o monte do Templo como atalho (o que deixa claro que muitos faziam isso); não durmas ou converses em locais sagrados — um costume generalizado. Mulheres, não saiais no Shabat ataviadas com fitas de lã ou linho, com faixas no cabelo ou com uma tiara no estilo da "cidade dourada" (o que se vê em mosaicos), com aros no nariz ou diademas "quando não semeados com rede de cabelo" (não me perguntem o que é isso). Homens, não frequenteis a sinagoga no sábado com sandálias de tachas ou — dirigindo-se aos muitos judeus que, como em Dura, tinham voltado a ser soldados — usando capacetes, couraças ou grevas. Embora nenhuma dessas violações do decoro no Shabat fosse grave a ponto de exigir uma "oferenda de pecado", se uma mulher levasse uma caixa de especiarias, um frasco de perfume ou um alfinete em forma de caracol (que também, naturalmente, é a forma do ouvido interno), nesse caso o rabino Meir pelo menos pensou que tais atos pudessem ser dignos de punição. Não convém reciclar um pano manchado de sangue menstrual para fazer o vestido do Shabat (como se isso fosse possível). Esqueçam tornozeleiras e ligas, pois elas são "suscetíveis de impureza".[6]

E há outra coisa, que nada tem a ver com o aspecto de "Manual de uma vida judaica" do texto colossal, mas que paira sobre ele como um imenso espectro. Paradoxalmente, é o fantasma do próprio Templo. A Mishná foi escrita por homens que não podiam ter conhecido pessoalmente o Templo, ainda que talvez seus avós e até seus pais o pudessem. Contudo, às vezes eles escrevem como se o Templo continuasse a ser o fato central na vida judaica. Grande parte do livro trata de questões inacreditavelmente confusas relativas a sacrifícios animais e oferendas de cereais, como se a rotina do Templo continuasse a acontecer. Que defeitos impedem que um animal seja sacrificado? Para começar, um boi com um testículo que não tenha descido. (A Mishná fornece instruções minuciosas para descobrir se isso aconteceu.) Quais defeitos *humanos* desqualificam homens para servir no Templo? Homens com cabeça em forma de nabo, com certeza. Também aqueles que têm nariz chato (o que me excluiria), homens com orelhas deformadas de lutador (a Mishná diz orelhas de esponja, o que é mais exato e pitoresco) e também — isso é um tanto preocupante — os calvos. Como definir um calvo? "Todo homem que não tenha uma linha de cabelo de orelha a orelha." Com isso, a Mishná nos faz imaginar semicarecas ansiosos (desses que deixam o cabelo crescer e o penteiam para o lado) fazendo fila para serem examinados por levitas, como se o Templo nunca tivesse sido destruído! Numa linha mais simpática, outro texto da Mishná recorda as "dez maravilhas que ocorriam para nossos antepassados no Templo": as mulheres nunca sofriam aborto; a carne do sacrifício nunca estragava; jamais aparecia uma mosca no abatedouro; um sumo sacerdote nunca tinha polução noturna na véspera do Dia do Perdão (ainda bem); a chuva nunca apagava o fogo do altar e nenhum vento soprava para longe sua fumaça; nenhum par de pães para a mesa da proposição era rejeitado; quando uma multidão estava de pé havia pouco espaço para cada pessoa, mas quando se prostravam, sobrava espaço; nenhuma serpente ou escorpião jamais picou alguém em Jerusalém; e o maior milagre de todos em épocas de peregrinação: a escassez de alojamentos jamais foi problema. "Nunca, em tempo algum, alguém disse: 'Jerusalém está cheia demais para eu ficar aqui'."[7]

Reconstruir Jerusalém na imaginação e na memória, essa era a tarefa. Isso poderia ser feito apenas com palavras, palavras, palavras? Essa parece ter sido um dia a autêntica resposta judaica. Agora, graças à revelação de Dura, sabemos que a densidade dos textos podia ser igualada, e ampliada, por uma profundidade complementar de imagens. Não só as duas maneiras de recordar e suster a memória da Torá não se contradiziam como, na verdade, elas se alimentavam. Ainda mais desestabilizador para nossos pressupostos habituais a respeito do judaísmo no momento em que ele tomava forma é saber que o local em que palavra e imagem mais se irmanavam era a própria sinagoga! Dura era de fato um lugar realmente inusitado, mas apenas porque suas imagens mais fortes estavam nas paredes. Havia outros espaços a serem preenchidos com os signos e símbolos da identificação judaica, e eles eram horizontais. O teto da sinagoga de Dura estava coberto por ladrilhos pintados, muitos dos quais exibiam símbolos familiares, como menorás. Entretanto, nas sinagogas construídas do século II ao VI, tanto na Palestina como na diáspora, o que era coberto de imagens, feitas de mosaicos, era o piso.

Isso não indicava apostasia. Essa mesma época de semeadura do judaísmo foi o momento em que a Mishná estava definindo o que era a boa vida judaica. No entanto, não há razão alguma para supor que houvesse sinagogas que cumpriam os preceitos da Mishná e outras sinagogas exibicionistas, cobertas de mosaicos. Diga-se, aliás, que a Mishná se mostra visível e estranhamente parcimoniosa com relação a imagens. O pouco que diz está num tratado dentro do livro maior sobre Danos, repleto de contradições agádicas. O rabino Meir adota a linha dura, dizendo de modo categórico que "todas as imagens são proibidas", mas a ele se seguem vários sábios anônimos segundo os quais só aquelas que mostram "um cajado, uma ave ou uma esfera" estão proibidas. Pode-se dizer quase com certeza que com "esfera" esses sábios se referiam ao Sol ou à Lua e ao culto a esses astros, mas, claro, ninguém prestou atenção. O resto do tratado é todo dedicado a postes ou árvores sagrados e a deuses esculpidos, como também aos tipos de profanação que podem ser feitos para eliminar sua aura: "Cortai a ponta da orelha, do nariz, do dedo [deles] e assim por diante".[8] (Isso faz parte do anacronismo compulsivo de grande parte da Mishná, uma vez que as *asherot*, aqueles postes ou árvores sagradas, já tinham desaparecido havia séculos.)

Com relação a imagens pintadas, os rabinos nada dizem, e o silêncio era obviamente tomado como consentimento, sobretudo porque o surgimento de sinagogas e a redação dos livros talmúdicos ocorreram exatamente na mesma época. A única sinagoga sobrevivente entre as dezoito que floresceram em Séforis, na Galileia, foi construída e decorada na cidade onde teve início a Mishná e se reunia a Assembleia de Judá, o Príncipe. Séforis era, ao mesmo tempo, uma cidade de clássica elegância, profunda devoção e mosaicos sensacionais.

Na diáspora da Antiguidade tardia, os mosaicos em sinagogas também não se dissimulavam. Nada menos que *quarenta* desses pisos foram achados por arqueólogos, tanto no interior da Palestina quanto em outros lugares, e acredita-se que muitos outros venham a ser encontrados.[9] Nos séculos em que essa instituição estava sendo criada, sinagogas profusamente decoradas eram a norma e não a exceção, desde a Ásia Menor até o oeste do Magreb. Na cidade de Hammam-Lif (ou Naro, como os fenícios a chamavam), numa área litorânea perto de Cartago, onde hoje fica a Tunísia, há uma sinagoga do século IV com alguns dos mosaicos mais exuberantes e esplêndidos do mundo antigo.[10] Grande parte da decoração é puramente geométrica e ornamental, e nela foram inseridos os símbolos habituais do Templo perdido, a menorá e o shofar. Outra sala, porém, é um zoológico de mosaicos. Numa faixa fervilham aves; outra apresenta um arranjo mais misterioso, com um golfinho e um peixe gigante, junto de um casal de patos. Entre eles, dois pavões ladeiam um chafariz. E é essa fonte da vida que dá a pista de que os mosaicos de Hammam-Lif não são apenas um zoológico bem-humorado, e sim uma evocação da própria Criação paradisíaca. Decidir se o belo peixe de focinho roliço e dentes afiados que se oculta nas profundezas é o sinistro leviatã ou (como prefiro) um emblema de felicidade, apropriado para um porto tunisiano, depende da linha acadêmica que a pessoa julgar mais persuasiva.

Aqueles que possibilitaram a produção de mosaicos tão esplêndidos garantiram que receberiam o devido crédito e que seriam lembrados. Fizeram com que seus nomes fossem registrados em inscrições em aramaico entre as imagens. "Juliana, *com recursos próprios*", salienta um desses dísticos, "pavimentou com mosaico esta santa sinagoga de Naro para sua salvação."[11]

O fato de uma judia comemorar sua contribuição para a sinagoga de

Hammam-Lif não deve ser visto com surpresa. O papel bastante limitado que a Mishná atribuiu às mulheres, sobretudo como receptoras de julgamentos masculinos quanto a seus direitos e pretensões, pode ser um guia não adequado para a realidade social. Na verdade, mulheres e homens sentavam-se juntos nessas sinagogas, sem nenhuma separação. A Torá e a Mishná nada têm a dizer a respeito dessa questão, e nas abundantes evidências disponíveis sobre sinagogas nesse período não se encontrou um único sinal de uma galeria ou outro tipo de divisória. Como muitas outras coisas tidas como práticas imemoriais dos judeus, a separação entre os sexos foi instituída muitos séculos depois. Foi uma inovação, não uma tradição. O mesmo se diga em relação ao abandono da prostração — talvez devido a uma necessidade de distinguir o judaísmo da prática muçulmana (o que é duplamente irônico, uma vez que o islã quase com certeza copiou dos judeus a prostração, junto com muitos outros rituais, como tirar os sapatos). O versículo relevante no livro Avot, da Mishná, *pressupõe* a prostração como uma prática habitual.

No entanto, as sinagogas profusamente decoradas, construídas do século III ao século VI, abalam todas as nossas ideias preconcebidas sobre as casas judaicas de leitura da Torá e de oração. Essas sinagogas deixam evidente que, em alguns aspectos, a reconstrução do judaísmo se fazia não apenas a partir de textos, mas também de imagens. Nesse aspecto crucial, o judaísmo estava ligado às culturas que o circundavam, e não separado delas. Para começar, esses mosaicos — que representavam não só animais e plantas, mas também a figura humana — podiam ser vistos, é claro, em qualquer casa particular de pessoas de posses em cidades como Hammam-Lif, Tiberíades, Citópolis (Betsã) ou Séforis. Nessas cidades, as sinagogas, como a vida judaica em geral, eram uma *extensão* da cultura como um todo, em vez de um lugar onde as pessoas se afastavam dela. O estilo e a iconografia dos mosaicos eram tirados do mundo pagão no qual os judeus tinham vivido mais ou menos sem problemas. Videiras, tamareiras, golfinhos e leões eram elementos culturais comuns aos dois monoteísmos (e também a Bíblia hebraica, naturalmente) e, aliás, também aos pagãos. Tal como em Dura, era provável que Davi ou Daniel aparecessem tanto em igrejas cristãs quanto em sinagogas.

Se há necessidade de mais indícios da abertura do judaísmo para as culturas em meio às quais ele vivia e prosperava, temos as moças do calendário, que, com ar tristonho, nos fitam dos pisos de mosaicos das sinagogas construídas nesse período formativo do judaísmo rabínico. São personificações das estações, caracterizadas como meses. Assim, em Séforis, na Galileia, a moça do inverno, Tevet, que tem o rosto em forma de gota de lágrima, nos contempla com expressão melancólica. Sua roupa, que lembra um moderno hijab islâmico, cobre o cabelo, mais para proteger a cabeça do frio do que por modéstia. Já Nissan, a moça da primavera, tem o cabelo dourado preso em tranças grossas sobre a testa, exatamente com uma espécie de diadema espalhafatoso cujo uso no Shabat a Mishná censurava. Pior (ou melhor) ainda, de sua orelha esquerda pende um brinco vistoso e pesado. Tamuz, a moça do verão, estação às vezes associada ao período em que israelitas volúveis passaram a adorar o bezerro de ouro, se adorna com uma boina elegante e exibe o ombro sedutoramente nu.

Em cidades como Séforis, mosaicos de beldades, assim como todo o repertório do que consideramos imagens pagãs — animais, em especial coelhos, patos e cervos —, cobriam os pisos das casas opulentas. A cada nova escavação, mais ornamentos espetaculares como esses mostram que a cidade se inebriava de imagens paradisíacas e arcádicas.[12] A decoração de Séforis é tão abundante e mostra tantos sinais do estilo greco-romano — um teatro de grandes dimensões (perto da sinagoga sobrevivente), as amplas avenidas com colunatas do cardo e do decúmano —* que sua estética parece inequivocamente pagã-clássica. Entretanto, Séforis não era, na verdade, uma cidade pagã-gentia. Era predominantemente judaica, e seu conselho municipal (o *boule*) era formado, na maioria, por judeus. O teatro se destinava não a romanos, mas a um público judeu que o frequentava com regularidade, como fazia em outras cidades no Império Romano tardio, e que também assistia a corridas de bigas e espetáculos de gladiadores. Não há motivo algum para supor que as residências construídas e decoradas com ostentação — como a Casa do Nilo, com seu festival de pinturas de Osíris e todo um zoológico fluvial egípcio (crocodilos, hipopótamos e tudo o mais) — não pertencessem a judeus. E os mosaicos mais requintados de toda a cidade, entre os quais uma figura feminina de estonteante beleza, talvez Afrodite, assim como figuras de Hércules e outros temas clássicos, decoram a Villa de Dioniso, situada nas encostas do oeste (não muito longe do

---

* No planejamento das cidades, colônias e acampamentos romanos, o cardo era a via principal, no sentido norte-sul; em seu ponto central ele era cortado pelo decúmano, no sentido leste--oeste. (N. T.)

teatro e da sinagoga), numa área que se sabe, pela descoberta de menorás pintadas e temas análogos, ter sido densamente habitada por judeus. A quem poderia pertencer essa Villa de Dioniso? São muitas as discordâncias, mas ao menos alguns pesquisadores aceitam a surpreendente possibilidade de que a casa tenha sido a residência de Yehudah Hanasi, patriarca amigo de imperadores, editor da Mishná e líder da assembleia do Sinédrio.[13]

O desenho urbano básico de Séforis, cidade rica, cosmopolita, mas também devota, ganhou a forma que vemos hoje nos séculos II e III, quando passou a se chamar Diocesareia, mas, em meados do século IV, a cidade sofreu duas catástrofes, uma de cunho político, e a outra, natural. No ano 351, foi o centro de uma revolta violenta contra o governo do coimperador Céstio Galo, motivada em parte pela imposição de impostos. Seu líder, Isaac de Diocesareia, logrou mobilizar um exército tão poderoso que foi capaz de capturar fortalezas distantes, em direção ao sul, como a de Lida, antes de ser derrotado numa batalha nas proximidades de Acre. O preço do envolvimento da cidade nessa última grande rebelião contra Roma foi sua destruição. Doze anos depois, em 363, um terremoto de grandes proporções, com epicentro na Galileia, fez desabar o que restava. Na reconstrução de Séforis/ Diocesareia, suas ruas esplêndidas foram restauradas num belo estilo clássico tardio, e entre os prédios novos havia sinagogas, uma das quais é a que sobreviveu. Tem planta basilical, longa e estreita, com mosaicos que parecem trazer, sem problemas, imagens de espaços residenciais para o espaço sagrado. Se seus mosaicos não têm a mesma qualidade dos da Villa de Dioniso, ainda assim são de excepcional expressividade, quando mais não seja como evidência de que o judaísmo, nas gerações de sua formação rabínica, abriu espaço para imagens.

Os judeus modernos são criados no pressuposto de que as imagens em casas de oração e do estudo da Torá, quando chegam a existir, limitam-se a um vitral ocasional e modesto. Todavia, num dos lugares onde as sinagogas ganharam sua forma original, as imagens — a expansão majestosa de um piso de mosaicos, de uma ponta a outra do espaço — dominam tudo o mais, ampliando oticamente o que era, na verdade, um espaço estreito e limitado com telhado de duas águas, como um estábulo. Tampouco essas imagens ficavam ocultas por cadeirais ou por uma congregação de fiéis de pé. Embora não haja bancos de pedra em Séforis, sabemos que as pessoas se sentavam, talvez em bancos de madeira, ao longo dos três lados do perímetro sob o teto da basílica judaica.

Portanto, de qualquer posição todos teriam uma boa visão dessas imagens, que ajudavam o poder da memória a derrotar os fatos da política.

Como se pode imaginar, sendo essa uma iconografia judaica, tais imagens são palavrosas. Textos, dísticos e rótulos estão inseridos nos mosaicos, em aramaico, grego e hebraico, indicando os signos do zodíaco, os meses, os nomes dos doadores. Percebe-se ainda que as cenas bíblicas são afetadas pelo surgimento do *midrash*, a discussão interpretativa e sistemática da Torá e da Bíblia que se desenrolava junto com a elaboração da Mishná e sua inclusão no Talmude. Ao contrário do que em geral se crê em relação à tradição judaica, textos e imagens colaboram entre si e não são antagônicos. As imagens não constituem uma espécie de acessório ilustrativo ao judaísmo textual. Para os judeus que frequentavam essa e outras sinagogas — e que muito provavelmente eram bem diferentes, em educação e inclinação, da comunidade rabínica do Beit Hamidrash, ou casa de estudo (mas que, como sabemos pela revolta, eram judeus ardorosos) —, as imagens estruturavam o significado de herdar a memória judaica e traduzir essa memória em prática social. Elas acionavam uma forma de memorização visual. As moças do calendário e a grande roda do zodíaco no centro de muitos pisos de sinagogas desse período coexistem com ícones do Templo perdido — o candelabro (menorá), o shofar e a mesa dos pães da oblação — e com histórias da Bíblia que, como em Dura, estavam carregadas de significado redentor.

Nenhuma dessas imagens era escolhida de maneira arbitrária. O fato de não só se repetirem em sinagogas distantes uma das outras como em Beit Alfa, na montanhosa orla oriental do vale de Jizreel, e no sítio arqueológico de Hamate Tiberíades, muito mais perto de Séforis, indica que, no mais tardar a partir do século IV, deve ter havido algum tipo de catálogo de imagens convencionais a serem usadas em pisos de sinagogas, imagens que, esperava-se, os mosaicistas deviam utilizar, fossem eles talentosos ou não (e o trabalho feito em Beit Alfa é bem tosco). O mais importante é que esse catálogo deve ter sido aprovado pelas autoridades rabínicas para que a ele se tenha recorrido com tanta frequência e da mesma maneira. A Mishná e o mosaico não eram então mutuamente excludentes, mas sim complementares: tal como em Dura, representavam um programa de justaposição de palavras e imagens para congraçamento e adoração dos judeus.

A divisão formal do espaço do piso era crucial para o modo como esse programa atuava sobre os olhos e a mente. Mais perto da entrada desenhavam-se as histórias e as referências bíblicas, mostrando invariavelmente o sacrifício de Isaac, com frequência a consagração de Arão (como convinha a um minitemplo) e às vezes a visita dos anjos a Sara. Os mosaicistas ou aqueles que os contratavam ficavam então livres para escolher temas que pudessem compor imagens belas, mas sempre plenas de significado. A versão do sacrifício de Isaac em Séforis inclui, de maneira tocante, dois pares de sapatos: um do pai, Abraão, e outro, bem menor, de Isaac. (Todas as representações antigas dessa cena mostram Isaac como uma criança, e não como o homem de trinta e poucos anos em que, depois, o Talmude passou a insistir.) Os sapatos, um par ao lado do outro, humanizam a exigência desnaturada que YHWH está fazendo a Abraão, mas também aludem ao espaço sagrado no monte Moriá onde as pessoas tiram os sapatos em sinal de respeito.

    O detalhe faria as pessoas recordarem outros momentos de epifanias importantes na história judaica em que os participantes estavam descalços: Moisés diante da sarça ardente, cuja lembrança as pessoas perpetuavam, tirando os sapatos na sinagoga. Fileiras de sandálias à porta ligariam os judeus de Séforis à vida de seus ancestrais. Da mesma forma, a presença do providencial substituto de Isaac, o cordeiro, seria um lembrete dos sacrifícios no Templo, sobretudo durante o jantar cerimonial do Pessach, e de sua lembrança simbólica incluída na refeição. Cristãos e judeus, naquele exato momento, estavam com toda a atenção voltada para ícones e significados de cordeiros.

    Na extremidade oposta do piso da sinagoga, mais perto do santuário da Torá, ou edícula, concentravam-se os signos e símbolos visuais do Templo perdido, para os quais a sinagoga era menos um substituto do que uma espécie de centro de memória. No ponto central havia uma imagem estilizada do Santo dos Santos, dotada de portas múltiplas e com reentrância, e, às vezes (como em Dura) colunas retorcidas, ditas salomônicas. De cada lado viam-se leões, guardiães e protetores, ou menorás duplas, como se estivessem sendo liberados na mente e na memória judaicas, pelo menos liberados do cativeiro romano. Em torno deles apareciam os objetos e utensílios do Templo: os shofarot que chamavam os observantes no começo dos jejuns, das festas e no sábado; pás de incenso e, vez ou outra, tenazes; a mesa dourada dos pães da proposição. Assim, embora as origens da aliança nas Escrituras fossem mostradas perto da entrada, a realização da aliança ocupava o espaço na extremidade oposta.

A representação da aliança, segundo as Escrituras, e sua instituição no Templo de Jerusalém eram mostradas em faixas horizontais. Entre elas, porém, ficava a grande roda do zodíaco, que, como parece orbitar no piso, é sempre a área mais dinâmica dos mosaicos e a que mais chama a atenção. É também a imagem que vem mais diretamente da iconografia pagã. As moças do calendário são ícones clássicos das estações, mas no centro da roda do zodíaco fica a figura muito pouco rabínica de Hélio, o deus do Sol, símbolo favorito de Antonino Pio e de muitos dos últimos imperadores romanos pagãos. A devoção solar, como uma espécie de emanação do Criador sem forma, tinha uma história antiga no iavismo, que antecedeu de muito a cultura clássica.[14] Em Séforis ele é representado de maneira eufemística num feixe de raios puxado por bigas flamejantes, mas em Hamate Tiberíades e Beit Alfa todo o rosto e a forma do ser celestial acham-se representados sem disfarces. No interior da roda veem-se os signos do zodíaco, cujos nomes aparecem em hebraico, grego ou aramaico, às vezes numa mistura das três línguas e com pouquíssimo respeito pelo que se poderia, a-historicamente, supor serem cânones judaicos de decoro. Quando os signos pedem figuras humanas, como ocorre com Gêmeos ou Aquário, os mosaicistas as fornecem: gêmeos encantadores com formas pueris, em Séforis, e um nu masculino cheio de músculos, em Hamate Tiberíades. À primeira vista, a centralidade das imagens de Hélio parece em espantoso desacordo com o judaísmo no período da criação do Talmude. Entretanto, o judaísmo sempre foi uma religião calendárica, e suas festas e dias santificados seguem de perto o ano agrícola. Em todos os pisos de mosaicos aparecem cestos de primícias e as "quatro espécies" — palmeira, murta, salgueiro e cidra — que peregrinos levavam a Jerusalém na Festa dos Tabernáculos, no outono, e que levavam para a sinagoga tanto naquela época como agora. Entre os Manuscritos do Mar Morto há documentos que deixam claro que o comprometimento absoluto com o judaísmo não era de modo algum incompatível com um intenso envolvimento com a astronomia — e a astrologia. Alguns rolos são cheios de observações e especulações astronômicas. Isso é outro exemplo, claro, de judeus adotando uma paixão do mundo clássico, mas sem nenhuma sensação de que esse procedimento beirava o paganismo. Hélio, o deus do Sol, só poderia ocupar aquele lugar central nos pisos cuidadosamente planejados de sinagogas na Galileia se fosse entendido, em algum sentido, como um atributo de YHWH — a fonte de luz. A biga solar no coração do cosmos podia ter sido associada ao *merkavá*, o carro de ascensão aos palácios celestiais que já aparecia em textos e poesia místicos bem naquela época.[15]

Em outras palavras, não havia nada nos mosaicos encontrados em sinagogas palestinas do século III ao século VI que escandalizasse os rabinos, mesmo na cidade onde, dois séculos antes, tinha sido redigida a Mishná. No entanto, as imagens e textos dirigiam-se a duas espécies diferentes de instituições judaicas. A Mishná era feita sob medida menos para judeus de sinagogas do que para a outra instituição também surgida nessas gerações: o Beit Hamidrash, o ancestral das ieshivot. Nele, o mundo heterodoxo vulgar, tumultuado e profano deveria ser de fato excluído, para se melhor destilar a essência das palavras da Torá e das palavras escritas e pronunciadas *sobre* as palavras da Torá, que foram o começo da interminável rede de interpretação, exegese e comentários que se tornaria o Talmude. Quase todas as suas páginas mostram como os judeus virtuosos devem agir no mundo, mas com frequência ele parece um claustro sem janelas, um lugar onde as mentes se recolhem, concentrando-se apenas no poder autônomo da palavra sagrada.

Consideradas com cuidado e com consciência de seu momento e lugar na história judaica, a trama, as imagens e as inscrições nas sinagogas da Antiguidade tardia e do começo da Idade Média nos revelam algo diferente daquela concepção rabínica de lugares de devoção silenciosa e ensimesmada. Elas dão substância à realidade viva do que era ser judeu na sinagoga e, com efeito, ser judeu no mundo. Eram instituições ligadas ao caráter, ao tumulto e ao estilo da cidade, e não separadas dele. Suas línguas do dia a dia, sobretudo o grego mas com frequência o aramaico, eram incorporadas aos dísticos dos mosaicos. Os nomes de pessoas da Mishná são os de rabis e letrados. Os da sinagoga, gravados em pisos e paredes, são de judeus comuns, muitas vezes seguidos de sua profissão: comerciantes, tintureiros, médicos. Os primeiros são lendários, os segundos, reais, anunciando sua pretensão à honra da recordação (como ainda fazem). "Que sejam lembrados para sempre", essa é a fórmula convencional. Em Séforis, por exemplo, onde algumas famílias proeminentes parecem ter sido as figuras dominantes na criação de sua sinagoga longa e estreita, as inscrições trazem de volta à vida os fantasmas de "Yudan, filho de Isaac, o sacerdote, e Paregri, sua filha. Amém, Amém" ou de "Tanhum, filho de Yudan e Semqah, e Nehorai, o filho de Tanhum". Quando penso em Séforis, poderia pensar em Judá, o Príncipe, mas com certeza sempre me lembrarei de Yudan e Paregri. Como esquecer esses nomes?

As primeiras sinagogas não eram, pois, lugares em que a prática da religião estava condicionada à renúncia ao resto do mundo e a suas visões. Tinham de ser bem iluminadas, para a leitura da Torá, e sempre tinham aberturas, como clerestórios, colunatas abertas e portas largas. Sabemos, pela inscrição de um *arquisinagogos* chamado Teódoto, encontrada numa sinagoga construída em Jerusalém quando o Segundo Templo ainda estava de pé, e por inscrições egípcias semelhantes, que as sinagogas surgiram como centros comunitários, e não como casas de oração. Eram albergues que recebiam peregrinos e viajantes, serviam-lhes refeições e lhes davam água. Quando as sinagogas se tornaram basicamente lugares de oração e leitura da Torá, essa função social não desapareceu de todo — e ainda permanece nos dias de hoje.

A história cultural às vezes é prejudicada pelo fato de ser escrita aos poucos, numa sucessão de ismos, cada um substituindo por completo o anterior ou deixando-o numa posição defensiva ou marginalizada. Com toda a certeza, isso não aconteceu ao judaísmo no período entre a destruição do Templo e a consolidação do cristianismo como a religião oficial de Roma, no século IV. Não foi o caso de um monoteísmo original ser quase erradicado e, depois, marginalizado pelo Evangelho triunfante. Nesse período, *tanto* o judaísmo *quanto* o cristianismo estavam sendo feitos e refeitos, e durante algum tempo — talvez três séculos —, embora suas respectivas histórias parecessem exigi-lo, as duas religiões não foram mutuamente excludentes, não a ponto de impor a obrigação de aniquilação recíproca.[16] Os dois cultos monoteístas decerto competiam por seguidores. Os casos de superposição — de doutrinas e de costumes — eram mais que numerosos. Muitos rituais originários da Torá continuavam a ser cumpridos por aqueles que chamavam Jesus de Senhor e por quem não o fazia. Os sábados eram respeitados e, apesar da insistência obstinada de Paulo em que a "nova aliança" expressa no sacrifício de Cristo tinha suplantado a antiga circuncisão "física", muitos daqueles que se consideravam judeus cristãos continuaram a praticá-la. Foi precisamente essa questão que causou uma amarga contenda entre dois cristãos nascidos judeus, Pedro e Paulo, em Antioquia, onde, para horror do último, Pedro se recusava a comer com incircuncisos.

Nos séculos II e III, quando as duas religiões ainda estavam sujeitas à autoridade imperial pagã, os dois cultos rivais dividiam o mesmo espaço urbano sem se sentirem obrigados à aversão mútua. Às vezes, o que é digno de nota, até competiam entre si no zelo por mártires *judeus*. Em Antioquia havia um culto *cristão* aos sete Macabeus (inclusive ao velho pai Eleazar e sua mulher), alguns dos quais, ao que se dizia, estariam sepultados em Dafne, a poucos quilômetros do centro da cidade onde ficava a mais famosa das sinagogas. O fato de os judeus estarem proibidos de enterrar seus mortos no local de uma sinagoga não diminuía a credibilidade da lenda nem impediu que ela por fim se tornasse uma igreja cristã. No entanto, a ideia de que os Macabeus fossem objeto de intensa devoção cristã revela muito sobre o emaranhamento entre as duas fés e suas histórias nesse período de formação.[17]

Nada indica melhor esse efeito de eco — a manutenção do estilo do passado pagão e clássico no presente monoteísta e seu ricocheteio entre as duas religiões — que o modo como os judeus romanos sepultavam seus mortos.[18] As catacumbas judaicas, a Vigna Randanini junto da Via Appia Antica ao sul da cidade, e outras ao norte, na Villa Torlonia, foram descobertas no começo do século XVII, quando se julgou, naturalmente, que fossem cristãs. Essa opinião se manteve quando foram exploradas de forma mais sistemática em meados do século XIX, e foi com base nela que os proprietários da área obtiveram permissão das autoridades papais para proceder a escavações. Perto da entrada em degraus que levava aos túneis da necrópole, estava pintado na parede um inconfundível candelabro vermelho de sete braços. Havia muitos outros, com frequência com inscrições em grego e, às vezes, em hebraico (uma delas diz *Shalom*), o que eliminou quaisquer dúvidas sobre a vinculação das catacumbas. O que estava sendo revelado era um cemitério subterrâneo puramente judeu, usado por todas as classes sociais, da mais modesta à mais elevada.

Construídas na mesma época ou um pouco depois das catacumbas cristãs, as versões judaicas adotavam estilos idênticos de cubículos, câmaras e nichos. Em Vigna Randanini, porém, há alguns *kokhim*, espaços de sepultamento abertos num ângulo de noventa graus em relação à galeria subterrânea, e não paralelos a ela. Pelo menos em alguns sentidos, as catacumbas judaicas de Roma eram também uma tradução de típicas câmaras mortuárias judaicas anteriores e posteriores à destruição do Segundo Templo, em especial na enorme necrópole de Beit Shearim, a oeste da Galileia, iniciada no século II. Esta, por sua vez, baseava-se bastante em galerias subterrâneas helenísticas, as hipogeias. Em

Roma, em geral, os espaços são cavidades rasas e paralelas à direção dos túneis, incluindo os pequeninos nichos não numerados, feitos para bebês e crianças, misturadas a cubículos subterrâneos muito maiores, destinados aos mais ricos e eminentes. Aqui e ali aparece um grande sarcófago decorado; no mais das vezes eles trazem menorás compridas e esguias, frases despretensiosas e epigramas provenientes de um repertório convencional. Quase todos os judeus romanos nesse período eram modestos ou pobres: ex-escravos ou seus descendentes, também escravizados, ou artesãos e lojistas. Não tão pobres, porém, que não pudessem dar aos filhos pequenos, mortos em decorrência de uma das epidemias habituais, um pequeno nicho na parede, às vezes acompanhado de adeuses pungentes, pintados ou rabiscados, e louvores à inocência da criança falecida.

Em pontos mais afastados do labirinto de túneis havia espaços para os membros mais proeminentes da comunidade. Uma inscrição, vazada no estilo romano floreado e poético, pranteia um marido que era o *grammaticus* da comunidade — ou seja, exercia o importante cargo de seu secretário. Um determinado estilo de pintura mural deixa claro que as catacumbas remontam ao século IV d.C., quando havia uma substancial comunidade judaica em Roma e em seu porto, Óstia, onde existe também uma sinagoga (decorada com mosaicos geométricos), mas que foi também o período em que o cristianismo foi declarado religião oficial do Império Romano. É bem possível que as catacumbas cristãs, mais conhecidas, nas quais foi sepultado um número muito maior de pessoas, tenham adotado o modelo judaico, e não o contrário, uma vez que os judeus tinham simplesmente levado seus costumes da Palestina para a diáspora.

Mais surpreendente ainda (a menos que já se tenham visto esses empréstimos em sítios arqueológicos como Hammam-Lif e Séforis) é o estilo pagão de decoração de paredes e tetos nos sepulcros familiares mais imponentes — câmaras que, em pontos mais distantes das catacumbas, lembram capelas. Em Vigna Randanini, elas também desmentem a propalada aversão judaica à decoração, sobretudo em sepulturas, já que os desenhos graciosos — de parede a parede e no teto arredondado — incorporam vegetação, flores, animais e, em alguns casos, inequívocas imagens das Musas, figuras míticas como Pégaso, além de deidades muito parecidas com Diana, Vênus, Apolo e Mercúrio. Numa dessas câmaras, a abóbada, pintada de azul-celeste como que para levar a luz de céus eternos à escuridão das celas, é tão engrinaldada com tais imagens que alguns arqueólogos imaginam que ela tenha sido, na origem, um sepulcro pagão. A partir de algum momento, passou a ser usada pelos judeus, que, claro, consideraram seus graciosos enfeites não só inofensivos como inteiramente de acordo com seu gosto funerário. A mais adornada dessas câmaras (embora não seja a maior) é um cubo quase perfeito, com tamareiras (aquele antigo símbolo judeu) nos quatro cantos, e as paredes, caiadas, cobertas por tamanha profusão de flores, gazelas saltitantes e golfinhos que a intenção, sem dúvida, foi representar uma visão do Paraíso, o *gan eden*, ou Jardim do Éden, para onde, na sua imaginação e fantasia poética, os judeus enviavam os finados. Como tantas suposições a respeito do que seriam costumes judaicos imemoriais (a separação dos sexos nas sinagogas, por exemplo), a ideia de extrema austeridade nos sepulcros é desmentida por tais provas irrefutáveis de como os judeus se comportavam nessa fase formativa de sua cultura. Debaixo da terra, longe da claridade, faziam-se todos os esforços para decorar e ornamentar esses lugares de descanso, com simples menorás e pequenas inscrições e despedidas para os modestos e pobres ou todo um jardim ou um bosque para os abastados — a visão paradisíaca da salvação celestial. Essa visão do jardim dos judeus mortos sobreviveu mesmo durante os séculos nos quais se impuseram as regras posteriores de severidade (ainda que, como veremos, com sucesso apenas intermitente e parcial). "Adeusinho, querido, dorme no *gan eden*", foi a última coisa que minha mãe disse a meu pai quando o viu morto no hospital de Hampstead, e deu um beijo de despedida na sua testa fria. Ela própria praticante, teria ficado mais que feliz se pudesse fazer Arthur Osea descansar numa de suas espreguiçadeiras listradas em tão frondosa câmara celeste.

2. SEPARAÇÃO

A rigor, o problema entre judeus e cristãos foi uma briga de família. Isso, é claro, não impediu que ela logo ficasse feia, o que talvez tenha acontecido exatamente por essa razão. Porque foi um grupo de judeus, formado pelos seguidores de Jesus de Nazaré, que plantou na cabeça dos cristãos o truísmo segundo o qual os judeus não convertidos eram monstros inumanos, matadores de Deus. Isso não aconteceu só porque na versão de Mateus os judeus não hesitam em se apresentar como voluntários para sua própria culpa perpétua: "O seu sangue caia sobre nós e sobre nossos filhos" (Mateus 27,25). Muito, muito pior é o momento no Evangelho segundo João em que o próprio Jesus deixa claro que será morto por um povo caracterizado por ser formado por assassinos endemoniados.

A passagem ocorre no capítulo 8 de João, quando, depois da defesa da mulher adúltera por Jesus, o confronto com os fariseus indignados toma um rumo ruim. Talvez esse seja o momento mais profundo em todo o Novo Testamento, aquele a partir do qual infelizmente proviriam todos os infortúnios, mal-entendidos e incompreensões mútuos entre judeus e cristãos. "Quem és tu?" (João 8,25), perguntam os fariseus, os guardiães da lei da Torá, como assim se consideravam. "O que vos digo, desde o começo" (João 8,25), responde Jesus de maneira aforística, e em seguida passa a falar de seu Pai. Percebendo que pelo menos alguns de seus ouvintes o escutarão, Jesus os incentiva, dizendo: "Conhecereis a verdade, e a verdade vos libertará" (João 8,32). Isso é o tipo da coisa que se esperava que um messias humano, o libertador ungido de Jerusalém, dissesse, mas nem todos se impressionaram. Os que escutaram tudo antes retrucam, meio ilogicamente, que muito obrigado, mesmo assim, mas já somos livres porque "somos a descendência de Abraão" (João 8,33). "Sei que sois a descendência de Abraão", responde Jesus, subitamente irritado, "mas procurais matar-me porque minha palavra não penetra em vós [...] se fôsseis filhos de Abraão, praticaríeis as obras de Abraão." E a seguir ele repete: "Vós, porém, procurai matar-me, a mim, que vos falei a verdade" (João 8,37.39). Na defensiva, os judeus o interrompem, pressentindo a iminência de alguma coisa feia, alegando que eles eram os filhos de "um pai: Deus" (João 8,41). Não, diz Jesus, cada vez mais colérico, se fôsseis isso vós me amaríeis, pois "saí de Deus e dele venho" (Jo 8,42). Vós, por outro lado, não escutais e não podeis compreender porque vossa verdadeira fidelidade é a outro pai inteiramente diferente, e é ele quem tapa vossos ouvidos e vos cega para a luz. Que pai seria esse? "Vós sois do Diabo, vosso pai, e quereis realizar os desejos de vosso pai. Ele foi homicida desde o princípio e não permaneceu na verdade, porque nele não há verdade" (João 8,44). Não demora muito e os antagonistas estão trocando injúrias pesadas. Chocados, os judeus, por sua vez, acusam Jesus de ser o verdadeiro Diabo, nada melhor e talvez pior do que um samaritano, no mínimo por prometer imortalidade perpétua àqueles que o seguirem.

Quatrocentos anos depois, no ano 386, outro João, o presbítero, respeitado por seu ascetismo e sua eloquência — daí a posterior alcunha, Crisóstomo, o Boca de Ouro —, falava do púlpito de uma igreja na igualmente dourada cidade de Antioquia, aninhada entre as montanhas sírias e o mar, e, temendo que seu rebanho se mostrasse curioso, advertia-o de que as sinagogas dos judeus, e sobretudo Matrona, no subúrbio de Dafne, eram refúgios de demônios, piores do que bordéis. "Em suas sinagogas há um altar invisível de ludíbrios", bradou João, enfurecido, invocando lugares de demonismo sinistro, "em que sacrificam não carneiros e novilhos, mas as almas de homens."[19] Entretanto, eram as mulheres de Antioquia as mais suscetíveis à sedução dos demônios, pois tinham o hábito de lá ir ter em busca de diversão e inspiração. Como as prédicas sobre os ensinamentos da Torá e baseadas em *midrashim*, se não as próprias leituras, eram feitas em grego, podiam ser compreendidas por cristãs crédulas, atraídas às sinagogas pelo toque do shofar no Ano-Novo. "Não atendais ao chamado dessas trombetas", ordenou João. "Deveis ficar em casa, para chorar e gemer por eles [os judeus]."[20] E acrescentou: "Não tendes medo de dançar com demônios?".[21] E como elas eram impudentes a ponto de apreciar passar o dia com os judeus, ele se dirigiu então a seus maridos: "Não tendes medo de que vossas mulheres não voltem depois?". Proibi essas visitas! Fugi delas como fugiríeis de casas contaminadas pela peste! Isso porque o "judaismo", como chamavam essa amizade com judeus, era de fato uma doença terrível, capaz de pegar os ingênuos nas armadilhas arquitetadas pelo Diabo.

Pois não era notório que os judeus praticavam as artes negras da feitiçaria? São Paulo não confrontara, em Pafos, o perverso mago judeu Elimas, um verdadeiro "filho do Diabo?" (Atos dos Apóstolos 13,10). "Insultai os feiticeiros!", exigia João. "Expulsai-os de vossas casas."[22] Com base em algumas das primeiras referências a eles na Antiguidade grega, os judeus eram tidos como mestres nos conhecimentos esotéricos, adeptos de uma linha indiscernível de magia e medicina, e com certeza vendiam amuletos, alguns com palavras, outros com pedras, que combatiam a infertilidade ou o aborto, outros ainda em forma de anéis e braceletes.[23] Lançando mão dessas poderosas ciências, os judeus se dispunham a recitar bênçãos sobre campos e vinhedos para garantir boas colheitas, e pela ira dos pregadores ficava claro que muitos agricultores cristãos achavam que tais bênçãos não podiam fazer mal algum. Sabemos pela fúria de Crisóstomo contra as transgressões (e pelas objeções de outros Pais da Igreja) que havia uma série de razões pelas quais os cristãos tinham o hábito de frequentar a sinagoga. Visitavam-na para escutar sermões, em grego, de famosa eloquência. Iam lá também para assinar contratos, pois é evidente que confiavam mais nos tribunais judeus do que nos cristãos. Iam lá para fazer juramentos, porque (Crisóstomo comentou com incrédulo desdém) acreditavam que os juramentos pronunciados nas sinagogas eram mais solenes. Se uma dessas razões, ou todas elas, levava um cristão a procurar a sinagoga, nesse caso o presbítero queria ao menos oferecer uma medida de segurança cristã: "Fazei o sinal da cruz na testa e o poder maligno que habita a sinagoga logo bate asas. Se deixardes de benzer a testa, o Diabo se apoderará de vós, nus e desarmados como estiverdes e vos dominará com mil feridas tenebrosas".[24]

O momento oportuno para ataques aos judeus sempre foi o mesmo. Uma cidade ou um país entra em crise; a dificuldade, o conflito, a necessidade e o pânico já cruzaram o umbral; coisas ainda mais horrendas batem à porta. Depressa, culpem o povo do Diabo. Ponham a culpa nos judeus. O que ameaçava Antioquia em 386-7 era a possibilidade de uma catastrófica retaliação romana devido a um gesto de atrevimento insultante contra a pessoa ou ao menos a imagem do imperador Teodósio e de sua nova mulher, Gala. A cidade populosa e exuberante, a terceira em todo o império depois de Roma e Alexandria, era também o centro de controle e o comando da frente de batalha contra a eterna ameaça representada pelos persas sassânidas (que pouco mais de um século depois causariam a destruição de Antioquia). Sua defesa era dispendiosa, sobretudo para o Império Bizantino, que ocupava territórios amplos demais. Um novo imposto sobre o ouro estava para incidir sobre a cidade sibarita, que, no entanto, vinha passando por tempos difíceis: seca, escassez de alimentos, alta de preços, surtos devastadores de peste. A insatisfação transformou-se em distúrbio, o distúrbio, em iconoclastia.

Havia um aspecto cristão na agitação. Antioquia podia ser uma cidade amante dos prazeres e grandiosa em seus monumentos, teatros, termas e mansões, mas, ao mesmo tempo, era uma cidade de ascetas ardorosos, muitos dos quais viviam como eremitas e monges nas montanhas circundantes. A cidade tinha duas faces, a devota e a profana, e uma fomentava a outra.[25] Os iníquos hedonistas de Antioquia faziam o que queriam e eram depois vergastados por pregadores ferozes como Crisóstomo por serem tão negligentes para com os pobres e a compaixão do Salvador por eles. É claro que os hedonistas também apreciavam isso, aqueles espetáculos dramáticos. Havia muitos pobres na cidade e na planície alagadiça onde se plantava arroz — um dos trabalhos mais exaustivos que existem. Em parte alguma santos e pecadores viviam tão próximos. A gente de Antioquia se orgulhava da história cristã da cidade. Ali, segundo os Atos dos Apóstolos, surgiu o termo "cristãos". Ali Paulo tinha morado durante oito ou nove anos, dando uma guinada no Evangelho, que, antes direcionado para "os circuncisos", virou-se para os gentios. Toda uma congregação de santos e mártires famosos descansava lá e era objeto de afeição popular: Pelágia, a meretriz penitente, no passado a mais bela cortesã da cidade, que depois de batizada libertou seus escravos, cobrindo-os de joias, deu todos os seus bens aos pobres e desapareceu num eremitério distante, onde assumiu a identidade de um eunuco santo, tendo seu verdadeiro sexo sido descoberto apenas por ocasião de sua morte; Bábilas, o desafiador da perseguição romana que pediu para ser queimado preso a correntes; Tecla, a "igual aos apóstolos", seguidora de Paulo, que rompeu o noivado, cortou o cabelo e fez-se noiva de Cristo, sobrevivendo a sucessivas tentativas de assassinato com leões, touros e cobras.

Comparado a esses modelos de perfeição, o que era um mero imperador? As multidões transtornadas percorreram Antioquia derrubando estátuas e bustos do casal imperial e arrastando-os pelas ruas como se fossem prisioneiros. O que não foi bem-visto em Constantinopla, sobretudo porque Teodósio voltara a se casar havia pouco tempo, depois da morte da primeira mulher. Isso não ficaria assim. E foi enquanto a cidade esperava como um cativo com a corda no pescoço, que uma chusma de monges e eremitas barbados vestindo *caftans* negros, liderada por um ancião chamado Macedônio, avançou contra Antioquia "como uma tropa de anjos", no dizer de Crisóstomo, que considerou o fato um milagre. Os monges e ele apelaram por misericórdia e resolveram a situação com apenas onze execuções exemplares ordenadas pelo imperador.

Foi nessa atmosfera de nervosismo que Crisóstomo lançou suas oito homilias, intituladas *Contra os judeus*, um furioso ataque retórico que literalmente demonizava os judeus, afirmando que todos eles eram criaturas do Diabo, e as sinagogas, dependências de seu covil. O impacto dessas prédicas foi imediato e duradouro, pois Crisóstomo era famoso como orador brilhante (fora discípulo do mestre pagão Liabanus). Além disso, era visto como homem de conduta irretocável, que só voltara para Antioquia quando uma vida de autoflagelações ameaçara matá-lo se ele persistisse nelas. João tinha tarefas a cumprir: a mais urgente era separar cristãos de judeus, e para sempre.

Durante muito tempo eles tinham vivido lado a lado em Antioquia, se não em harmonia, nem sempre como adversários. Os judeus estavam em Antioquia desde a fundação da cidade por Seleuco, o Macedônio, em 300 a.C., provavelmente como soldados mercenários (uma de suas profissões mais comuns), cujos serviços haviam sido recompensados pela doação de terras, como ocorrera no Egito. Depois da rebelião contra Antíoco IV Epífanes, os asmoneus tinham se envolvido nas guerras civis dos selêucidas, em certo momento enviando um exército de milhares de homens para lutar ao lado de um dos contendores, Demétrio Nicátor. A recompensa deles foi o direito de formar uma organização autônoma na cidade: uma *politeuma*. A ligação com Jerusalém e com a Judeia era forte.

Quando a cidade caiu na órbita de Herodes, foi acrescentada à sua longa lista de projetos de construção. Um magnífico passadiço do tipo *stoa*, com colunas e coberta, acompanhando a principal via norte-sul, foi obra de Herodes. A cidade já contava com grande número de templos pagãos e com um anfiteatro; os romanos acrescentaram um grande hipódromo para corrida de bigas e combates de gladiadores, edificaram um palco com colunas no maior teatro e criaram as indispensáveis casas de banhos. Tudo indica que os judeus frequentavam todos esses lugares tanto quanto os gentios. O nível de vida da cidade era tal que ela atraía imigrantes ricos, até da Babilônia, como Zamaris, que entrou na cidade com um séquito de quinhentos cavaleiros e cem parentes e agregados, comprou uma propriedade isolada em que se cultivava o famoso arroz da cidade e passou a levar uma vida de potentado judeu.[26] O opulento bairro de Dafne, onde os gregos tinham construído um templo dedicado a Apolo, transformou-se num subúrbio de grandes mansões, decoradas com os costumeiros mosaicos e fontes. Os judeus mais endinheirados moravam ali e formavam a elite que se congregava na sinagoga de Matrona, evidentemente tão esplêndida que, para horror de Crisóstomo, grupos de mulheres cristãs visitavam-na para ouvir os toques do shofar no Ano-Novo, aplaudir com os judeus as leituras em grego e também os sermões feitos na mesma língua. Quanta apostasia chocante!

Muitos judeus não participavam da vida de Dafne e viviam no bairro de Kerateion, na área sudeste da cidade, onde também se localizava um dos anfiteatros mais novos. A sinagoga do bairro (e é provável que houvesse muitas outras, espalhadas pela cidade) era a Ashmunit, cujo nome sem dúvida se referia à ligação com os asmoneus. O bairro atraía igualmente os turistas cristãos que se interessavam pelas práticas judaicas, provocando a ira de Crisóstomo, mas também judeus menos aquinhoados, artesãos e vendedores dos produtos das artes e ofícios mais praticados pelos judeus: trabalhos em ouro e prata, magníficos artigos de couro, tecidos e bordados. Mais no interior, agricultores judeus cultivavam o arroz sírio, e alguns de seus arrendatários também eram judeus. Toda uma constelação de sinagogas na região limítrofe à Mesopotâmia — como em Apameia e Misis (Mopsuéstia) — com os habituais mosaicos (entre os quais um que representa o Dilúvio, com a Arca de Noé) e inscrições com nomes de doadores atesta a vitalidade e a riqueza desse mundo, que fazia e não fazia parte da diáspora. Inscrições na necrópole de Beit Shearim nos informam que muitos judeus mais ricos que faleceram em Antioquia ou em suas imediações, inclusive um certo "Adésio, diretor do conselho", tiveram seus ossos reenterrados ali, o mais perto de Jerusalém a que podiam chegar com facilidade, no aniversário de sua morte.

Portanto, os judeus de Antioquia, mesmo quando obrigados a superar ameaças de expulsão e surtos periódicos de animosidade, achavam-se profundamente enraizados em sua cidade natal, de cuja sociedade e história faziam parte organicamente. Mas era precisamente a ideia de ser impossível a coabitação entre os que aceitavam o Salvador e os que continuavam a negá-lo que gerava a veemência de João Crisóstomo. Os cegos e os salvos precisavam ser separados, era necessário estabelecer uma diferença forte e clara, pois de outra forma o *corpus christianum*, o corpo de cristãos, que era, na realidade, o corpo do próprio Cristo, estaria junto daqueles que o corromperiam.

Nem sempre os dois monoteísmos tinham sido mutuamente excludentes de forma tão incisiva. Como pouco ou nada havia nos ensinamentos de Jesus que exigisse o repúdio da Torá, era possível ser judeu cristão, e muitos o eram nas primeiras gerações depois da morte de Cristo, na Palestina e além. Em seu combativo diálogo em Corinto com o judeu Trifo, escrito em 140 d.C., Justino Mártir chamou esses judeus de "ebionitas", palavra derivada do hebraico *ebyon*, "pobre". (Os rabinos às vezes os chamavam de *minim*.) O nome talvez tivesse menos relação com o lugar que ocupavam na escala social do que com a pobreza que tinham abraçado, seguindo o sermão que Jesus pregou no monte das

Oliveiras. No espírito do Evangelho de Mateus, o único que podiam ler, os ebionitas aceitavam Jesus como o Messias, mas na forma humana em que a Bíblia hebraica profetizara que ele apareceria. Ele era o Filho do Homem, vindo com as nuvens do céu, a quem o Ancião de Dias, em Daniel, com "os cabelos de sua cabeça, alvos como a lã" (Daniel 7,9), prometera "o poder, a honra [...] [um] império eterno" (Daniel 7,14). Isso tornava o Jesus dos ebionitas humano e corpóreo, filho de José e Maria e, decididamente, não nascido de uma virgem. Eles rejeitavam toda ideia de sua divindade e aquilo que, para qualquer tipo de judeu, era a ideia blasfema de que Cristo coexistia com Deus (e não de que fora criado por Ele), pois isso violava a verdade suprema da Unicidade, afirmada a cada dia no *shema*. No entanto, eles podiam aceitar a ressurreição desse homem-messias, uma vez que ela não era mais implausível do que muitos dos milagres narrados na Bíblia — embora a ideia de que a morte de Jesus lavava os pecados da humanidade lhes escapasse.

Havia muita coisa nas práticas dos ebionitas, relatadas por Epifânio de Salamina, que faz eco ao que sabemos a respeito da comunidade de Qumran. Ambos os grupos tinham um complexo culto de anjos; ambos se opunham frontalmente ao Templo (pois, embora o Novo Testamento mostre os fariseus como adversários de Jesus, o alvo de grande parte da pregação deles era a aristocracia dos saduceus); ambos tinham a compulsão dos banhos e das purificações. Com uma exceção fundamental — a oposição aos sacrifícios de animais exigidos pela Torá, pois os ebionitas eram rigidamente vegetarianos —, eles cumpriam todo o restante das normas da Torá: os jejuns e festas, as regras de alimentação e o Shabat. Diz-se que Tiago, o Justo — irmão de Jesus e fundador da Igreja de Jerusalém (a primeira congregação organizada de seguidores de Jesus depois da Ressurreição e da Ascensão) —, não exigia a rejeição imediata e completa da lei da Torá como condição de participação na comunidade cristã, para não prejudicar o proselitismo dos ebionitas. Pedro, cuja missão principal dizia respeito aos "circuncisos", era da mesma opinião que Tiago. Era possível a neófitos que aceitavam Jesus como o Messias manter o ritual judeu e ainda assim ser recebidos na Igreja.

Entretanto, quem não pensava assim era Paulo, o verdadeiro fundador e criador da teologia cristã, que assumiu a linha drasticamente mais dura que, por fim, tornou impossível alguém cultuar o mesmo Deus na igreja e na sinagoga.[27] A judeidade de Tiago e Pedro os levava a querer apresentar a religião de Jesus como uma forma de judaísmo. Impregnado das Escrituras hebraicas, o cristianismo tinha sido profetizado por elas e fortalecia a Torá, em vez de negá-la. Em certos aspectos importantes, Paulo também via o cristianismo não como um repúdio do judaísmo, e sim como o cumprimento supremo de sua promessa. Paulo buscava na Torá as promessas messiânicas. A aliança de Abraão com Deus valia, em última análise, para toda a humanidade, e o próprio patriarca seria, como afirmava o Gênesis, o pai de *muitas* nações, e sua confiança em Deus, mesmo enquanto ele amarrava o filho para o sacrifício (outra prefiguração), era, acima de tudo, um ato de fé, e assim por diante. Paulo acreditava que a Bíblia havia declarado sua própria substituição, ou antes, a substituição da Lei de Moisés pela nova aliança, a nova fé. Paulo comparava aquela lei a um "mestre-escola", cuja instrução era necessária, mas cujo tipo de ensino afastava os homens da revelação da fé. Agora ela era redundante.

Paulo dava muito valor à sua origem judaica, mas num sentido oposto ao de Tiago e Pedro. Quem melhor do que o perseguidor dedicado de cristãos para apreender o abismo que separava a antiga da nova versão de Israel? Em Antioquia, ele e Pedro tiveram uma acalorada discussão sobre as pretensões residuais de fidelidade à Torá. Paulo considerou a recusa de Pedro a comer à mesma mesa que os incircuncisos como uma espécie de covardia moral (da mesma ordem, talvez, da tríplice negação), um recuo em relação à verdade corajosa do evangelho pela qual a nova aliança do sangue de Cristo tornara redundante a antiga marca na carne. Porque em Cristo Jesus "nem a circuncisão é alguma coisa, nem a incircuncisão, mas a nova criatura" (Gálatas 6,15).[28] Apegar-se aos costumes antigos equivalia a recusar a salvação oferecida pelo sacrifício de Cristo. Não só a Lei de Moisés era agora redundante, como as obrigações por ela impostas eram na verdade uma nuvem que toldava a luz forte da pura fé. "Sabendo, entretanto, que o homem não se justifica pelas obras da Lei, mas pela fé em Jesus Cristo [...]. Não invalido a graça de Deus; porque, se é pela Lei que vem a justiça, então Cristo morreu em vão" (Gálatas 2,16.21).

Quando Paulo transferiu o cerne da teologia cristã da vida de Cristo para sua morte, o envolvimento dos judeus nesta tornou-se não só inevitável como central na doutrina da nova religião. E como a substância de Cristo não podia ser separada da substância de Deus Pai, o crime dos judeus transformava-se em deicídio. Aguçaram-se as diferenças entre as explicações judaicas para a destruição do Templo. Para os sábios do *tannaim*, isso tinha ocorrido, da mesma forma que no caso do Primeiro Templo, como punição pelo desrespeito à Torá; para Paulo, acontecera porque eles não a tinham desobedecido o bastante ou, ao menos, aceitado sua substituição. Como foram os guardiães da antiga Lei e de suas profecias quanto ao Messias, era ainda mais incompreensível e imperdoável que tivessem deixado de reconhecer o significado (como ele o entendia) *de suas próprias Escrituras*. Só uma espécie de possessão diabólica podia explicar essa obtusa e teimosa "dureza de coração" (expressão que passou a ser usada nas descrições cristãs dos judeus quase desde o início).

Perdendo a esperança de que algum dia seu povo, os judeus, aceitasse o ponto fundamental de sua própria religião, Paulo sentiu-se grato por ter recebido a missão de evangelizar os gentios. Pois era lógico que, embora os judeus insistissem em que a Torá era só para eles, o sacrifício de Cristo se destinara necessariamente a absolver os pecados de toda a humanidade. De outra forma, qual era o seu sentido? Desse modo, Paulo aplicou ao caráter ecumênico do Evangelho todos os elementos universalizadores presentes na Bíblia — e eles eram muitos, a partir do Gênesis. Os gentios eram, na bela metáfora, a "oliveira silvestre" enxertada nas árvores velhas. E, é claro, convinha que os aspectos mais dolorosos, para não dizer super-rigorosos, da Lei mosaica pudessem agora ser postos de lado em favor da ampla igreja da pura fé.

Assim, como deve ter sido irritante para Paulo e seus seguidores descobrir que não só gentios, como mesmo alguns entre aqueles que se diziam *cristãos* fossem inexplicavelmente atraídos para os ritos dos judeus, para os serviços de suas sinagogas, para suas buzinas de chifre e suas leituras, suas festas e seus jejuns, para o jantar de Pessach e não para a eucaristia! Isso porque há muitos sinais de que — não só antes que Constantino tornasse o cristianismo a religião oficial do Império Romano, mas também depois disso — de alguma forma a antiga aliança persistiu ao lado da nova, e de que o judaísmo não foi suplantado de todo pelo Evangelho. Em parte a culpa disso recaiu, é claro, sobre os próprios Pais da Igreja. Os judeus tinham de ser preservados como testemunhas de Cristo e como recrutas para a conversão que anunciaria sua volta. Mas deve ter sido perturbador descobrir que o ecumenismo cristão se igualava a uma dispensação rabínica para gentios que desejassem observar a essência da Torá. As seis Leis de Noé (que uma tradição afirmava já terem sido dadas a Adão no Éden) só pediam que os gentios se abstivessem de idolatria, blasfêmia, roubo, assassinato, fornicação e consumo de animais que tivessem sido estrangulados e que, portanto, conservassem seu sangue vital (pressupunha-se que comer sangue fosse abominação para todos os seres humanos). A essas seis leis, reveladas de novo a Noé depois do Dilúvio, fora acrescentada uma sétima, a saber, a criação de tribunais de justiça. (O que mostra o quanto os judeus amavam suas leis.) Os que respeitassem esses preceitos básicos, embora não fossem admitidos à aliança dos judeus teriam, como "gentios justos" ou "tementes a Deus", a garantia de redenção no *olam haba*, ou o mundo do além-túmulo. Se os ebionistas eram judeus cristãos, poderia existir algo que se aproximasse de cristãos quase judeus? Chegaram a nós indícios fascinantes de pelo menos uma comunidade, em Afrodísia, na Cária (hoje o sudoeste da Anatólia), onde judeus e tementes a Deus dividiam uma sinagoga, pois uma longa lista de doadores é formada por 68 judeus, 54 tementes a Deus (ou ebionitas) e três simples prosélitos.[29]

A intensidade com que as versões gnósticas do Evangelho insistiam nas *duas* naturezas de Cristo — humana e divina — só fazia crescer a possibilidade de alguma espécie de síntese, mesmo que isso fosse, no fim das contas, inaceitável para os rígidos guardiães de ambas as doutrinas. Havia ainda, afinal, muitas superposições: a divisão do pão sem fermento (*matsá*) e o vinho bebido na refeição do Pessach, um eco óbvio do consumo eucarístico do pão e do vinho como o corpo e o sangue do Salvador. A inclusão, no jantar da Páscoa judaica (Seder de Pessach), do pernil de um cordeiro assado, em memória de terem os primogênitos dos israelitas sido poupados antes do êxodo do Egito, é outro eco da imagem do Salvador como um cordeiro. Era como se as duas religiões, *ambas* em construção, estivessem a olhar constantemente sobre o ombro uma da outra. E como a Torá nada tinha a dizer a respeito de qualquer refeição do Pessach (só falava do sacrifício e da leitura do Êxodo), já houve quem tivesse a ousadia de propor que a invenção rabínica do Seder pode ter sido uma resposta aos ritos da Páscoa cristã, e não o contrário.[30] O indubitável é que as duas religiões estiveram empenhadas num disputado diálogo Pessach-Páscoa cristã nesse momento de formação. Mesmo depois que o Concílio de Niceia, em 325, com a presença do próprio Constantino, separou as duas festas e garantiu que caíssem no mesmo dia, foram os judeus que mudaram a data do Pessach, e aquele diálogo combativo continuou.

Foi Constantino quem deu a Crisóstomo a missão de desenredar as duas religiões de uma vez por todas. Na carta que enviou aos bispos que não poderiam comparecer em pessoa ao Concílio de Niceia, Constantino expôs sua posição paulina com clareza brutal:

> É impróprio seguir o costume dos judeus na celebração de sua festa religiosa, uma vez que, estando suas mãos manchadas por um crime, as mentes desses homens infelizes estão necessariamente cegas [...]. Por conseguinte, abstenhamo-nos de ter qualquer coisa em comum com os judeus, que são nossos inimigos, evitemos atentamente todo contato com seus costumes iníquos [...] pois como podem eles nutrir ideias corretas sobre qualquer ponto depois de terem maquinado a morte do Senhor [...] [não permitais] que vossos espíritos puros partilhem os costumes de um povo insensato e tão depravado.

Crisóstomo poderia afirmar que não fazia mais do que seguir o espírito e a letra da instrução do primeiro imperador cristão que, por algum motivo, não fora executada. O começo de uma mudança salutar foi admitir que era de todo impossível ser cristão e judeu ao mesmo tempo. "A diferença entre os judeus e nós não é pequena", disse ele. "Por que estais misturando o que não pode ser misturado? Eles crucificaram o Cristo que adorais como Deus."[31] Era tal a simpatia de seu próprio rebanho pelos judeus de Antioquia que Crisóstomo não aceitaria nada menos que uma separação física. E para conseguir isso não bastava apenas dizer que os judeus eram cegos, obtusos e obstinados (como fizera Justino Mártir em seu diálogo com Trifo). Eles tinham de ser transformados em sub-humanos sinistros.

O que Crisóstomo expôs em suas oito homilias, no fim da década de 380, foi muito além do desgosto de Paulo; foi, pela primeira vez, uma verdadeira patologia social dos judeus. Utilizava expressões tiradas de antigas demonologias, da espécie que já circulara na Antiguidade — os judeus como sequestradores conspiratórios e vorazes, cujos ritos sagrados exigiam que devorassem gentios previamente cevados para esse fim —, mas acrescentava a essas histórias a nova certeza de que a morte de Cristo fora apenas uma extensão de sua propensão inata ao homicídio. Tinham assassinado Cristo, mas, afinal, por que não teriam feito isso, se, como eles próprios admitiam, disse Crisóstomo, tinham assassinado seus *próprios filhos e filhas*? "É óbvio", ele bradava na segunda homilia, "que estão enredados no homicídio."[32] Recorrendo a duas linhas do salmo 106, que quase certamente aludia aos pavorosos sacrifícios do rei

Manassés, Crisóstomo fez com que essas antigas atrocidades (supondo-se que tenham ocorrido) parecessem ter acontecido na véspera:

> Sacrificaram seus filhos e suas filhas aos demônios, afrontaram a natureza [...] tornaram-se piores do que feras selvagens e, sem nenhuma razão para isso, com as próprias mãos assassinaram os filhos para cultuar os demônios vingadores que são os inimigos de nossa vida.

Embora isso tivesse acontecido havia muitas gerações, Crisóstomo afirmou que os judeus ainda tinham o gosto de sangue na boca. Sua sexta homilia começa com uma horripilante analogia: com feras vorazes que, depois de provar da carne e do sangue, nunca mais se satisfaziam. Essas feras eram os judeus.

Havia mais. Todos eles, ao que parece, horrivelmente gordos, "não passavam de porcos" (uma metáfora escolhida a dedo), entregavam-se a uma comezaina desregrada (uma abominação especial para um asceta como João, é claro).[33] Sua lascívia era notória. Os antigos já falavam a respeito disso — outra razão para que sua suposta devoção à circuncisão mosaica fosse um pretexto para intensificar seus apetites. Sabidamente, eram todos "mercenários e mercadores iníquos", que se dispunham a roubar as pessoas assim que punham os olhos nelas. "Que mais quereis que eu vos fale? Dir-vos-ei o quanto são pilhadores, cúpidos, de como abandonam os pobres [uma acusação espantosa, uma vez que os judeus já eram famosos por suas obras de beneficência], de seus roubos, suas fraudes nos negócios? O dia não será longo o bastante para que vos dê conta dessas coisas."[34] Inaptos para o trabalho verdadeiro, advertia João, "são aptos [porém] para o assassínio". Foi por isso, completava, que Cristo disse "quanto a esses meus inimigos que não querem que eu seja rei sobre eles, trazei-os aqui e matai-os".[35]

Se não pudessem ser todos mortos, ao menos por ora, no mínimo tinha de cessar o "judaisismo" — a amizade casual, as chocantes visitas a sinagogas nas festas judaicas. Com base em proibições expressas de que clérigos cristãos as frequentassem, podemos inferir que até eles já tinham adquirido esse hábito.

> Muitos, eu sei, respeitam os judeus e julgam seu modo de vida venerável. Eis por que me apresso a erradicar e destruir essa lamentável opinião [...] que ninguém venere a sinagoga por causa dos livros sagrados, que cada um a deteste e a evite

[...]. Precisais saudá-los, trocar uma única palavra com eles? Não deveis virar-lhes inteiramente as costas, porquanto eles são a vergonha comum e a infecção de todo o mundo? [...] Não estremeceis ao vos verdes no mesmo lugar com homens possuídos que têm tantos espíritos impuros, que foram criados em meio ao homicídio e ao derramamento de sangue [...] que sorte de ilegalidade deixaram de cometer por sua avidez de sangue [...] eles que sacrificaram as próprias filhas a demônios?[36]

Só havia uma conduta apropriada a um cristão correto e decente: evitar todo e qualquer contato com essas pústulas ambulantes, a não ser para lhes lembrar a todo momento a verdade evangélica de que "vós matastes Cristo, vós pusestes mãos violentas no Senhor, vós derramastes seu sangue precioso. E por isso não tendes nenhuma possibilidade de expiação".[37]

Essas declarações não partiam de um maníaco desequilibrado das regiões mais bárbaras do cristianismo, e sim dos lábios do "Boca de Ouro": o mais reverenciado e influente pregador, não só em sua cidade natal, Antioquia, mas em toda a cristandade oriental. João era tido como a voz da piedade autêntica, uma voz capaz de vencer a despreocupação mundana da cidade cosmopolita para lembrar aos desavisados seus verdadeiros deveres. Era o tipo de voz que reunia um chamado ardente e inflexível à austeridade a brados de guerra fanáticos para enfrentar os inimigos de Cristo, seus assassinos. Para os judeus, essa era uma combinação com que teriam de se haver repetidamente nos séculos cristãos.

A que ponto chegaria a exortação para transformá-los numa tribo de párias? A quem alcançaria? Pelas leis do império, estariam protegidos de ataques físicos se as coisas chegassem a esse ponto? Ou os agentes do Estado agiriam para que a multidão enraivecida não se voltasse contra eles, acusando-os de indiferença às incitações de Cristo? Crisóstomo não foi ignorado ou menosprezado. O fato de as homilias terem sobrevivido, por serem copiadas e postas em circulação por aqueles que as ouviram, é, em si mesmo, prova da atenção que lhes deram os contemporâneos. Em 398, apenas onze anos depois de completá-las, João foi elevado ao patriarcado de Constantinopla, o que o situou bem próximo à sede do poder imperial. Isso deve tê-lo feito feliz, uma vez que a intensidade de suas efusões era determinada, ao menos em parte, pela lembrança, ainda assustadoramente vívida, do imperador apóstata Juliano, que em

362-3, ali mesmo em Antioquia, prometera mandar os judeus de volta a Jerusalém e reconstruir o Templo.

A breve mas impactante campanha de Juliano para descristianizar o Império Romano, prometendo restaurar os templos e as festas religiosas dos pagãos além de tolerar sem distinção todas as religiões, era particularmente irritante para a Igreja, pois ele fora criado por cristãos. Seu pai era meio-irmão de Constantino, o primeiro imperador cristão, que, ao mesmo tempo que preservava o direito dos judeus de conservar sua religião e suas tradições, referia-se a eles como "impuros em seus crimes [...] e com justiça punidos com a cegueira". Juliano seria diferente, um príncipe-filósofo. O Povo do Livro não lhe tinha grande apreço, por seu epicurismo, e ele via o conteúdo daquele livro com certo desprezer, opondo-se sobretudo à aliança especial que deixava implícito que só os israelitas desfrutavam das verdadeiras bênçãos de Deus; mas não via razão alguma para que não devessem, como quaisquer outras pessoas, ter o direito de cultuar o deus que bem entendessem, contanto que — ao contrário dos cristãos — não procurassem impingi-lo a todos os demais. E sua humanidade o levava a se compadecer dos judeus modernos que tinham perdido seu Templo e sua cidade dourada. No único dia em que eles tinham permissão de fazer sua peregrinação, o Nove de Av (aniversário da destruição do Templo), o Muro Ocidental remanescente do Templo de Herodes já se tornara não só um local de lamentações públicas e ruidosas, como também uma atração turística para cristãos com sentimentos conflitantes. Em 333, um viajante contou por escrito que eles se aproximavam da estátua de Adriano erigida no local do Templo e, "lamentando-se, rasgavam as roupas aos gritos, e depois iam para casa".[38]

Crisóstomo por certo sentia o súbito sobressalto com mais força ainda, porque esse repentino e extraordinário entendimento entre o último imperador pagão e os judeus se dava em sua própria cidade, Antioquia. Juliano esteve lá em 362 a fim de juntar as forças que usaria contra os persas. Segundo algumas fontes, na maioria contrárias a ele, o imperador reuniu uma representação de judeus da cidade e perguntou-lhes por que não estavam fazendo os sacrifícios exigidos por seu Deus, segundo as leis de Moisés. Eles responderam que as leis de Moisés não lhes permitiam fazer sacrifícios fora de Jerusalém. "Devolve-nos a cidade, reconstrói o Templo e o altar e faremos sacrifícios como no passado." Efrém, o Sírio, pregador que era inimigo feroz dos judeus, pintou o quadro de uma aliança ímpia na qual os judeus rejubilavam-se com a iniquidade de "Juliano, o mago e idólatra": "Os circuncidados soaram suas trombetas e comportaram-se como insanos". No entanto, parece muito mais plausível supor que ao menos alguns judeus não se sentissem muito à vontade com o projeto, já que se supunha que o advento do Messias era tido como a precondição da recuperação de Jerusalém.

De repente, o projeto interessou a Juliano, o ambicioso construtor da história, quando mais não fosse porque ele prejudicaria seriamente a afirmativa cristã de que as ruínas do Templo serviriam como um lembrete, para todo o sempre, das consequências da rejeição do Salvador. Ainda assim, é espantoso que um imperador romano, sobretudo tendo nascido de pais cristãos, pensasse que o "grande monumento destinado a perpetuar a memória de seu reinado", como se expressou Amiano Marcelino, historiador romano da época, fosse a restauração "a um custo astronômico [...] do outrora magnífico templo de Jerusalém", destruído pelos próprios romanos.[39]

Na primavera de 363, as coisas avançavam com rapidez. Para supervisionar o projeto, Juliano nomeou o antioquense em quem mais confiava, Alípio, que servira como governador na Bretanha romana. Uma carta ao patriarca Hilel II pediu-lhe uma estimativa dos custos da reconstrução, um coletor de impostos foi nomeado para receber o numerário reunido pelas comunidades judaicas para o projeto (um lembrete dos antigos shekels pagos para a manutenção do Templo), carregamentos de pedras e madeira começaram a ser transportados para Jerusalém e uma sinagoga temporária foi construída junto de um dos pórticos semidestruídos do edifício. A caminho de uma campanha contra os persas, Juliano anunciou: "Estou construindo com todo o zelo o novo templo de Deus Altíssimo".

E então, como ao menos os Pais da Igreja assim entenderam, Deus baixou de maneira explícita seu veredito. Segundo Amiano Marcelino, no fim de maio "terríveis bolas de fogo estouraram perto dos alicerces, queimando vários trabalhadores e tornando o local inacessível. Assim, os próprios elementos como que rechaçaram a obra, que foi deixada de lado".[40] As explosões, quase com certeza, resultaram de choques provocados por um terremoto na Galileia, mas naturalmente foram vistas com júbilo por cristãos da Palestina e da Síria. Para que não subsistisse dúvida alguma quanto ao que o Todo-Poderoso pensava a respeito da restauração prematura, um mês depois Juliano foi morto por um dardo persa em campanha.

Os cristãos respiraram aliviados e dirigiram orações fervorosas aos céus, dando graças por se livrarem das garras do paganismo e do judaísmo. O pesadelo de um mundo cristão virado de cabeça para baixo tinha passado, mas deixou os Pais da Igreja bastante conscientes de que um Império Romano cristão era uma realidade mais precária do que tinham imaginado. No entanto, o peso da repressão punitiva depois do interlúdio de Juliano caiu com mais severidade sobre os pagãos do que sobre os judeus. O judaísmo continuou a ser preservado como uma *religio licita*. O paganismo, não. Seus templos foram destruídos, seus cultos, reprimidos, e tornou-se crime praticar cultos pagãos mesmo na privacidade do lar. Embora os Pais da Igreja mais militantes desejassem pressionar o governo imperial para dificultar a vida dos judeus — para encorajá-los a se converter —, eles contentaram-se com fortalecer a separação das duas comunidades: proibiram-se os casamentos mistos (numa época em que os rabinos os facilitavam), a circuncisão de servos ou escravos gentios, as bênçãos de plantações e campos de gentios e as refeições à mesma mesa com judeus.

Havia duas restrições à campanha no sentido de marginalizar e até desumanizar os judeus e o judaísmo. Primeiro, os Pais da Igreja mais eloquentes e doutos estavam eles próprios divididos quanto à forma de intensificar a conversão de judeus e de lançar no ostracismo, como párias, aqueles que teimassem em resistir. Jerônimo, que vivera anos na Palestina e aprendera hebraico a fim de fazer a tradução para o latim do texto da Bíblia original (a Vulgata), estava fisicamente mais próximo dos judeus, em especial de seus mestres convertidos, mas insistia em acusá-los de perversidade deliberada, além da culpa de sangue pela crucificação. "Quem não é de Cristo é contra Cristo." Tudo o que se relacionava aos judeus tinha de ser lido ao contrário, desde a atitude deles na crucificação, inclusive a insalubridade de suas práticas, o absurdo desprezível da circuncisão e sua obsessão tacanha pela letra da lei. De forma notável e excepcional, Agostinho veio a ver os judeus e a Torá de um ângulo mais histórico. Se Deus os escolhera para receber Sua lei, como era possível deixar de considerá-la importante? Isso se aplicava até à circuncisão, que, no entender de Agostinho, em seu "despojo" da carne, era na verdade uma prefiguração do despojo da carne pelo próprio Cristo. Por acaso o próprio Paulo, tão indignado com a recusa dos judeus a entenderem que a circuncisão fora suplantada, não circuncidara Timóteo? Da mesma forma, Agostinho fez o esforço de imaginação histórica de registrar plenamente a judeidade de Jesus e dos apóstolos. E, como ele escreveu a Jerônimo em diálogos polêmicos de sutil argumentação, era necessário agora preservar os judeus na observância despreocupada de suas tradições e leis, pois Deus devia desejar que eles fossem dispersos por todo o mundo, vagando pela face da Terra, como curadores das profecias bíblicas sobre Cristo — um museu vivo de expectativa. Com certeza, eles só seriam salvos pela conversão, mas isso teria de ocorrer, na plenitude dos tempos, se Deus o desejasse, e mediante persuasão, não coerção.[41]

A segunda restrição foi o conservadorismo legalista da figura imperial dominante no fim do século IV, Teodósio I, que, ao mesmo tempo que envidava todos os esforços para erradicar o paganismo e assim esvaziar qualquer possibilidade de outra revolução como a de Juliano, defendia o antigo pacto implícito. Enquanto os judeus fossem leais (e a presença substancial deles na Babilônia persa fazia com que isso fosse importante), teriam direito à proteção da lei contra qualquer assédio físico ou coisa pior. Crisóstomo mal tinha colocado um ponto final em suas homilias quando o efeito de sua violência verbal pôs à prova a firmeza de Teodósio. O ano 388 assistiu a uma epidemia de ataques de multidões contra sinagogas em todo o império oriental, inclusive em Alexandria, mas com especial virulência na Síria. Em Calínico, à margem do Eufrates, uma multidão incitada pelo bispo local incendiou e arrasou a sinagoga. De início, Teodósio reagiu com severidade exemplar, ordenando que a sinagoga fosse reconstruída com recursos do próprio bispo, mas a decisão provocou uma tempestade de protestos por parte de clérigos horrorizados com o fato de cristãos serem obrigados a financiar a construção de uma sinagoga. Um dos bispos que protestavam, Ambrósio de Milão, já furioso com a ordem de Magno Máximo, um ano antes, que obrigara à reconstrução de uma sinagoga romana, acusou o imperador Teodósio de impiedade, portando-se como o profeta Natã em relação a Davi. Com um correto senso de histrionismo (e uma educação patrícia na retórica clássica), Ambrósio ofereceu-se para tomar o lugar do culpado, ser punido e até tornar-se mártir, se necessário fosse, em vez de permitir que a Igreja pagasse qualquer recompensa aos judeus. "Estou presente", declarou ao imperador, "estou aqui. Proclamo que ateei fogo à sinagoga ou ordenei que outros assim procedessem, para que não restasse nenhum edifício onde Cristo é negado." Como Deus ordenara a destruição da sinagoga por quaisquer instrumentos escolhidos por Ambrósio, ele de fato teria feito o mesmo pessoalmente se surgisse a oportunidade. Quanto aos judeus, "não oreis por esse povo, nem mostreis misericórdia alguma por eles".⁴² Depois de um confronto pessoal, Teodósio revogou sua sentença, determinando que recursos civis e do Estado fossem usados, mas nem essa ordem acabou sendo cumprida. Foi um péssimo sinal.

Entretanto, a situação iria piorar. No século seguinte, combatendo em todas as frentes — contra os bárbaros na Europa, contra os persas na Ásia Menor, urdindo conspirações e homicídios entre eles mesmos e suspeitando profundamente da lealdade dos judeus —, os governantes do dividido Império Romano cristão estavam mais expostos à campanha da Igreja para torná-los menos romanos. Uma sucessão de editos promulgados entre 435 e 438, durante o reinado de Teodósio II, tornou a vida judaica comunitária o mais anômala e difícil possível no Império Bizantino. Além da proibição de se construírem novas sinagogas, não se podia reparar a estrutura de sinagogas antigas. Isso equivalia a dar a bênção a incendiários, já que os judeus não tinham permissão de pedir indenização por danos. Os clérigos podiam ir aonde houvesse uma sinagoga semidestruída e de imediato consagrá-la como igreja, convertendo a estrutura, se não os que a frequentavam. Os judeus não podiam exercer nenhum cargo público, a não ser assumir a responsabilidade de coleta de alguns impostos, o que os transformava em alvo de ódio, sem usufruir de nenhum dos privilégios dos coletores. Tampouco podiam servir o exército, o que parecia uma redundância, pois fazia muito tempo que estavam isentos dessa obrigação, mas isso pôs fim à longa tradição de judeus servirem como soldados no Egito ou na Ásia Menor greco-romana.

O tecido judaico, por tanto tempo parte da trama cultural da vida greco-romana, estava se esgarçando. O símbolo da ligação do império com o *ioudaioi* — o patriarcado, iniciado com os lendários entendimentos entre os imperadores Caracala e Antonino Pio e o rabino Judá, o Príncipe — terminou com a morte de Gamaliel VI, em 425. Não foi nomeado um sucessor, e, quatro anos depois, o cargo de Patriarca dos Judeus foi oficialmente extinto, o que aumentou ainda mais a ansiedade deles diante da perspectiva de se tornarem uma população inteiramente submetida, privada da proteção da lei. Algumas das fábulas mais apavorantes, emanadas do púlpito de Crisóstomo e das prédicas paranoides de Simeão Estilita e Efrém, o Sírio, começaram a criar raízes na cultura popular cristã. A festa de Purim passou a ser objeto de suspeitas especiais, talvez devido a suas associações com ritos persas e ao papel central nela desempenhado pela rainha judia Ester. Abundavam relatos de que, na celebração da festa, os judeus encenavam uma crucificação simulada, pretextando o castigo de Amã, que foi executado. Pior, dizia-se que meninos cristãos eram sequestrados para serem torturados e crucificados. Em Inmestar, a pouca distância de Antioquia, ocorreu um tumulto em 414, depois que se espalhou o boato de que judeus tinham se apoderado de um desses meninos para um assassinato em Purim. Um milênio e meio mais tarde, ainda se encontrava na Síria quem acreditasse nesse tipo de história, embora a ocasião do festim homicida judaico tivesse passado para o Pessach, e o crime agora envolvesse a coleta de sangue de cristãos para a preparação do *matsá*. Começando pela insistência de Crisóstomo de que os judeus eram e sempre seriam uma récua de assassinos, eles logo estariam sofrendo acusações reais de tortura e sacrifício de crianças.

Esvaía-se a possibilidade de um mundo urbano partilhado por judeus e cristãos — mesmo um mundo em que se vivesse em tolerância teológica, segundo as condições agostinianas de condescendência sem incentivo. Com ela findava também a proteção legal de que o judaísmo gozara durante todo o Império Romano, antes e depois de sua cristianização. Emitido o código de Justiniano em 532, pela primeira vez não houve menção alguma ao fato de o judaísmo ser ainda uma *religio licita*. A omissão arrepiante seria notada em sinagogas da África à Síria. Três anos depois, baixou-se um edito ainda mais assustador. Todas as sinagogas do império deveriam ser transformadas em igrejas.

3. UM LUGAR DIFERENTE

Contudo, o ocaso caía depressa sobre o império que poetas judeus identificavam com o quarto animal do sonho delirante e apocalíptico de Daniel, o animal de dez chifres, dentes de ferro e unhas de metal. Também ele passaria; com efeito, os dez chifres se voltariam para atacar o animal do qual tinham brotado. Havia um limite ao que um imperador romano podia fazer, mesmo um imperador com sonhos grandiosos de uma Roma cristã unida, e o decreto de Justiniano que convertia todas as sinagogas em igrejas cristãs nunca foi executado de forma substancial. Só temos conhecimento de um caso relevante, ocorrido em Gérasa, a leste do Jordão, onde uma bela sinagoga do século IV foi transformada em igreja nos primeiros anos da década de 530. O edifício judaico era, claro, decorado demais para os cristãos que o ocuparam, pois um mosaico representando o Dilúvio (do qual alguns fragmentos chegaram até nós) foi substituído por outro, bem mais geométrico, ainda que alguns animais da Arca — carneiros, cervos e touros — continuem a pastar, serenos, entre os pedacinhos de pedra.

O próprio Justiniano devia saber que não haveria uma conversão em massa da noite para o dia, pois grande parte de seu programa foi formulada numa linha mais agostiniana, de modo a persuadir os judeus de forma gradual e não a empurrá-los em direção a Cristo com pancadas. Eles também foram proibidos de ler a Mishná, medida que, embora extremada em sua mesquinhez, esquecia obtusamente que a obra surgira como lei oral e que quase toda ela já fora incorporada às práticas sociais e legais judaicas. Em outro decreto, Justiniano declarou o grego como língua para a leitura da Torá através de seu ciclo trienal na sinagoga, mas isso já acontecia em vários lugares. A versão a ser lida era a da Septuaginta de Alexandria, traduzida por judeus da Jerusalém do Segundo Templo.

Se imaginava que poderia apressar a extinção da língua hebraica, o Império Romano cristão já estava atrasado demais para isso. Longe de se tornar redundante, a linguagem bíblica estava entrando numa nova fase de grande vitalidade e inventividade. Os dois Talmudes — o dito "Yerushalmi" de Jerusalém, embora galileu, e o "Bavli" babilônio, escrito nas academias babilônicas de Pumbedita, Nerhardea e Sura — haviam acrescentado à Mishná uma vasta rede de novos comentários, a Guemará. Com isso, criou-se um corpo imenso e surpreendentemente loquaz de *literatura* hebraica, que devaneava livremente sobre tudo, desde os mistérios sagrados da divindade até medidas legais no caso de ferimentos causados por chifradas de touro. O Talmude era grande a ponto de ser consultado não só para orientação jurídica, verificação de regras religiosas e esclarecimento, como também por quem buscasse inspiração e até diversão.

O Talmude era o império religioso dos sábios acadêmicos, os *amoraim*. Outro tipo de literatura em hebraico também estava surgindo nessa época, destinada não a letrados e juízes, mas às vozes da sinagoga. Na Babilônia, as sinagogas em geral eram de propriedade dos rabinos, e muitas vezes estavam instaladas em suas próprias casas (como ainda acontece em muitos casos hoje em dia), como uma extensão de seu Beit Hamidrash, as escolas de estudo, e eram frequentadas sobretudo por seus alunos. Entretanto, na Palestina, região cada vez mais assediada por uma Igreja agressiva e por decretos imperiais hostis, as sinagogas ainda eram centros comunitários, onde as pessoas desdenhosamente chamadas de *am ha'eretz* ("gente da terra"), que não pertenciam à aristocracia social ou à espiritual, podiam se reunir com sacerdotes, levitas e figuras importantes do lugar — aquelas cujos nomes estavam gravados nos mosaicos. Os novos poemas, os *piyyutim*, escritos num hebraico bruto e contundente, eram para elas um conforto diante da adversidade, um desabafo emocional cantado ou entoado entre as orações formais — por preceito, o *shema* e os *tefilin* ou a *amidá* diária (a oração feita de pé) de dezoito bênçãos ou invocações — e também antes e depois das leituras da Torá. Alguns dos primeiros desses poemas eram deliberadamente escritos como prefácios candentes a momentos dramáticos e solenes, como os repetidos toques do shofar durante o Ano-Novo, por exemplo, e, em diferentes versões posteriores, os *piyyutim* ainda têm essa função. Os mais famosos e apreciados, que até o judeu pouco afeito à sinagoga conhece — "Ashrei", "Adon Olam", "Yigdal", "Ein Keiloheinu" —, são composições medievais tardias. Embora a datação desses poemas seja sabidamente complicada, uma vez que em geral eles só são conhecidos por fragmentos preservados no grande depósito (Guenizá) de objetos culturais judaicos em Fustat, na cidade velha do Cairo, o mais antigo, segundo critérios estilísticos, parece ter sido composto nos séculos VI e VII.[43]

Há muito desabafo de sentimentos reprimidos em seus versos mais impetuosos, um contra-ataque poético aos opressores por eles detestados. Na verdade, extravasam uma fúria incontida. "Oxalá o governante de Dumah [Edom, também conhecida como Roma] seja humilhado, obrigado a lamber o chão como um verme", diz um desses poemas, composto por Yannai. "Que haja muita mortandade nas terras de Edom, que o fogo arda em seus campos." Pode-se dizer que Eleazar ben Qillir, discípulo de Yannai, era ainda mais dado a vinganças poéticas sanguinolentas: "Causa aos filhos de Esaú, esses vilões insolentes, a perda da prole e a viuvez".[44] É possível que todo esse fogo e enxofre tenha se estendido às relações entre eles próprios, pois, segundo se diz, Yannai ficou com tanta inveja de seu aluno Qillir que o matou, escondendo um escorpião em seu sapato. No entanto, o primeiro de todos os poetas — Yose ben Yose, ativo na Palestina no século VI — usou a Bíblia e seus intérpretes como veículo para manifestar suas lamentações e suas esperanças messiânicas. Sua voz é a da própria sinagoga, personificada na noiva do Cântico dos Cânticos, esperando Deus, com ânsia cada vez mais desesperada, na forma de um noivo. A iniquidade O fez fugir e em vão Ele é procurado em Suas velhas moradas, o mar e o deserto. Uma gota de esperança perdura: "Ele fará de mim, para sempre, o selo em Seu coração, como certa vez, sob a macieira, Ele me ergueu com a voz". O canto dos pássaros canoros une-se ao lamento como se fosse a voz enlutada da pomba. "O pardal vindo do Egito bradou no deserto/ A pomba da Assíria enviou seu canto/ Visita o pardal, busca a pomba silenciosa/ Sopra para eles a buzina de chifre."[45] Esses versos aludem ao próprio shofar e à esperança — mediante o arrependimento pelo pecado e a expectativa de redenção — de um iminente momento messiânico em que o noivo retorna à sinagoga, Edom cai e Jerusalém é restaurada. Uma simples amostra dos fragmentos de versos permite sentir o culto na sinagoga como ele se desenrola ainda hoje (tal como sua contrapartida nas igrejas): uma orquestração de prece, leitura, sermão, tudo entremeado de poesia devocional e hinos de louvor.

Tenham ou não sido exportados para a diáspora e a Babilônia, os primeiros poemas devocionais eram bem a manifestação de uma comunidade sob pressão, ainda tomada de intensa nostalgia de Jerusalém, tão perto e tão distante. O Talmude babilônio, escrito por aqueles que Yose ben Yose diz, numa bela imagem, que "comem o pão da cautela", situa-se no polo oposto de temperatura emocional, em contraposição à intensa exaltação dos *piyyutim*. E ele é também tão mundano, à sua maneira, como é espiritual outro gênero poético, derivado do misticismo de Qumran — a literatura *hekhalot*, que recebe o nome dos palácios celestiais pelos quais um devoto puro ascende para contemplar a face e a forma de Deus, sentado em Sua carruagem-trono.

No entanto, o Talmude é produto de um mundo — a Babilônia persa sob o jugo dos sassânidas — que estava praticamente livre dos temores intensos e da demonização constante que afligiam os judeus nas terras cristãs. Nenhum judeu esteve envolvido na morte do profeta Zoroastro, e na verdade o livro sagrado, o Avesta, praticamente não menciona sua morte. Na verdade, nos quatro séculos que se seguiram à conquista persa, a vida nas cidades mesopotâmicas à margem do Tigre e do Eufrates — Nehardea, Pumbedita, Sura e

Mahoza, um subúrbio de Ctesifonte, a capital sassânida — não esteve de todo isenta de problemas. Houve dois períodos de perseguições em meados do século IV, nos reinados de Izdegerdes II e de Peroz, mas, diferente do que acontecia na cristandade bizantina, os judeus e o judaísmo podiam viver bem sob a proteção persa. Se no mundo bizantino um judeu não podia depor contra um gentio ou mesmo prestar testemunho, na Babilônia persa ele tinha os mesmos direitos legais de qualquer pessoa, e por isso os judeus usavam os tribunais persas tanto quanto as suas próprias cortes, ou até mais. "O direito [civil] é um direito válido", declarou, de modo inequívoco, um dos rabinos mais importantes, Samuel. O *resh galuta* dos judeus, o exilarca ou "chefe do exílio", era uma autoridade reconhecida, do mesmo nível de um pequeno nobre persa, que vivia em grande estilo e gozava de acesso direto à corte sassânida. Atuando num domínio em tudo distinto daquele dos rabinos e sábios das academias talmúdicas, os exilarcas se davam ares de descendentes de Joaquim, o último descendente da linha real de Davi, mandado para o exílio após a destruição do Primeiro Templo. Corriam histórias sobre a familiaridade respeitosa entre eles e os reis. No começo do século V, o exilarca Huna ben Natan estava numa audiência com o rei Izdegerdes I quando se soltou a faixa de seu *caftan*, idêntico ao *kustig* zoroastriano, e no mesmo instante o próprio monarca a ajustou.[46]

Tudo isso se devia ao fato de o judaísmo não ter nada a ver com a história do zoroastrismo, e muito menos as referências ao deicídio, de modo que os persas não se sentiam ameaçados, mesmo porque muitos preceitos das duas religiões mostravam certa semelhança. Com certeza, ambas as culturas tinham em comum a obsessão de pureza em relação aos mortos, a crença na impureza da menstruação e da poluição noturna, e parece provável que o preceito judaico de enterrar aparas de unhas tenha vindo diretamente do costume do zoroastrismo persa. Decerto ninguém dizia que quando os judeus vendiam amuletos e encantamentos (um comércio próspero na Babilônia, como em toda parte) estavam mercadejando obras do demônio.

Vivendo numa das sociedades mais densamente urbanizadas e sofisticadas do mundo, os judeus de língua aramaica ocupavam estratos dos mais elevados aos mais modestos, distribuídos por toda a escala social. Eram mercadores e carregadores, emprestadores de dinheiro e tropeiros, médicos e proprietários de terras. E como os rabinos queriam falar a todos os tipos e níveis de judeus, o Talmude às vezes oferece uma rica etnografia de suas diferenças. A Mishná se contentara em incluir os cosméticos femininos entre as coisas proibidas, por serem "levedura", durante o Pessach.⁴⁷ Já os sábios do Talmude não se dispunham a deixar as coisas assim e opinam sobre depilatórios usados pelas adolescentes. Sendo, é evidente, um perito no assunto, Rav Yehudah afirma: "As moças pobres aplicam cal [ai!], as ricas usam farinha de trigo fina, e as princesas [a primeira vez em que uma princesa judia aparece na literatura], óleo de mirra por seis meses". No estilo das intermináveis associações livres talmúdicas, isso leva, é claro, a um debate sobre "o que é óleo de mirra?", travado de maneira acalorada pelos rabinos, todos com a mesma imprecisão, já que parecem pensar que o óleo essencial vem de olivas ainda imaturas, quando na verdade é uma resina extraída do tronco de comíforas, árvores da família das burseráceas. Quer dizer, a menos que na Babilônia o azeite de oliva fosse vendido como depilatório, e nesse caso os rabinos deveriam baixar regras a respeito de fraude no comércio de cosméticos. Entretanto, de modo geral eles queriam que as moças ricas (um subgrupo das princesas) deixassem de usar trigo na pele durante o Pessach. E já que estavam tratando do assunto, não queriam deixar dúvida alguma sobre os produtos que *não* deveriam ser utilizados no Seder do Pessach: nada de vinagre edomita (romano) com certeza, nada de cerveja "da Média", feita de cevada, planta que, por sua vez (e por nenhuma razão discernível), levou os rabinos a tecer considerações não só sobre cosméticos como também sobre alimentos que prendem ou soltam os intestinos. Não admira que aquilo que os *am ha'eretz* (o populacho) comem "aumenta as fezes, diminui a estatura e rouba ao homem cinco centésimos da luz de seus olhos": o pão preto, as verduras cruas e a cerveja fermentada com rapidez. Para consertar tudo isso, precisa-se de pão com farinha refinada, vinho de alta qualidade e carne com gordura, de preferência de uma cabra que não tenha dado cria.⁴⁸ Isso põe os conhecimentos nutricionais dos sábios mais ou menos no mesmo nível de seus conselhos a respeito de cosméticos depilatórios.

Por mais questionáveis que sejam as orientações dadas em quase todos os setores imagináveis da vida, o Talmude é uma obra feita a partir da experiência humana, e não um árido manual de assuntos legais. É também, de maneira inequívoca, não um produto de segregação cultural, mas vem de um mundo em que a vida judaica estava aberta à cultura que a cercava, sem qualquer temor de que o resultado, de uma forma ou de outra, viesse a ser uma versão prejudicada do judaísmo da Torá. Nesse sentido, o Talmude debate todas as perguntas e perplexidades, todas as questões referentes a "até que ponto abrir, até que ponto fechar" que acompanharam a vida da diáspora desde então. É interessante notar que, justamente porque os costumes sociais da Babilônia persa se assemelhavam tanto às práticas judaicas, sobretudo quanto a regras de pureza, a questão sobre até que ponto adotá-los e adaptá-los para uso dos judeus dividiu os talmudistas, bem como os *am ha'eretz*. O direito persa tinha uma visão ampla sobre quem podia figurar como testemunha em processos judiciais, que alguns rabinos seguiam, outros não. Vivendo no alto da escala social, na área suburbana de Mahoza, o rabino Nahman ben Yaakov, parente do exilarca, julgava perfeitamente aceitável que um homem suspeito de manter relações com uma mulher casada pudesse servir como testemunha. Da mesma forma, Rava, prolífico talmudista, não via obstáculo em permitir que um judeu conhecido por apreciar alimentos não kosher testemunhasse, enquanto o rabino Abaye, oriundo do mundo das escolas de Pumbedita, mais estritamente judeu, não aceitasse nada disso. A divisão se fazia entre a elite rica e descontraída dos judeus da Babilônia, mesmo quando eram rabinos, e os do mundo mais simples e mais fechado das academias. Muitos rabinos pertencentes à primeira categoria costumavam ser polígamos ao estilo persa, aprovavam a tomada de "esposas temporárias" no exterior, procediam eles próprios assim e não viam motivo para que isso lhes exigisse divorciar-se da mulher número um.[49]

A divergência de opinião entre os talmudistas não era, claro está, só uma questão de geografia social. Aqueles que interpretavam a Torá e a Mishná de forma estrita e os que adotavam uma postura mais livre faziam-no seguindo seus próprios caminhos de percepção. O mais notável com relação ao Talmude é sua elasticidade: a maneira como ele se dilata para acomodar todas as conversas entre as gerações, multivocais, que se interrompem umas às outras, às vezes em cacofonia. O Talmude foi o primeiro hipertexto do mundo, no sentido de que abria espaço para comentário sobre comentário, fonte após fonte, na mesma "página". De maneira impressionante, os diferentes tratados, caligrafias e até línguas, quando incluíam traduções para o aramaico, abarrotavam o espaço no rolo, já que os judeus só passaram a usar códices (a primeira forma dos livros) no século IX. Com isso, o formato de rolo deve ter feito a frouxidão formal do Talmude tornar-se ainda maior, com sua sucessão de livres associações, suas incríveis divagações pelo direito, por histórias, quimeras, debates. Toda a sua autoridade estava associada à oralidade, a seus saltos da intuição para a conversa, suas súbitas ondas de iluminação, que ninguém se animava a suprimir, qualquer que fosse sua relevância para o tema em discussão. Não importa onde aborde o Talmude, a pessoa tanto o lê quanto o ouve.

E também o vê. Dois rabinos importantes, Hiyya e Jônatas, caminham num cemitério. As franjas da veste de Jônatas, os *tsitsit*, roçam o chão. "Levante-as", diz Hiyya, "para que os mortos não digam: 'Amanhã eles se juntarão a nós, mas agora estão zombando da gente'." Jônatas responde (enquanto ergue as franjas e caminha, ou os dois pararam para se acusar mutuamente?): "O que você quer dizer, como os mortos podem saber? O Eclesiastes não diz que 'os mortos não sabem coisa nenhuma'?". Hiyya se anima. "Por favor, se você leu direito, sabe que 'os vivos' significa os justos, que mesmo depois de mortos são chamados de vivos, enquanto 'os mortos' que não sabem coisa nenhuma são os iníquos, que 'não sabem coisa nenhuma', qualquer que seja seu estado físico."

O tratado sobre o Shabat é entremeado de histórias, em especial sobre Hilel e Shamai. Para promover a virtude da paciência, conta-se a história de um homem que apostou ser capaz de enfurecer o próprio Hilel, famoso por sua calma. Na véspera do sábado, "Hilel estava lavando o cabelo" (o Talmude da Babilônia adora esses detalhes) quando o apostador bate à sua porta. Hilel se veste rápido e pergunta o que ele deseja. "Quero fazer uma pergunta. Por que os babilônios têm a cabeça redonda?" Hilel nem pestaneja. Porque as parteiras não estão dispostas a coçá-las. Ah, obrigado. Uma hora depois, ele volta. "Por que as pessoas de Palmira têm os olhos inchados?" "Boa pergunta, meu filho, é porque moram num lugar muito arenoso." E isso continua, sem nenhum sinal de aborrecimento por parte do grande homem, nem quando o importuno avisa: "Tenho muitas perguntas a fazer". "Pergunte tudo o que quiser." "Bem, dizem que o senhor é um príncipe. Não pode haver muitos homens como o senhor em Israel." "Por que não, meu filho?" "Porque o senhor acaba de me fazer perder quatrocentos *zuz*." Hilel desfere o golpe de misericórdia, com toda a doçura: "É melhor você perder quatrocentos *zuz* do que Hilel perder a calma".[50]

Tal como a Mishná, em torno da qual o Talmude dispõe seus densos canteiros de interpretações, comentários e histórias, essa obra gigantesca apresenta reflexões éticas da maior importância, mesmo quando os textos parecem arengar a respeito de minúcias irrelevantes. Quando um homem pode se divorciar de maneira legítima da mulher? (Só há aprovação se ela foi infiel, pois "eu detesto o divórcio, disse o Senhor Deus de Israel".)[51] Quando é que questões de vida e morte dispensam a observância do Shabat? (Sempre, de modo que você pode esquentar aquela água, se ela for necessária.) De forma comovente e reveladora (e decerto afetada pelas tribulações da Palestina no Talmude de Jerusalém, ou talvez por aquela época, no século v, em que os sassânidas atacaram os judeus), os sábios se perguntam o que indagar a um gentio que queira se converter.

> Nós lhe perguntamos: "Por que queres te converter? Não sabes que hoje em dia os israelitas se consomem de pesar e são desprezados, atormentados, perseguidos e molestados?". Se a pessoa responde: "Eu sei e me sinto indigno [de partilhar todos os seus problemas]", nós a aceitamos imediatamente.

Em seguida lhe falam dos mandamentos que são difíceis de cumprir e dos que são fáceis, dos castigos pela transgressão desses mandamentos e das recompensas por seu cumprimento.[52]

Contudo, ser admitido no judaísmo talmúdico, por mais fácil que a vida pudesse ser (e nem sempre era) na diáspora babilônica, significava partilhar não só a memória da perda, mas senti-la, vê-la e ouvi-la como se ainda estivesse acontecendo. No dia Nove de Av, pergunta um capítulo, o que os levitas estavam cantando de pé em sua plataforma, enquanto os exércitos babilônicos enfim arrombavam as portas do Templo e o invadiam? O que sentiram os judeus quando a fortaleza de Betar caiu ante o exército de Adriano e o "monte do Templo foi lavrado como um campo"? E eles partilhariam também o mundo das expectativas messiânicas, segundo as quais, quando certas coisas acontecessem — a queda de "Edom", a volta do noivo Deus à Sua noiva na Sinagoga, Jerusalém, em cuja direção todos olhavam ao orar, ao ler a Torá, ao cantar os poemas *piyyutim* —, seria restaurado o Templo de portas de ouro e com o velado Santo dos Santos em seu centro.

Às vezes, os rabinos talmúdicos, o exilarca e sua corte e as multidões de *am ha'eretz* pensavam que o mais sombrio dos tempos esconde a luz. Assim aconteceu com o imperador bizantino Heráclio no começo do século VII, que percorreu todo o caminho do fanatismo missionário, decretando que só havia uma coisa a fazer: os judeus tinham de ser convertidos, se necessário à força, uma vez que só em Cristo poderiam alcançar a salvação, e enquanto estivessem cegos seriam também perigosos — criaturas do Demo. Para aproveitar a viagem, Heráclio também proibiu os cultos semanais e, procurando atingir o judaísmo em seu âmago, proibiu a recitação do *shema* a qualquer hora do dia ou da noite. (Dizia-se que os *chazanim* contornavam essa proibição inserindo a oração em momentos por eles escolhidos durante o serviço.) Só se sabe de uma comunidade na diáspora bizantino-romana que tenha sofrido a conversão forçada em massa: a de Borium, no Magreb (Mauritânia).[53]

Isso porque antes que a intenção de Heráclio pudesse ser posta em prática, ocorreu, de repente, um momento prenhe de possibilidades messiânicas. No começo do século VII, o rei sassânida Cosroes II resolveu pedir à população judaica de seu reino que apoiasse uma campanha militar contra os bizantinos, liderada pelo general Shabaraz. Consta que o filho do exilarca na época, Neemias, mobilizou um exército de 20 mil auxiliares judeus para combater os persas. A marcha penetrou nas defesas bizantinas. Antioquia, a glória e o coração da cristandade, foi tomada e, depois disso, as tropas auxiliares judaicas, lideradas por um certo Benjamim de Tiberíades e atraindo recrutas do núcleo da Galileia — de Séforis, de Nazaré e da própria Tiberíades —, juntaram-se ao exército persa. Arremeteram-se pela Judeia e, depois de um sítio de três semanas, os judeus retomaram sua cidade pela primeira vez desde a proscrição de Adriano, instituindo uma cidade-Estado autônoma dentro do Império Persa.

Os martirológios falam de uma destruição traumática infligida a igrejas e cristãos. A arqueologia descobriu muito poucos indícios dessas destruições de igrejas, mas restos de esqueletos foram encontrados em pelo menos um sítio em Jerusalém, perto da piscina de Mamilla, hoje um shopping center de luxo e um condomínio residencial. Os judeus podem ou não ter se vingado de seus opressores, mas o momento acabou sendo menos messiânico do que se esperava. Pouco antes do começo do trabalho de limpeza e reconstrução, os persas, tendo de lutar em outro lugar, decidiram entregar os judeus e Jerusalém à própria sorte. Em 628, apenas catorze anos depois de terem sido derrotadas, as tropas de Heráclio retornaram e retaliaram de forma terrível. Os cristãos devem ter imaginado que, mais uma vez, a decepção dos judeus era resultado de sua suposição enganosa de que não haveria nenhum Messias além de Jesus, quando voltasse. Os judeus deveriam pôr fim a seus delírios e aceitar que o domínio de Cristo prevaleceria em Jerusalém para sempre.

É possível que os cristãos tenham sofrido um desapontamento maior. Apenas dez anos transcorreram entre sua recuperação da cidade e a conquista dos muçulmanos pelas mãos do segundo califa, Omar, em 638. De acordo com fontes judaicas e islâmicas posteriores, judeus que acompanhavam o exército de Omar levaram o califa ao monte do Templo, de onde se dizia que Maomé tinha subido aos céus, consultando no caminho profetas judeus. Consternado com os montes de lixo com que os cristãos tinham profanado de propósito o local do Templo, Omar teria ordenado uma operação de limpeza, para a qual, é claro, muitos judeus se apresentaram como voluntários. Em retribuição, setenta famílias da Galileia tiveram permissão de residir em Jerusalém e até construir uma sinagoga perto do local do Templo. Assim nasceu uma cultura de coexistência entre judeus e muçulmanos.

Essa, pelo menos, era a história.[54]

6. Entre os crentes

1. MAOMÉ E OS COHEN DA ARÁBIA

Guepardos, leões e um bizarro rinoceronte aguardam, enjaulados, junto com caixas cheias de mirra e óleo de nardo, nos porões de navios atracados no porto de Yotabe.[1] A oeste ficava a extremidade sul do Sinai; a leste, a costa norte da Arábia. A ilha em forma de tubarão (hoje chamada Tiran) situava-se bem no meio do estreito, bloqueando a passagem de navios que desejavam seguir para o norte, pelo mar Vermelho, ou para o sul, pelo golfo de Aila (hoje Ácaba). Tudo isso fazia de Yotabe o local perfeito para a cobrança de direitos alfandegários e impostos comunitários, e o historiador Procópio de Cesareia nos informa que muitos judeus viviam radicados na ilha havia gerações. Exceto por um pequeno número de cristãos, Yotabe era uma ilha judaica, com uma comunidade que, segundo se dizia, se instalara ali depois da destruição de Jerusalém pelos romanos. Todavia, como os judeus já vinham pulando de ilha em ilha bem antes do século I d.C., é possível que sua presença comercialmente estratégica em Yotabe tivesse começado muito antes. Dinheiro adiantado convence, em especial no caso de impérios vastos, de modo que os judeus de Yotabe faziam bons negócios fornecendo dinheiro vivo em troca do direito de coletar impostos, realizando lucros com tudo o que superasse o montante dos adiantamentos. O arranjo convinha a todos os erários beneficiados, o suficiente para que o Império Bizantino concedesse a Yotabe o status de Estado autônomo em miniatura: uma microrrepública comercial judaica, com oitenta quilômetros quadrados.

Quer dizer, até meados do século VI, quando o presunçoso imperador Justiniano, com sua ilusória obsessão de consolidar novamente o Império Romano cristão, decidiu pôr fim à liberdade da ilha. O infortúnio era previsível. Justiniano não estava disposto a ceder o comando estratégico do estreito a nenhum grupo que não estivesse plenamente empenhado nas guerras constantes contra os persas. E os judeus das fronteiras eram conhecidos por procurar diminuir ao máximo os riscos de suas apostas. Contudo, mesmo depois de terem sido subjugados, os judeus de Yotabe ficaram onde estavam, recolhendo seus impostos e fiscalizando carregamentos de feras africanas destinadas aos jogos que ainda restavam (oficialmente ilegais), os *venatores*, organizados pelos lânguidos aristocratas de Roma e Bizâncio, já enfastiados de ver apenas ursos e javalis despedaçados em seus circos privativos. Junto com os grandes felinos e elefantes, passavam pela alfândega de Yotabe riquezas da Arábia, todas elas lucrativas: almíscar; incenso usado por cristãos, judeus e pagãos; óleos aromáticos e resinas elásticas; pedras preciosas e o coral retirado, como ainda hoje, de recifes do mar Vermelho, usados como amuletos e pendentes de cordões de prata ou ouro. Como os mais antigos informes gregos afirmavam que os judeus tinham comunhão com os astros, passou-se a crer que aconteciam mistérios potentes e esotéricos — fórmulas e beberagens secretas extraídas de plantas, minerais e animais, e também essas coisas tinham um mercado tributável. De mais longe provinha a seda asiática que ia para o norte e o oeste, trocada por linho egípcio que viajava para o sul e o leste.

O domínio arrecadador de Yotabe sobre a navegação dependia de o gargalo do mar Vermelho estar arrolhado na outra extremidade, ao sul, onde havia, no porto de Áden, outra populosa comunidade de judeus árabes, dominando a saída para o oceano Índico, assim como o tráfego proveniente do Chifre da África. Ou seja, entre Yotabe e Áden estendia-se toda uma cadeia de assentamentos e cidades judaicas espalhados ao longo das rotas de camelos da Via Odorífera, desde o Iêmen, pela periferia do deserto, pontilhada de oásis, até chegar ao Hedjaz, o flanco noroeste da península da Arábia, e a cidades como Hegra, Ula e Tabuq.²

Essa, pois, era a geografia social de uma região que a maioria das pessoas não imagina que um dia tenha existido: a Arábia Judaica, onde viviam árabes judaizados e judeus árabes — fenômeno que hoje nos parece paradoxal, mas que durante dois séculos, antes do surgimento do islã, foi a coisa mais natural do mundo, prosperando econômica e culturalmente. Com os nabateus do Neguev e das montanhas de Moab, eles tinham aprendido e coletar e preservar as chuvas preciosas e repentinas, e a canalizar correntes subterrâneas, para que as tamareiras florescessem. Seus vínculos com os judeus da Palestina e com as comunidades da Mesopotâmia lhes forneciam uma rede de comércio preestabelecida. Graças a inscrições, conhecemos até suas conexões entre as cidades da própria Arábia. Uma dessas inscrições, num sepulcro em Hegra (hoje Madain Saleh) de meados do século IV, declara que ele foi construído por "Adnon, filho de Hmy, filho de Shmwl [Samuel], príncipe de Hegra, para sua esposa Monah, filha de Amrw [...] filho de Shmwl, príncipe de Teima".³ Os clãs e as tribos de judeus cujos nomes conhecemos por fontes históricas do começo do islamismo possuíam pomares de tamareiras e fortalezas, cruzavam a Arábia com caravanas de camelos (de fato, muitos deles acompanhavam os rebanhos como beduínos judeus) e, antes do advento de Maomé, em 610, dominavam cidades-mercados fortificadas como Teima, onde eram poderosos o bastante para impor o judaísmo à cidade ou a pagãos ou cristãos que tencionassem se estabelecer ali. Em Khaybar, cidade-oásis de torres e muralhas fortificadas no qual a água que descia dos montes à sua volta era armazenada em tanques para irrigar pomares de tamareiras e vinhedos, os judeus possuíam terras e fabricavam e vendiam armas, couraças, catapultas e máquinas de assédio completas, além de comerciar seda e outros tecidos trazidos do reino sulista de Himiar. Algumas propriedades rurais de Khaybar, sobretudo no jardim-oásis de Fadak, pertenciam ao clã Banu Nadir, que fundara Yathrib ou Iatreb (hoje Medina), a cerca de cem quilômetros ao sul, cidade que se tornou uma das mais populosas e poderosas do Hedjaz. Ali, no local onde Maomé criou sua comunidade de crentes, os judeus, que constituíam pelo menos 60% da população, eram proprietários de terras, grandes comerciantes ou ourives, e falavam e escreviam em *yahudiyya*, dialeto judeu do árabe. Contudo, havia também os *kahinan*, como as fontes islâmicas os chamam — os *cohanim*, sacerdotes, alguns dos quais, segundo o Talmude, descendem dos milhares de judeus que se refugiaram na Arábia quando o Templo foi destruído. Houve quem chegasse ali como missionário, saindo de Tiberíades e outras cidades da Palestina bizantina-romana (e, ao contrário do que se crê, foram numerosos). Eles foram, de fato, os Cohen da Arábia. Havia também uma comunidade de levitas, e palavras essenciais de sua fé — *nabi*, profeta; *sadaaqa*, obrigação moral, caridade e justiça; *rahman*, misericórdia — passaram intactas para o islã. Havia judeus árabes que trabalhavam como marinheiros, escultores, escribas e poetas, comerciantes, criadores nômades e agricultores: toda uma cultura.

Parece-nos natural pensar numa antiga população árabe cristã, porque essa comunidade sobrevive ainda hoje como uma cultura coerente. Contudo, temos de acrescentar a esse cenário, do século IV ao século VI, uma população de árabes judeus — antiga ou recém-convertida — que disputava vigorosamente com o monoteísmo rival a conversão de pagãos. De acordo com Filostórgio, historiador eclesiástico, os missionários enviados à Arábia pelo imperador Constâncio II em 356 sentiram-se frustrados com a forte e bem-sucedida concorrência de catequistas judeus, aqueles que fontes muçulmanas chamavam de *rabban'iyun*.

No fim do século IV, quando a vida dos judeus na cristandade começava a se tornar bem mais difícil, o judaísmo fez sua conquista mais espetacular na Arábia, ao obter a conversão do reino de Himiar (que correspondia, em termos de território, ao atual Iêmen, e foi a potência dominante na península Arábica durante 250 anos). Durante muito tempo, supôs-se que a conversão de Himiar se limitava a um pequeno círculo em torno do rei — Tiban As'ad Abu Karib, o último da linha de Tubban — e, talvez, à aristocracia militar. Ainda se debate sobre a extensão do judaísmo himiarita, mas os dados fornecidos por inscrições e, mais importante, por escavações em Zafar, a capital montanhosa, que revelaram o que parece ser um antigo *mikvé* ou tanque para o banho de purificação, levam muitos pesquisadores modernos, embora não todos, a crer que essa conversão foi mais profunda, generalizada e duradoura.[4] É possível que os himiaritas fossem devotos "do Sol e da Lua", além de praticarem a circuncisão no oitavo dia, mas, por outro lado, como se depreende de mosaicos de sinagogas da época, o culto do Sol não causava controvérsia na prática judaica. Na verdade, segundo o cronista Ibn Abbas, um dos principais motivos da suspeita de que Ka'b al Ahbar, companheiro do califa Omar na conquista de Jerusalém, era um falso muçulmano foi sua declaração de que, no Dia do Juízo Final, o Sol e a Lua seriam levados a julgamento "como touros castrados", opinião considerada tipicamente judaica!⁵ Como a elite himiarita enterrava seus mortos na grande necrópole de Beit Shearim, não há dúvidas quanto à direção de sua fé religiosa ou à sua ligação com a Palestina judaica. Fontes muçulmanas posteriores falam até de rabinos vindos de Tiberíades para fazer preleções para a corte himiarita. Seja isso verdade ou não, fica evidente que nos séculos que antecederam a aparição de Maomé, em 610, os judeus estavam longe de constituir uma presença estrangeira tênue no mundo etnicamente árabe do Hedjaz e de Himiar.

A conversão de Himiar só foi possível porque nunca ocorreria aos convertidos que a fé que estavam adotando fosse, em qualquer sentido, estrangeira. Os judeus estavam instalados em terras árabes havia tanto tempo que tinham se tornado uma parte orgânica daquele mundo. Em escavações recentes em Zafar, cidade construída entre vulcões, foi encontrado um anel do século II ou III, com um sinete de cornalina, entalhado com a imagem da Arca da Torá, estilizada exatamente da mesma maneira como ela aparece nos pisos de mosaico das primeiras sinagogas, e com o nome Yishaq bar Hanina gravado em hebraico, da direita para a esquerda.⁶ Judeus como Yishaq e seus descendentes falavam árabe, além do aramaico, e alguns, como o chefe militar Samw'ayal ibn Adiya, de Teima, escrevia poemas em árabe em que se gabava de seus feitos, mas de suficiente eloquência para merecer que seus versos fossem reunidos numa coletânea compilada por editores muçulmanos. Esses judeus tinham nomes árabes, vestiam trajes árabes, organizavam-se em clãs familiares estendidos, semitribais, tal como os árabes, e — não só em Himiar, mas em toda a região, do oceano Índico ao Neguev e ao Sinai — muitos deles *eram* etnicamente árabes.⁷

Tinha havido tantas conversões ao longo dos séculos, desde que os asmoneus impuseram à força o judaísmo aos itureus e idumeus do deserto, de etnia árabe, que é impossível distinguir os judeus árabes que na sua origem eram emigrantes da Palestina, antes ou depois da destruição do Templo, das multidões de árabes antes pagãos que haviam optado pelo judaísmo, e não pelo cristianismo, como sua fé monoteísta. Estudos recentes do DNA de judeus iemenitas modernos, realizados pela geneticista Batsheva Bonne-Tamir, confirmaram que descendem de beduínos e árabes do sudoeste da Arábia convertidos ao judaísmo.⁸ Essa fusão, no período pré-islâmico, de identidades árabes e judaicas fortaleceu-se quando o último rei judeu, Dhu Nuwas, o Senhor dos Peiot* (também conhecido como Yusef As'ar), foi derrotado em batalha por Elesbão, rei cristão de Axum, em 525. Antes disso, acreditava-se que o Senhor dos Peiot levaria seu judaísmo agressivo ao interior da península Arábica. Claramente impelido pelo desejo de combater os cristãos, para revidar as perseguições sofridas pelos judeus no Império Bizantino e também os incêndios de sinagogas na cidade predominantemente cristã de Najran, Dhu Nuwas aprisionou e executou comerciantes cristãos que passavam por Himiar em direção à Etiópia. A notícia dessas mortes ateou as chamas da revolta em Najran, que Dhu Nuwas reprimiu com violência, e o massacre logo deu ensejo a martirológios divulgados por monges e sacerdotes sobreviventes. O poder bizantino, e também o acesso ao império pelo leste e pelo sul, viu-se de repente ameaçado por um pesadelo, a combinação das forças persas e judaicas. Empenhado em defender as fronteiras contra os sassânidas, o imperador Justino I pediu ao recém-batizado reino axumita africano cristão que interviesse. À testa de um enorme exército (que talvez reunisse 60 mil homens), o rei axumita Elesbão invadiu Himiar em 525 e derrotou Dhu Nuwas, pondo fim à história do reino árabe judeu e à vida de seu pitoresco monarca. A história segundo a qual Dhu Nuwas se matou fazendo sua montaria saltar para o mar do alto de um penhasco não passa de lenda, mas com certeza o último e mais agressivo rei judeu de Himiar não sobreviveu à sorte de seu exército vencido, o mesmo acontecendo ao sonho de um Estado federado pan-árabe judeu.

Entretanto, o esfacelamento do reino judaico de Himiar, em 525, fez com que seus habitantes, fiéis ao judaísmo, se transferissem para o Hedjaz, mais ao norte, onde engrossaram uma população que já era fortemente árabe e judaica nas cidades e nos oásis. (Alguns deles decerto permaneceram no Estado cristão axumita, mas conservando o judaísmo, pois sempre houve judeus no Iêmen ao longo de toda a Idade Média até a emigração em massa depois da Segunda Guerra Mundial.)⁹ Ou seja, o monoteísmo judaico tinha penetrado profundamente na Arábia durante quase um século antes que Maomé anunciasse sua revelação numa das cidades — Makka, ou Meca — onde esses imigrantes himiaritas tinham se estabelecido. Foi exatamente porque o monoteísmo árabe

---

* Plural de *peʾah*, cachos de cabelo laterais, característicos dos judeus ortodoxos. (N. T.)

(em contraposição à confusa versão trinitária pregada pelo cristianismo) tinha um matiz judaico tão forte — tratava-se, com efeito, de um judaísmo árabe — que Maomé, que vivera entre judeus durante toda a vida, pôde contar com, no mínimo, alguma simpatia entre eles, e até esperar que talvez eles fossem a parcela da população mais receptiva à sua profecia ou, pelo menos, à parte segundo a qual o islã era a verdadeira fé abraâmica.

Não é difícil entender o otimismo de Maomé quando, em 622, depois de seu fracasso em conquistar Meca, fez a hégira rumo ao norte, para Yathrib/Medina, onde, mais adiante, o islã triunfou e criou suas primeiras instituições. É possível que os clãs judeus em Yathrib (e eram muitos) já não dominassem a cidade política e socialmente, mas também não resta dúvida de que continuavam a representar ali uma força econômica e cultural. Assim, o islã surgiu num cadinho urbano judeu. A convicção de Maomé de que os judeus seriam seus aliados mais naturais se explica por uma afinidade entre as duas religiões de Deus único. No entanto, a conexão é ainda mais forte que isso. O judaísmo árabe-himiarita talvez tenha sido, num sentido profundo, o pai direto do islã, pois não faz nenhum sentido histórico classificar o núcleo das doutrinas de Maomé senão como *essencialmente* judaicas — o que fica patente na indivisibilidade do Deus único e onipotente (ao qual o judaísmo himiarita e árabe se refere, afinal de contas, como "rahman, o todo-misericordioso e compassivo que estás no céu e na terra"), no advento dos Últimos Dias (uma crença central da comunidade de Qumran), no ódio à idolatria, no mandamento de caridade (*sadaaqa* em árabe, *tzedaka* em hebraico), na proibição rigorosa da carne de porco e também do consumo de carne ainda com restos de sangue, na insistência nas abluções rituais e na purificação, sobretudo antes da oração. Não surpreende pois que, até ser repudiado pelos clãs judeus de Yathrib, Maomé quisesse que os crentes orassem voltados para Jerusalém, mesmo por se ver inserido na série de profetas bíblicos. Da mesma forma eram judaicas outras regras de Maomé: as várias orações diárias (impostas também pelo zoroastrismo); os rituais de purificação, o jejum em Dez de Tishri (o Dia do Perdão judaico), só mais tarde substituído pelo Ramadã; o jejum nas segundas e quintas-feiras; e o dever da circuncisão.

É bastante compreensível, portanto, que exatamente da mesma maneira como fariam mais tarde os cristãos que criticavam o judaísmo baseado no Talmude, autores muçulmanos insistissem em que o islã era o verdadeiro cumprimento da Bíblia hebraica; que em suas páginas, em especial nas epopeias de Abraão/ Ibrahim e de Moisés/ Musa, se encontrassem as promessas afinal concretizadas por Maomé; e que a religião praticada pelos judeus contemporâneos era uma invenção rabino-talmúdica moderna, não autorizada por revelação divina. Assim pensavam também, afinal, os samaritanos e a nova congregação dos caraítas, que rejeitavam todas as adições rabínicas às leis expostas na Torá.

Nesse caso, por que os judeus do Hedjaz *não* responderam de maneira mais positiva a Maomé, e na verdade o rejeitaram de forma tão contundente que, pelo menos em Yathrib, se arriscaram à erradicação e à destruição física? A resposta estava numa versão reescrita da Bíblia, do Gênesis em particular, que transgredia o cânone da Torá, agora fechado. Se Maomé tivesse aparecido seis séculos antes, suas variações talvez não parecessem tão heréticas, uma vez que os próprios Manuscritos do Mar Morto estão cheios de pseudoepígrafos que, em essência, reescrevem não só a história dos patriarcas (e de forma mais dramática, das matriarcas), como também o relato, feito no Gênesis, da própria Criação. E, como vimos, aquela foi também uma época que tremia com a expectativa de um drama maniqueísta dos Últimos Dias, praticamente um protótipo do relato do islã, para não falar da margem que dava para todo tipo de profeta dos últimos dias e para mensageiros do Todo-Poderoso que traziam informes celestiais. Como muitas profecias e a literatura do *merkavá*, o carro místico que transportava mensageiros em viagens de ida e volta aos céus, Maomé alegava ter estado no céu, e, como aqueles viajantes no Paraíso, declamava orações mântricas e se cobria com um manto misterioso. O problema de Maomé foi de oportunidade, pois apareceu diante dos judeus de Yathrib e do Hedjaz bem depois de os sábios terem declarado de forma categórica o fim dos profetas.

Para muitos desses judeus, e sobretudo para aqueles que o Alcorão chama de *rabban'iyun*, a instituição rabínica, Maomé era um embusteiro presunçoso, se não perigoso, tanto mais porque só tinha a mostrar palavras a respeito de uma revelação pessoal que ele insistia em dizer que suplantava a autoridade escrita da Torá. Onde estava o Livro escrito de sua revelação, algo comparável ao que tinha sido "descoberto" no Templo no reinado de Josias e por milagre preservado durante o exílio na Babilônia e devolvido a Jerusalém pelo escriba-sacerdote Esdras? E com que direito Maomé mutilava e alterava a Torá, ao tornar Ismael (Ism'ail), e não Isaac, o objeto da ordem de Deus para sacrificar seu filho, ou ao fazer com que Abraão visitasse Ism'ail, que estava exilado no deserto com Agar, para lhe dar sua bênção? Pior ainda do que essa alteração de insolência blasfema era a desfaçatez de insistir em que os autores da Torá eram charlatães e forjadores, cujos textos requeriam uma adequada emenda pelo Alcorão.

Depois de tomarem conhecimento de todas essas afrontas, os irados guardiães da tradição judaica em Medina não se furtaram a propalar a enormidade da heresia. Além disso, fizeram-no através do clássico expediente árabe da poesia pública, declamada com frequência nos mercados a céu aberto que em Medina ainda eram uma atividade de judeus. Os beduínos tinham uma longa tradição de fazer essas declamações versificadas, e esse foi um dentre outros costumes árabes que os judeus adotaram com facilidade. Agora usavam sua habilidade nesse meio para fins polêmicos e mordazes. A mais fatídica dessas intervenções ocorreu em 622, quando o venerável poeta Abu Afaq (que diziam ter 120 anos) escarneceu das pretensões de Maomé e recomendou a todos os que acreditavam no Deus único que abandonassem a mensagem do impostor e se afastassem de sua pessoa. As mais antigas biografias do Profeta registram o nível da indignação de Maomé diante do desafio. "Quem há de cuidar do canalha?", ele teria perguntado, um pedido logo atendido por um de seus seguidores mais dedicados, Salim ibn Umayr.

> Numa noite quente, Abu Afaq dormia ao ar livre. Salim ibn Umayr sabia disso, de modo que encostou uma espada no fígado do ancião e empurrou-a até ela tocar no leito. O inimigo de Alá gritou, e as pessoas que o seguiam [os judeus] acorreram, levaram-no para sua casa e o sepultaram.

De acordo com algumas tradições, uma mulher convertida ao judaísmo e também poeta, Asma bint Marwan, ficou de tal modo mortificada com o assassinato de Abu Afaq que fez sua própria denúncia satírica e pública, sendo também assassinada, em torno dos seus doze filhos, o menor dos quais foi arrancado do peito que o aleitava antes que ela fosse morta a punhaladas. Há indícios de que declamadoras e cantoras judias, como uma certa Hirra al Yahudiya, da região de Wadi Hadhramaut, no sul de Himiar, onde tradicionalmente se apresentavam em público, tenham sido muito hostis a Maomé, e que sempre pagavam um preço pela temeridade.[10]

As coisas mudaram drasticamente em Medina. Irritado com a rejeição dos judeus, Maomé mudou o sentido da *qibla*, a direção para onde devem ser dirigidas as orações, de Jerusalém para Meca. Politicamente, ele fora acolhido em muitos setores como uma figura que poderia transcender os litígios dos clãs tribais — os quais, cumpre frisar, não eram de judeus contra árabes, e sim de vários grupos judeus-árabes, em alianças ou rivalidades temporárias, uns contra outros. Em vez de atuar como um árbitro imparcial, Maomé mergulhou, com boa dose de astúcia, nessas batalhas faccionais. Em 622, porém, era evidente que ele assumiria uma postura cada vez mais antagônica em relação aos clãs judeus mais antigos e poderosos, todos eles perigosamente aliados de uma forma ou de outra a vários de seus adversários. A convicção geral de que poderiam subornar clãs não judeus para se unirem à aliança anti-Maomé só piorava a situação. Em alguns casos, esse maior poder econômico talvez tenha prejudicado os judeus, pois pode ter facilitado o recrutamento de legalistas que se beneficiariam da expulsão deles — sobretudo no caso do clã Banu Nadir, que dominava os pomares de tamareiras nos arredores de Yathrib e em Khaybar. O clã Banu Qaynuka era formado basicamente de ourives, cujos estoques de ouro e prata podem ter sido outro incentivo para as hostilidades. Ambos os clãs foram expulsos sumariamente da cidade de seus ancestrais, transferindo-se para Khaybar, no norte, e, segundo cronistas muçulmanos, depois para o sul da Síria, talvez Palmira. No caso do mais poderoso dos clãs, o Qurayza — que cometeu o erro fatal de aliar-se aos mais obstinados inimigos de Maomé em Meca (talvez porque alguns membros do clã residissem ali), depois de um sítio que deu a ele o controle de Yathrib —, a reação do Profeta à "traição" foi muito mais brutal. Tentando atenuar a situação, o clã admitiu que, na defesa de Yathrib, de fato contribuíra com cestos e pás para a abertura de trincheiras, mas sua credibilidade estava comprometida. Perguntando a um crente de uma das tribos locais, os aws (que também tinha um clã judeu), qual deveria ser o castigo dos Qurayza, ficou assentado que todos os homens (entre quatrocentos e novecentos, a depender da fonte histórica) deveriam ser executados, enquanto as mulheres e crianças seriam escravizadas e obrigadas a se converter. Vários desses escravos foram vendidos para a aquisição de armas para as tropas dos fiéis, e algumas mulheres foram dadas em casamento a muçulmanos, entre as quais uma certa Rahaina, que se casou com o Profeta. O massacre impiedoso foi levado a cabo.

Embora a veracidade da chacina tenha sido contestada nos tempos modernos, a história brutal foi repetida em todas as biografias antigas do Profeta, e não era, afinal, fato especialmente inusitado na Medina dos séculos VI e VII. Os judeus himiaritas tinham feito o mesmo com cristãos de Najran um século antes. No entanto, a darmos crédito a um documento citado nessas biografias do século VIII e que de modo geral tem sido aceito como historicamente autêntico, os Qurayza não foram os últimos judeus de Medina ou de outras cidades do Hedjaz. Muitos subclãs são citados nesse documento, conhecido como Constituição de Medina, um pacto com tribos judaicas que expunha a estrutura básica da *umma*, a comunidade dos crentes. Dos 59 artigos do documento, nada menos que dez se referem especificamente aos clãs judaicos que, presume-se, permaneceram em Medina depois do massacre e expulsão das três tribos principais. Surpreendentemente, porém, o documento da *umma* pressupõe uma aliança militar entre judeus e muçulmanos, especificando que os primeiros pagariam "sua parcela dos gastos" desde que os dois grupos lutassem lado a lado. O artigo seguinte diz uma coisa ainda mais em desacordo com a maneira como os judeus acabaram sendo tratados como um Povo do Livro. O artigo é complicado pelo fato de que a tribo a que se refere — os poderosos Banu Aws — era formada tanto por muçulmanos quanto por judeus. Mas dificilmente o texto poderia ser mais explícito ao asseverar que, mesmo que permanecessem judeus, ainda assim não seriam considerados excluídos da *umma*, mas *incluídos* nela. Em outras palavras, seriam legalmente indistinguíveis de muçulmanos. "Os judeus do Banu Aws formam uma comunidade com os crentes: os judeus têm sua lei religiosa e os muçulmanos têm a sua lei religiosa."[11] Ademais, essa afirmação de coexistência fraterna foi enfatizada pelo uso do termo *din*, idêntico em hebraico e em árabe, para indicar a expressão da religião na lei e através dela. Fica também evidente no "tratado" que se os judeus preferissem não lutar ao lado dos muçulmanos, deveriam, como membros da *umma*, compensar essa atitude pagando sua parcela das despesas da campanha.

Por mais solene que fosse esse pacto entre Maomé e os não crentes, não foi bem assim que as coisas se passaram (massacres à parte), mesmo durante a vida do Profeta. A primeira cidade a ser tomada depois da pacificação de Medina foi, inevitavelmente, a Khaybar das muitas torres, onde os judeus tinham sofrido problemas decorrentes de alianças com inimigos de Maomé em sua própria tribo, a Quraysh. Expulsos de Medina, os judeus do Banu Nadir tinham ido para Khaybar, no norte, onde muitos deles já possuíam terras. A cidade estava armada até os dentes, mas, como se veria, fatalmente dividida entre as três torres — Nataq, Al Shiqq e Katiba —, cada uma delas guarnecida por seu próprio clã estendido, os quais, no sítio que se seguiu, em 628-9, só se preocuparam com a própria sobrevivência. A historiografia muçulmana faz da batalha de Khaybar uma epopeia decisiva, com Maomé infiltrando falsos convidados dentro das muralhas, para que atacassem e matassem seus anfitriões durante as festas. Assassinaram Huyayy ibn Akhtab, o chefe do clã Banu Nadir, mataram seu genro e sequestraram sua filha Safiyya, que se tornou a segunda mulher judia de Maomé. Um primo e genro do Profeta, Ali, ataca Marwab, o mais temível guerreiro judeu, e racha ao meio seu capacete, abrindo-lhe o crânio.

Segundo fontes muçulmanas, Maomé decidiu expulsar os judeus de Khaybar, pela audácia deles a se aliarem a seus inimigos. Depois da rendição, porém, e talvez pensando em outros meios de pacificação, diz-se que ele concordou com a proposta dos próprios judeus: terem permissão de ficar e praticar sua religião, em troca da metade de suas colheitas. Seja isso historicamente verídico ou não, não resta dúvida de que a submissão de Khaybar tornou-se um modelo para os acordos que o islã impôs às populações que subjugou com rapidez e energia espantosas. Contudo, o mais capaz dos califas guerreiros, Omar I, em muitos sentidos o arquiteto do império militar-religioso islâmico, revogou o pacto de Khaybar ao declarar, em 642, que Maomé, antes de sua morte, dez anos antes, insistira em que só podia haver uma fé na Arábia. Todos os incréus — cristãos e judeus — teriam de sair ou ser expulsos por qualquer meio que se fizesse necessário. Mediante um decreto, os judeus foram postos para fora da Arábia, onde tinham vivido pelo menos meio milênio. Sem dúvida, muitos se submeteram ao islã; e alguns permaneceram, sobretudo no antigo Himiar, talvez até meados do século XX. Outras pequenas comunidades no Hedjaz — em Wadi Qura e Teima — podem ter perdurado também, pois descobriram-se cartas remetidas daquelas cidades datadas dos séculos XI e XII em meio ao material encontrado no depósito conhecido como Guenizá do Cairo, na sinagoga Ben Ezra de judeus palestinos em Fustat, na cidade velha do Cairo. Embora não os tenha visto pessoalmente, o viajante Benjamim de Tudela, do século XII, referiu-se às "recabitas", comunidades nômades de guerreiros, criadores e pastores judeus, cujo líder, ou *nasi*, vestia-se de preto, não comia carne nem bebia vinho, mas guardava as festas e jejuns tradicionais.

Benjamim afirmou até que havia em Khaybar uma comunidade de 50 *mil* judeus. Menos digna de crédito é a afirmação de Obadias de Bertinoro, no fim do século XV, de que havia uma tribo de gigantes judeus que se intitulavam "árabes de *Shadai*" (o nome do Altíssimo), capazes de carregar um camelo sobre um ombro. No entanto, salvo as comunidades que com certeza persistiam em Khaybar, a Arábia judaica era coisa do passado.

Entretanto, se os judeus perderam Medina, ganharam Jerusalém. Nas gerações que se seguiram às conquistas de Maomé, de seu sucessor, Abu Bakr, e de Omar, alguns seguiram numa direção, para a Síria, a Palestina e Egito, alguns em outra, rumo às cidades mesopotâmicas, conquistadas aos persas, nas quais o Talmude estava sendo completado. E em todos esses lugares, bem como em inúmeras outras cidades, ilhas e nações dominadas pelo islã, os judeus acharam um meio de viver. A expulsão da Arábia acabou sendo uma exceção, e não a regra. Nenhum outro lugar seria zona proibida para eles, e, ao contrário do que aconteceu na Europa cristã e em Bizâncio, não haveria um confinamento em determinado bairro de uma cidade. Nem, como também aconteceu na cristandade, alguma ocupação seria negada a judeus, além de emprego na administração pública ou no governo da *umma*. E o mais importante é que, como o Povo do Livro, junto com os cristãos, eles estavam livres para praticar sua religião, desde que aceitassem certas condições.

Segundo historiadores muçulmanos posteriores, essas condições estavam normatizadas num "pacto" ou "tratado" que teria sido redigido por cristãos sírios ao se submeterem a Omar I. Entretanto, é preciso muito esforço de imaginação para crer que os conquistados tivessem como impor os termos de sua rendição ao conquistador, e fazê-lo, além de tudo, num estágio da língua árabe que naquela época eles ignoravam por completo. Muito mais provável é que tenha sido o califa Omar II, do século VIII, quem formalizou a posição do Povo do Livro nas terras da *umma*.

Em muitos aspectos isso deve ter prometido uma existência incomparavelmente mais benigna do que na cristandade. Os judeus tinham enfurecido o Profeta, mas não o mataram, de sorte que sobre eles não pesava nenhum estigma de deicidas, nem nunca foram desumanizados como demônios vivos e consortes do Diabo. Isso fazia muita diferença. Por outro lado, eles não estavam em pé de igualdade com os muçulmanos nem incorporados à comunidade dos crentes (como acontecera no documento de Medina em 622). Eles eram *dhimmi* — os ignorantes tolerados. E com base no modelo de Khaybar, a proteção de que cada judeu gozava estava condicionada ao pagamento de um imposto comunitário anual em dinares de ouro — a *jaliya* (ou *jizya*) —, que podia variar de um a quatro dinares, dependendo da fortuna e do local de moradia de cada um.

Em quase todos os aspectos da vida, mostravam-se aos infiéis em geral, e aos judeus em particular, sua inferioridade e degradação em relação aos muçulmanos. Uma coisa era proibir demonstrações públicas de sua religião (o que era mais problemático para os cristãos, que não podiam fazer suas procissões) ou que suas sinagogas nunca fossem mais altas do que as mesquitas; outra era proibi-los de montar a cavalo (e, mesmo que montassem em asnos, teriam de usar silhão, na humilhante posição feminina, de lado). Como os judeus estavam também proibidos de portar armas, isso os deixava sujeitos a perigosos aborrecimentos, agressões e roubos violentos (sobretudo nas frequentes viagens que faziam). Sua situação de inferioridade era acentuada pelo fato de seus depoimentos não serem aceitos em tribunais muçulmanos e pela rígida proibição de judeus se casarem com muçulmanas (embora o contrário, o casamento de muçulmanos com judias, fosse perfeitamente legal). E exatamente porque era impossível dizer quem era judeu e quem era muçulmano pelo aspecto físico, exigia-se que os judeus usassem trajes característicos, de cor mostarda, e proibia-se que usassem turbantes ou outro tipo de adereço muçulmano digno (embora essas exigências não fossem cumpridas com tanto rigor). Os chapéus dos judeus tinham forma e estilo determinados, e um distintivo amarelo foi imposto pelo califado abássida em Bagdá e estendido a todos os seus domínios. Além disso, os judeus não podiam usar cinto, e sim uma faixa frouxa, como sinal de serem pessoas submissas e desarmadas.

É difícil, claro, para nosso espírito contemporâneo, ver distintivos amarelos como qualquer outra coisa senão a inauguração de um fenômeno que assumiria implicações homicidas, não só no século xx como também na Idade Média cristã e além dela. Veja o judeu, despreze o judeu, ataque o judeu. E de fato isso acontecia com frequência no islã medieval. No entanto, é igualmente importante não exagerar e pensar que os episódios de brutalidade e massacre fossem a norma, pois não eram. Mas é verdade que os judeus, que tinham se inserido de modo tão profundo na Arábia e no Oriente Próximo, se viram arrancados daquela coexistência serena. Isso não significa, porém, que não tenham produzido um novo tecido cultural, suntuosamente rico, em meio aos crentes.

2. AVES-DO-PARAÍSO, CRIADORES DE POMBOS E BUROCRATAS

Qual é a cor da chama? Laranja? Ouro? Azul? Vermelho? Todas essas, com cada língua de fogo entrando e saindo do espectro? O que ela *não* era mesmo era o amarelo fosco que os judeus tinham de usar no mundo islâmico como indicador de sua baixeza. De qualquer forma, a chama era a cor que Salama ben Musa ben Isaac — da cidade portuária de Sfax, na Tunísia, mas que, como tantos outros, emigrara para o Egito — insistia em usar para poder fazer boa figura no Dia do Perdão. A vaidade, claro, não era um dos pecados de que Salama se arrependesse, pois o *caftan* que estava encomendando, em alguma data em meados do século XI, estava na última moda: "curto e com bom caimento, de tecido de qualidade, nada áspero".[12] Por outro lado, porém, ao contrário do imposto comunitário anual cobrado com todo o rigor, as exigências feitas aos *dhimmis* (definidos séculos antes no Pacto de Omar) tinha pouca relação com a maneira como os judeus viviam no imenso mundo muçulmano, que no fim do século IX estendia-se da Espanha e da costa do Magreb, passando pela Sicília e pelo sul da Itália, até o Egito, Áden, a Palestina e a Síria, o Iraque e o Irã.

Cartas comerciais encontradas entre as centenas de milhares de documentos abandonados na Guenizá do Cairo, na sinagoga Ben Ezra, em Fustat, pareciam às vezes um catálogo de moda. Os judeus estavam muito envolvidos no comércio de têxteis (quando e onde não estiveram?) e de toda espécie de tecido — linho e seda, aliás, muitos tipos de seda: a pesada *ibrisim* e a leve *khazz*; *lalas*, a "esplêndida seda vermelha", e a *lasin*, a mais barata e de baixa qualidade.[13] Eles compravam, vendiam e tingiam (na verdade, os tintureiros se especializavam em determinada tonalidade: sumagre, púrpura, anil e açafrão). Eles fiavam, bordavam, faziam brocados e teciam. Os mais humildes deles passavam os dias desenredando fibras de linho das sementes que seriam esmagadas e transformadas em óleo; outros desenrolavam o fio finíssimo de casulos de bichos-da-seda. Os mais bem-postos compravam e vendiam o próprio tecido, com o qual se fariam xales e *caftans*, lenços, almofadas e tapetes.

E se muitos judeus trabalhavam no comércio de têxteis, muitos mais eram ávidos consumidores dos tecidos espetaculares e dos trajes feitos com eles, pois os judeus de Fustat não eram pessoas que caminhassem cabisbaixas, vestidas com simplicidade. Na verdade, olhavam com superioridade os judeus de Jerusalém, os únicos no mundo muçulmano que se limitavam ao preto com um raro enfeite vermelho. Em Fustat e nos lugares inumeráveis para onde enviavam tecidos, o gosto era muito mais glamoroso, tanto no caso das mulheres quanto no dos homens. Seda e linho (como o *sha'zab* entretecido com fios de ouro) que pareciam respirar e ondular tinham alta procura, com os judeus se mostrando nas ruas, nos pátios e nos *dar*, ou "casas", dos bazares, com trajes que reluziam e brilhavam. Os mais discretos talvez se adornassem com carmesim "sangue de gazela", almíscar ou violeta-escuro. No dia de seu casamento, um noivo elegante se vestia de verde-pistache, pois se dizia que essa era a cor usada pelos justos no Paraíso. O enxoval de uma noiva judia em meados do século XII incluía seis *caftans* brancos, três azuis, três em azul e dourado, um vermelho-romã, três cor de pérola, dois cinzentos, dois verde-escuros e dois açafrão — e isso para uma noiva de recursos medianos. Tinha também um conjunto de véus, pois as judias, assim como as muçulmanas, usavam véu na rua. Em média, 40% do valor que uma noiva levava para o casamento era investido em suas roupas, de modo que a qualidade e a cor dos trajes e acessórios eram sempre especificados nos contratos nupciais. Parece claro que no começo do período fatímida, no século X, essas normas sobre roupas cor de mostarda quase nunca eram cumpridas, e em todo caso obtinham-se belas tonalidades intermediárias para contornar a exigência, não só "chama", mas cores brilhantes que recebiam nomes ligados a especiarias, como gengibre dourado e açafrão.

E coberturas de cabeça inteiramente diferentes são os artigos mais mencionados nos documentos da Guenizá do Cairo — na verdade, justo os turbantes dignificantes que os muçulmanos usavam e que eram vedados aos judeus. Os documentos se referem também a tecidos de boa qualidade para o *wa-mi'jarha*, um turbante feminino enrolado muitas vezes até formar uma pilha no alto da cabeça, descendo depois em torno do rosto, até a parte inferior do queixo, de onde caía sobre o pescoço e os ombros: branco, se o efeito pretendido era ser gracioso, mas discreto; de linho ou seda verde com fios de ouro, se sua dona queria passar outra imagem. Os turbantes masculinos usados pelos judeus nada deviam aos de suas mulheres. O famoso letrado, comerciante, poeta e líder comunitário Nahray ben Nissim encomendou um *baqyar*, a última palavra em matéria de turbantes; quando desenrolado, dizia-se, media nada menos que 25 côvados, ou pouco mais de onze metros. Para os nobres, só servia o que havia de melhor, sobretudo quando se tratava de um *hulla*, ou traje completo para as festas. Um comerciante indiano do século XII fez questão de encomendar um *dabiqi* de alta qualidade para o filho (talvez para a comemoração de um aniversário) com seu nome bordado.[14] Um mercador do século XI ficou feliz por adquirir um belo traje com plumas para o ancião da comunidade, Abu Zikhri, mas reclamou da tonalidade do *caftan* amarelo que recebera de seus fornecedores e encomendou outro, vermelho bem escuro. Um pesado *caftan* de damasco azul e branco, considerado de "beleza extrema", não era o que tinha sido encomendado, ou seja "de tonalidade azul-cebola" — o que significaria, supõe o tradutor, S. D. Goitein, o tom mais pálido de uma cebola aberta ao meio, talvez o matiz produzido pela casca de cebolas vermelhas ou púrpura.[15]

Onde os elegantes da Fustat medieval e seus congêneres de Quayrawan, Sfax, Damasco e Bagdá exibiam suas vestes vistosas? Em festas privadas em que se serviam bebidas e em banquetes com declamação de poesia, por ocasião da recepção ou despedida de convidados eminentes, sócios de negócios ou parentes que morassem longe (e os três casos com frequência se combinavam na mesma pessoa), mas não em cortejos públicos de casamentos ou funerais, ou em dias de festa, pois a participação de judeus nessas cerimônias continuava estritamente ilegal (como também para os *dhimmis* cristãos). Por mais indulgentes que fossem esses regimes (e nem todos eram), os judeus nunca tiveram nesse mundo os mesmos direitos que os muçulmanos, fossem legais ou sociais, e eram muitas as ocasiões em que essa inferioridade se patenteava.

A inferioridade se manifestava de forma mais agressiva no pagamento anual da *jaliya*, o imposto comunitário cobrado de todas as classes das comunidades infiéis como condição para a tolerância de suas religiões. A *jaliya* era uma expressão ritual e simbólica de sujeição e impotência, e juristas islâmicos medievais prescreviam em detalhes intimidadores os procedimentos de humilhação. Os coletores deviam manter os contribuintes esperando, depois chamá-los aos gritos, agarrá-los pela nuca e até estapeá-los. De modo algum a mão do pagador deveria elevar-se acima da mão do cobrador, um requisito que exigia contorções físicas para mostrar subserviência. O pagamento desse imposto era também, claro, uma provação penosa para o grande número de pessoas em dificuldades financeiras. Nos primeiros séculos após as conquistas árabes previa-se que os realmente indigentes ficavam isentos do imposto, mas mesmo quanto a esse ponto os regimes parecem ter se tornado menos tolerantes a partir do século XI, época a que se referem os registros na Guenizá do Cairo. O imposto era o terror da vida dos pobres. Sem a *bara'a* — o recibo que comprovava o pagamento —, podiam ser ameaçados, fisicamente agredidos e metidos no cárcere por meses a fio, onde definhavam por falta até de alimentação básica e eram surrados segundo os caprichos dos carcereiros, de modo que, para um inadimplente, a cadeia valia como uma sentença de morte. Com frequência, o único recurso era a fuga, a separação da família, mas, como os *dhimmis* estavam taxativamente proibidos de viajar sem levar a certidão do imposto, a ameaça que pairava sobre os fugitivos duplicava. Invariavelmente, porém, o desaparecimento de uma pessoa apenas transferia o ônus e o medo para os membros restantes da família (podiam ser parentes mais distantes), que se tornavam responsáveis pela dívida do fugitivo. Às vezes, essa dívida podia ser cobrada mesmo depois da morte do inadimplente. Um pedido de ajuda escrito no século XII por um prateiro empobrecido de Ceuta, no Marrocos, expressa todas essas notas de desespero. Ele estava, como escreveu,

> marcado por doença, debilidade, necessidade e medo excessivo, pois estou sendo procurado pelo fiscal da receita, que me persegue, usa agentes para me procurar, e temo que acabem por achar meu esconderijo. Se eu cair em suas mãos, vou morrer espancado ou terei de ir para a prisão e ali morrer. É em Deus que hoje busco refúgio.[16]

Contudo, o quadro que a Guenizá do Cairo mostra não é o de uma comunidade que, salvo os problemas com o imposto comunitário, vivesse tomada de medo e tremor. De vez em quando subia ao poder um governante instável, como o desequilibrado califa fatímida Hakim bin Amr Allah, no começo do século XI, capaz de subitamente e sem muito aviso voltar a intimidar e perseguir as comunidades de *dhimmis*. Depois de 1012 e de um período de tolerância convencional, Hakim ordenou que os judeus usassem a faixa preta e frouxa (em vez de um cinto, mais digno e seguro) em torno do *caftan* e que se limitassem a turbantes negros. Na rua, teriam de usar um "colar de novilho", de madeira, e na casa de banhos, uma sineta para indicar sua identidade. (Os cristãos teriam de usar uma cruz de ferro.) Outra medida de Hakim foi ordenar a destruição de igrejas e sinagogas.

Entretanto, tiranos caprichosos como Hakim eram exceção. O mundo judeu documentado na Guenizá do Cairo é rico em dinares, ideias, poesia e filosofia religiosa (e nem tão religiosa); amores familiares e complôs de família; jogos de dados nas tardes de sábado (desde que as apostas não passassem de sementes); corridas de pombos que se iniciavam nas lajes de sinagogas (quase uma obsessão dos judeus de Fustat e Alexandria); visitas semanais à casa de banhos, onde as mulheres fofocavam com as amigas; festas com bebidas em jardins e pomares, onde (apesar das proibições do Alcorão, na prática ignoradas) sócios e conhecidos muçulmanos se misturavam a judeus e escutavam suas poesias em árabe; recepções e festas para saudar pessoas ilustres que chegavam e, depois, para dar-lhes um bota-fora condigno e desejar-lhes boa viagem. No mundo da Guenizá ressoam os resmungos e gemidos de constantes litígios e recursos; negociações de casamento e pedidos de divórcio; consultas a tribunais religiosos; queixas de saúde submetidas a médicos; reclamações contra atitudes comerciais impróprias levadas a tribunais; pedidos feitos a pessoas bem situadas; apelos de caridade, misericórdia, consideração; pedidos de favores, promoções, retribuição, reconhecimento, satisfação e justificativa, até no mundo do além. As cartas formam cadeias de comunicação entre famílias, amigos, parentes e até concorrentes e adversários comerciais, da Índia ao Chifre da África, ao oeste do Magreb, à Espanha, à Sicília e à Itália. O que essas cadeias ligam são os destinos e as fortunas de todos esses povos: ataques temidos e acontecidos; tristes casos de naufrágios e afogamentos; caravanas perdidas para saqueadores (ou apenas perdidas); comunidades inteiras em apuros ou em repentina penúria; cativos dos cruzados que precisavam ser resgatados; outras sociedades judaicas que enriqueceram; até reinos inteiros e distantes, como os dos cazares, que se converteram ao judaísmo. Em outras palavras, o que temos aqui é uma civilização.

E pela primeira vez, também, um mundo judaico de papel. Não para tudo: as grandes alterações da vida — contratos de casamento, de divórcios, de manumissões alforriando escravos — eram consideradas solenes demais para o papel e continuaram a ser escritas no pergaminho kosher. Entretanto, isso ainda nos deixa 300 mil documentos em papel na Guenizá: o maior conjunto de documentos em papel remanescente do mundo medieval. Em algum momento do fim do século IX, época em que se completou o Talmude, chegou a Fustat uma carta em hebraico, escrita numa folha grossa de papel, remetida de uma das três ieshivas da Babilônia. Trata-se do documento mais antigo que chegou até nós no papel produzido numa das fábricas de Bagdá, fundadas uma geração antes. Durante muito tempo, a chegada do papel ao mundo muçulmano foi associada a uma fábula divulgada pelo historiador islâmico Thaalibi, em seu *Livro de informações curiosas e interessantes*.[17] Segundo essa tradição, a arte chinesa da fabricação do papel, protegida com todo o cuidado, foi revelada por soldados do exército do imperador Tang, derrotado pelas tropas do califa abássida na batalha de Talas, no Casaquistão, no ano 751. Entretanto, Thaalibi escreveu esse livro três séculos depois da suposta transferência de tecnologia, e, seja como for, são abundantes as comprovações de que o papel feito com trapos ou fibras batidas de linho era conhecido na Ásia Central muito antes disso.

Mas não por árabes ou por muçulmanos de qualquer nacionalidade, como os iranianos, que eram os mais próximos ao mundo asiático do papel, nem pelas culturas indianas, que continuaram a usar folhas de palmáceas. Assim que a utilização do novo suporte se propagou, porém, não havia como interrompê-la. Para começar, é provável que judeus egípcios importassem folhas de papel de fabricantes iraquianos e também da Síria, onde se fazia papel de excelente qualidade. No século X, o alto custo das importações levou à conclusão óbvia de que não havia motivo para que a tecnologia dos rios da Mesopotâmia não pudesse ser reproduzida ao longo do Nilo, e Fustat estava numa localização perfeita para essa indústria. No começo do século XI, o papel e a tinta (de duas espécies — acastanhada, feita de galha, e preta, feita de carvão, às vezes uma misturada com a outra) tinham se tornado parte integrante do mundo profissional judeu. A Guenizá do Cairo está atulhada de papel: julgamentos de tribunais religiosos escritos em folhas com cerca de 65 centímetros de altura e dezoito centímetros de largura, nodosas e pesadas; pequenas notas promissórias e formulários de cheques em que o signatário declara que o documento é válido para pagamento de valores em lugares distantes como Áden e Índia, o que autorizava um fornecedor de noz-moscada, cânfora ou cobre a entregar suas mercadorias ao agente do comerciante. Para reforçar seu crédito, pequenos cartões, às vezes com apenas vinte ou 25 centímetros quadrados, trazem garantias por escrito em três línguas — árabe, aramaico e hebraico — com a palavra *emet*, a verdade, cruzando a dobra do cartão ou a junta de folhas maiores. Havia até "papel para pássaros", tão fino e leve que podia ser carregado pelos pombos utilizados pelos serviços postais sem atrasar suas entregas.

E como esses judeus epistológrafos tinham fome de papel! Ao contrário dos editos judiciais e administrativos emitidos em Bagdá, nos quais a perfeição da caligrafia árabe era acentuada pelo uso pródigo do espaço, os judeus ocupavam cada milímetro com suas palavras, preenchendo as margens, virando as folhas para cá e para lá e começando de novo, só deixando na dobra externa espaço suficiente para indicar o destinatário e seu endereço, pois ainda não existiam envelopes. As mãos que escreviam em árabe usando caracteres hebraicos quadrados eram urgentes, cobiçosas, possessivas e tinham horror ao vácuo, fazendo com que a página, como observou Goitein com perspicácia, se pareça muito com um tapete denso. Ou talvez houvesse outro modelo do qual esses documentos se aproximavam — o comentário talmúdico, com suas múltiplas vozes, argumentações e contra-argumentações, abarrotando a página em todos os tamanhos, colunas e estilos. Também aqui, no mundo do papel, fragmentos de vida bem diferentes se encontravam na folha: receitas de remédios, listas de compras, pronunciamentos sábios, enxovais, contabilidades comerciais — com um tipo de ato tropeçando em outro, como realmente fazem na vida.

Assim, quando, em dezembro de 1896, Solomon Schechter, nascido na Romênia, educado em Viena e professor de estudos talmúdicos em Cambridge, subiu numa escada encostada na parede dos fundos da galeria feminina da bela e continuamente restaurada sinagoga Ben Ezra em Fustat, na parte velha do Cairo, olhou por uma abertura em forma de arco e viu o que descreveu como "um campo de batalha de livros [...] *disjecta membra*", estava olhando para nove séculos de papéis e pergaminhos daquela comunidade. Aquilo era, como ele (e também o grande intelectual da Guenizá, S. D. Goitein) ressaltaria, o oposto de um arquivo, e melhor seria chamá-lo de um repositório desordenado de qualquer coisa escrita com caracteres hebraicos. A imensa balbúrdia incluía livros sagrados ou jogados fora — uma mixórdia de livros de orações diárias, o *siddurim*; edições do Pentateuco; textos talmúdicos, que estavam ali por se enquadrar nas ordens de proibição ou de destruição. Como vimos, a escrita e a leitura tinham sido, desde muito cedo, os meios pelos quais viera a existir uma identidade judaica, sendo seus livros memorizados ou reduzidos em tamanho, até miniaturizados, a fim de sobreviverem à destruição de outras instituições. Era natural, pois, que livros que tivessem "morrido" no tempo fossem tratados com a reverência dedicada aos próprios judeus. A personalidade viva dos livros, sua essência vital, seu *nefesh*, podia ter desaparecido, mas as cascas residuais e remanescentes de seus corpos precisavam ser armazenadas ou enterradas em algum lugar onde pudessem atrofiar-se de forma natural e transformar-se em pó. Queimá-los ou rasgá-los era um horror brutal, como se os corpos de pessoas fossem igualmente maltratados.

Schechter tinha viajado ao Cairo depois de uma descoberta eletrizante no começo daquele ano. Ele identificara um dos pergaminhos levados do Egito para Cambridge por duas irmãs de meia-idade da Igreja Presbiteriana Escocesa, Agnes Lewis e Margaret Gibson, como sendo um manuscrito do Livro da Sabedoria de Jesus ben Sirac, o livro apócrifo conhecido na tradição judaica como Eclesiástico. Embora se diga com frequência que as duas irmãs e Schechter foram os "descobridores" da Guenizá do Cairo, o armazém era conhecido havia muito tempo, pelo menos desde que o tio-avô de Heinrich Heine, o picaresco Simon von Geldern, chefe de um grupo de bandoleiros judeo-árabes, dera com ele no fim do século XVIII. A partir daí, muitos tinham notado sua presença, mas sem se interessar o suficiente para explorar seu conteúdo. Afinal, aquilo era um monturo de papéis e pergaminhos, e não um arquivo verdadeiro, e o século XIX marcou o auge da organização arquivística em toda a Europa. Ademais, os papéis da Guenizá não eram nem esteticamente atraentes nem tinham tanta importância assim. Houve exceções nessa indiferença por parte de pessoas com interesse especial por alguma coisa, como Firkovitch, o Caraíta, mas foi Schechter quem, depois de sua viagem a Fustat, transformou em objetivo de vida manter num só lugar o maior número possível, em termos humanos e financeiros, daqueles documentos, por temer, corretamente, que na era dos magnatas culturais tal material se dispersasse por cidades tão distantes uma das outras como São Petersburgo e Nova York. Além disso, Schechter achava que o local ideal para a guarda desses documentos era a Universidade de Cambridge, onde ele lecionava. Schechter tinha um protetor e mentor na pessoa do grande orientalista e biblicista William Robertson Smith (cujo retrato pendia da parede no Old Combination Room, onde eu almoçava nas décadas de 1960 e 1970), do Christ's College. Seguiu-se, claro, o habitual cabo de guerra com o adversário mortal, a Biblioteca Bodleiana de Oxford, cuja coleção de textos hebraicos medievais com iluminuras só tem rival no acervo da Biblioteca do Vaticano. No fim das contas, porém, Schechter, homem de personalidade forte, sempre a mascar um charuto, não sairia derrotado.

Na Biblioteca Universitária original, instalada no conjunto hoje chamado de The Old Schools, onde fica a administração da universidade, Schechter pôs mãos à obra, lendo, traduzindo, classificando, identificando e tentando achar um caminho em meio às 100 mil folhas de texto. Às vezes havia mais de um único documento a ser decifrado numa mesma página de pergaminho, pois quando todos os espaços e cantos imagináveis tinham sido preenchidos, raspava-se a superfície original e uma segunda página de texto era superposta à primeira, produzindo um palimpsesto. Assim, Schechter teria muito o que desvendar se, depois da grande descoberta do Eclesiástico, localizasse mais monumentos de saber e conhecimento sagrado judaicos: comentários sobre comentários; pesquisas filosófico-religiosas; respostas a perguntas urgentes submetidas aos tribunais e ieshivas de Fustat. Na verdade, revelações inestimáveis o aguardavam como recompensa por sua trabalhosa pesquisa, entre as quais um autógrafo do eminente filósofo, médico e rabino medieval Moisés Maimônides, mais de quarenta poemas *piyyutim* do século VI, de autoria do mestre Yannai, além de outros poemas de seu detestado aluno Qillir. E muito mais.

Tudo isso era e é precioso, como a imensa massa de documentos a que Schechter não daria maior importância, considerando-a lixo, mas que para historiadores sociais e culturais (entre os quais sobressaiu Goitein) são, na verdade, ouro puro. Isso porque, descobriu-se, para a Guenizá do Cairo não eram mandados apenas livros e manuscritos religiosos e eruditos, mas praticamente todos os papéis e pergaminhos que passavam pela comunidade e estivessem escritos com caracteres hebraicos, mesmo quando a língua utilizada fosse o árabe ou o aramaico. Também eles mereciam encontrar na Guenizá o descanso final — e, como aconteceu, também a imperecibilidade, apesar de manchas e danos. Grande parte dessa história (mas não toda) estava escrita em papel, e ela é impressionante por sua amplitude. Em meio à coleção aparecem listas de compras e receitas de iguarias e remédios; poemas formais e informais; formulários primitivos de notas de crédito e de câmbio; balancetes domésticos e comerciais; *responsa* de tribunais religiosos ou de líderes comunitários como Maimônides a perguntas de pessoas desnorteadas, em dificuldades ou apenas curiosas, enviadas de todo o mundo judaico em terras islâmicas; cadernos de exercícios de crianças que estavam aprendendo a ler e escrever, com desenhos para quando o menino ou a menina se cansasse de repetir os caracteres e preferisse transformá-los em gatos ou camelos. Há cartas pessoais de sobreviventes de naufrágios; cartas com pedidos de ajuda financeira, remetidas por pessoas que tinham empobrecido, da noite para o dia ou pouco a pouco; reclamações a respeito de encomendas de tecidos ou roupas executadas de maneira errada; enroscos de pagamentos adiantados em lugares distantes, necessários para garantir a importação de artigos que seriam enviados a clientes no Egito ou outros países; contratos pré-nupciais; arbitragens de questões complexas de observância religiosa em casos nos quais o Talmude tinha confundido o leitor ou (o que não era raro) mostrado contradições internas. Em outras palavras, ali na Guenizá do Cairo estava um mundo, um universo, um cosmos de judeidade. Não se trata apenas da mais rica e extraordinária coleção de fontes judaicas; é bem possível que seja o mais importante de todos os arquivos medievais, pois restam muitos documentos a serem traduzidos e elucidados.

É uma coleção cheia de histórias, desenhos, mapas e imagens — mesmo quando tudo isso está em judeo-árabe. Ela nos informa, como insistiu Goitein, emocionado e talvez demasiado otimista, a respeito do que ele chamou de "simbiose" das culturas judaica e islâmica no Egito e mais além. Simbiose é uma palavra e tanto, pois pressupõe uma interdependência verdadeira, orgânica e funcional, que talvez redunde em exagero. Contudo, em comparação com outras sociedades medievais, em especial as cristãs, é verdade que, em sentidos cruciais, judeus e muçulmanos de fato *viviam juntos*, em vez de apenas toparem uns com os outros.

As incontáveis pessoas que constituíram cada uma dessas culturas pertenceram, em dois aspectos, a um mesmo universo. Os dois aspectos que tiveram em comum são o lugar onde moravam e a forma como trabalhavam. À diferença dos judeus do mundo cristão, os que moravam em terras islâmicas não estavam confinados por lei a um certo bairro da cidade. Se preferiam concentrar-se num determinado bairro era devido à proximidade da sinagoga, em torno da qual girava uma parte importante da vida deles (o mesmo acontecera em Antioquia e na Alexandria clássica). Em Fustat, havia três comunidades judaicas distintas: a babilônica, a palestina e a caraíta, esta, radicalmente diferente das outras duas, pois seus membros rejeitavam todo ensino rabínico pós-bíblico. A escolha de uma determinada sinagoga rabínica por um judeu siciliano, sírio ou iemenita era uma questão de gosto pessoal ou de ligações de parentes, amigos ou sócios comerciais. Cada sinagoga, porém, tinha suas formas particulares de leitura da Torá, de orações e de encantamentos.

As sinagogas dos judeus babilônicos ou iraquianos tinham atrás de si a imensa autoridade do Talmude, completado no século IX, e dizia-se que as academias de Sura e Pumbedita eram mais nobres, mais sérias e muito mais antigas do que as dos palestinos (é claro que, em geral, quem dizia isso não pisaria, em nenhuma circunstância, numa sinagoga palestina). Os babilônicos tinham o *chazam*, o cantor, mas os palestinos tinham coros de meninos, os mais belos rolos da Lei (na opinião deles) e, como liam a Torá ao longo de três anos, os trechos lidos a cada vez eram mais curtos. Os caraítas preservavam muitos costumes que, insistiam, tinham sido copiados pelos muçulmanos, e não o contrário: tirar os sapatos, a prostração e outros.

A sinagoga Ben Ezra (a da Guenizá, em Fustat) localizava-se bem no interior da área conhecida como A Fortaleza do Farol e perto de várias igrejas cristãs, o que acontece ainda hoje. As casas de culto das duas comunidades de *dhimmis* não ficavam separadas do restante da Fustat muçulmana. As sinagogas não faziam chamado à oração, de modo que não se incomodavam nem um pouco com a proibição de serem mais altas do que qualquer mesquita — não tinham necessidade de uma torre. Como em outras cidades e em outros tempos e países, a sinagoga tinha muito mais funções do que a de uma casa de oração: a de escola (de meninas, ensinadas pelas mesmas professoras que davam aulas para crianças pequenas, e também para meninos), a de hospedaria para judeus vindos de longe; e, mais importante, a de tribunal, que se reunia duas vezes por semana, com toda a sua beleza e autoridade concentradas no interior.

A sinagoga Ben Ezra foi restaurada e parcialmente reconstruída muitas vezes, sobretudo depois de um grave incêndio no fim do século XIX, mas, pelo que se diz, preservou, em essência, o aspecto da grande sinagoga medieval que um dia foi. O espaço em arco tem no centro a mesa de leitura, a *bimá*, que, originalmente móvel, tornou-se depois fixa, de mármore polido e fino lavor. No fundo ficava a Arca, o *Aron hakodesh*. As pessoas permaneciam de pé em torno do perímetro, tal como em Séforis e Antioquia, ou se sentavam em almofadas e tapetes doados por membros da comunidade. Fosse em decorrência do costume muçulmano ou não, homens e mulheres tinham se separado no mundo da Guenizá, criando-se para elas uma galeria de madeira com um biombo entalhado, pelo qual podiam acompanhar as orações, os cantos e as leituras, uma vez que muitas conheciam o hebraico, o judeo-árabe e, as mais instruídas, o aramaico. Lampiões de bronze iluminavam as superfícies de tecido, pedra ou madeira polida do ambiente, projetando reflexos nas coroas e nos *rimmonim* que decoravam as hastes do rolo da Torá, ao ser levada em cortejo pela sinagoga.

Assim, embora a presença judaica se concentrasse em certa área, judeus e muçulmanos viviam juntos. Os documentos da Guenizá mostram que às vezes um judeu morava em cima da loja de um muçulmano ou vice-versa. Um juiz judeu morava na rua dos perfumistas, muitos dos quais — mas não todos — eram judeus; outro judeu proeminente morava na rua dos fabricantes de cera. E exatamente porque os judeus não tinham restrições no tocante a ocupações, e só lhes estava vedado o porte de arma, era comum que muçulmanos e judeus dividissem uma oficina ou se associassem em operações breves e em viagens comerciais. Embora houvesse ofícios e indústrias com alta concentração de judeus — sobretudo o comércio de tecidos e tinturaria, mas também remédios e produtos farmacêuticos, e ainda na área afim de perfumaria, importando âmbar cinza do Atlântico hispânico, incenso da Arábia e almíscar de regiões mais a leste —, eram tantas as outras profissões e ocupações exercidas por judeus que, como eles se congregavam em ruas dedicadas à sua especialidade e a casas de *dar*, ou bazares, não podiam deixar de trabalhar e comerciar ao lado de muçulmanos e cristãos na mesma linha de atividade. Seus ofícios eram de tal modo variados que simplesmente listá-los nos faz sentir seu cheiro e substância: produção de açúcar; importação de papel; manufatura de odres de couro; comércio de cobre, de estanho e de artigos de bronze, liga desses dois metais; confecção de bastões de *kohl*; aprovisionamento e até propriedade de navios mercantes; importação e exportação de especiarias: canela, noz-moscada, cardamomo; marcenaria fina; fabricação de vidro (uma importante especialização judaica); venda de pedras preciosas, corais e cristais (os judeus dominavam o bazar de gemas); confeitaria e conservas, doces de pasta de amêndoas e geleias, outra especialidade.

Não havia aonde os judeus não fossem em busca de algo precioso para vender, algum artigo que tivesse mercado na própria Fustat ou que pudesse ser exportado para o mundo mediterrâneo ou para o norte. Se a melhor cânfora do mundo estava em Sumatra, e chegar lá exigia quatro meses, numa viagem cheia de perigos, eles iam para lá. Eram três os grandes eixos geográficos de comércio a longa distância. O primeiro seguia para oeste, na direção da Sicília, da Tunísia e do Marrocos, chegando às vezes à Espanha muçulmana, de modo que os documentos comerciais da Guenizá se referem com frequência a verdadeiras dinastias comerciais, com parentes distribuídos ao longo de toda essa rota. Uma segunda rota comercial, muito mais antiga, seguia para nordeste, rumo à Síria e à Palestina, e daí para o Iraque e o Irã, unindo-se no Cáucaso com os caminhos da Rota da Seda, que vinha do Extremo Oriente. A terceira era a mais arriscada delas, descendo pelo mar Vermelho até Áden e cruzando o oceano Índico até a costa de Malabar e Coromandel, a fonte de muitas das mais valiosas especiarias adquiridas a granel. A meio caminho, no Chifre da África, talvez fosse possível adquirir ouro sudanês, que todos desejavam. Muitos agentes comerciais se distribuíam pelas rotas e se instalavam no ponto de aquisição. Partia-se do princípio de que os mais confiáveis seriam membros da família estendida — filhos, mas também primos, tios e sobrinhos, suposição desmentida sem cessar pelo arquivo de disputas e rixas intrafamiliares encontrado na Guenizá. Mais fidedignos, embora não imunes a queixas, eram os escravos da família, colocados em escritórios e casas comissárias em todos os postos das rotas comerciais, escravos considerados como parte do negócio dinástico e valorizados pessoalmente como tal, embora nem sempre o suficiente para ganharem a liberdade. Em Fustat, a figura poderosa do *wakil* atuava como inspetor de mercadorias em trânsito e à espera de serem embarcadas para os locais de destino; havia também uma espécie de câmara de compensação e centro de autorização de pagamentos. Porém, como as distâncias eram enormes e era arriscadíssimo enviar grandes quantias para o exterior por meio de terceiros (os judeus estavam proibidos de fazer remessas), surgiram ao longo dessas rotas talvez as primeiras redes de crédito, que operavam na base de confiança pessoal ou familiar, através de notas promissórias e obrigações, na realidade os primeiros cheques.

    Todos os tipos e classes sociais de judeus aparecem na barafunda de documentos da Guenizá do Cairo, o que em si aponta para um fato importante na vida dos judeus no mundo islâmico: mesmo quando se tratava de comércio, o dinheiro não era o fator essencial, o objetivo supremo. Não que a arraia-miúda ou os tubarões do comércio (e havia alguns bem poderosos) fossem indiferentes à fortuna material, mas na sinagoga, na ieshiva, em suas festas, nos jejuns e nas cerimônias — ouvindo o *derash* do sábado à tarde, saudando o *muqaddam* que conduziria as orações e passaria sentenças a respeito de casamentos e divórcios, esperando o rabino anunciar sua decisão em resposta a uma consulta, ou fazendo uma petição aos *rayyis* seculares (pessoas capazes de influenciar os juízes nos tribunais) em favor de uma família necessitada ou de amigos que, em um lugar distante, precisassem de dinheiro, da intercessão de alguém ou de ser libertados de um cruel cativeiro —, o mundo judeu se cristalizava em torno de seu antigo sentido de ética. A riqueza desse mundo, como sempre, era moral e espiritual. E desse modo não nos deve surpreender que, mesmo no caso de um homem ou uma mulher importante, o prestígio advinha menos de sua fortuna que de sua reputação como pessoa letrada, de sua sabedoria ou devoção. Tampouco nos espanta o fato de atarefados homens de negócios se dedicarem à poesia. Abraão ben Yiju, comerciante que se radicou na costa de Malabar por muitos anos, dava-se com frequência à composição de poesia. Alguns poemas seus são, flagrantemente, uma imitação dos grandes autores *payetanim* de versos litúrgicos, enquanto outros se aproximam mais do estilo arábico. Por outro lado, Ben Yiju tinha um evidente lado romântico, que o levou a alforriar sua criada escrava, Ashu, antes de transformá-la na judia Berakha (Bênção) e casar-se com ela. Em Áden, isso de nada valeu para dissipar as suspeitas tacanhas de pessoas que se recusaram a considerar Berakha e o filho deles, Abu, como legítimos. "Atordoaram-me e pisotearam-me", escreveu Ben Yiju, num revide em versos, "me golpearam [...]. E despojaram-me e me confundiram [...] caluniaram-me." Mas havia muitos homens menos pitorescos do que Ben Yiju, para os quais a poesia e o saber filosófico não eram apenas um adorno cultural, e sim uma realização humanística básica sem a qual a riqueza não passava de uma espécie de rusticidade dourada. Assim, os negociantes, com suas fortunas de milhares de dinares, buscavam letrados para maridos das filhas e se embebiam do Talmude e de comentários *midrash* sobre os textos bíblicos. Ansiavam por respeito no Beit Hamidrash, tanto quanto no mercado e no armazém do *funduq*. Desejavam ter seus nomes gravados na memória reverente da posteridade.

Distâncias significavam ausências. Longas separações levavam muitas vezes a desavenças e perturbações da vida familiar; a incertezas por parte das mulheres, que não tinham como saber se o marido estava vivo ou não; à solidão excruciante, a decisões dolorosas quanto a presumir ou não o pior e solicitar a permissão formal da corte para se casar de novo, e a ansiedades com relação à possibilidade de que maridos ausentes pudessem tomar uma segunda mulher, o que era permitido. Milah tinha se mudado de Fustat para Alexandria, por desejar dar ao filho de sete anos uma educação melhor. Lá chegando, porém, foi assaltada por temores de que o marido se casasse de novo e lhe tirasse o menino.[18] Entretanto, o sofrimento torturante da separação se manifestava dos dois lados. Um advogado, casado com a filha de um juiz de al-Mahalla, cidade do delta do Nilo, mudou-se para o Cairo a fim de promover a carreira e mergulhou num abismo de saudades insuportáveis da mulher que deixara para trás, Umm Thana.[19] Não sabemos a idade do marido saudoso, mas com certeza ele conheceu a montanha-russa adolescente que é o tormento da autocomiseração — "Ah, ninguém gosta de mim, a não ser tu, Umm Thana" —, da insolência ressentida (ele sabe que ela é virtuosa, mas isso ele também é) e de ameaças desesperadas de desaparecimento (quase um suicídio). É evidente que nosso marido infeliz estivera se encharcando de poesia árabe e, talvez, também hebraica: "Vem, então, ou hei de abandonar esta terra e sumir". Mas decerto essas ameaças de desaparecimento já tinham sido feitas antes. Menos histriônico mas profundamente tocante é o caso do mercador para quem a noite de sexta-feira era uma dolorosa provação, porque, na ausência da mulher, ele mesmo tinha de acender as velas do Shabat, pois, conforme as determinações da Mishná, aquela era a noite recomendada para o *onah*, o dar e receber a felicidade sexual. Por isso, o ato de celebrar a chegada do dia santo significava para o marido solitário consumir-se de desejo, e talvez, tomado de culpa e transgredindo uma das mais rigorosas proibições religiosas, dar um jeito na situação. "Quando acendo a vela e a ponho em qualquer mesa que Deus tenha providenciado, então penso em ti. Só Deus sabe o que me domina."

A chantagem emocional atuava nos dois sentidos. Há na Guenizá cartas de mulheres que respondiam com um suspiro às queixas intermináveis do marido sobre as dores e as penas do corpo, da cabeça e do coração: "Escuta, se julgas que tu tens problemas, experimenta os meus".[20] E parece desnecessário dizer que a Guenizá tem seu quinhão de mães judias soluçantes que se queixam de que os filhos não lhes escrevem. Uma inigualável virtuose da exploração materna do sentimento de culpa, a mãe esquecida pelo filho malvado durante todo o verão, quando ela esperava pelo menos *uma* carta (e seria demasiado pedir pelo menos isso?), reclamava: "Pareces não perceber que quando recebo uma carta tua ela é um sucedâneo para a minha contemplação de teu rosto". Não te preocupes, diverte-te, faz o que quiseres, seja lá o que for, eu estou bem, isso só está me MATANDO. "Não compreendes que minha vida depende de receber notícias tuas [...]. Não me mates antes de chegar a minha hora." Então, tudo bem se não me enviares pelo menos uma carta, se isso não te incomodar demais, sr. Figurão Sempre Ocupado, ao menos manda-me tua *roupa suja*, uma ou duas camisas manchadas, para que uma pobre mãe abandonada possa evocar o corpo do filho e "restaurar seu ânimo". Que artista![21]

Os papéis da Guenizá estão cheios de toda espécie de mulheres fortes que, sendo na maioria analfabetas e de modo geral nunca incentivadas a aprender a escrever, teriam pedido a escribas que escrevessem as cartas para elas. Entretanto, algumas das mais cultas decerto dominavam a escrita e a leitura, já que entre as mulheres da Guenizá havia professoras de escolas primárias, mulheres que lecionavam para crianças, ainda que uma delas, filha do diretor da ieshiva de Bagdá, ensinasse aos meninos por trás de uma janela com gelosias, de modo que a instrução saía de uma boca invisível. Outras, com menos pretensões culturais, trabalhavam fora da casa da família como bordadeiras e tecelãs, mas não como uma espécie de ocupação de diletante, e sim com o objetivo inteiramente prático de aumentar a renda familiar. Outras ganharam reputação de serem boas "corretoras", e como isso significava anunciar e apregoar os artigos no mercado e nos bazares, pressupunha trabalhar e viver no mundo dos homens. A tradição judaica exigia que as mulheres se vestissem com recato, mas os chapéus e toucas (como acontecia com os turbantes masculinos) podiam ser elegantes e coloridos, com certa deferência às regras de propriedade.

De vez em quando, irrompem da Guenizá personalidades extraordinárias que desmentem todos os lugares-comuns a respeito da vida familiar naquele mundo. Uma das "corretoras" era, obviamente, uma competente mulher de negócios e financista, e não apenas mercadora, pois tornou-se riquíssima, deixando uma fortuna de cerca de setecentos dinares. Chamava-se Karima, embora fosse mais conhecida como Al Wuhsha, a Corretora, filha de uma família de banqueiros, e Goitein diz que ela aparece nos documentos de sua época com mais frequência do que qualquer outra pessoa.[22] E isso não é de admirar, já que era tão escandalosa quanto bem-sucedida e abastada. Seu casamento precoce, do tipo habitual, foi breve e, presume-se, infeliz, uma vez que ela tomou como amante um certo Hassun de Ascalon, e engravidou. Já na gravidez (durante a qual ela teve o desplante de ir à sinagoga iraquiana no Yom Kippur, o Dia do Perdão, e claramente não foi para fazer orações de penitência), a sempre prática Wuhsha começou a temer que a ilegitimidade da criança não lhe permitisse receber seu correto quinhão hereditário.[23] Ela e Hassun tinham se submetido a algum tipo de cerimônia diante de uma autoridade islâmica, mas a conselho de um conhecido, o "Diadema", bem enfronhado nos requisitos da lei judaica (não que a própria Wuhsha fosse ignorante sobre essas questões), ela tomou providências para ser flagrada na cama com Hassun, provando com isso que, afinal, o pai natural de Abu, o filho de ambos, era judeu.

Uma vez que Hassun já tinha atendido à sua finalidade, Wuhsha se livrou dele, que se mandou de volta para a Palestina (ou provavelmente deu no pé para salvar a vida). Ela nunca mais voltou a se casar, embora tivesse também uma filha. Wuhsha projetava uma imagem perigosa e glamorosa em Fustat, e sua reputação não lhe valia muita consideração na sinagoga. Mas soube muito bem como se vingar dos santarrões por seu ostracismo. Em seu testamento (que especificava que Hassun deveria ficar "sem um vintém" — o que ele teria feito?), Wuhsha deixou recursos para a sinagoga que a mantivera à distância — dinheiro para a compra de óleo para as lâmpadas a fim de que os rapazes pudessem estudar até tarde da noite, e para a manutenção do prédio — e num montante generoso, de modo que os anciãos não pudessem, em sã consciência, declinar da herança. Por ocasião de sua morte, e com certeza antes disso, a imbatível doadora teve a satisfação de saber que o nome da Al Wuhsha, a Corretora, seria invocado tanto numa inscrição quanto em referências orais em todos os grandes dias da vida comunitária.

3. O QUE O HEBRAICO ERA CAPAZ DE DIZER

Certo dia, por volta de meados do século X, um judeu que se achava no extremo ocidental do mundo conhecido pegou da pena, molhou-a em tinta de galha e escreveu a outro judeu, este no extremo oriental, mas que, por acaso, além de judeu, era rei. O homem que escrevia, Menahem ibn Saruq, cumpria a tarefa em nome de seu amo e senhor, Hasdai ibn Shaprut, braço direito do califa Abd al-Rahman III, do al-Andalus, região dominada pelos árabes na península Ibérica. Para isso era pago, nada regiamente, como às vezes pensava. Menahem estava habituado a dirigir cartas a personagens poderosos, já que Hasdai, vez por outra, era incumbido pelo califa de negociar com potentados cristãos: o imperador dos "romanos" em Constantinopla, ou o rei espanhol de Leão, no norte. O contato direto entre cristãos e muçulmanos era impensável, mas o judeu Hasdai (que falava todas as línguas imagináveis, parecia ter parentes ou agentes em todos os portos e cidades do mundo e era famoso por ocultar sua sagacidade com uma irresistível cortesia) era capaz de dar conta das negociações diplomáticas do califa onde emissários muçulmanos não tinham acesso. Hasdai desfazia o nó das dificuldades. O judeu conhecia o bálsamo político dos presentes. Seu bom gosto e discernimento escolhiam o bálsamo certo para o rei dos francos ou dos alanos, e ele punha o olho no que recebia em troca, antes de passar o presente a seu senhor. E logo um prisioneiro era solto ou conseguia-se um pacto tático com a imperatriz bizantina, voltado contra o inimigo comum, o califa abássida usurpador em Bagdá. De um modo ou de outro, os problemas se resolviam, mas era sempre Menahem, a pena dos pensamentos de seu amo, que evocava as palavras que abriam as portas do entendimento.

Essa mais recente tarefa, a carta de apresentação, saudação e consulta a José, rei judeu dos cazares, exigia mais do que as formalidades costumeiras. As paixões e ânsias de Hasdai, e não apenas sua excepcional inteligência comercial e estratégica, sabia Menahem, estavam envolvidas. Por ocasião de uma troca de presentes, nesse caso com o Corasão persa, Hasdai tomara conhecimento de um vasto reino judeu nas elevadas pradarias do oeste da Ásia, que, banhado pelo baixo Volga, tinha como limites o mar Cáspio (então conhecido como Jorjan) a leste, o mar Negro ou "Constantino" a oeste e as montanhas do Cáucaso ao norte. Esse reino abrangia toda a Crimeia e, ao que tudo indica, a cidade de Kiev. A notícia inesperada, confirmada em 948 por um judeu cazar que estivera com um dos homens do próprio Hasdai em Constantinopla, deixara agitado e pasmo o braço direito do califa, que se orgulhava de seu conhecimento da geografia da dispersão. A sensação de que toda a terra estava ocupada pelas idas e vindas dos judeus, sempre azafamados, exceto nos sábados e nos dias de jejum e de festa, era um consolo para a amargura do exílio. No entanto, ouvir falar de um reino judeu situado a leste das terras dos eslavos, cristãos e muçulmanos dava a impressão de que o corpo dos judeus de repente, de maneira inimaginável, estendera um braço para os confins da Ásia. "Estamos atônitos, erguemos a cabeça, nosso espírito reviveu, nossa mão se fortificou."

Pelo cazar de Constantinopla, Hasdai soube que na sua origem esses judeus distantes tinham sido guerreiros nômades, devotos pagãos do deus solar Tungri e de seus xamãs, e que em geral moravam nas típicas cabanas redondas chamadas *yurts*. Seu imperador, ou *khagan*, era uma figura sagrada, mas com poderes surpreendentemente limitados. Ao subir ao trono, os nobres lhe indagavam por quanto tempo pretendia reinar, e, se ele superava o prazo prometido, logo era morto. De vez em quando enfrentava um desafio feito por seu general, o *bek*, que aspirava a assumir o mando. No decurso das últimas gerações, tinham sido incrustadas no planalto montanhoso cidades como a capital, Atil, nas quais palácios de alvenaria erguiam-se diante dos campos e rebanhos daquele povo próspero. Isso era quase tão milagroso quanto os reinos de judeus perdidos que, como jurara o viajante Eldad, o Danita, cultuavam o verdadeiro e único Deus Onipotente nos planaltos escaldantes da África. Hasdai queria ter certeza de que essa informação não era balela de viajante e interrogou outra comitiva que viajava de Constantinopla a Córdoba, sendo-lhe garantido que o reino judeu de Al Kuzari era mesmo real, que ficava a quinze dias de navio da capital deles próprios, que seu atual governante se chamava José e que peles, peixes "e artigos de toda espécie" eram remetidos de sua terra. Depois dessa informação, Hasdai não perdeu tempo em enviar seus próprios homens a Constantinopla com ordens de chegar ao reino dos cazares. Entretanto, depois de seis meses tentando organizar a viagem, disseram-lhes que deviam desistir, que a jornada seria perigosa demais porque "era o mar tormentoso" e intransponível naquela estação. Hasdai suspeitou que todos os perigos estavam na cabeça do império cristão, que, embora mantivesse relações de amizade com os cazares, talvez se preocupasse com a perspectiva de uma ligação entre o califado muçulmano do al-Andalus e um belicoso estado judeu a leste.

Não obstante, Hasdai estava obsedado pela visão daquele reino judeu, e agora cumpria a Menahem a tarefa de arrombar com suas palavras as portas que os cristãos tinham trancado. E teriam de ser palavras hebraicas, não a linguagem tradicional da correspondência diplomática, mas de que outra forma poderia haver uma aproximação entre os judeus do al-Andalus e da Cazaria? E quem melhor que Menahem ibn Saruq para escolher essas palavras, já que a grande obra de sua vida fora o primeiro dicionário hebraico? Ainda jovem, vindo de Tortosa, no noroeste distante, ele chegara a Córdoba, e ali, na magnífica cidade do califa omíada, entre fontes de jardim e pombais, o pai de Hasdai, Isaac ibn Shaprut, tomara Menahem sob sua proteção em troca da composição de um e outro poema e de inscrições cerimoniais, entre as quais a que comemorava a doação feita por Isaac à maior de todas as sinagogas de Córdoba. Por ocasião da morte de Isaac, Menahem redigiu o panegírico fúnebre e fez o mesmo para consolar Hasdai quando este perdeu a mãe. Tudo que desejava àquela altura da vida era regressar a Tortosa e ganhar a vida de forma modesta, tendo apenas o que lhe permitisse dedicar-se à sua verdadeira paixão, a gramática hebraica.

Quis o destino, porém, que Hasdai, ele próprio profundamente versado na Torá e no Talmude, galgasse, de forma inesperada, altos cargos na corte do califa. No mundo muçulmano, havia dois caminhos pelos quais os judeus podiam ascender socialmente: a medicina e o dinheiro. A primeira possibilitou a admissão de Hasdai; o segundo garantiu-lhe a capacidade de resistência. A carne de víbora muito teve a ver com isso, pois constituía o ingrediente indispensável, dizia-se, do *theriacum*, a panaceia milagrosa comum na Antiguidade, mas desde então perdida para os médicos. O *theriacum* era antídoto para venenos conhecidos e presumivelmente desconhecidos — um risco sempre presente na corte do califa —, mas operava também toda sorte de prodígios: tornava férteis mulheres estéreis e transformava em virilidade a impotência masculina; curava a epilepsia; dava aos surdos a agudeza auditiva de um cervo na floresta; relaxava intestinos constipados; e clareava a vista. E Hasdai ibn Shaprut, médico que estudara as artes medicinais dos gregos e romanos — além de ser homem do comércio, pessoa de gosto literário refinado e devoto piedoso —, afirmava ter trazido seus segredos para a corte de Abd al-Rahman III. Atuasse o medicamento como ele proclamava ou não, ninguém, nem os ciumentos médicos da corte, jamais acusou Hasdai de embuste farmacêutico. Pelo contrário, uma vez tendo chamado a atenção do califa, a utilidade de Hasdai só lhe rendeu novos progressos. Se o cobrador de impostos arriscava-se a excitar ódios, que os judeus se encarregassem disso. Assim Hasdai ganhou a função de coletor alfandegário do comércio fluvial no trecho do Guadalquivir que passava por Córdoba, e com isso o erário do califa e a boa estrela do judeu prosperaram a olhos vistos.

A carta de Menahem ao rei José mostra todos os sinais de um cálculo ardiloso. Hasdai precisava se apresentar como o mais eminente dos judeus em Córdoba, talvez de todo o al-Andalus, mas sem pretender dirigir-se ao rei como igual. Pelo contrário, o louvor tinha de ser feito à maneira de uma afetação literária de modéstia, sem, contudo, qualquer bajulação desagradável, por servil. E Menahem ficou satisfeito com seu texto, o bastante para acrescentar um pouco de crédito a si mesmo no floreio de abertura: fez um acróstico, soletrando, com as letras iniciais de cada linha, não só o nome de Hasdai ibn Shaprut como também o de Menahem ibn Saruq, como se ambos tivessem a mesma posição social — uma certa impertinência da qual viria a se arrepender. A principal tarefa da carta, no entanto, era estabelecer um clima de cortesia judaica, inserir os judeus andaluzes na longa linhagem da história.

> Eu, Hasdai, filho de Isaac, abençoada seja sua memória, filho de Esdras, abençoada seja sua memória, pertencendo aos judeus exilados de Jerusalém na Espanha, servo de meu Senhor, o Rei, curvo-me até o chão diante dele e prostro-me em direção à morada de Vossa Majestade. De uma terra distante, regozijo-me por vossa tranquilidade e magnificência, e ergo as mãos para Deus do céu, rogando-lhe prolongar vosso reinado em Israel.
>   No entanto, quem sou eu e o que é a minha vida para que me atreva a escrever uma carta a meu Senhor, o Rei? Confio, porém, na integridade e na retidão de meu objetivo. Como, de fato, aqueles que têm vagueado depois de esvaída a glória do reino, e que por muito tempo sofreram agruras e calamidades, podem expressar uma ideia em palavras belas? [...] Somos, com efeito, o remanescente dos israelitas cativos [...] residindo em paz na terra em que estamos hoje, pois nosso Deus não nos abandonou nem sua sombra de nós se afastou.

Com poucas linhas, Menahem fez de Hasdai um nobre no exílio, digno de se dirigir a um rei. Uma tradição antiga dava como certo que os primeiros judeus da Espanha tinham sido levados para lá ao tempo de Tito, o Conquistador, a pedido de seus cônsules, que acreditavam que esses judeus possuíam as qualidades essenciais a colonos úteis. No entanto, tinham atravessado uma vida de sofrimentos durante a era romana e mais ainda ao longo dos séculos de domínio dos visigodos, que, cristianizados, haviam perseguido a pequena população judaica. Menahem atava essa história à longa cadeia de calamidades bíblicas que Deus jogara nas costas dos judeus para puni-los por suas constantes transgressões. Quando, porém,

> Deus viu o tormento e a labuta por que passavam e o quanto eram desvalidos, Ele fez com que eu [Hasdai] me apresentasse diante do rei e magnanimamente voltou seu coração em minha direção, não por causa de minha virtude, e sim por

sua misericórdia e sua fidelidade à aliança. Graças a essa aliança, as mãos dos opressores relaxaram [...] e, mediante a misericórdia de Deus, o jugo tornou-se mais leve.

Seguiam-se, no estilo mais lírico de Menahem, os mais desbragados e exultantes encômios ao al-Andalus. Se não era a verdadeira Sião, onde manava leite e mel, Sefarad, "como ela é chamada na língua sagrada", era decerto o melhor de todos os possíveis locais de exílio, um tesouro da natureza, um lugar de tranquilidade.

> A terra é fértil e tem em abundância rios, mananciais e aquedutos, uma terra de trigo, azeite e vinho, de frutas e de toda sorte de iguarias, de jardins e de pomares, de árvores frutíferas de toda espécie, entre as quais aquela de cujas folhas se alimenta o bicho-da-seda, e que possuímos em grande número. Nas montanhas e bosques de nosso país, extrai-se a cochonilha em grande quantidade; há também montanhas cobertas de açafrão e com filões de prata, ouro, cobre, ferro, estanho, chumbo, enxofre, pórfiro, mármore e cristal. Mercadores concentram-se nela, e negociantes dos confins da terra, do Egito e de países vizinhos trazem especiarias, pedras preciosas, artigos magníficos para reis e príncipes, além de todas as mercadorias desejáveis do Egito. Nosso rei acumulou um colossal tesouro em prata, ouro e materiais preciosos, como nenhum outro monarca jamais possuiu.[24]

Apesar de toda essa abundância e da suave benevolência do califa, se fosse verdade que

> exilados judeus constituíram em qualquer lugar um reino independente e não estão submetidos a um governante estrangeiro [...] nesse caso, desprezando toda a minha própria glória, abandonando minha alta posição, deixando minha família, eu transporia montanhas, colinas, seguiria por mares e terras até chegar ao lugar onde reside meu Senhor, o Rei, para que eu pudesse ver não só sua glória e magnificência, como também a tranquilidade dos israelitas. Contemplando isso, meus olhos brilhariam, minha carne exultaria e meus lábios bradariam louvores a Deus.

Muitas coisas Hasdai queria saber sobre esse reino judeu do leste. Qual era sua extensão, qual era sua população, quantas cidades e vilas havia dentro de suas fronteiras, como era governado? Havia, porém, outra pergunta que ele esperava que o rei José pudesse responder, um cálculo do almanaque da redenção. Fazia quase um milênio que os romanos tinham destruído o Templo. Porventura o Onipotente trabalhava com números redondos? Por acaso o dia do Messias estava enfim se aproximando? Seria a correspondência entre duas eminências judaicas, tão distanciadas no mundo, em si mesma um sinal? Malgrado todo o seu conhecimento da aritmética celestial, Hasdai ainda se sentia nas trevas. Teria talvez o rei José — um Salomão do oriente, que devia ter sido nomeado por Deus — alguma informação esotérica, algum conhecimento especial sobre a aproximação do dia "pelo qual temos estado a esperar há tantos anos, enquanto passamos de um cativeiro para outro, de um exílio a outro"?[25]

Na verdade, o rei José não tinha a menor condição de refletir sobre o calendário a longo prazo da história judaica, pois seu próprio reino estava prestes a juntar-se à crônica dos desastres dessa história. Acossado pelos exércitos do Principado de Kiev e atacado com regularidade pelos bizantinos, o Império Cazar — judeu, é provável, havia apenas um século — já começava a se contrair. Nos cinco decênios seguintes, seria dominado, e Atil, a capital real, saqueada.[26] Os cazares lembrariam o desastre de mil anos antes na data exata. A maior parte da população permaneceria ali e se submeteria a seus conquistadores e a suas religiões, embora alguns obstinadamente judeus se tornassem por sua vez errantes. Dois deles iriam bater em Toledo no século seguinte, como estudantes, e a presença deles na Espanha talvez tenha estimulado o poeta Yehudah Halevi a escrever, por volta de 1140, o *Kuzari*, o grande romance filosófico em que o autor defendia seu próprio judaísmo.

No entanto, mesmo pressionado como estava, o rei José parece ter encontrado tempo e vontade para dar atenção a Hasdai, de uma forma ou de outra, transpondo os milhares de quilômetros que os separavam. Existem duas versões de uma "resposta", uma delas publicada em 1577 e uma versão mais longa do fim do século XIX.[27] Em ambas, o rei José relata visões angelicais que tinham induzido um ancestral, o rei Bulan, a ser atraído para a religião do Deus único. Sucedeu-lhe um filho devoto, Obadias, que organizou um debate entre porta-vozes do islamismo, do cristianismo e do judaísmo, em que os representantes dos dois primeiros monoteísmos declararam que, se necessário, optariam pela religião de Israel e não pela do rival imediato. Obadias, que parece ter promovido o evento com conhecimento prévio de seu resultado, pôde então escolher publicamente o judaísmo.

Por mais fantástico que tudo isso pareça, pelo menos parte da história não era lenda, mas a pura verdade. Em 837 e 838, moedas descobertas em tesouros da Crimeia à Escandinávia ganharam nova aparência, com a inscrição "Moisés é o Mensageiro de Deus" em uma face e no verso, "Terra dos Cazares". Assim, Moisés substituiu Maomé na fé familiar, e evidentemente algum tipo de conversão ocorreu na primeira metade do século IX. Maiores informações sobre como e quando isso aconteceu são fornecidas por fragmentos sedutores de cinco cartas que evidentemente não saíram da mão do próprio rei cazar, mas quase com certeza foram ditadas por ele e descobertas por Solomon Schechter nas montanhas de documentos da Guenizá do Cairo. Essas cartas deixam claro que houve de fato um contato epistolar entre a Cazaria judaica e Córdoba. Escritas em hebraico (o que em si é meio milagroso), o autor identifica-se como judeu cazar, mas, em vez de uma súbita conversão após uma epifania, ele narra uma história mais longa de um "retorno" ao judaísmo. Foi em meados do século VII, quando os bizantinos derrotaram os persas e a política de conversão à força determinada pelo imperador Heráclio estava próxima, que judeus de língua grega fugiram de localidades nos Bálcãs e do Reino do Bósforo, sobretudo da cidade de Panticapeia, onde tinham prosperado durante séculos, transpondo o Cáucaso e chegando à segurança da Cazaria, ainda pagã.[28] Ali foram bem acolhidos e permaneceram durante muitas gerações, casando-se com pessoas do lugar e, nas palavras de um dos fragmentos, "tornando-se um só povo". A maioria deles, como tantas vezes acontece, deixou de cumprir à risca os ditames da religião, que se reduziram a pouco mais do que a circuncisão e o Shabat. Entretanto, depois que esses judeus se tornaram plenamente cazares, um deles veio a ser um *bek* de seus exércitos e, depois de uma vitória particularmente espetacular, tornou-se rei. O *bek*, que se tornou conhecido pela palavra *melekh*, que em hebraico significa "rei", era talvez o Bulan a que a "resposta" faz referência, e ainda que afastado da religião foi incentivado por sua mulher, Serakh, também de origem judaica, porém mais praticante, a organizar o famoso debate, que pode ter sido um evento histórico de fato. Rolos da Torá descobertos numa caverna semelhante à de Qumran, mas na planície de Tiyul, tornaram-se o meio de instrução. Bulan assumiu o nome teofórico de rei Sabriel, fez com que ele próprio e seus nobres fossem circuncidados, importou "sábios" de Bagdá e da Pérsia, construiu sinagogas e um grandioso santuário, além de observar os jejuns e as festas. Chanuká e Pessach, em especial, cercavam-se de tal importância que o *bek* viajava das planícies a Atil para participar das comemorações. Fica claro pelos fragmentos da Guenizá que as reformas judaizantes alcançaram toda a população (que, de qualquer forma, tinha um núcleo de judeus provenientes da Armênia), e que cerca de seis reis se seguiram a Bulan/ Sabriel, adotando também nomes hebraicos: Obadias, Ezequias, Manassés, Benjamim, Arão e, por fim, José. Todavia, o século que durou a Cazaria judaica talvez não tenha sido bastante longo para criar raízes fortes, capazes de resistir às invasões do Principado de Kiev. Quando isso ocorreu, apenas duas décadas depois da aproximação entre Córdoba e Atil, é impossível dizer que proporção de judeus cazares foi embora e quantos ficaram, adotando as novas religiões.

Se os cazares se achavam à beira do desastre no exato momento em que se tornavam conhecidos pelos judeus do al-Andalus, o mesmo acontecia ao homem cujo conhecimento do hebraico permitira a ligação. Pouco tempo depois da correspondência com os cazares, Hasdai importou de Bagdá um novo e mais jovem luminar do hebraico, Dunash ben Labrat, e logo se viu que não havia espaço, ao mesmo tempo, para Menahem e Dunash no círculo de Hasdai. Seu primeiro nome leva a crer numa origem berbere, e ele nascera em Fez, mas Dunash chegara à maioridade como redator na cidade babilônia de Sura, onde estudara com o famoso letrado Saadia, o Gaon.* O mestre era, ele próprio, a personificação da busca de um meio de fortalecer o ensino da Torá e do Talmude, e ao mesmo tempo voltá-lo com confiança para a cultura filosófica e literária em que ele vivia. Essa cultura era nada menos que a redescoberta da filosofia grega, transmitida por fontes árabes siríacas. Ninguém podia, nem remotamente, acusar Saadia, homem muitíssimo religioso e culto, de flertar com culturas estrangeiras (embora Dunash viesse a ser acusado exatamente disso), mas sua grande obra, *Crenças e opiniões*, foi a primeira tentativa, desde Filo de Alexandria, quase um milênio antes, de justificar os princípios essenciais do judaísmo mediante uma análise racional — na realidade, de transformar o método lógico em um sinal da bênção especial de Deus. Cabe destacar que, embora o próprio Saadia fosse um mestre inatacável do Talmude e até o

---

* *Gaon*: palavra hebraica que significa "honorável sábio". (N. T.)

definidor de seu cânone, seu livro retorna à Torá e à Bíblia, talvez como uma resposta direta à nova seita dos caraítas, que, mais ou menos a partir do século IX, rejeitaram por inteiro os comentários e as leis rabínicas. Mais importante ainda é que, à maneira greco-árabe, a obra acrescenta ao longo tratado sobre significados bíblicos um guia sobre como levar uma vida contemporânea verdadeiramente judaica (e cumpre salientar que foi o primeiro *livro*, e não um rolo, em hebraico). Os capítulos sobre o desejo sexual, o impulso de enriquecer, as boas relações com vizinhos e outros temas dessa natureza afastam-se por completo da linha digressiva e detalhista das exposições talmúdicas e são apenas orientações claras, recomendando sempre a contenção, ao mesmo tempo que reconhecem a força sensual e instintiva desses anseios.

Essa postura bilateral — reforçar a tradição mediante a admissão da força do mundo físico — estava bastante presente na poesia e na filosofia árabes, e foi Dunash quem a levou para Córdoba, resolvido a transformar o hebraico no mesmo sentido. Em face de acusações de ser um arabizador, Dunash podia responder que, muito pelo contrário, ele estava tentando substituir o ideal de *arabiyya* por uma coisa que ninguém, além de Saadia, já apreendera — a *yahudiyya*, uma língua adequada não só para a entonação de salmos e para a liturgia como também para a filosofia, a poesia e sabe-se lá o que mais. E ele faria isso injetando um sopro de vida nova ao verdadeiro hebraico bíblico, que se tornara árido e mecânico. Arrogante em sua percepção da superioridade intelectual da ciência saadia-babilônica, Dunash não tardou a menosprezar os estudos linguísticos de Menahem e, em especial, seu dicionário do hebraico, o *Mahberet*, com sua ênfase obsessiva em radicais de três letras para absolutamente todas as palavras da Bíblia, o que Dunash tachou de miopia intelectualoide. O pior era que Menahem nada sabia sobre a obra filológica e lexicográfica de Saadia, que preparara o caminho para as aventuras de Dunash no novo-velho hebraico. Uma guerrinha cultural, feia e maldosa, rebentou em Córdoba em torno do destino do hebraico, de sua autenticidade, suas tradições, seu presente e seu futuro, com os dois homens mobilizando seguidores que atiravam farpas envenenadas uns contra os outros. Ridicularizado por Dunash como um pedante industrioso mas bitolado, Menahem sofreu uma enorme humilhação, que só se agravou quando Dunash escreveu e fez circular poemas litúrgicos, a serem incluídos no culto, que sem demora foram adotados na Andaluzia judaica. De uma forma ou de outra, Dunash havia logrado a quadratura do círculo: usara as formas da métrica e da disposição das rimas árabes, mas fazendo com que reforçassem, e não debilitassem, o que ele afirmava ser a autêntica tradição do hebraico em todo o seu antigo vigor. E adornava sua poesia e sua liturgia com um vocabulário tirado direto da Bíblia. E *sua mulher* também versejava. Com isso, ele era novo e velho ao mesmo tempo: um fenômeno invencível.

Hasdai encantou-se com tudo isso e com seu porta-voz jovem e competente. O homem que passara a vida perto da alta cultura árabe e muçulmana deve ter sentido que agora podia aceitar plenamente a elegância de pensamento e de expressão dessa cultura sem de forma alguma comprometer seu judaísmo. Dunash revigorava um hebraico que correra o perigo de se calcificar. Na defensiva, lutando por sua vida profissional, Menahem retorquiu de público que era bem isso que o trabalho de Dunash, de repente na moda, fazia: trair a tradição antiga por um mal disfarçado namoro com o islã. Entretanto, por ser o discípulo predileto de Saadia — um discípulo cujos versos foram descritos pelo mestre como "muito superiores a tudo que já se viu em Israel", ainda que, ao mesmo tempo, profundamente ortodoxos —, o letrado mais jovem era invulnerável às vergastadas críticas de Menahem.

A guerra cultural cresceu e se tornou mortífera. Menahem não iria segurar a língua, pois sabia que o inimigo estava decidido a destruí-lo, tal como se o atacasse com um punhal. Hasdai a tudo assistia, apreciando o combate dos gladiadores, depois do qual fez o gesto senhorial de erguer os polegares para Dunash. Diante da recusa de Menahem (e de seus alunos leais) a silenciar, Hasdai mostrou-se pessoalmente ofendido. A guerra em torno do hebraico não era um jogo acadêmico. O velho secretário transgressor foi agredido com violência em sua casa no Shabat, teve os cabelos arrancados pela raiz e foi conduzido ao cárcere — um ponto final selvagem e vingativo para uma carreira longa e leal. Era evidente que não valia a pena pressionar demais o grande Hasdai ibn Shaprut.

Entretanto, o desespero acicata o gênio. Menahem escreveu a seu antigo amo uma carta em que usava justo as rimas formais de que seu rival escarnecia, mas inundando-as de lembranças e de uma pesada carga de culpa dirigida à consciência de Hasdai. A situação está difícil? Invocam-se os pais santificados, que descansem em paz!

> *Vossa Excelência lembra-se da noite em que sua nobre mãe faleceu [...].*
> *Por Deus, Vossa Excelência procurou-me à meia-noite*
> *A pedir-me um panegírico, um canto lamentoso,*
> *E achou-me já a escrevê-lo [...].*
> *Quando do passamento de vosso pai*
> *Compus um belo elogio fúnebre*
> *Que todo o Israel declamou, uma vez a cada dia*
> *Em todos os dias de luto.*
> *Fiz as páginas de seus panegíricos correr mundo,*
> *Narrei o conto de vossa glória, rodas de bigas em toda cidade.*

Hasdai manteve-se indiferente. Mesmo que Menahem tenha sido libertado da prisão (e não é de modo algum seguro dizer que tenha sido), era um homem destruído. Coube a seus alunos ressentidos assumir sua causa, e, na verdade, a história da versão deles do que consideravam um hebraico verdadeiramente santificado teria ainda outro capítulo. A autenticidade do hebraico será debatida enquanto houver alguém capaz de lê-lo. Mas naquele momento triunfaram Dunash e seu estilo — a um tempo emotivamente bíblico e nitidamente contemporâneo —, com um hebraico que se apoderava do xale sedoso da forma árabe e o passava nos ombros de uma nova e bela literatura hebraica. Chegara a *yahudiyya*. E como as formas poéticas de Dunash eram livres e fluentes, adaptavam-se com muita facilidade ao canto. Algumas delas acharam seu lugar na liturgia; outras prestavam-se bem à primeira música da observância informal: as canções da véspera de Shabat. O fantasma de Menahem pairava em torno das academias dos devotos, porém Dunash cruzou o umbral da sala aquecida e do lar, e seu canto acompanhava as velas do Shabat.

4. A POESIA NO PODER

Há certas coisas que a poesia não pode fazer: por exemplo, prolongar a vida de Estados condenados. Aquilo que Dunash havia começado teria um futuro emocionante e prolongado entre os judeus sefarditas da península Ibérica, mas não vingou na Córdoba omíada. Na primavera de 1013, 23 anos depois da morte de Dunash ben Labrat, a esplêndida cidade de Abd al-Rahman

III foi saqueada pelos irados guerreiros berberes, convocados inicialmente para defendê-la. Quase tudo em Córdoba, exceto a vasta e refulgente mesquita no centro da cidade, foi destruído. Da próxima vez, paguem aos berberes.

Um dos que deixaram Córdoba correndo, pouco antes que a cidade se reduzisse a ruínas, foi um jovem judeu chamado Shmuel ibn Naghrela.[29] Dizia-se que seu pai, Yehosef, fora bastante sábio e devoto para mandá-lo estudar com o letrado arquifamoso Hanoch ben Moshe, que, se você acredita na história (mas não deveria), teria servido o califa com setecentos estudantes, cada qual levado em sua própria carruagem. Naghrela não seria lembrado pela profundidade de sua poesia, e sim por uma coisa inteiramente diferente: a união, em sua pessoa, da poesia e do poder. Sua sagacidade política não ficava atrás da de Hasdai ibn Shaprut, e ele era ao menos tão douto quanto este no conjunto habitual de disciplinas — medicina, filosofia, literatura —, mas, ao contrário de Hasdai, escrevia seus próprios poemas. Um cronista muçulmano de Granada do século XIV refere-se a Naghrela como um paradigma das artes e das ciências, que "imergiu fundo nos princípios da língua árabe, e era exímio conhecedor das mais raras obras dos gramáticos", além de "destacar-se na [...] matemática e na astronomia".[30] Naghrela se tornaria o *nagid* dos judeus de Granada, seu anjo da guarda, e o vizir, ministro-chefe de dois reis da dinastia dos Ziridas. Mais espantoso ainda, ele era, se não o general-comandante (e pode ter sido), decerto um alto oficial nos exércitos dos emires berberes de Granada, o estrategista da vitória.

No entanto, tudo isso empalidece em comparação com o que ele fez na literatura. Usando as formas poéticas arabizadas adotadas por Dunash, Naghrela criou uma modalidade de poesia hebraica radicalmente nova: sensual e mundana, espirituosa e ardente, impregnada do sangue e das vanglórias das batalhas, letárgica com as vinhaças noturnas à beira de fontes floridas, e até na lama e no fartum viscerais das feiras ruidosas. Num poema pungente cujo clímax é uma denúncia de todos aqueles que se creem acima dos animais irracionais que aguardam o golpe da faca do magarefe, Naghrela leva o leitor — ou, melhor, o ouvinte, já que sua poesia era feita para ser declamada, muitas vezes com o acompanhamento da flauta (*halil*), do alaúde e do tambor — por "um mercado onde carneiros e bois aguardavam lado a lado [...] reses incontáveis [...] e bandos de aves, todos à espera da morte,/ O sangue a coalhar sobre sangue coagulado/ Enquanto os carniceiros abriam veias".³¹ Quando se está dentro de um poema de Naghrela, todos os sentidos são despertados.

> *Que não faria eu pelo jovem*
> *Que me despertou à noite ao som de hábeis flautas e alaúdes*
> *E vendo-me ali, de taça na mão, disse-me: "Bebe o sangue da uva de meus lábios".*
> *Ah, a lua era um minúsculo yod**
> *Sobre a capa do alvorecer em dourado aquoso.*³²

Embora ocupado com questões de Estado e da comunidade, Naghrela parece raramente ter deixado a pena de lado. Ao ordenar que seu regimento pernoite em "um forte antigo, há muito arrasado pela guerra", ele faz o leitor ver os soldados dormindo entre as ruínas:

> *E eu cismava [...] o que fora feito das pessoas que habitaram aqui antes de nós.*
> *Onde estavam os construtores e os soldados, os ricos*
> *e pobres, os escravos e seus senhores?*
> *[...]*
> *Eles se instalaram no dorso da terra,*
> *mas descansam no coração do solo —*
> *com seus magníficos palácios feitos tumbas,*
> *seus pátios aprazíveis reduzidos a pó.*

No entanto, o poeta-general não é dado a sentimentalismos elegíacos. Pode estar num momento extasiado de amor, desejando o rapaz ou a moça que lhe serve um cálice de vinho, mas no instante seguinte quer que você saiba que ele já viu tudo. "Primeiro, a guerra parece uma formosa donzela/ que queremos cortejar, nela crendo./ Depois mais parece uma meretriz repulsiva/ cujos clientes são amargos e se lamentam." Assim, no interior do forte, onde os cavaleiros ressonam estendidos na grama, ele faz desfilar em sua mente a caravana de seus ocupantes anteriores, mas por fim recua: "Se pudessem erguer a cabeça e emergir,/ nos tirariam a vida e o prazer. Acredita, minha alma, na verdade e em breve/ eu serei como eles e como esses adormecidos".³³ Não houvera ninguém

---

* A letra hebraica que lembra um apóstrofo. (N. A.)

como ele antes, e, embora outros grandes poetas viessem depois, ainda não apareceu outro que se compare a ele, até hoje. Sua poesia não é provinciana. Pode-se lê-lo (mesmo em tradução, sem a elasticidade das rimas e dos ritmos do hebraico) sem fazer nenhuma concessão especial por sua época ou sua religião; pode-se lê-lo como se lê Donne, Baudelaire ou Brodsky.

Isso porque o leitor encontra em Shmuel ibn Naghrela, pela primeira vez na literatura judaica, um ego colossal que não se constrange com isso, uma personalidade robusta e viril, um homem que aperta a mão com energia, que bate nas costas, que abraça com vontade, mas que é capaz também de sondar a própria alma e de expressar empolgação erótica. Mesmo em seus momentos mais reflexivos, meditando sobre o desgaste inexorável dos anos, Naghrela é a mais terrena de todas as grandes presenças poéticas no hebraico medieval. Se é concebível que um poeta hebreu pudesse ser também guerreiro e político, então isso teria de acontecer com Naghrela, pessoa em quem todos os movimentos mentais e físicos indicavam as batalhas do poder, sobretudo em sua tensa compleição física.

Seu brilho esteve à vista desde o começo. Quando, ainda jovem, Naghrela deixou a arruinada Córdoba, não foi com suspiros lamentosos por um lar perdido. Ele parte sob as provocações de amigos que supõem que ele vai em busca de "facilidade ou ganhos". Não era nada disso, ele escreveu. Na verdade, o oposto.

> *Por Deus e pelos fiéis de Deus — e cumpro minhas juras,*
> *escalarei penhascos*
> *e descerei ao abismo mais profundo*
> *e coserei a orla de um deserto ao de outro,*
> *transporei esses e todos os desfiladeiros*
> *e enfrentarei as mais altas montanhas*
> *Até que a palavra "eternidade" faça sentido para mim*
> *e meus inimigos me temam*
> *e meus amigos nesse medo*
> *encontrem consolação.*[34]

Trata-se de uma fanfarronada despudorada, no tom da poesia bélica muçulmana, mas ele se comprazia com palavras combativas. Consta que o jovem

Naghrela debateu os méritos respectivos do judaísmo e do islã, sem restrições ou limites, com o escritor árabe Ibn Hazm. Mais tarde, Ibn Hazm seria levado a explosões de ódio contra todos os judeus, por ter Naghrela ousado contestar o Alcorão e o Profeta. Entretanto, grande parte da mais poderosa poesia hebraica devia sua força a um espírito de combate. Há quem pense, de maneira equivocada, que uma "era áurea" da poesia hebraica floresceu num clima sereno de simpatia mútua durante governos muçulmanos estáveis na Espanha. Na verdade, ela ocorreu em meio ao caos e à violência que se seguiu à derrocada dos omíadas. Enquanto facções e pequeninos Estados muçulmanos se ocupavam de planejar a destruição mútua, supunha-se que os judeus, sem acesso a cargos no governo, não tinham ambições políticas.

No entanto, eles não estavam imunes a batalhas, sítios e brigas nas estradas. Eram proibidos de portar armas com que se defender, sob o risco de graves punições. Os alforjes em suas mulas eram alvos constantes. Apesar de suas bazófias de juventude, Shmuel ibn Naghrela foi obrigado, durante algum tempo, a ganhar a vida com uma lojinha de especiarias na cidade portuária de Málaga. De acordo com uma obra de história judaica do século xii, de Ibrahim Da'ud, ele foi descoberto ali por auxiliares do vizir de Granada, que perceberam que ele tinha conhecimentos profundos do árabe, necessários aos assuntos de Estado. A escrita abriu portas. Naghrela foi chamado à cidade fortificada, atuou como secretário do vizir e mostrou-se tão competente na guerra e na diplomacia que, com a morte daquele, tornou-se seu sucessor.

Uma vez nesse alto cargo, Naghrela soube mantê-lo. Por ocasião da morte do emir de Granada, Habus, em 1038, os dois filhos deste se dispuseram a lutar pelo direito à sucessão. Agindo contra o parecer da maior parte de sua própria comunidade, que se sentia orgulhosa e temerosa da eminência alcançada por seu representante mais ilustre, Naghrela apoiou o príncipe Baddus, mais jovem, que, apesar dos pesares, foi bem-sucedido. A partir daí, o letrado, guerreiro e poeta judeu — num grau nem sonhado por Hasdai ibn Shaprut — tornou-se o incontestado governador de Granada, o administrador de suas receitas e comandante supremo de suas forças militares. E tudo isso num Estado que durante algum tempo foi a potência dominante no leste do al-Andalus. Cronistas posteriores deixaram claro que algumas pessoas ficaram chocadas com o fato de os emires confiarem o destino de seu Estado a um infiel, mas em termos políticos Naghrela fora beneficiado por sua própria ineligibilidade para o emirado. Ele era, como disse um desses comentaristas, uma pessoa "livre da cobiça do poder" — ou, pelo menos, da suspeita de desejá-lo.

Em muitos aspectos (salvo o único que na verdade importava), Naghrela era indistinguível dos muçulmanos a quem servia com tanta eficiência, mas exatamente essa façanha acabou sendo fatídica para seu filho e sucessor. Seu domínio do árabe era perfeito, suas maneiras, refinadas, suas cortesias, primorosas e sua capacidade de brutalidade, quando necessária, comprovada. Ninguém melhor do que ele personificou com mais naturalidade a combinação de cultura e poder islâmicos com um judaísmo sem máscaras. Por isso, autores árabes, como Ibn al Khatib, ainda que desconfiados dos infiéis, e um tanto chocados com o fato de um judeu estar efetivamente incumbido do governo de um Estado muçulmano, admitiam que "embora Deus não o tenha informado a respeito da religião correta", Naghrela tinha de ser visto como "um homem notável", que "combinava [...] um caráter sólido e sensato com um espírito lúcido, além de maneiras polidas e amistosas".[35] Uma fonte árabe posterior comentou, com mais ressentimento, que quando Naghrela era visto em público com seu superior, o emir, ambos com trajes de gala, era impossível dizer quem era o chefe e quem era o chefiado. Também sua poesia obedecia a formas árabes: os poemas do gênero *muwashshah*, rimados, com seu *karja* final, o refrão coloquial de duas linhas. Seus temas prediletos — as festas que duravam toda a noite, quando semiébrios perdidos em algum ponto entre a inconsciência sonolenta e o apetite sensual estendem a mão para uma taça ou para o rapaz ou a moça que a serve — violavam tanto o islã como o judaísmo, mas fazia-se a eles igualmente uma sensual vista grossa.

> *Com amigos bravamente inebriados*
> *sentado num canteiro de flores*
> *Vejo o jovem copeiro servir*
> *as taças. Indo e vindo do barril de vinho*
> *enquanto um admirador com pena sem tinta escreve música no alaúde e a risca.*
> *A vida não passa de uma dança,*
> *a terra, uma donzela com sua castanhola,*
> *o céu, um exército em marcha acampado para a noite.*
> *Diante da tenda de cada homem, uma lanterna acesa.*[36]

Muitos poemas de Naghrela (e também daqueles que vieram depois, como Moshe ibn Ezra, outro poeta-rabino de Granada) são inequivocamente homoeróticos. "*Emet!*", começa um poema confessional que poderia ser traduzido como "Certo, é verdade, estou mesmo apaixonado por aquele moço que colheu rosas em teu jardim". Ou, depois de uma discussão, "*Le'at!*" — "Pare com isso, por favor! Meu coração não é de ferro, e sua raiva, meu amor, neste momento, é mais do que posso aguentar". O *tzevi*, a gazela que "cativou o coração", é sem sombra de dúvida um macho (uma fêmea seria *tzeviyá*). E como os mesmos poetas eróticos escrevem versos da mais profunda espiritualidade, comentaristas embaraçados ou incrédulos têm insistido, contra todas as evidências, que esse amor é antes metafórico que realmente carnal, uma herança do Cântico dos Cânticos bíblico, em que o corpo da amada é descrito em incessantes detalhes, mas é a expressão de ânsia por união com Deus. Entretanto, como se sabe que a cultura árabe na época estimulava a bissexualidade, não existe razão alguma para supor que o mesmo não acontecesse entre os escritores-cortesãos judeus que viviam no mesmo mundo. Os mesmos enóforos *saqi*, treinados nas artes do amor, e moças com o cabelo curto como o de rapazes estavam presentes em reuniões árabes e judaicas, como também as mesmas tentações, recusadas ou usufruídas. Naghrela tinha um famoso antecedente bíblico na dedicação simultânea aos sentidos e ao espírito: o rei Davi, o voyeur adúltero; Davi, o guerreiro brutal e o político; Davi, o penitente angustiado, com quem Naghrela, talvez com certa presunção, se identificava. Tal como seu modelo, ele era a tal ponto impregnado de judaísmo e de sensualidade, e ao mesmo tempo, que seus versos mais atrevidos raiavam à blasfêmia. Quando dizia a um amante que pegasse "o peito e a coxa", estava invocando, de forma escandalosa, as melhores partes do cordeiro da consagração, reservadas para os sacerdotes do Templo, que faziam a oferta sacrifical a Deus.

Naghrela, o vizir, era um peixe grande demais para seu laguinho. Tampouco Granada era uma potência de somenos. Travava batalha após batalha — contra Almeria, Sevilha e outros Estados berberes — e quase sempre triunfava. Nunca saberemos se o judeu era ou não o comandante supremo de um exército berbere, mas nenhum linguista acredita que ele imaginava seus poemas de guerra refestelado numa almofada e num jardim murado. Seus versos são sujos de poeira e sangue. Muitos deles, como seria de esperar, seguem as convenções dos poemas de batalha árabes, com o inimigo pusilânime sendo esmagado pelos vencedores. Há neles muitas imagens de animais e aves, com leões rasgando com as garras a carne de cervos em fuga. E, como era de esperar, Naghrela importa da tradição hebraica algumas estridentes e arcaicas expressões poéticas da Bíblia, embora algumas sejam vívidas, quase documentais:

> De dia o firmamento estrugia com o tumulto de cavalos e seus movimentos faziam a terra se sacudir e tremer [...].
> Vi uma multidão que arremetia, atirando pedras, e logo escutei gritos de júbilo e trombetas,
> Subimos por uma escada feita com arcos e com flechas que voavam [...]
> fizemos um caminho até suas portas para aqueles que a saqueariam e entramos em seus pátios como se penetra numa cidade vencida [...]
> levantamos montes de terra tingidos com o sangue deles, uma estrada que partia dos cadáveres secos de seus chefes
> Ao caminhar pisávamos num corpo ou num crânio e ouvíamos os gritos dos mortalmente feridos.[37]

Naghrela tornou-se beneficiário das guerras contínuas dos emires berberes da dinastia dos Ziridas, mas também a vítima previsível desses conflitos incessantes. As últimas campanhas, quando ele já chegara à meia-idade, com o corpo ferido pela sela, levaram-no ao esgotamento e a refletir sobre a inutilidade da vitória, uma vez que o triunfo final é sempre o da morte. Alguns de seus informes mais tocantes, enviados do campo de batalha, tinham como destinatário seu filho Yehosef, nascido em 1044, e ainda jovem quando o pai era um veterano grisalho. Por fim, a história de Naghrela — e por extensão a história dos judeus na Granada dos Ziridas — é toda ela sobre um pai e seu filho.

É através de Yehosef que sabemos tanto sobre o pai, pois ele era seu editor, seu antologista, o idealizador de duas antologias, cujos títulos, inspirados na Bíblia (*O pequeno livro dos Provérbios* e *O pequeno livro dos Eclesiastes*), presumivelmente foram ideia de Shmuel. Assim, é o filho que nos fornece o poema que comprova o rigor das instruções do pai, até, ou sobretudo, quando em campanha. Do campo de batalha ele envia a Yehosef um livro de poemas árabes, "que copiei quando a espada estava desembainhada", a fim de garantir que o filho tivesse capacidade suficiente para substituí-lo. "Mesmo quando o túmulo boceja à minha espera, não posso parar de educar-te." (Esses pais judeus!)

"Ouve o que te digo, o homem instruído é como uma árvore frutífera; até suas folhas curam os doentes/ enquanto os tolos são como lenha da floresta, que só serve para ser consumida pelo fogo."[38] O mais belo de todos os momentos de comunhão entre pai e filho ocorre junto de uma fonte de jardim. Yehosef, que evidentemente faz o que quer do pai, o chama: "Nunca esteve tão florido [...] e plantei um gramado onde posso me recostar/ e pus em torno dele um canal transbordante/ que o circunda como o céu emoldura a terra". Estendem-se ambos sob romãzeiras e castanheiras, enquanto um servo oferece duas taças de cristal, coloca-as numa

> *jangada de juncos mosqueados*
> *que as traz até nós pela água.*
> *Como se fossem noivas em liteiras*
> *e nós seus noivos*
> *viramo-las de uma só vez.*
> *E as recolocamos no convés*
> *para retornarem ao copeiro,*
> *que logo voltou a enchê-las*
> *e com um "Vamos lá, senhores!"*
> *as devolveu.*[39]

É uma cena de alegre intimidade e companheirismo, um último momento de felicidade antes que o transtorno bata à porta. Exaurido, refletindo sombriamente sobre seu fim, Shmuel ibn Naghela morreu em 1056, deixando o filho de 21 anos como seu sucessor. Apesar de tantos anos de acompanhamento cuidadoso, ao que parece Yehosef não estava pronto para assumir a função, embora os únicos relatos que temos do desgoverno do vizir Yehosef venham de fontes árabes muitíssimo hostis a ele. Essas crônicas pintam um retrato de um jovem arrogante e autoritário, além de corrupto e até sinistro, que, levando o emir a beber em excesso, faz dele um fantoche seu, talvez acrescentando ao vinho alguma misteriosa poção judaica destinada a mantê-lo dócil e dependente. De repente, voltam a ser invocadas todas as normas que impediam que um governante muçulmano pusesse judeus em cargos de autoridade sobre crentes, e um novo veneno revigora velhos estereótipos. O ódio vai além da pessoa de Yehosef e atinge toda a comunidade judaica, agora sujeita a diatribes ferozes que repetem todos os antigos preconceitos contra os judeus. Ibn Hazm, com quem Shmuel travara debates literários, mostrou-se especialmente irado. Os judeus, escreveu, "inclinam-se a mentir [...] e sempre que surgem problemas procuram esquivar-se deles sorrateiramente". O livro sagrado deles, a Torá, é um repositório de ignorância e imoralidades.

> Por Deus, os judeus são assim. Não se encontra neles, salvo raras exceções, senão vilões traiçoeiros [...]. Que todos os príncipes aos quais Deus concedeu sua generosidade [...] se afastem dessa raça suja e fedorenta, alvo da cólera e da maldição de Deus, coberta de desgraças e infortúnios, de imundície e sujeira como nunca se viu em outro povo. Que ele [o judeu] saiba que os trajes com que Deus o cobriu são muito mais contagiosos do que a elefantíase.[40]

Abu Ishaq al Ebiri criticou o emir com mais violência ainda por "escolher um infiel como seu *katib* [...] a terra estremece diante dessa imoralidade". Como se atrevem os judeus (que agora ascendiam a alguns milhares em seu bairro no monte) a se dar ares, quando

> antes vagueavam por aí em molambos [...] quando cobertos de desprezo e humilhação remexiam nos monturos em busca de trapos imundos que servissem de mortalhas para seus mortos [...]. Hoje muçulmanos piedosos admiram o vil macaco infiel que se apoderou das receitas de Granada [...] cobrindo-se de trajes finos enquanto eles são obrigados a usar as roupas mais grosseiras [...] por isso, apressem-se a matá-lo, a sacrificá-lo e fazer dele oferenda, carneiro gordo que ele é.

O mesmo tinha de ser feito a toda a sua espécie: "Não considereis que matá-los seja uma traição,/ pois traição seria permitir-lhes zombar de nós".[41]

A demonização teve êxito. Em dezembro de 1066, dez anos depois de se tornar vizir, Yehosef foi assassinado, e o bairro judeu, submetido a um ataque que custou a vida da maior parte da comunidade judaica de Granada, cerca de 4 mil pessoas, segundo fontes árabes não necessariamente confiáveis. Nunca saberemos com certeza até que ponto Yehosef ibn Naghrela foi despótico e arbitrário, pois a descrição de seus desmandos vêm de setores muito hostis. É possível que as suspeitas de que Naghrela tencionasse transformar Granada num Estado judaico não tenham sido geradas por atos específicos, mas pelo simples fato de um judeu suceder a outro no governo.

Afinal, um dos projetos acalentados por Yehosef talvez possa ter confirmado esses temores. No alto da colina Sabika ficavam as ruínas de um fortim do século IX, cujos tijolos lhe valeram o nome al-Hamra, ou "a vermelha". Em sua ânsia de ligar a dinastia dos Ziridas ao passado distante de Granada, Shmuel tinha feito escavações no que restava de suas fundações, planejando criar um novo palácio em cima das ruínas. Como o bairro dos judeus ficava perto dali, não lhes seria prejudicial serem associados a esse ato de devoção e de restauro arquitetônico. O plano passou para Yehosef, que pode ter começado a expandi-lo de modo a aumentar as dimensões do palácio e criar novos jardins. Assim, a Alhambra começou como um projeto judeu-muçulmano, mas talvez tenha sido exatamente isso, a criação de um palácio fortificado, do qual o vizir judeu e sua gente poderiam governar o reino como seu feudo, o que provocou a reação homicida. Depois da matança e dos saques, muitos judeus voltaram para Granada, mas os planos relacionados à Alhambra foram suspensos. Duas ondas sucessivas de conquistadores vindos do Marrocos, os almorávidas, que tomaram a cidade em 1070, e os almôadas, de um puritanismo ainda mais militante, no século seguinte, fizeram com que se passassem dois séculos antes da realização do sonho de Naghrela: a construção de um palácio no cimo da colina. Coube então à dinastia Nasrida edificar na Andaluzia a mais perfeita expressão da arquitetura muçulmana que o mundo já viu.

5. LANÇADO NO ABISMO PROFUNDO: AS ANDANÇAS DE YEHUDAH HALEVI

Era nos isolados jardins internos que os judeus do al-Andalus melhor se sentiam no mundo muçulmano. Tal como a poesia que seus autores tinham dominado, o jardim tinha forma e medida, e ali irrompia a profusão da natureza. Por cima dos caminhos e das fontes pairavam romãzeiras, largando folhas oleosas. Jasmineiros subiam por paredes de tijolos, e seu perfume intenso e complexo assaltava de repente os sentidos quando o sol descambava sobre Granada e Córdoba. Soavam então as cordas de um alaúde e uma mão marcava o ritmo num tambor. Os convidados se ajeitavam em almofadas e recebiam das "gazelas" as primeiras taças de vinho. Quando as canções e o vinho lhes infundiam uma languidez prazerosa, começavam as declamações sobre os temas habituais: a crueldade da beleza, o tormento do desejo, a plenitude de lábios, a graça dos corpos, o aveludado da noite, a vaidade fútil das amadas, o consolo da taça. O hebraico era sonoro; os epigramas em árabe, engenhosos. Os poetas buscavam suplantar os amigos e rivais, aceitando bem as derrotas. Os judeus amantes da poesia pareciam tão à vontade nesse mundo quanto as formas serpenteantes dos poemas, os *muwashshah*, que eram sua síntese.

Era isso, decerto, que o adolescente Yehudah Halevi, filho de levitas, esperava ao empreender a longa viagem para Granada, no sul, saindo de sua cidade natal, Tudela, na Navarra cristã, quando os primeiros pelos negros lhe assomaram no queixo, fato que exigia um ou dois versos. Vinte anos tinham se passado desde o massacre de Granada. O terror se abatera, e os judeus que tinham fugido já voltavam à colina de Sabika. Oravam, comerciavam e cobravam impostos, mas mostravam uma cautela diplomática na forma como desempenhavam tais deveres. Evitavam ostentações. Continuaram até a poetar. O mais talentoso deles, Moshe ibn Ezra, pertencia a uma antiga família cortesã de Granada que sobrevivera às degolas de 1066 e voltara ao trabalho silencioso, diligente e próspero. Vinte anos mais velho do que Halevi, Ibn Ezra se interessara pelos poemas do rapaz, autoapresentações enviadas do norte com certa petulância insistente. Eram mesmo de boa qualidade, e convidou-se o adolescente precoce, que, ao chegar, por volta de 1088 ou 1089, mostrou-se ora brincalhão, ora devoto. Dominava à perfeição os velhos refrões, mas o que o tornava diferente era sua coordenação entre o olho e a mão. Ele via as coisas de modo diferente e logo achava as palavras mais apropriadas para se expressar. Uma "gazela" lavava a túnica na poça de lágrimas do pretendente rejeitado e depois a secava ao sol de seu próprio esplendor. Halevi era solar, resplendia no calor. Uma cabeleira ruiva caía sobre uma fronte úmida e cristalina (fogo e gelo combinam bem), e no fim da noite dissolvia-se numa aurora arrebatadora, o tremeluzir do desejo: "avermelhando as nuvens com labaredas".

Halevi foi bem-vindo no jardim da poesia e na casa de Ibn Ezra. Pode até ter trabalhado por algum tempo como secretário dele, o aprendizado habitual desses protegidos. Porém mal teve tempo de aspirar o perfume dos jasmins antes que a paz murada fosse quebrada para sempre e a Granada judaica acabasse. No fim do século xi, repetiu-se o que ocorrera aos omíadas em seu início.

Guerreiros berberes do Marrocos, chamados para reforçar os Estados muçulmanos contra avanços cristãos, tiveram tanto sucesso que se voltaram contra seus clientes e tomaram toda a Andaluzia, inclusive Granada, fazendo da região seu próprio território. Como em momentos anteriores de renovação islâmica, os guerreiros eram ascéticos, militantes, hostis à lassidão e ao luxo, e tudo isso, é escusado dizer, era ruim para os judeus. No novo regime de puritanismo, era impensável que infiéis ocupassem cargos elevados. Os irmãos de Moshe deixaram Granada para sempre, sendo-lhes tiradas as propriedades e os bens. O poeta ali permaneceu por alguns anos mais, antes de deixar a colina de Sabika e começar uma vida difícil de vagueações de fronteira a fronteira, jamais esquecendo a perdida Andaluzia. Anos depois, já na meia-idade, Halevi escreveria para Moshe versos em que recordava o tempo em que

> *ninguém atrelava ou usava*
> *os carros das estradas errantes*
> *[...]*
> *nossos dias eram ininterruptos e inteiros.*
> *O tempo nos levou de um lado a outro separados, mas o amor que nos levou como*
> *gêmeos*
> *nos criou em seu jardim de especiarias,*
> *nos nutriu com vinho que, ávidos, sorvemos.*[42]

Tendo imaginado uma vida serena com um mentor benevolente em Granada, Halevi conheceu bem aqueles "carros das estradas errantes". É difícil traçar com alguma correção o mapa de suas viagens, mas, ao que parece, de Granada ele foi para Lucena, cidade andaluza cuja população era predominantemente judaica e onde ele conhecia o diretor da ieshiva. Contudo, seu judaísmo a tornava um alvo preferencial para os conquistadores almorávidas, que impunham uma tributação punitiva como preço para não tornar obrigatória a conversão ao islã. Halevi transferiu-se então para Sevilha, onde ganhou a vida como poeta de aluguel, escrevendo poemas para casamentos, enterros e qualquer ocasião na vida cada vez mais difícil dos judeus da Andaluzia. Os poemas desses anos, que ainda impressionam pelo frescor e pelo coloquialismo despojado, na maior parte dos casos nascem desse estado de inconstância: despedidas, separações, ausências, saudades. Mantido "cruelmente" em cativeiro por uma "corça" e depois forçado a partir, o amante desgostoso recorre "para socorrer-se a uma maçã/ cuja fragrância lembra a mirra de teu hálito,/ a forma de teu seio/ e a cor do rubor que tinge tuas faces".[43] Outro poema, talvez do mesmo período, imita em hebraico o som de um gemido, com cada verso findando num suspiro, enquanto o amante abandonado se queixa de que ela não o visita, não lhe escreve:

> Por que, querida, impedes qualquer notícia
> de uma pessoa que pena por ti na jaula de suas próprias costelas?
> Não sabes que os meus pensamentos se fixam no som de seus lábios?
> Se a separação foi a sina a nós reservada,
> ao menos podias ter esperado meu olhar deixar o teu rosto.[44]

Por fim, em algum momento na primeira década do século XII, Halevi decidiu que já estava farto dos almorávidas e cruzou a fronteira religiosa e militar, instalando-se em Toledo, na Castela cristã. Não foi como se ele estivesse entrando numa área desconhecida, pois passara a infância em Tudela, mais ao norte, na Navarra cristã. O rei Afonso VI de Castela mostrara-se hospitaleiro aos judeus precisamente por causa do conhecimento que tinham da língua e da cultura de seus inimigos muçulmanos, mas sua hospitalidade foi além da conveniência estratégica. Havia em Toledo uma comunidade judaica grande e próspera, que agora incluía o antigo mentor de Halevi, Moshe ibn Ezra, assim como o famoso Yosef ibn Ferruziel, nobre poderoso e médico pessoal do rei. Talvez tenha sido a demanda de médicos judeus que levou Halevi a se preparar para a profissão, como meio de complementar sua renda. Entretanto, embora tenha vivido ali vinte anos, casado e com três filhos, parece que nunca houve nenhum lugar onde ele se sentisse seguro ou especialmente feliz. A medicina era penosa; Moshe ibn Ezra tinha deixado a cidade sob a sombra de um escândalo que envolvia uma sobrinha; seu amigo Shlomo ibn Ferruziel, sobrinho de Yosef, foi assassinado numa estrada, provocando uma onda de pesar e de raiva contra os cristãos. Dois dos três filhos de Halevi morreram, uma tragédia que inspirou ao pai enlutado um de seus poemas mais belos e pungentes, escrito em três vozes: a sua própria, a de sua mulher e a da criança morta: "Mesmo que eu chorasse/ rios inteiros por minha filha,/ Ainda assim ela estaria/ Numa cova de vermes./ Profundamente sepultada./ Coberta de terra./ Criança, não há clemência,/ pois a morte se interpôs entre mim e ti".⁴⁵ Mas a morte não o deixou em paz em Toledo. Em 1109, após o falecimento do benevolente Afonso VI e enquanto se aguardava a posse de seu genro e sucessor, o rei de Aragão, ocorreu outra carnificina violenta contra os judeus.

Onde haveria um lugar seguro na Espanha? Em parte alguma, pois Castela vinha dificultando a vida dos judeus, e os almorávidas, que tinham atenuado um pouco sua rudeza, estavam por isso mesmo a ponto de serem sucedidos por outra tribo guerreira, a dos almôadas, que migravam do norte da África, entre a cadeia do Atlas e o oceano, onde ocorriam ondas de limpeza puritana. Os almôadas tornariam a vida dos judeus quase insuportável, submetendo-os a ondas de violência, com destruição de sinagogas e comunidades, conversões forçadas à ponta de espada. Por ora, porém, os almorávidas se mostravam mais pacíficos, pelo menos o suficiente para que Halevi, no fim da década de 1120, metesse suas coisas na carroça e pela segunda vez na vida migrasse para o sul, em direção às andorinhas da Andaluzia. O lugar onde ele pousou por algum tempo foi a cidade onde, um século e meio antes, surgira a nova poesia hebraica: a Córdoba de Hasdai.

Todo esse perigoso vaivém de grupos rivais de perseguidores tinha transformado Halevi. Agora na meia-idade e talvez compreensivelmente, ele se inclinava a despejar imprecações contra os perseguidores dos judeus, fossem eles cristãos ou muçulmanos. Uma incipiente e amarga convicção de que os judeus não podiam esperar refúgio, socorro ou compreensão por parte de ninguém, a não ser de Deus e da religião, o convencia da impossibilidade de uma genuína coexistência com muçulmanos e cristãos e da conveniência de uma comunhão profunda com o judaísmo. Seu desespero e sua resolução só se aprofundaram quando ele tomou conhecimento, por informações de correspondentes no Cairo, da matança, pelos infames cruzados, de judeus de Jerusalém e do incêndio da sinagoga da comunidade.

No entanto, os persistentes fantasmas da Córdoba judaica induziram Halevi a repensar sua poesia e seu judaísmo. Yehudah Halevi, em cujas mãos a poesia hebraica, seguindo modelos arábicos, alcançara um nível extraordinário de vitalidade e encanto, começou então a invocar aquele antigo e sangrento duelo de poetas que fora decidido de maneira tão brutal por Hasdai ibn Shaprut mais de um século antes. Halevi aperfeiçoara as formas árabes adotadas por Dunash ben Labrat e usadas por todos os versejadores hábeis. Agora, porém, ele se lembrava do perdedor da contenda, Menahem ibn Saruq, literalmente espancado por acreditar que o hebraico da Bíblia e dos *piyyutim* litúrgicos devia achar seu próprio caminho. Talvez Menahem e seus partidários tivessem razão. Talvez fosse possível escrever um hebraico de grande intensidade espiritual que guardasse a fé em tudo o que o judaísmo tinha na conta de sagrado. Se ele fosse escrever uma poesia amorosa que também cantasse o amor a Deus em tons de profundos anseios físicos, por que não fazê-lo na linguagem do Cântico dos Cânticos, e não na da poesia enófila árabe? E com isso a poesia de Halevi começou a mudar, a ganhar peso, gravidade e uma paixão antiga. Era como se Menahem ibn Saruq, com áreas nuas no couro cabeludo, de onde o cabelo fora arrancado pelas raízes pelos valentões de Hasdai, estivesse olhando por cima do ombro de Halevi, feliz com a vitória tardia.

Havia também outra lembrança daquela época que contribuía ainda mais para a ideia que não saía da cabeça de Halevi: a carta redigida por Menahem, em nome de Hasdai, ao rei dos cazares. Em Toledo, impelido pela amarga constatação de que dividir a língua, o espaço e até elementos de fé com muçulmanos e cristãos no fim das contas de nada valia quando eles decidiam usar de violência contra os judeus, Halevi tinha começado a escrever uma obra de orgulhosa reafirmação da singularidade do judaísmo e da história sem par que dele emanava. A memória-miragem de um reino distante no qual os judeus e o judaísmo poderiam de fato ter se saído bem (e quem sabe se ainda não poderiam?) alimentava sua crescente indignação com o desvalimento deles agora. Privados os judeus do poder das armas, Halevi trataria de fazer com que afirmassem o poder de sua língua e de sua religião. O *Kuzari* tomou a forma de um diálogo entre um rabino instruído e o rei anônimo dos cazares, decidido a converter seu reino e a si próprio ao judaísmo. Entretanto, foi em Córdoba, onde ainda estava viva a lembrança do momento histórico desse episódio, que Halevi completou seu ataque paradoxalmente filosófico às presunções da filosofia metafísica. De maneira significativa, escreveu esse livro, que, entre outras coisas, era um repúdio da submissão da poesia hebraica a formas árabes, *em árabe*, a língua em que a filosofia grega fora transmitida e, é claro, a língua daqueles que desprezavam os judeus, a quem tachavam de inferiores.

Halevi, o dramaturgo literário da vingança e do desagravo, prepara o rei para a previsível iluminação de surpresa. Sua história se baseia na lenda de um sonho em que um anjo visita o rei; depois disso o monarca convoca representantes do cristianismo e do islã para que defendam os princípios de suas respectivas religiões. Não se convoca um defensor dos judeus, pois estes são menosprezados de forma tão universal que seria inimaginável que sua religião tão peculiar pudesse destacar-se acima das outras no debate. Todavia, embora o padre e o imame admitam que suas respectivas religiões se baseiam no judaísmo, um acusa a fé do outro de ser uma fraude total. O rabino pouco tem a fazer além de procurar converter o rei. Pois se de fato os dois monoteísmos posteriores não passam de modificações da religião original — sendo um deles maculado por pseudopaganismo, e o segundo, suspeito por suas alegações de que Deus ainda fala diretamente a um profeta atual —, por que não abraçar a fé original? Numa caverna onde os rolos de pergaminho dos judeus foram conservados, o rei é formalmente convertido, circuncidado e retorna à sua capital cheio de projetos para construir sinagogas e educar seu povo nos princípios e nas práticas da nova religião.

Não se pode ler o *Kuzari* sem sentir que Halevi está escrevendo tanto para explicar a questão a outras pessoas quanto para seu próprio esclarecimento. Algumas de suas partes mais ardorosas apresentam argumentos a favor da singularidade irredutível da "primeira língua" (como ele pensava), o hebraico, como veículo perfeito para toda espécie de expressão, quer prática, quer espiritual. É como se, escrevendo em árabe, ele desejasse expurgar o hebraico de sua prolongada arabização. Do mesmo modo, ele queria liberar o judaísmo das pesquisas greco-árabicas quanto à natureza de Deus. O livro, escrito em árabe, tinha como subtítulo *Uma argumentação em favor da fé de Israel*, e Halavi queria sua obra isenta dos princípios hermenêuticos que informam a metafísica grega. Esse tipo de pesquisa, herdado de Platão e Aristóteles e destinado a levar ao *conhecimento* de Deus, mediante o estudo de Sua Criação, avançando do entendimento dos fenômenos naturais para a revelação da Causa Primeira, era um exercício fadado ao fracasso, já que o Deus judaico era, intrinsecamente e em última análise, incognoscível. Em vez de se lançar nessa missão impossível, o judaísmo aconselhava a comunhão e era, portanto, um estado de espera, que mais lembrava as ânsias inexprimíveis e desconsoladas dos amantes do que as pesquisas reflexivas, autoconfirmadoras, da razão pura. Cada vez mais, Halevi estava fazendo sua poesia expressar esse anseio com uma intensidade que o levava perto do limite entre a vida e a morte:

Todo o meu desejo está aqui diante de ti,
fale eu sobre isso ou não.
Eu te pediria estima por um instante e logo morreria,
se apenas me concedesses minha vontade.
Eu deporia meu espírito em tuas mãos,
adormeceria e nesse sono encontraria a felicidade.[46]

Capitular a esse anseio não implicava indiferença ao bom senso social. Pelo contrário, abundavam na Torá tais obrigações éticas. Admoestações para que se amem os pais e se fuja do homicídio, do adultério e da cobiça, caminhos para o crime, eram instruções sociais e racionais. No entanto, elas vêm depois dos mandamentos iniciais, que eram afirmações não racionais e princípios fundamentais: "Eu sou o Senhor teu Deus, não terás outros deuses diante de mim, não tomarás o nome do Senhor teu Deus em vão" e assim por diante. E grande parte do judaísmo era simplesmente a resolução de adotar essa singularidade, cumprir as leis que advinham dela, manter os costumes (os *tefilin* ou filactérios, presos na mão e na testa, as franjas no *talit*) como meio de viver com a presença do sagrado de forma constante e ininterrupta.

Assim, ao mesmo tempo que repudiava a autossuficiência da razão ou mesmo a necessidade de abrir a religião à pesquisa, o que fora discutido por Filo um milênio antes e voltaria a ser debatido por Maimônides um século depois, o judaísmo de Halevi não é místico. Longe disso, o médico (por maior que fosse sua relutância) esforça-se para explicar ao rei cazar que os judeus eram, desde a Antiguidade, peritos em astronomia, que tinham dado ao mundo calendários (adotados por todos os povos desde então para dividir o tempo) e o dia de descanso na semana (que também se tornara universal). A Torá, ele insistia, podia parecer excêntrica, mas, como os rabinos e sábios do Talmude faziam o possível para explicar, na verdade estava recheada de instruções materiais, como por exemplo as maneiras de determinar, nos animais, manchas e defeitos que os tornavam impróprios para o sacrifício e o consumo humano. Não surpreende, pois, que a atitude de Halevi em relação a questões sagradas sobrenaturais seja poética: a essência de Deus encoberta à vista da razão, ausente do mundo do trabalho, encarnada apenas em formas de nomes divinos, mas impondo verbalização e vocalização em comum, seja na oração, seja em canções ou poemas.

Ainda que, como é previsível nesse tipo de obra, o rei de Cazar com frequência só emita exclamações de pasmo emocionado diante das iluminações rabínicas que lhe são apresentadas, há momentos notáveis em que ele personifica esse lado do poeta que sem cessar recrimina Yehudah por vacilar, contradizer-se ou mostrar covardia moral. O momento crítico ocorre quando Halevi descreve o exílio de Sião como uma espécie de sono; um despertar aconteceria quando os judeus voltassem para a terra onde foi celebrada a aliança, receberam-se as leis e os profetas abriram a visão. Muito embora a *shechiná*, a presença divina, já não habite ali, os rabinos e sábios afirmaram que

> é melhor morar na Terra Santa, ainda que numa cidade povoada em sua maioria por pagãos, do que no estrangeiro numa cidade com predomínio de israelitas, pois quem vive na Terra Santa é comparado àquele que tem um Deus, enquanto quem mora em outra parte é comparado a quem não tem Deus.

Ser sepultado lá é ser sepultado sob um altar, prossegue Halevi.[47] Nesse ponto, o rei replica: "Se assim é, não cumpres o dever exposto em tua lei, pois não te esforças por chegar a esse lugar e ali residir nesta vida e na morte, embora digas 'Tem piedade de Sião, que é a casa de nossa vida'".

E essa era, de fato, a autoacusação que, cada vez mais, atormentava Halevi em Córdoba. O fim lógico de seu afastamento da cultura muçulmana e cristã era a jornada pessoal de regresso à própria Sião. O fato de Jerusalém estar agora nas mãos dos cruzados e de os judeus terem sido massacrados ali tornava esse chamado mais urgente. A intensificação da fé fazia Halevi prestar atenção a sua voz interior, que lhe dizia que, quando houvesse um número suficiente de judeus no monte das Oliveiras, voltado para o monte do Templo, a *shechiná* retornaria ao santuário em ruínas que ela abandonara, e quando ela se manifestasse, até o Messias poderia reaparecer. No *Kuzari*, seu alter ego rabínico dissera ao rei, como estímulo à conversão, que boas intenções de nada valiam sem ações que as acompanhassem. Por isso, ele agora censurava a si próprio com frequência, consumido pela sensação de estar apenas parcialmente vivo no exílio, que ele descrevia como uma espécie de sono. A Arca, ele escrevera no *Kuzari*, era um coração, e agora era evidente que o seu se achava a leste da Sefarad da península Ibérica:

Meu coração está no oriente,
Porém eu estou na borda do ocidente.
Como posso sentir o sabor do que como?
Como me agradará o alimento?

Com prazer eu deixaria para trás
todos os prazeres da Espanha
só para que pudesse ver
o pó e as ruínas de teu Santuário.[48]

Contudo, não com tanto prazer assim. Ainda não. Em vez de embarcar num navio que o levasse ao oriente, Halevi preferiu uma protelação que se estendeu por muitos anos, ora se flagelando por sua indecisão covarde, ora mergulhando no terror ao pensar no que essa viagem poderia lhe reservar. Tais medos eram compreensíveis. Mesmo que a Terra Santa não tivesse se enredado numa guerra santa, os perigos dessa jornada eram enormes para um homem já bem entrado na casa dos cinquenta anos. O navio que poderia levá-lo de Sevilha ao Egito ou à Palestina, uma viagem de cerca de dois meses, estaria apinhado, imundo e fétido. Não haveria respeito por sua barba grisalha. Ele não disporia senão de um estrado de madeira em que dormir, tão desconfortável quanto um ataúde. Comprimido pela falta de espaço, não haveria onde ele pudesse esticar as pernas e teria de se acocorar no convés balouçante quando não aguentasse mais ficar de pé. As noites seriam insones por causa dos ratos e do fedor de muitos vômitos quando em mar grosso a nave cavalgasse as vagas. O desconforto daria lugar ao terror quando o navio sacudisse com tamanha violência que pareceria prestes a afundar. E pelos resgates que tivera de levantar para libertar judeus cativos, Halevi sabia bem que o Mediterrâneo oriental era o campo de caça predileto de piratas.

Procurando invocar o temor a fim de exorcizá-lo, Halevi escreveu um de seus poemas de maior intensidade emocional antes da partida, recriminando-se por sua tergiversação quando os dias de sua vida se esgotavam: "Tenta aplacar teu Criador com tuas horas minguantes [...] sê como um leão para agradar-lhe [...] teu coração não há de parar no mar". Palavras corajosas, mas, ao se imaginar longe da vista da costa, apanhado pelo mau tempo, o poeta é vencido pelo desamparo apavorante a seu redor:

> *Conveses e compartimentos chocalham*
> *empilhados no interior do casco,*
> *homens puxam cordas*
> *com dores, enquanto outros passam mal*
> *[...]*
> *os mastros de cedro são como palha,*
> *lastros de ferro e areia se sacodem como feno,*
> *todos rezam a suas várias maneiras,*
> *mas tu te voltas para o Senhor.*

À beira da perdição, ele ora e, é claro, suas preces são atendidas. As montanhas d'água acomodaram-se, obedientes, em perfeita calma, a lua aparece, descrita de maneira maravilhosa como uma etíope com véus de ouro. As estrelas brilhantes, refletidas no mar espelhado, transformam-se em miríades de judeus flutuantes, exilados e fugitivos. E de repente o poeta tem uma epifania marinha. Mar e céu se fundem numa só coisa no negrume veludoso: "Os dois mares se juntam/ e entre eles há um terceiro, meu coração,/ palpitando com ondas de louvor".[49]

Por fim, no verão de 1140, Yehudah Halevi arruma suas coisas e parte. Com ele viajam Yitzhak ibn Ezra, marido da filha sobrevivente, que deixa na Espanha a mulher e um filho, Yehudah, assim chamado em homenagem ao avô, e um certo Shlomo ibn Gabbai. O poeta faz estardalhaço ao se separar da casa, do país e da mulher de tantos anos, a quem ele não parece ser muito ligado. Só a ideia de nunca mais ver o neto lhe dói. No entanto, ele diz a Deus que "tais coisas são ninharias comparadas com teu amor [...] em breve entrarei agradecido em teus portões [...] erguerei uma lápide em tua terra/ Como testemunho de minha pessoa".[50] A travessia foi em tudo infernal como ele imaginara, e gerou outro proceloso poema marinho assim que ele desembarcou em segurança em Alexandria, no começo de setembro.

Ali surgiu outro obstáculo ao cumprimento de seus votos: a celebridade. Cartas preservadas na Guenizá do Cairo mostram Halevi como objeto de algo semelhante a um culto entre os abastados, os devotos e aqueles com aspirações culturais em Alexandria e no Cairo. Essas pessoas trocam cartas em que se dizem emocionadas com a chegada iminente de Halevi, ou preocupadas com sua demora. Há uma intensa competição entre admiradores que pretendiam lhe dar mostras de hospitalidade, demonstrações de ciúme mortal quando se diz que o Grande Poeta preferiu a casa de fulano, mas, de forma inexplicável, não a de beltrano. Ao que parece, Halevi foi tomado de surpresa com tudo isso e, assim que se recuperou dos enjoos da viagem marítima, pôs-se a refletir. Não tinha ido para lá como um peregrino, despojado de bens e vaidades terrenas, só querendo chegar à Palestina o mais depressa possível, para ali "beijar o pó, tão doce na boca quanto o mel", de suas ruínas sagradas? No entanto, depois de todos os sofrimentos da jornada marítima, pensar em outra viagem, quer por terra, pela rota das caravanas, quer de novo pelo mar, até Acre, parecia um tanto intimidante para seus velhos ossos. Aliás, era iminente Rosh Hashaná (o Ano-Novo), e a seguir o Dia do Perdão, daí a pouco a Festa dos Tabernáculos e logo o Regozijo da Torá (como ele não havia de regozijar-se?), uma festa atrás da outra, e ao fim de todas o mau tempo faria de uma segunda viagem pelo mar uma perspectiva aterradora. E as pessoas em Alexandria eram tão amáveis, cada qual buscando ser mais hospitaleira, sobretudo Aharon al-Ammani, o pilar da comunidade, que abrira suas portas e, bem, insistira de verdade em que ele descansasse um pouco em sua mansão, tão bela, com seu *bustan* de árvores bem cuidadas e fontes murmurantes...

Assim, Halevi se deixou ficar ali por mais de dois meses, com o genro e o amigo, grato pela pródiga hospitalidade que Ammani lhe proporcionava, pela excelente mesa, pela tranquilidade do pátio, onde só era incomodado pelos admiradores que batiam na porta, desejosos de tocar a fímbria de seu *caftan*. O inverno se aproxima, impedindo a viagem por via marítima, mas se Halevi desejava mesmo partir, tanto quanto dizia, sempre podia ir para Fustat, onde outros entusiastas, entre os quais seu velho amigo Halfon ibn Natanael, ansiavam pelo prazer de sua companhia, e conseguir um lugar numa caravana que estivesse de partida para a Terra Santa. Antes de Chanuká, ele fez a viagem Nilo acima, hospedando-se com o *nagid*, o chefe da comunidade do Cairo, Shmuel ibn Ananias, que tentou, sem exageros, conter toda a gente que queria cobri-lo de homenagens. Num dia de inverno, ao que parece, Halevi tentou empreender a viagem por terra, tão espinhosa, a seu modo, quanto a travessia marítima, montado num camelo sacolejante por horas sem fim, através de uma rota que o levava muito mais ao sul do que as caravanas normais. Quer por causa do desconforto, quer por se sentir mal ou nervoso, ele desistiu da viagem e voltou para Fustat, recebendo pela primeira vez comentários de censura, gestos desaprovadores e frases como "não lhe disse?" por parte daqueles que lhe haviam repetido que aquela viagem era dura demais para um idoso de sessenta e tantos anos. Afinal, o que havia de tão errado no Egito?

Pouca coisa, admitia o poeta-profeta da redenção, quando vez ou outra fugia para o grande rio. Por acaso ele não podia desfrutar desse pouco? José não prosperara ali? Estaria o Egito nos planos do Senhor? Quando parou de se censurar e viu as margens do rio de repente se cobrirem de verde, o velho Yehudah, muito propenso a usufruir os prazeres da vida, produziu um último surto de celebração primaveril:

Terá o tempo despido suas roupas de tremor
e se coberto das mais ricas vestes e joias,
estará a terra agora usando mantos de linho
trajes de fino lavor, com fios de ouro [...][51]

Mas não é só a natureza que o poeta contempla:

donzelas passeiam pela beira do rio
com as mãos vergadas ao peso de pulseiras de bronze,
o passo retardado por tornozeleiras.

E mais uma vez ele é jovem em Granada, incapaz de desviar os olhos da beleza:

esquecendo sua idade, o coração é tentado
e se vê a pensar no jardim paradisíaco do Egito,
em seus jovens ali nos jardins do rio,
em suas margens, pelos campos
onde o trigo ganhou tons dourados e fulvos.

Ele está de novo escrevendo um *qasida* ao estilo arábico, em que é permitido, até esperado, começar com sensualidade, desde que se termine com devoção, o que para Halevi é facílimo. A brisa sopra do oeste, incitando-o a partir de novo pelo mar, saindo agora de Alexandria, em direção a seu destino final.

O poema, que tratava de duas espécies de anseio, tornou-se logo tão popular que Halevi não pôde deixar de escrever outro, para seu anfitrião al-Ammani em Alexandria, de uma sensualidade ainda mais explícita, sobre aquelas mocinhas com todos os adornos pesados nos pulsos e nos tornozelos, "carregadas de sinos argênteos de maçãs e romãs", o cabelo "negro como a tristeza de adeuses" ou tão claros que "um olhar ao sol que neles fulge queima a vista [...] sedutoras, ágeis ou esguias, eu poderia apaixonar-me por todas elas e por suas perigosas bocas rubras".[52] Na segunda metade do poema, Halevi retorna, de maneira apropriada, à devoção, imaginando a si mesmo como um peregrino descalço em Sião, inundando a terra com suas lágrimas. Entretanto, o olhar cobiçoso dos versos anteriores, vindo de um ancião, eram tão perturbadores que um cidadão que organizara a fracassada caravana por terra se queixou de sua frivolidade a al-Ammani, que, por sua vez, não parece ter se importado nem um pouco.

De qualquer forma, aqueles versos foram uma explosão final de prazer terreno. O Pessach no Egito chegou e passou, e Yehudah Halevi enfim voltou-se para o oriente em suas orações com algo mais que um gesto formal. Chegara enfim o momento da viagem solitária que ele se comprometera a fazer, pois seu genro Yitzhak disse que ficaria no Cairo, e tampouco Shlomo ibn Gabbai o acompanharia. No dia 7 de maio, sozinho, intranquilo no espírito e no coração, o poeta embarcou num navio que vinha de Kairouan, na Tunísia, e rumava para Acre. Durante mais uma semana, os ventos dominantes sopraram de leste. Depois, viraram. As velas se encheram, o navio afastou-se do porto e Yehudah Halevi nunca mais foi visto.

Durante séculos, judeus quiseram saber o que fora feito dele.[53] Benjamim de Tudela, viajante da cidade natal de Halevi, afirmou ter visto seu túmulo perto de Tiberíades, junto do mar da Galileia. Entretanto, não houve testemunhas posteriores que confirmassem essa informação, e, em vista da fama de Halevi e da constância das peregrinações de judeus, parece improvável que esse local tenha sido objeto de incúria. Seja como for, a nostalgia judaica por Jerusalém projetou-se em Yehudah Halevi, que sofreu por ela com mais eloquência e angústia do que qualquer outro poeta judeu antes ou depois dele, uma história que poderia se igualar à intensidade daquela ânsia. No século XVI, o judeu italiano Gedaliah ibn Yahya afirmou, numa coletânea publicada em

Veneza, em 1586, que Halevi havia de fato chegado às portas de Jerusalém, onde morreu pisoteado pelos cascos do cavalo de um árabe.

Será crível que Halevi tenha chegado tão longe?[54] Supondo-se que ele tenha sobrevivido à viagem relativamente curta de Alexandria a Acre, no fim de maio ou começo de junho de 1141, teria sido possível que ele chegasse a Jerusalém perto do dia do jejum do Nove de Av, que naquele ano caiu em 18 de julho, quando a proibição da presença de judeus era suspensa para que pudessem lamentar a destruição do Templo de Salomão e do Segundo Templo? A velha prática de caminhar em torno do perímetro da cidade e de rezar junto às portas não era bem-vista pelos cruzados, mas Halevi pode ter conseguido subir o monte das Oliveiras para dali contemplar o monte do Templo, onde o Domo da Rocha tinha sido transformado numa igreja cristã. Seria bem de seu feitio, tendo chegado tão longe, querer se aproximar de uma porta e talvez até se prostrar no chão, que, segundo ele dissera repetidas vezes, teria o perfume da mirra e seria doce como o mel.

7. As mulheres asquenazes

1. CORDEIROS DE SACRIFÍCIO

Nomes tão lindos, desfechos tão terríveis. Doulcea, a doce, *eshet chayil*, a mulher de valor, mais valiosa que rubis para seu marido, o rabino pietista Eleazar bar Yehudah, conhecido como o Perfumista, feita em pedaços nas ruas de Worms em 1196, tentando obter ajuda enquanto as filhas Hanna e Bellette agonizavam em casa; Licorícia, dura como pedra, duas vezes viúva, com a bolsa bem provida, que sobreviveu a *três* temporadas na Torre de Londres, mas acabou assassinada em sua casa em Winchester, junto com a criada cristã, em 1277; Séfora de Worms, a ave presa numa armadilha de suicídio, na primavera de 1096, enquanto bandos de cruzados bradavam pelo sangue dos assassinos de Cristo, implorando ao marido que a matasse primeiro, para que ela fosse poupada de ver o filho ser morto pela faca do pai; Sarit de Colônia, a noiva graciosa, cortada em duas partes, da virilha à garganta, por seu sogro, Judá, o Levita, num casamento transformado em bodas de sangue; as mulheres na ponte, duas de Colônia e duas de Trier, vendo as irmãs serem arrastadas sem compaixão para a pia batismal, resolvendo-se afinal por um contrabatismo, saltando para a morte nas águas escuras do Mosela; a convertida anônima que desposara o rabino Davi Todros de Narbonne, perseguida por seus parentes furiosos, encontrando refúgio em Monieux até um bando de cruzados matar o rabino, apoderar-se de dois de seus filhos para convertê-los à força, deixando na miséria a prosélita viúva com seu bebê.[1]

E houve também Poulceline, de quem todos ouviriam falar, a bela Poulceline, próxima — muito próxima, segundo Efraim de Bonn — a Thibaut, conde de Blois, senescal da França, cunhado do rei, embora nada disso tenha ajudado quando os judeus de Blois, inclusive ela, foram queimados vivos numa pira em 1171. O que fizera Poulceline? O que fizera qualquer uma delas, as de belos nomes? Como sempre, nada, a não ser terem nascido judias. O que se *dizia* que elas faziam, porém, era matar crianças, sobretudo crianças cristãs. Corpo algum era necessário para que a acusação fosse aceita. Ninguém em Blois algum dia achou um corpo, tampouco criança alguma desaparecera, mas em maio um servo que estava dando de beber a seu cavalo no Loire avistou um judeu soltar alguma coisa pequenina e pálida junto do rio. O que aquele judeu estava segurando era, na verdade, um rolo de peles animais não curtidas, mas quando uma delas caiu na água, como o servo informou a seu senhor, o cavalo refugou e recusou-se a beber, sinal certo de que algo de ilícito ocorrera no rio. Uma pele era uma pele. O incidente foi levado ao conde Thibaut, que o julgou grave o bastante para que o homem fosse submetido ao ordálio da água a fim de comprovar se o que ele dizia era verdadeiro ou falso. Ele sobreviveu. E os trinta e poucos judeus de Blois foram detidos e encarcerados, agrilhoados uns aos outros e ao piso à maneira usual da época. Só Poulceline foi poupada à masmorra, o que enfureceu a condessa Alix, que a via como inimiga. No entanto, temia-se que fosse tal o poder da judia sobre o conde que Poulceline foi impedida de falar-lhe. Como tantas mulheres asquenazes da Europa setentrional, Poulceline tinha posses, emprestava dinheiro a pobres e ricos, a judeus e cristãos, e como tal fora bastante útil ao conde para gozar de sua estima, e talvez mais do que isso. De vez em quando ela se queixava com ele das injustiças sofridas pelos demais judeus. Isso pode ter piorado as coisas, pois fosse seu dinheiro ou seu corpo, ou ambos, que a tinha tornado atraente aos olhos de Thibaut, ela se tornara uma figura impopularíssima na cidade. Não demorou muito para que se juntasse ao restante dos judeus no calabouço, e em 26 de maio morreu com eles nas chamas acesas na praça do mercado. É possível que a história da criança atirada no Loire tenha sido tramada apenas para acabar com Poulceline.

Narrado em cartas remetidas por judeus de Orleans e Loches, o massacre judicial causou tamanho horror que encorajou os judeus de Paris a enviar uma delegação ao rei Luís VII. Uma carta que dava conta da resposta real anunciou a boa notícia: o monarca "inclinara com benevolência seu coração em nosso favor". O surpreendente foi que Luís advertiu que Thibaut seria punido se houvesse agido com injustiça.

> Ora, judeus de minha terra, não tendes por que vos alarmar com o que o acusador fez em vosso domínio. A mesma acusação foi levantada aos judeus de Pontoise e Joinville, e, ao chegarem as denúncias a mim, soube-se que eram falsas [...] estai cientes, judeus de minha terra, que não acolho tais suspeitas. Mesmo que se descobrisse um corpo na cidade ou no campo, eu de nada acoimaria os judeus quanto ao crime.[2]

As lamúrias ocorreram tarde demais. A Blois judaica fora erradicada num único dia com base numa acusação falsa, ainda que, graças a algum milagre (talvez envolvendo dinheiro), os livros e rolos da comunidade tivessem sido salvos. Bastara pouco mais que o fato de um cavalo supostamente não querer matar a sede nas águas de um rio para que toda uma comunidade fosse denunciada como assassina de crianças cristãs. A paranoia popular sobre o que os judeus faziam às crianças, inclusive às deles próprios, remontava à Antiguidade. Diante de acusações de que judeus haviam sequestrado crianças, Josefo e Filo de Alexandria tinham sido obrigados a levá-las a sério para refutá-las. E em Antioquia João Crisóstomo muitas vezes acusava os judeus de, inspirados pelo demônio, sacrificarem os próprios filhos. Os textos eram distorcidos para se ajustar à paranoia. O horror profundo que a Bíblia expressava pelos sacrifícios de crianças a Moloc, realizados pelo rei Manassés, que pretendia restaurar o paganismo, era transformado em confirmação histórica da prática. Apesar da aparição do anjo no último instante, a disposição de Abraão para sacrificar seu filho Isaac, atendendo à ordem de Deus, ganhava um matiz sinistro. E os cristãos medievais conheciam tanto o Segundo Livro dos Macabeus quanto as *Antiguidades judaicas* e a *História da guerra judaica*, de Flávio Josefo, que narram o episódio em que, no apogeu da campanha dos selêucidas contra o judaísmo, uma mãe judia prefere o sacrifício hediondo de seus sete filhos a vê-los submetidos a profanações pagãs, sobretudo comer carne de porco. Ficou famoso o caso do último filho, a quem Antíoco prometeu tudo o que lhe podia oferecer — fama e fortuna — se capitulasse, enquanto a mãe lhe aconselhava juntar-se ao mesmo destino dos irmãos. Quando ele entra no céu, ela lhe pede que procure Abraão para informar-lhe que enquanto ele possuía tão somente um altar, ela poderia jactar-se de sete. A história termina com a mãe atirando--se para a morte do alto das muralhas.

No fim do século XII, os cristãos dispostos a crer nesse tipo de fábula supunham que as mães e os pais judeus preferiam matar os próprios filhos a vê-los aceitar a luz da verdade do Evangelho. No entanto, a animosidade causada pelo horror se concentrava com mais intensidade nas mães judias homicidas, que figuravam no folclore cristão como uma contrapartida demoníaca à pureza e ao amor maternal da Virgem. Tanto as mães judias quanto a Virgem tinham sacrificado os filhos, mas, enquanto os pais amantíssimos da teologia cristã — Deus Pai e Maria, o vaso da encarnação — tinham feito seu sacrifício como um ato de compaixão pela salvação da humanidade, a mãe judia, talvez sob influência diabólica, matava os filhos em pecado e carnificina incompreensíveis.

A versão judaica desses mesmos acontecimentos, tanto na época dos Macabeus quanto por ocasião da Primeira Cruzada, era precisamente o oposto. Quando os cruzados infligiram seu massacre, os judeus dispunham da versão em hebraico da narrativa de Josefo, o *Josippon*, escrita no século X, na Itália. Em suas páginas, a mãe dos sete filhos (que no Midrash é chamada de Míriam bat Tanchum) era não uma fanática desnaturada, mas alguém que privara os tiranos de sua vitória, que afirmara a religiosidade sobre a abominação. Da mesma forma, a aceitação de um martírio caracteristicamente judaico, mesmo ao ponto de pais matarem os filhos para evitar a morte nas mãos de gentios, era apresentado como uma vitória sobre os ideais cristãos de martírio, presentes em toda parte na cultura do cristianismo nessa época. Nunca saberemos se as três crônicas hebraicas que relatam as histórias desses martírios (frequentemente com pormenores sangrentos insuportáveis) registram o que de fato aconteceu na Renânia em 1096, porque, além de alusões a alguns fatos que aparecem em narrativas cristãs, não existem fontes independentes que os comprovem. Do mesmo modo, porém, não há nada que diga que em sua essência, ou mesmo em seus detalhes, elas *não* sejam histórias verídicas.[3] O incontestável é que a autodestruição de famílias judias para fugir a outros tipos de desenlace — por batismo ou massacre — é a maneira que essas antigas narrativas judaicas escolheram para afirmar o lugar ocupado por sua religião no cerne da catástrofe.

Seja como for, não resta dúvida de que em 1096, 75 anos antes do incidente em Blois, algo de terrível e inimaginável de fato aconteceu a mães judias e a seus filhos, num episódio que assombrou a memória judaica para sempre. Não muito depois de o papa Urbano II, no Concílio de Clermont-Ferrand, em novembro de 1095, ter promovido a ideia de uma cruzada para libertar a Terra Santa da custódia ímpia dos sarracenos, ocorreu a pregadores populares na França e na Renânia, como Pedro, o Eremita, que essa obra de depuração não precisava esperar que as espadas cristãs chegassem à Palestina. Não viviam entre eles inimigos de Cristo, nas cidades e vilas da Renânia — em Speyer e Mainz, Worms e Colônia? Se aqueles que vestiam o uniforme da cruz estavam prestes a verter sangue e gastar seu dinheiro pela causa santa, "por que havemos de permitir que eles [os judeus] vivam e tolerar que habitem entre nós? Usemos nossas espadas contra eles primeiro e, depois, sigamos nosso caminho".[4] O sangue do Salvador poderia ser vingado como um batismo sanguinário no começo da guerra sagrada, e aos ganhos ilícitos dos judeus seria dado uso apropriado. Tudo seria feito como convinha. Os judeus, canalhas, impenitentes e aproveitadores, continuariam a pagar por seu crime, subsidiando os exércitos que devolveriam Jerusalém a Cristo.

Isso foi um mau presságio. Os judeus da França e da Renânia, como todos os demais na Europa cristã, tinham vivido ali conforme a dispensação de Santo Agostinho, segundo a qual eles tinham sido punidos pela morte do Salvador com a destruição do Templo, o banimento de Jerusalém e a dispersão pelo mundo. A punição era tão severa que se considerava "uma vida pior do que a morte". E nessa dispersão infeliz deveriam ser preservados como um povo que, em seu conjunto, trazia a marca de Caim, testemunhas vivas do triunfo contrastante que era a salvação cristã. Daí a necessidade, de acordo com essa concepção, de serem preservados. Erradicá-los teria o lamentável efeito de impedir a grande conversão fixada como a precondição para a Segunda Vinda de Cristo. No fim do século XI, o papa Alexandre II lembrou expressamente ao rebanho que matar os judeus equivalia a um desafio blasfemo da misericórdia de Deus. Portanto, ao mesmo tempo que cumpria lembrar sem cessar aos judeus a natureza ignóbil de sua vida fora da igreja de Cristo e impedir que difamassem ou profanassem as obras e a memória do Salvador, cabia à Igreja e a príncipes obedientes e devotos o dever de proteger os judeus, e não de persegui-los e, muito menos, fazer-lhes mal, para que um dia pudessem ser levados a ver a luz.

Ademais, eles eram úteis do ponto de vista econômico. Como o direito canônico proibia aos cristãos emprestar dinheiro a juros, os judeus tinham se tornado uma fonte importante (mas não a única) dos polpudos capitais necessários para manter e ampliar as glórias da cristandade. Apesar da proibição, na realidade havia prestamistas cristãos — os cahorsinos e os lombardos —, mas suas taxas de juros eram mais exorbitantes que as dos judeus. Além disso, por dependerem totalmente de senhores feudais, reis e prelados, os judeus estavam sempre e convenientemente disponíveis para os repentinos impostos arbitrários, confiscos, impostos altos sobre heranças ou até o cancelamento puro e simples de dívidas que se tornavam demasiado onerosas. À medida que os governantes medievais se tornavam mais e mais ambiciosos, traduzindo a extensão de seu poder em abadias, catedrais, palácios e exércitos, também mais urgente passava a ser sua necessidade de dinheiro vivo e imediato. Por mais que se dissessem oprimidos e, de modo geral, explorados, os judeus sempre pareciam dispor de dinheiro vivo para pagar esses importunos mestres de obras, capitães e administradores domésticos.

Por isso os judeus eram tratados com bastante hospitalidade, de acordo com os termos de uma carta que lhes fora concedida originalmente pelo rei franco Luís I, o Piedoso, para que se instalassem em seus domínios. Podiam viajar livremente, construir sinagogas, estavam isentos de certos impostos e taxas, e suas comunidades ganharam o direito à autonomia. Era-lhes vedado o direito de exercer profissões liberais (salvo a medicina, pois, tal como os muçulmanos, os cristãos não podiam viver sem os médicos judeus) ou as muitas ocupações que exigiam filiação a uma corporação de ofício. Todas essas proscrições, no entanto, não os incomodavam demais, já que a vida no sul latino, no leste grego e no mundo islâmico, cada vez menos tolerante, vinha se tornando mais difícil. As comunidades lançaram raízes. Chegaram rabinos e mestres, sendo o mais prodigioso o rebe Salomão ben Isaac, chamado Rashi, que revolucionou os comentários sobre a Bíblia em sua academia em Troyes.

Logo, porém, ficou claro que o chamado de Urbano II à cruzada desencadeara paixões que estavam fora do controle dos bispos e reis. Falando sobre esse tempo, no começo de 1096, o cronista Alberto de Aachen escreveu que

> as pessoas ardiam com o fogo e o amor de Deus [...] mas logo ocorreram distúrbios bárbaros que não conheciam limites [...] pretensos cristãos deixaram de manter-se distante de charlatães, pecadores e criminosos e pecavam de maneira vergonhosa, referindo-se a um ganso como se ele tivesse em si o espírito de Deus e o mesmo diziam de um bode. A seguir, sobre eles desceu o espírito da crueldade.[5]

Exércitos de camponeses, liderados por pregadores violentos e ameaçadores e por condes até então obscuros, como Emicho de Flonheim, vagavam pelos campos com intenção de promover saques, e os judeus eram o alvo mais imediato. Já que os estavam roubando, por que não matá-los logo? Se teriam oportunidade para isso ou não dependia da determinação com que as autoridades leigas e eclesiásticas se dispunham a deter as chusmas rebeldes a fim de defender os "seus" judeus. Quase sempre o bairro judeu e a sinagoga, em seu centro, ficavam perto da catedral cristã e do palácio do bispo, exatamente devido a essas odiosas possibilidades. Todavia, a disposição de agir para impedir problemas variava de uma diocese para outra. Em Trier, perdendo a esperança de convencer os judeus a se converter para se protegerem, o bem-intencionado bispo Engilbert descobriu que sua própria vida estava ameaçada por ser simpático a eles e logo bateu em retirada, deixando-os à própria sorte. Já em Speyer, o bispo João e o líder da comunidade judaica, Yekutiel ben Moses, tomaram medidas preventivas, concentrando todos os judeus da cidade num pátio bem fortificado do palácio episcopal e, mais tarde, conduzindo-os a uma cidadela ainda mais segura fora da cidade.[6] Os que ameaçavam os judeus tiveram as mãos decepadas, o que sem dúvida serviu de dissuasor.

Em Worms as coisas não foram tão bem.[7] Mesmo antes de o exército exterminador de Emicho, com seu ganso sagrado, surgir diante de seus muros, a cidade se entregara a um frenesi de ódio devido a boatos de que os judeus haviam fervido um cristão que, depois de enterrado e exumado, tivera bem remexidos seus restos e a pasta resultante fora jogada nos poços da cidade, visando a envenenar a população. Apesar das implicações sinistras dessa história insana, nem todos os judeus tiraram proveito da oportunidade oferecida de se refugiar no palácio do bispo, e não é difícil entender a relutância deles.

Acreditavam na confiabilidade de seus protetores e se recusaram a acreditar que seus vizinhos se transformariam em assassinos. Apesar de suas suspeitas mútuas e das expressões pejorativas com que cada comunidade de referia à religião da outra, judeus e cristãos que coexistiam no dia a dia numa cidade como Worms não viviam em estado de ódio perpétuo. Caminhavam pelas mesmas ruas, vestiam-se basicamente da mesma forma (pois as roupas não traziam ainda as obrigatórias marcas externas que os distinguissem uns dos outros), entendiam suas respectivas línguas e tinham os mesmos hábitos. Que os camponeses e a ralé se entregassem a delírios fanáticos; os homens e as mulheres de Worms não procederiam mal. Entretanto, em breve perderiam suas ilusões otimistas. Um certo número de citadinos, embora não todos, juntou-se aos açuladores e rancorosos, e os judeus que tinham ficado em casa foram os primeiros a ser massacrados. Mesmo os que tinham aceitado a oferta de se abrigar além dos muros do bispo tornaram-se vítimas de assédio, quando cidadãos, artesãos e camponeses uniram-se aos homens de Emicho. O martirológio de Worms afirma que oitocentas pessoas morreram em dois grandes ataques em maio de 1096, mas o número final dos assassinados pode ter chegado mais perto de mil — praticamente toda a comunidade.

Foi em Mainz, um dos mais antigos e florescentes centros do judaísmo, que sucedeu o horror dos horrores. A ameaça de extermínio se tornou mais verossímil com a transformação da horda de cruzados num verdadeiro exército, que já somava cerca de 12 mil homens quando chegou às portas da cidade. Nervoso, o bispo Ruthard fez o que podia, abrigando os judeus, aterrorizados, onde julgou que estariam protegidos, na catedral e em seu palácio. Tal como em outros lugares, o bairro judeu abandonado foi saqueado e incendiado. Durante dois dias, a turba armada foi mantida à distância, mas por fim a força dos números falou mais alto. As portas foram arrombadas e os soldados de Cristo invadiram as dependências do palácio clamando por sangue judeu.

Não havia dúvida quanto ao que os judeus podiam esperar. Eles teriam de desaparecer, quer convertidos em cristãos à ponta da espada (ainda que abraçar a cruz não fosse garantia de imunidade a maus-tratos físicos), quer executados, não se poupando as crianças, pois não se podia permitir que crescessem para, por sua vez, produzir novas gerações de inimigos de Cristo. Três narrativas hebraicas proporcionam os detalhes inenarráveis do que se seguiu — a primeira é uma compilação de diversos relatos escritos pouco depois desses fatos, conhecida como "Anônimos de Mainz"; a segunda, a mais longa, é o relato de Salomão bar Sansão, do século XII; a terceira é a do rabino Eleazar bar Natan.[8] Diante da opção entre a conversão e a morte, muitos judeus, ainda que nem todos (enfaticamente), escolheram esta última. A Torá proíbe de maneira expressa que se tire a própria vida, mas as guerras dos Macabeus, o suicídio coletivo em Massada no século I d.C., narrado por Josefo, e o que passara para a memória coletiva como os martírios exemplares do rabino Akiva e do rabino Ananias, ao tempo das perseguições de Adriano, geraram um corpo de textos rabínicos que discutiam se a morte, em particular a autoinfligida, não era preferível à transgressão forçada. Algumas dessas opiniões sustentavam que a transgressão forçada *secreta* era aceitável, a menos que o judeu estivesse sendo coagido a incesto ou homicídio. Mas se obrigado a cometer uma iniquidade em público, a aceitação da morte era a opção mais santa. Tal morte, ademais, era vista como uma vitória de Deus, na realidade exigida por Ele, sobre os poderes do mal, sendo assim um ato de glorificação: *kiddush hashem*, a Santificação do Nome, pronunciado no último suspiro. O galardão para o morto (também prometido aos cruzados) era a admissão imediata no Paraíso. Quase repetindo a fala de Eleazar bar Ya'ir aos últimos defensores de Massada, a crônica de Salomão bar Sansão conta que um dos líderes da comunidade de Mainz disse:

> Sejamos fortes e suportemos o jugo da verdadeira religião [...] uma vez que só neste mundo nosso inimigo pode nos matar [...] mas no paraíso nossas almas viverão por toda a eternidade no grande fulgor da glória divina [...]. Afortunados somos por poder fazer a sua vontade.[9]

Contudo, as ações não parecem menos horrendas por serem atos de desespero no momento da morte, e as narrativas — em especial a mais horripilante, a de Salomão bar Sansão — descrevem uma atividade febril antes do ato fatal. As altivas filhas da "sra. Raquel", em Mainz, amolam as facas que cortarão suas gargantas para garantir que o gume esteja bem afiado e sem dentes, como que se preparando para o abate de animais de sacrifício, que é exatamente o que elas se tornam.

Nas crônicas judaicas, nada disso ocorre de maneira impassível, nem com a resolução desatinada e inabalável que caracteriza a mãe dos sete filhos mortos no Segundo Livro dos Macabeus. "As mulheres corajosas" atiram pedras nos sitiadores, que as arremessam de volta, cortando e ferindo-lhes o rosto e o corpo. A sra. Raquel, que parece agir como possessa, com todos os sentimentos maternais em suspenso, torna-se de novo uma mãe alucinada quando uma companheira lhe entrega uma faca afiada. Nesse instante o cronista diz: "Ao ver a faca, ela emitiu um grito sonoro e penoso, golpeando o próprio rosto e bradando: 'Onde está tua bondade carinhosa, Senhor?'".[10] Numa versão, Raquel está de tal modo entregue à aflição e ao pânico que a companheira tem de matar as moças. A mãe então se recompõe e mata Isaac, o mais novo de seus dois filhos. Nesse momento ocorre na história algo de extraordinário e em espantoso contraste com os martirológios cristãos, nos quais os justos aceitam seu destino com a mesma santa resignação que o sacrifício de Cristo. Numa das mais insuportáveis cenas da crônica, o mais velho dos dois filhos, Arão, grita, aterrado: "Mãe, mãe, não me mates", e se esconde debaixo de um armário. Entretanto, a resolução implacável da mãe não cederá diante de nada, como ela lhe diz, puxando-o de seu esconderijo por uma perna. Depois de matá-lo, Raquel senta-se, estendendo as longas mangas do vestido de modo a formar uma bacia, que ela enche com o sangue dos filhos. Quando os cruzados invadem o cômodo e a encontram, exigem ver os "tesouros" que ela escondeu sob as mangas. Ela lhes mostra a sangueira e é morta. A cena final da tragédia tem lugar quando o marido chega, vê o horror e cai sobre a sua própria espada, eviscerando-se (como as narrativas insistem em repisar), e então morre sentado na rua com as entranhas projetando-se para fora do corpo.

Não importa que os detalhes medonhos dessas histórias sejam reais ou não (e não há razão alguma para que os neguemos prima facie), o que esses martirológios judaicos têm de notável é a narração verossímil de sentimentos humanos como terror, resistência, repugnância e até agoniada indecisão. É isso que insere nesse capítulo terrível da história dos judeus a marca da verdade — a verdade da mente ou a verdade do corpo real. O caso de Isaac bar Davi, o *parnas* ou presidente da congregação da sinagoga de Mainz, dramatiza de forma inesquecível a tragédia da indecisão. Os cruzados já assassinaram sua mulher, Skolaster (excelente nome para uma judia), a filha do rabino Samuel, o Grande, e para salvar os filhos e também a mãe, que jaz numa cama, sangrando por causa dos ferimentos que sofreu, ele concorda em se converter. Três dias depois, amargamente arrependido de sua decisão, leva as filhas à sinagoga, em que era *gabbai*, o bedel, mata-as *diante da Arca* e espalha o sangue delas nas colunas. Em seguida, volta a sua casa e ateia fogo nela, contra os desejos da mãe, que permanece dentro dela. Por fim, retorna à sinagoga, incendeia cada um de seus cantos e, com a multidão dos cruzados pedindo-lhe que saia de lá a tempo de salvar-se, corre "repetidas vezes de um canto a outro, com as mãos erguidas para o céu, para o pai celestial, e, rezando em meio ao fogo em voz alta e sonora", perece nas chamas. O narrador, Salomão bar Sansão, não se rejubila com essa vitória sobre a conversão. Em vez disso, interrompe a narrativa para declarar: "Choro por essas coisas. Meus olhos se enchem de lágrimas".

Os mesmos sentimentos conflitantes, as agonias da dúvida e do terror, ocorrem na história da bela Sarit, prometida a Abraão, filho do levita Judá. Os judeus de Colônia foram levados para aldeias próximas, a fim de escapar à chusma de assassinos. Por uma janela, a futura noiva assistiu às matanças, horrorizada, e, em desespero, tentou fugir, mas foi vista pelo sogro, que a arrastou para o quarto. Numa paródia macabra dos ritos nupciais, Judá (e não o noivo ainda vivo) beija Sarit na boca e proclama: "Ouçam, todos vocês [...] esta é a *chupá* [tenda nupcial] de minha filha. Todos caíram no choro, soluçando, lamentando-se e gemendo".[11] Sarit é então lançada ao peito de Abraão, e nesse ponto seu sogro a corta em dois "pelo meio", eufemismo usado pelo cronista, de baixo para cima, e em seguida mata o próprio filho para completar as bodas sangrentas.

Nunca saberemos quantos outros judeus, a maioria deles sem dúvida devotos, aceitaram a conversão por não conseguirem suportar a "Santificação do Nome", para si mesmos ou para os entes queridos, sobretudo os filhos. Alguns só o fizeram depois de serem torturados e espancados quase até a morte; outros reverteram ao judaísmo assim que puderam, às vezes antes mesmo que os cruzados partissem rumo à Terra Santa, e pagaram o preço disso. É importante observar que o imperador alemão Henrique IV emitiu um edito um ano depois, em 1097, permitindo que os judeus convertidos à força retornassem à sua fé. Isso estava em completo desacordo com uma norma expressa da Igreja que proibia que conversos batizados voltassem atrás. No entanto, Henrique IV (protagonista de um famoso conflito com o papa Gregório VII) ficara escandalizado com notícias dos massacres e prometeu punições severas a seus autores.

As atrocidades cometidas contra os judeus na primavera de 1096 tiveram efeito moderador sobre as cortes da Europa cristã. Henrique V, filho e sucessor do imperador alemão, manteve a benevolência vigilante do pai e até reduziu algumas das restrições que pesavam sobre a vida dos judeus, como o incentivo para que se radicassem em cidades manchadas pelos assassinatos em massa. Na França, como vimos, Luís VII parece ter sido um crítico acerbo das perseguições mais paranoides aos judeus. O resultado foi que os judeus realmente retornaram a Worms, Colônia e Rouen, retomando a velha rotina de comércio, oração, estudo da Torá e do Talmude e caridade. Já faz algum tempo que os historiadores da vida judaica na Idade Média (até os especializados nos relatos trágicos das cruzadas) vêm insistindo na excepcionalidade dos horrores de 1096.[12] Na verdade, os cruzados atravessaram grande parte da Europa sem tocar nos judeus, e cruzadas sucessivas não ocasionaram massacres na escala daquele primeiro extermínio. Mesmo quando os cruzados tomaram Jerusalém em 1099 e queimaram a sinagoga, não está de todo claro se havia judeus em seu interior. Muitos foram libertados mediante resgate, muitos outros mais foram aprisionados, de modo que ao menos sobreviveram. A vida para os judeus não foi só convulsão e expulsão.

 Até certo ponto. O habitual pêndulo acadêmico pode ter balançado além da conta. Para cada governante cristão moderado houve sucessores que reverteram ao tipo paranoide. A reação do filho de Luís VII, Filipe Augusto, à notícia de que um cristão fora executado pelo assassinato de um judeu na cidade de Bray (ou talvez Brie) e que haviam ocorrido comemorações indecorosas ligando o culpado a Amã, o vilão da história de Purim, foi ordenar a chacina de toda a comunidade. Assim, uma crônica sensação de insegurança por parte dos judeus no mundo asquenaze não era produto da imaginação deles, mesmo porque era impossível saber com que determinação a Igreja e o Estado agiriam para conter os piores impulsos das multidões judeofóbicas. Mesmo quando clérigos como Bernardo de Claraval ou Pedro, o Venerável, abade de Cluny, se davam ao trabalho de proibir e deplorar ataques violentos aos judeus, faziam questão de, ao mesmo tempo, referir-se a eles como a mais desprezível de todas as raças. E da parte dos judeus, ainda que soubessem que não haveria assassinatos todos os dias, aquilo que acontecera em 1096 e o que de vez em quando, como em Bray, continuava a acontecer nessa época de agitação cristã penetraram na consciência histórica deles e não seriam esquecidos com facilidade. Novas orações e poemas litúrgicos colocaram num relicário a memória dos mártires, sendo o mais famoso o "Av Harachamim", Pai de Misericórdias, ainda cantado nos mais importantes dias santificados. Os *memorbuchen*, livros em memória dos mortos, matizaram as expectativas futuras com lembranças trágicas. A visão de pesadelo de judeus, que, tomados de desespero frenético, matavam-se uns aos outros a fim de evitar, como pensavam, um destino ainda pior nas mãos de seus perseguidores não se dissipava com o ciclo das festas, os regateios nos mercados ou as comemorações de circuncisão e casamento. Daí em diante, quem podia construía casas e sinagogas de pedra. Isso dizia tudo.

Como insistia o historiador Salo Baron, nem toda a história dos judeus era "lacrimosa". Não obstante, é a evidência gritante e inexorável, e não uma predisposição emocional ou um superdeterminismo trágico, que nos diz que nem tudo, tampouco, foram bolos de mel e vinho. Coisas terríveis continuaram a acontecer aos judeus na Idade Média porque muito ceticismo e pouca paranoia não existiam em domínios culturais separados; e, como no caso do vingativo rei francês, nobreza não excluía delírios de vingança. Em outros casos, em outros tempos, simplesmente não havia nada que príncipes ou prelados pudessem fazer com relação ao ódio desmedido, a não ser esperar algum tempo até que ele passasse. Sabe-se que Ricardo I Coração de Leão, o rei cruzado da Inglaterra, enfureceu-se com o que aconteceu aos judeus de seu reino no dia de sua coroação, 3 de setembro de 1189, e nos meses seguintes. Mas, mesmo assim, o que aconteceu, aconteceu.

Na verdade, aquilo ocorreu pela pior das razões. O historiador Guilherme de Newburgh fala de um grupo de judeus bem-intencionados, líderes de suas comunidades em cidades provincianas como York, assim como de Londres, que se dirigiu à capital para homenagear e entregar presentes ao novo rei. Os judeus tinham sido levados para a Inglaterra por Guilherme, o Conquistador, interessado em seus serviços financeiros e creditícios, e estavam ligados de perto aos destinos da monarquia normando-angevina. Além do hebraico, falavam o judeo-francês, e a principal atividade deles consistia em proporcionar verbas e recursos para soldados, cavalos, igrejas e palácios.

Nada disso tinha muito a ver com a coroação do rei Ricardo, um dia que, como Guilherme observa com humor reticente, era conhecido no antigo calendário como Malfazejo ou Egípcio, e assim acabou sendo para os judeus, cujo senso de oportunidade era medíocre, e a ânsia de agradar, excessiva. Embora tivesse sido publicada uma proclamação real que lhes proibia expressamente aproximar-se da abadia de Westminster quando um rei cruzado estivesse sendo coroado, de acordo com Guilherme eles se reuniram em grande número junto dos portões do palácio em que se realizava o banquete festivo que se seguiu à cerimônia, portando o rei seu "diadema glorioso". Indignado com a presunção dos judeus, o porteiro subserviente e intrometido os tratou mal, como costumam fazer os porteiros. Seguiu-se na multidão o costumeiro efeito dominó, que, combinado com a gritaria do porteiro, provocou ataques violentos aos judeus. A luta corporal logo degenerou numa batalha brutal, em que paus e pedras deixaram ossos quebrados. Pelo menos trinta judeus morreram na refrega, alguns pisoteados, outros moídos de pancadas. Um dos que sobreviveram por pouco foi Bento, que morava em York, mas era agente do maior prestamista da Inglaterra, Arão de Lincoln, credor de alguns dos cabeças do ataque. Com ele estava o líder da comunidade judaica de York, Josce. Ambos saíram da luta muito feridos, mas Josce deu um jeito de escapar, enquanto Bento era arrastado, banhado em sangue, para uma igreja próxima e batizado à força. Mais tarde, na estrada, tentando voltar para York, morreu em decorrência das múltiplas lesões.

"Nesse meio-tempo", conta Guilherme, "correu por toda Londres, com incrível rapidez, um bem recebido boato de que o rei ordenara que todos os judeus fossem exterminados." Da mesma forma, outro monge-historiador, Ricardo de Devizes, mostrou-se feliz por comentar que "no mesmo dia da coroação, por volta da hora em que o Filho era sacrificado ao Pai, começaram na cidade de Londres a sacrificar os judeus ao pai deles, o Diabo".[13] Londres e Westminster estavam apinhadas de gente. Mais que depressa formou-se uma multidão armada, "ansiosa por saques e pelo sangue de um povo abominável a toda a gente segundo o juízo de Deus". Depois da violência da manhã, os judeus sobreviventes tinham retornado a suas casas, prudentemente feitas de pedra, e se trancado. Não conseguindo derrubá-las, a chusma ateou fogo aos telhados e, a seguir, passou a matar sumariamente os que fugiam, apavorados, ou a deixar que morressem queimados. "A horrível conflagração", escreve Guilherme, "destrutiva para os judeus sitiados, proporcionou iluminação aos cristãos que se esfalfavam em sua faina noturna." Grande parte do resto da cidade ardeu junto com eles, mas o volume de bens saqueados aos judeus permitiu que seus assassinos se sentissem "satisfeitos com a chacina que tinham cometido". A devastação fumegante por fim chegou às narinas sensíveis do rei no banquete com os nobres. Um deles, o juiz Ranulfo de Glainville, pessoa "tão prudente quanto pacífica", foi incumbido, tardiamente, de conter a turba. Por sua vez, ele e os homens que o acompanhavam foram recebidos com ameaças, que os alarmaram o suficiente para que abandonassem a missão. Sorrindo de maneira afetada em sua prosa latina, Ricardo de Devizes diz que os algozes dos judeus levaram tanto tempo para consumar sua tarefa "que o holocausto mal fora completado no segundo dia".[14]

O desastre do dia da coroação, contudo, foi somente o prelúdio de uma sucessão de sofrimentos e massacres. Pouco antes de Ricardo partir para a Normandia, onde se encontraria com o rei da França para selar o pacto da cruzada que empreenderiam, surgiu no céu um portento na forma de uma aparição leitosa que lembrava a "bandeira do Senhor" com a imagem de Cristo crucificado. A partir disso, a habitual insanidade cruzadista ganhou grandes proporções, como ocorreu na Renânia, tornando-se os judeus suas vítimas imediatas. Os pretextos variavam; já o resultado era sempre o mesmo. Em Lynn (hoje King's Lynn), em Norfolk, correu a notícia de que um judeu converso fora perseguido por outros judeus e se refugiara numa igreja, o que bastou para que a mortandade começasse. A familiaridade que a população local tinha com um benquisto médico judeu, que tratava igualmente de judeus e gentios, não impediu que ele fizesse parte da lista de baixas fatais. Em Stamford, durante a feira anual em que os que partiriam para a guerra santa estavam recebendo cruzes, ladrões mataram um rapaz que confiara dinheiro a um judeu, mas foi logo transformado, na mente febril da população, em vítima dele. Houve ataques sangrentos a judeus também em Dunstable, Colchester, Thetford e até na aldeia de Ospringe, em Kent.[15]

O episódio mais execrável ocorreu em York, em 17 de março de 1190 (Shabat Hagadol, o sábado antes do Pessach), quando, não satisfeita com a morte de Bento, pessoa que detestava em especial, uma multidão invadiu a casa de sua viúva, matou-a, bem como aos seus filhos, e se apoderou de tudo o que pôde carregar. Assustados, alguns judeus, encabeçados por Josce, o sobrevivente do morticínio do dia da coroação, obtiveram permissão do vigia do castelo para nele se refugiar. Josce mudou de ideia ao voltar ao castelo e ver que era impossível passar pela multidão enfurecida, atiçada por um frade premonstratense de hábito branco. Os judeus, queixou-se o vigia, tinham tomado o castelo. Em lugar de pacificar os ânimos, ele só os agravou. Aos judeus que permaneciam fora do refúgio foi proposta a costumeira opção entre a conversão e a morte, e muitos aceitaram a cruz para salvar a vida. Entre os que estavam presos na torre havia um célebre biblicista e talmudista, Yom Tov de Joigny, que compusera uma elegia em homenagem aos judeus de Blois, massacrados vinte anos antes. Para Yom Tov, só restava uma possibilidade: repetir o que acontecera um século antes em Mainz e Worms, e ele falou aos judeus aterrorizados, mais uma vez fazendo eco à versão de Josefo para o apelo de Eleazar bar Ya'ir em favor do suicídio em Massada. "Não deves perguntar a Deus quem fará isso", teria dito Josce, segundo Guilherme de Newburgh, ao endossar a dura mensagem de Yom Tov, "pois ele nos ordenou sacrificar a vida." Seguiu-se outro morticínio, com Yom Tov matando a própria família e instruindo os homens a fazer o mesmo, antes de tirar a própria vida, enquanto a torre ardia em chamas.

Do mesmo modo que nas cidades renanas, nem todos se dispuseram a aceitar esse destino apocalíptico. Na manhã seguinte, os sobreviventes estavam no alto das muralhas, pranteando os mortos e expressando seu desejo de estar "unidos ao corpo de Cristo". O maior devedor e organizador da turba, Ricardo Malebisse, incentivou-os a descer e sair da torre como verdadeiros cristãos. Assim que cada um saía, era morto sumariamente. Aconteceu então uma última queima, não de pessoas, mas de dívidas. Todos os documentos, em madeira ou papel, que comprovavam essas dívidas foram incinerados solenemente no piso da catedral de York, completando a destruição. Quando o rei tomou conhecimento do ocorrido, consta que se indignou, em especial com o insulto que os distúrbios representavam para sua dignidade real, chegando ao ponto de ordenar ao bispo de Ely que fosse a York com uma força armada para deter e punir os facínoras. Os líderes das chacinas, entre eles Malebisse, já tinham se refugiado na Escócia, e, não é preciso dizer, ninguém em York admitiu saber quem eram os responsáveis pelos crimes, o que fez com que a contrariedade do rei fosse aplacada com a imposição de multas pesadas.

Os fatos em York foram a mais dramática tragédia no ciclo de chacinas de judeus na Inglaterra, mas o assassinato de 57 judeus no Domingo de Ramos em Bury St. Edmunds, em Suffolk, foi ainda mais sinistro, pois resultou de uma antiga obsessão que teria vida longa na Inglaterra cristã: a convicção de que os judeus tinham o hábito de sequestrar meninos cristãos por volta da época da Páscoa cristã e do Pessach para submetê-los à tortura de uma crucifixão simulada — uma demoníaca paródia da Paixão.[16] Em 1144, o corpo de um menino de doze anos, William, aprendiz de curtidor (couro e peles ocupavam lugar de destaque nessas fantasias), foi encontrado numa floresta em Mousehold Heath, nas imediações de Norwich. Os judeus, que tinham chegado à cidade poucos anos antes, logo se tornaram suspeitos do assassinato. Um converso, Theobald, jurou que um judeu atraíra William ao local onde fora morto e que o crime fora planejado num conclave secreto de judeus de todo o país, que se reuniriam para encenar o simulacro de crucificação, usando o desafortunado adolescente, no segundo dia do Pessach. Irrompeu um imenso clamor público, e o corpo do rapaz foi levado à catedral de Norwich para ser sepultado solenemente perto do altar-mor. Embora o xerife, estarrecido com a superstição, trouxesse os judeus para a segurança de seu castelo e resistisse a todas as tentativas de levá--los a julgamento, o túmulo continuou a ser objeto de veneração pelos muitos milagres atribuídos ao jovem ali sepultado.[17]

Não é difícil ver de onde vinha a fantasia de que as solenidades do Pessach eram uma espécie de anti-Paixão, uma repetição da crucificação. Os cristãos, sobretudo se não familiarizados com o calendário religioso judaico, como costumava ser o caso na Inglaterra, onde a presença de judeus era recente, confundiam o Pessach com a festa de Purim, que o precedia. De fato, o Purim, que comemorava a fuga, por um triz, dos judeus da Pérsia (devido ao fato de a rainha Ester estar nas boas graças do rei Assuero), às vezes incluía a simulação do enforcamento em efígie de Amã, o vilão que planejou o extermínio dos judeus, uma brincadeira de triunfo e regozijo. Além disso, quando o fervor cruzadista tomou conta do norte da Europa, a retórica anticristã dos judeus tornou-se muito mais cáustica e descuidada. Qualquer converso mal-intencionado que desejasse persuadir seus novos companheiros cristãos de que os judeus — seu antigo povo — não valiam nada, não teria nenhuma dificuldade em citar alguns desses insultos e xingamentos mais rudes. Também por volta dessa época, os cristãos se convenceram de que os judeus não se deteriam diante de nada para evitar que um deles se convertesse ou para tentar reconduzir os conversos ao judaísmo. Em Lynn, o que provocou o massacre em 1190 foi o boato de que os judeus tinham perseguido um recém-convertido que se protegera na igreja. E o conhecimento do que os judeus tinham feito aos próprios filhos na Renânia em 1096 deturpou-se numa fantasia de que os judeus metiam os filhos num forno se suspeitassem que haviam tomado a comunhão com amigos cristãos.[18] Guilherme de Malmesbury incluiu esse caso em sua coletânea de histórias de intercessão da Virgem, de meados do século XII. Não conseguindo impedir que o marido mate o filho dessa forma horrenda, a mãe desesperada apela para cristãos, que correm à sua casa e deparam com um milagre: o menino está ileso no forno, graças à intercessão de Maria, que, em outra versão, transforma o calor numa "brisa fresca".[19] Em muitas variantes da história, de ampla circulação na França, na Espanha e na Alemanha, bem como na Inglaterra, a criança em meio às chamas tem uma visão da Virgem com o Menino, o epítome do amor familiar cristão, o oposto da crueldade judaica, demoníaca e infanticida. Num vitral da catedral de Lincoln, a Virgem se debruça, carinhosa, sobre o menino no forno. Como observa Miri Rubin, é em torno do fogão e do forno que as crianças são criadas, e eles podem ser vistos como o centro da vida familiar ou, como nesse caso, lugares de monstruosa provação. Judeus e cristãos conheciam, é claro, a salvação milagrosa de Sadraque, Mesaque e Abednego na fornalha de fogo ardente de Nabucodonosor, narrada no Livro de Daniel. Mais uma vez, a versão judeofóbica usa uma história bíblica em que judeus são os heróis sagrados e os transforma em assassinos quase pagãos de crentes verdadeiros. Nesse caso, a figura monstruosa do pai judeu que imola os filhos capitula, por mediação da Mãe dos Homens, à benevolência do verdadeiro Pai da criança — o próprio Deus.

Em relatos como o de Thomas de Norwich, as fantasias da anti-Páscoa judaica traçavam em pormenores esmerados um quadro vividamente preciso dessa nova Paixão expressada no corpo de meninos: os açoites; as coroas de espinhos; a perfuração do corpo da criança; o ferimento de lança no lado esquerdo, copiando fielmente o que foi infligido a Jesus; e, por fim, o simulacro da crucificação numa cruz de madeira feita sob medida para o pequeno substituto do Salvador. "Os judeus de Norwich trouxeram uma criança cristã antes da Páscoa e supliciaram-na com todas as torturas aplicadas ao Nosso Senhor, e na Sexta-Feira da Paixão enforcaram-na num madeiro e depois a enterraram." Como os meninos não morreriam por serem simplesmente presos à cruz, dizia-se com frequência que os ferimentos, sobretudo a perfuração no lado esquerdo do corpo, causariam copiosas efusões de sangue, que os judeus coletavam numa taça ritual. O que passou a ser chamado de Libelo de Sangue — a acusação de que o sangue era coletado para ser usado na preparação do pão ázimo do Pessach — foi uma adição posterior, mas todos os elementos básicos do drama já estavam presentes.

Com base no culto ao jovem William, sepultado perto do altar-mor em

Norwich, ocorreu um surto de santos-meninos vitimados por judeus. Em 1168, uma festa de circuncisão na casa de uma família de judeus em Gloucester foi transformada numa história do sequestro de um menino chamado Harold, que teria sido torturado e atirado no rio Severn. Nenhuma abadia ou catedral que se prezasse podia deixar de ter seu menino mártir. O culto de Roberto de Bury, que terminou no massacre de 1190 e na expulsão dos judeus, tinha começado em 1181 e teve alguma coisa que ver com o fato de o abade local comentar o êxito de seu colega de Norwich em atrair peregrinos.[20] Dois anos depois, em Bristol, eis que aparece o menino Adam, que, atraído, segundo se dizia, à casa do judeu Samuel (que, ao que parece, já tinha antes assassinado sua mulher), foi morto na sentina, mas não antes de ter uma visão de Jesus, que o abraçava. O resultado foi que a latrina de Samuel tornou-se local de mistério sagrado e milagres, sobretudo para seu dono, que daí em diante não pôde mais usá-la sem receber a visita de um anjo de fogo que o recriminava, ou a visão, talvez ainda mais constrangedora, da Virgem, que trazia nos braços a imaculada criança mártir. A cidade de Winchester, que em 1190, inexplicavelmente, poupou seus "vermes" ou "gentalha", como o cronista Ricardo de Devizes chama os judeus, alardeava nada menos que três acusações de assassinatos de crianças, em 1192, 1225 e 1232; e houve ainda outro caso em Londres, em 1244, no qual o corpo de um menino, encontrado no cemitério da igreja de São Bento, teria, segundo se disse, uma inscrição em hebraico, o que provava que judeus celerados e homicidas tinham sequestrado a criança para sinistras finalidades rituais. Os cônegos de catedral de São Paulo cuidaram do cadáver e o sepultaram com solenidade junto do altar-mor e, como era habitual, o menino-santo logo começou a operar prodígios e milagres.

O caso mais sério de todos ocorreu onze anos depois, em Lincoln, onde um menino de nove anos, Hugh, foi achado numa fossa séptica. A criança tinha sumido havia três semanas, mas, devido à arraigada convicção de que os judeus realizavam sua convenção a cada ano, a festa de casamento de Belaset, filha de um dos judeus mais ricos da cidade, e para a qual tinham sido convidadas pessoas de toda a Inglaterra, de repente ganhou um significado sinistro. Por acaso o rei Henrique III estava na região e exigiu que se descobrisse o culpado, e as autoridades logo apresentaram um. Depois de torturas brutais, Copin ou Jopin, um judeu de Lincoln, fez uma "confissão", foi arrastado, preso ao rabo de um cavalo, pelas ruas calçadas com pedras irregulares, e o que restava de seu corpo estraçalhado foi enforcado. No entanto, considerou-se que o crime tinha sido coletivo. Praticamente todos os judeus de Lincoln foram arrebanhados e levados a Londres para serem julgados. Dezoito deles insistiram em que deveriam ser julgados por um júri misto, formado por judeus e cristãos, o que foi visto como admissão de culpa, e, em vez de lhes ser garantido o devido processo criminal, foram sumariamente enforcados. Os demais ficaram presos durante alguém tempo e acabaram soltos por intercessão de Ricardo, duque da Cornualha, que, como o rei, tinha muitos negócios com os judeus, mas, ao contrário dele, também algum senso elementar de justiça (para não falar do interesse vital em preservar suas vacas leiteiras judias). Em Lincoln, Hugh foi sepultado numa capela suntuosa na catedral, erguida sobretudo com dinheiro judeu, emprestado pelo magnata Arão de Lincoln. Canonizado como mártir, Hugh foi venerado durante séculos e imortalizado nos *Contos da Cantuária*, em que Geoffrey Chaucer repisou todas as infâmias e libelos mais repulsivos no "Conto da prioresa".[21] Foi preciso que se passassem setecentos anos para que a Igreja da Inglaterra repudiasse o mito de maneira explícita e afixasse junto ao túmulo uma declaração de pesar, que inclui uma fraterna e elogiável saudação aos judeus: *Shalom!*

2. OS NEGÓCIOS

Por outro lado... aqueles nomes bonitos nunca foram apenas vítimas, mártires sepultas nos túmulos. Doulcea, a meiga e agradável, a mulher do rabino Eleazar, o Perfumista, não exalou o último suspiro desprotegida nas ruas de Worms. A darmos crédito ao tributo fúnebre do Perfumista (em prosa e num acróstico), Doulcea pereceu lutando para salvar o que restava de sua família. As moças, Bellette e Hannah, já tinham sido mortas, mas o filho e o marido estavam vivos, embora gravemente feridos. Doulcea abriu caminho à força, passando pelos saqueadores espantados, e saiu para a rua, gritando por socorro e ciente de que os vilões a perseguiam. Era isso que importava. Assim que saíram da casa, ela bateu a porta (gosto de pensar que tenha sido com um forte chute para trás) e Eleazar a trancou por dentro, salvando a própria vida e a do filho. Separados dos objetos que pretendiam levar, os agressores despejaram sua raiva em Doulcea. Em dado momento, Eleazar emerge de seu luto para escrever seu panegírico em honra à assassinada *eshet chayil*, a mulher de valor.

O maior elogio que Eleazar faz à sua mulher é dizer que ela nunca o deixou enfurecido. No entanto, ele não a retrata como um capacho do marido religioso. Muito pelo contrário. Doulcea fazia tudo que se esperava de uma companheira devota e cumpridora de seus deveres: alimentar os muitos alunos dele, fazer as velas usadas no Shabat e muito mais. Talvez ela tenha sido o tipo de mulher admirada por Rashi de Troyes, que falou de mulheres que, ao mesmo tempo, "cobravam para ensinar uma canção a outras mulheres, vigiando as verduras no fogo, fiando linho e aquecendo no peito os ovos de bichos-da-seda".[22] Doulcea talvez não fizesse tudo isso ao mesmo tempo, mas Eleazar lembra que ela não só ia à sinagoga todos os dias, de manhã e à tarde, como também conduzia as mulheres da congregação em orações e cânticos. Eram poucas as moças judias que aprendiam o hebraico, e Doulcea, pertencente a uma famosa família de letrados, era exceção, mas é muito provável que ela conduzisse as orações em judeo-alemão, fosse num prédio adjacente ou na área com gelosias destinada às mulheres. O acróstico de Eleazar afirma que ela "cantava hinos e orações e recitava preces" e que "ensinava canções a mulheres de todas as outras cidades".[23] No mundo asquenaze, não era raro as mulheres assumirem papel ativo nos serviços religiosos, até que uma onda de objeções, a partir do século XIV, tornou isso mais difícil. Também em Worms, a lápide no túmulo de outra mulher, Urânia, que viveu no século XIII, nos informa que, como filha de um chantre-cantor, ela deu continuidade à vocação do pai, Abraão, tornando-se líder de orações. Aliás, o rabino Eleazar e outros não viam motivo algum para que elas não orassem, fizessem a leitura da Torá e recitassem bênçãos, como os homens. O *Sefer Hasidim*, livro que reunia os ensinamentos e as prescrições que norteavam a vida de Eleazar e de sua família, recomendava expressamente que os pais ensinassem os mandamentos às esposas e filhas.[24] Ainda que a Torá não determinasse expressamente que as mulheres assim procedessem, há indícios de que nesse período elas até usavam o *talit*, o xale de quatro pontas com franjas (*tsitsit*), e que rezavam com os *tefilin*, filactérios na testa e no braço, e só mais tarde as autoridades religiosas objetaram a essas práticas. Para alegria do pai, Doulcea, a filha mais nova, sabia recitar orações em hebraico, como o *shema* diário, e cantava com o tipo de voz cheia e agradável com que conduziria as mulheres na sinagoga. Até serem postas à margem por figuras mais censoras como o rabino Meir de Rothenburg e Samson ben Tzadok no século XIII, as mulheres com frequência desempenhavam um papel destacado no ritual. Apesar da desaprovação dos rabinos na época e do incorreto pressuposto, nos tempos modernos, de que as mulheres, e sobretudo as mães, eram sempre excluídas da circuncisão de seus filhos bebês, chegaram a nós indícios numerosos de que não era esse o caso no mundo asquenaze, pelo menos até o fim do século XIII.[25] Elas participavam ativamente da pequena cerimônia doméstica na manhã da circuncisão, no oitavo dia depois do nascimento, uma cerimônia na qual a mãe bebia vinho para indicar sua recuperação (e, talvez, para simbolizar o corte que seria feito daí a pouco, para confirmar a aliança). Afinal, fora Séfora, a mulher de Moisés, quem realizara a primeira circuncisão, no filho deles. Na Idade Média tardia, uma campanha para tornar o *brit milá* uma cerimônia exclusivamente masculina fez com que o papel das mulheres se reduzisse a carregar a criança enfaixada pelas ruas até a sinagoga, onde ocorria a circuncisão. Entretanto, Samson ben Tzadok e o rabino Jacob Moellin deixam claro que estavam lutando contra um costume amplamente aceito, que garantia à mãe um papel central nas cerimônias realizadas fora e dentro das sinagogas. A mãe, como era de esperar, podia carregar o filho pelas ruas (apesar do conselho do rabino Yekutiel bar Moses, para quem "é melhor caminhar atrás de um leão que de uma mulher") e, depois, atuar ela mesma como *sandek*, segurando o menino no próprio colo, sentada entre os homens, enquanto se realizava a circuncisão. Essa proximidade física com eles fazia rabinos como Tashbetz (o rabino Shimon ben Zamakh Duran) temer que algum tipo de pensamento licencioso passasse pela cabeça da mãe ao caminhar entre homens e segurar o filho enquanto o *mohel* se debruçava sobre ela para cortar o prepúcio da criança. Pior ainda, a mãe *sandek* estaria "vestida com esmero", chamando ainda mais a tentação. Entusiasmando-se com sua ideia, Tashbetz acrescenta que mesmo que o *mohel*, o circundador, fosse o pai e marido, nem todo mundo saberia disso. Se pessoas devotas vissem uma mulher com o bebê no colo, deveriam deixar de imediato a sinagoga.[26]

Doulcea pode não ter agido como um *sandek*, mas fazia tudo de que era capaz: encadernar livros religiosos, coser e bordar nada menos que quarenta cobertas para os rolos da Lei, bem como os atilhos que os prendiam, lavar os corpos de judias falecidas e amortalhá-las. Embora achemos que a vida na Espanha muçulmana ou em outras partes do mundo islâmico fosse mais fácil para os judeus, as mulheres eram mais visíveis na sociedade cristã asquenaze. Não usavam véu, tinham liberdade para viajar, não estavam ainda confinadas a qualquer espécie de gueto e podiam defender seus interesses nos tribunais de justiça — e, em vista do número de litígios familiares, em especial sobre a questão de poderem ou não pleitear a devolução de seu dote no caso da morte do marido, era bom que assim fosse. As mulheres podiam possuir bens móveis e imóveis, e as de mais posses tinham criadas gentias e entregavam os filhos a amas de leite cristãs, às vezes durante todo o dia — a versão da creche na época —, embora isso fosse legalmente proibido. Algumas mulheres eram parteiras e curandeiras, chamadas *nashim khakhamim*, mulheres sábias. Outras eram casamenteiras, atividade de muita procura numa cultura em que as mulheres muitas vezes sobreviviam aos homens e na qual havia um altíssimo índice de divórcios. Como as pessoas em geral eram prometidas umas às outras ainda na infância, os rabinos, em especial os *chassidim* pietistas, insistiam que, embora os filhos e filhas devessem respeitar a decisão dos pais no tocante a esses assuntos, não podiam ser forçados a um casamento incompatível, nem manter um casamento que se mostrasse não desejado por uma das partes.

A geração de Doulcea e as seguintes foram as primeiras a se beneficiar das novas regras expostas pelo rabino Gershom ben Judá, de Mainz, em seu livro *A luz do exílio* (concepções que também eram abraçadas por muitos contemporâneos seus), das quais a mais radical era a proscrição da poligamia, ainda em vigor no mundo sefardita-muçulmano. Além disso, as normas expostas na Mishná e no Talmude sobre a união física e espiritual entre cônjuges eram levadas muito a sério. O marido ficava proibido de espancar a esposa, ou lhe causar alguma lesão, ou forçá-la a qualquer submissão sexual que desagradasse a ela. Agir de outra forma, diziam os rabinos, equivaleria a tratá-la como prostituta. Da mesma forma como se ordenava às mulheres que agradassem sexualmente aos maridos, a mesma atitude deles em relação a elas era uma obrigação sagrada. Nenhuma prática ou posição sexual no casamento era proibida, exceto a efusão de sêmen fora do corpo da mulher, e exigia-se dos maridos que fizessem de tudo para agradar e satisfazer as esposas, sobretudo porque o único caminho deles para a *shechiná*, o esplendor divino, passava pelo prazer delas. Cabia, pois, ao marido partilhar a cama que ela houvesse preparado para o casal, qualquer que fosse, mesmo que, como dizia um tratado, isso significasse trocar um leito de ouro e adornado com lençóis de linho bordados por uma enxerga de pedra e só coberta de palha. Era o dever e a felicidade dele deitar-se ao lado da mulher. Os textos também explicitavam a frequência e os horários da união sexual, sendo duas vezes por semana considerado o ideal, sobretudo na noite de sexta-feira. (No caso dos judeus que viviam no mundo muçulmano, via-se como um caso especial aqueles que viajavam com caravanas de camelos, que os levavam mais longe do leito conjugal, ao passo que os que viajavam em tropas de mulas podiam voltar para casa com mais frequência.) E se marido e mulher não estivessem fisicamente satisfeitos um com o outro, isso era motivo suficiente para divórcio, sempre supondo-se que a mulher concordasse. Ao contrário das convenções vigentes no mundo muçulmano, um homem não podia repudiar a mulher contra a vontade dela. Mas se um marido fosse tão repulsivo, por qualquer motivo, que a mulher evitasse sua companhia, ele estava obrigado a lhe conceder o divórcio.[27] Assim, embora houvesse regras intermináveis e rigorosas com relação à purificação no banho ritual, o *mikvá*, por ocasião da menstruação e de partos, as mulheres judias tinham todas as razões para esperar que o companheiro lhes desse atenção.

Outra coisa tornava Doulcea o pilar de sua comunidade: a gestão do dinheiro. Era a ela que vizinhos e outros judeus confiavam suas economias, que ela administrava da melhor forma possível, emprestando parte dele, quase com certeza a membros da comunidade judaica local. Mas, à sua maneira, a mulher do Perfumista era também a banqueira amistosa dos pietistas, os *chassidim* liderados por Eleazar. Sem dúvida foi isso que lhe trouxe o desastre, pois, embora os ladrões talvez usassem *caftans* com a cruz (na época da Terceira Cruzada), era o dinheiro que procuravam quando invadiram a casa do Perfumista em novembro de 1196.

Doulcea não era a única. Um número surpreendente de judias se tornou banqueiras e credoras de ricos e poderosos na sociedade cristã: bispos, abades, condes, rainhas e reis. (Poulceline de Blois foi uma que pagou o preço disso.) Sabemos de toda uma coorte de matriarcas, esposas e viúvas que dirigia grandes negócios de crédito na Inglaterra: Chera de Winchester e sua nora Belia; a grande rival de Chera, Licorícia; Belaset de Oxford e muitas mais. Conhecemos seus nomes e suas transações porque entre as baixas dos distúrbios da coroação, em 1189-90, estavam os registros de quem devia dinheiro aos judeus. Como a Coroa considerava "seus" judeus um bem pessoal e estava habituada a contar com eles quando necessário, os interesses do rei Ricardo tinham ficado tão prejudicados quanto os dos judeus. Daí em diante, um Tesoureiro dos Judeus teria a responsabilidade de registrar todas as transações deles, especificando os valores devidos, os valores dos empréstimos, os impostos feudais e as taxas devidas. Como essas taxas estendiam-se a questões mundanas, como permissão para mudar de estado civil, os registros de contas da Coroa fornecem a história social dos judeus (cerca de 5 mil) que formavam a comunidade judaica na Inglaterra até a expulsão de 1290.

Nem todos os judeus eram prestamistas e nem todos os prestamistas eram judeus. Embora o direito canônico proibisse empréstimos a juros, havia cristãos, em especial os lombardos, que prestavam serviços desse gênero e, é evidente, eram indiferentes à ameaça a suas almas mortais, pois não só cobravam taxas de juros exorbitantes como insistiam em cobrar juros durante todo o prazo do empréstimo contratado, mesmo que este já tivesse sido pago antes do vencimento. Por outro lado, como grupo subalterno, os judeus estavam submetidos a normas rígidas quanto aos juros que podiam cobrar e aos termos do crédito. Seus vínculos internacionais em toda a Europa lhes davam acesso a grandes capitais, e as garantias dadas para seus créditos — terras, solares, propriedades abaciais e imóveis urbanos — tornaram-se, elas próprias, negociáveis. Quando morria um prestamista judeu, no mínimo um terço de seu patrimônio revertia para a Coroa, de modo que as duras condições que os judeus pudessem ter exigido tornavam-se fonte de lucro instantâneo para o erário, sempre voraz. Eles eram obrigados a encarregar-se do trabalho sujo e tornar-se alvo do ódio, enquanto a Coroa ficava com o lucro. Além do mais, exigências súbitas e pesadas podiam ser feitas a uma população desprotegida, e em caso de necessidade qualquer coisa podia ser confiscada segundo o arbítrio da casa real. Quando os judeus se viam diante de uma tributação imprevista ou um empréstimo compulsório, eram obrigados a exigir o pagamento de seus empréstimos a fim de evitar a prisão imediata: tinham de escolher entre provocar ódio ou arriscar-se a problemas pessoais. Eram muitos os anos, na verdade a maioria, em que o dinheiro roubado aos judeus mediante tais estratagemas representava um sétimo de toda a receita da Coroa.

Em 1186, com a morte do supermagnata Arão de Lincoln, a Coroa teve o maior ganho de todos os tempos. Arão juntara uma imensa fortuna com os novos desejos de expansão da Igreja e do Estado. Financiara Becket e Henrique II, fizera empréstimos ao bispo de Lincoln (garantidos pela prataria da diocese)

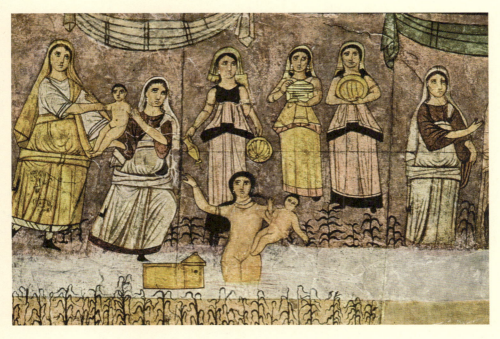

Esses murais do século III d.C., na sinagoga de Dura-Europos, puseram fim à suposição de que o judaísmo abominava imagens. Nas sinagogas mais antigas ocorria justamente o contrário. Acima, a filha do faraó encontra Moisés; abaixo, detalhe de um mural em que aparecem o rei Assuero e a rainha Ester.

Mosaicos do século V no piso da sinagoga de Séforis, em Israel. Acima, à esq., o mês de Tevet, representação do inverno; à dir., o mês de Nissan, representação da primavera; abaixo, emblemas do Templo: o candelabro dourado (menorá), o recipiente das "quatro espécies" para a Festa dos Tabernáculos e as trompas (shofarot).

Decoração pintada de tamareiras nas catacumbas judaicas em Vigna Randanini, perto de Roma, século IV d.C.

Mosaico representando um golfinho no piso de uma sinagoga em Hammam-Lif, na Tunísia, século III ou V d.C.

Caderno de criança com exercícios de hebraico, mostrando o desenho de um camelo, proveniente da Guenizá do Cairo, repositório de documentos de todo um mundo judaico medieval. A maior parte dos textos está em judeo-árabe (árabe escrito com caracteres hebraicos), o que em si já é evidência de cruzamentos culturais.

Um "cheque" ou instrumento comercial de pagamento, em judeo-árabe e árabe, proveniente da Guenizá do Cairo.

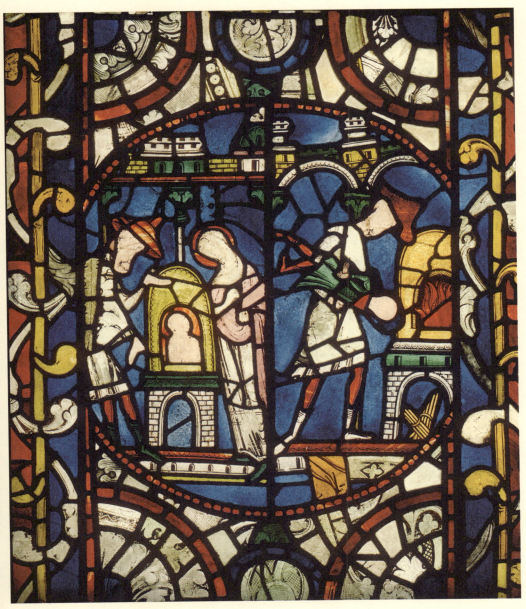

Vitral do século XIII, na catedral de Lincoln. Vê-se, à dir., o "menino de Bourges", que o pai (com o chapéu cônico vermelho) mete no forno; na cena à esq., o menino está sentado em segurança dentro do forno, graças à intercessão da Virgem, que, protetora, inclina para ele a cabeça aureolada.

Uma caricatura judeofóbica, com a legenda "Aaron fils diaboli" (Arão, filho do Diabo), de um documento do erário inglês do século XIII.

Judeus expulsos da Inglaterra sob pancadas, da "Chronica Roffense", velino do século XIV.

Página do Livro de Doações, na *Mishné Torá*, de Maimônides (França, fins do século XIII), com uma miniatura de Moisés recebendo as tábuas da Lei; no alto da página vê-se um cervo, que com frequência simbolizava Israel.

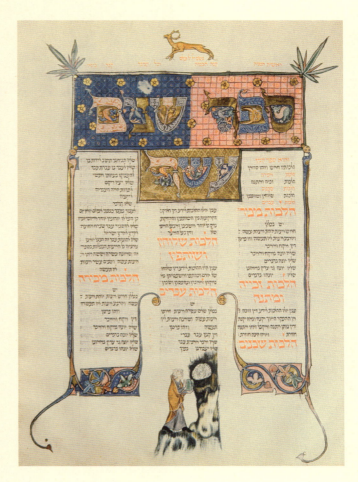

A Hagadá da Cabeça de Aves, Alemanha, *c.* 1300.

Página de rosto do livro *Moreh Nevuchim* (*Guia dos perplexos*), de Moisés Maimônides, de Huesca, Espanha, 1356, tratado do médico-filósofo sobre como conciliar a fé e a razão na busca pela perfeição.

para que este pudesse construir um esplêndido palácio, e na verdade possibilitara a edificação da própria catedral, da mesma forma como seu dinheiro permitira a construção da catedral de Peterborough, a pouca distância da outra. Ao morrer, Arão era o homem mais rico da Inglaterra em ativos líquidos, o que tornava seu patrimônio irresistível para Henrique II, cujas guerras exigiam um fluxo constante de recursos. A Coroa confiscou *todo* o seu patrimônio, inclusive a enorme lista de créditos pendentes. De imediato, seu ouro e sua prata foram enviados à França, onde Henrique estava em guerra com Filipe Augusto — e, num providencial ato de justiça, perderam-se com o naufrágio do navio que os levava a Dieppe. Os bens restantes eram uma longa lista de 450 devedores, que iam desde o rei da Escócia até o arcebispo de Cantuária. Para administrar esse patrimônio tão colossal e complexo foi preciso criar uma nova repartição do Estado — o Saccarium Aaronis, o Tesouro de Arão. Essa repartição levou cinco anos para ordenar todos os detalhes antes de começar a explorar a mina de ouro.[28]

O caso de Arão nada tinha de típico. Antes que ficassem restritos a certas cidades, os judeus se espalhavam pelo reino, e muitos deles faziam empréstimos a clientes de coturno muito mais baixo que os de Arão: cavaleiros e fidalgos do interior, conventos, abadias e igrejas modestas, burgueses de cidades-mercado. Muitos desses burgueses ocupavam-se de negócios como ourivesaria, comércio de pedras preciosas e joias, mas entre eles havia também comerciantes de vinhos (outro negócio beneficiado por conexões familiares na França), lã, sal e especiarias, assim como as ocupações habituais ligadas à medicina e à farmácia. Sabemos também que cozinheiros kosher, bem como fornecedores de comidas e bebidas para festas, atendiam não judeus, e havia ocupações ainda mais surpreendentes. O Segundo Concílio de Latrão, em 1139, tentara com otimismo proscrever o uso de armas como bestas ou balestras por cristãos contra outros cristãos. Contudo, nenhum comandante militar digno desse nome combateria sem elas, de modo que besteiros judeus eram treinados como uma unidade especial para o rei e se tornaram famosos em todo o reino como especialistas nessa arma. No reinado de Henrique III há pelo menos um caso registrado de pagamentos para a manutenção de um besteiro, chamado Seman ou Simon, que talvez fosse um converso e servia a Davi de Oxford. E é difícil saber quem se sentiria mais ofendido com o fato de um judeu ser pintor de imagens sagradas, em especial da Virgem: se os rabinos, que talvez vissem isso como uma transgressão do segundo mandamento, ou os cristãos, que de vez em quanto ouviam histórias sobre judeus que profanavam imagens de Nossa Senhora. Quem sabe se nosso pintor não resolveu o dilema convencendo a si mesmo de que não podia ser pecado pintar os ícones idólatras de *outra* religião?[29]

Entretanto, foram os grandes emprestadores, que se especializavam em conceder crédito a clientes poderosos e em correr os riscos correspondentes, que figuravam como os potentados dos judeus da Inglaterra: Arão de Lincoln; Bento Crespin, de Londres, cujo belo tanque de *mikvá*, o banho ritual, em pedra calcária verde, foi descoberto em 2002 e pode ser visto no Museu Judaico; Moisés de Bristol; e Davi de Oxford. Pensando tanto em magnificência como em defesa, esses homens construíram residências de pedra, que, como tantos bairros judeus e suas pequenas sinagogas, ficavam perto dos castelos e das prisões das cidades, para o caso de precisarem, de um momento para outro, proteger-se contra turbas amotinadas, o que acontecia com frequência. Muitos deles tinham várias propriedades em diversas cidades, entre as quais Londres, e alguns, como outro Bento, filho de Licorícia, chegaram a adquirir uma propriedade rural — no seu caso, quase dezesseis hectares em Northamptonshire, com fazendas arrendadas, parques e áreas de caça, além de animais de criação, inclusive, é chocante dizer, "leitões cevados". Alguns judeus ricos evidentemente tinham uma queda por belas montarias.

Um desses amantes de cavalos de sela era Davi de Oxford. Como os demais judeus da cidade, ele conseguira sobreviver às constantes crises financeiras do rei Ricardo (que precisou de dinheiro para fazer sua cruzada e, depois, de mais dinheiro para pagar seu resgate e poder voltar) e também de seu insaciável irmão, João Sem Terra, que em 1217 impôs um tributo escorchante e, depois, simplesmente deixou que os barões que o haviam obrigado a assinar a Carta Magna se assenhoreassem de qualquer coisa pertencente a judeus que pudessem ser acusados de atraso em seus pagamentos. Davi recuperou-se do estado de completa ruína e refez sua fortuna, emprestando dinheiro a clientes que, desde Northamptonshire e Warwickshire até Berkshire e Buckinghamshire, precisavam de muito dinheiro. Em Oxford, foi seu dinheiro que levantou tanto o priorado de Oseney quanto o castelo de Oxford, cidadela que os judeus tinham interesse em ver construída, ainda que de vez em quando se tornassem seus hóspedes involuntários. Um documento registra o cancelamento de uma dívida contraída com o "inflexível" Davi, que tinha todos os motivos para fazer sérias exigências ao conceder créditos, já que nunca podia ter certeza absoluta de que veria seu dinheiro de novo. O rei Ricardo tinha subornado nobres para que o acompanhassem na cruzada, e para isso alterou, a seu talante, dívidas contraídas junto a prestamistas como Davi: às vezes reduzia ou suspendia os juros, isso quando não cancelava toda a dívida. A tática era boa demais para ser abandonada depois da cruzada abortada, pois João Sem Terra estava tão envolvido em guerras quanto o irmão, e durante a menoridade de seu herdeiro, Henrique III, o país ficou entregue à regência de nobres, que obtiveram dispensações semelhantes por vários serviços militares prestados à Coroa. Davi suportou trinta cancelamentos de dívidas em menos de quinze anos. O único meio de se precaver contra esses desastres consistia em fazer sociedades com outros financistas em que ele pudesse confiar e dividir um pouco tanto os lucros quanto os prejuízos.[30]

Inflexível ou não, Davi prosperou. Construiu uma magnífica casa de pedra no bairro judeu de Oxford, ao sul de Carfax, a rua que seria sempre chamada de St. Aldate's por professores e alunos da universidade, e outra residência na esquina de St. Edward's Lane. A fortuna de Davi era, claro, bastante grande para que ele se preocupasse com a falta de herdeiros de seu casamento com Muriel. E então, por volta de 1242, ele topou com seu destino: Licorícia de Winchester.

Licorícia era viúva e tivera três filhos com o primeiro marido, Abraão de Kent, que, sete anos antes, estivera implicado num julgamento pelo assassinato de uma criança, mas não fora executado. Da mesma forma que tantas esposas, assim como viúvas (a exemplo de Belia, a astuta nora de outra famosa e excepcional viúva endinheirada, Chera de Winchester), elas atuavam como sócias nos negócios dos maridos, enquanto ainda estavam vivos, assinando contratos e quitações para eles em hebraico (o que significa que sabiam ler, escrever e fazer contas). Licorícia tinha chegado à maioridade na Winchester dominada por Chera e seu clã, e sem dúvida aprendeu bastante com seu exemplo, pois não tardou para se tornar, ela própria, uma poderosa prestamista. Já estava rica ao conhecer Davi, mas é improvável, em vista da já colossal fortuna deste, que aumentá-la ainda mais com uma aliança possa ter sido um motivo para o que se seguiu. O mais provável é que ele tenha se apaixonado por ela. As viúvas viajantes deviam ser irresistíveis. Viajavam a negócios em grande estilo, muitas vezes com guarda-roupas espetaculares — temos notícia de uma "seda azulada" e de um "vestido vermelho-sangue com um enfeite de pele de coelho".

Se o papa Inocêncio III tivesse conseguido fazer o que desejava, haveria uma mancha nos trajes dessas viúvas: um distintivo representando as tábuas dos Dez Mandamentos, de "quatro dedos por dois". No Quarto Concílio de Latrão, em 1215, o papa exigiu esse emblema, exatamente porque tinha se tornado impossível, apenas pelas roupas e pela língua, distinguir quem era cristão e quem era judeu, e isso, no entender do pontífice, poderia levar ao perigo de casamentos mistos. É possível que a iniciativa do papa tenha sido motivada por casos como o famigerado romance de um diácono de Oxford cujo nome desconhecemos, mas que, segundo o cronista Mateus Paris, apaixonou-se perdidamente por uma judia e

> desejava com ardor tamanho seus amplexos [...] que aceitou a exigência dela de se converter e dar prova de sua seriedade circuncidando a si próprio. Por atender aos desejos da rapariga, ganhou seu amor proibido. O ocorrido, no entanto, não poderia ficar oculto por muito tempo e chegou ao conhecimento do [arcebispo] Stephen Langton, de Cantuária.[31]

Em 1222, o arcebispo Langton convocou um concílio que se realizou em Oxford e rebaixou o diácono impenitente, que, segundo se disse, repudiou aquilo que chamou de "direito novidadeiro" e, de quebra, fez alguns comentários sobre a Virgem Maria que não caíram bem. Nada disso aplacou o arcebispo, e muito menos o sabidamente feroz xerife Fawkes de Bréauté, que mandou o diácono direto para a fogueira. Nada mais se soube da judia, a não ser que escapou do escândalo e do fogo, sem dúvida sem usar a *tabula* no vestido.

Apesar do diácono apóstata de Oxford, ao que parece a exigência do distintivo das tábuas da Lei, para diferenciar judeus e cristãos, não foi imposto durante a maior parte do reinado de Henrique III, de modo que é improvável que tenha incomodado muito Licorícia e suas irmãs viajantes da atividade creditícia. Elas se sentiam totalmente à vontade no mundo cristão, tinham mente aberta, sabiam ler, escrever e brincar, assim como defender seus interesses em discussões com os mais rudes e implacáveis barões e bispos, alguns dos quais ficavam claramente de pernas bambas num encontro com pessoas como Belaset e Licorícia. Como também elas precisavam trabalhar em parceria com outros judeus em todo o país, é evidente que suas preocupações iam muito além das questões domésticas e religiosas de uma Doulcea de Worms, embora isso não significasse que se portassem necessariamente de forma mundana, às custas de sua fé. Licorícia, ao que parece, fazia questão de comida kosher. Mas pouca coisa poderia amedrontar essas mulheres. Viajavam com escolta armada, aprumadas no silhão ou numa espécie de charrete simples, pernoitando em comunidades judaicas e voltando a viajar de manhã, muitas vezes para destinos que talvez intimidassem as menos seguras de si. Licorícia tinha entrevistas periódicas com clientes poderosos no Salão Nobre do castelo de Winchester, muito visitado pelo rei Henrique III.

Seja o que for que tenha atraído Davi — talvez apenas a comprovada fertilidade de Licorícia —, foi coisa bastante forte para que ele agisse com chocante brusquidão e anunciasse que se divorciaria de Muriel, mais ou menos por decisão unilateral e, é provável, sem dizer-lhe isso pessoalmente. No entanto, desde as reformas adotadas por Gershom ben Yehudah, de Mainz, e por outros rabinos contemporâneos, não só a poligamia estava rigorosamente proibida como também se tornara ilegal um homem se divorciar sem o consentimento da mulher, a não ser em circunstâncias escandalosas em que ela houvesse cometido adultério. Não era esse, de modo algum, o caso de Muriel, e ela não tinha a menor intenção de ser abandonada sem nada dizer. Mesmo as Muriéis daquele mundo conheciam seus direitos e não deixavam de afirmá-los. Outras judias desse período, plenamente conhecedoras das leis, figuram em litígios e porfias a respeito do destino de seu dote ao enviuvarem. Uma certa Milla, por exemplo, processou com sucesso um Samuel espertalhão, que queria se apoderar de seu dote, alegando que tinham se casado "em virtude do comércio e do contrato que tinham feito entre si", referindo-se ao comércio carnal. Milla bufou, bateu às portas do tribunal e levou a melhor. Outra mulher de espírito independente, Gentilla, desmentiu o nome ao passar uma bela soma às autoridades reais para *evitar* um casamento arranjado. Muriel, claro, era feita do mesmo estofo resistente, embora não estivesse à altura de sua rival de Winchester, mas, afinal, poucas estavam. A família de Muriel, de Lincoln, mobilizou-se, e seu irmão Peytevin, ele próprio um homem de posses, que construíra sua própria sinagoga e estava claramente enfronhado no direito judaico e no dos gentios, assumiu a causa. Submeteu-a, primeiro, a um grupo de rabinos franceses, seguramente a salvo de quaisquer cordéis que Davi pudesse mexer e cuja vontade com frequência era atendida pelos rabinos ingleses, como os discípulos do grande Rashi de Troyes. Os franceses ficaram do lado de Muriel, e, com o vento a seu favor, Muriel e Peytevin organizaram em Oxford um *beth din*, um tribunal rabínico, que acompanhou o parecer dos franceses e anulou o divórcio.

Davi e Licorícia se arrependeram de ter subestimado Muriel, mas então partiram para a ofensiva, ainda que isso significasse apelar não para uma autoridade judaica, mas cristã, ninguém menos do que o arcebispo de York. Entre os que deviam favores a Davi estava ninguém menos do que o próprio rei, a quem o prestamista obsequiara, num momento delicado, com um agrado de cem libras. Depois disso, no que dizia respeito a Henrique, Davi não poderia agir errado, nunca. Por sua vez, o arcebispo se ressentira com o parecer dado por um tribunal religioso rival e, depois de convocar os que apoiavam Muriel, desqualificou a decisão do *beth din* de Oxford e decretou que o divórcio era válido. Existe no Close Rolls* uma carta remetida pelo rei aos "mestres" que tinham adjudicado a si a causa, proibindo-os de "impor" a Davi "a manutenção daquela esposa [Muriel] ou de qualquer outra". Proceder de maneira diferente, a carta advertia, "seria causa de sérias punições".[32]

Com isso, não havia mais nenhuma instância a que Muriel e seu irmão pudessem recorrer. Por ora, e em conformidade com as leis religiosas, a Halaca, foi-lhe cedida a casa menor de Davi na esquina de St. Edward's Lane e Jury Lane. E talvez ela tenha se sentido satisfeita com o fato de Licorícia e Davi só terem ficado casados durante dois anos, pois Davi morreu em 1244 — tempo suficiente, porém, para que Licorícia lhe desse o herdeiro que ele tanto desejara, a quem deram o nome do pai de Davi, Asser ou Asher, mas que foi chamado durante toda a vida de Sweetman ou Sweteman, apelido bem aproximado da doçura do nome da mãe.

Entretanto, em vez de desfrutar da fortuna do marido, Licorícia foi trancada com o filhinho na Torre de Londres, enquanto o patrimônio de Davi era submetido ao exame e ao confisco da Coroa. De modo geral, o rei tinha direito a um terço desses patrimônios, mas quando se tratava de grandes heranças

---

* Arquivo administrativo criado na Inglaterra, no começo do século XIII, como um registro de todas as "cartas fechadas" (*letters close* ou, em latim, *litterae clausae*), cartas de natureza pessoal, enviadas pelo monarca ou pelo governo e que, lacradas, só podiam ser lidas pelo destinatário. (N. T.)

todos se lembravam do caso preocupante de Arão de Lincoln. Encarcerada na Torre de Londres (ainda que, sem dúvida, pagando para poder sair ao ar livre, receber comida kosher etc.), Licorícia foi feita refém, para alegria da Coroa, enquanto o rei Henrique inspecionava com toda a atenção a esplêndida biblioteca de Davi, em tese para certificar-se de que não continha nada que fosse injurioso ao cristianismo ou ao judaísmo, mas aproveitando a ocasião para apoderar-se de alguns livros valiosos, como um saltério. Mais satisfatório para o rei foi confiscar a bela casa de Davi na rua St. Aldate's e transformá-la na *domus conversum* real: uma casa para acomodar conversos que, levados à graça de Cristo, podiam ser mantidos pela cozinha de Davi e comer de sua mesa, usar seus talheres e tirar pleno proveito do guarda-roupa dele e de Licorícia. A resolução do patrimônio segundo os desejos dos agentes da Coroa durou vários meses, mas por fim o rei tomou posse da soma imensa de 5 mil marcos, mais de 3 mil libras na época. Como cem libras pagavam a construção e o aprovisionamento de um navio plenamente equipado, tratava-se de uma soma astronômica, empenhada por Henrique III para dois projetos que ele acalentava: reconstruir a abadia de Westminster e, sobretudo, criar o santuário de Eduardo, o Confessor, que está de pé ainda hoje. A parte principal da abadia, onde os soberanos britânicos são coroados, veio do patrimônio de Licorícia e de Davi de Oxford, detalhe a que os guias turísticos misteriosamente não se referem. Se o leitor quiser ver o que foi feito de uma fortuna judaica, dê uma olhada no espetacular piso de cerâmica executado pela família Cosmati, pago (junto com muitas outras coisas nessa parte da abadia) com dinheiro de Davi e Licorícia. O santuário não foi só um elemento secundário: ele se tornou o coração sagrado da abadia, o mausoléu dos reis e rainhas Plantageneta, inclusive, com certeza, o do filho de Henrique III, o rei Eduardo I, que meio século mais tarde, depois de muitos sofrimentos e tormentos, sem cerimônia alguma livrou-se por completo dos judeus que viviam em seu reino.

3. DESTRUIÇÃO

Numa manhã da primavera de 1277, o corpo de Licorícia foi encontrado no chão de sua casa em Winchester, junto com o de sua criada Alice, ambas mortas a facadas. Os judeus não podiam ter criados cristãos, mas havia uma porção de coisas que os judeus não podiam fazer, e Licorícia fazia a maior parte delas. Depois do enterro de Davi no cemitério judeu de Oxford, transformado hoje no Jardim Botânico da universidade, Licorícia regressara com Sweetman para seu velho território de caça em Winchester, onde voltou a representar o papel da grande rainha das finanças, às vezes exagerando na dose. Quando um de seus muitos devedores, Thomas Charlecote, foi encontrado boiando de bruços numa lagoa de sua propriedade em Warwickshire, Licorícia agiu no sentido de ser reembolsada com a propriedade. A dívida contraída por Charlecote de fato tinha sido garantida com suas terras, porém o protocolo exigia que ela esperasse até o filho e herdeiro dele ter seu quinhão hereditário devidamente resolvido. Licorícia não era mulher de esperar, nem era especialmente inclinada ao perdão. Ao que parece, fez com que Muriel fosse posta para fora da casa em Oxford e em seguida tomou posse das terras de Charlecote e passou a vender tudo aos pedaços — os rebanhos, o bosque de caça e as áreas arrendadas.

Assim, tal como Poulceline de Blois, Licorícia teria inimigos, embora pareça ter abandonado os negócios na década de 1270. Será que esses inimigos a mataram? Uma investigação atribuiu o crime a um seleiro chamado Ralph, e nesse caso o assassinato teria sido um caso de roubo seguido de morte, o que com certeza acontecia aos judeus. No entanto, Ralph pode ter sido um bode expiatório para alguém mais importante, desejoso de se livrar de sua credora e da dívida. A época e seus ódios renovados mataram Licorícia e muitos outros judeus que se seguiram a ela. Isso porque o destino deles tinha se ligado de perto a Henrique III, que, por mais oportunista e inescrupuloso que fosse nos assaltos que fazia à fortuna dos judeus, por meio de confiscos ou impostos criados de uma hora para outra, pelo menos cumpriu em grande parte seu dever de lhes dar proteção. Entretanto, foi exatamente essa proteção uma das principais queixas assacadas contra o rei durante as guerras baroniais lideradas por Simão de Montfort, que devia a judeus e os odiava. Montfort acabou derrotado, mas o sucessor de Henrique, Eduardo I, que subiu ao trono em 1272, tinha muitos de seus preconceitos, intensificados por ele ter participado de uma cruzada.

Com Eduardo I, fez-se em pedaços o pacto que já durava duzentos anos e pelo qual os judeus prestavam serviços creditícios em troca de proteção e de liberdade de ir e vir no reino. O primeiro sinal disso foi a repentina imposição do uso do distintivo diferenciador, a *tabula*. Agora os judeus eram um povo marcado. Depois disso, limitou-se o número de cidades onde eles podiam residir, e comunidades inteiras tiveram de se mudar de um lugar para outro. Quando Eduardo voltou da cruzada, a situação piorou. Em 1275, a lei dos judeus proibiu os empréstimos a juros, que, apesar dos perigos e ressentimentos que provocavam, eram a principal atividade de comunidades que, sem ela, seriam indigentes. Fantasias oficiais previam que os judeus se dedicariam a novas artes e ofícios, mas sem que se proporcionassem quaisquer meios para tanto, sobretudo porque as corporações de ofício ainda funcionavam. Graças a um pequeno milagre, Bento, o filho de Licorícia de seu primeiro casamento, fora bastante próximo do prefeito de Winchester, Simão Draper, para que este o admitisse na corporação da cidade — uma inovação espantosa que quase de imediato provocou protestos e censuras contra o prefeito, que teve de se apressar a transformar a admissão num cargo honorário.

E um ano depois do assassínio da mãe, o mesmo Bento, que não chegou a ser membro da corporação, morreu na forca em Londres. Em 1278-9, foi lançada uma campanha violenta em que os judeus da Inglaterra eram acusados, em massa, de "cerceio" (o ato de raspar a prata e o ouro de moedas para fundir as aparas e, assim, adulterar seu valor intrínseco). Tratava-se, sem dúvida, de um crime e, junto com muitos cristãos que cometiam esse delito, é possível que também judeus fizessem algum cerceio.[33] Contudo, a consequência foi a prisão de praticamente todos os judeus do país, todos levados para Londres e espremidos de tal forma nos cárceres que foi preciso improvisar cadeias, usando-se até a casa dos elefantes de Henrique III na Torre, vazia desde a morte dos paquidermes pouco depois de sua chegada. Os cômodos ao menos gozavam da reputação de serem grandes, pois há um documento em que uma judia idosa e sem família pede que seja encarcerada na casa dos elefantes.

Talvez ela tenha sido salva pela peculiar acomodação, pois a cidade se encheu de cadafalsos, nos quais 269 judeus foram enforcados. Essa era a Londres nos primeiros anos do reinado de Eduardo I: corpos e mais corpos de judeus, entre eles o de Bento, filho de Licorícia, balançando nas ruas; um crime abominável e imperdoável que, desde então, não é lembrado, lamentado nem reconhecido na história inglesa.

Os enforcamentos em massa destroçaram a comunidade. Seus membros mais destacados, homens e mulheres, seus protetores, paladinos e guardiães, tinham sido exterminados de uma vez só. Os que sobraram estavam na miséria, humilhados e aterrorizados. Na verdade, não havia nenhuma esperança prática de que pudessem realizar a transformação social supostamente desejada pelo rei. E o desejo declarado de Eduardo de dar aos judeus uma nova função social havia lhes roubado qualquer utilidade prática. Ao expulsar os judeus da Gasconha, Eduardo descobrira que, quando necessário, flamengos e genoveses forneceriam dinheiro. Tudo o que restava fazer em relação aos judeus era dar-lhes fim. Assim, quando ele baixou a ordem de expulsão, em julho de 1290 — para alegria de sua mãe, Eleanor de Provença, que fora cliente regular dos prestamistas judeus e, portanto, os detestava, e de sua rainha, Eleanor de Castilha, cuja judeofobia era ainda maior —, o golpe de misericórdia não veio como uma completa surpresa. E havia uma razão, estritamente pragmática, para tirar proveito da saída deles. Quando Eduardo voltou de sua campanha na França, em 1289, a Coroa exaurira de tal forma seus cofres que só uma tributação abusiva sobre todos os súditos ingleses, inclusive os nobres e a Igreja, poderia preencher o vácuo fiscal. O adoçante dessa pílula amaríssima seria a expulsão dos judeus ou, mais especificamente, o cancelamento de todas as dívidas contraídas com eles. Não é preciso dizer que a solução foi muito bem recebida. Em 5 de novembro, decretou-se que "em virtude de seus crimes e em honra do Jesus Crucificado, o rei baniu os judeus como pérfidos".[34]

O edito de expulsão serviria de modelo para a expulsão ainda mais traumática (devido ao número muito maior de pessoas envolvidas) ocorrida na Espanha dois séculos depois. Os judeus da Inglaterra tiveram quatro meses para partir, com direito apenas ao saldo não amortizado dos empréstimos pendentes, sem juros, e só tiveram permissão para levar consigo os bens que pudessem carregar. Devido a essas brutais limitações, casas foram vendidas por preços ridiculamente baixos. Judeus em fila se arrastaram em direção aos portos de Dover e Southampton, muitos com carrinhos, enquanto outros partiam dos cais no Tâmisa. Correu a história de que um capitão de navio recomendara a seus passageiros que exercitassem as pernas nos alagadiços de Queenborough, expostos pela maré baixa, e então, tendo embolsado o preço das passagens, fez-se à vela sem eles quando a maré encheu, deixando que se afogassem. O que mais enfurecia as autoridades reais era suspeitar que o Tesouro pudesse ter sido fraudado em alguma percentagem dos bens confiscados, por menor que fosse. Uma inflamada disputa surgiu em Norfolk, em 1291, envolvendo o irmão do xerife, que havia se apoderado de bens tirados de judeus a bordo de um navio na costa de Burnham, com a intenção de vendê-los e embolsar o valor auferido. O que as autoridades queriam saber era se os devidos impostos sobre esses bens tinham sido pagos. Para o órgão fiscal, o fato de todos os judeus a bordo do navio terem sido mortos e roubados era inteiramente irrelevante, pois, afinal de contas, como disse o xerife, eram "malfeitores e perturbavam a paz do rei".[35] Uma das imagens mais inesquecíveis desse ano de dor é de um magote de cristãos ingleses pondo judeus para fora do reino, debaixo de pancadas, e se divertindo à larga com isso.

Foi por volta dessa época que a lenda do judeu errante tomou conta da mente cristã. Não se tratava de uma visão generalizada de exilados dispersos, e sim a história de um determinado judeu, em algumas versões (como a registrada por Mateus Paris, que se alegrava com as desditas dos judeus) o sapateiro Cartafilo, que zombara de Jesus a caminho da crucificação, censurando-o por caminhar tão devagar para a morte. Jesus respondera que repousaria, enquanto aqueles que o atormentavam jamais teriam descanso. E assim o judeu foi condenado a vagar pela face da Terra até a Segunda Vinda de Cristo, como Caim, em testemunho perpétuo de seu pecado pessoal e do pecado de seu povo, sem o alívio da morte. É possível que, vendo os banidos, exaustos, a bordo dos navios, a Inglaterra cristã tenha se rejubilado pensando que, a seu modo, cumpriu mais uma profecia do Salvador.

8. Julgamentos

1. ESCOLHER A VIDA

Já não bastava a vida ser tão dura para um judeu para que outros judeus a tornassem quase insuportável? Foi o que passou pela cabeça de Moisés Maimônides quando leu a resposta que um rabino dera a um pobre coitado que lhe perguntara se, forçado a escolher entre a morte e a conversão, com uma espada na cabeça, ele poderia ser perdoado por optar por esta última. Só um pouco, o senhor sabe como é, sem sinceridade, dizendo as palavras, o suficiente para salvar a vida, mas no íntimo, é claro, mantendo-se fiel à Torá? Que mais ele poderia fazer? Se fosse morto, seus filhos, órfãos, seriam levados como cativos, transformados em muçulmanos, perdidos para sempre para o judaísmo.

E o homem ouviu a resposta de sempre. Nessas circunstâncias, queira Deus que nunca lhe aconteçam, o judeu virtuoso deve preferir a morte à transgressão. Santificar o Nome, como fizeram os mártires abençoados no tempo dos Macabeus, como fez o rabino Akiva no tempo do perseguidor Adriano (que seus ossos se convertam em pó), como fizeram tantos judeus, homens e mulheres, trucidados quando os cruzados chegaram ao Reno. Perece por tua própria mão, oferece a garganta à lâmina e entra no Paraíso, onde serás restaurado, sendo teu sangue estancado por um bálsamo celestial. Pensar de outra forma era ilusão. Pronuncia a *shahada*, a profissão de fé islâmica, e Deus desvia o rosto de ti, atirando-te para sempre na treva impenetrável.

Não, não, não, escolhe a *vida*, pensou Maimônides. Não que ele desrespeitasse o sacrifício dos mártires, mas considerava o simplismo dos ideais absolutos, em todas as religiões, um estranho desrespeito à injunção de salvar a vida, exposta claramente na Torá. O que mais o instigava, como ele deixou claro no começo de sua grande reformulação da Mishná, a *Mishné Torá*, era a passagem em Levítico 18,5 que instava os judeus (ou israelitas, como Maimônides os chamava) a viver segundo os mandamentos, e não a morrer por eles.[1] O livre-arbítrio, a possibilidade de escolha, era intrínseco à dádiva da Lei. Diante daqueles que insistiam que havia circunstâncias em que nenhuma escolha era possível, ele invocava Deuteronômio 30,15-19, a pedra angular do arco de sua filosofia, construída para sustentar tanto a fé quanto a razão: "Eis que hoje estou colocando diante de ti [...] a vida ou a morte, a bênção ou a maldição. Escolhe, pois, a vida". Havia outra maneira de "santificar o Nome", que era levar uma vida decente, de acordo com a dádiva preciosa da Lei.

> Se um homem foi escrupuloso em sua conduta, manso em sua conversa, gentil com o próximo, afável com as pessoas, não se portando com rudeza mesmo quando afrontado, cortês com todos, mesmo com quem o trata com desdém, negociando com integridade [...] devotado à Torá, envolto no *talit* [o xale de oração], coroado com os *tefilin* [filactérios], evitando extremos e exageros, esse homem santificou a Deus.[2]

Além disso, o que esses talmudistas de salão sabiam dos sofrimentos por que passara um homem que, assaltado por dúvidas cruéis, perguntava se podia transgredir a Lei para salvar a vida? Maimônides e seu pai, o rabino Maimon ben José, "o Sefardita", sabiam, e quanto! A opressão os perseguira de um lado para outro como um cão de caça. Chegara à bela Córdoba, onde Moisés nascera, por volta de 1035, e onde sua família vivera durante muitas gerações. O árabe era para ele uma língua tão natural quanto o hebraico. Os governantes berberes, os almorávidas, tinham começado brandindo espadas pelo Profeta, mas os rios do al-Andalus lhes haviam arrefecido a fúria, e todos tinham convivido com todos os demais e os infiéis tinham sido deixados em paz mais uma vez para recitar suas orações, ler a Torá e cuidar dos governantes quando adoeciam, pois quando houve um tempo em que os médicos judeus não eram procurados? Como tantas vezes antes, o furor da doutrina capitulara ante o dia a dia da vida. No entanto, foi precisamente essa acomodação social que tanto indignou a coorte seguinte de berberes, os almôadas, que desceram das encostas da cadeia do Atlas, acicatados por seu líder, Abd al-Mu'min, que abriu caminho a espadeiradas contra os complacentes em nome de um modo mais puro de seguir o Profeta. O que havia, afinal, nas montanhas do Marrocos que gerava tanta beligerância, tantas certezas implacáveis? Porque não era possível subornar ou convencer os seguidores de Abd al-Mu'min. Tudo o que sabiam fazer era rolar os olhos, prostrar-se e gritar de fervor. Estavam convictos de terem sido chamados para depurar aquela *umma* profana, pois só os limpos e fortes seriam capazes de resistir ao avanço dos francos cristãos, quer na Espanha, quer na Palestina.

Os almorávidas capitularam ante a fúria ainda mais insana dos almôadas, e os dias de convivência cosmopolita no al-Andalus acabaram para sempre. Os almôadas ordenaram o fechamento de muitas sinagogas e a demolição de outras. Que Deus tivesse misericórdia de qualquer judeu pego dizendo suas orações em público, ainda que de maneira dissimulada, junto de um muro sombreado numa aldeia remota ou ao pôr do sol. Daí em diante não haveria possibilidade alguma de muçulmanos, escandalosamente, ocuparem a mesma casa com infiéis (mesmo como senhores e servos), arriscando-se a uma coexistência poluidora, pois o *kafr* teria agora uma vestimenta projetada para impedir essas confusões. Os judeus teriam de usar uma veste preta, longa e sem forma, que descia até o chão, para arrastarem a bainha no pó da humilhação. O imposto comunitário, a *jaliya*, seria cobrado de modo a lhes lembrar sua submissão, com tapas e caretas, além de insultos gritados, quando entregassem seu ouro, isso para lhes recordar, vejam bem, que eram macacos, asnos, porcos, cachorros. Ah, e as mulheres, suas esposas e mães, eram todas prostitutas.

As olivas da Andaluzia estavam agora mais amargas. O rabino Maimon ben José preparou a família para saírem de Sefarad, abandonarem tudo o que conheciam. As carroças sacolejaram sobre a ponte romana em arco no rio Guadalquivir, rumo a uma vida assustadora. Tudo era desconhecido, a não ser que, para onde quer que fossem, haveria judeus jejuando no Dia do Perdão, rejubilando-se no dia da Dádiva da Torá, entoando a Torá, passando os *tefilin* toda manhã no braço. Misteriosamente, porém, o rabino Maimon levou a família mais para o sul, cruzando o Mediterrâneo em direção ao Marrocos e se instalando não o mais longe possível dos almôadas, como se poderia supor, e sim na cidadela altiva da doutrina deles: a cidade de Fez. Era como se ele imaginasse, de uma forma rabínica, que, preparando-se para o pior, qualquer coisa que não fosse um ordálio pudesse parecer desmedidamente feliz. E embora Fez fosse um famoso centro de direito e de doutrina islâmica, era também muito mais do que isso: uma cidade enorme, talvez com 200 mil almas dentro de suas muralhas, um grande núcleo de comércio, de rotas mercantis que dali seguiam para todos os lados, no rumo das caravanas do deserto, da costa e das montanhas. E onde havia comércio havia judeus, muitos judeus, fechando os ouvidos ao fragor da nova contrariedade, cumprindo as tarefas do calendário perene, debruçando-se sobre o Talmude. Sinagogas antigas abriam para eles suas portas baixas e cobertas de tachas. Velas tremeluziam em janelas de arco que davam para becos onde os cascos de mulas pisoteavam o esterco da véspera. No amplo *souk*, as pessoas inalavam, espirravam e cuspiam o pó amarelo e vermelho que subia de pilhas de especiarias, enquanto homens encurvados saíam de portais para puxar as mangas dos mantos deles. Podia ter sido pior.

E podia ter sido melhor. Assim, Moisés, agora ele próprio um letrado, comentador da Torá e do Talmude, encolerizou-se ao tomar conhecimento da resposta dada ao judeu mergulhado em dúvidas quanto à morte e à conversão. Naquele tempo, ele refletiu muito depois, tinha frequentes ataques de fúria. Na verdade, nunca se tornou uma pessoa moderada. A intensidade e a premência eram seus traços essenciais. Como não objetar a essa severidade desumana, a essa tranquila ausência da mais tênue sombra de uma dúvida? Em que essa atitude era melhor do que a dos perseguidores com os quais estavam obrigados a conviver a cada dia? Seu pai já escrevera um breve texto consolador, insistindo que, diante do desastre e da perseguição, era melhor a pessoa apegar-se à Torá, de qualquer forma que pudesse imaginar, a soltar o que ele chamava, poeticamente, de uma corda suspensa do céu e assim despencar no abismo da autodestruição.[3] A oração secreta recomendava os puros de coração a Deus. A *Carta sobre a conversão forçada* (*Iggeret hashemad*), de Moisés, foi escrita pensando nas muitas pessoas que, coagidas, já tinham se convertido ao islã, ao mesmo tempo que tentavam manter em segredo seu judaísmo. A instrução dada pelo rabino em resposta ao homem que lhe fizera a pergunta teve ampla circulação, de modo que Moisés achou que lhe cabia, apesar de sua juventude, propor um caminho mais ameno, de forma que os *anusim*, os coagidos, soubessem que haveria um caminho de retorno à prática franca do judaísmo quando houvesse segurança para isso. A *Carta* foi escrita em judeo-arábico, mas traduzida para o hebraico, e sua mensagem tranquilizadora poderia, com a mesma facilidade, ser aplicada aos asquenazes do norte da Europa, que já tinham se visto diante das mesmas alternativas brutais nas mãos dos cruzados cristãos. A menos que a transgressão exigida fosse o homicídio, a idolatria ou a conjunção sexual coagida, escreveu o jovem Maimônides, salvar a vida era a obrigação primordial. De que outra forma poderiam os judeus ser salvos para Deus, que desejava que eles *vivessem* a Torá? Tirar a própria vida, em vez de transgredir sob coação, tornava a pessoa agente de sua própria morte — era profanar, e não santificar o Nome. A elocução externa não tinha consequência, pois não traduzia a fé verdadeira. Deus enxergava a alma íntima da convicção. Portanto, era realmente lícito adotar as formas da religião gentia e ao mesmo tempo permanecer fiel à Torá, onde e como fosse possível, sem temer ter cometido um ato de idolatria.[4] Com mais dramaticidade, o jovem mestre garantiu aos ansiosos que quem conservasse em segredo a verdadeira fé teria garantida a salvação após a morte, como qualquer outro judeu.

Maimônides podia estar procurando convencer a si mesmo? Alguns biógrafos têm opinado que talvez ele tenha mesmo seguido seu próprio conselho e se submetido, por algum tempo, a uma conversão contemporizadora ao islã.[5] Durante dois anos, a partir de 1163, o segundo califa almôada, Abu Ya'qub Yusuf, fustigou os infiéis com força cada vez maior, uma pressão que pode ter se tornado excessiva até para a família do rabino Maimon. Entretanto, havia uma forma de escapar tanto à morte quanto à conversão: a fuga, e Maimônides a defendeu junto a pessoas com quem se correspondia e também junto a um angustiado "mestre de ciências e saber" que lhe escreveu do Iêmen, numa situação semelhante, em 1172. Não se importe com ligações sentimentais com o lar e a família, disse ele, oferecendo um pobre consolo, mude-se para onde quer que seja possível seguir a Torá em liberdade, ou, melhor ainda, para a Terra de Israel, a terra de seus pais.

Havia um toque de insinceridade ou de esquecimento conveniente nesse conselho. Maimônides estivera lá com o pai e o irmão Davi, em 1165, mas por fim não permanecera ali. E isso apesar da solene injunção em sua *Mishné Torá*, de que era melhor viver na Palestina, entre gentios, do que numa cidade fora de Israel entre muitos judeus, e que morar na Terra Santa era, em si mesmo, uma maneira de expiar pecados e recomeçar do zero (e nisso acreditavam também os cruzados). A hostilidade incessante e mútua entre cristãos e muçulmanos era uma oportunidade para os judeus apenas no sentido de que naquele momento os dois lados odiavam um ao outro mais do que qualquer um deles odiava os judeus. Nenhum dos dois lados excluía os judeus de toda a Palestina, embora não fosse nada fácil morar ali. Um punhado deles, concentrados sobretudo na Galileia, visitava os túmulos dos ancestrais, comerciava, rezava e se debruçava sobre o Talmude. O reino cruzado reinstituíra a antiga proscrição que os afastava de Jerusalém, a não ser em questões de comércio e em dias de oração e jejum, quando os cristãos assistiam com sinistra satisfação às lamentações dos judeus junto do arruinado Muro Ocidental da área do Templo. Era para isso que mantinham os judeus por ali, como testemunhas perpétuas de seu erro cego.

Na época em que Maimônides e sua família fizeram a viagem, a peregrinação já incorporava um conjunto de expectativas da diáspora (da mesma forma como hoje), promovidas sobretudo pelos intensos poemas de saudades, as grandes tempestades da alma, provocadas pelos versos de Yehudah Halevi, muito conhecidos no mundo sefardita. Maimônides passou por sua tempestade mais ou menos no fim da primeira semana de viagem e registrou o pavor de que um vagalhão gigantesco fizesse o navio em pedaços, suas orações trêmulas e o alívio ao ver que Deus por fim julgara conveniente fazer com que a tormenta amainasse. Comprometeu-se a jejuar e dar graças, todos os anos, no dia de sua chegada. (Como muitos outros judeus desse período, é provável que Maimônides tivesse o hábito de inventar um calendário pessoal de piedade e regozijo, ligado aos grandes acontecimentos na vida da família.)

A viagem, iniciada num dos portos do norte da África, talvez Ceuta, não foi, pelos padrões da época, notavelmente longa — talvez pouco mais de um mês —, mas também não foi nenhum cruzeiro pelo Mediterrâneo, e, como sabe qualquer pessoa que tenha enfrentado mau tempo, no mar as horas e os dias têm um jeito desagradável de se transformar no que parece ser uma eternidade de horror. Moisés, o pai e o irmão estavam espremidos com outras quatrocentas almas no porão, junto com animais e objetos diversos, como as selas pesadas de que precisariam ao chegar e que, com certeza, não queriam ter de comprar dos aproveitadores no *souk* de Acre. Por motivos óbvios, os judeus teriam levado para o navio a maior parte de sua própria comida (comprando água dos tripulantes), o que significa que sob a coberta se cozinhava — e se vomitava — sem cessar. Com relação a outras inconveniências físicas, é melhor nos calarmos. Mas o grande problema dessas viagens não era tanto o desconforto físico, e sim o que o fato de que esses peregrinos alimentavam expectativas irreais sobre o que encontrariam ao chegar. Ninguém imaginava que estariam na antessala do Paraíso, mas, como escreveu Maimônides, dar ao menos quatro passos naquele solo garantiria ao peregrino a vida eterna. Yehudah Halevi desaparecera antes de poder comunicar qualquer sinal de desencanto, e o que restava eram seus cantos triunfais de saudades e exultação. Como recomendava a outros, Maimônides talvez tenha beijado as pedras e o chão ao pisar na Palestina, mas depois de pouco mais de um ano lhes deu também um beijo de despedida.

É possível que o domínio dos cruzados tivesse se tornado mais opressivo do que eles esperavam. A Palestina fora cristã durante cerca de setenta anos, até ser conquistada por Saladino em 1187, mas é interessante notar que, apesar dessa retomada da região pelo islã e de os judeus poderem de novo morar em Jerusalém, nada disso bastou para persuadir Maimônides a permanecer ali. Em comparação com o Egito, onde acabou por radicar-se, ele talvez tenha achado a Palestina um fim de mundo, do ponto de vista cultural. A cidade de Acre, onde ele chegou em maio de 1165, seria sua primeira experiência em uma cidade cristã, ainda que de uma espécie bastante peculiar: um porto bastante fortificado; ruas muito mais largas e imponentes do que qualquer via em Fez, ou mesmo em Córdoba; edifícios pomposos em que tinham sede as ordens dos Templários e dos Hospitalários; igrejas por todo lado. Em meio a isso havia uma comunidade judaica com algumas centenas de membros (numa cidade de 40 mil habitantes), liderada por três rabinos, um dos quais, Tzadok, dava aulas na ieshiva local. É muito provável que o rabino Maimon e seus filhos fossem bem-vindos ali. É possível que os judeus de Acre até conhecessem o trabalho de Moisés sobre lógica e a famosa carta a respeito das conversões forçadas. Mas já existiria um roteiro bem trilhado de um incipiente turismo religioso: atravessar a Galileia até Tiberíades, Séforis e Safed, núcleo de um grupo de místicos inclinados para a Cabala. O turismo de túmulos tinha se firmado e é provável que tivesse começado com o local, nas imediações de

Séforis, onde se dizia que fora sepultado o primeiro autor da Mishná, Yehudah Hanasi, "santo e príncipe", como o chamava Maimônides. "Guias" interesseiros, com olhos rutilantes e promessas de acompanhamento a preço módico, tinham de ser afugentados como moscas incômodas. Eram paradas obrigatórias, como são ainda hoje, o túmulo de Raquel, o do profeta Jonas, filho de Amitai, outro no vale do Cédron, que se acreditava ser de Absalão, o filho rebelde de Davi, e a Caverna dos Patriarcas, em Hebron.

Jerusalém, claro, era o destino final, o objetivo maior da viagem, mas, por algum motivo, Maimônides levou seis meses para chegar lá. É possível que a perspectiva de comparar a realidade com a poesia sagrada, inevitável para seu lúcido intelecto, fosse uma das razões da procrastinação, pois ele não foi exceção à regra segundo a qual a Jerusalém da imaginação lamentosa precedia e condicionava uma visita pessoal à cidade. Maimônides sem dúvida seguiu seu próprio conselho: ao contemplar a devastação de Jerusalém, os judeus deviam pronunciar versículos do Livro de Isaías a respeito das ruínas do Templo. Ele deve ter recordado as palavras de Halevi, segundo quem, por conta de seus pecados, os judeus tinham sido punidos com a transformação da cidade de Davi e Salomão em "covil de corujas e chacais". Sua primeira visão da cidade, como a de todos os que dela se aproximavam, terá sido do monte das Oliveiras, de onde se avista o Haram al-Sharif, ou o monte do Templo, e onde depois foi levantado o próprio Templo, área transformada agora numa congregação de igrejas. Maimônides frequentemente ponderava se os judeus, impuros como estavam, deveriam ou não entrar nas dependências do Templo, mesmo naquele estado de degradação, mas ao que parece ele o fez, talvez também rasgando as roupas como um enlutado, como prescrevia — e não fazendo apenas um cortezinho simbólico, mas dando rasgões violentos que transformavam as vestes em trapos, "até o próprio coração ser desnudado". Maimônides tivera o cuidado de acrescentar que os restos da roupa só podiam ser consertados com grosseiros pontos espinha de peixe, que se desfaziam ao menor puxão.

Era difícil, talvez impossível, viver diante de tamanha devastação. Um pequeno número de judeus vivia ali, mas eram pregoeiros, mendigos, parasitas, acompanhantes de turistas a rochedos e túmulos, exploradores da Torá para crédulos. Era melhor guardar na memória a visão santa. E havia outra coisa que talvez o tenha feito desejar sair dali. Seu pai morrera e fora sepultado na terra de Israel, como sem dúvida desejara. Mas onde quer que estivessem, os irmãos poderiam orar por ele. Por que haveriam de ficar para sempre perto de sua sepultura? Assim, Moisés partiu de novo, um ano depois de ter chegado, seguindo para o sul, em direção ao lugar a que se referiria numa carta a um correspondente iemenita como "minha terra", o lugar do qual os judeus eram instruídos continuamente a fugir, mas para o qual retornavam sempre: o Egito. Para onde mais iria? Fez tinha se tornado um lugar insuportável com os almôadas ou qualquer outro grupo de berberes ferozes que lhes sucedesse. O al-Aldalus estava perdido para sempre. Desde a conquista pelos almôadas, vinha crescendo a emigração judaica dos principais centros do Magreb — Kairouan, Marrakech e Fez — para Fustat. O Egito ainda estava nas mãos dos califas fatímidas, do ramo xiita do islã, embora não por muito tempo. Entretanto, Fustat não era apenas um próspero centro de comércio e cultura, mas um lugar onde a devoção e a filosofia eram inseparáveis, e isso pode ter sido um dos atrativos para Maimônides.

Como acontecera com muitos outros judeus antes dele, sua fama como médico sábio e competente abriu-lhe as portas na corte do califado. Em pouquíssimo tempo ele se tornou o médico de Shawar, vizir do califa, e do poderoso ministro al-Qadi al-Fadil, que viu no jovem judeu um intelectual e filósofo, como ele. Além disso, a carreira de Maimônides foi ajudada pelo fato de escrever uma prosa elegante e rimada, e também por ser um médico de múltiplas especialidades, sendo uma delas o amplo conhecimento de venenos e antídotos, sempre importante no perigoso mundo político muçulmano. Maimônides escreveria tratados sobre praticamente tudo o que aflige as pessoas, desde hemorroidas e asma até impotência (sua receita secreta para obter e manter uma forte ereção consistia em esfregar no membro prejudicado uma certa espécie de formigas, moídas e mescladas a uma emulsão de óleos).

O dr. Maimônides era tão hábil que o vizir Shawar, talvez para adular o cruzado Amalric I, seu aliado, quis que ele tratasse o rei cristão de Jerusalém, que estava acampado em Ascalon. E Maimônides já era indispensável a ponto de poder recusar-se a isso sem sofrer consequências negativas. Afinal, escreveu outro amigo e admirador dele, o poeta Ibn Sana al-Mulk, "se a Lua lhe pedisse um tratamento [...] o astro o receberia à perfeição [...] e no dia do plenilúnio ele a curaria de suas sardas".[6]

Tampouco a derrubada dos fatímidas pela dinastia curda que lhe sucedeu, a dos aiúbidas, prejudicou suas perspectivas de carreira, mesmo porque os novos governantes eram sunitas, e por acaso al-Qadi al-Fadil, o cliente e amigo de Maimônides, também era sunita, embora houvesse servido aos fatímidas xiitas. Quando o ministro mudou de lado, seu habilíssimo protegido o acompanhou. Maimônides passou a morar no bairro de Mamsusa, em Fustat, perto da velha fortaleza romana, e se casou, já com trinta e tantos anos — bastante tarde para um judeu — com uma moça de uma antiga família local. Ele frequentava a sinagoga "iraquiana", e não a "palestina", cada um dos cônjuges, é desnecessário dizer, praticando a religião em diferentes estilos, o que em nada ameaçava a vida doméstica do casal, embora, ao que parece, Maimônides preferisse orar em locais de estudo menores. Seja como for, ele conquistou tanto prestígio na comunidade que passou a ser chamado, como um *rav*, para passar sentenças legais em inquéritos submetidos aos tribunais religiosos e, o que causa mais admiração, exercer por algum tempo a função de *ra'is al yahudiya*, ou chefe de toda a comunidade judaica no Egito, tornando-se mediador entre os judeus e o governo, sobretudo em questões de impostos. Maimônides talvez tenha se sentido lisonjeado pela confiança que depositavam nele, mas também sabia que esse era um cargo ingrato, uma garantia de vir a ser detestado por ambos os lados, e se livrou da função em 1172, depois de apenas um ano. Nem mesmo ele seria capaz de desincumbir-se a contento de tantas tarefas distintas, e desdobrar-se como médico, juiz religioso e magistrado civil — além de trabalhar de noite em seu vasto estudo da Mishná e ainda em outras coisas — estava consumindo seu tempo e, como médico, ele sabia, sua saúde. Entretanto, a nomeação como *ra'is* comprovava que Maimônides contava com a admiração e a confiança de seus pares no mundo muçulmano, ao passo que ele, por sua vez, tirava proveito das traduções e edições árabes de filósofos gregos, sobretudo Aristóteles.

De vez em quando, porém, algum fato desmentia para Maimônides a ideia de que estivesse vivendo em um tipo de espontânea comunidade cultural com os muçulmanos. Em 1172, ele recebeu do Iêmen — que no passado fora um reino judeu — uma carta que falava de uma terrível campanha de coerção que um rebelde messiânico, cujo regime fazia o dos almôadas parecer leniente, vinha infligindo aos judeus. Ao receber essas más notícias, ele citou palavras do Livro de Samuel:

"[Uma coisa em Israel que] fará tinir ambos os ouvidos de todos os que a ouvirem" [1º Samuel 3,11]. De fato, nossos corações estão debilitados, nossas mentes, confusas e os poderes de nosso corpo, enfraquecidos em virtude dos atrozes infortúnios que fazem com que sejamos perseguidos nos dois lados do mundo, no Oriente e no Ocidente.[7]

Os judeus vinham sendo submetidos a conversões forçadas no Iêmen, e qualquer espécie de heterodoxia — para não falar de deixar de orar nas horas requeridas, ingerir bebidas alcoólicas e outras iniquidades semelhantes — era punida com a pena de morte, aplicada pelos rebeldes mahdistas com entusiasmo brutal. A carta era, claro, tão perturbadora e pintava um quadro de tantos padecimentos que Maimônides pôs de lado tudo o mais para responder com uma *Epístola*, que pretendia em primeiro lugar consolar os judeus agoniados do Iêmen, mas que teve circulação bem mais ampla, como uma espécie de reafirmação desafiadora da superioridade do judaísmo sobre as pretensões de monoteísmos concorrentes: o de Jesus de Nazaré e o do Ismaelita (Maomé). O longo ensaio inclui uma investigação pungente, mas vigorosa, do caráter recorrente da judeofobia, que segundo Maimônides tinha raízes na insegurança das demais religiões diante da majestade indisputável e simples da fé judaica e da Lei de Moisés. Esse ensaio foi o remédio do médico para a tribulação: uma explicação do sofrimento dos judeus, baseada não apenas na punição de seus próprios pecados, mas na obtusidade maldosa dos monoteísmos recém-chegados com suas exigências bizarras e quase pagãs de culto a alguma outra entidade que não o Próprio Deus ou de que se dessem ouvidos a profecias espúrias. Em dado momento, o xodó da elite aiúbida (à qual, em 1172, ele dava aulas de ciência e filosofia num árabe perfeito), famoso por sua cortesia solícita e seu decoro ponderado, deixa de lado seus conselhos de moderação em tudo e se expressa com um descomedimento feroz, soltando um brado de dor e de fúria contra a cultura dominante. "Encolerizai-vos apenas por uma causa grave que justificadamente exija indignação", escreveu Maimônides na *Mishné Torá*. O que estava acontecendo no Iêmen parecia ser um fato dessa natureza e o levou a refletir, quando ele pensava na perseguição dos almôadas no ocidente, assim como na opressão no oriente, que isso poderia ocorrer em qualquer parte do mundo muçulmano; que a polidez e até a confiança com que eram tratadas pessoas como ele não passavam de uma concessão, condicionada à sujeição institucionalizada, migalhas culturais atiradas pelos punhos dos senhores. "Lembrem-se", escrevia ele a todos aqueles que lessem a *Epístola* no mundo muçulmano,

> de que por causa do vasto número de nossos pecados, Deus nos lançou no meio desse povo, os árabes, que nos têm perseguido severamente e que aprovaram leis perniciosas e humilhantes contra nós [...] jamais uma nação nos agrediu, desprezou, aviltou e odiou tanto quanto eles [...]. Temos suportado suas humilhações, falsidades e absurdos, que superam a capacidade humana de tolerância [...] temos todos, jovens e velhos, nos treinado para aguentar essa humilhação porque, como disse Isaías, "ofereci o dorso aos que me feriam, e as faces aos que me arrancavam os fios da barba" [Is 50,6], e ainda assim não nos livramos de seus constantes ataques. Preferimos a paz com eles, e no entanto eles preferem o conflito e a guerra.[8]

Um ano depois, em 1173, Maimônides foi atingido por uma calamidade que não podia ser atribuída aos árabes: a morte de seu irmão Davi num naufrágio no oceano Índico, durante uma viagem de negócios. Onze anos mais jovem do que Moisés, Davi fora o amor especial do grande homem, seu "filho, irmão, discípulo", como ele escreveu a um correspondente em Acre, ainda tomado de uma tristeza inconsolável oito anos depois. Embora fosse ele também, ainda jovem, consumado conhecedor do Talmude, Davi, comerciante de gemas, em especial pérolas, ficou incumbido de tocar o negócio, o que permitia a Moisés levar adiante todas as suas atividades, sobretudo os penosos estudos sobre a Mishná. Esse acordo era de extrema importância, principalmente porque Maimônides não aceitava nenhum pagamento por seu trabalho em favor da comunidade, como juiz religioso e letrado, e na verdade desprezava aqueles que, dizendo-se grandes sábios, acrescentavam: "Agora me sustentem". Para Maimônides, todos os sábios da Antiguidade judaica viviam de trabalhos manuais, como aguadeiros ou lenhadores, e ainda assim achavam tempo para estudar à noite, e ele se orgulhava de sua lida diária como médico, que se inseria nessa tradição da nobreza do trabalho. Desse modo, era o trabalho de Davi que punha comida na mesa de duas famílias, sobretudo em vista de Moisés fazer questão de cumprir o dever de ter, no Shabat, três refeições completas e tão magníficas quanto permitisse o orçamento familiar.

Esse negócio obrigava Davi a fazer longas viagens ao Oriente com certa frequência, a fim de adquirir bens valiosos que pudessem ser vendidos no mercado egípcio ou reexportados. Moisés estava sempre apreensivo em relação aos perigos que rondavam essas jornadas. No trajeto pelo deserto, bandos de facínoras homicidas emboscavam as lentas caravanas de camelos. No mar, piratas atacavam navios, levavam as cargas e cativos, pelos quais pediam resgate (nas mesmas águas em que ainda hoje atuam à solta). Os próprios navios sabidamente faziam água e costumavam afundar durante tormentas. Sem dúvida, o próprio Davi também tinha esses receios, mas havia muitos outros comerciantes judeus que cumpriam esses percursos continuamente, de modo que ele se fazia de forte e enfrentava os perigos.

A viagem começou com o monótono percurso de Fustat a Cus, pelo Nilo, e continuou rio acima até Luxor. A partir daí, prosseguiu por terra, uma árdua travessia do deserto ao longo de três semanas, a camelo; os trajetos entre os oásis pareciam infindáveis, e os viajantes procuravam se proteger como podiam do sol inclemente. Por fim chegaram ao porto de Aydhab, no mar Vermelho, de onde Davi enviou ao irmão uma carta (que por milagre chegou até nós) em que falava de sua exaustão, do desalento ao ver o corpo principal da caravana arrastar-se até o porto depois de sofrer um violento ataque de salteadores, sua decepção por não encontrar nada que valesse a pena levar de volta ao Egito, a não ser um pouco de anil, e sua decisão, em vista disso, de embarcar num navio que desceria pelo mar Vermelho e adentrar o oceano Índico, onde havia uma florescente comunidade de judeus na costa de Malabar, onde ele tinha certeza de que encontraria boas mercadorias e cargas para levar a Fustat. Conhecendo bem o irmão mais velho, os grandes altos e baixos de seu humor (apesar de ser um notório defensor da moderação), Davi fez o que pôde para tranquilizar Moisés, embora não houvesse como deixar de relatar as privações que tinha passado. "Aquele que me salvou no deserto há de salvar-me no mar." No fim da carta, porém, se insinua um tom meio mofino de fatalismo, como se o irmão mais novo pressentisse que nunca mais voltaria a ver o mais velho. "*Wa-ma fat fat*", concluía, usando um antigo ditado árabe. "O que está feito está feito."

Não há informações precisas sobre quando e onde ocorreu o naufrágio do navio em que Davi viajava, e só sabemos, pela carta angustiada de Maimônides para o correspondente em Acre, que ele morreu afogado. Com ele, acrescentou Maimônides, estava quase toda a fortuna da família, necessária para adquirir as gemas. Agora que se fora o arrimo das duas famílias, Moisés teria de prover o sustento da viúva e dos filhos do irmão. Entretanto, a perda da pessoa que ele mais amava no mundo provocou uma espécie de paralisia traumática que o deixou "prostrado e acamado" durante mais de um ano, com graves inflamações, febre e confusão mental. Essa era uma doença que o maior médico do Egito não era capaz de curar. Toda vez que ele encontrava um documento comercial com a caligrafia de Davi, voltava ao estado de grave depressão.

Quando, devagar e dolorosamente, emergiu da escuridão, Maimônides estava irreversivelmente mudado pelos dois desastres: o coletivo, infligido à sua gente no Iêmen, e o pessoal, a terrível perda do irmão. Agora, embora ainda não tivesse quarenta anos, sentia uma necessidade premente de abordar os problemas de sobreviver e resistir, fazer uma crítica contundente, mas honesta, da vida judaica, que não cedesse à ilusão da fatuidade ou da proteção superficial da rotina ritual. Sua posição era, em essência, a seguinte: a sobrevivência na adversidade exigia reflexão e não apenas fidelidade ao hábito ou à tradição pela tradição. O maior dom que Deus dera ao homem, sobretudo a seu povo, era o intelecto, que distinguia os homens das bestas do campo, e que existia para ser utilizado. "É em virtude dele que somos constituídos como substâncias." No *Guia dos perplexos*, Maimônides endossou a opinião de Alexandre de Afrodísias, comentarista de Aristóteles, para quem a ânsia de disputas decorria de três causas fundamentais: a primeira era o impulso de dominação; a segunda, a simples sutileza complexa do tema em debate; e a terceira, a ignorância daqueles que competiam entre si em busca de uma conclusão irrespondível. A essa lista Maimônides somou o peso morto do hábito, a que acrescentou uma censura veemente "àqueles pregadores e comentaristas que julgam que um conhecimento de palavras e uma interpretação de palavras é ciência, e em cujo entender prolixidade [...] é perfeição".[9]

Maimônides não estava rejeitando a forma do Talmude, seu apetite ilimitado por disputas loquazes, as múltiplas contradições, as divagações e digressões abruptas e intermináveis, o gosto pelo incidental, o gosto prazeroso pelo detalhe, o avanço por vias indiretas, as procuras infinitas e insolúveis daquilo que este ou aquele sábio deve ter pretendido dizer com um comentário sobre uma passagem obscura da Bíblia, só para se confundir com outra interpretação igualmente viável. Como Maimônides deixava implícito, porém, essa *verbosidade* era um luxo, um divertimento abstruso de iniciados, uma procura sem fim do supremo entendimento — ah! —, buscado, ademais, numa língua — o aramaico — que não era autenticamente "israelita", que um número cada vez maior de judeus não compreendia e que tinha, a cada ano que passava, menos sentido na vida deles. E isso, acima de tudo o mais, era dirigido para o interior da vida judaica, embora Maimônides tivesse sempre olhado para fora, como também para dentro, ao lidar com os poderes constituídos — na verdade, servindo-os o melhor que podia, sem jamais comprometer a firmeza de seu judaísmo. Essa postura voltada para o exterior lhe proporcionava duas coisas: a percepção de que era urgente se defenderem e o respaldo intelectual para tratar da crise de seu povo, uma crise que parecia durar toda a história pós-bíblica dos judeus. Ele acreditava que os apuros em que as outras duas religiões monoteístas tinham metido os judeus estavam se tornando cada vez mais difíceis, apesar da requintada jovialidade do governo de Saladino e de seus literatos cultos. Em vista do horizonte que se fazia mais sombrio, não bastava aos judeus recuar mais ainda para seus enigmas esotéricos. Eles precisavam de uma defesa mais poderosa do que virar as costas e cofiar a barba, ou seja, usando o intelecto que Deus lhes dera. Pensar que a Torá, a Bíblia e a Mishná eram profanadas pelo exercício da filosofia, em vez de fortalecidas, equivalia a subestimá-las; na verdade, era insultante para o dom divino do intelecto. Sem dúvida, como Maimônides já dissera e voltaria a dizer, havia categorias de leis que desafiavam a análise racional e tinham de ser aceitas; contudo, Deus tinha dado as leis a Moisés e através dele sobretudo para que a racionalidade ética e social dessas leis merecesse observância, e não só obediência cega.

Nesse momento formativo, não só de sua carreira pessoal como da longa história de seu povo, Maimônides se situava no ápice da experiência judaica, contemplando-a como se estivesse no cume do próprio monte Sinai. Tinha a mais plena consciência da relevância do que estava fazendo ao assumir o manto da vocação. "Eu, Moisés, filho de Maimon, o Sefardita" era tanto Moisés, o legislador, quanto Maimônides, o filósofo de nome grego. Ele era Moisés, o israelita, cuidando do bem-estar dos judeus, e era Maimônides, o famoso homem de ciências que invocava princípios universais, a serem compreendidos e assim aceitos pelo resto do mundo. Ele era, ao mesmo tempo, judeu e também a personificação da humanidade comum, e a história de tudo isso passava por sua eloquência articulada. A fé seria sustentada pelos pilares da razão, e o templo da sabedoria assim edificado ficaria de pé para sempre, até que o Messias libertador levantasse outro em Jerusalém.

Portanto, sua missão, que lhe ocupou o resto da vida (Maimônides morreu em 1204, perto dos setenta anos), era primeiro elucidar e revigorar a essência da vida judaica, materializada na Torá, de modo que pudesse ser internalizada na conduta cotidiana; e depois construir um corpus de argumentação capaz de blindar os judeus ao ataque, que estava por vir e quase com certeza violento, contra suas crenças, talvez contra sua própria existência. Ainda em Fez, ele dera início à primeira parte do trabalho, o *Comentário sobre a Mishná*. Essa enorme pedra fundamental fora tão densamente coberta pela florescência orgânica da interpretação talmúdica que ficara obscurecida. Revertendo ao hebraico da Antiguidade tardia em que o *Comentário* fora escrito (nem o hebraico da Bíblia, nem o da hiperbólica poesia litúrgica das sinagogas), Maimônides desejava criar (ou recriar) uma língua pura e clássica, um veículo forte mas transparente para a comunicação de verdades fundamentais. Isso significava impor ordem à massa imensa de argumentos e contra-argumentos rabínicos, trocar o longo histórico de palestras pelo xis da questão, uma economia que ele praticou na versão ampliada, a expressão suprema de suas intenções, a *Mishné Torá*. A obra era, a um tempo, uma exposição filosófica e, no espírito da Mishná original, um guia prático para a vida judaica.

Maimônides deve ter sabido que a introdução filosófica, o *Sefer HaMada* (*Livro da sabedoria*), provocaria controvérsias, substituindo exposições de gerações de sábios, como substituiu, ainda que seu núcleo fosse uma declaração incontestável das origens da lei judaica na teofania de Moisés no Sinai. Em *Guia dos perplexos*, a obra seguinte, escrita em árabe e destinada aos já esclarecidos, como escreveu Maimônides numa linha que se diria platônica (a investigação aberta estava repleta de perigos para o ignorante), ele abordou a questão do ato da Criação por Deus, contra aqueles que, como Aristóteles, acreditavam na eternidade incriada do universo. (Maimônides também caçoou de todos que elogiavam servilmente a autoridade do grego e dos que consideravam vergonhoso discordar dele.) Para Maimônides, a existência do mundo sem o pressuposto de uma causa primeira e de um primeiro motor era insustentável do ponto de vista da lógica, não importava como tivesse surgido a matéria do mundo. Os relatos bíblicos deveriam ser entendidos, de vez em quando, como alegóricos, assim como em outros pontos seriam históricos (sobretudo no episódio do êxodo). Contudo, com a introdução da *Mishné Torá* e com o *Guia dos perplexos*, Maimônides tornou-se o primeiro grande mestre da hermenêutica judaica, julgando que uma investigação sobre a natureza da compreensão e do conhecimento não negava a fé, mas, pelo contrário, era sua condição indispensável.

A *Mishné Torá* simplifica e esclarece as categorias dos mandamentos e práticas do Pentateuco, e embora pretenda aceitar as bênçãos, o calendário das festas, as horas de orações, as regras de pureza e as questões de delitos, em quase todos os pontos, ao longo do percurso, Maimônides dá exemplos dos motivos pelos quais as prescrições devem buscar apoio na razão. E há passagens — a longa e paradoxalmente ardorosa defesa da moderação e da proporção áurea — que não figuravam em nenhum lugar da Mishná original. Contudo, Maimônides se considerava tanto guardião do saber ancestral quanto reformulador desse saber para a vida contemporânea. A censura à imoderação dirigia-se ao ascetismo, muito em voga como resultado do sufismo, que florescera sob a dinastia dos fatímidas e ameaçava influir também no judaísmo. Havia, no entender de Maimônides, algo de comodista na espiritualidade fanática das práticas ascéticas extremadas que ele detestava quase tanto quanto o literalismo rígido dos caraítas ou o tradicionalismo dos ultratalmudistas. Deus e Sua legislação mosaica falavam deste mundo, de como viver nele, e todo o seu conteúdo exaustivo era passível de apreensão pelo intelecto. Aqui quem falava era o médico, o dr. Maimônides, para quem a boa saúde mental era um elemento intrínseco ao conjunto da crença e da observância.

Assim, a *Mishné Torá* estava cheia de orientações sobre comportamento. Não convide alguém para jantar se sabe que o convite não será aceito; evite a nojeira que é a bajulação; quando discordar de uma pessoa, nunca o faça de uma forma que a exponha à vergonha e à humilhação públicas; coma e beba bem (sobretudo no Shabat), mas não exagere a ponto de perder o bom senso, e tenha em mente a injunção contra a glutonaria em Malaquias: "Eis que jogarei imundície em vossos rostos" (Malaquias 2,3). Certo. Só more em cidades ou vilas onde haja: um médico, um cirurgião, uma casa de banhos, um banheiro público, fontes confiáveis de água corrente, uma escola, um professor, um escriba, um tesoureiro honesto de obras beneficentes e um tribunal. As orações são fundamentais e, portanto, não devem ser feitas com desatenção ou mecanicamente, nunca, por exemplo, quando a pessoa estiver embriagada, rindo de uma pilhéria ou se o faz enquanto pensa nos negócios. Copie seu rolo pessoal da Torá para que ele seja tão seu quanto os *tefilin* em sua cabeça e seu braço, e, se não puder fazê-lo, contrate um escriba para que o faça. Glorifique o Shabat com uma refeição que contraste com os pratos rotineiros da semana, dois pães inteiros três vezes ao dia, bom vinho em abundância, mas, é claro, ajuste da melhor forma possível a abundância a seu orçamento. Maridos, participem da preparação para o Shabat: façam compras, limpem, ajudem. O Shabat, é claro, existe para nos lembrar que Deus descansou de Sua Criação no sétimo dia — mas, de forma bem típica sua, Maimônides saltou da ideia filosoficamente preocupante da criação em sete dias para o êxodo histórico, ao comentar que o Shabat também existia para lembrar aos judeus que tinham sido escravos, incapazes de saber por quanto tempo trabalhariam ou quando poderiam descansar um pouco de sua labuta. Também dentro desse espírito, cabia aos empregadores pagar seus servidores na data aprazada, nunca retendo salários. Nos negócios, era imperativo seguir o mais alto padrão de ética. Maimônides não teria aprovado vendas a descoberto intracorporativas, uma vez que abominava encobrir todo e qualquer defeito em uma coisa que se desejasse vender a um possível cliente. Comprar uma coisa e não pagar por ela na mesma hora, afirmou, equivalia a profanar o nome de Deus, e ele também detestava aqueles que se davam ares por ter dinheiro, e insistia que, entre os muitos gestos de caridade requeridos, nenhum era mais sagrado ou agradável a Deus que tratar os pobres com generosidade. Por bons motivos, ele observou, quem se recusa a isso é chamado de "Belial", nome hebraico de um demônio particularmente odioso. Entretanto, e aqui temos Maimônides como atento behaviorista social, nunca faça essa caridade com espírito de soberba ou uma atitude áspera ou contrafeita, mas com alegria e satisfação. Dar emprego aos pobres era cumprir uma grande *mitsvá*. E talvez o mais profundo exemplo da sabedoria ética da Torá fosse a determinação de evitar toda espécie de refinamento no enterro dos mortos, por mais ricos que fossem o defunto e sua família. Deus desejava, e de fato ordenava, o emprego da mais simples das mortalhas, de modo que os pobres, já amargurados nessas ocasiões, não tivessem de passar por mais uma humilhação. Na realidade, para o rico seria uma honra ser sepultado da mesma forma que o pobre.

  Escolha a vida. Por mais sagrado que seja o Shabat, viole-o para salvar uma vida, e não espere, como propõem alguns, que ele termine para começar a tratar de um doente. Comece de imediato, e sem hesitar ou se preocupar. Escolha a vida. Nunca condene um homem à morte com base em seu próprio depoimento, mas apenas depois de ouvidas ao menos duas testemunhas.

Maimônides constituía a um só tempo a exceção e a regra no pensamento e na literatura judaicas, na medida em que se sentia dividido, a cada dia, entre as exigências do físico e da política. Próximo como estava dos poderosos no governo de Saladino e até do próprio monarca, de quem era médico, ele compreendia a política tanto no nível prático quanto no filosófico. (Advertiu quanto ao perigo de os reis caírem nos vícios da embriaguez e da concupiscência, para que não perdessem não só a autoridade aos olhos dos súditos como também o controle dos negócios públicos.) E considerava que as Leis de Moisés constituíam, a seu modo, um verdadeiro método ou sistema de governo para os israelitas, sempre em desarmonia. Não queria, porém, que seu imenso trabalho de interpretação na *Mishné Torá* fosse visto como um mero *nomos*, semelhante a um vade-mécum para governantes: um compêndio de recomendações com forte conteúdo ético. Em última análise, o que Maimônides buscava era nada mais, nada menos que a perfeição.

Esse programa passo a passo foi exposto no *Guia dos perplexos*, que, embora prodigioso em sua intensidade intelectual, cria tantas perplexidades e inconsistências quanto as que pretende solucionar. No entanto, é tal a lucidez e, vez por outra, a beleza do pensamento de Maimônides e de sua prosa, que inevitavelmente os leitores se deixam levar por ele. Cada vez mais, esses leitores eram judeus, sobretudo depois que Maimônides consentiu em que um amigo mais jovem, Samuel ibn Tibbon, traduzisse a obra para o hebraico. Conhecem-se bem três tipos de perfeição pessoal, escreve ele. A primeira, naturalmente a mais vã, vulgar e ilusória, é a perfeição em bens, imóveis e coisas do gênero, pois isso não passa dos dejetos da vida. A segunda, a perfeição do corpo, deve ter como seu objetivo a solidez e o vigor de constituição, e é necessária na medida em que (como ele tivera muitas ocasiões de observar, ainda mais quando ele mesmo era seu paciente) é impossível voltar o espírito para coisas superiores quando o corpo está doente. No entanto, também aqui a busca de perfeição está fadada ao insucesso, pois todos os corpos se degeneram, como determinam o tempo e Deus. A terceira busca, como mostravam as leituras da Torá para as quais seu próprio trabalho chamava a atenção, era mais importante, pois levava à vida boa, vivida por pessoas e por comunidades. Entretanto, nem mesmo isso era o verdadeiro fim. Por mais justos e apropriados (e na verdade sem igual no mundo) que fossem os mandamentos e as proibições da Torá, sua prescrição superficial ocultava significados mais profundos, cujo propósito era levar o praticante à suprema e única perfeição: estar próximo à natureza de Deus. Se essa afirmação, vinda de um velho aristotélico (que objetava ao mestre grego), pode parecer metafísica, era porque de fato o era. Maimônides fazia questão de afirmar que a essência de Deus permaneceria inacessível para sempre ao intelecto, da mesma forma que a seu xará ancestral fora negada a essência de Deus, que lhe escondera Seu rosto e só lhe concedera um simples relance de suas costas. Moisés e os israelitas que estudavam a Torá não conheceriam mais que os atributos de Deus, adivinhados através do exercício do que ele chamava de "virtudes racionais". Para Maimônides, porém, mesmo essa seria uma revelação numinosa e levaria os homens a uma espécie de proximidade bem-aventurada. Embora fosse um escritor de suma elegância e energia, ele não era um poeta, pelo menos não um poeta comparável aos grandes patriarcas da poesia hebraica — Shmuel ibn Naghrela, Salomão ibn Gabirol, Moshe ibn Ezra e Yehudah Halevi. No entanto, sua veia poética reagia com completa compreensão ao Cântico dos Cânticos, no qual o anseio de Israel pela união com Deus assume a forma de um poema de vívido erotismo. Era isso, ele pensava, e aconselhava aos que procuravam proximidade que amassem a Deus, consumadamente, fisicamente, da mesma forma como um amante se concentra durante todos os minutos do dia e da noite nos traços da amada, muito próximos e em cores fortes. No entanto, o pensamento, mesmo do tipo exigente que Maimônides julgava ser um ato de gratidão a Deus por ter dotado o homem do poder da reflexão, tinha seus limites. Ainda que sabendo que esses limites talvez nunca fossem excedidos, Maimônides aconselhava a forçá-los, captar nem que fosse um único raio de divindade celestial do tipo que fizera o rosto de Moisés resplandecer com um fulgor da *shechiná*, o esplendor divino. Todo um livro da *Mishné Torá*, dedicado à oração diária e à devoção, chamava-se *Sefer Ahavah*, o *Livro do amor*.

A intensidade com que ele sentia isso era, porém, inversamente proporcional à sua capacidade de alcançar, ele próprio, essa consumação. Não por falta de vontade, mas de tempo. As horas do dia eram limitadas, e todas pareciam preenchidas pelas necessidades daqueles que precisavam dele, e sempre havia alguém precisando dele. Assim, enquanto em dado momento ele se permitia uma leve bazófia a respeito de sua reputação, em todo lugar, como um grande mestre da medicina, e sobretudo como um médico que encarava a profissão como arte humanitária e não cobrava nem dos pobres nem dos ricos, ele também mostrou ser um reclamão de primeira, um rei do *kvetch*, numa longa carta a Samuel ibn Tibbon, conservada na Guenizá do Cairo:

> Moro em Fustat, enquanto o rei [Saladino] mora no Cairo, e 4 mil côvados, dois limites de Shabat separam os dois lugares [pouco mais de um quilômetro e meio]. Tenho um acordo muito difícil com o rei. Tenho de vê-lo todos os dias, logo de manhã. Quando ele se sente debilitado ou um de seus filhos ou concubinas está doente, não posso deixar o Cairo e passo a maior parte do dia no palácio. E tenho de cuidar dos ministros do rei, todos os dias também. Um ou dois estão sempre doentes e tenho de acompanhar o tratamento deles.
>
> Portanto, vou ao Cairo toda manhã e, se não houver contratempos, estou de volta a Fustat ao meio-dia [...]. Assim que chego, com uma fome voraz, encontro minha casa abarrotada de gentios, poderosos e humildes, juízes e magistrados, uma multidão mista que sabe exatamente o momento em que vou chegar. Apeio da montaria, lavo as mãos e entro em casa para persuadir essas pessoas a esperar um pouco enquanto como alguma coisa [...]. A seguir passo a cuidar deles e escrevo as receitas de que precisam. Às vezes eles entram e saem até as duas horas da tarde e [...] às vezes meu cansaço é tanto que tenho de falar com eles deitado [...]. Quando anoitece estou de tal modo exausto que não consigo dizer uma só palavra.
>
> O resultado de tudo isso é que nenhum israelita consegue falar comigo a não ser no sábado, quando todos vêm depois da oração da manhã, e instruo a comunidade a respeito do que deve ser feito na semana entrante. Eles estudam assuntos leves até o meio-dia, hora em que vão para casa, mas alguns voltam e estudam de novo até o serviço vespertino.
>
> Essa é, pois, minha programação diária, e só te contei uma parte do que verias, com a ajuda de Deus, que seja glorificado.[10]

Maimônides não estava exagerando. Entre as tarefas que omitiu nessa carta estava a obrigação diária de prolatar decisões a respeito de inquéritos, queixas e processos que lhe chegavam no *majlis*, ou conselho. Algumas dessas sentenças, conservadas na Guenizá, são tão lacônicas quanto possível, às vezes pouco mais que uma palavra, mas acompanhada da preciosa assinatura. Ao que parece, delegar poderes não era uma opção. Como ele escrevera, com certa arrogância, uma pessoa que deixasse de passar sentenças sobre esses pleitos fazia a presença divina abandonar o tribunal. Além disso, havia, naturalmente, o trabalho de dar prosseguimento a seus comentários sobre a Torá e a Mishná, que era uma tarefa contínua, bem como os muitos volumes de orientação médica a respeito de diferentes problemas de saúde, entre os quais a impotência do sobrinho de Saladino (se não se conseguisse a tal espécie de formigas, podia-se tentar pimenta-negra, mel e vinho para facilitar o fluxo sanguíneo). Maimônides considerava o vinho o melhor remédio para a maioria das afecções físicas, o que tornava outro exemplo da obtusidade do islã proibir seu consumo.

O preço de toda essa onisciência mosaica era uma exaustão como aquela de que Moisés padeceu no monte Nebo, e que o debilitava com o passar dos anos. Com todas essas exigências de tempo e presença, Maimônides rotineiramente deixava de receber as muitas pessoas que só queriam estar diante dele e, talvez, expor-lhe uma de suas próprias perplexidades. Sua dieta, em que figuravam com destaque frangos e ovos, estes últimos cozidos com um pouco de óleo de canela, à egípcia, foi reduzida. Ele passou a sofrer de insônia, e o vinho pouco ajudava na aflição de múltiplas dores e penas. Ao escrever seu livro *As causas dos sintomas*, por volta de 1200, ele próprio era uma vitrine delas, que, ao que tudo indica, se multiplicavam fora de controle, e ele ditava da cama, sem poder cuidar do sultão. O próprio Egito, assolado por epidemias e até pela fome no fim do século, parecia estar fenecendo junto com ele. Às vezes, Maimônides ficava agitado com a falta de tempo para estudar, pensar e escrever, censurando-se por estar atolado em trivialidades. Seus dois filhos, Abraão e Davi, podiam assumir certas responsabilidades. Davi era o provedor da casa, e Abraão, letrado e comentarista, que se tornou depois da morte do pai o *rav* da comunidade, era também o fiel mas controverso guardião de seus ensinamentos. Como era de esperar, algumas reformas de Abraão na linha do pai, como a adoção de práticas dos muçulmanos (todas elas originalmente judaicas), a exemplo da prostração e as mãos espalmadas, provocaram resistência e confirmaram a hostilidade daqueles que sempre tinham criticado a complacência de Maimônides com outras culturas.

A despeito do anúncio confiante, no *Guia dos perplexos*, de que as contradições evidentes e as inconsistências aparentemente insolúveis na Torá e no Talmude seriam dirimidas por sua argumentação, Maimônides se enredava cada vez mais, devido à natureza volátil de sua própria metodologia. Os problemas mais intrincados resistiam a deslindamento, e em todo caso havia uma tensão entre o filósofo lógico e o crente. Com frequência ele via seus próprios discípulos passarem à sua frente, em especial quando soube que eles alegavam que o mestre não acreditava na volta da alma ao corpo no dia da ressurreição. Ele não dizia nada disso, esclareceu. Seu nome estava sendo tomado em vão. Por outro lado, não devia se surpreender por ser malcompreendido de vez em quando, pois havia possibilitado o surgimento de uma nova forma de ser judeu, já antecipada por Filo em Alexandria e por Saadia na Babilônia, mas que nunca fora articulada de modo tão cabal ou vigoroso até ele escrever suas obras. Essa forma pressupunha que era não só possível ser, ao mesmo tempo, devoto e racionalmente alerta, como também que era impossível ser devoto de verdade *a menos* que o intelecto contestador funcionasse em tempo integral. Com base nesse otimismo racionalista, um judaísmo rejuvenescido viria a ganhar força. Era difícil dizer, na falta da tão desejada vinda do Messias, se o resultado era, como Maimônides esperara que fosse, o tipo de avigoramento capaz de resistir aos ataques contra as mentes e os corpos judaicos que pareciam ser a sina daquele povo invejado e desprezado. Mesmo quando ele surgisse, Maimônides avisara, o verdadeiro Messias da Casa de Davi seria apenas um homem, e não um semideus e muito menos um pleno Deus, e quando ele houvesse reconstruído uma Jerusalém purificada, o resto do mundo retomaria seu curso normal. O leão e o lobo não se deitariam com o cordeiro. Mas quem sabe se, pelo menos, não poderiam ser levados a abandonar sua voracidade incessante e sangrenta?

2. FUMAÇA

Reduzir pergaminho, velino e tinta a cinzas é um processo demorado. Ao contrário do papel, que cede ao fogo, as peles animais resistem à destruição, queimando devagar, contorcendo-se e enrugando, apenas se rendendo à incineração depois de liberar gotas de óleo vestigial preso na derme. Assim, só passados dois dias o verdugo público de Paris pôde anunciar a seus superiores que todos os Talmudes, condenados por blasfêmia no ano anterior por um júri da Universidade de Paris, tinham sido cremados à plena satisfação. Durante um dia e uma noite, em junho de 1242, 24 carradas de Talmudes tinham chacoalhado pela pavimentação irregular das ruas rumo à Place de Grève e ao encontro do verdugo; mais de 10 mil manuscritos, jogados aqui e ali, sendo as encadernações mais suntuosas feitas de velino uterino de novilhos fetais, usando só o lado da carne, ainda com a cor leitosa de mortalhas. Os livros de maior dimensão continham tal quantidade de folhas que à noite adquiriram um fulgor âmbar, adensando o ar de Paris com um adocicado fedor animal. Formara-se na praça uma multidão de espectadores que gritava ao ver os cartapácios atirados nas piras crepitantes. De quando em vez, uma aragem subia do Sena, e chamas que portavam caracteres hebraicos, com os cantos iluminados com cachos de fogo, faziam uma dança aérea sobre a multidão antes de cair sobre as cabeças dos frades como grumos de fuligem.

Em algum ponto em meio ao ajuntamento ululante, um homem sofria, querendo dar vazão à sua dor, sobretudo porque vinha de uma tradição que tratava os livros sagrados com o mesmo respeito que dedicava a corpos humanos. Os livros antigos e danificados eram armazenados numa Guenizá ou deixados a se decompor vagarosa e placidamente, e alguns chegavam a ser enterrados numa cerimônia formal. O judaísmo não retalhava, rasgava ou queimava a palavra de Deus. Atear fogo a um livro era como cremar um corpo vivo na pira. Esses pensamentos podiam estar passando pelo espírito angustiado do jovem e devoto estudante Meir ben Baruch de Rothenburg, que viera a Paris exatamente para estudar o Talmude que via ser consumido pelas chamas.[11] O papa Gregório IX ordenara o confisco dos livros; o rei Luís IX, cristão zeloso, a queima. Meir escolhera morar na França porque era em Troyes que, com o intuito de perpetuar o trabalho imenso do mestre, se concentravam os discípulos de Rashi — os tosafistas, respeitadíssimos por suas interpretações da lei oral e pelas sentenças nela baseadas. Diante de novos desafios, os tosafistas também compunham poemas litúrgicos, os *piyyutim*, que desde o século VII eram cantados ou recitados nas sinagogas. Muitos desses poemas eram lamentos, e assim que pôde Meir ben Baruch acrescentou mais um à litania, um poema que devia muito a outro, escrito séculos antes por Yehudah Halevi, que jogava com o terrível arco que ligava o fogo no monte Sinai às imolações de Paris:

> *Como pôde ser que vós, que recebestes a lei no fogo divino que tudo consome*
> *Fôsseis consumidos pelo fogo mortal cujas brasas vivas nem sequer chamuscavam*
>   *vossos inimigos estrangeiros?* [...]
> *Moisés despedaçou as tábuas, outro repetiu sua tolice,*

> *Queimar a lei em chamas [...] será isso o fim da dupla punição?*
> *Na praça pública, como o butim tirado a uma cidade apóstata, queimaram os despojos do Deus altíssimo.*[12]

O pior, justa razão para torcer as mãos em desespero, era terem sido judeus os cúmplices, involuntários ou não, da destruição. O responsável imediato fora um judeu apóstata, Nicholas Donin, que submetera ao rei e ao papa 35 acusações de insultos blasfemos contra o Talmude. É possível que em algum momento Donin tivesse sido caraíta, a seita que rejeitava a autoridade de qualquer "lei oral" e só aceitava os ditames da Torá escrita. Os caraítas (reunidos basicamente no mundo muçulmano) acreditavam que, na realidade, o Talmude era um obstáculo à observância do verdadeiro judaísmo da Torá e que era falsa a tradição segundo a qual Moisés recebera no Sinai a lei escrita e também uma lei oral. Isso encontrava apoio entre teólogos cristãos que queriam separar as práticas judaicas contemporâneas (más e criadas por rabinos) das Escrituras comuns a judeus e cristãos (boas e que profetizavam a vinda de Jesus). Contudo, nenhum caraíta chegara a propor a queima das obras ofensivas e muito menos, como escrevera o papa Gregório IX a Luís IX, declarara que "punição alguma seria bastante severa ou adequada à gravidade do crime" daqueles que perpetuavam a fraude.[13]

No entanto, a ideia de que autoridades cristãs pudessem tirar de circulação obras judaicas consideradas ofensivas, ou até mesmo destruí-las fisicamente, veio de setores rabínicos, não antirrabínicos, sobretudo no sul da França, e seu alvo não era, é claro, o Talmude, e sim as obras radicais e subversivas de Maimônides. No que dizia respeito ao rabino Salomão bar Abraão, de Montpellier, e seus discípulos, o Moisés moderno tivera o atrevimento de ver-se como herdeiro do Moisés original, quando tudo o que escrevera, e em especial a *forma* como escrevera, desfazia a epifania no Sinai. Ousando separar a Mishná de sua rica e valiosa roupagem — os comentários e suplementos talmúdicos —, e ao apresentá-la com crua simplicidade, como se ela fosse a totalidade da lei oral, não fizera com que o Talmude parecesse redundante aos olhos dos gentios? Como se não bastasse isso, ao inserir o raciocínio exótico dos gregos nos textos sacros, ele não comprometera sua pureza e os convertera em munição para os sofistas inimigos? No entender desses rabinos, o que Maimônides fizera equivalia a arrastar o Talmude para um templo pagão e fazer dele o brinquedo filosófico de quem não o prezava. A situação se tornara tão grave que qualquer aluno pretensioso e insolente de ieshiva podia citar nacos mal digeridos do rabino Aristóteles como se ele fosse da igualha do rabino Gamaliel ou do rabino Rashi, que descansem em paz! Judeus de boa-fé debatiam entre si, a seu modo, demonstrando respeito pela sabedoria acumulada dos sábios, porém Maimônides expusera o Talmude ao questionamento mal-intencionado de cristãos e muçulmanos. Ele pretendera ministrar um tônico à lei oral, mas, a propósito, quem o nomeara médico do Talmude?

Seguidores de Maimônides culparam esses críticos tacanhos pelas chamas de Paris. Embora escrevesse sessenta anos depois, Hilel de Verona declarou que nem quarenta dias tinham se passado entre a queima de livros de Maimônides e a incineração dos Talmudes.[14] Tinham ficado tão chocados com o anátema *perpétuo*, válido para todos os judeus, em toda parte, proferido contra as obras de seu mestre — e em especial contra o *Livro da sabedoria* e o *Guia dos perplexos* (que, na tradução de Tibbon para o hebraico, tinha ampla circulação na França) — que lançaram uma antiproscrição, um *kherem*, contra Salomão bar Abraão e aqueles que pensavam e falavam como ele. A tensão agravou-se de tal forma que adversários de Maimônides, que tentavam recrutar apoio no norte da França, afirmaram ter sido agredidos fisicamente em Orleans.

Foi nesse ponto, quando a guerra das culturas começava a crescer, que os adversários de Maimônides deram um passo extremo e pediram aos caçadores de heresias, frades reunidos no sul da França, onde os heregres caraítas tinham sido mais influentes, que ampliassem sua inquisição de modo a incluir Maimônides. No polêmico relato da aproximação deles, feito pelos irmãos Ibn Hisdai, partidários ardorosos de Maimônides, os caçadores judeus de heresias tinham perguntado: por que os frades se davam ao trabalho de fazer suas cruzadas até os confins da terra para perseguir hereges se os judeus também tinham seus próprios filósofos perigosos, que se dedicavam a desorientar as pessoas? E, como Aristóteles era tido e havido como influência nociva também sobre os cristãos, é provável que os frades tenham visto o pedido com bons olhos. Se os judeus estavam divididos, isso, em si, talvez lhes desse oportunidade para converter uma ou outra das partes distanciadas. Não se sabe se os livros de Maimônides foram mesmo queimados ou não, mas com certeza o que os rabinos ressentidos queriam era a destruição deles.

Esse desfecho lamentável teria provocado em Maimônides uma terrível angústia, acompanhada de um acesso de fúria, como aconteceu a seu filho Abraão, guardião e perpetuador de seu legado. Em vez de permitir que a filosofia fornecesse armas ao judaísmo para se defender de ataques dos cristãos, aqueles tradicionalistas obtusos e doutrinários haviam-na denunciado como anátema à Lei de Deus. Tirando proveito da corrente hostilidade ao aristotelismo, haviam convidado os cristãos a participar de uma disputa judaica, dando-lhes um cacete com que atacar todo o judaísmo rabínico. Esse oportunismo equivocado, como os partidários de Maimônides viam a situação, teria consequências que todos os judeus lastimariam, sobretudo porque os frades das novas ordens de predicadores, a dos dominicanos e a dos franciscanos, estavam aprendendo com rapidez o hebraico, o que lhes permitiria aprofundar-se nos textos da lei oral para melhor levá-los a julgamento. Pior que isso, contariam com a colaboração douta e bem informada de uma coorte de conversos que tinham sido criados no judaísmo tradicional: Nicholas Donin e o converso aragonês que no passado fora Saul e agora se chamava Pablo Cristiani — Paulo, o Cristão. Esses homens seriam os zelotes da guerra contra o Talmude e, no século XIII, perceberam que tinham a autoridade da Igreja a seu lado. Em 1215, no Quarto Concílio de Latrão, o papa Inocêncio III, campeão militante de uma cristandade cruzadista e indivisa, não só impôs aos judeus trajes diferenciados, a fim de tornar o preço da "obstinação" o mais punitivo possível, como também deu seu beneplácito a uma campanha de proselitismo agressivo que aceleraria o cronograma dos Últimos Dias e a tão ansiada Segunda Vinda de Cristo.

Esse novo e hostil escrutínio de textos hebraicos resultou numa nefasta mudança de atitude em relação ao lugar dos judeus na sociedade cristã. Durante séculos, a posição definida por Santo Agostinho — os judeus deviam ser protegidos em suas práticas e tradições, como testemunhas vivas das consequências de seu próprio erro — tinha servido de diretriz para a Igreja. Admitia-se, como obviedade, que não poderia ter existido um Novo Testamento sem o Antigo e que a Bíblia hebraica estava cheia de profecias concretizadas pela vida e pela morte de Cristo. Por isso, papas e bispos tinham procurado, reiteradamente, proteger e mesmo ajudar os judeus até o momento de sua conversão e haviam emitido declarações de abominação contra os equivocados que os perseguiam ou lhes infligiam atos de violência.

Embora papas, reis e bispos ainda defendessem da boca para fora esse princípio de proteção, no decorrer do século XIII a antiga dispensação perdeu força e praticamente desapareceu. Assim que os cristãos, guiados por apóstatas, tomaram ciência do quanto o judaísmo rabínico repousava na autoridade do Talmude, passaram a alegar que os judeus tinham se desqualificado para receber aquela proteção por terem abandonado o judaísmo bíblico e adotado, em seu lugar, uma religião inteiramente nova: o judaísmo talmúdico. Já no século XII, Pedro, o Venerável, poderoso abade da ordem cistercience, em Cluny, estigmatizara o Talmude como o verdadeiro inimigo *judaico*, ameaçando "tirar à força a besta monstruosa de seu covil e exibi-la no teatro do mundo para que todos a vissem".[15] Cada vez mais, as tropas de choque teológicas da cristandade militante separaram o Talmude da Torá, apresentando o primeiro como o inimigo da segunda. Embora os judeus argumentassem que a finalidade do Talmude era elucidar a Bíblia, para esses novos leitores era evidente que na realidade o Talmude a obscurecia. Se não havia dúvida alguma de que Deus de fato revelara a Moisés a Lei escrita no Sinai, também não havia dúvida de que a alegação rabínica de que ele recebera uma lei oral igualmente divina, que gerações posteriores registraram por escrito para o benefício da posteridade, era uma fraude e uma fábula, destinadas a legitimar a usurpação por parte daqueles que se autodenominavam "sábios". Ao contrário da Torá, o Talmude era pura e simplesmente obra de homens que, com ânimo ardiloso, faziam-se passar por interlocutores de Deus. E, como se isso fosse pouco, os urdidores da trama tinham a desfaçatez de tornar seu Talmude *muito* mais longo do que a própria Bíblia! Passando por cima das inconveniências de profecias bíblicas que previam a vinda de Cristo, os talmudistas tinham tido a impertinência de colocar seus sábios acima de profetas bíblicos como Isaías, Ezequiel e Daniel.

Essa arrogância herética quebrara a cadeia que irmanava judeus e cristãos na reverência à Bíblia hebraica, às Leis de Moisés, à Casa de Davi, às visões dos profetas. Enfim ficava claríssima a razão da impenetrabilidade dos judeus. A escravidão ao Talmude usurpador explicava por que eles se mantinham cegos à mensagem óbvia de que a vida de Cristo era a consumação do que fora profetizado pelos israelitas. Eles tinham sido mantidos distantes da verdade do evangelho pelas falsidades, insultos e circunlóquios do Talmude. De fato, como explicou o papa Inocêncio IV, sucessor de Gregório, as crianças judias eram ativamente desencorajadas de ler a Bíblia, mas encaminhadas para a rede casuísta e enganosa do Talmude. Os rabinos asseveravam que a religião deles era o mais antigo monoteísmo e que o cristianismo era uma novidade espúria, mas na verdade a religião deles, o talmudismo, é que era a emergente. Portanto, não tinham os cristãos o dever de destruir a autoridade fraudulenta do Talmude, *para o bem dos próprios judeus*?

Daí as piras de Paris. Contudo, elas apenas cumpriam uma sentença proferida depois de um longo julgamento, lançado por Luís IX e realizado sob os auspícios da Universidade de Paris, que tinha como chanceler Eudes de Châteauroux, atendendo a uma ordem do papa Gregório de que se recolhessem todos os exemplares do Talmude. Ainda que, segundo Luís IX, um rabino anônimo tivesse sido convidado a Cluny para debater com um converso e fora golpeado pela bengala de um idoso cavaleiro cristão por ousar negar a divindade de Cristo, essa foi a primeira vez que representantes dos judeus franceses tinham sido formalmente convocados a dar resposta às acusações do apóstata Donin ao Talmude. As transgressões mais graves constituíam pesadas blasfêmias contra Cristo, a Virgem e a Santa Igreja. E essas blasfêmias e insultos punham em questão se esses inveterados inimigos do evangelho podiam ser tolerados em meio à congregação dos fiéis. Observou-se que o papa Inocêncio III tinha reafirmado a proteção ao judaísmo *sob a condição* de que ele não trouxesse perigo para o cristianismo. No entanto, via-se agora que a prática do judaísmo talmúdico na verdade *exigia* que os judeus ofendessem e prejudicassem o cristianismo, e, como alegou Donin em certo momento, o judaísmo talmúdico estimulava ativamente que os judeus matassem cristãos. A partir disso, viu-se uma clara ligação entre os insultos talmúdicos à Virgem e ao Salvador e as notícias, cada vez mais frequentes, sobre judeus que teriam profanado imagens sagradas e sobretudo a hóstia eucarística, na qual, consagrada durante a missa, Cristo estava fisicamente presente. Agora que os cristãos devidamente informados compreendiam o que estava em jogo — uma guerra aparentemente implacável —, não se dava o caso de que os judeus, liderados pelos rabinos, fossem não só uma anomalia mas uma ameaça real, e que, portanto, não se habilitavam mais à proteção dos cristãos? Para alguns, os judeus constituíam um perigo mais imediato que os sarracenos, pois suas abominações eram cometidas no coração da cristandade.

Ocorreu, pois, que em 1240, em Paris, e em 1263, em Barcelona, o Talmude foi levado ao banco dos réus num julgamento de fachada do judaísmo, com o objetivo de obter admissões de sua culpa. Ao contrário do julgamento de Paris, onde a existência do Talmude corria perigo, o de Barcelona não envolvia necessariamente confiscos e muito menos incinerações. Mesmo assim, porém, era um torneio de fé, e o julgamento foi encenado com a ardente esperança de que o campeão judeu, o rabino Moshe ben Nahman, conhecido como Nahmânides, ficasse tão confuso que sua destruição moral provocaria uma conversão em massa. O espetáculo contou com a presença dos príncipes da Igreja, de importantes teólogos dominicanos e franciscanos (inclusive alguns hebraístas) e de membros da realeza. A mãe de Luís IX, Branca de Castela, que nada ficava a dever ao filho em seu ódio aos judeus, compareceu ao julgamento de Paris, enquanto o rei Jaime I de Aragão presidiu em pessoa o julgamento de Barcelona. É desnecessário dizer que os relatos judaicos (em hebraico) e cristãos (em latim) sobre a forma como se desenrolaram as disputas divergem até onde foi possível. Na narrativa cristã, dois dos três rabinos em Paris "confessam" os crimes e pecados do Talmude, enquanto a versão hebraica mostra o indômito e hábil rabino Yehiel ben José desvencilhando-se das armadilhas que lhe eram lançadas. De acordo com o relato cristão sobre a disputa em Barcelona, o converso Pablo Cristiani esmagou Nahmânides, enquanto na narrativa do rabino em sua própria *Vikuah* (debate ou disputa) ele triunfa de forma categórica sobre tudo o que foi assacado contra ele e o Talmude.[16]

Em alguns detalhes, porém, os relatos coincidem. Tanto no debate de Paris quanto no de Barcelona, os rabinos contestaram a afirmação de que o Talmude fosse uma inovação recente (embora exagerassem um pouco sua antiguidade). Durante muitos séculos, os cristãos, entre os quais papas e bispos irrepreensíveis, tinham conhecido o mesmo Talmude sem lhe fazer nenhuma objeção. Então, como era possível que só agora ele passasse a representar tamanho perigo para o cristianismo? Prevendo que a maioria das evidências incriminadoras seriam tiradas das passagens mais imoderadas do Talmude, os rabinos se esforçavam por convencer os cristãos de que os trechos da Hagadá dos quais as passagens mais ofensivas tinham sido tiradas não eram de forma alguma compulsórios para os leitores judeus. Havia dois tipos de textos talmúdicos, explicaram Yehiel e Nahmânides, pacientes, mas enfáticos: a Halaca, que de fato era a lei impositiva; e o jogo de comentários e opiniões da Hagadá, que os judeus podiam aceitar ou deixar de lado, como lhes aprouvesse. Invariavelmente, as acusações de insulto a Jesus ou à Virgem se enquadravam na segunda categoria. Vejam, disse Nahmânides, eu mesmo não creio em muitas dessas coisas, nem preciso acreditar. Elas não passam de estímulos para debates. Outra tática, adotada por Yehiel ben José em Paris, foi admitir que algumas das passagens mais ofensivas que Donin apontara de fato estavam na Hagadá, mas que ele não entendera a quem se aplicavam. O "Jesus" de quem se dizia estar cozinhando excrementos nas profundezas não era o Jesus de *Nazaré*, e se fosse teria sido assim identificado, pois havia muitos outros Jesus no mundo judaico. Diante da reação de Donin, que considerou o comentário insincero, Yehiel perguntou, com certo atrevimento, se não havia, afinal, muitos Luís na França além do rei. Avançando mais nessa linha de erro de identidade, ele perguntou, com ar de inocência, se era sequer remotamente imaginável que "Míriam, a cabeleireira", objeto de outros insultos, inclusive a insinuação de que era uma prostituta, pudesse ser a mãe de Jesus, pois nenhum judeu jamais dissera que Maria atuava no ramo da moda ou da beleza. Tampouco o termo "gentios", sobre os quais caíam maldições e imprecações, deveria ser entendido como cristãos, mas sim como pagãos, aqueles mesmos idólatras sobre os quais Jeremias pediu ao Senhor que "derramasse sua indignação" no Dia do Perdão.

A retórica vazia que caracteriza os relatos judeus e cristãos sobre esses dias momentosos dá uma sensação ilusória de simetria entre os debatedores. No entanto, é evidente que nem de longe os dois lados eram iguais. Os rabinos estavam lutando pela sobrevivência da religião de seu povo, e em Barcelona faziam isso na intimidante presença de teólogos, pregadores, aristocratas e do próprio rei, uma multidão ansiosa por assistir à humilhação e à desonra dos desprezíveis, obtusos, arrogantes e obstinados judeus, e, o que lhes daria mais satisfação, pelas mãos de uma pessoa que no passado fizera parte daquele redil de ignorantes. Mas enquanto os três rabinos de Paris podiam buscar apoio um no outro, em Barcelona, Nahmânides estava inteiramente só, indefeso, mas heroicamente impávido diante de sua terrível situação, o mais corajoso dos valentes.

Como Maimônides, Nahmânides era médico e rabino, e mais conhecido em toda a Catalunha e no sul da França como pacificador do que como combatente. Em 1232, tentara, com pouco sucesso, reconciliar os seguidores e os adversários de Maimônides, divididos num cisma que, como ele sabia, só poderia acabar prejudicando os judeus em toda parte. Julgava que os partidários de Maimônides erravam ao excomungar o rabino Salomão bar Abraão e seus pretensos incineradores de livros. Entretanto, para ele, aqueles que hostilizavam o médico-filósofo erravam mais ainda ao caricaturá-lo como uma pessoa que tratava a lei com leviandade e até incentivava a apostasia, quando em muitos aspectos ele era mais rigoroso do que o próprio Talmude. No entender de Nahmânides, *O guia dos perplexos* não visava induzir ninguém a abraçar o paganismo, mas, pelo contrário, procurava trazer de volta ao redil aqueles que já tinham sido persuadidos intelectualmente pela filosofia clássica e precisavam jungir seus métodos à essência da crença judaica. A perplexidade deles fora causada pelo uso da razão dada por Deus, e agora estavam presos na falsa dicotomia entre fé e intelecto. Tudo o que Maimônides fizera fora mostrar-lhes como a religião e a filosofia poderiam se unir no seio do judaísmo.

Embora não tivesse sido feliz em suas tentativas de conciliação, Nahmânides era muito benquisto nas *juderías* de Aragão e Catalunha, nas ruelas de muros altos de grandes cidades como Saragoça, Huesca e Girona, sua terra natal, nas quais o bairro judeu, por medida de cautela, ficava perto do palácio episcopal e da catedral, e também nas vielas de aldeias montanhesas como Albarracín, Fraga e Montalbán. Nahmânides era visto como um homem menos conhecedor do mundo que Maimônides, mas quando chegou a ocasião ele soube se conduzir virilmente entre as fileiras intimidantes de frades e cavaleiros no debate. Atuando como protagonista de seu próprio drama e mostrando o mesmo tipo de eloquência controlada que caracterizava Maimônides quando queria ser persuasivo, Nahmânides sabia que o apoio do rei seria essencial para que ele tivesse alguma chance de se sair bem. E sem dúvida sentia que os olhos e os ouvidos de todos os judeus da Espanha, em áreas muçulmanas e cristãs, estavam voltados para ele. Por isso, era crucial cativar o rei Jaime, em vez de afastá-lo, e ele procurou fazer isso com uma delicadeza apaziguadora, jogando sem pejo para o camarote real. Foi um teatro judaico, extremamente sério no conteúdo, brincalhão na forma, o mais importante que já fora levado à cena, no palco mais hostil que se pudesse imaginar, e foi montado em Barcelona, em quatro dias de forte calor, em julho de 1240.

Nahmânides tivera permissão de falar com toda a liberdade que quisesse, desde que não blasfemasse contra o cristianismo. Contudo, chegou perigosamente perto disso num momento de uma sátira de fingida inocência, quando fez uma paráfrase do relato do Novo Testamento. "Parece meio estranho", arriscou em tom jocoso,

> que o Criador do céu e da terra tivesse se instalado no ventre de uma certa judia, onde cresceu durante nove meses, nasceu como nascem todos os bebês, cresceu,

foi traído e entregue a seus inimigos, executado, devolvido à vida e a seu lugar [...]. O espírito de um judeu, e, vamos e venhamos, o de qualquer pessoa, simplesmente não consegue aceitar essas afirmativas.

Nahmânides acabaria pagando caro pelo *chutspá*,* mas, como acontece com todos os grandes atores, não havia como detê-lo. Atrevido, ele mais uma vez se dirigiu diretamente ao rei, que, afinal, tinha lhe concedido liberdade de expressão, e disse que Jaime

escutara durante toda a vida padres que encheram sua cabeça [...] com essas doutrinas, de modo que hoje em dia elas são sua segunda natureza e Vossa Majestade as aceita por pura força do hábito. No entanto, se as tivesse ouvido pela primeira vez já como adulto, jamais acreditaria nelas.[17]

Quando Pablo Cristiani citou uma passagem em Isaías 53 que profetizava um servo de Deus "familiarizado com a enfermidade", um "homem sujeito à dor", "ferido" pelo Senhor e "trespassado" por causa das transgressões dos homens, Nahmânides fingiu estar surpreso com o fato de alguém imaginar que esses versículos se referiam a Jesus, quando todo mundo sabia que a figura ferida era, claro, a própria nação de Israel, que Deus sabia ter sofrido, mas isso era bem diferente de imaginar uma figura redentora enviada para absolver a humanidade do pecado coletivo. E aproveitando o ensejo, ele pediu licença para observar, de maneira respeitosa, que o judaísmo não acreditava em pecado coletivo, muito menos num pecado herdado de Adão, "da mesma forma que não herdamos o pecado do faraó". Por conseguinte, não existia nenhum estado universal de queda do qual a humanidade precisasse ser salva por esse messias. O messias judaico — que, a propósito, "não é fundamental para nossa religião" — seria enviado com uma missão de forma geral mais modesta, ainda que, decerto, de grande significado para os judeus. Tudo o que ele redimiria seria Jerusalém, o que possibilitaria a reconstrução do Templo. Tal messias jamais sonharia em reivindicar uma parcela de divindade, pois isso violaria o que era, na verdade, um princípio fundamental do judaísmo, recitado três vezes por dia na oração do *shema*, ou seja, a unidade e singularidade indivisí-

---

* "Audácia", "cara de pau", em iídiche. (N. T.)

veis de Deus. E aí, num lance de impudente encanto retórico, Nahmânides mais uma vez voltou-se direto para o rei Jaime e explicou que o Messias judaico seria um rei, mas do tipo terreno, rigorosamente mortal, nascido, como outros monarcas, da união de um homem e uma mulher comuns, e além disso preso ao útero por uma placenta, o que não poderia ter sido o caso de um messias gerado por algum tipo de espírito. O messias seria, pois, um soberano muito parecido com Jaime. "Vossa Majestade é um rei e ele é um rei", o que significava que, naquele momento em particular, o rei Jaime era muito mais importante para ele do que o rei Messias.[18] A história não registrou a largura do sorriso do rei Jaime.

No entanto, prosseguiu Nahmânides, como parecia que para os cristãos o reconhecimento de Jesus como o Cristo messiânico era muito importante, senão tudo o que interessava, nesse caso ele talvez devesse também observar que o reinado de paz universal, que deveria ter sido inaugurado com seu sacrifício, não parecia ter se concretizado de acordo com o planejado, nem naquela época, nem logo depois, nem nos doze séculos da era cristã que se seguira. Na verdade, muito pelo contrário: "Desde os dias de Jesus até hoje, o mundo inteiro está tomado pela violência e pela pilhagem". As guerras prosseguiam sem cessar, disse Nahmânides, que acrescentou, num de seus apartes sagazes, que ele costumava cismar no que fariam os cavaleiros ali reunidos se as guerras lhes fossem tiradas. Pablo Cristiani, irritado com toda aquela condescendência e zombaria rabínicas (sarcástico, Nahmânides só se referia a ele como "nosso astuto judeu"), replicou que era bem típico dos judeus medir tudo em termos cruamente físicos, superficiais, ou "carnalmente", como diziam os cristãos; mas Cristo descera ao mundo dos mortos, o inferno fora santificado, os mortos justos tinham sido salvos, tinham revivido e o triunfo da Igreja mostrava que Cristo de fato não viera em vão. "Verdade?", retrucou Nahmânides. Até onde ele podia ver, a cristandade não tinha se estendido, inconteste, "de mar a mar", como profetizava a passagem citada por Pablo. Não se limitava o domínio da Igreja Romana ao que fora o antigo Império Romano — ou até menos que isso? Portanto, um veredito inconcludente — na melhor das hipóteses!

Então, vitória completa para o rabino, pelo menos a darmos crédito a seu próprio relato na *Vikuah*, em que sem dúvida ele se saíra bem. O desfecho fora diferente em cada um dos debates. Na França, o Talmude foi condenado, confiscado e queimado. Em 1247, porém, o novo papa, Inocêncio IV, de início um destruidor do Talmude, tal como Gregório IX, retrocedeu um pouco. Informado de que sem o Talmude os judeus não conseguiriam entender direito a Bíblia, e por acreditar que esse entendimento era uma precondição para sua conversão, Inocêncio ordenou que ele fosse devolvido aos judeus, mas censurado de modo a omitir passagens tidas como blasfemas ou insultuosas para o cristianismo. Desde o início, o espetáculo de Barcelona pretendeu ser incruento, com o vencedor ganhando créditos morais e os louros da persuasão. Entretanto, os dominicanos, que tinham atuado como diretores de cena, agiram para que o espetáculo não acabasse junto com o debate. Nahmânides nos informa que, ao saber que o rei em pessoa pregaria na sinagoga no sábado, ele decidiu retardar sua volta para Girona, de modo a poder refutar a prédica do rei, depois de feita. Correndo um risco maior ainda, foi exatamente isso que ele fez.

No entanto, o sermão real foi apenas um aquecimento para Raimundo de Penaforte, o grande codificador do direito canônico no pontificado do papa Gregório IX e o mestre-geral da Ordem dos Pregadores (dominicanos). Trabalhador incansável pela conversão de judeus e muçulmanos, fora Penaforte quem aconselhara o rei a permitir que Nahmânides expusesse suas ideias livremente, mas depois ficou desconcertado ao ver a habilidade com que o judeu tirara proveito dessa prerrogativa. O sermão do Shabat na sinagoga de Barcelona, para sua congregação cativa, seria uma revanche, na qual o próprio Penaforte tencionava ser mais sagaz do que Cristiani. Entretanto, desafiado pelo rabino para explicar a contraditória natureza de uma Trindade que era ao mesmo tempo Una, Penaforte cometeu o erro de comparar a Trindade ao vinho, que possui gosto, aroma e cor e, não obstante, continua a ser apenas vinho. Nahmânides retorquiu que, pelo contrário, essas características eram três propriedades separadas e "acidentalmente" unidas, sendo cada uma delas passível de ser removida, sob certas condições, alterando de modo essencial a natureza do líquido. É evidente que um deles estivera pensando num vinho mais real (e possivelmente provando-o). Com petulância, Pablo Cristiani, que até então estivera de mau humor e, quem sabe, esperando uma oportunidade para melhorar sua imagem aos olhos do rei, adiantou-se e afirmou que, fosse como fosse, a Trindade era uma verdade, porém tão misteriosa que nem príncipes e anjos eram capazes de apreendê-la de maneira correta. "Eu me levantei", escreveu Nahmânides, gabando-se um pouco, "e disse: 'Bem, é óbvio que uma pessoa não pode acreditar no que não compreende e, portanto, os anjos devem descrer da Trindade'. E os companheiros de frei Paulo [ou seja, de Pablo] fizeram com que ele se calasse."[19]

Nem Paris nem Barcelona tiveram o efeito que os cristãos esperavam. Não houve nenhuma conversão em massa. Na verdade, o exercício demonstrara que os judeus eram capazes de opor resistência na arena de seus adversários e estavam longe de ser inermes em sua própria defesa. Foi bom que isso acontecesse, pois desde meados do século XIII, por ordem do papa, os judeus eram forçados, até fisicamente se necessário, a escutar prédicas cristãs diante da Arca que continha os rolos da Torá, e nem sempre tinham defensores articulados e irrepreensíveis como Nahmânides. Os frades escolhiam não só o sábado, quando sabiam que a congregação judaica compareceria em peso, como os dias mais santos do ano — o Dia do Perdão, Pessach, Tabernáculos — para entrar nas sinagogas de supetão e quando bem entendiam e submeter os judeus a uma brutal repreensão sobre a obtusidade de sua cegueira. Para estes, a violação desses santuários devia ser profundamente traumática. A sensação de profanação ao ter de suportar uma saraivada de ofensas e, no seu entender, falsidades era desalentadora, se não aterrorizante. No entanto, o trovão dos frades pensava se engrandecer com a promessa de salvação para aqueles que viam a luz do Evangelho. Era necessário encorajamento, tanto quanto intimidação, pois obter conversões era de máxima importância para os religiosos, que estavam trabalhando dentro de um cronograma cada vez mais curto, pois os Últimos Dias eram iminentes. (Também os judeus acreditavam que no ano 5000 de seu calendário chegaria seu próprio Messias.) Contudo, para os fanáticos cristãos, com Jerusalém ainda nas mãos dos sarracenos e a pequena possibilidade imediata de sua reconquista, era na sinagoga que poderiam ser obtidas vitórias cruzadistas. E eles não estavam enganados. Não resta dúvida de que, com a intensificação de suas campanhas incessantes, os índices de conversão aumentaram, sobretudo na Espanha.

Não havia necessidade de chamar a atenção dos autores das narrativas hebraicas sobre o debate em Paris e de Nahmânides para a ameaça. Quanto mais crescia o número de frades que estudavam hebraico e se familiarizavam com o Talmude, e quanto mais conversos havia para orientá-los na escolha de textos para suas polêmicas, maior se tornava o perigo. Assim, histórias do tipo Davi e Golias como a *Vikuah*, em que judeus solitários, armados apenas com o estilingue de sua mente perspicaz, enfrentavam os gigantes da Igreja, destinavam-se a instilar coragem em leitores judeus. As armas mais fortes que os cristãos podiam usar contra eles, inclusive seus próprios apóstatas, seriam derrotadas com a ajuda de Deus. Todos os apartes irônicos de Nahmânides, suas vívidas descrições de cenários, pretendiam ser comédia além de defesa, em especial a pequena coda na qual ele e o rei Jaime se despediram numa atmosfera de respeito mútuo. No dia seguinte ao dos sermões na sinagoga, o rei, que já manifestara sua admiração pela capacidade de argumentação de Nahmânides, recebeu-o de novo, presenteou-o com trezentos dinares e lhe desejou um bom retorno para Girona, para levar a existência "em paz. E despedi-me dele com muito amor".

Tudo isso parecia bom demais para ser verdade. Qualquer improvável clima de afeição entre Nahmânides e o rei decerto não resistiu à hostilidade dos dominicanos, que, em vez de lhe permitirem voltar para Girona e viver em paz, levantaram acusações graves contra o rabino por conta de seu relato sobre os debates, destacando sem dúvida as passagens em que ele caçoava da concepção virginal de Jesus. O rei tomou medidas para que ele fosse ouvido por um tribunal independente, quando Nahmânides insistiu em que nada acrescentara ao que fora exposto, sem objeções, no debate. Mesmo assim, a *Vikuah* foi devidamente queimada e o autor, condenado a dois anos de banimento, para satisfazer os dominicanos, sobretudo Penaforte, claramente um mau perdedor. Não tardou muito para que a sentença fosse transformada em desterro perpétuo. Nahmânides cruzou a fronteira para a Provença, mas depois, já septuagenário, fez a árdua viagem para a Palestina, onde se avistou com os dois judeus que, segundo ele, eram os únicos homens de sua religião que moravam então em Jerusalém. Mudou-se depois para Acre, onde presidiu um círculo de discípulos, morrendo em 1270. Foi sepultado, como também fora Maimônides, em local ignorado, mas sempre objeto de especulações. Uma sinagoga no bairro judeu, modesta, mas autenticamente medieval, tem seu nome, ou antes, sua alcunha póstuma, "Ramban", acrônimo de seu título rabínico e de seu nome hebraico (o fato de Maimônides ser chamado de "Rambam" cria frequentes confusões). A cada dia se vê um tumulto de judeus ortodoxos no *shul* de Ramban, fazendo algazarra e pedindo silêncio, falando alto e aquietando-se, talvez como Nahmânides teria apreciado. Quer dizer, já que ele era famoso por seu compenetrado autocontrole, talvez não.

3. IMAGENS DE JUDEUS

A peleja de intelectos era o teatro em que se representava a batalha das religiões diante de príncipes, prelados e pregadores. Era alimentada pela firme convicção dos teólogos cristãos de que tinham o dever de vencer a guerra contra a "obstinação" e a "cegueira" dos judeus mediante a persuasão, e não a força, usando livros prezados pelos próprios judeus. Uma vez convencidos, estes veriam que a fidelidade à Bíblia exigia o *abandono* do Talmude, e não o apego tenaz a ele.

Contudo, grande parte das relações entre judeus e cristãos na baixa Idade Média não era assim tão nobre. No mais das vezes, o drama do antagonismo se desenrolava no fosso dos sentidos. Seu palco natural era o corpo, não o espírito, e seu meio eram imagens, não palavras. Seu poder era visceral, não filosófico, e a análise atenta de textos cedia lugar a um teatro de crueldade, sofrimento e horror. Um conjunto de tormentos a que se dava fulgurante destaque, aqueles que, ao que se dizia, os judeus infligiam habitualmente aos cristãos, numa repetição ritual do que tinham feito a Cristo, era imaginário. O outro conjunto de tormentos, imposto pelos cristãos aos judeus, era realíssimo e envolvia assassinatos em massa.

O sangue estava em toda parte, quer na fantasia, quer na realidade. Acreditava-se amplamente no mundo cristão que a cada Sexta-Feira Santa fluía sangue do ânus dos judeus do sexo masculino, em expiação pelo derramamento de sangue na crucificação. Não repetira Mateus as palavras dos judeus, enquanto Pilatos lavava as mãos, "O seu sangue [de Jesus] caia sobre nós e sobre nossos filhos" (Mateus 27,25)?[20] O primeiro judeu a sofrer algo semelhante a essa hemorragia penitencial fora Judas Iscariotes, quando, tomado de remorso pela traição, enforcou-se numa figueira e seu intestino irrompeu da cavidade do corpo, com muito sangue (vale notar que os figos eram símbolos de fístulas, entre outras coisas). Como sua alma não podia ascender, ela deixou o corpo de Judas através do orifício inferior. Na baixa Idade Média, o intestino de Judas tornou-se um tema comum nas representações da Paixão, em especial na Inglaterra, onde não havia judeus e os fabricantes de embutidos em York produziam uma longa cadeia de salsichas que jorrava de dentro do corpo explodido do falso discípulo no momento crucial do Auto dos Charcuteiros.[21]

Desenvolveu-se uma tradição medieval, visível nas obras de Thomas de

Cantimpré, por exemplo, que atribuía aos judeus a peculiar propensão para hemorroidas sanguinolentas que, quando o calendário litúrgico se aproximava da Páscoa cristã, rompiam-se com copiosa efusão. (O fato de Maimônides ter escrito todo um texto sobre hemorroidas só confirmava essas suspeitas.) Passados alguns séculos, essas fantasias se transformaram na convicção ainda mais estranha de que os homens judeus menstruavam com a precisão de um relógio. No fim da Idade Média, porém, o fluxo que, segundo se dizia, os incomodava foi suficiente para fortalecer a grotesca imagem das precárias condições de saúde dos judeus. Pelo menos uma história, registrada no século XIII pelo cronista Cesário de Heisterbach, tem como protagonista um clérigo cristão que se apaixonou perdidamente por uma judia (o tema era comum na imaginação medieval) e gira em torno do fato de que a única oportunidade para que consumassem a união ocorreu na semana anterior à Sexta-Feira Santa, quando, segundo ela declarou, seu pai estaria ocupado demais com a limpeza do ânus para dedicar muita atenção às idas e vindas dela. Um termo chulo latino, *verpus*, usado por satíricos como Juvenal para indicar o pênis circuncidado, passou a designar o dedo médio (usado para tentar estancar o fluxo anal) e, mais tarde, qualquer judeu. É possível que o insulto manifestado no dedo médio erguido, ainda comum nos Estados Unidos e na Europa latina, tenha se originado dessa fantasia particularmente malcheirosa.

Nos campos mais febricitantes da imaginação da baixa Idade Média, os judeus, criaturas anormais e vampirescas, estavam condenados a nunca se livrar da maldição de sangue que pesava sobre eles. Histórias ligadas a hemorragia anal geraram toda uma mitologia sobre feridas abertas e incuráveis, a maldição dos judeus assassinos. O que se pretendia destacar, naturalmente, era o contraste entre o sangue do Cordeiro, que lavaria os pecados da humanidade, e a efusão impura do fluxo anal dos judeus, testemunho da impureza perpetuamente amaldiçoada da raça. A circuncisão, perfeita para Cristo (e objeto de obsessiva reflexão e visualização), tornara-se redundante com o sacrifício de sangue na cruz, mas, como os judeus perpetuavam deliberadamente a prática, julgava-se que sofressem de um déficit de sangue. Era claro que isso explicava a notória palidez anêmica deles, como também seu odor desagradável. Embora o libelo de sangue só chegasse ao repertório da demonologia judeofóbica alguns séculos depois, havia uma ampla convicção, na Idade Média tardia, de que os judeus recorriam a periódicas complementações de sangue, usando para isso os corpos viçosos de jovens cristãos recém-abatidos.

Por sorte, os crimes dos judeus podiam ser frustrados por efusões de sangue com as quais não tinham contado. Durante o século XIII, os tormentos físicos suportados pelo Cristo sofredor tornaram-se uma fascinação compulsiva para os evangelistas. *Imitar* a vida de Cristo, como recomendavam os frades, significava experimentar suas provações em detalhes literalmente excruciantes: os açoites, a coroa de espinhos, a perfuração de seu corpo pela lança de Longino. Os instrumentos da Paixão — o açoite, os cravos, a escada, o martelo — tornaram-se extensões da própria cruz, cada qual com seu específico poder penitencial e redentor. Os quadros que representavam a Paixão ganharam um realismo mais visceral, e, à medida que isso acontecia, as imagens dos judeus que tinham infligido todo esse tormento físico ao Salvador ganharam uma malignidade correspondente. Começaram a surgir histórias vagas segundo as quais os judeus tinham pendor para a crueldade gratuita. O judeu que teria embebido uma esponja em vinagre ou *"rotyn wyn"* para limpar a fronte e o corpo ferido do Jesus crucificado era um exemplo recorrente; o mestre levita que esbofeteara o rosto de Jesus na escola da sinagoga era outro.[22] Judeus a cuspir, apupar, escarnecer e agredir passaram a povoar as imagens devocionais cristãs, algumas com punições educativas, como a do judeu que se atreveu a tocar o corpo da Virgem Maria em seu enterro e viu suas mãos e seus braços se colarem miraculosamente ao ataúde, como castigo, até serem amputados ou ele se libertar mediante a conversão.[23]

A julgar por essas obsessões judeofóbicas, a sede de sangue dos crucificadores nunca seria saciada. Por ocasião da Páscoa, dizia-se, eles não conseguiam deixar de reencenar a Paixão na pessoa material de Cristo, transubstanciado na hóstia eucarística. Em toda a Europa, a partir do século XIII, uma verdadeira loucura tomou conta da imaginação popular cristã: nela, judeus tramavam obter uma hóstia por qualquer meio possível e, então, profaná-la, seja apunhalando-a, seja mediante outras formas de mutilação, e depois disso ela seria enterrada, fervida ou moída num pilão, ou mesmo destruída por qualquer combinação desses três meios.[24] A exigência dos frades, de que os cristãos deveriam separar-se fisicamente dos judeus, e sobretudo evitar trabalhar em suas casas como amas de leite ou criados, era intensificada pela suspeita paranoide de que aqueles que estivessem na órbita doméstica deles poderiam ser levados, por persuasão ou chantagem, a conseguir uma hóstia para seus atos de profanação. Assim, a acusação de usura ligou-se à de blasfêmia, uma vez que se dizia que os judeus se valiam de cristãs endividadas para terem maior chance de sucesso ao lhes oferecer o perdão da dívida em troca de uma hóstia roubada.

O restante da fantasia, visualizada em retábulos como o de Uccello, em Urbino, ou o de Jaime Serra, no mosteiro de Sigena, na Catalunha, e também em vitrais, se desenrolava com a mesma riqueza de detalhes. De posse da hóstia, os judeus passavam a esfaqueá-la e se consternavam quando ela espirrava sangue neles, com fortes jatos reprovadores. Também era frequente que da hóstia perfurada surgisse um menino ileso, que os judeus, pasmos, percebiam ser o menino Jesus em pessoa. Em outras variantes, os judeus ocultavam a hóstia danificada em covas na terra ou em outros lugares, mas ela era inevitavelmente encontrada graças a manifestações milagrosas semelhantes.

Tudo isso poderia ter sido apenas mais uma forma da demonização que começara, no mais tardar, com os sermões de João Crisóstomo, um milênio antes. No entanto, nos séculos XIII e XIV, ela teve consequências letais. Histórias sobre profanação de hóstias, sobretudo em épocas turbulentas, bastavam para desencadear imensas ondas de mortandade. O mais influente pregador dominicano em Florença nos primeiros anos do século XIV, Giordano da Rivalto, de Pisa, chamou os judeus a contas por moer hóstias em pilão, e, quando alguns milhares deles foram por isso trucidados, exultou com o fato de que "todos os judeus foram mortos, de modo que é impossível encontrar um só em toda a província. Foi uma bênção podermos matar todos eles". Em 1298, um exército popular liderado pelo cavaleiro conhecido como "rei" Rintfleisch percorreu 146 comunidades da Francônia, no sul da Alemanha, massacrando toda a população judaica com base nesses boatos. Em Gamburg, na Baixa Francônia, 130 judeus morreram na fogueira; em Nuremberg, embora buscassem proteção no castelo local, outros 728 pereceram, entre eles letrados rabínicos como Yehiel ben Menahem Hakohen; e mais 840 foram mortos em Würzburg. Essa era uma cultura na qual os judeus também eram representados em esculturas na catedral como pessoas tão desumanizadas e demonizadas que não surpreende que ocorresse uma segunda onda de chacinas quarenta anos depois na Renânia, os chamados distúrbios de Armleder, nos quais a maior parte da mortandade foi obra, como o nome indica, de trabalhadores da indústria de couro. O mais preocupante para os judeus é que quase não houve nenhum segmento da população alemã — camponeses, burgueses e cavaleiros — que não tivesse representantes nesses morticínios em massa.

Mesmo numa época em que massacres eram comuns, só era possível cortar a garganta de criancinhas agarradas às saias das mães, torturar, mutilar e assassinar toda uma população cultural se essas pessoas indefesas fossem transformadas em agentes de depravação satânica, vetores ambulantes de epidemias e infanticidas contumazes. Foi assim que a cultura popular cristã passou a ver os judeus, mesmo (ou sobretudo) quando os judeus reais tinham sido escorraçados de sua presença. Foi nessa época que a caricatura do judeu começou a aparecer na pintura e na escultura sacras: os algozes de Cristo e sequestradores de crianças, de nariz adunco, cabelo preto e lábios bulbosos. A fealdade de sua fisionomia era o sinal iniludível de sua sordidez moral. O judeu se tornou, no imaginário cristão, uma espécie de animal selvagem, dado a hábitos ferais. Daí o surgimento da *Judensau* (porca de judeus ou porca judaica) na decoração escultórica de catedrais e igrejas alemãs, em Wittenberg, Regensburg, Bamberg, Magdeburgo, Colmar, Estrasburgo e muitas outras cidades: judeus mamando nas tetas de uma porca e abrindo bem a boca para ingerir seu excremento.

Nesse ponto, aconteceu algo realmente notável: um ato de resistência espontânea à conspurcação pictórica, um florescimento de imagens espetaculares no coração do judaísmo. Era como se o desafio loquaz de Nahmânides tivesse se traduzido para a mente, daí para a resolução do escriba e, em seguida, para a mão hábil do iluminador. Foi a primeira vez, desde os mosaicos da Antiguidade tardia, que o culto judaico, assim como os textos que ditavam a sequência dos ritos, passou a deleitar a vista, além de instruí-la. A profusão de imagens produzidas pelos criadores de iluminuras de manuscritos em hebraico não se deteve com as iniciais maiúsculas suntuosamente decoradas que abriam os capítulos da Bíblia. Elas compreendiam um imenso bestiário: corvos e pombos, águias e patos, camelos e avestruzes, gatos e camundongos, leões e elefantes, cobras e tartarugas, além de muitos outros animais.[25] Mas isso não era uma espécie de jardim zoológico enciclopédico reunido ao acaso. Se, sabendo da aversão do judeu ao porco, os alemães os representavam agarrados um ao outro, os escribas judeus revidavam com outras simbologias animais. Recorrendo à riqueza da imagística animal da Bíblia, e à poesia judaica hispânica, ou identificando os cervos com Israel, eles seriam o corço e a corça acuados pelos cães da perseguição cristã; ou seriam a lebre veloz correndo mais que as raposas.[26]

Conforme o contexto, os mesmos animais podiam aparecer com atributos diversos. As águias, sabidamente as primeiras criaturas a matar outros animais ao deixarem a Arca de Noé, podiam ser predadoras vorazes ou guardiãs protetoras da sitiada nação israelita. Leões apareciam ora como feras perigosas, ora como animais domados por Deus para agir como gatos mansos, ou, porque tinham figurado nas armas de Judá, filho de Jacó, como defensores exaltados de Israel. Seres híbridos e animais fabulosos, às vezes surrupiados de fontes cristãs, apareciam também nessa contraiconografia. O unicórnio, com frequência representado com a cabeça no regaço da Virgem, volta a ser o *re-em* de um só chifre do Antigo Testamento. Também os dragões estão presentes em toda parte nos manuscritos hebreus, quase sempre com o corpo escamoso de uma serpente e asas de morcego ou de ave, lançando fogo pela boca.

E algumas criaturas fantásticas foram adaptadas nas iluminuras para representar o papel dos próprios judeus: os mais impressionantes seriam os grifos, presentes na Hagadá da Cabeça das Aves, um manuscrito com iluminuras feito no fim do século XIII na Alemanha asquenaze, talvez em Mainz. De aves eles só têm a cabeça com bico. Afora isso, vestem-se como judeus, destacando-se o *Judenhut* em forma de funil invertido dos asquenazes alemães, e encenam a história do Pessach.[27] Os inimigos egípcios, porém, não apresentam características animais. Muito pior: são inteiramente destituídos de traços fisionômicos. O mundo alemão, em contraste com a Espanha e a Itália, com frequência lê o segundo mandamento de forma rigorosa, como se ele pretendesse proibir não só "imagens de escultura" (ídolos), como também "de qualquer coisa que as assemelhe ao que existe lá em cima, nos céus, ou embaixo, na terra". Meir de Rothenburg, autor de elegias sobre as queimas do Talmude em Paris e um pietista no espírito de Eleazar de Worms, fez saber que desaprovava o uso de toda e qualquer imagem em livros sagrados, por serem uma distração profana na oração devocional.

No entanto, ele perdeu a batalha das imagens, sobretudo nas Hagadot do Pessach, pois esses livros não se destinavam a serem lidos na sinagoga, e sim nos lares judeus, como posse comum de uma família estendida, às vezes emprestados a amigos e vizinhos. Vez por outra, livros ricamente ilustrados podiam até ser encomendados por um cliente rico para uso de toda a comunidade. E em Aragão e na Catalunha, e em especial na França e na Itália (como também em algumas partes da Alemanha), quando o costume se disseminou no fim do século XIII e durante o século XIV, clientes e escribas puseram as objeções de lado e passaram a representar os personagens bíblicos com rostos humanos e, mais importante ainda, empenharam-se eles próprios no ato de celebração do Pessach. A ânsia de representação foi além das Hagadot e chegou aos *mahzorim*, que reuniam os ritos e orações das festividades e jejuns do ano judaico; aos *siddurim*, livros de orações usados todos os dias e no sábado; à Torá, dividida nas partes ditas *perashot* (com aberturas de suntuosa ornamentação), lidas no culto comunitário do Shabat; e, por fim, a toda a Bíblia hebraica e até a livros de filosofia (neles, a veneração à *Mishné Torá*, de Maimônides, se traduziria em iluminuras refinadas e faustosas).[28]

Entretanto, foi por meio da Hagadá de Pessach que os judeus recuperaram a percepção de quem eram, libertaram-se da desumanização da polêmica cristã. Ou seja, não foi por coincidência que responderam com sua própria imagística bem na época em que mais eram pressionados por campanhas de conversão, massacres urbanos e raivosa paranoia. Foi um daqueles momentos, que às vezes os judeus têm dificuldade para imaginar, em que as palavras, *sozinhas*, pareciam não ser suficientes. Da maneira mais óbvia, profunda e corajosa, eles estavam reagindo à acusação de sangue implícita na Páscoa cristã, em seu martirológio confiante e em sua demonologia sangrenta. Uma extraordinária Hagadá espanhola do começo do século XIV confere à reação uma clareza eloquente ao dispor os participantes de um Seder de Pessach de acordo com as convenções da Última Ceia! Isso pode ter sido a resposta espontânea de um iluminador cristão contratado pelo escriba e pelo cliente judeus, como também pode ter sido um golpe intencional: um contra-ataque icônico consciente.

Usando imagens fulgurantes, radiosas e com frequência belíssimas, a imagística devocional da vida e da Paixão de Cristo foi respondida com a vida de Moisés. Houve ocasiões em que a história em imagens recuou mais ainda, chegando à própria Criação. A Hagadá de Sarajevo, por exemplo, representa a radiação da Criação divina por meio de uma explosão de raios solares que pairam sobre o abismo; mostra também o quase sacrifício filial por Abraão, a luta de Jacó com o anjo (representado em corpo inteiro), a carreira de José no Egito, a prefiguração do ciclo de Moisés. À salvação pelo sacrifício, exposta aos gritos em sinagogas a judeus obrigados a escutar sermões cristãos, contrapunha-se a teofania no Sinai, a entrega da Lei, a formação dos judeus. As iluminuras judaicas responderam com expressividade às mil perseguições, desde tempos imemoriais, com a crônica do faraó se humilhando depois das pragas (os iluminadores, sobretudo na Hagadá "Dourada" aragonesa, divertiram-se a valer com sapos, gafanhotos, feras selvagens e, de forma caricatural, com piolhos).

E por causa da percepção, intrínseca às noites de Seder, de que a epopeia fundadora de libertação era um desagravo perpétuo, a destruição do exército egípcio, engolido pelas águas do mar Vermelho depois da passagem dos judeus, era enfatizada mediante a representação do faraó e de seus soldados com trajes da Idade Média europeia. O faraó levava na cabeça a coroa dos reis da França ou do imperador alemão, e os soldados eram tragados pelas ondas usando cotas de malha e capacetes. De maneira mais significativa ainda, em muitas Hagadot do século XIV, o corpo, a cabeça e o rosto de judeus e gentios são indistinguíveis. Os judeus espanhóis às vezes usam o *houce*, uma cobertura de cabeça com capuz, às vezes não. Míriam e as outras israelitas que cantam e dançam de alegria após a destruição do exército egípcio — uma delas agita um pandeiro — são esguias e graciosas, e Arão e Josué são representados como figuras heroicas, liberados das caricaturas grotescas. Mesmo as escravas israelitas que trabalham para o faraó no Egito têm os mesmos traços humanos de todos os demais. Vez por outra, têm o inconfundível rosto rude do trabalhador judeu, o *shtarke*.

Muitos desses tipos humanos foram tirados, é claro, da iconografia cristã, mas a intenção era mesmo essa. Dispostos ao combate e sitiados como estavam, os judeus tinham se libertado do medo, dispunham-se a tirar da cultura hospedeira aquilo de que necessitavam e até a empregar os melhores artistas dessa cultura quando os seus não eram ainda exímios ou estavam ocupados e usá-los para um ato de restauração visual.

E, sobretudo, eles representavam a si mesmos. Não como aves ou outros animais (embora as lebres e o cervo indicassem sempre a perseguição de Israel), mas como homens, mulheres e crianças, pais, mães e sua prole reunidos em torno da mesa do Seder, e, às vezes, embora mais raramente, no interior da sinagoga, livres da intimidação dos frades. Em mais de uma dessas representações do interior da sinagoga aparecem homens *e* mulheres no mesmo nível, embora elas estejam de pé atrás dos homens, outra correção aos pressupostos a respeito das convenções sobre o culto no período medieval. Essas cenas do Seder constituem a mais eloquente reprovação que se possa imaginar às repugnantes versões segundo as quais as comemorações do Pessach seriam conspirações para assassinatos de crianças. Se alguém desejar encontrar o oposto do estereótipo de judeus esfaqueando a hóstia eucarística, não precisa buscar mais do que uma dessas tocantes cenas de Seder em que o prato dos *matsot* (não eucarísticos), junto com o *maror*, as ervas amargas (amiúde representadas como uma alcachofra), é passado entre os comensais, tocando-lhes a cabeça (um rito sefardita que parece ter desaparecido), como que inculcando seu significado na memória de cada um deles.

Em outro desenho de uma Hagadá do século XV, feito pelo mais talentoso de todos os iluminadores, o asquenaze Joel ben Simon Feibush, duas mulheres vestidas exatamente como suas contemporâneas gentias seguram um cesto de *matsot*, ao mesmo tempo que judeus dizem "*ho lachmah di'anya*", "eis que este é o pão da aflição que nossos antepassados comeram quando saíram do Egito".

Muitas cenas de preparação do Pessach e da refeição propriamente dita desmentem a acusação cristã de desumanidade desnaturada dos judeus em relação a seus filhos. Entre elas está um fascinante desenho em que um judeu rico, sentado num trono, distribui *matsot* e *haroset* (pasta de frutas, nozes e vinho, simbolizando a argamassa usada nas construções egípcias, o doce compensando o amargo) a filas de crianças e mães menos afortunadas, cumprindo assim a obrigação de caridade. Crianças e afeição doméstica abundam nessas iluminuras.

Alguns dos momentos mais cativantes de autolibertação das atrocidades dos estereótipos cristãos e das asperezas das obrigações rabínicas são os mais simples: por exemplo, quando, a pretexto de inserir uma iluminura numa oração ou um ritual festivo, um judeu aparece fazendo alguma coisa que nada tem a ver com um mandamento solene ou parece até estar em desacordo com ele. Até Moisés tinha seus dias de folga. Ou seja, mesmo naqueles tempos conflituosos, quando os judeus encomendavam imagens ou as produziam eles mesmos para motivar as tropas, eles eram capazes de rir. Por exemplo, a bênção do vinho num *mahzor* alemão, livro de orações para Rosh Hashaná e Yom Kippur, é representada de forma muito irreverente, com um homem curvado para trás, segurando-se numa mesa, virando o jarro na boca até a última gota. Melhor ainda, meio perdida na margem de uma ilustração de preparativos para o Pessach, temos a imagem clara de um jovem dobrando os nós dos dedos, no ato inequívoco de examinar as unhas. É claro que, se forçados, o iluminador e o escriba defenderiam a inclusão dessa brincadeira num livro sacro, alegando que uma partícula mínima de pão fermentado poderia ter ficado presa sob a unha. Mas quem acreditar nisso acredita também em unicórnios kosher.

Nada disso quer dizer que o judaísmo, a religião da palavra, de repente tivesse se tornado uma cultura de ícones. Nada mais distante da verdade. Sem dúvida os judeus estavam cientes do fascínio devocional criado pelas imagens cristãs, não só nos altares como levadas pelas ruas da cristandade, e consideravam a veneração de que eram objeto como mais uma prova, se necessário fosse, da natureza idólatra daquela religião. Para os judeus, as imagens estavam subordinadas às palavras, e por conseguinte quase só apareciam em livros, ainda que, quando suas páginas se cobriam de ouro e de cores fortes, como azul e escarlate, carmesim e verde de cromo, eles praticamente deixavam de ser meros "livros" de instrução religiosa ou interpretação talmúdica. Sem nenhuma percepção de prejuízo para a soberania da palavra sagrada, os judeus tinham decidido deleitar-se com imagens. Não seria essa a última vez.

No entanto, isso só era possível enquanto palavras e imagens fossem vistas como complementares; ou melhor, enquanto as palavras e os caracteres que as formavam tivessem, eles próprios, um misterioso poder visionário, aparentado (sem blasfêmia) à tradição cabalístico-mística, explicitada no *Sefer Yetzirot*, o *Livro da Criação*, que sustentava que Deus criara o universo e o mundo *mediante* letras. As letras eram formas primárias. Por isso, talvez, não deveria nos surpreender que, afora todos os empréstimos da arte gótica (e também da arquitetura gótica), a única forma de representação visual *peculiar* ao judaísmo eram figuras feitas com letras e palavras. Acredita-se que a micrografia — a assombrosa escrita de letras em miniatura, às vezes tão minúsculas que é difícil lê-las a olho nu (ao menos por olhos de meia-idade como os meus) e que parecem além de qualquer façanha concebível de controle motor — remonta ao século IX.[29] Uma explicação prática diria que, para uma cultura habituada a carregar carroças e pôr sebo nas canelas para salvar a vida o tempo todo, fazia sentido comprimir ainda mais os livros da Torá, que já eram portáteis, de modo que, por exemplo, todo o Livro de Ester coubesse numa página no formato in-fólio. Também era verdade que os textos da Torá e da Bíblia requeriam guias de pronúncia — a Massorá — que tinham de ser inseridos em algum ponto das margens da página, e algumas das primeiras micrografias serviam exatamente para isso. Porém, quando, no século XIV, os judeus passaram a incluir nesses livros desenhos de leões, dragões, grifos, águias, cães e *reis*, ficou evidente que estava em curso outra coisa. Nessas formas contorcidas, helicoidais, dançantes, nessas fitas de palavras-imagens, enroscavam-se os materiais celulares da tradição judaica, perpetuamente se transmutando, adaptando-se, renovando-se. E uma vez soltas no mundo, elas sempre se esquivariam à apreensão por parte daqueles que desejavam sua extinção.

9. Exílio do exílio

1. POR TODO O VASTO MUNDO

Quando o abscesso no braço esquerdo de Carlos v, o Sábio, parou de supurar e cobriu-se de uma crosta, o rei da França soube que seu fim estava próximo. Muitos anos antes, um hábil médico de Praga fora chamado para drenar o misterioso furúnculo real e declarara que, se um dia ele secasse, o monarca disporia de duas semanas para pôr seus negócios em ordem antes de expirar. E assim aconteceu. Tratada de vez em quando, a lesão purulenta ressumara de forma tranquilizadora durante muitos anos sob a braceleira brilhante de sua armadura, quando o soberano participava de batalhas para retomar territórios conquistados pelos Plantageneta ingleses. No entanto, justo quando a missão de sua vida parecia ter se realizado, as sombras injustamente se aproximavam, talvez apressadas pelo periódico acréscimo de arsênico que condimentava os pratos reais. Nem aos sábios faltam inimigos.

Antes de sucumbir, em 30 de setembro de 1380, deixando o reino entregue ao filho de onze anos (que, como Carlos, o Louco, perderia tudo que o pai ganhara), o rei de fato fizera algo de sábio. Por volta de 1375, ele instruíra seu enviado à corte de Pere, el Ceremoniós (Pedro IV, o Cerimonioso), de Aragão, que obtivesse junto aos judeus de Palma de Maiorca (famosos por esse tipo de trabalho), um de seus *mappae mundi*, os "panos do mundo". Está documentado que a importante obra, que ficaria conhecida pela posteridade como o *Atlas catalão*, juntou-se a outros 917 objetos na biblioteca real em novembro de 1380, de modo que é possível que o rei mortalmente enfermo nunca tenha posto os olhos nas seis folhas duplas de velino em que todo o mundo conhecido estava mapeado — desde as ilhas no extremo ocidente, as Canárias, assim chamadas por causa dos *canes*, os cães selvagens que ladravam nos morros vulcânicos, até as ilhas no ponto mais oriental que se conhecia, o arquipélago de 7 mil ilhas nos mares ao largo de Cataio, que Messer Marco Polo afirmara ter contado, ou as águas da Taprobana, onde os nativos devoravam peixe cru e bebiam água do mar. Em vez disso, as folhas dobradas de velino pintado — cobertas de texto em catalão e de linhas dos ventos, reluzindo de ouro e prata, cinabrino e verde-guignet, com os signos personificados do zodíaco, coisas fabulosas e coisas cartografadas — teriam sido inspecionadas pela turma habitual de tios ardilosos, regentes do reino em nome do rei menino, Carlos VI, ou talvez pelo próprio jovem.[1]

Os atlas maiorquinos eram feitos para ser desdobrados sobre as mesas da cabine dos capitães de navios, que marcariam neles, com conhecimentos de primeira mão, os detalhes precisos sobre águas seguras e inseguras, recifes e baixios ameaçadores, enseadas acolhedoras e estreitos traiçoeiros.[2] Embora o grande *Atlas catalão* (que ainda pode ser visto na Bibliothèque Nationale de France) tivesse sido feito sob encomenda e pintado como um presente real, mesmo assim era um objeto de utilidade prática, bem como de beleza extraordinária, e o rei menino, os tios regentes e o bibliotecário real podem ter caminhado em torno dele como se estivessem circundando o mundo. Um ano depois, em 1381, o infante de Aragão, Joan, encomendou ao "*jueu* [judeu], o mestre de *mappae mundi* e bússolas", outro desses mapas, expressamente para Carlos VI, como um presente destinado a selar o que ele esperava que fosse uma aliança entre Aragão e a França.

Esse judeu era Abraão Cresques, que com o filho, Jafudà, passara anos e anos elaborando um atlas mais espetacular e com maior quantidade de informações do que qualquer outro já produzido. Tecnicamente, Cresques não era o autor dos mapas, e sim seu iluminador, e era conhecido como *buxoler* em catalão (*brujulero* em espanhol): fabricante de bússolas e pintor das caixas nas quais flutuavam as agulhas magnéticas, montadas em cortiça, que indicavam as direções.[3] A separação entre as funções é mais vaga do que alguns autores recentes consideraram, e a encomenda do infante não deixa dúvida de que Cresques e seu filho (aos quais o rei Pere concedera distinção especial como "amigos reais") eram tidos como os verdadeiros mestres e autores do trabalho em geral.

Ao marcar os dados, desenhar e pintar, era como se Cresques e Jafudà vissem a Terra e lidassem com ela ao lado dos anjos celestes. Trabalharam toda a extensão do planeta — 180 mil estádios ou quase 39 mil quilômetros de circunferência, como calculara Ptolomeu — com olhos atentos e dedos ágeis: os mares ondeantes, mostrados em azul, as costas enrugadas, os desertos nus ou encrespados, as cordilheiras arqueadas e até os atoleiros da Irlanda, com capoeiras verdes apontando nos pântanos. Assim retraçavam o trabalho do Todo-Poderoso, sem jamais, que Deus os livrasse disso, tomar liberdades com Seu infinito engenho.

Quem melhor para reproduzir o mundo que os judeus, que viajavam sem parar por ele e eram encontrados em todo rincão, salvo aquele de onde tinham sido expulsos sem dó nem piedade? Havia judeus em Catai, protegidos pelo cã, judeus na abrasadora Núbia, judeus no reino hindu de Délhi, onde o soberano se jactava de possuir setecentos elefantes, judeus na costa de Malabar e judeus no Magreb, onde Cresques plantara uma estrela de Davi, de seis pontas, nas imediações de Fez, coisa nunca vista antes num mapa-múndi. Se nos mapas de Ebsdorf e Hereford, de um século antes, Jesus Cristo ainda figurava com destaque sobre o planeta, no *Atlas catalão* ele desaparecera por completo. A omissão chama de tal modo a atenção que às vezes se diz que a figura entronizada no quimérico Extremo Oriente, na vizinhança de Gog e Magog, é Cristo no Paraíso, às vezes, de maneira menos plausível, o Anticristo, mas a coroa e a barba tornam mais provável que ela represente Davi — o que faz com que a vegetação que brota de suas mãos seja o tronco de sua linhagem, e também a do Salvador, uma diplomática fusão de judaísmo e cristianismo. No local do mosteiro no monte Sinai, aparece uma referência piedosa a Santa Catarina, mas também a indicação de que foi ali que "Moisés deu a Lei". Mais significativamente ainda, o braço noroeste do mar Vermelho é cortado por um estreito espaço em branco, identificado num texto adjacente como a estrada pela qual passaram "os Filhos de Israel" (frase pouco usada pelos gentios).

Cresques e Jafudà também fizeram questão de satisfazer a grandeza daqueles a quem se destinava o atlas. Longe dos minúsculos e comprimidos detalhes topográficos e náuticos das costas do Mediterrâneo e da Europa, o mapa está cheio de imagens de reis e rainhas em seus respectivos domínios. O mais surpreendente é o africano "Mussa Melli", o rei da "Gynia" (Guiné), na realidade Mansa Musa, que havia governado o reino do Mali, uma faixa do território da África ocidental que no começo do século XIV ia do Senegal à Nigéria, situada no centro de um comércio de ouro tão prodigioso que levou os governos da Ibéria, na costa, a se sentirem tentados a explorar suas riquezas. Coberto por um manto de fina musselina verde, barbado e descalço, "Mussa Melli" está sentado num trono e usa uma coroa de ouro, erguendo bem alto um disco do mesmo metal precioso, como se segurasse o Sol entre o polegar e o indicador. Um pouco mais ao norte e a oeste, um nobre tuaregue, pálido de medo, açoita o dromedário diante de um oásis de tendas escuras. O antigo, eterno e equatorial confronto, ao sul do Saara, entre animistas e muçulmanos, entre brancos e negros, entre caçadores e traficantes de escravos já então era conhecido, sobretudo pelos judeus maiorquinos de língua árabe, muitos dos quais provenientes do Magreb e do Atlas.

E como o *mappa mundi* pretendia tratar de história recente, além de geografia, Cresques e Jafudà pintaram nele o navio de Jaume Ferrer, que em 1346 havia descido pela costa da África, numa galera *uxer*, de um só mastro e vela redonda, do tipo em geral usado para transportar cavalos, em busca da foz do lendário "rio do Ouro", que, depois de descoberto, levaria os europeus ao coração do reino do metal precioso.[4] No mapa de Cresques, a galera de Ferrer cavalga as ondas impelida por um vento sudoeste que prometia trazê-la de volta carregada de riquezas e conhecimentos sobre os rios reais do Senegal ou de Gâmbia. Ao que se dizia, tendo conquistado havia pouco a ilha de Maiorca, o rei de Aragão tinha planos cruzadistas em relação às Canárias, de onde talvez pudesse ter lançado a habitual missão de pregar e lucrar no continente africano, dominado pelos muçulmanos. No entanto, nunca mais se soube de Ferrer. Na popa arredondada de seu naviozinho tremula o pendão aragonês — uma provocação aos franceses, pois foi nessa época que os reis de Aragão tinham se lançado ao mar a fim de criar um estado transmediterrâneo que se estenderia de Valência e da Catalunha às ilhas Baleares, à Sardenha, à Córsega e à Sicília, um mini-império tão extenso que se dizia que até os peixes ostentavam na cauda as barras douradas e escarlates de Aragão.

Nada é firme e fixo na superfície do mundo de Cresques e Jafudà. O próprio mapa precisa ser virado de um lado para outro ou girado para que se leiam os dísticos. A terra apresenta viva animação. Os homens estão em movimento, cruzando fronteiras, ainda que no andamento de passos de camelos ou na velocidade de um barco que atravessa o golfo Pérsico. A caminho de Chanbaleth, a capital da Catai de Kublai Khan — com quarenta quilômetros de circunferência, cercada de muralhas imponentes —, a caravana de Marco Polo transpõe o planalto do Cáucaso e avança pela Rota da Seda para penetrar na distante "Assia", orlada de montanhas. Parelhas de camelos seguem na vanguarda, seguidas por uma escolta de soldados a pé, e depois os viajantes, liderados pelo próprio Marco Polo, que, sorridente, conversa com um tártaro. Um integrante do grupo dormita imprudente na sela, expondo-se assim, como advertiu Cresques, a visitas de malignos espíritos da noite.

As figuras movimentam-se de um lado a outro, para o sudeste, em direção à Burgária ou Oumania, para o norte, rumo à Polônia, a Rússia ou às inóspitas e pedregosas "Arcânia" (as ilhas Órcadas) — lugares envoltos em trevas durante metade do ano e iluminados à noite inteira na outra metade. A mão que faz as iluminuras vai com os viajantes Nilo acima (que no mapa nasce no oeste do Sudão, como se supôs durante séculos), adentra a Etiópia núbia, onde cristãos e "sarracenos" (como o mapa chama os muçulmanos) guerreiam entre si sem parar, depois navega pelo golfo Pérsico, onde homens nus mergulham em busca de pérolas, segue para leste e penetram na terra onde se catam diamantes espalhando carne crua pelos morros e esperando o voo das aves selvagens que metem no bico carne e gemas, deixando gentilmente as pedras caírem ao transferir o alimento do bico para o papo.

No tráfego intenso desses homens em movimento se entrechocam lendas e fatos, informações colhidas com esforço e fantasias compulsivas, novas descobertas e tradições bolorentas. Nesse sentido, o *Atlas catalão* é a projeção cartográfica da Hagadá talmúdica: um colóquio de mexericos, informações, sabedoria herdada e tolices fantasiosas, no qual as vozes que se interrompem umas às outras são aqui substituídas por guinadas dos ventos e pela bússola regirante e nervosa.

Pela primeira vez na história, essa bússola é representada num *mappa mundi*: a rosa dos ventos, pintada no limite aliciante do oceano ocidental, 32 direções do vento que se projetavam das oito principais, sem nenhum puxão magnético controlador, salvo o da curiosidade e da cobiça, as duas forças que alterariam o mundo. Jerusalém continua a figurar no centro do mundo, com o Santo Sepulcro prudentemente delineado pelos desenhistas judeus para os clientes cristãos, como se não estivesse agora irrecuperavelmente sob a custódia dos "sarracenos", embora representado aqui na mesma escala de qualquer outra Igreja. A recaptura de Jerusalém e da Terra Santa e a força da missão cavaleiresca das cruzadas não tinham se apagado da imaginação cristã, sobretudo na Espanha, onde nada restava do islã, além do encrave de Granada. Todavia, enquanto em outros mapas o Levante era indicado com uma cruz, no *Atlas catalão* o ponto leste transforma-se num desenho estilizado que algumas pessoas, talvez com excesso de imaginação, dizem lembrar uma menorá.

A visão é onidirecional, girando num sentido ou noutro, conforme as rajadas da oportunidade. Tenha ou não a família de Cresques viajado, a não ser mentalmente e com a vívida imaginação com que liam o relato já imaginativo de Marco Polo, o atlas revela ausência de confinamento, ainda que bem na época em que quase todos os judeus em Palma de Maiorca estavam sendo obrigados a viver no bairro separado para eles — a Call, não uma abreviação de *calle*, palavra espanhola que quer dizer "rua", mas uma corruptela do termo hebraico *kahal*, comunidade. O mais importante é que esse atlas constitui uma comprovação da curiosidade etnográfica de seus autores, uma curiosidade não restrita aos judeus (como mostram a carreira e a biografia de Marco Polo), mas, por uma razão ou outra, sem o peso das obsessões cruzadistas unificantes da cristandade, da missão global de conversão que acarretaria a Segunda Vinda. Os judeus estavam aqui, ali, em todas as partes, e embora muitos tivessem aportado em Maiorca no século XIII, junto com seus conquistadores cristãos, muito do valor deles para os governantes estava exatamente em servirem de intermediários com o inimigo muçulmano. Falavam e liam o árabe, traziam para o mundo cristão conhecimentos de astronomia, medicina e filosofia, adquiridos aos árabes, e, mais importante, podiam negociar com as potências e os portos do Magreb, no norte da África, e com o Egito. Não se permitia aos judeus possuir navios, mas os reis independentes de Maiorca e os soberanos aragoneses que lhes sucederam ordenavam aos armadores cristãos que recebessem cargas originárias de países muçulmanos e embarcadas por judeus. Eles eram os únicos habitantes de Maiorca que tinham liberdade de ir aonde quisessem, se bem que nem sempre com segurança, cruzando as fronteiras linguísticas, religiosas e aduaneiras do Mediterrâneo. As costas sobre as quais havia mais informações náuticas e os nomes de portos trazem a marca de suas idas e vindas pelas disputadas ilhas do Egeu e, com mais audácia, pelas do Atlântico. A oeste da longa costa da Guiné ficavam, embora não marcados com exatidão, arquipélagos convidativos — o da Madeira, o das Canárias e ilhas cujos nomes estavam fadados a grudar na imaginação, tanto quanto no mapa: Caprara, a ilha dos cabritos; Brasil, a ilha do fogo; Corvo, a ilha dos corvos.

A própria Maiorca podia não ser a ilha do leite e do mel, mas durante grande parte do século XIV foi um lar no exílio para a maioria das mil e poucas famílias que ali tinham se radicado, vindas do norte da África e de outras partes da Espanha, depois da Reconquista cristã no século XIII; não só em Palma de Maiorca, como também em Inca e Sineu, no centro da ilha; Alcúdia, no nordeste; e Soller, no noroeste.[5] Em todos esses lugares, como tinham feito na Europa cristã, os judeus viviam em geral perto de fortes e igrejas, algumas de dimensões catedralescas, que dominavam a topografia montanhosa das cidades maiorquinas. E isso diz alguma coisa sobre a compatibilidade entre essas instituições e as possibilidades da vida judaica. As autoridades da Igreja e do governo (durante algum tempo, uma monarquia independente; depois de 1343, província da Coroa de Aragão) prometiam manter os judeus em segurança, ao mesmo tempo que também tentavam persuadi-los da cegueira de sua religião, e enquanto eles não se convertiam lucravam com a coleta regular de impostos, feita por eles. Na situação de guerra perpétua no Mediterrâneo, de vez em quando as autoridades precisavam de súbitos aportes de recursos, e os judeus estavam ali para fornecê-los, ou então... Também de vez em quando (sobretudo no período dos reis maiorquinos), ocorriam lamentáveis distúrbios, com o confisco de propriedades e até de sinagogas. Depois a situação voltava a uma acordada reciprocidade social.

No reinado de Pere IV de Aragão, os judeus de Maiorca tiveram motivos para se sentir protegidos das tormentas de ódio e fanatismo que trovejavam sobre eles em outros lugares. A Coroa proibia expressamente que os frades pregadores invadissem sinagogas e obrigassem os judeus a escutar suas prédicas catequizantes. De forma geral, ignoravam-se as distinções humilhantes de vestuário. Não era permitido prender judeus no sábado ou nas festas judaicas, e quando serviam de testemunhas em tribunais cristãos eles podiam jurar pelos Dez Mandamentos. De modo geral, eram governados e julgados por suas próprias instituições autônomas. Em Maiorca, ninguém nunca os acusou de provocar a Peste Negra. Em Estrasburgo, novecentos judeus tinham sido massacrados numa crise de paranoia; em Toledo, ocorreu um distúrbio sangrento em 1349.[6] Não se dizia em Maiorca que eles envenenavam os poços ou não confinavam leprosos para que estes contaminassem cristãos. Ao contrário, judeus benquistos, como Abraão Cresques, que se jactava de sua condição de "amigo real", gozavam do direito de tirar água do poço superior em Palma, e até de desviar parte dela para um duto de água corrente destinada à purificação ritual judaica.

A cultura judaica floresceu em Maiorca com a mesma energia e fluência com que se desenvolvera no seio dos califados de Granada e Córdoba. Persistiam os debates entre os partidários e adversários de Maimônides, com estes últimos agora invocando o misticismo cabalista como alternativa à máquina analítica da lógica grega. Rabinos que apoiavam um dos lados dessa contenda instalaram-se em Maiorca não porque tivessem de fazê-lo, mas de livre e espontânea vontade. E entre eles, como ocorrera no Cairo ou em Córdoba, havia intérpretes refinados das ciências, em especial da matemática e da astronomia, que tinham chegado à Europa graças a fontes árabes. Rabinos dedicados à astrofísica, como Leão Mosconi, Efraim Gerondi e Isaac Nifoci, que faziam para a corte relógios e astrolábios, além de quadrantes e sextantes, desfrutavam de posição especial (o que lhes permitia, entre outros privilégios, portar espada ou punhal, o que não era pouca coisa no século XIV), como já era habitual no caso dos médicos, pois ainda se julgava, onde quer que houvesse médicos judeus, que eles tinham conhecimentos e poderes curativos especiais. Na verdade, podia-se dividir em duas categorias os cristãos entre os quais eles viviam: os que aplaudiam a forma como os médicos judeus os tratavam e os que se aterrorizavam com esse tratamento, considerando que o toque deles fosse o prelúdio da morte, e suas poções, as secreções de Satanás.

O sinal de uma comunidade florescente ou ao menos estável era a diversidade das ocupações com que os judeus ganhavam a vida e onde o faziam. Quando as condições se estabilizaram, os judeus se estabeleceram, por vontade própria, no sudeste de Palma, numa área mais elevada que descia de uma pracinha para as três portas — as do Templo, de Santa Fé e Calatrava. A simples existência dessas três portas indica a liberdade que tinham os judeus de ir e vir. A Call ainda não era um gueto. No bairro de Calatrava, em Maiorca, e em outras cidades onde se radicaram, como Inca e Soller, havia ourives e prateiros, como era de esperar, mas também plantadores e comerciantes de açafrão, além de mercadores de vinhos (o vinho kosher, tal como a carne kosher, era muito procurado pelos gentios). Havia tintureiros e comerciantes de seda e linho, e, devido à estreita ligação com Barcelona, onde essa atividade era dominada por judeus, Maiorca se especializou no comércio de papel, de encadernação e venda de livros (outra atividade de Nifoci), desde livros contábeis a obras em hebraico e árabe, assim como suas traduções, inclusive os manuscritos com iluminuras, cada vez mais apreciados. A vida em Maiorca não era perfeita, mas, afinal, onde era? Era uma vida exequível, na qual o ciclo da vida judaica — as celebrações do Pessach, os casamentos e funerais, os dias de mercado e os jejuns solenes — podia se desenrolar sem terror. Ainda que houvesse, como sempre, surtos de ódio e violência, vindos de aldeias e cidades como Inca, onde ocorreu um tumulto homicida em 1373, no reinado de Pere IV os judeus podiam confiar em que seriam protegidos dessas ondas de fúria, e que seus agressores seriam punidos (como em geral foram).

No entanto, dez anos depois que o sensacional atlas de Cresques e Jafudà foi entregue ao rei francês, a sociedade judaica maiorquina que produziu essa obra estava em ruínas. Em 1435, tinha desaparecido por completo, só subsistindo na vida secreta dos convertidos à força, os *chuetas*, que acendiam velas furtivamente nas noites de sexta-feira, e em resquícios de memórias alimentares no *adafina*, prato rico em feijão e condimentado com açafrão, cozido durante a noite em fornos de padeiros na véspera do Shabat, uma sociedade cujos descendentes só agora estão descobrindo sua origem judaica. O que tinha acontecido?

O desastre ribombante que se abateu sobre os judeus de Maiorca, como também sobre todas as grandes comunidades de Sefarad, no verão de 1391, teve início com uma voz. Os historiadores são às vezes aversos a explicações que se reduzam ao magnetismo de pessoas. E é verdade que o ocorrido na Espanha fez parte de uma onda de rebeliões que varreu os campos e as cidades da Europa contra as autoridades da Igreja e das monarquias, talvez uma reação tardia à incapacidade dessas instituições para evitar a morte de um terço da população durante os surtos da peste bubônica. Entretanto, eram vozes que ousavam falar ou gritar coisas chocantes, violentas, que os poderosos subestimavam como se fossem o uivar de animais, até que os uivos derrubassem seus muros e seus tronos e transformassem o ressentimento em quebra-quebra, os gritos em massacres.

Na Espanha, foi a voz de Ferrán Martínez, arcediago de Ecija, cidade a cerca de oitenta quilômetros a oeste de Sevilha. O que faltava a Martínez em sofisticação teológica e em saber era mais que compensado pela clareza brutal de sua violência retórica. Foi exatamente sua força primitiva e sua disposição de desafiar a autoridade real em nome de um poder superior que o tornou popular entre a gente comum das cidades e dos campos.[7] Num mundo em pânico, no qual um terço da população tinha sido morta pela peste, e que acreditava que ela acontecera ou por castigo divino ou em decorrência de um conluio demoníaco de judeus, hereges e leprosos, essas pessoas não tinham tempo para a filosofia agostiniana tradicional, que preservava os judeus como testemunhas da paixão redentora de Cristo, nem paciência para insistir num vagaroso gotejamento de persuasão. O medo e a raiva, frustrados na Terra Santa, pediam uma cruzada, ali mesmo e imediata, e se o alvo não podia ser os sarracenos (já praticamente derrotados na Espanha), por que não os diabólicos judeus?

Assim, o que Martínez pregou a partir de 1378, sobretudo nas cidades do sul de Castela, era de uma simplicidade brutal: ataquem os judeus, onde e quando puderem. Já que pelas normas da própria Igreja era ilegal a construção de sinagogas — "a casa de Satã", onde "Cristo e os cristãos são amaldiçoados três vezes por dia" —, a solução era simples: demoli-las imediatamente. Com relação aos que frequentavam esses locais de práticas demoníacas, seria oferecida a eles uma escolha simples: conversão imediata ou morte.

No caminho deles interpunham-se as autoridades da Coroa, furiosas com o fato de Martínez negar aos judeus o direito a um governo autônomo e à justiça comunal sob a proteção do rei. Por três vezes, em dois reinados e uma regência, Martínez recebeu ordem de desmentir essas afirmativas e parar sua pregação contra os judeus. Quaisquer sinagogas que fossem danificadas ou destruídas em decorrência de sua campanha teriam de ser reconstruídas por sua conta, uma ameaça absurdamente vazia. Muitos prelados da Igreja mostraram-se igualmente horrorizados, sobretudo em Sevilha, onde o arcebispo

Barroso passou a considerar Martínez herege e rebelde; outros, porém, temiam o poder dos frades para açular uma multidão enfurecida. Com isso, o destino dos judeus passou a depender de um cabo de guerra entre a piedade cristã oficial e a popular, assim como da capacidade da Coroa para conter os líderes de turbas violentas, apesar de seu medo de atiçar a indignação do povo. Através da comunidade de comerciantes catalães em Londres, todos sabiam da experiência de Ricardo II da Inglaterra, que na Revolta Camponesa de 1381 escapara por um triz das mãos de Wat Tyler e do padre John Ball. Na Espanha havia elementos semelhantes à margem da sociedade: soldados e marinheiros cujos soldos estavam muito atrasados e que procuravam uma briga; aprendizes cheios de testosterona com contas a ajustar, agitando bandeiras com cruzes; frades desvairados convictos de que matando ou convertendo judeus estariam apressando a Segunda Vinda; citadinos e camponeses para quem todos os judeus eram usurários perversos, sanguessugas dos desvalidos. Para as autoridades urbanas, o problema consistia em reprimir com energia a agitação popular e conseguir castigar com severidade os baderneiros. Quando ocorriam punições exemplares, o resultado não era incentivador para as forças da ordem e da moderação. Por determinação do nobre Guzmán, prefeito de Sevilha, dois cabeças da facção de Martínez foram açoitados por incitação à violência; e logo Guzmán quase foi morto pelo populacho. Quando o rei Juan I morreu, em 1390, após uma queda da montaria, e Castela ficou nas mãos de seu filho Henrique III — outro pré-adolescente —, surgiu um vácuo de poder. Pressionado pelos líderes da *aljama* autônoma, a comunidade judaica, que chegara a ir à Santa Sé para obter uma condenação papal de Martínez, o Conselho da Regência fez as declarações de sempre e, como de costume, o arcediago as ignorou. Se antes fora um incômodo, Martínez estava agora se transformando em revolucionário, e a cada vez que um desafio seu passava sem punição ele se fortalecia, pois era ele, e não o rei ou os arcebispos, que o povo via como o verdadeiro porta-voz da vontade de Cristo. No começo de 1391, não havia mais como deter Martínez, que já dava ordens às igrejas de Castela, em nome de sua própria autoridade, para que destruíssem de imediato todas as sinagogas.

A membrana que continha todas essas forças centrífugas de desordem violenta rompeu-se com facilidade. Em março de 1391, ataques contra judeus em Sevilha foram reprimidos e punidos. Entretanto, na primeira semana de junho, o ataque contra a *judería* (hoje o bairro de Santa Cruz) começou com uma multidão de jovens que forçavam as portas, incitados por Martínez e seus frades, e logo se transformou numa guerra santa, na qual só um dos lados portava armas. Daí a poucos dias, milhares de judeus tinham sido mortos (algumas fontes falam em 4 mil, mas esse número quase com certeza é exagerado), e seus corpos se amontoavam nas ruas. Em geral, as sinagogas de Sevilha que Martínez declarara que deviam ser destruídas eram pequenas e foram incendiadas, com ou sem pessoas em seu interior. Das três maiores — inclusive a que hoje é a igreja de San Bartolomé —, duas foram de imediato consagradas a Cristo. Mulheres e crianças eram arrastadas pelos cabelos, aos gritos, para o batismo; as que continuavam a resistir eram degoladas. Multidões frenéticas de inocentes aceitaram a conversão, até suplicaram por ela; seus antigos e belos nomes foram substituídos pelos de seus padrinhos e madrinhas.

Em outros lugares, apanharam-se peixes enormes na rede de São Pedro. O reverenciado rabino e coletor de impostos Salomão Halevi, de Burgos, tornou-se o ardoroso cristão Pablo de Santa María, que alegou depois ter sido persuadido em termos filosóficos pelos ensinamentos de São Tomás de Aquino, e não pelo argumento da espada e da multidão, e isso bastou para que ele acabasse se tornando o bispo da diocese e, por fim, chanceler do reino de Castela. Seu melhor aluno da ieshiva e discípulo, Josué Halorki, de início abismado com a apostasia do mestre, por fim superou sua repulsa e se tornou o fervoroso padre Gerónimo de Santa Fe, médico do papa. A apostasia foi só o começo do mal que eles infligiriam à gente de sua antiga religião. Halorki/ Santa Fe defendeu o lado cristão num debate com rabinos, realizado em Tortosa em 1413-4 (usando, em alguns momentos, seu conhecimento da cabala para demonstrar que o nome de Jesus estava imanente nas letras do esoterismo judaico), e afirmou, sem muitas provas, que convertera dois de seus antigos companheiros. Halevi/ Santa María persuadiu seus dois irmãos a serem batizados junto com ele e fez com que a filha e quatro filhos também fossem batizados, embora estes não tivessem voz ativa no caso. A mulher com quem ele estava casado havia 26 anos, Joanna, não quis saber daquilo e o deixou para manter-se fiel ao judaísmo. E nessa religião ela morreu, em 1410 — o que não impediu, porém, que o marido, agora bispo, fizesse com que fosse sepultada em sua catedral, onde seus restos ainda se encontram.

Nos meses que se seguiram, a carnificina tomou conta de quase todos os grandes centros do judaísmo no reino de Castela, muitos deles antigos núcleos de estudos e cultura, como Córdoba, Lucena e Toledo. Os sinais para começar o ataque aos judeus tornaram-se audaciosamente teatrais — com frequência um dobrar dos sinos de igrejas ou, como em Tortosa, um menestrel batendo um tambor e gritos de "água benta ou morte aos judeus".[8] Em julho, o terror espraiou-se de Castela para Valência, então parte de Aragão, onde 250 pessoas foram mortas, e a seguir para a Catalunha, para a Girona de Nahmânides e, por fim, no começo de agosto, para Barcelona, onde, de uma forma ou de outra — conversão ou morte em massa —, toda a antiga comunidade foi erradicada. O rabino Hasdai ben Abraão Crescas, talmudista anti-Maimônides, que fora tratado pelo rei Juan como rabino-chefe oficioso de Valência, e muitas vezes privava com o monarca, achava-se em Barcelona durante a pior fase da mortandade e deixou um relato vívido da morte infligida a pessoas indefesas:

> A mesa de nosso desastre, arrumada com plantas venenosas e absinto [...]. Usando arcos e catapultas, eles atacaram os judeus reunidos na cidadela, espancando-os e golpeando-os na torre. Muitos santificaram o Nome de Deus, entre eles meu próprio [e único] filho, um inocente cordeiro; alguns tiraram a própria vida, outros se atiraram da torre [...], pessoas cujos membros já estavam quebrados antes que chegassem à metade da queda [...] muitos se adiantaram e santificaram o nome [mataram-se] em plena rua, e todos os demais se converteram, e apenas uns poucos acharam refúgio [...] e por causa de nossos pecados não resta hoje em Barcelona um só israelita.[9]

De acordo com Crescas, o mesmo aconteceu em toda Valência e na Catalunha. O que ainda existe é Montjuic, um belo parque e atração turística, onde no passado ficava o cemitério israelita, donde seu nome. Suas lápides estão espalhadas por toda a cidade, usadas na construção deste ou daquele prédio da cidade elegante.

Nenhum judeu de Maiorca imaginou que o mar impedisse que o horror de Castela e Aragão chegasse à ilha em que viviam. Ao saberem dos massacres e das conversões em massa em Valência, os líderes da *aljama* procuraram o governador-geral e pediram proteção, como os judeus tinham feito em toda a Espanha. Tal como seus colegas, o governador fez tudo o que pôde, reunindo os judeus no interior da Call em Palma, trancando as portas e proibindo que gentios entrassem na área que tinha se transformado no recinto judeu. Apreensivos, os judeus espalhados por aldeias de toda a ilha dirigiram-se para cidades menores, o mais depressa que conseguiam, com carroças puxadas por vagarosas mulas e asnos, e muitos chegaram até Palma, cuja cidadela era, como pensavam, sua única esperança de sobrevivência.[10] O grandioso centro do espírito judaico errante, a comunidade de fabricantes de astrolábios e atlas, de medidores de estrelas e fabricantes de bússolas, era agora um acampamento de confinados aterrorizados, meio abrigo, meio prisão. Abraão Cresques morrera em 1387, no mesmo ano em que também morreu seu cliente Pere, el Ceremoniós, porém seu filho Jafudà continuou a tocar o negócio, junto com Nifoci e o restante dos geógrafos.[11] Estavam ali quando as portas foram aferrolhadas diante de um exército de setecentos *provinciales* enfurecidos que surgiram de uma hora para outra, agitando bandeiras com cruzes. O governador da ilha tentou contemporizar com a turba, à qual tinham aderido os bandoleiros de António Sitjar, mas diante da enorme quantidade de gente nada pôde fazer e teve a sorte, tal como líderes em outros lugares, de salvar sua vida. A partir daí, as três portas da Call passaram a ser um problema, pois os guardas tinham de se dividir entre elas, e mais cedo ou mais tarde uma delas acabou sendo derrubada e o massacre começou. Daí a dois dias havia pelo menos trezentos corpos estendidos nas ruas, diante das portas e no interior das casas dos judeus, muitos deles de mulheres e crianças. Seguiram-se os vilipêndios habituais: a destruição de sinagogas ou sua transformação em igrejas, a profanação dos rolos da Torá e a conquista do santo graal dos esforços da multidão: a destruição de documentos de dívidas e de contratos.

Jafudà Cresques e Isaac Nifoci, que tinham conseguido penetrar na fortaleza, estavam entre os mais ou menos cem (numa comunidade que tinha mais de 2 mil membros) que optaram pelo batismo, em lugar da morte. O cartógrafo tomou o nome do padrinho e tornou-se Jaume Ribes. E para Jaume, no passado Jafudà, o batismo trouxe consigo a promessa de recompensas já neste mundo, como também no próximo. Junto com seu ex-aprendiz Samuel Corcós (agora chamado Mecià de Viladesters), ele pôde continuar com seu negócio de mapas e iluminuras, e em 1399 recebeu outra encomenda de um grandioso *mappa mundi* em escala régia. Em algum momento, trocou Maiorca pelas cortes reais de Barcelona e Saragoça. Os "cristãos-novos" estavam, na verdade, em excelente posição para atender às encomendas, pelos cristãos antigos, de Bíblias, saltérios e breviários, que decoravam com tantos floreios quantos haviam usado nos mapas com iluminuras. Escribas, encadernadores e vendedores de livros prosperaram nesse negócio, e os conversos tinham segurança suficiente de sua nova identidade para pedir ao principal arquiteto da ilha, Guillermo Sagrera, que construísse para eles a igreja de Nostra Senyora de Gràcia. Outro grupo, da igreja de São Domingos, declarou de imediato, mas paradoxalmente, pertencer à *natione israelitica*. A confiança parecia mútua. Depois que o espasmo de violência amainou, as autoridades reais agiram com energia contra aqueles que tinham liderado as turbas, em Maiorca e em outras áreas de Aragão. Segundo se disse, a rainha Violante ficou especialmente indignada com o desafio à autoridade real. O bandido Sitjar e um dos líderes do massacre, Luis de Bellvivre, foram presos e enforcados. O governo exigiu que os bens saqueados fossem devolvidos e chegaram a ser baixados editos permitindo que aqueles que tinham sido convertidos à força retornassem à sua religião.

Entretanto, apesar de serem muitos os profissionais ligados à produção de mapas e livros que prosperaram e se satisfizeram com a nova fé, houve muitos que jamais se recuperaram da destruição de suas comunidades. Os judeus de Inca, Soller, Sineu e Alcúdia nunca regressaram a suas cidades nas montanhas e à beira-mar. Apesar de uma tentativa oficial de evitar que deixassem Maiorca e privassem a ilha de comunidades judaicas, a grande maioria tinha mudado de opinião outra vez a respeito de qual dos dois monoteísmos oferecia menos probabilidade de perseguição, e fez-se ao mar rumo à costa da África; ali, eles se radicaram em típicas comunidades muçulmanas em Argel e Fez, cidade em que Abraão Cresques pintara a estrela de Davi.

Embora a Coroa e os prefeitos e *alcaides* das cidades de Maiorca lamentassem a partida dos judeus (e declarassem isso em alto e bom som), muitos clérigos e prelados radicais consideraram que eles já iam tarde. Uma coisa teria sido livrar-se dos obstinados judeus. Outra fora matá-los. Contudo, porventura a terceira solução, a conversão — exatamente a meta que tantos haviam defendido e desejado (entre eles o teólogo maiorquino Ramón Llull) —,[12] serviria de alguma coisa? Até que ponto os cristãos-novos eram mesmo cristãos? O que pensar do fato de que se reuniam em suas próprias igrejas, chegando ao ponto de se declararem "israelitas"? Tais suspeitas tinham se multiplicado com rapidez por toda a Espanha, assim que o sangue secou e a poeira assentou depois da traumática convulsão de 1391. Talvez os conversos tivessem aceitado o batismo apenas para escapar à morte, mas no coração, na cabeça e em casa permaneciam leais à sua fé cega e antiga, bem como a seus costumes. Pior ainda, não poderiam esses judeus secretos corromper conversos sinceros e convencê-los a voltar para a antiga religião, tal como, numa frase consagrada da paranoia cristã, "o cão que torna ao seu vômito"?

Foram esses temores e suspeitas que, em 1414-5, levaram a Maiorca o mais famoso dos militantes, Vicente Ferrer. Isso se deu um ano depois de outro espetaculoso debate com julgamento do judaísmo, realizado em Tortosa, diante de uma plateia de quase mil assistentes, entre os quais cortesãos, bispos e cardeais, sentados em setenta tronos, segundo o relato de Salomão ibn Verga em seu *Shebet Yehuda*, e presidido pelo papa cismático Bento XIII.[13] Para o papa, essa foi uma oportunidade de impor suas credenciais como a verdadeira personificação da fé militante, e ele abriu os trabalhos anunciando que "não os chamei aqui para que provem qual de nossas duas religiões é a verdadeira, pois é fato sabido que minha religião e minha fé são verdadeiras, e que sua Torá, embora no passado tenha sido verdadeira, foi abolida". Gerónimo de Santa Fe começou feroz, citando Isaías com o propósito de dizer que, se os rabinos se recusassem a "raciocinar", "sereis devorados à espada". No entanto, essa linha de argumentação era conhecida por qualquer pessoa que houvesse estudado o debate de Barcelona: ou seja, o Talmude, escrito pelos homens, usurpara de forma fraudulenta a autoridade divina das Escrituras, a fim de ocultar o fato de que a Bíblia profetizara com exatidão o Messias Jesus Cristo, e assim por diante.

As disputas de persuasão já estavam anacrônicas como tática. Os métodos de Ferrer, embora ele alegasse também serem uma campanha de persuasão, e não de força, eram bem mais intimidantes e histriônicos. Mais eloquente e carismático do que Ferrán Martínez, Ferrer vestia-se com o mais rústico dos *caftans*, um fulminador divino que carregava nas costas flageladas o peso da procrastinação pecaminosa. Acompanhavam-no pequenos exércitos de flagelantes, caminhando em procissões penitenciais até as portas das sinagogas, portando tochas e açoitando-se com flagelos de couro com nós até que o sangue empapasse seus trajes. O próprio Ferrer, à testa desses cortejos, levava uma cruz numa das mãos e um rolo da Torá na outra. Os judeus eram forçados a se pôr de pé diante da Arca enquanto ouviam arengas e cantos. Todos os judeus com mais de doze anos, de ambos os sexos, estavam *obrigados* a comparecer a essas pregações. Muitas vezes, bastavam notícias da chegada dos frades flagelantes para que os judeus fugissem para as montanhas ou florestas fora da cidade.

Isso não era nada em comparação com as dificuldades que Ferrer criava para a vida dos judeus. Os massacres de 1391 tinham dividido Sefarad em três partes, cada qual com cerca de 100 mil pessoas: a primeira era a dos mortos; a segunda, a dos convertidos; e a terceira era formada por aqueles que tinham resolvido permanecer judeus, não importando o que a opressão lhes reservava. Com esses números em mente, Ferrer exigiu que os judeus fossem afastados de qualquer contato imaginável tanto dos cristãos-novos, para que estes não fossem "judaizados" de novo, como da própria sociedade cristã. Em Maiorca, foi imposta uma grande segregação, promulgada em 1413. Essa estratégia de conversão pela privação fora planejada expressamente com o fito de tornar a vida cotidiana tão insuportável que os judeus abraçariam a cruz com alívio, e em grande número de casos deu certo. Embora a maior parte das ocupações com as quais os judeus ganhavam o sustento não lhes fosse proibida (por exemplo, eles continuaram a fornecer a cristãos carne, vinhos e outros secos e molhados, assim como artigos de couro, joias e tecidos), eles não podiam morar em bairros cristãos. Daí em diante, nenhum judeu teve permissão para emprestar dinheiro ou possuir terras, trabalhar como advogado ou coletor de impostos e, na verdade, exercer cargos públicos, uma vez que qualquer uma dessas atividades poderia levar um judeu a exercer autoridade sobre um cristão. Tampouco, para consternação de muitos de seus pacientes habituais, os judeus poderiam praticar qualquer forma de medicina ou sangria, vender ou ministrar qualquer tipo de poção, tônico ou xarope. A separação deveria ser total. Nenhuma mulher cristã, desde a mais pura à mais promíscua, poderia entrar na *judería* de dia ou de noite, ou mesmo manter uma conversa, por mais inocente que fosse, com um judeu. É claro que a velha ocupação de servir como ama de leite de crianças judias chegou ao fim. Na verdade, a simples leitura da longa lista de proibições mostra exatamente o tipo de vida informal e familiar que existia até então não só em Maiorca como também em toda Aragão e Castela. Cristãos e judeus não podiam mais comer e beber juntos em hora alguma. Os judeus não tinham permissão para visitar doentes cristãos, nem lhes dar presentes, como bolos assados, pão ou pratos condimentados, frutas e vinho.

Havia ainda, é claro, as humilhações adicionais. Ninguém deveria voltar a se dirigir a um judeu como "don" ou "doña". Nenhum judeu estava autorizado a usar uma roupa escarlate ou de qualquer outra cor berrante, nem de tecidos finos, como seda, e muito menos adornar-se com véus ou joias de ouro e prata. Só lhes permitiam roupas de fustão tecido em casa, sobretudo para as mulheres, que teriam de arrastá-las no chão. Todos os judeus deveriam usar o distintivo identificador em forma de roda, e os homens estavam proibidos de aparar a barba. Era preciso que as pessoas soubessem quem era judeu e quem não era. E mais: os judeus estavam agora proibidos de ler qualquer livro do Talmude que contivesse textos capazes de ser interpretados como ofensivos ao cristianismo.

A grande segregação de Vicente Ferrer tornou-se lei em Valladolid em 1412, mas logo se viu que era impossível cumprir a maioria de suas restrições draconianas, e, em todo caso, muitas delas foram revogadas anos depois, assim que os governantes seculares lograram reimpor sua autoridade sobre o universo insano imaginado pelos frades e por pessoas como Martínez e Ferrer. Todavia, como se constatou mais tarde, eram os governadores régios, os cortesãos e os reis que estavam iludidos. A grande segregação instituída por Ferrer em Maiorca e em toda Aragão e Castela voltaria, acompanhada de vingança, na década de 1480, quando os judeus tiveram exatos oito dias para se mudar para zonas designadas como as únicas onde poderiam morar, em geral áreas urbanas, moral e materialmente poluídas, onde açougueiros atiravam sobras não aproveitadas na via pública, curtumes fediam e meretrizes apinhavam-se em becos. A história desaprova anacronismos, mas, afora os fornos crematórios e os pelotões de fuzilamento, o que falta do repertório nazista nessa lista?

O golpe de misericórdia foi dado por uma acusação de homicídio em 1435, que fez a comunidade sitiada da Call passar do desespero ao pânico.[14] A única novidade era que agora se dizia que a vítima (como de hábito, jamais encontrada) da paródia da crucificação encenada pelos judeus era um muçulmano. Montaram-se tribunais, chusmas vociferaram na cidade e nos campos, um rabino foi torturado e proferiram-se sentenças de suspensão pelos pés (para que a agonia durasse mais tempo) e queima contra quatro judeus que haviam confessado o crime. Aterrados com a possibilidade de uma repetição do ocorrido em 1391, muitos dos judeus que ainda viviam na Call fugiram para grutas nas montanhas perto de Lluch, onde foram vitimados por bandidos e levados como cativos de volta a Palma. Dias depois, houve um pedido coletivo de batismo. Diante dessas circunstâncias, as sentenças de morte foram suspensas e, enfileirados, os judeus seguiram até a catedral para ouvir o "Te Deum". No dia seguinte, assistiu-se à imolação de livros e objetos sagrados: os rolos da Lei alimentaram as labaredas. A única sinagoga restante foi trancada, mas não antes que um belo e imenso candelabro de trezentas velas — que uma doce tradição maiorquina afirmava ter sido trazido do Templo — fosse tirado e transferido para a catedral, onde ainda pode ser visto.

No entanto, o candelabro não é tudo o que resta da comunidade judaica de Palma. No DNA de 20 mil *chuetas* estão incrustados os cromossomos Y que os identificam como descendentes dos conversos do século xv. A história dos judeus vive em seus corpos e, cada vez mais, em sua cultura, que vai sendo recuperada.

2. TOLEDO

"Jerusalém na Espanha?" Bem, isso foi dito de muitos lugares, ao longo dos séculos, por pessoas que esperavam e acreditavam que pudesse existir um lar no exílio: Córdoba, Granada, até Sevilha. Entretanto, não era o próprio nome de Toledo um sinal, quase um homônimo de *toledot*, que em hebraico significa "gerações"?[15] Tanto Yehudah Halevi quanto Moshe ibn Ezra tinham vivido e escrito seus poemas ali (ainda que nem um nem outro com muita alegria). Contudo, como um toledano poderia ter afirmado, basta olhar para a cidade, que repousa sobre montes, como a coroa na cabeça do rei Davi.

Você vai à procura daquela Toledo, e a agência de turismo perto da majestosa e imponente catedral parece ansiosa por encaminhá-lo para as duas sinagogas restauradas da cidade e também para o Museu Sefardita. Então, você segue pelas ruas ladeadas de confeitarias, de vitrines que convidam o turista a comprar uma faca de reluzente aço de Toledo, um trinchante, um machete, uma coisa pontuda qualquer que será apreendida em algum aeroporto, passa pelo Café de la Judería, que oferece sanduíche de *jamón iberico y queso*, duplamente ofensivo a uma dieta kosher, e chega enfim às vielas íngremes da *judería*. E lá estão, separados por poucos metros, recuperados do abandono e das múltiplas funções na cidade sem judeus: a igreja, o hospital e o asilo dos Cavaleiros da Ordem de Calatrava, além de quartéis do Exército e uma clínica de hidrofobia.

As sinagogas ainda são chamadas, de forma incongruente mas inevitável, por seus nomes de batismo, daí as paradoxais Sinagoga de Santa María la Blanca e a Sinagoga de El Tránsito, aludindo à assunção da Virgem, num edifício ainda mais imponente. De diferentes maneiras, ambas proclamam a possibilidade — contra todas as probabilidades teológicas e políticas — de harmonia entre os monoteísmos. Santa María la Blanca, no passado chamada Beit Knesset Chadashah, a Sinagoga Nova, foi construída na primeira década do século XIII, provavelmente por José ben Meir Shushan, membro de uma das grandes famílias judaicas toledanas que serviam aos reis de Castela.[16] E não se pode imaginar uma sinagoga mais parecida com uma mesquita, com seu interior dominado por arcadas de colunas encimadas por arcos em ferradura e rematadas com capitéis decorados com pinhas e folhagens entrelaçadas, no estilo sóbrio que se considera ter sido promovido pelos almôadas (que haviam demolido um sem-fim de sinagogas na época de sua supremacia). Essa floresta de arcos e colunas é iluminada por janelinhas circulares e luminárias mouriscas pendentes. Embora pareça diferente de qualquer outra sinagoga da época em que foi construída, podemos afirmar quase com certeza que não era. Pelo menos outra sinagoga, em Segóvia, destruída por um incêndio em 1900, foi levantada num estilo quase idêntico, com as mesmas naves de arcos em ferradura, e as formas híbridas judeo-islâmicas poderiam de fato ter sido apreciadas por uma cultura judaica na Espanha cristã que ainda estava impregnada da língua, da ciência e da literatura árabes. No fim do século XIII e no século XIV, escribas toledanos como Israel ben Israel, de uma família com muitas gerações de escribas, estavam criando "páginas-tapetes" em estilo islâmico, ornamentadas com folhas de palmeiras que rolavam e se entrelaçavam pela página, que eram inseridas no começo e no fim de Bíblias, como proteção e adorno, numa transcrição literária da arquitetura.[17]

El Tránsito dá um testemunho ainda mais impressionante da resistência da harmonia cultural, uma vez que as inscrições que se veem em seu profuso acabamento em estuque compreendem não só passagens dos salmos, numa bela escrita sefardita quadrada, como citações do Alcorão em árabe, entre as quais invocações a "paz, felicidade e prosperidade". É possível que artífices e artesãos mudéjares tenham trabalhado no magnífico salão de oração, com um pé-direito de nove metros e meio, mas é inconcebível que contrabandeassem furtivamente para lá passagens do livro sagrado do islã. Em vez disso, o grande promotor da obra, Samuel Halevi Abulafia, tesoureiro do rei Pedro, o Cruel, de Castela, deve tê-las solicitado especificamente, sobretudo porque seu nome e cargo são louvados numa parede. Existe em Córdoba uma versão em miniatura da grande sinagoga de Toledo, recoberta também pelo rendilhado de estuque mudéjar, com suas formas multíplices de estrelas, folhas de acanto e folhagens enroscadas. E há também citações em hebraico dos salmos e dos profetas. No entanto, a sinagoga de Córdoba data de uma fase anterior, no mesmo século, quando havia mais sensibilidade às queixas estridentes dos frades sobre estarem os judeus construindo novas sinagogas, em flagrante violação às proibições papais.

Se alguém construía, queria que todos soubessem. Isso valia tanto para Samuel Halevi Abulafia quanto para filantropos modernos, que querem expressões de gratidão nas paredes. Abulafia jactava-se de seu bom gosto: o esplendor do edifício, as lâmpadas de ferro forjado, a beleza da *bimá*, ou plataforma de leitura da Torá. Embora tais coisas tenham desaparecido há muito, a majestade do salão amplo e imponente — o mais magnífico que se possa imaginar — acha-se perfeitamente restaurada, com sua galeria feminina elevada também decorada com adornos e inscrições mudéjares. A esse tipo de sinagoga, as pessoas iam bem vestidas. Ela estava, como observa a historiadora de arquitetura Jerrilynn Dodds, perigosamente perto de ser uma capela palaciana, um ambiente espetacular para as aspirações cortesãs do próprio Abulafia.[18] Por isso, talvez não surpreenda que, assim que a obra acabou, ele tenha caído em desgraça; aliás, é até possível que a causa disso fosse a própria obra. Pedro, enredado numa guerra civil com seu meio-irmão Henrique (que viria a matá-lo), estava descontente por ser estigmatizado como o "rei dos judeus" e prejudicado por acusações de que cortesãos-financiadores como Abulafia se entregassem a afrontosas exibições de riqueza ostentatória, enquanto o povo vivia na miséria. Exatamente por causa de sua impressionante sinagoga, Abulafia era a mais óbvia opção de sacrifício, e foi devidamente preso e executado. Uma das inscrições na sinagoga, que louvava o rei como uma "águia possante de imensas asas", foi posta ali pelo judeu que nunca imaginou que pudesse vir a ser a presa.

As sinagogas de Toledo ainda permanecem de pé, mas a declaração implícita de afinidade entre o judaísmo e o islã que elas representavam aos poucos se transformou num embaraço, à medida que a Reconquista cristã tentava completar suas campanhas contra o último reduto muçulmano, o reino de Granada. Com efeito, quem tivesse visto, ali, a cidadela fortificada da Alhambra reconheceria com facilidade na decoração em estuque de El Tránsito um eco daquele estilo palaciano. Autores e pregadores cristãos, cada vez mais hostis, começaram a invocar a antiga acusação de que os judeus tinham traído a cidade visigoda, entregando-a aos exércitos árabes no século VIII. Na verdade, em vista da brutalidade da perseguição movida pelos visigodos e cristãos, os judeus seriam loucos se não buscassem ativamente um protetor alternativo.

Entretanto, da mesma forma que os judeus eram úteis para os governantes da Maiorca aragonesa como intermediários comerciais e cartográficos, os castelhanos precisavam da familiaridade deles com a língua árabe como um canal para a matemática e a astronomia (e, em menor grau, para a filosofia) do mundo muçulmano. O interesse de Castela era tanto estratégico quanto intelectual. Na segunda metade do século XIII, no governo relativamente benigno de Afonso X, dito "o Sábio", a Toledo judaica tornou-se o grande centro de tradução de literatura árabe e judaica — ciência, filosofia e poesia — para o latim, porém, de maneira mais significativa, para a língua que se afirmaria como o "espanhol": o vernáculo de Castela, o castelhano. Afonso, autor de poemas e cantigas, ansiava por tornar-se versado em todo gênero de conhecimento e, como tantos outros antes dele, acreditava na lenda de que os judeus tinham acesso a ciências esotéricas, de ordem astrológica, alquímica e astronômica. Yehuda ibn Moshe, um dos tradutores judeus que contribuíram com textos para o *Livro de conhecimentos astronômicos*, de Afonso, foi também induzido a traduzir, expressamente para o rei, obras em hebraico sobre magia, em particular sobre a arte de invocar poderes entranhados em pedras. No século XIII, a comunidade sefardita começava a escrever e a falar menos em árabe do que no dialeto judeo-castelhano chamado ladino. É possível que a semente de uma cultura comum tenha sido semeada, não pela primeira vez, por meio da música. Canções em ladino em louvor a El Cid e romanças sobre reis, princesas e cavaleiros franceses, provençais, catalães e castelhanos — muitas com uma cadência viva que vem diretamente do mundo musical árabe — também indicam uma sensibilidade em comum, da mesma forma que a arquitetura híbrida. Contudo, é extraordinário que algumas das primeiras romanças da literatura espanhola tenham sido criadas no cadinho da cultura judaica que em breve ela procuraria aniquilar.

O momento de harmonia cultural não sobreviveria por muito tempo a Afonso X, que morreu em 1284, exceto nas páginas-tapetes com iluminuras na Bíblia hebraica. Por baixo do refinamento de gostos da elite, preconceitos repugnantes (e os primórdios de uma campanha por conformidade cristã, promovida pelos frades) começavam a dificultar e, por fim, impossibilitar a sobrevivência do pluralismo. Em 1349, o boato de que judeus tinham trazido a peste para exterminar os cristãos teve como resultado ataques sangrentos em Toledo. Em outra explosão de violência, em 1367, quase mil casas foram incendiadas na *judería*. Recorrendo à resiliência que, a essa altura, era uma segunda natureza dos judeus, a comunidade aprendeu a reconstruir, reformar e restaurar. Entre um súbito pesadelo e outro, ela deu continuidade aos negócios, aos estudos, ao trabalho, estabeleceu-se e até prosperou. Migrantes vindos de outras cidades lutaram por espaço, o suficiente para que uma segunda área de residência, a *alkana*, recebesse o novo fluxo. Nas vésperas do terror de 1391, as duas comunidades de Toledo gabavam-se de contar com *nove* sinagogas e cinco casas de estudos da Bíblia e do Talmude.

Só por tudo isso estar acontecendo sob a vista da catedral de Toledo, os judeus tornaram-se alvo dos frades. No dia do jejum de 17 de Tamuz, que ostensivamente recorda a destruição por Moisés da primeira edição dos Dez Mandamentos, a Toledo judaica foi atingida pela mesma turbulência que destruíra a comunidade em Sevilha e que prosseguiria em Palma e Barcelona, além de inúmeros outros centros da prolongada presença dos judeus na Espanha. A profanação das sinagogas e dos rolos, o saque de objetos rituais de prata, como as coroas da Torá e os remates, *rimmonim*, decorados com romãs, das hastes laterais do rolo, bem como o incêndio de casas e as mortes indiscriminadas são conhecidos por uma dolorosa elegia escrita por Jacob ibn Albenech na linguagem dos *maratiyeh*, os cantos fúnebres que eram uma especialidade de Toledo. A lista de lugares destruídos e de homens assassinados é penosa e angustiante: o cantor *chazam* Saul; o rabino Isaac ben Judá; Isaac ben Shushan, cujo corpo foi perfurado várias vezes por arma branca; e, o pior de tudo, Abraão ben Ophrit, que, identificado como *bachur*, o que significa que teria entre doze e dezesseis anos, por alguma razão que desconhecemos foi impiedosamente apedrejado, arrastado pelas pedras das ruas, o que lhe estraçalhou o corpo, e depois parcialmente queimado antes de ser atirado no rio, de onde teve de ser retirado pelos pais "idosos". Os rolos da Lei, o Sefer Torá, foram tirados da Sinagoga Nova e laboriosamente profanados antes que um crucifixo fosse colocado entre suas duas Arcas. (Em algumas sinagogas sefarditas, quando se fazia uma Arca nova, a velha era deixada no mesmo lugar onde estava.) No retorno da anarquia para a ordem, exigido pela casa real, parte dos danos foi compensada. Entretanto, em 1411, Vicente Ferrer chegou com seu exército de flagelantes, e a Sinagoga Nova de José ben Meir Shushan tornou-se, em caráter definitivo, a igreja de Santa María la Blanca. O resultado pareceu o triunfo que todos os verdadeiros soldados de Cristo vinham desejando: dois terços dos judeus desapareceram, mediante a ação do aço de Toledo ou das águas batismais. Só um terço obstinado persistiu em sua desgraçada cegueira.

E então, mais depressa do que se poderia imaginar, a vitória gerou suspeitas. Os conversos de Toledo atiravam-se ao Salvador, abraçavam os ritos, as jaculatórias, as penitências, tomavam a comunhão, persignavam-se com devoção, de fato praticavam a nova religião com tanto ânimo que algumas pessoas começaram a achar, bem, meio esquisito: ontem barba, hoje tonsura. Era impressionante como *exibiam* sua conversão!, pensavam os cristãos-velhos. Deixavam a *judería* e se mudavam para o elegante bairro da Magdalena, perto do palácio do Alcázar. Moravam em casas com fachada de pedra e jardins murados. E agora, que haviam alcançado a condição de salvos, tudo estava ao alcance dos conversos: casamentos na nobreza (que tinha os olhos postos no dinheiro deles), suas antigas ocupações e qualquer coisa que lhes rendesse progresso, tanto em prestígio quanto em fortuna, servindo ao rei. O fato de se exigir que os cristãos-velhos os acolhessem sem reservas na sociedade dos eleitos só tornava mais irritante essa situação imprevista.

Era bom demais para ser verdade, não? Apesar de todo o recém-descoberto fervor, não teriam abraçado a cruz exatamente para se tornar uma aristocracia de novos-ricos, dominar a classe alta antiga e oprimir as pessoas com regras e impostos ainda mais exorbitantes? Assim, os cristãos-velhos, vale dizer, os de verdade, assumiram uma postura vigilante, em busca de sinais de que, por trás de suas ardentes profissões de fé, os conversos eram ainda, em segredo, judeus impenitentes. E nesse ponto os próprios historiadores judeus se dividem por motivos que têm a ver menos com evidências que com o que desejam desse momento pós-traumático, intenso e difícil. Yitzhak Baer, o grande historiador israelense de Sefarad e da expulsão, queria tanto ver os conversos e os judeus como um só povo, em todos os sentidos importantes, que mais ou menos fez eco ao ponto de vista da Inquisição, segundo o qual o cristianismo deles não passava de um embuste conveniente. No entanto, por mais desconcertante e quase inexplicável que seja — sobretudo para judeus religiosos —, ver rabinos doutos e impecavelmente devotos se transformarem da noite para o dia em ardorosos evangelizadores cristãos, com certeza foi isso que aconteceu a muitos deles. Infelizmente, Pablo de Santa María e Gerónimo de Santa Fe não eram oportunistas. Qual percentagem dos conversos abraçou com sinceridade a nova fé é coisa que jamais saberemos. As fontes são inevitavelmente mais ricas com relação àqueles que sentiam falta de seu judaísmo perdido, ou muito mais ricas ainda em evidências reunidas pela Inquisição nas décadas de 1480 e 1490, como também em relatos feitos por aqueles que migraram para países onde pudessem retornar ao judaísmo.

Por outro lado, afora expressões fantasiosas referentes à solidariedade judaica e interpretações tendenciosas de autos da Inquisição, não escasseiam sinais de que muitos conversos, em Toledo e outras cidades, acharam meios de se manter ao menos ligados a velhos companheiros na *judería*. Ela não ficava tão distante de Magdalena que não pudesse ser alcançada a pé ou no lombo de uma montaria, e sem dúvida havia alguma coisa que os atraía — os aromas da comida, a música, a pura força do hábito ou o disse me disse em ladino que chegava à rua por uma janela aberta. Alguns de seus inimigos sabiam que hábitos alimentares lhes trairiam as recaídas. As narinas do padre-cronista Andrés Bernáldez, nada amigo dos judeus, farejavam sem parar um vestígio revelador de "cebola e alho refogados em azeite em vez de toucinho". Para ele, qualquer coisa frita em azeite cheirava mal, tal como os judeus, com sua dieta. Só pelo cheiro de alho e de azeite podia-se detectar um converso que houvesse comido com judeus. E havia também a *adafina*, também chamada *hamim*, o cozido com feijão, ervilhas, carne e verduras que Bernáldez também achava desagradável e ao qual ninguém que o tivesse comido no sábado, quente ou frio, podia resistir. Para não violarem o Shabat, os judeus levavam o prato para cozinhar devagar num forno de padaria na sexta-feira, e qualquer converso que ficasse com água na boca ao pensar na *adafina* tinha de ter cuidado para não deixar que um criado cristão levasse a iguaria à padaria.[19] Quando a Inquisição passou a bisbilhotar profundamente, os informes (em geral feitos por criados) segundo os quais a mulher de um converso tirava a gordura e os nervos da carne — na verdade, isso não era um requisito das normas dietéticas *kashrut* — ou eliminava com água salgada todo o sangue presente na carne — isso já era mais incriminador — constituíam evidências sérias de que eles continuavam judeus.

As formas documentadas pelas quais os conversos mantinham sua ligação com o judaísmo iam bastante além da cozinha e envolviam transgressões mais importantes: dar dinheiro às sinagogas da *judería* para sua manutenção e para as funções cotidianas da *kahal* — a limpeza e o cuidado dos cemitérios e até o funcionamento de escolas da língua hebraica. Essas ligações atuavam nos dois sentidos. Em troca da contribuição financeira, os conversos recebiam informações essenciais, como as datas das festas (como a de Purim, rebatizada como Santa Ester) e dos jejuns. Antes que a Inquisição se tornasse mais policialesca, na década de 1480, com sua horrenda rede de informantes e com a intimidação e a tortura de criados e membros da família, ainda se podia seguir certos costumes na privacidade do lar sem necessariamente atrair suspeitas. Podia-se acender velas na noite de sexta-feira. Afinal, quem *não* acendia velas à noite no século xv? Alimentos nunca passavam pelos lábios nos dias de jejum? Quem viria a saber de uma coisa que *não* acontecia, sobretudo se os criados também fossem conversos? O dono e a dona da casa vestiam roupas de boa qualidade, mas sóbrias, nos dias de festa? Mas o mesmo poderiam fazer para ir à missa. Coisa muito mais temerária era levar livros religiosos para a casa de um converso, sobretudo o livro de orações diárias, o *siddur*, ou uma Hagadá de Pessach, e existem comprovações, antes da Inquisição, de perigosas tentativas de fazer com que crianças, e mesmo alguns adultos, decorassem orações essenciais de afirmação, como o *shema*.

Por fim, essas suspeitas se transformavam em confissões arrancadas sob terror e tortura, como a simulação de afogamento e o suplício da roda, e dezenas de milhares de conversos foram mandados a autos de fé, que culminavam com a morte na fogueira para aqueles que não se reconciliassem com a cruz. Entretanto, décadas antes da criação oficial de uma Inquisição caracteristicamente espanhola em 1480, o que alimentava as chamas do ódio dos cristãos-velhos contra os novos eram menos suspeitas de recaídas ou de fraudes de conversos que suas insolências sociais ou políticas. A impotência de uma série de reis de Castela (no caso de Henrique iv, ela era literal) agravava a suspeita de que eles tinham se tornado fantoches de favoritos como Álvaro de Luna, que só com a ajuda direta de judeus e conversos mantinha sua posição como "condestável de Castela". A intimidade de Abraão de Benveniste, líder da comunidade judaica de Castela, com Luna, sua atividade como coletor de impostos e tesoureiro informal e a percepção de que os conversos tinham se tornado uma nova elite administrativa e cortesã representavam uma afronta para a antiga nobreza de cristãos-velhos.

Quando Luna fez uma visita a Toledo, a fim de impor à cidade um tributo especial, os sinos começaram a tocar na torre da igreja de Santa María la Blanca, que antes fora a Sinagoga Nova. Era um chamado às armas contra Luna, Benveniste e os conversos que eram seus aliados. O protesto começou espontaneamente, e o governador do Alcázar, Pero de Sarmiento, pôs-se à frente de uma rebelião que de imediato ganhou o apoio da população e dos camponeses das áreas em torno de Toledo.[20] Houve um ataque direto às casas dos conversos de maior destaque, como a família Cota, de comerciantes e tabeliães. Centenas de casas foram destruídas, sendo a *judería* também atacada. Dirigiram-se insultos ao próprio rei, o que efetivamente pôs Toledo em estado de revolta. Em julho, quando os rebeldes ainda controlavam a cidade, Sarmiento encarregou-se de baixar um Estatuto de Exclusão, que afastava os conversos de qualquer cargo público, alegando que nas veias deles corria (e sempre correria) o sangue impuro dos judeus:

> Declaramos que os chamados conversos, a progênie de ancestrais judeus perversos, devem ser considerados por lei infames e ignóbeis, inaptos para exercer qualquer cargo público na cidade de Toledo ou para ter autoridade, qualquer que seja ela, sobre verdadeiros cristãos.[21]

Como a declaração de Sarmiento sobre pureza de sangue violava o ensinamento da Igreja segundo o qual todos os batizados deveriam gozar de igualdade de tratamento, o papa Nicolau V logo proscreveu o Estatuto de Exclusão, porém o mal estava feito, e o princípio de distinção racial inerradicável fora exposto — de forma indelével, como se veria. Em 1467, houve mais uma tentativa de ataque aos membros e às propriedades das famílias dos conversos de Toledo, mas eles tinham aprendido a lição com o distúrbio anterior e se prevenido com um formidável arsenal de boas armas toledanas, que incluíam bestas e cordas com nós, os chamados "punhos de macaco". Além disso, haviam nomeado um certo capitão Ferdinand de Torres chefe de sua unidade de autodefesa.[22] Esse novo estado de preparação bem como os muitos anos em que suportaram insultos dirigidos aos *marranos* (termo injurioso que surgiu nessa época) podem ter levado a uma reação exagerada quando um grupo de conversos armados invadiu a própria catedral de Toledo, o que desencadeou, primeiro, uma luta em que tombaram quatro clérigos, e, depois, uma cruenta guerra civil urbana.

O grito dos invasores armados — "Isto não é uma igreja!" — não fora pensado para granjear a simpatia de outros conversos na população de Toledo, e muito menos a de seus padres. O grito pretendia dizer, é claro, que a catedral fora dominada, do ponto de vista institucional e material, pela política dos adversários dos invasores. No entanto, tais palavras soaram como um repúdio do lugar sagrado, cujas belíssimas talhas de madeira faziam com que o coro da catedral provocasse uma emoção devota das mais profundas em toda a cristandade. Se havia necessidade de uma prova da lealdade suspeita dos conversos, aquele grito de guerra mal pensado a proporcionou.

Aquilo foi mais do que uma absurda balbúrdia provinciana. Ocorreu na cidade dos túmulos dos reis de Castela, e o que estava em jogo na guerra civil entre os aliados da elite dos conversos e seus inimigos era a identidade histórica de Castela e o que começava a ser visto como Espanha. O rei impotente, Henrique IV, era incapaz de proporcionar aquele sentido de missão cristã, ainda que, tendo subido ao trono um ano depois da queda de Constantinopla, que passou para as mãos dos turcos otomanos, esse sentido fosse urgentíssimo. A purificação da Espanha era agora a precondição para que seus reinos assumissem a última cruzada, a verdadeira Cruz. Para que a bandeira de Cristo tremulasse sobre a poeira de Constantinopla, ela primeiro deveria ondular sobre uma Espanha livre de muçulmanos, judeus e dos quase judeus travestidos de conversos. Por isso, a questão judaica veio a ocupar o centro dessa luta por autodefinição na época da gestação da Espanha como um reino supremamente cristão, mais um instrumento para a chegada dos Últimos Dias.

Unidade na pureza era a mensagem do mais influente entre os que ressaltavam a importância daquele momento histórico carregado de significados: Alonso de Espina.[23] Frade franciscano, reitor da Universidade de Salamanca, pregador eloquentíssimo e um dos confessores reais, Espina sentia a *misera Hispania*, como a chamava, horrivelmente despreparada para a missão a que era chamada: a batalha que traria os Últimos Dias e a Segunda Vinda. Em seu caminho interpunham-se demônios e, como era notório, os judeus eram os comparsas do Diabo. Eles tinham subornado Álvaro de Luna e causado a sua queda. Espina arrogara a si a tarefa de dedicar tempo ao abalado Luna, sem dúvida inculcando-lhe as transgressões que o haviam levado ao desastre. Na verdade, ele não deixaria sozinho o ministro caído em desgraça, dando ao lado de Luna os últimos passos que o levaram ao bloco do verdugo.

Em *Fortalitum Fidei*, escrito em 1461 e mais tarde muito publicado em toda a Europa, Espina compilou uma antologia exaustiva de todas as acusações lançadas aos judeus: envenenadores de poços, profanadores de hóstias, assassinos e sequestradores de crianças. De fato, ele se frustrara num esforço de destruir os judeus em Valladolid, acusados, como sempre, de assassinar crianças. O fato de Espina ser franciscano era significativo, uma vez que a ordem se tornara bem mais militante e agressivamente combativa do que a dos dominicanos, e ele levou sua mensagem em campanhas de pregação em Castela, sobretudo no norte, onde seus rebanhos eram mais atentos. Sua argumentação era simples: a nova cruzada, lançada pelo papa Calisto III, jamais poderia se concretizar sem uma limpeza radical do reino — a expulsão dos muçulmanos de Granada, é claro, mas também a dos judeus: todos eles teriam que ser varridos da Espanha. Se ali permanecessem, não haveria esperança de se fazer conversos autênticos, uma vez que sempre seriam presas dos "judaizantes", que estavam em toda parte. Não obstante, Espina induziu Henrique IV a adotar uma Inquisição destinada especificamente a eliminar os falsos cristãos entre os conversos. De início, o rei abraçou a ideia, e depois de alguma relutância, em 1461, o papa Pio II a autorizou (com certas reservas quanto a ceder muito poder a um governo nacional), mas aí o rei voltou atrás.

Tudo isso parecia indicar que o dobre de finados já tinha soado para os judeus da Espanha. Contudo, como aconteceria na Alemanha meio milênio depois, uma população judia com raízes antigas, acostumada a algumas dificuldades e a muita vozearia hostil, conseguiu tapar os ouvidos ao clamor. E apesar da existência de cidades como Toledo, havia muitas outras na Espanha — em Aragão, assim como em Castela —, em especial aquelas distantes de amplas concentrações de judeus, onde seria difícil acreditar que a apavorante solução de Espina, a expulsão, estava para acontecer. Um desses lugares de inocência histórica era La Coruña, na província norte-ocidental da Galícia.

3. QUEM POR FOGO E QUEM POR ÁGUA

É impossível, hoje, imaginar como o jovem Isaac de Braga deve ter se sentido, em 1476, quando contemplou pela primeira vez o resultado de sua encomenda. Uma pessoa pode ir à Biblioteca Bodleiana, na Universidade de

Oxford, e ver as páginas fulgentes da Bíblia hebraica que pertenceu a ele, e com sorte poderá até folheá-la, mas ainda assim nunca poderá chegar nem perto da euforia que com certeza tomou conta de Isaac ao vê-la pela primeira vez. La Coruña era uma cidade provinciana, um porto, mas não na escala de Cádiz ou Lisboa. No entanto, nesse cafundó, em algum momento no século xv, foi bater uma maravilha, a obra conhecida como "Bíblia de Cervera", produzida por volta de 1300 pelo escriba Samuel ben Abraão ibn Natan (cuja tíbia quebrada foi registrada em suas páginas), decorada de forma espetacular pelo iluminador francês Joseph Hazarfati, e com requintadas micrografias de um certo Abraão ibn Gaon. Foi decerto um olhar à Bíblia de Cervera que levou à encomenda por parte do "jovem admirável", como o escriba o descreveu, ou de seu pai, "o finado e amado Salomão de Braga, que sua alma descanse no Jardim do Éden".[24]

A Bíblia de Cervera, um livro paradisíaco, viajara muito, passando algum tempo em Córdoba no fim do século xiv, antes de ir parar em La Coruña, onde a família Braga, a começar por Salomão, evidentemente cobiçava alguma coisa muito parecida com ela. Tanto assim que o escriba do novo livro, Moisés ibn Zabara, fez questão de incluir o tratado *Sefer Mikhlol*, do letrado David Kimchi, sobre gramática hebraica bíblica, que também fizera parte da Bíblia de Cervera. Essa obra era de uma aridez tão desagradável que Joseph Hazarfati desistira de qualquer ideia de relacionar suas iluminuras às regras de sintaxe e coisas do gênero e cobrira as páginas com figurações imaginativas de aves e animais, uma saída imitada por José ibn Hayyim, responsável pelas iluminuras do livro de Braga. Se em muitos aspectos a Bíblia de Braga tem um sabor encantadoramente arcaico, isso ocorre também porque o cliente e o escriba queriam, ao que se presume, dizer alguma coisa a respeito da vitalidade da tradição. Embora fosse bom imaginar que a Bíblia de Braga tenha sido produzida sem um pressentimento de calamidade, não é impossível que as incertezas daquele momento, a meio caminho entre a esperança e o alarme, possam ter feito com que os Braga e o escriba e o iluminador por eles contratados desejassem reasseverar a imperecibilidade da arte judaica.

Seja como for, José ibn Hayyim não foi reprimido nem por uma sensação perceptível de mau presságio nem por regras convencionais de decoro reverente. Seu trabalho fulge com cores intensas e brilhantes de ouro e prata, lápis-lazúli e encarnado, como também de impetuosa animação narrativa. Jonas cai na bocarra do Grande Peixe (pois essa é a tradução literal do hebraico); Davi, barbudo, está assentado em seu trono resplendente; dragões perpetram as maiores maldades, e falanges de gatos dão caça aos camundongos inimigos.[25] O nome do iluminador na página de cólofon, no fim do livro, é formado por um circo surpreendente de formas acrobáticas, algumas tiradas de cartas de baralho, ou pelas decorações esculturais mais picarescas vistas em catedrais. Entretanto, ao contrário dos pecadores que aparecem nesses pórticos penitenciais, os homens e mulheres nus de José ibn Hayyim mostram-se travessos e sorridentes em seus volteios e cabriolas pela página. Todos os envolvidos na produção dessa Bíblia deviam ser pessoas alegres e de mente muito aberta.

Essa largueza de espírito estendeu-se às tradições religiosas a que a Bíblia de Braga recorreu para buscar suas imagens estupendas. Lá está a menorá, num fulgurante esplendor dourado, tanto quanto estava no piso de mosaico da sinagoga de Séforis, um milênio antes, ainda que na Bíblia um leão (a lembrar tanto a fé nos reis de Castela quanto as memórias de Judá) esteja agachado sob a Arca, e não empinado ao lado dela. Às vezes, porém, o espaço do Templo é evocado em formas mais compatíveis com os ornamentos do Alcorão, e há passagens em que os rolos gêmeos da Torá, destacando trechos do texto, são emoldurados pelos arcos em ferradura da arquitetura islâmica, tão perto de uma síntese perfeita como se poderia imaginar. De igual modo, páginas-tapetes de densas formas geométricas e abstratas pertencem claramente ao que veio ser visto como a tradição judeo-arábica. Imagens góticas também abundam na iconografia de animais, aves e plantas que nos primórdios das iluminuras tinham sido especialidade de artistas cristãos, mas que no século XV eram plenamente dominadas pelos seus congêneres judeus.

E foi bom que assim ocorresse, pois muito em breve essas colaborações entre artistas cristãos e escribas judeus seria coisa do passado. Em 1483, Fernando de Aragão e Isabel de Castela, unidos como rei e rainha da Espanha desde 1474, levaram avante a grande extinção da vida judaica na Espanha promovida pelo dominicano Vicente Ferrer e pelo franciscano Alonso de Espina como condição para o triunfo cristão. Convencidos de que os cristãos-novos sempre estariam tentados a reverter ao judaísmo enquanto houvesse judeus por perto, e de que a Igreja estava mortalmente ameaçada pela presença desses cristãos de fé vacilante em seu seio, os Reis Católicos fizeram com que todos os judeus fossem expulsos da Andaluzia, considerada a província mais infectada pela peste judaizante. Sem tardança, eles foram enxotados das cidades onde estavam radicados havia mais de mil anos, Córdoba e Sevilha, empobrecidos e sem ter onde morar. Além disso, esses eram os lugares onde mais fecundos tinham sido os resultados da coexistência cultural entre o islã e o judaísmo e entre a filosofia, a ciência e a literatura árabe e hebraica.

Entretanto, os cristãos não perseguiam os judeus porque estes se mantivessem à parte, por seu suposto isolamento. Os judeus eram perseguidos por sua liberalidade perigosa, seu nomadismo cultural, sua indesejada proximidade. Nunca tinham estado separados até os cristãos os obrigarem à separação.

E então eles se separaram. Fora da Andaluzia, as normas draconianas antecipadas nas cláusulas de Ferrer em 1412-3 e nos Estatutos de Exclusão de Toledo foram impostas a todas as cidades judaicas, incluindo sem dúvida La Coruña. Os judeus deveriam retirar-se quase que da noite para o dia — o prazo dado foi de oito dias — de cidades onde estavam radicados havia muito tempo, algumas das quais tinham portas e muros que lhes eram úteis em tempos difíceis. As autoridades designaram novas áreas onde eles teriam de residir, quase sempre nas cercanias mais pobres e sórdidas das cidades, deliberadamente distantes de suas lojas e oficinas. E como a intenção era arruiná-los e com isso obrigá-los à conversão, eles foram forçados a vender suas propriedades — o que, claro, incluía prédios comunitários — por uma fração do que valiam, em geral 10% de seu valor real. Assim, foram fraudados duas vezes, na venda e depois nos preços inflacionados que tiveram de pagar no local onde foram reassentados. Os arquitetos desse plano alcançaram duas metas: arruinar o maior número possível de judeus, a fim de convertê-los, e criar um cordão sanitário em torno dos restantes de modo que ficassem hermeticamente separados tanto dos cristãos-velhos como dos cristãos-novos. Tratava-se, com efeito, de uma expulsão interna. E aquilo era, claro, uma degradação desumana.

Talvez não fosse isso que Isaac de Braga, em La Coruña, ou outros judeus em Toledo, Córdoba, Saragoça e Girona estavam esperando dos novos monarcas. Era durante o reinado de soberanos fracos que os cortesãos, financistas e burocratas cristãos-novos ficavam vulneráveis a argumentos hostis, de que haviam passado a dominar o Estado. Com Aragão e Castela unidos e Fernando e Isabel aparentemente simpáticos a conversos como Luis de Santángel, com os habituais médicos e financistas judeus e com a coleta de impostos confiada ao *rab de corte* (o rabino-chefe Abraão Seneor), as expectativas eram otimistas. A expulsão era o sonho de fanáticos. Como o reino poderia se haver sem o dinheiro judeu quando estava para lançar uma cruzada contra o reino fortificado e obstinadamente inconquistável de Granada? Assim, embora as ideias do confessor de Isabel, Tomás de Torquemada, fossem bem conhecidas e assustadoramente alinhadas com a solução judaica de Espina, nada havia na década de 1470 que induzisse os judeus a sair do reino em pânico.

Quando o papa autorizou os monarcas espanhóis a nomear inquisidores, em 1478, talvez isso não tenha criado, necessariamente, uma onda de alarme entre os judeus não convertidos, pois a Inquisição só lidava com cristãos suspeitos — sobretudo os conversos — e não com os judeus propriamente ditos. De fato, quando a Inquisição começou a atuar em Sevilha, dois anos depois, houve de imediato uma fuga em massa de conversos para cidades e aldeias mais distantes, fora do alcance dos inquisidores. No começo, porém, os próprios judeus podem ter se dividido. Se muitos tinham continuado a apoiar parentes, amigos e ex-vizinhos que tinham deixado a religião, havia um número igual, se não maior, de judeus que não perdoavam os apóstatas, a ponto de se disporem a intervir e prestar informações sobre eles aos inquisidores. É improvável que, quando Fernando e Isabel pediram ao papa Sisto IV que autorizasse a nomeação de inquisidores, alguém, inclusive os monarcas, tenha previsto a máquina de destruição monstruosa e autoperpetuadora que se tornou a Inquisição.

Ela tinha independência para julgar, constituindo um Estado dentro de um Estado, não subordinado a ninguém exceto ao papa, à Coroa e a seu próprio conjunto de normas burocráticas.[26] Além dos inquisidores e dos membros dos tribunais de interrogatórios, havia um imenso exército de "familiares do Santo Ofício" que era responsável pelo trabalho burocrático que azeitava a máquina de terror. Por exemplo, eram tantas as normas, planejadas com esmero, que cercavam a aplicação de tortura, que as pessoas que a supervisionavam formaram a primeira burocracia sistematicamente organizada da dor. A Inquisição chegou a ter até seus próprios exércitos em miniatura de proteção e intimidação. O inquisidor-geral Tomás de Torquemada nunca viajava a parte alguma sem sua própria companhia de cavaleiros, sobretudo depois que um inquisidor foi assassinado na catedral de Saragoça por um grupo desesperado de conversos. Concediam-se poderes praticamente ilimitados para se extrair por tortura confissões "plenas" de suspeitos de recaídas no judaísmo ou, pior, daqueles que eram judaizantes ativos e impenitentes. Surgiu assim na história o Estado xereta: criados, parentes e vizinhos eram intimidados e adulados para se tornarem informantes e espiões. Até em mosteiros e conventos, monges e freiras deduravam irmãos e irmãs suspeitos de baixar o olhar quando a hóstia era elevada, de tropeçarem no pai-nosso ou na ave-maria e de dizerem sabe Deus o que na solidão de suas celas. Yirmiyahu Yovel está certo ao ver nisso o germe de uma malevolente instituição moderna, e não uma relíquia medieval.[27] Com efeito, aquilo era uma coisa nova em sua desumanidade.

E a Inquisição também inventou, num grau jamais visto desde os romanos, o espetáculo de punição pública como diversão de massa. Os dias de auto de fé foram declarados dias festivos e feriados, para que o maior número possível de pessoas pudesse assistir à procissão dos condenados impenitentes que não se reconciliavam com a Igreja. Eles caminhavam pelas ruas descalços, com o chapéu cônico e o sambenito, hábito em forma de saco, decorados com chamas, pois, como os inquisidores hipocritamente lembravam aos infelizes, era melhor serem consumidos pelas chamas neste mundo do que condenados a queimar no inferno por toda a eternidade. A aristocracia, e às vezes até o rei e a rainha, comparecia a essas cerimônias elaboradas, mordiscando guloseimas e levando uma caixinha de perfume ao nariz quando o cheiro se tornava desagradável. Quando se começou a exumar os ossos de hereges, muitas vezes às centenas, e queimá-los junto com os corpos vivos, o ar das cidades de imolação devia se tornar espesso com o fedor nauseabundo.

Como as vítimas da Inquisição eram chamadas genericamente de "hereges", às vezes se esquece de que esses procedimentos atrozes — desde os interrogatórios e as torturas até as matanças em massa, quando as vítimas eram, segundo o eufemismo escandaloso, "relaxados" ao braço secular e punitivo do Estado — eram, na grande maioria dos casos, dirigidos contra aqueles que um dia tinham sido judeus e eram suspeitos de ainda ser judeus praticantes. Não havia, na Espanha, lolardos ou cátaros que fossem levados às fogueiras dos autos de fé. De forma central, intensiva e catastrófica, aquilo fez parte do drama que foi a história dos judeus na Espanha. E da mesma forma que trouxe a onda trágica destinada a explorar e nutrir a crueldade e a traição, trouxe também exemplos de coragem espantosa e altruísmo abnegado. Apesar dos informantes, havia também conversos como Diego Marchana, que, embora continuassem cristãos, arriscavam-se ao ajudar os tardiamente "reconciliados" (pessoas cuja vida e cuja família estavam destroçadas para sempre), bem como homens e mulheres marcados, a escapar às armadilhas dos inquisidores, e que acabariam sendo eles mesmos levados à fogueira.

A linha de produção do expurgo era alimentada por energias fortíssimas, a começar, claro, pelo próprio Torquemada. Em vista dos meios relativamente primitivos à disposição dos inquisidores, o número de pessoas vitimadas pela onda de terror, tortura, mentiras e assassinatos judiciais não envergonharia nenhum autocrata degradante e homicida do século xx: setecentas só em Sevilha ao fim do primeiro ano; um auto de fé por mês, e isso antes que a máquina da morte se encaminhasse para o norte, passando por Ciudad Real e dali para Toledo, onde orgulhosamente consumiu números recordes de pessoas vivas, quarenta num único dia em 1488, junto com os ossos de cem corpos exumados (além de efígies daqueles que de alguma forma tinham conseguido escapar).

No entanto, é concebível que os próprios judeus tenham assistido àquilo com indiferença e que alguns imaginassem que tais fatos não eram de sua conta, que, depois de trancafiados em sua segregação urbana, com uma única porta a admitir a entrada e a saída, eles, ostensivamente impedidos de "judaizar" antigos companheiros, fossem deixados em paz. Tais ilusões podem ter chegado até aos judeus mais poderosos, que ainda se esforçavam por obter a vitória em Granada, e que, como Abraão Seneor, eram recebidos ao menos com polidez e, vez por outra, até com enganosa cordialidade pelos reis. Seneor se sentira confiante o suficiente para procurar o rei e lhe pedir que proibisse sermões violentos contra os judeus e que rescindisse a proibição de assar pães ázimos para o Pessach. Tinha boas relações pessoais com Torquemada e, a seu pedido, obtivera uma redução de impostos para sua aldeia natal! Na qualidade de advogado e também rabino e potentado financeiro, ele parecia tão imprescindível aos soberanos que não conseguia acreditar que viessem a decretar uma ação tão contraproducente como a expulsão. Assim são as ilusões da familiaridade.

Em 1485, Seneor teve a seu lado outra eminência, o rabino Isaac Abravanel, que desfrutara de igual prestígio e cargo na corte do rei de Portugal, até ser implicado num complô palaciano para derrubá-lo. Abravanel foi obrigado a fugir para se salvar e, tendo cruzado a fronteira, pediu e obteve uma audiência com o rei e a rainha.[28] Ao que parece, ele saiu da entrevista com a certeza de que a ajuda ativa no financiamento da guerra contra os árabes seria compensada pelo abandono da ideia de estender a todo o reino a expulsão decretada na Andaluzia. E é bem possível que nessa época Fernando e Isabel não tivessem tomado ainda a decisão final.

Todavia, o confessor da rainha tinha. Para Torquemada, um braço da doutrina de Espina — a purificação absoluta dos conversos e sua união irreversível ao corpo da Igreja — era inútil sem o segundo braço: a remoção completa dos judeus. Isso era, a seu modo enviesado, uma homenagem indireta à tenacidade e à capacidade de persuasão do judaísmo: a maneira como ele resistia a tudo que os Estados e as potências, as turbas e os pregadores atiravam contra ele, as remoções forçadas, a queima de livros, a cremação de corpos. Podia-se destruir *tudo* isso, mas, de um jeito ou de outro, a coisa ainda escapava à extinção; suas palavras flutuavam livres de corpos e pergaminho, pairavam no ar como partículas de um miasma fatal.[29]

E até Torquemada, por mais impaciente que estivesse com essa segunda medida, compreendia que talvez ela tivesse de esperar a queda de Granada. Isso porque, embora a monarquia espanhola estivesse descobrindo fontes alternativas de financiamento para sua guerra, sobretudo junto a genoveses, o exército era tão grande e consumia tanto dinheiro que seria imprudente renunciar ao custeio feito pelos judeus, com o dinheiro fornecido adiantado. No inverno de 1491, porém, o exército sitiante (que agora incluía soldados ingleses, comandados pelo barão Rivers, cunhado de Henrique VII, e tropas francesas numa cruzada pancristã) crescera para cerca de 12 mil homens, bastante poderoso para que o rei Boabdil reconhecesse, profundamente mortificado, a inevitabilidade da capitulação e o fim do islã na Espanha. Havia em Granada, é claro, milhares de judeus e conversos que tinham fugido da Inquisição e voltado à antiga religião na segurança de um refúgio muçulmano. Boabdil fez acordos para a segurança de seus súditos muçulmanos, mas as mesmas providências, é escusado dizer, não foram tomadas para esses judeus, agora terrivelmente assustados.

Havia incentivos menos edificantes para a expulsão dos judeus que completar a missão cruzadista de criar uma Espanha cristã uniformemente pura. Os nobres que os monarcas tinham utilizado na guerra ficariam exultantes com a perspectiva de anulação de suas dívidas com os usurários judeus, como fora o caso na Inglaterra plantageneta, que servia de modelo para a expulsão na Espanha. E os monarcas tinham calculado, corretamente, que o valor de tudo quanto poderiam confiscar e vender, sobretudo bens de raiz, excederia em muito o que talvez viessem a perder em termos de receitas tributárias proporcionadas pelos judeus. Talvez algumas almas tímidas e simplórias lamentassem o súbito desaparecimento de médicos, lojistas, de uma fonte confiável de empréstimos, essas preocupações abjetas. Seria preciso convencê-las de que a simples presença de judeus entre elas constituía não só uma transgressão como também uma ameaça mortal.

Assim, é claro, urdiu-se um caso de sequestro e assassinato de uma criança, e, como sempre, a ausência de um cadáver não foi empecilho à certeza do cometimento do crime.[30] A Inquisição descobriu um converso itinerante, lavador e cardador de lã, Benito García — que voltava de uma peregrinação, nada menos que isso —, na cidade de La Guardia, perto de Toledo, com uma hóstia consagrada, meio roída, em sua bolsa, sinal seguro de um complô de profanação. Só restava arrancar, dele e de um bando heterogêneo de dez outros conversos e judeus, uma confissão plena através das técnicas habituais, em geral eficientes. Um dos judeus, Yucef Franco, foi metido numa cela da prisão em cima da de García, com um buraco aberto entre uma e outra, de modo a se poder escutar as conversas entre os dois. Um monge fantasiado de rabino fez uma visita a Franco e extraiu dele uma "confissão" não do crime, mas de ter sido acusado de praticá-lo. A seguir, montou-se uma história fantástica, segundo a qual uma criança era sequestrada numa rua de Toledo, torturada num simulacro de crucificação e depois levada para uma caverna de montanha, onde o coração lhe era arrancado do peito para ser usado em ritos de magia negra. A história tinha todos os elementos necessários para despertar a indignação pública e fazer com que conversos e judeus figurassem como cúmplices indistinguíveis da mesma conspiração de malignidade homicida. Ainda desaparecida, a criança logo foi santificada, transformando-se em El Niño de La Guardia — e nessa parte do país ainda é vista assim. A revolta popular foi tão generalizada e intensa que o rei e a rainha se convenceram de que, na verdade, uma ordem de expulsão canalizaria essa fúria de maneira ordeira e produtiva, em vez de deixar que ela degenerasse em distúrbios destrutivos.

Assim, em 31 de março de 1492, no palácio concebido e iniciado por Yehosef ibn Naghrela mais de quatrocentos anos antes, e onde Isabel e Fernando comemoravam seu triunfo sobre Boabdil com recepções que já duravam meses, o ato foi consumado. Uma longa ordem de expulsão explicava que, diante da impossibilidade de fazer os judeus desistirem de subverter a fé dos

Dedicatória a Samuel Halevi Abulafia na sinagoga conhecida como El Tránsito, em Toledo, Espanha, meados do século XIV.

Decoração mudéjar em estuque na parede leste da sinagoga El Tránsito, meados do século XIV.

Arcos mouriscos em ferradura na Sinagoga Nova, conhecida como Santa María la Blanca, em Toledo.

Página-tapete, de José ibn Hayyim, da Bíblia Kennicott, de Isaac de Braga, La Coruña, Espanha, 1476.

Página da Hagadá de Barcelona, da segunda metade do século XIV, representando o Seder. O chefe da família está encostando o prato dos matsot na cabeça dos filhos, costume sefardita que parece ter chegado ao fim com a expulsão dos judeus da Espanha. A decoração esfuziante de animais é típica das Hagadot desse período.

Iluminura de "José Francês", da Bíblia de Cervera, Espanha, 1299-1300.

Ilustrações de Joel ben Simon Feibush para uma Hagadá do norte da Itália, 1469. Acima, "Avodim Hayinu" ("Fomos escravos no Egito"); abaixo, "Ha lachmah di' anya" ("Este é o pão da aflição"), com duas figuras que seguram o cesto dos matsot redondos. A cena ainda ocorre hoje em dia nos serviços de Seder.

Iluminuras de José ibn Hayyim para a Bíblia Kennicott, de La Coruña. Acima, Jonas e o "Grande Peixe"; ao lado, castiçais do Templo protegidos por um leão.

Página de cólofon da Bíblia Kennicott, de La Coruña: "Eu, José ibn Hayyim, fiz as iluminuras e o acabamento deste livro".

Na página seguinte: Numa forma de arte característica da cultura judaica, o texto do capítulo 32 do Gênesis é circundado por uma borda de figuras micrográficas feita com caracteres hebraicos asquenazes. É frequente que esses caracteres, muitas vezes microscópicos, não tenham nada a ver com os textos que ostensivamente ilustram.

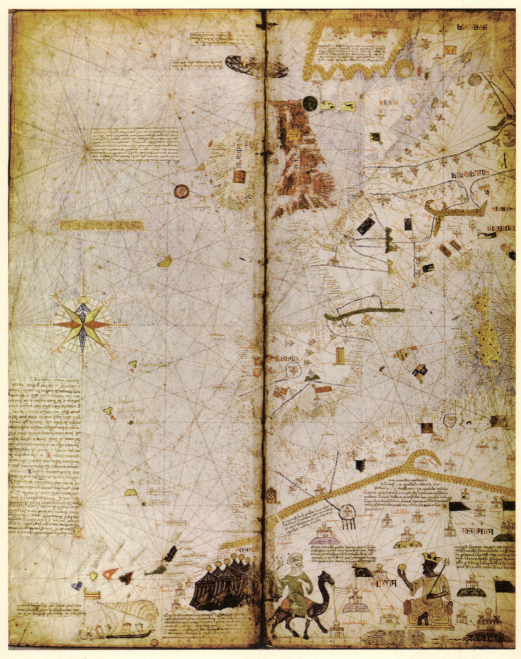

Atlas catalão (mapa-múndi), do século XIV, de Abraão Cresques e seu filho Jafudà.
No canto inferior esquerdo, vê-se Jaume Ferrer em seu navio;
no canto inferior direito, o rei de Mali.

cristãos-novos, os quais, apesar dos melhores esforços da Inquisição, continuavam a reverter à antiga fé, nem a unidade nem a pureza da Igreja podiam tolerar sua presença por mais tempo. Ademais, eles persistiam em difamar e insultar os princípios da religião cristã e, como demonstrava a mais recente atrocidade cometida contra o corpo indefeso do menino de La Guardia, eram capazes de coisas muito piores. No dia 1º de julho, daí a três meses, todos os judeus deveriam ter deixado o reino, e os súditos leais dos monarcas eram instruídos a, prestimosamente, não impedir nem estorvar, de qualquer modo, a saída deles. Os judeus não poderiam levar do país nenhuma quantidade de ouro ou prata ou dinheiro em moeda (aliás, nem havia outra espécie), nem tampouco bens valiosos como pedras preciosas ou objetos de valor, inclusive aqueles de sua religião. Dessa forma, as coroas e peitorais da Torá, os remates *rimmonim* das hastes dos rolos, os apontadores chamados *yad*, assim como, é claro, as sinagogas das quais tinham feito parte, passavam a ser propriedade da Coroa, que enfrentaria um enorme trabalho de derretimento. Tampouco os judeus teriam permissão de levar consigo cavalos ou mesmo burros, para que o reino não ficasse à míngua de animais para o Exército ou bestas de tiro. Que usassem asnos para puxar suas carroças e carregar seus idosos e doentes. Seus livros em hebraico poderiam ser levados, e que bons ventos levassem também seus infames e blasfemos Talmudes e todos os demais. Os que ficassem seriam queimados junto com os rolos.

Por algum desígnio misterioso, a divulgação pública do edito foi retardada por um mês, e esse período de graça foi usado por Seneor (cujos serviços a Isabel em seus primeiros anos sempre lhe valeram sua atenção e uma carrada de altos cargos) e por Abravanel para tentar dissuadir os monarcas, sobretudo Fernando, da decisão que tinham tomado. Quando os argumentos de compaixão e interesse nacional mostraram-se infrutíferos, Abravanel tentou convencê-los com dinheiro, nada menos que 30 mil ducados, uma soma fabulosa. Segundo uma lenda corrente, o rei titubeou, e nesse ponto Torquemada interveio, atirando um crucifixo ao chão e censurando Fernando por estar para repetir a traição de Cristo por Judas, a troco de trinta moedas de prata. Segundo outra lenda, Isabel, implacavelmente fanática, acicatou o rei, dizendo-lhe que suas hesitações decorriam do sangue judeu que corria em suas próprias veias (pois de fato ele tinha alguma ascendência judaica, por parte da mãe, uma convertida).

Na realidade, Fernando estava tão decidido pela expulsão quanto a rainha e o inquisidor-geral. No fim de abril, tal como ordenado, pregoeiros e arautos reais reuniram o povo ao som de trombetas nas grandes cidades da Espanha para que ouvissem o decreto. Nenhum historiador, e decerto não o autor deste livro, constrangido por delicadezas literárias, pode dar uma ideia do horror, do assombro, do medo e da agonia patética dos judeus ao tomarem conhecimento da implacável sentença de morte imposta de um momento para o outro a comunidades que lhes pareciam, na verdade, suas "Jerusaléns na Espanha", onde sua língua, transformada no ladino, florescera; onde rabinos tinham estudado e escrito; onde canções litúrgicas e de amor haviam sido compostas, entoadas e cantadas; onde o pão fora sovado, e os doces, assados; onde o júbilo se manifestava em danças por ocasião de Purim e Simchat Torá; onde taças de vinho tinham sido viradas em circuncisões; onde noivas e noivos haviam se colocado sob a *chupá* e assinado o decorado contrato nupcial em aramaico, a *ketubá*; onde médicos tinham ministrado poções e consolo aos doentes de todas as religiões; onde escribas e iluminadores tinham produzido obras que atestavam o infinito poder criativo da humanidade — em Soria, Segóvia, Burgos, Toledo, Salamanca, Saragoça, na amada Girona, na Tudela natal de Halevi... e que agora se esvaziariam, pois os judeus que tinham construído lares no exílio agora eram exilados desse exílio. E observaram, em suas terríveis lamentações, que a data final, inexorável, fixada para a saída do país (pois o rei, benevolente, prorrogara o prazo para o fim de julho) era 7 de Av, dois dias antes do grande jejum que lembrava a destruição do Primeiro e do Segundo Templos. Agora, o Templo da cultura judaica estava sendo demolido junto deles, tão seguramente como se os romanos tivessem voltado para acabar de quebrar as pedras.

O desespero e o pânico tomaram conta das pessoas, que tentavam vender tudo aquilo que não estivesse para ser confiscado: casas, lojas, adegas, pomares, hortas, vinhedos, olivais. O exemplo da expulsão da Andaluzia deveria ter alertado os sefarditas para não esperar outra coisa além de exploração e oportunismo impiedosos. Só com sorte obtinham os 10% do valor desses patrimônios, e por outro lado havia a questão de encontrar algum tipo de recurso com que pudessem cruzar a fronteira para Navarra e Portugal, ou para onde quer que fossem recebidos depois de uma viagem marítima. O mesmo edito de expulsão, claro, também era válido para as possessões espanholas, a Sicília e a Sardenha, locais de refúgio agora inacessíveis. Vendo-se diante da miséria e do desabrigo, pelo menos 40 mil judeus tomaram a decisão de se converter e se juntar aos 100 mil predecessores que tinham se tornado cristãos desde os distúrbios e massacres de 1391. Entre eles estavam, é claro, e não pela primeira vez, os mais importantes judeus da corte. Em julho de 1492, Abraão Seneor fez-se batizar junto com o filho, Melamed Meir (o professor!), no mosteiro de Guadalupe, na presença do rei e da rainha, que assistiram à cerimônia de pé, tornando-se padrinhos do octogenário, que recebeu o nome de Ferrán Pérez Colonel.

Abravanel assumiu uma atitude diferente, e segundo Elijah Capsali, rabino-chefe de Chania, em Creta, que falou com muitos dos expulsos, escreveu uma carta de censura a Isabel e até a reprovou pessoalmente, "defendendo sua posição como um leão", pela ideia equivocada de que aquele ato de brutalidade perversa poria fim ao judaísmo. Diante da resposta ríspida da rainha, de que não fora ela, e sim Deus que ordenara a expulsão, Abravanel lhe perguntou se ela pensara nos muitos impérios da Antiguidade que tinham imaginado que, decretando o exílio e a dispersão, poriam fim à história dos judeus e romperiam a aliança do povo israelita com seu Deus. Ela não sabia que esses impérios haviam desaparecido, enquanto o judaísmo persistia e sobreviveria para ver a redenção trazida pelo Messias? Que os sofrimentos dos judeus só fortaleciam sua determinação de resistir? E que eles tinham as palavras da Lei marcadas eternamente na cabeça e no coração?

À medida que o verão avançava e o prazo para a retirada se aproximava, os sefarditas dirigiram-se para portos e postos de fronteira do melhor modo que podiam.[31] O decreto especificara que a pena para os que fossem descobertos, sem conversão, em terras do rei e da rainha depois de 31 de julho seria a morte. Assim, havia certa urgência no êxodo. Devido aos muitos perigos no caminho para Cádiz ou na fronteira de Navarra, no noroeste, e de Portugal, no leste, muitos viajavam em caravanas formadas por parentes, vizinhos e conhecidos da sinagoga. Algumas cadeiras, um baú de roupas, panelas de cozinhar — sobretudo se pretendiam viajar por mar — e sacos, entulhados com os preciosos livros sagrados, empilhavam-se em carroças de carregar lenha, junto com os avós e as crianças menores. Os jumentos seguiam a passo de jumento, mas, em todo caso, a grande maioria dos judeus deixou a Espanha a pé. Isso os tornava presa fácil para salteadores, bem como para o grande número de pessoas em ótimas condições para explorá-los e saqueá-los: guardas de fronteiras (de ambos os lados), que tinham de ser subornados, embora os judeus não tivessem nada a lhes dar além dos poucos pertences que levavam. Com muita frequência, ao chegarem aos portos, era preciso entabular negociações árduas com capitães inescrupulosos, e enquanto esperavam espaço nos navios os judeus acampavam e dormiam em plantações, onde à noite se tornavam alvos de quadrilhas de facínoras.

Até o espetáculo cansar, as pessoas saíam de suas casas e dos campos, punham-se à beira das estradas ou trilhas para assistir à passagem das longas filas de pessoas que avançavam, da melhor forma que podiam, no calor escaldante do verão espanhol, rumo à costa ou à fronteira de Portugal. E ao contrário dos gritos de execração e das ameaças que haviam perseguido os judeus nos tempos dos distúrbios, contemplavam-nos agora num silêncio respeitoso e desaprovador. Até um judeófobo empedernido como o padre Andrés Bernáldez sentiu-se inesperadamente comovido, em especial pela dignidade e resistência que muitos demonstravam durante o suplício.

> Seguiam pelas estradas e pelos campos [...] com muito esforço e dificuldade. Alguns caindo, outros se pondo de pé, alguns morrendo, outros nascendo, ainda outros adoecendo, e não havia um cristão que não se apiedasse deles, e por onde quer que passassem imploravam-lhes que se fizessem batizar, e alguns, vencidos pelos tormentos, convertiam-se e se deixavam ficar, mas eram poucos, pouquíssimos, os que assim procediam, e os rabinos continuamente os encorajavam e pediam às mulheres e moças que cantassem e batessem os pandeiros para animar as pessoas.[32]

Assim, os sefarditas deixaram a Espanha, cantando e escutando sua bela música. Mas por que, em especial, os rabinos pediram às mulheres que cantassem? Porque, é claro, aquilo era um êxodo, um êxodo que devia ter sido determinado por Deus como uma nova partida, como Ele decerto fizera quando os judeus foram libertados do cativeiro no Egito. E ao longo daquele caminho, como sabiam todos os homens, todas as mulheres e todas as crianças que tivessem se sentado a uma mesa de Seder, como sabia quem tivesse visto uma das Hagadot com iluminuras, fora Míriam, a irmã de Moisés, quem cantara e dançara depois que os israelitas atravessaram em segurança o mar Vermelho e as águas se fecharam e tragaram as hostes do faraó. Bernáldez ouviu a música e os rabinos dizerem que agora, de novo, Deus proporcionaria milagres e os levaria da servidão à Terra Prometida.

Aquela música seria ouvida de novo — em Salonica e Túnis, em Esmirna e Constantinopla, em Veneza e Chania. Estava só começando a ser ensaiada.

4. ATÉ OS CONFINS DO MUNDO

Bem ao sul das ilhas Canárias, além do ponto onde Abraão Cresques pintara o barquinho de Jaume Ferrer a navegar, otimista, rumo à desembocadura do rio do Ouro, passado o cabo Bojador, o ponto após o qual correntes de lendária adversidade negavam às embarcações qualquer esperança de retorno, além de tudo isso, no meio do oceano, jazia uma vasta ilha vulcânica, descoberta por marujos portugueses em 1470, a que deram o nome de São Tomé. A latitude em que se encontrava só poderia ser determinada se o capitão que se dirigia a ela — Álvaro de Caminha, cavaleiro da Casa Real — pudesse consultar as tabelas astronômicas do rabino Abraão Zacuto, que residira em Salamanca mas agora se trasladara para Lisboa, onde se tornara de extrema utilidade para as ambições imperiais da monarquia portuguesa. O vulcão da ilha achava-se extinto havia muito tempo, o suficiente para que sua rocha magmática tivesse sido recoberta por densa vegetação tropical, mas quando os portugueses descobriram a ilha de São Tomé, não havia nela nenhum ser humano. Sobre as florestas tropicais e as encostas que desciam para o Atlântico voavam o íbis-de-são-tomé, aves tropicais e papagaios, e ali, em 1494, entre as rochas e a selva, viviam algumas centenas (havia quem dissesse milhares) de crianças nascidas judias. Algumas tinham nascido e crescido na Granada muçulmana, terra de centenas de famílias judias quando o reino islâmico caiu ante o exército da Reconquista e os judeus foram imediatamente expulsos. Alguns tinham se juntado aos que saíam de Castela e cruzaram a fronteira de Portugal, atendendo a uma oferta de abrigo feita pelo rei dom João II. Todavia, esse gesto se revelara inteiramente mercenário e condicional. Afora as 630 famílias que o monarca português selecionara por considerá-las economicamente úteis para o reino, os judeus espanhóis restantes, talvez cerca de 80 mil, tiveram de sair do país depois de oito meses e pagar quantias polpudas pelo privilégio do breve asilo e pelo direito de ir embora.[33]

Um número incalculável desses judeus, arruinados pelos muitos roubos, legais e ilegais, cometidos contra eles durante os meses de seu êxodo, não tinha meios de saldar essa dívida, e diante disso dom João II os declarou propriedade pessoal sua e os doou como cativos a nobres. O eterno facciosismo dessa nobreza podia ser abrandado pelo presente desses judeus escravizados, que, mesmo vestidos de farrapos, tinham a recomendá-los a notória sagacidade e a presença de espírito. Dom João manteve muitos em sua reserva pessoal, entre eles as crianças, que, uma vez tiradas dos pais como escravos, puderam ser enviadas a ultramar para colonizar São Tomé. Submetidas a uma abrupta conversão, elas cristianizariam a ilha e, ao se cruzarem com escravos africanos também levados para lá, formariam uma população mestiça, leal, religiosa e empreendedora, à qual se daria liberdade dentro de mais ou menos vinte anos.

Se sobrevivessem. É impossível determinar com alguma precisão o número das crianças que foram levadas para lá e o número das que não morreram devido a doenças, fome ou privações (mas não atacadas pelos vorazes "lagartos" — crocodilos — como se temera). Um historiador do século XVI informa que o número delas ascendia a 2 mil, das quais seiscentas chegaram à vida adulta, mas 2 mil parece um número grande demais para que fossem transportadas pelos pequenos navios da época, embora muitas delas fossem crianças bem pequenas. Mas com certeza chegavam a algumas centenas, e com efeito criaram uma pequena sociedade colonial que cultivava e colhia cana-de-açúcar e o cacau com que se produzia o melhor chocolate do mundo. E como os *chuetas* de Maiorca, os são-tomenses também carregam nos genes os cromossomos indeléveis de sua origem.

Dom João II morreu em 1495 sem deixar herdeiros diretos, mas antes de expirar decidiu extinguir o judaísmo em seu reino tão completamente como tinham feito seus vizinhos espanhóis. Por outro lado, os judeus, assim que transmudados em cristãos, eram notoriamente úteis em duas atividades importantes para a ambiciosa monarquia lusitana: ciência náutica e comércio global. O melhor a fazer, então, era extirpar-lhes a religião. Por conseguinte, tal como ocorrera na Espanha, todas as sinagogas e ieshivas foram fechadas e ordenou-se que fossem queimados não seus corpos, mas seus livros, apesar de terem sido eles os introdutores em Portugal da nova arte da impressão, até então desconhecida ali. Em 1493, os judeus que ainda permaneciam no país receberam ordem de levar à Grande Sinagoga, em Lisboa, todas as suas Bíblias, livros de orações, Talmudes, comentários e filosofias, bem como todos os objetos litúrgicos que tivessem palavras em hebraico, como filactérios e mezuzás. Dali seriam levados para outro lugar a fim de ser destruídos. Para muitíssimos desses judeus, os sacos e baús cheios de livros em hebraico, que eles tinham sido autorizados a levar para fora da Espanha, eram o único consolo por tudo quanto tinham perdido: casa, jardim, loja, dinheiro, país. Haviam-nos mantido junto de si na tempestade e na bonança, transpondo os rios e as montanhas do êxodo. O rabino Abraão Saba viu um judeu ser surrado sem dó nem piedade por "amar seus livros" e agarrar-se a eles. Tremendo de medo, o rabino levou seus próprios livros mais preciosos para fora da cidade e os ocultou no oco de uma oliveira centenária. Entre esses judeus amantes de livros que, de uma forma ou de outra, lograram salvar seus tesouros estava Isaac de Braga, que viajara de Lisboa para La Coruña, junto com sua obra-prima encadernada em pele de cabra. Tivesse ele ficado — ou pior, tivesse ele, como muitos milhares de outros, voltado para a Espanha, aceitando o batismo —, todos os livros que levasse consigo teriam sido confiscados e queimados na fronteira, e o mundo teria perdido o mais belo de todos os livros em hebraico com iluminuras.

Isso não foi o pior que os reis lusos fizeram à sua nova e malquista população de judeus. O sucessor de João II, dom Manuel I, não sabia com certeza se o reino mais se beneficiaria com a remoção ou a manutenção dos judeus, ainda que, qualquer que fosse sua decisão final, a religião deles tivesse de desaparecer. Sua decisão parece ter sido ditada pela política dinástica de casamentos, pois o preço imposto por Fernando e Isabel para que dom Manuel se casasse com a filha viúva deles, também chamada Isabel, foi que o rei português estendesse a expulsão dos judeus a toda a península Ibérica. Como argumentaram, a porosa fronteira entre os dois países permitia que judaizantes secretos a cruzassem sem cessar de um lado para o outro. Muitos milhares de judeus, levando uma vida de miséria em Portugal, tinham decidido aceitar o batismo e voltar para a Espanha, tirando partido de um edito adicional baixado pelos monarcas espanhóis em novembro de 1492 — talvez valesse a pena, embora talvez trouxesse de volta a velha neurose com relação à verdadeira lealdade dos conversos.

Apesar da fixação de uma data para a expulsão dos judeus de Portugal — 31 de outubro de 1497 —, dom Manuel continuava devorado por ansiedades quanto à perda de bens. Não haveria uma forma, ainda não experimentada, de induzir a maior parte dos judeus a aceitar a cruz, evitando assim a necessidade de expulsá-los? Talvez o caso das crianças levadas para São Tomé lhe tenha dado uma ideia, pois na noite em que as famílias estavam limpando todos os sinais de fermento em casa e preparando-se para a comemoração do Pessach, soldados investiram contra os judeus reunidos em Évora e, a seguir, em todas as cidades de Portugal, e arrancaram das mãos dos pais, desesperados e suplicantes, todas as crianças com mais de dois anos de idade. A prazerosa procura de fermento, à luz de velas, converteu-se numa caçada a crianças. Elijah Capsali, que ouviu o relato da boca de marranos que chegaram a Creta, escreveu que os soldados buscavam crianças pequenas e pré-adolescentes "até nos cantos e recessos das casas". Na primeira noite do Seder, voltaram para "roubar aos judeus seu tesouro. Levaram as crianças, que nunca mais foram vistas".

Milhares de pais, frenéticos, foram conduzidos a Lisboa, onde lhes foi dito que seriam expulsos na data já indicada. Alguns deles aproveitaram a oportunidade para implorar às autoridades, e até ao rei, que lhes devolvessem os filhos. Salomão ibn Verga, autor de uma crônica de perseguições, o *Shebet Yehuda*, e judeu batizado, que assistiu a todo aquele sofrimento, deixou um relato sobre uma mãe que perdera seis filhos e que, tomada de desespero, aproximou-se de dom Manuel quando ele deixava a igreja após a missa de domingo.

> Ela chegou para implorar misericórdia e atirou-se aos pés do cavalo do rei, suplicando-lhe que lhe restituísse o filho mais novo, porém o monarca não lhe deu ouvidos [...]. O rei ordenou aos servos: "Tirem-na de minha vista", mas a mulher continuou a expor sua reivindicação em brados ainda mais sonoros e os homens a censuraram, ao que o rei exclamou: "Soltem-na, pois ela parece uma cadela cujas crias lhe foram tiradas".

Conhecemos os nomes de muitos outros pais e mães, um inventário sem fim de sofrimento inenarrável: Isaac de Rua e sua mulher, Valida, que perderam Jacó, o filho de oito anos, batizado como Jorge Lopes; Shemtob Fidalgo e sua mulher Oraboe, que perderam Reina, de dois anos e meio, batizada como Gracia, e Abraão, de oito anos, que se tornou Jorge; Estrela, viúva de Jacó Mankhazina, perdeu Cinfana, de quatro anos, adotada por um período desconhecido pelo vizinho, um sapateiro cristão.

Antes de serem expulsos, como pensavam que aconteceria, e que pelo menos seria uma forma de alívio da dor, milhares de judeus — o historiador Damião de Góis diz que seriam 20 mil, o que parece improvável — foram amontoados num antigo palácio, superlotado de propósito, com pouco ar e sem sentinas. No entanto, a ideia de dom Manuel consistia em forçar a conversão mediante o mais brutal encarceramento possível e a desintegração das famílias, para não perder seus judeus para o exterior. Com frequência ele ordenava que fosse suspensa a distribuição de alimento e água, às vezes por três dias. Os judeus estavam aprisionados numa versão primitiva de um campo de concentração, do qual não havia esperança de saída a não ser pela conversão. Dentro desse espírito, quando os guardas assim desejavam, espancavam os judeus famintos e doentes até se cansarem da diversão. Grande número deles morreu em decorrência desse tratamento, e os que conseguiram sobreviver foram arrastados pelos cabelos para a pia batismal, alguns deles agarrados ao xale de oração em que se envolviam, enquanto eram coagidos a aceitar o cristianismo.

Um judeu espanhol que escapou a esse destino foi o rabino talmudista e também astrônomo Abraão Zacuto,[34] que entrara em Portugal, junto com dezenas de milhares de outros judeus, com a esperança de encontrar ali algum descanso, ou talvez um novo lar. Já era famoso, primeiro pela criação de um astrolábio de cobre, que permitia leituras mais estáveis do que as dos instrumentos de madeira levados ao mar, e depois por uma contribuição ainda mais importante, seu *Ha hibbur ha-gadol*, almanaque escrito por ele em hebraico, quando lecionava na Universidade de Salamanca, que informava a posição do Sol, da Lua e dos planetas com uma exatidão sem precedentes. Isso dá um exemplo da ciência judaica numa disciplina que remontava aos observadores do céu em Qumran e que o resto do mundo desejava, mesmo quando fazia todo o possível para se livrar de seus autores. O livro fora traduzido para o castelhano em 1481, e se Zacuto tinha tido uma acolhida toda especial em Portugal fora porque José Vizinho, médico de dom João II e também astrônomo, estava preparando uma edição em latim. Zacuto foi instalado no imenso mosteiro-palácio dos Templários em Tomar, ao norte de Lisboa, um edifício de escadarias sinuosas e colunas com gárgulas, onde ganhou uma cela para trabalhar. A presença do famoso Zacuto talvez explique a sobrevivência em Tomar de uma sinagoga solitária do fim da Idade Média: uma pequenina e requintada casa de culto e estudo, apenas um cômodo simples sustentado por pilares esguios. E enquanto Zacuto ali trabalhava, um fato momentoso acontecia com sua obra. Estava sendo preparada uma nova edição em castelhano, dessa vez com tipos móveis, o que a tornaria um dos primeiros manuais científicos impressos na península Ibérica.

Entretanto, o *Almanaque perpétuo dos movimentos dos corpos celestes* não teria de esperar a impressão para mudar o mundo. Colombo já levara a obra para bordo da *Santa María*, enquanto, impaciente, esperava em Cádiz que o porto se desembaraçasse dos navios que levavam judeus para seus vários destinos e seus encontros com piratas, naufrágios e, às vezes, asilo. No espírito do almirante nunca se desligavam os dois momentosos acontecimentos do ano. O trabalho publicado de Zacuto reforçara o apoio de Isaac Abravanel e do converso Luis de Santángel à viagem de Colombo, que pretendia descobrir uma nova rota que o levasse à Índia, mas navegando para oeste. E como a língua franca do oceano Índico era o árabe, Colombo fez questão de levar consigo, como tradutor e intérprete, o judeu Luis Torres, versado em árabe e convertido bem a tempo de que as regras do devido decoro fossem observadas na viagem. Por fim, Colombo deixaria Torres no Caribe, onde ele confrontou o desafio diferente de compreender os "índios" caribenhos e tainos e ser por eles compreendido. O diário de Colombo começava com a misteriosa mas profunda conexão de que sua mente se ocupava: "Assim que, depois de terem expulsado todos os judeus de vossos reinos e domínios, [...] mandaram Vossas Majestades que eu me dirigisse, com suficiente frota, às referidas regiões da Índia".

Para todos, o importante era sempre Jerusalém. Chegar à Índia navegando rumo a oeste era o passo seguinte na última e irrevogável cruzada, a verdadeira reconquista e o começo dos Últimos Dias. Entretanto, por que não tentar ir para leste? Parece provável que, em Tomar, o rabino Zacuto tenha se avistado com o explorador português Vasco da Gama antes da viagem que levou este último além do cabo Bojador, além da ilha das crianças órfãs, o fez dobrar o cabo das Tormentas e, de súbito, virar para norte, subindo pela costa oriental da África. Quando Vasco da Gama voltou triunfante de sua expedição, trazendo especiarias, animais e um judeu polonês que se radicara na Índia, Zacuto já se fora deste mundo havia muito, mas não restava dúvida de que o sucesso de Vasco da Gama se devera ao fato de ter levado a bordo o *Almanaque perpétuo* do rabino, o que lhe permitira leituras de latitude confiáveis. Graças ao judeu, o grande capitão e fundador do império asiático de Portugal sempre sabia, mais ou menos, onde estava.

Mas onde estava Abraão Zacuto? Onde estava seu povo? O que fora feito dessa gente? Para onde iriam eles agora, quando a grande experiência de viver entre os cristãos parecia ter se eclipsado? Nem o astrolábio de cobre nem o almanaque celeste eram de utilidade contra piratas, e o navio em que Zacuto navegou para o sul, como dezenas de milhares de outros judeus, retornando ao mundo muçulmano da Berbéria ou costa berberisca, foi duas vezes capturado por corsários, saqueado e submetido a extorsão mediante sequestro. Enfim, por volta de 1504, ele chegou a Túnis, e ali encetou uma viagem totalmente diferente, no tempo e não no espaço. O *Sefer Yohassin*, o *Livro da linhagem*, não deve ser comparado com sua ciência.[35] Tampouco, apesar da obsessão de Zacuto de emparelhar o que acontecia no mundo dos gentios com o que se passava no mundo judeu, trata-se de fato de história. Levados por seu espírito cientificista, os historiadores judeus alemães do século XIX desprezaram a obra por não distinguir o que era mito e o que era realidade, porém a mesma coisa, também sem que se entendesse o principal, havia sido dito sobre Heródoto.

É verdade. A genealogia do rabino Zacuto não é história, não como os leitores deste livro a entendem. No entanto, é um encontro com as gerações prolíficas, desde os patriarcas até homens que Zacuto talvez conhecesse, passando pelos rabinos e sábios. Não é história porque, apesar da obsessão óbvia com a cronologia, todas essas pessoas que fizeram o passado judaico e que habitavam no aqui e agora dos judeus parecem viver *ao mesmo tempo*, reunindo-se numa atroadora cacofonia de interrupções mútuas. Lá está Shamai altercando de novo; aqui o rabino Ishmael está dizendo "vá dizer ao rabino Akiba que ele cometeu um erro"; ali, é Ben He-He "que, ouvi dizer, é a mesma pessoa que Ben Bag-Bag, porque eles têm o mesmo valor numérico, ou seja, *bet* mais *gimel* é igual a cinco"; acolá, Shmuel, que ainda não se tornou Hanagid, vende especiarias em sua loja em Málaga, sem imaginar que viria a ser o grande ministro do rei berbere; sentado a uma mesa e escrevendo em árabe, vemos Maimônides, cujos restos foram levados para a Palestina, onde bandidos se apoderaram do ataúde e o teriam arremessado ao mar se trinta homens tivessem conseguido tirá-lo do chão, o que permitiu que o grande filósofo fosse sepultado entre seus avós em Tiberíades. E também, lá no fim, estão os órfãos que foram levados "para as ilhas do mar".

Não se sabe com certeza se o próprio Zacuto, ao morrer, foi enterrado na Terra de Israel, como quer a tradição, mas é certo que ele esteve lá em algum momento do fim da vida, convivendo mais de perto com as multidões de judeus que ele fez reviver em suas páginas. Não havia tumba, por mais dúbia que fosse sua identificação, que Zacuto não quisesse ir ver, para baixar a cabeça diante dela: Nun, o pai de Josué em Timnath; Yehudah Hanasi, o príncipe e senhor da Mishná, sepultado em Séforis com dez *gaons*, cinco à sua direita e cinco à sua esquerda; o profeta Habacuque, em Kafr Yakuk; Hilel e Shamai em Meron, na Galileia.

Além disso, segundo seu próprio relato, Zacuto esteve em Damasco e a partir dali caminhou durante dois dias até Alepo, onde lhe mostraram o alegado túmulo do escriba Esdras, autor de livros da Bíblia, o recuperador da palavra para os exilados que retornavam e acamparam entre as muralhas derrubadas de Jerusalém. Ali, em alguma cela bolorenta, Abraão Zacuto contemplou o que julgou ser um milagre de sobrevivência: uma mancha de azeite no castiçal cujas velas tinham proporcionado a luz com que Esdras escrevera seu rolo da Torá.

Homens navegavam até a borda da criação guiados por seu almanaque do Sol, da Lua e dos planetas. Os judeus tinham sido mais uma vez dispersados para os confins da Terra. No entanto, onde ficavam os confins da Terra? Existiria, mais além, um vácuo verdadeiro, como sustentara Hasdai Crescas, que descanse em paz, o vazio do qual fora criado o universo, ou havia tão somente um espaço infinitamente dividido e extenso, como pensava Abravanel, o aristotélico, com os navios e as caravanas a se mover sem cessar, de uma viagem para outra?[36] A mente de Zacuto, como a de tantos judeus, estava dividida entre o ancestral e o visionário, entre o passado interminável e o futuro que se abria sob o céu mapeado e o vasto oceano. Quem sabe se os confins do mundo não ficavam onde mais longe chegassem as palavras? Malgrado as tentativas de queimá-las, apagá-las e borrá-las, de extirpar e criminalizar as leituras hebraicas, de espancar os judeus para que não lessem seus livros, as palavras continuavam a viajar, sem parar, no espaço e no tempo. Às vezes, como homens levados a leilão em mercados de escravos, eram restituídas à vida até por aqueles que as aprisionavam, que infantilmente se interessavam em saber quanto podiam valer em termos monetários. Zacuto lembrava-se de ter visto à venda, no Marrocos, um lote de livros confiscados pelos cristãos em Portugal. Mercados semelhantes existiam no outro lado do mundo. Francisco de Pinheiro, um dos nobres portugueses que tinham navegado na frota do vice-rei da Índia, o almirante Francisco de Almeida, levara com ele um baú de livros hebraicos que seu pai (um magistrado, claro) tirara de uma sinagoga portuguesa e que ele imaginava poder valer um ou dois ducados. Na costa de Malabar, em Cochim, onde havia uma antiga comunidade de judeus, Pinheiro vendeu seus livros. Resgatados, ganharam vida nova, redimidos das trevas.

Talvez Zacuto tivesse em mente um salmo. A cada Shabat e em todas as festas, cantava-se (e às vezes ainda se canta) nas sinagogas sefarditas o Salmo 19 do rei Davi, como parte dos hinos *zemirot*. O *Sefer Yetzirah*, que Zacuto, com seu fascínio pela cabala, conhecia bem, afirmava que o Altíssimo criara os elementos da Terra a partir de letras hebraicas. Portanto, os confins do mundo deviam ficar onde as palavras cessavam, onde se ouvia a voz celestial, apesar de todas as imprecações e lamentações do mundo. Sim, com certeza era isso.

Os céus contam a glória de Deus,
e o firmamento proclama a obra de suas mãos.
O dia entrega a mensagem a outro dia,
e a noite faz conhecer a outra noite.

Não há termos, não há palavras,
nenhuma voz que dele se ouça,
e por toda a terra sua linha aparece,
e aos confins do mundo a sua linguagem.
(Salmo 19,2-5)

Agradecimentos

Um trabalho feito para dois meios de comunicação gera, inevitavelmente, o dobro (ou mais) de dívidas do que o habitual. Sou profundamente grato a meus colegas da BBC Television pelo apoio gentil, compreensivo e generoso que deram a este projeto em todos os seus aspectos. Adam Kemp foi o primeiro a sugeri-lo, e, depois, coube a Martin Davidson e a Janice Hadlow, superintendente da BBC2, encomendarem a série e se tornarem seus mentores, colaborando com críticas construtivas. Mantendo-se a uma distância diplomática, Alan Yentob acompanhou com carinho a execução do projeto. Melissa Green, Suzanna McKenna e Mark Reynolds, da BBC Worldwide, prestaram toda a ajuda possível. Minha agente para a televisão, Rosemary Scoular, foi meu sempre presente anjo da guarda, contando com a ajuda constante de Wendy Millyard, numa medida que superou em muito o que se poderia esperar.

A série foi feita para a BBC por meus colegas da Oxford Films and Television, uma turma sem igual que deu um novo sentido ao afetuoso termo "mensch" (qualquer que seja seu gênero). Faço uma menção especial a meu dileto amigo e sócio criativo Nick Kent, sem cuja participação esta série teria sido impensável e impossível, e que, portanto, dividiu todas as suas agonias e êxtases, judaicamente ampliados. Outra menção especial deve ser feita a

Charlotte Sacher, que, com pesquisas competentes e sagazes, uma montagem primorosa e seu entusiasmo contagiante, foi a seiva vital do projeto. Tim Kirby trouxe à função de produtor da série (e de diretor de três dos episódios) sua inteligência brilhante, uma perfeita compreensão do tema e uma resistência sobre-humana, em especial diante de problemas imprevistos. Sou grato a muitos outros integrantes de nossa equipe, mas sobretudo a duas pessoas: Julia Mair, por sua seriedade nas pesquisas, pelo empenho no trabalho e pelos conselhos sensatos; e Kate Edwards, por vencer a provação que foi me acompanhar ao longo de cinco filmes e por se desdobrar muito além do dever, e disso posso dar um exemplo: ler, nos deixando emocionados, os contos de I. L. Peretz no banco traseiro de um carro pelas estradas nevoentas e extremamente esburacadas da Ucrânia. Agradeço também a Jeremy Pollard, Ariel Grandoli e Anthony Burke, por formarem uma equipe sem igual, bem como a vigilância gentil de Jenny Thompson, Annie Lee e Arianwen Flores Jackson. Na pós-produção, Hannah Cassavetti fez seus costumeiros milagres. Sam Baum e Josh Baum aplicaram sua enorme capacidade ao texto e à animação, enquanto Avshalom Caspi, nosso compositor, e Clara Sanabras, nossa vocalista, tornaram-se amigos e formaram uma criativa parceria.

Como sempre, meus agentes literários, Michael Sissons e Caroline Michel, se mostraram maravilhosos como fontes de ânimo e entusiasmo, sustentando desde o início que haveria um público receptivo para este trabalho. De maneira heroica, aguentaram a mão, em especial quando as dimensões deste livro explodiram, indo muito além da intenção original de ter apenas um volume, e o mesmo seja dito de meu *publisher*, Stuart Williams, da Bodley Head, a quem perdoo por considerar o livro "judeu demais". Sou grato a ele e a Gail Rebuck, da Penguin Random House, por descobrir meios de se adaptar a um plano de publicação inesperado. Na Bodley Head, o livro não teria se tornado realidade sem os esforços heroicos de David Milner, meu editor, de Katherine Fry na preparação de texto, de Katherine Ailes (em várias funções), de Caroline Wood na pesquisa iconográfica, e de Anna Cowling, por sua gentileza e diligência na produção. Agradeço também aos revisores Sally Sargeant e Ilsa Yardley, e ao indexador Douglas Matthews. Rowena Skelton-Wallace, Natalie Wall e Kay

Peddle também não pouparam esforços para transformar o impossível numa possibilidade.

Quero agradecer a Ester Murdakayeva pela ajuda que prestou em pesquisas sobre o período bíblico e a Antiguidade judaica, e a Jennifer Sonntag por ser minha indispensável assistente em praticamente tudo, dentro e fora de bibliotecas. O reitor John Coatsworth teve a gentileza de me conceder uma licença como docente na Universidade Columbia, para que eu pudesse filmar e escrever. E tenho com meu falecido e muito saudoso colega Yosef Yerushalmi uma dívida de gratidão, por ter mantido, de muitas formas, a chama da história judaica viva em mim — sua profunda e bela meditação, *Zakhor*, está no cerne de meus próprios objetivos como historiador. Muitos outros intelectuais, curadores, autores e amigos mostraram-se mais que generosos com seus conselhos sobre as filmagens e a redação do texto. Merecem referências especiais: a rabina Julia Neuberger; Felicity Cobbing, do Fundo de Exploração da Palestina; Micha Bar-Am e Pnina Shor, do Museu Israelense dos Manuscritos do Mar Morto; Michal Friedlander, do Museu Histórico Judaico em Berlim; o professor Bezalel Porten, pela leitura crítica do capítulo sobre Elefantina; Katya Krausova, que teve a bondade de partilhar comigo seu conhecimento profundo sobre sítios preciosos na Europa oriental (e suas fotografias desses lugares); Haim Admor, que foi meu contato com a comunidade Beta Israel; e a maravilhosa Aviva Rahimi, pela extraordinária narrativa de seu êxodo da Etiópia para Israel.

Tudo isso teria sido irrealizável sem o apoio generoso de tantos amigos do peito, que se habituaram ao longo dos anos à música tediosa de minha choramingação e de minhas ideias mal articuladas sobre a história judaica. Tenho uma dívida especial com Alice Sherwood — por seu entusiasmo constante, suas críticas fundamentadas e pela fé profunda na importância do projeto. Agradeço também a Chloe Aridjis, Clemency Burton Hill, Jan Dalley, Lisa Dwan, Celina Fox, Helene Hayman, Julia Hobsbawm, Elena Narozanski, Caterina Pizzigoni, Danny Rubinstein, Robert e Jill Slotover, Stella Tillyard, Leon Wieseltier e Robert Wistrich.

Chloe, Mike e Gabriel aguentaram todas as euforias e as fossas do autor a que estão habituados, mas é minha mulher, Ginny, que tem minha mais profunda gratidão por suportar as mudanças de humor, ainda mais extremas que de costume, e as longas ausências, causadas pelas filmagens e pela pós-produção da série, e por ter enfrentado tudo isso com as reservas usuais e ilimitadas de paciência, generosidade e amor. Os dois verdadeiros autores de minha história judaica, minha mãe e meu pai, não estão mais neste mundo, porém alguma coisa me diz que, no próximo, eles me falarão sobre o tema.

Cronologia

a.C.	
1500 a.C.	*c.* **1200** estela de Merneptah, laje de pedra com inscrições que constitui a primeira referência documentada a Israel nos registros históricos
1000 a.C.	**928** Israel divide-se entre Israel e Judá *c.* **870** estela de Tel Dan. Contém a primeira referência a Davi fora da Bíblia (Casa de Davi, *bytdwd*) **721** destruição do reino de Israel, ao norte, pelos assírios **715-687** reinado do rei Ezequias de Judá **649-09** reinado do rei Josias de Judá; Josias institui reformas importantes **597** primeiro sítio de Jerusalém por Nabucodonosor e deportação da elite de Judá **587** destruição final de Jerusalém e do Templo de Salomão pelos babilônios, liderados por Nabucodonosor **586** Sedecias tenta tomar Jerusalém dos babilônios

Há controvérsias quanto a algumas datas e a fatos a elas associados. As datas citadas aqui visam orientar o leitor, mas podem diferir das de outras fontes.

	588-7 últimos anos de independência de Judá
	538 Ciro, rei da Pérsia, permite que os judeus na Babilônia voltem para Jerusalém
	525 conquista do Egito por Cambises II
	520-15 construção do Segundo Templo
500 a.C.	445 Neemias reconstrói as muralhas de Jerusalém
	167-1 revolta dos asmoneus contra o império selêucida, liderada pelos Macabeus
	165-37 a dinastia dos asmoneus passa a dominar a Judeia
	134-2 Antíoco VII sitia Jerusalém
	74 nasce Herodes
	63 o general romano Pompeu entra em Jerusalém
	37 Herodes derruba Antígono e estabelece a dinastia herodiana
	4 Herodes morre e o reino é dividido entre seus três filhos

d.C.

O	66-73 os judeus judaítas rebelam-se contra a ocupação romana
	70 Roma destrói o Segundo Templo e captura Jerusalém
	73 queda da fortaleza de Massada
	115-7 segunda guerra entre judeus e romanos. Grandes rebeliões de judeus em Cirene, Chipre, Mesopotâmia e Egito
	132-5 segunda revolta na Judeia contra os romanos no reinado de Adriano
	138 morte do imperador Adriano e redução da perseguição aos judeus
	220 redação, pelo rabino Yehudah Hanasi, da Mishná, primeira versão das tradições orais judaicas
	362-3 o imperador Juliano promete permitir que os judeus voltem para Jerusalém e reconstruam o Templo
	363 o imperador Juliano é assassinado, e o plano, abandonado
	[fins do século IV] conversão do reino de Himiar ao judaísmo
500 d.C.	525 o reino judaico de Himiar é dominado pelos aksumitas, cristãos etíopes
	570 nascimento de Maomé
	610-32 ascensão do islã na península Arábica

	711 exércitos muçulmanos invadem a Espanha e ocupam amplas áreas
1000 d.C.	1013 Suleiman ibn al-Hakam ocupa Córdoba 1066 massacre da comunidade judaica em Granada 1070 invasores almorávidas, vindos do Marrocos, conquistam Granada, seguidos, no começo do século XII, pelos almôadas 1095 o papa Urbano II exige uma cruzada para libertar a Terra Santa 1096 massacres de comunidades judaicas em cidades da Renânia 1099 cruzados capturam brevemente o Templo de Jerusalém e massacram os judeus da cidade 1187 Saladino conquista Jerusalém 1190 massacre de judeus em York 1278-9 campanha de terror e violência em que os judeus da Inglaterra são acusados de cerceio de moedas; 269 judeus são enforcados em Londres 1290 Eduardo I expulsa todos os judeus da Inglaterra 1298 massacres liderados pelo "rei" Rintfleisch em 146 comunidades da Francônia, no sul da Alemanha 1306 a Grande Expulsão. Filipe, o Belo, expulsa os judeus da França 1336-8 massacres de Armleder 1338 outra onda de violência varre a Renânia 1391 distúrbios e massacres contra os judeus espalham-se por Aragão e Castela 1394 depois de Luís X ter chamado de volta os judeus em 1315, Carlos VI os expulsa de novo da França 1467 tentativa de ataque, em Toledo, a judeus convertidos ao cristianismo 1478 criação da Inquisição espanhola para garantir a ortodoxia de conversos judeus 1492 o rei Fernando ordena a expulsão dos judeus da Espanha 1497 expulsão dos judeus de Portugal

Notas

1. NO EGITO [pp. 25-50]

1. Bezalel Porten, com J. Joel Farber, Cary J. Martin, Günther Vittmann et al., *The Elephantine Papyri in English: Three Millennia of Cross-Cultural Continuity and Change*. Leiden: Brill, 1996, B8, pp. 107-9. A obra de Porten constitui o estudo mais abrangente e rigoroso sobre os papiros de Elefantina e minha narrativa baseia-se inteiramente nela. Ver também Porten, *Archives from Elephantine: The Life of an Ancient Jewish Military Colony* (Berkeley: University of California Press, 1996).

2. Tudo isso pode ser inferido da descrição detalhada, feita numa carta enviada a Jerusalém, do que havia sido destruído no distúrbio de 207 a.C. Porten, B19, p. 241.

3. Essa ideia foi apresentada (literalmente demais, em minha opinião) por Herbert Niehr, no ensaio "In Search of YHWH's Cult Statue in the First Temple", em Karel van der Toorn (Org.), *The Image and the Book: Iconic Cults, Aniconism and the Rise of Book Religion in Israel and the Ancient Near East* (Louvain: Peeters, 1997, p. 81). Niehr defende a ideia de que talvez tenha existido algum tipo de culto a estátuas no Primeiro Templo (mas não no Segundo), de forma que oferendas de pão e animais não fossem, para o povo de YHWH, diferentes das feitas a deuses antropomórficos em outras partes da área oeste do Oriente Próximo semita.

4. Stephen G. Rosenberg, "The Jewish Temple at Elephantine". *Journal of the American Schools of Oriental Research*, v. 67, mar. 2004.

5. Dados a respeito de circuncisão no Egito podem ser facilmente encontrados em túmulos e outras inscrições do período do Antigo Império (2500 a.C.) em diante.

6. Porten, B13, pp. 125-6.

7. Para a cronologia do casamento Tamet-Ananias, sigo Porten, pp. 208-51. Boulos Ayad

Ayad, "From the Archive of Ananiah Son of Azariah: A Jew from Elephantine" (*Journal of Near Eastern Studies*, v. 55, n. 1, 1997), dá uma versão inteiramente diversa: à separação de Tarmet e Ananias seguiu-se o reatamento, com um novo casamento, sendo a mesma sequência de separação e reatamento cumprida pela filha deles, Jossima e seu marido, outro Ananias. Numa comunicação a mim, o professor Porten atribuiu a discrepância a um erro cometido por Ayad ao ler a datação aramaica do documento. Ver também Emil G. Kraeling, *The Brooklyn Museum Aramaic Papyri* (New Haven: Yale University Press, 1953); e Edward Bleiberg, *Jewish Life in Ancient Egypt: A Family Archive from the Nile Valley* (Brooklyn: Brooklyn Museum of Art, 2002). Agradeço a Edward Bleiberg por me autorizar a examinar os papiros do Brooklyn numa fase inicial deste projeto — uma experiência fascinante.

8. Porten, *Elephantine Papyri*, p. 242.
9. Com relação ao arquivo sobre "Mitaías", Porten, pp. 152-201.

2. AS PALAVRAS [pp. 51-79]

1. Estou presumindo, junto com os mais consagrados autores, como Lester Grabbe, a historicidade de Neemias e de Esdras, e também que os livros que levam seus nomes foram escritos aproximadamente na mesma época em que se deram os fatos que narram. No entanto, isso não é um pressuposto universal, embora as principais discordâncias partam de estudiosos segundo os quais *nenhum* livro da Bíblia foi escrito antes dos períodos persa e helenístico, malgrado as diferenças gritantes entre o "hebraico tardio" desse período, uma língua minoritária mesmo entre judeus, e o "hebraico clássico" do fim da monarquia na Judeia. Para mais informações a respeito desse debate, ver William M. Schniedewind, *How the Bible Became a Book* (Cambridge: Cambridge University Press, 2004). Com relação a questões de autenticidade e a autoria do livro de Esdras, ver Arvid S. Kapelrud, *The Question of Authorship in the Ezra-Narrative: A Lexical Investigation* (Oslo: Dybwad, 1944); uma obra mais recente, Juha Pakkala, *Ezra the Scribe: The Development of Ezra 7-10 and Nehemiah 8* (Berlim; Nova York: Walter de Gruyter, 2004), e principalmente os livros de Sara Japhet, sobretudo *From the Rivers of Babylon to the Highlands of Judah: Collected Studies on the Restoration Period* (Winona Lake: Eisenbrauns, 2006, em especial pp. 1-38 e 367-98).

2. Estranhamente, muitos dos que afirmam que os livros da Bíblia começaram a ser escritos numa data posterior ao exílio situam-na exatamente no período em que a arqueologia demonstrou de maneira cabal ter sido o de maior empobrecimento e perda de população — alguns sustentam que o despovoamento em relação ao fim da monarquia na Judeia chegou a nada menos que 85%...

3. O Cilindro de Ciro, do século VI a.C., gravado com caracteres cuneiformes e conservado no Museu Britânico, confirma a política persa de restaurar os cultos e a população de áreas conquistadas, embora não especifique o Templo ou, na verdade, os judeus de Yahud.

4. Esdras 6,1-12.

5. John Curtis, resenha de Amelie Kuhrt, *The Persian Empire: A Corpus of Sources of the Achaemenid Period* (Londres; Nova York: Routlege, 2007, 2 v.), em *Palestine Exploration Quarterly* (v. 144, pp. 68-9, 1º mar. 2012).

6. Tábulas cuneiformes do começo do século VI a.C., descobertas na década de 1930, registram as dotações de óleo entregues a Jeconias e a "príncipes", chamados expressamente "reis de Judá". William F. Albright, "King Jehoiachin in Exile". *Biblical Archaeologist*, v. 5, pp. 49-55, 1942. Ver também Olaf Pedersen, *Archives and Libraries in the Ancient Near East 1500-300 B.C.* (Bethesda: Capital Decisions, 1998, pp. 183-4).

7. Kyung-jin Min, em *The Levitical Authorship of Ezra-Nehemiah* (Londres; Nova York: T & T Clark, 2004), repassa o debate a respeito de uma autoria única ou coletiva. Ver também James C. Van der Kam, "Ezra-Nehemiah or Ezra and Nehemiah?", em E. Ulrich (Org.), *Priests, Prophets and Scribes: Essays on the Formation and Heritage of Second Temple Judaism in Honour of Joseph Blenkinsop* (Sheffield, RU: JSOT Press, 1992, pp. 55-76).

8. Sobre a relação entre vocalização e escrita e sobre a presunção de uma plateia, ver Daniel Boyarin, "Placing Reading: Ancient Israel and Medieval Europe", em Jonathan Boyarin (Org.), *The Ethnography of Reading* (Berkeley: University of California Press, 1993, sobretudo pp. 11 e ss.).

9. Midrash, Rabbah Genesis, 1/1.

10. Baruch Spinoza, *Tractatus Theologico-Politicus*, Amsterdam, 1670. Ver Richard Popkin, "Spinoza and Bible Scholarship", em *The Cambridge Guide to Spinoza* (Cambridge: Cambridge University Press, 1996, pp. 383-407); Nancy Levene, *Spinoza's Revelation: Religion, Democracy and Reason*. Cambridge: Cambridge University Press, 2004, pp. 77-9.

11. Ver Karel van der Toorn (Org.), *The Image and the Book*, op. cit.

12. É irônico que ao longo de dois milênios, desde a definição do cânone bíblico e da codificação rabínica da tradição oral na Mishná, no século III d.C., a língua que todas as sinagogas, ieshivas e *cheders* consideram ser o hebraico autêntico, o mesmo em que o Antigo Testamento foi escrito, seja grafado com os caracteres quadrados do aramaico.

13. Essas cartas estão disponíveis em James M. Lindenberger, *Ancient Aramaic and Hebrew Letters* (Atlanta, GA: Scholars, 2003, pp. 125-30).

14. Frank Moore Cross Jr., *Canaanite Myth and Hebrew Epic*. Cambridge, MA: Harvard University Press, 1973, p. 123.

15. Frank Moore Cross Jr.; David Noel Freedman. *Studies in Ancient Yahwistic Poetry*. Grand Rapids: Eerdmans, 1975, passim.

16. Seth L. Sanders, *The Invention of Hebrew*. Urbana, IL: University of Illinois Press, 2009, p. 113. As inscrições em hebraico no interior do país, observa Seth, foram produto de um ofício que se desenvolveu no próprio país, e não de iluminismo salomônico, e na p. 113 ele diz: "O hebraico foi criado e divulgado, mas não monopolizado, por um grupo geograficamente espalhado de artesãos hábeis". Sanders destaca o caráter único dessa difusão no Oriente Próximo. Christopher A. Rollston, em *Writing and Literacy in the World of Ancient Israel: Epigraphic Evidence from the Iron Age* (Atlanta, GA: Society of Biblical Literature, 2010), segue uma linha mais conservadora. Ver também o interessante debate sobre a relação entre a oralidade e a crônica escrita em Robert S. Kawashima, *Biblical Narrative and the Death of the Rhapsode* (Bloomington, IN: Indiana University Press, 2004). O livro de Kawashima é, em particular, uma resposta à obra clássica de Baruch Halpern, *The First Historians: The Hebrew Bible and History* (University Park, PA: Pennsylvania State University Press, 1996).

17. Lindenberger, *Ancient Aramaic and Hebrew Letters*, 62, pp. 125-6.

18. Ron E. Tappy; P. Kyle McCarter Jr., *Literate Culture and Tenth-Century Canaan: The Tel Zayit Abecedary in Context*. Winona Lake: Eisenbrauns, 2008.
19. Lindenberger, *Ancient Aramaic and Hebrew Letters*, 55-60, pp. 121-4.
20. Ibid., 50, pp. 109-10.

3. PESQUISANDO, ADIVINHANDO... [pp. 80-113]

1. Bertha Spafford Vester, *Our Jerusalem: An American Family in the Holy City 1881-1949*. Nova York: Doubleday, 1950, pp. 92-3. A narrativa foi feita diretamente à autora por seu meio-irmão adotivo, Jacob, depois que ele se tornou um Spafford e passou a viver na colônia evangélica americana dos "Superadores" em 1883.
2. Edward Robinson, *Biblical Researches in the Holy Land in the Years 1838 and 1852*. Boston: Crocker & Brewster, 1852, pp. 340-1.
3. Yeshayahu Nir, *The Bible and the Image: The History of Photography in the Holy Land 1839-1899*. Filadélfia: University of Pennsylvania Press, 1985; Nissan Perez, *Focus East: Early Photography in the Near East*. Nova York: Abrams, 1988; Kathleen Stewart Howe; Nitza Rosovsky et al., *Revealing the Holy Land: The Photographic Exploration of Palestine*. Santa Barbara: Santa Barbara Museum of Arts, 1997.
4. *Journal of Sacred Literature and Biblical Record*, pp. 133-57, abr.-jul. 1864. Quem quiser compreender o entusiasmo cristão reconcebido como pesquisa científica deve ler esse periódico. Essa edição, em especial, incluiu artigos sobre Eusébio de Cesareia, assim como comentários céticos sobre as "estatísticas do Êxodo", com relação aos 2 milhões de pessoas que teriam saído do Egito com Moisés!
5. Esse, naturalmente, acabou sendo o caso, e em 1868, o matemático Walter Besant (também tinha aspirações literárias e historiográficas), que voltava de Maurício para cuidar da saúde, assumiu a secretaria da entidade, cargo que manteve até 1885.
6. John James Moscrop, *Measuring Jerusalem: The Palestine Exploration Fund and British Interests in the Holy Land*. Leicester: Leicester University Press, 2000, pp. 63-149. Um relato interessante do levantamento é Claude Reignier Conder, *Tent Work in Palestine: A Record of Discovery and Adventure* (Londres: R. Bentley & Son, 1887).
7. Prefácio a Edward Henry Palmer, *The Desert of the Exodus: Journeys on Foot in the Wilderness of the Forty Years Wandering* (Cambridge: Deighton, Bell, 1871).
8. Arthur Stanley, *Sinai and Palestine in Connection with Their History*. Londres: J. Murray, 1856, p. 66, e também xix. "É impossível uma pessoa não se impressionar com a constante concordância entre a história registrada e a geografia natural do Antigo e do Novo Testamentos."
9. Palmer, *The Desert of the Exodus*, p. 54.
10. A história dessa revisão arqueológica é ensaiada por Israel Finkelstein e Amihai Mazar (Org. Brian B. Schmidt), em *The Quest for the Historical Israel: Debating Archaeology and the History of Early Israel* (Atlanta, GA: Society of Biblical Literature, 2007). Finkelstein realizou um importante trabalho de revisão de pressupostos a respeito de sítios como Megido, que Yadin acreditava serem salomônicos, e atribuiu-os ao período em que Amri foi rei de Israel. Ver

Finkelstein e Neil Asher Silberman, *David and Solomon* (Nova York: Free Press, 2006), e *The Bible Unearthed: Archaeology's New Vision of Ancient Israel and its Sacred Texts* (Nova York: Free Press, 2001). William G. Dever, a outra figura dominante no debate, distanciou-se ainda mais de uma postura cética; ver, por exemplo, *Who Were the Early Israelites and Where Did They Come From?* (Grand Rapids: Eerdmans, 2006). A posição ultraminimalista foi defendida de modo muito positivo por Philip. R. Davies, *In Search of "Ancient Israel"* (Sheffield, RU: JSOT Press, 1992), e Thomas L. Thompson, *Early History of the Israelite People from the Written and Archaeological Sources* (Leiden: Brill, 1992). Ver a resposta de Baruch Halpern, "Erasing History: The Minimalist Assault on Ancient Israel" (*Bible Review*, pp. 26-35, 1995).

11. Ver Morton Smith (org. de Shaye Cohen), *Studies in The Cult of Yahweh* (Leiden: Brill, 1996, v. 1), em especial "On the Common Theology of the Ancient Near East", pp. 15-27. Ver também John Day, *Yahweh and the Gods and Goddesses of Canaan* (Sheffield, RU: Sheffield Academic Press, 2000, 2002); Mark S. Smith, *The Early History of God: Yahweh and the Other Deities in Ancient Israel* (Grand Rapids: Eerdmans, 2002); Othmar Keel e Christoph Uehlinger, *Gods, Goddesses and Images of God in Ancient Israel* (Minneapolis, MN: Fortress, 1998). Uma das melhores análises do debate recente sobre a ascensão gradual do "aniconismo" na religião judaíta é Karel van der Toorn (Org.), *The Image and the Book*, op. cit., sobretudo Tryggve N. D. Mettinger, "Israelite Aniconism: Developments and Origins", pp. 173-204; Ronald S. Hendel, "Aniconism and Anthropomorphism in Ancient Israel", pp. 205-28; e ainda Karel van der Toorn, "The Iconic Book: Analogies between the Babylonian Cult of Images and the Veneration of the Torah", pp. 229-48.

12. Amihai Mazar, *Archaeology of the Land of the Bible*. New Haven: Yale University Press, 1990, v. 1: An Introduction: 10 000-586 a.C., pp. 501-2.

13. Raz Kletter, *The Judaean Pillar Figurines and the Archaeology of Asherah*. Oxford, RU: Tempus Reparatum, 1996.

14. William G. Dever, *Did God Have a Wife?: Archaeology and Folk Religion in Ancient Israel*. Grand Rapids: Eerdmans, 2005.

15. Ibid., pp. 497-8.

16. Nili Sacher Fox, *In the Service of the King: Officialdom in Ancient Israel and Judah*. Cincinnati: Hebrew Union College Press, 2000, passim; Robert Deutsch, *Masrim min Ha'Avar* (*Messages from the Past, Hebrew Bullae from the Time of Isaiah to the End of the First Temple*). Tel Aviv: Archaeological Center, 1997; Robert Deutsch, *Biblical Period Hebrew Bullae: The Josef Chaim Kaufman Collection*. Tel Aviv: Archaeological Center, 2003.

17. As mais recentes escavações e a história do projeto são tratadas em Yosef Garfinkel, Saar Ganor e Michael Hasel, *Footsteps of King David in the Valley of Elah* (Tel Aviv: Yedioth Ahronoth; Sifre Hemed, 2012). Ver também Yosef Garfinkel e Saar Ganor, *Khirbet Qeiyafa Excavation Report* (Jerusalém: Israel Exploration Society; Institute of Archaeology, The Hebrew University of Jerusalem, 2008, v. 1).

18. Gregory Bearman; William. A. Christens-Barry, "Imaging the Ostracon". In: Yosef Garfinkel; Saar Ganor, *Khirbet Qeiyafa Excavation Report*, v. 1, pp. 261-70.

4. JUDEUS CLÁSSICOS? [pp. 114-200]

1. Matthew Arnold, *Culture and Anarchy*. Londres: J. Murray, 1869, cap. IV, passim. Arnold admitia de saída que tanto o "hebraísmo" quanto o "helenismo" eram "augustos e admiráveis" e citava Heine como uma instância de expectativas inversas — mas para ele, em última análise, os dois polos de expressão cultural permaneceram não só diferentes como também irreconciliáveis.

2. Josefo, *Antiguidades judaicas*, 11, 5, p. 256.

3. James M. Cowey; Klaus Maresch (Orgs.), *Urkunden des Politeuma der Juden von Herakleopolis*. Wiesbaden: Westdeutscher, 2001; ver também Aryeh Kasher, *The Jews in Hellenistic Egypt* (Tübingen: Mohr, 1985); ver também Robert Kugler, "Uncovering a New Dimension of Early Judaean Interpretations and the Greek Torah: Ptolemaic Law Interpreted by its own rhetoric", em Hanna von Weissenber, Juha Pakkala e Marko Mattila (Orgs.), *Changes in Scripture: Rewriting and Interpreting Authoritative Traditions in the Second Temple Period* (Berlim; Nova York: Walter de Gruyter, 2011, pp. 165 e ss.). Com relação ao estatuto e governo de uma *politeuma*, ver Gert Ludertz, "What is the *politeuma*?", em Jan W. Henten e Peter W. van der Horst, *Studies in Early Jewish Epigraph* (Leiden: Brill, 1994, pp. 204-8).

4. Lee I. Levine, *The Ancient Synagogue: The First Thousand Years*. New Haven: Yale University Press, 2005, pp. 81 e ss.

5. Arnaldo Momigliano, *Alien Wisdom: The Limits of Hellenism*. Cambridge: Cambridge University Press, 1971; o clássico Victor Tcherikover, *Hellenistic Civilization and the Jews* (Filadélfia: Jewish Publication Society, 1959); Erich Gruen, *Diaspora: Jews Amidst Greeks and Romans*. Cambridge, MA: Harvard University Press, 2002; John J. Collins, *Between Athens and Jerusalem: Jewish Identity in the Hellenistic Diaspora*. Nova York: Crossroad, 1983; Lester L. Grabbe, *A History of the Jews and Judaism in the Second Temple Period*. Londres: T & T Clark, 2008. v. 2: The Coming of the Greeks; Joseph Meleze Modrzejewski, *The Jews of Egypt from Rameses II to Emperor Hadrian*, trad. Robert Cornman. Princeton, NJ: Princeton University Press, 1995, p. 49.

6. Com relação a esse e outros "romances", ver Sara Raup Johnson, *Historical Fictions and Hellenistic Jewish Identity: Third Maccabees in its Cultural Context* (Berkeley: University of California Press, 2004, pp. 113-20).

7. Josefo, *Antiguidades judaicas*, 11, 8, pp. 329-40.

8. *Letter*, pp. 158-9.

9. Mas não segundo o Deuteronômio, mais exigente, que classificava os gafanhotos como seres que formam enxames e rastejam e que, portanto, são abominação.

10. *Letter*, p. 152.

11. Ver Christopher Haas, *Alexandria in Late Antiquity, Topography and Social Conflict* (Baltimore, MD: Johns Hopkins University Press, 1997); também (e para o Egito romano) John M. G. Barclay, *Jews in the Mediterranean Diaspora from Alexander to Trajan (323 BCE-117 CE)* (Berkeley: University of California Press, 1996).

12. Robert Kugler, "Dorotheos Petitions for the Return of Philippa: A Case Study in the Jews and their Law in Ptolemaic Egypt". In: Traianos Gagos (Org.), *Proceedings of the 25th In-*

ternational Congress of Papyrology. Ann Arbor, MI: University of Michigan Press, 2010, pp. 389-97.

13. Sobre as regras e costumes referentes ao sacrifício, ver (embora o livro trate sobretudo do período persa) Melody D. Knowles, *Centrality Practiced: Jerusalem in the Religious Practice of Yehud and the Diaspora in the Persian Period* (Leiden; Boston, MA: Brill, 2006) sobretudo as pp. 19-23 e 77-103. Algumas versões revisadas de orações judaicas (como as usadas em sinagogas conservadoras dos Estados Unidos) tiram da lista diária das orações, presumivelmente por melindres, todas as referências aos sacrifícios constantes feitos no Templo.

14. Aceito aqui a argumentação de David Biale em *Blood and Belief: The Circulation of a Symbol between Jews and Christians* (Berkeley: University of California Press, 2007), em especial nas pp. 26-7, nas quais ele discorre sobre a possibilidade de que os rituais de sacrifícios que davam ênfase ao cuidadoso espargimento de sangue e a atenção do sacerdote à pureza talvez tivessem origem no desejo de diferençar as práticas dos judeus dos sacrifícios de animais (sobretudo cabritos) feitos pelos gregos.

15. Para mais informações, muito mais, sobre o tema, ver Leonard B. Glick, *Marked in Your Flesh: Circumcision from Ancient Judea to Modern America* (Oxford: Oxford University Press, 2005), e Frederick M. Hodges, "The Ideal Prepuce in Ancient Greece and Rome: Male Genital Aesthetics and their Relation to Lipodermos, Circumcision, Foreskin Restoration, and the Kynodesme" (*Bulletin of the History of Medicine*, v. 75, n. 3, pp. 375-405, outono 2001).

16. Baba Batra, 60B; Yebamot, 45A-B.

17. Lee I. Levine, *Jerusalem: Portrait of the City in the Second Temple Period (538 BCE-70 C.E.)*. Filadélfia: Jewish Publication Society, 2002. As pp. 72 e ss. frisam a insuficiência de indícios arqueológicos a respeito da localização exata da Acra, mas fica claro que sua construção provocou demolições em bairros já antigos e densamente povoados.

18. Em seu excelente *Apocalypse against Empire: Theologies of Resistance in Early Judaism* (Grand Rapids: Eerdmans, 2011), Anathea E. Portier-Young expõe uma argumentação convincente de que a posterior ferocidade das perseguições e massacres de Antíoco IV em Jerusalém não teve como motivo sua humilhação no Egito, e sim a deslealdade de Jasão, que também liderou uma rebelião armada e capturou Jerusalém, e sua própria resolução, decorrente de tudo isso, de rasgar o "contrato" que Antíoco III tinha firmado e impor, em seu lugar, um regime de "cativo pela espada" na Judeia, onde se considerava que a vida e o corpo de seus habitantes estavam à total disposição do rei que a reconquistava.

19. Macabeus 1,20-22.

20. Shaye Cohen, *The Beginnings of Jewishness: Boundaries, Varieties, Uncertainties* (Berkeley: University of California Press, 1999), em especial nas pp. 69-135, situa a autodescoberta do "judaísmo" expressamente no período asmoneu, que Cohen chama de uma "redefinição" e na equiparação, proposta nos Livros dos Macabeus (sobretudo, suponho, em 1º Macabeus), entre a diferenciação de observância (como a circuncisão) e a identidade coletiva. O que não fica muito claro (para mim) nessa interpretação brilhante é se o momento de repressão ultra-helenística foi ou não fundamental nessa tomada de consciência. Uma diferenciação comparável e anterior parece estar agindo em Esdras e Neemias três séculos antes. Ver também o lugar da epopeia dos Macabeus na formação do Estado judeu em Seth Schwartz, *Imperialism and Jewish Society: 200 BCE to 640 CE* (Princeton, NJ: Princeton University Press, 2001), em especial as pp. 32-70.

21. Quem mais sentiria desconforto seriam os descendentes de filisteus e de grupos litorâneos, em geral não circuncidados, enquanto os itureus e idumeus da regional montanhosa central e dos montes e vales do outro lado do Jordão praticavam a circuncisão.

22. Macabeus 2,26.

23. Macabeus 13,27-29.

24. Steven Fine, *Art and Judaism in the Greco-Roman World*. Cambridge: Cambridge University Press, 2005.

25. Josefo, *Antiguidades judaicas*, 14, 3.

26. Jacob Neusner, *The Rabbinic Traditions about the Pharisees before 70*. Leiden: Brill, 1971.

27. Sobre essa questão, ver Shaye Cohen, "Was Herod Jewish?", em *The Beginnings of Jewishness: Boundaries, Varieties, Uncertainties* (Berkeley: University of California Press, 1999, pp. 13-24).

28. Josefo, *Antiguidades judaicas*, 1, 33.

29. Michael A. Knibb, *The Qumran Community*. Cambridge: Cambridge University Press, 1987; Alfred R. Clare Leaney, *The Rule of Qumran and Its Meaning: Introduction, Translation and Commentary*. Londres: S. C. M. Press, 1966; Sarianna Metso, *The Serekh Texts*. Londres: T & T Clark, 2007.

30. *The Complete Dead Sea Scrolls in English*, trad. e org. Geza Vermes, ed. rev. Londres: Penguin, 2004, p. 234 (doravante Vermes, *DSS*).

31. Filo, *Embaixada a Caio*.

32. Ver Peter Schäfer, *Judeophobia: Attitudes Toward the Jews in the Ancient World* (Cambridge, MA: Harvard University Press, 1997).

33. Josefo, *Guerra dos judeus*, 2, 12.

34. Ibid., 5, 13, p. 541.

35. Ibid., p. 545.

36. O melhor estudo crítico é Seth Schwartz, *Josephus and Judaean Politics* (Leiden: Brill, 1990).

37. Josefo, *Vida*, 11.

38. Josefo, *Guerra dos judeus*, 3, 8, p. 357.

39. Ibid., 2, 21, p. 586.

40. Ibid., 4, 9, pp. 560-3.

41. A começar por Eric Hobsbawm, *Primitive Rebels: Studies in Archaic Forms of Social Movement in the 19th and 20th Centuries* (Manchester, RU: Manchester University Press, 1959), historiadores vêm analisando a "marginalidade" e o "banditismo" e, mais importante, a *reputação* popular de seus líderes como expressão de antagonismo social e ação insurrecional, tanto quanto a classificação puramente criminosa imposta pelos endinheirados e poderosos. Um enfoque semelhante foi adotado por George Rudé em seus estudos sobre a Revolução Francesa, e também, num sentido mais matizado (pois ele acreditava que o crime era real), por meu velho amigo e mentor Richard Cobb.

42. Para mais considerações como essas, ver sobretudo Martin Goodman: *The Ruling Class of Judaea: The Origins of the Jewish Revolt against Rome, A.D. 66-70* (Cambridge: Cambridge University Press, 1987) e *Rome and Jerusalem: A Clash of Ancient Civilizations* (Londres; Nova

York: Allen Lane, 2007); e Susan Sorek, *The Jews Against Rome* (Londres: Hambledon Continuum, 2008); Neil Faulkner, *Apocalypse: The Great Jewish Revolt Against Rome A.D. 66-71* (Stroud, RU: Tempus, 2002).

43. Aryeh Kasher, *Jews, Idumaeans and Ancient Arabs.* Tübingen: J. C. B. Mohr, 1988.
44. Josefo, *Guerra dos judeus*, 4, pp. 305-13.
45. Ibid., 4, p. 327.
46. Jacob Neusner, *A Life of Yohanan ben Zakkai.* Leiden: Brill, 1970.
47. Yosef Hayim Yerushalmi, *Zakhor: Jewish History and Jewish Memory.* Seattle: University of Washington Press, 1982.
48. Josefo, *Guerra dos judeus*, 6, 2, p. 108.
49. Ibid., 6, 3, pp. 209-11.
50. Ibid., 6, 6, pp. 306-9.
51. Ibid., 6, 4, pp. 270-1.
52. Com relação à vida de Josefo em Roma, ver os importantes ensaios em Jonathan C. Edmondson, Steve Mason e James B. Rives, *Flavius Josephus and Flavian Rome* (Oxford: Oxford University Press, 2005).
53. Josefo, *Guerra dos judeus*, 7, 5, p. 150.
54. Fergus Millar, "Last Year in Jerusalem: Monuments of the Jewish War in Rome", em Edmondson et al., *Flavius Josephus*, pp. 101-28.
55. Contudo, há uma certa discórdia entre os acadêmicos com relação à datação das sete partes que compõem *Guerra dos judeus*. Ver os ensaios de T. D. Barnes e James Rives em Edmondson et al., *Flavius Josephus*.
56. Josefo, *Guerra dos judeus*, 7, 8, pp. 323-35.
57. Barclay, *Jews in the Mediterranean Diaspora*; Silvia Cappelletti, *The Jewish Community of Rome: From the Second Century BC to Third Century CE.* Leiden: Brill, 2006.
58. Cappelletti, *The Jewish Community of Rome*, expressa, de maneira persuasiva, uma visão mais sutil.
59. Conhecemos o *Tratado sobre a superstição*, de Sêneca, através de Santo Agostinho.
60. Tácito, *Histories*, trad. Clifford Moore. Cambridge, MA: Harvard University Press, 1929, V, V, p. 183.
61. Josefo, *Contra Apião*, 2, p. 86.
62. Ibid., 2, p. 100.
63. Tácito, *Histories*, v, v.
64. Josefo, *Contra Apião*, 1, p. 60.
65. Ibid. 2, p. 280. Ver também William W. Hallo, *Origins: The Near Eastern Background of Some Modern Western Institutions* (Leiden: Brill, 1996).
66. Josefo, *Contra Apião*, 2, p. 291.
67. Com relação aos Manuscritos do Mar Morto, ver, como excelente introdução, Philip R. Davies, George J. Brooke e Phillip Gallaway, *The Complete World of The Dead Sea Scrolls* (Londres: Thames & Hudson, 2002); para estudos recentes, Lawrence H. Schiffman, Emmanuel Tov e James Vanderkam (Orgs.), *The Dead Sea Scrolls Fifty Years after their Discovery* (Jerusalém: Israel Exploration Society, 2000). Ainda admiro a tradução (e a introdução) de Vermes, *DSS*, mas existe uma nova tradução, de Michael Wise, Martin Abegg Jr. e Edward Cook, *The Dead*

Sea Scrolls: A New Translation (Nova York: HarperCollins, 2005). A tese antiessênia de uma "Biblioteca de Jerusalém" é defendida por Norman Golb, Who Wrote the Dead Sea Scrolls?: The Search for the Secret of Qumran (Nova York: Simon & Schuster, 1984).

68. Vermes, DSS, p. 180.
69. Ibid., p. 166.
70. Ibid., p. 170.
71. Dião Cássio, Roman History VIII, trad. Earnest Cary. Cambridge, MA: Harvard University Press, 1925, p. 451.
72. Para informações sobre Babata e o conjunto de documentos de Bar Kochba, ver Richard Freund, The Secrets of the Cave of Letters: Rediscovering a Dead Sea Mystery (Amherst, NY: Humanity, 2004).
73. Para informações sobre as primeiras cruzes, ver meu livro Landscape and Memory (Londres: HarperCollins, 1995, pp. 214-5).

5. A MENORÁ E A CRUZ [pp. 203-61]

1. Clark Hopkins; Bernard Goldman, The Discovery of Dura-Europos. New Haven: Yale University Press, 1979, p. 131; Ann-Louise Perkins, The Art of Dura-Europos. Oxford, RU: Clarendon Press, 1973; Joseph Gutmann (Org.), The Dura-Europos Synagogue: A Re-evaluation (1932-1992) (Atlanta, GA: Scholars, 1992), sobretudo os ensaios de Richard Brilliant, "Painting at Dura-Europos and Roman Art", e Jacob Neusner, "Judaism at Dura-Europos"; Annabel Wharton, Refiguring the Post-classical City: Dura-Europos, Jerash, Jerusalem, and Ravenna. Cambridge: Cambridge University Press, 1995; e, mais recentemente, Lisa R. Brody e Gail Hoffman (Orgs.), Dura-Europos: Crossroads of Antiquity (Boston: McMullen Museum of Art; Boston College, 2011).
2. Mishná, Abodah Zarah, 3, 4.
3. Levine, The Ancient Synagogue, op. cit., pp. 260-7.
4. Mishná, Baba Qamma, 1.
5. Ibid., Avot, 4-5.
6. Ibid., Shabbat, 6, 1-3.
7. Ibid., Avot, 5.
8. Ibid., Avodah Zarah, 3, 4, 5.
9. Rachel Hachlili, Ancient Mosaic Pavements, Themes, Issues and Trends: Selected Studies. Leiden: Brill, 2009; Ze'ev Weiss; Ehud Netzer, Promise and Redemption: A Synagogue Mosaic from Sepphoris. Jerusalém: Israel Museum, 1996.
10. O grande historiador de arte Meyer Schapiro analisou detidamente esses mosaicos em Meyer Schapiro e Michael Avi-Yonah, Israel: Ancient Mosaics (Greenwich, CT: New York Graphic Society, 1960), talvez guiado por seu coautor, eminente historiador da Antiguidade tardia, embora, para Schapiro, os mosaicos sejam surpreendentemente formais e pouco ligados às inscrições do judaísmo rabínico da época.
11. Hachlili, 408.

12. Ver uma obra recente, Eric M. Meyers e Mark A. Chancey, *Alexander to Constantine: Archaeology of the Land of the Bible* (New Haven: Yale University Press, 2012, v. 3, pp. 269-80).

13. Ibid., p. 277.

14. Tryggve N. D. Mettinger, "Israelite Aniconism: Developments and Origins". In: Karel van der Toorn et al., *The Image and the Book*, op. cit., p. 188.

15. Joseph Dan, *The Ancient Jewish Mysticism*. Tel Aviv: MOD Books, 1993, pp. 9-24.

16. Com relação ao diálogo e ao "efeito de eco" entre as duas religiões que se formavam ao mesmo tempo, ver Israel Jacob Yuval, *Two Nations in Your Womb: Perceptions of Jews and Christians in Late Antiquity and the Middle Ages* (Berkeley: University of California Press, 2006); e Edward Kessler, *An Introduction to Jewish-Christian Relations* (Cambridge: Cambridge University Press, 2010).

17. Gerard Rouwhorst, "The Cult of the Seven Maccabean Brothers and Their Mother in Christian Tradition". In: Joshua Schwartz; Marcel Poorthuis (Orgs.), *Saints and Role Models in Judaism and Christianity*. Leiden: Brill, 2004, pp. 183-204.

18. Ver Adia Karnikoff, *Sarcophagi from the Jewish Catacombs in Ancient Rome: A Catalogue Raisonné* (Stuttgart: F. Steiner, 1986); Leonard Victor Rutgers: *The Jews in Late Ancient Rome: Evidence of Cultural Interaction in the Roman Diaspora* (Leiden: Brill, 2000) e *Subterranean Rome* (Leuven: Peeters, 2000, pp. 146-53).

19. João Crisóstomo, *Adversus Iudaeos: Oito homilias contra os judeus*, I, vi.

20. Ibid., IV, 4, 7.

21. Ibid., II, iii, 5.

22. Ibid., VIII, 7, 6.

23. Com relação a amuletos judeus, ver Gideon Bohak, *Ancient Jewish Magic: A History* (Cambridge: Cambridge University Press, 2008, pp. 370-6).

24. Crisóstomo, *Adversus Iudaeos*, VIII, 8.

25. Com relação a judeus e cristãos em Antioquia, ver Christine Kondoleon, *Antioch: The Lost Ancient City* (Princeton, NJ: Princeton University Press, 2000), em especial Bernadette J. Brooten, "The Jews of Ancient Antioch", pp. 29-39; Glanville Downey, *A History of Antioch in Syria from Seleucus to the Arab Conflict*. Princeton, NJ: Princeton University Press, 1961.

26. Brooten, "The Jews of Ancient Antioch".

27. Hyam Maccoby, *The Mythmaker: Paul and the Invention of Christianity*. Nova York: Harper & Row, 1986.

28. Daniel Boyarin, *A Radical Jew: Paul and the Politics of Identity*. Berkeley: University of California Press, 1997. Para uma exposição vigorosa sobre a irreconciliabilidade entre judaísmo e cristianismo, ver Jacob Neusner, *Jews and Christians: The Myth of a Common Tradition* (Filadélfia: Trinity Press, 1991); ver também a obra clássica de James Parkes, *The Conflict of the Church and Synagogue: A Study in the Origins of Anti-Semitism* (Londres: Soncino, 1934); Samuel Krauss, *The Jewish Christian Controversy from the Earliest Times to 1789*. Tübingen: Mohr Siebeck, 1995.

29. Joyce Reynolds; Robert F. Tannenbaum, "Jews and God-fearers at Aphrodisias: Greek Inscriptions with Commentary". *Proceedings of the Cambridge Philological Society*, supl. 12. Cambridge: Cambridge Philological Society, 1987.

30. Baruch M. Bokser, *The Origins of the Seder: The Passover Rite and Early Rabbinic Ju-*

daism. Berkeley: University of California Press, 1984; Hal Taussig, *In the Beginning Was the Meal: Social Experimentation and Early Christian Identity*. Minneapolis, MN: Fortress, 2009; Yuval, *Two Nations*, pp. 56-75.

31. Crisóstomo, *Adversus Iudaeos*, III, 4, 6.

32. Texto adicional, segunda homilia.

33. Crisóstomo, *Adversus Iudaeos* IV, 1.

34. Ibid., I, vii.

35. Ibid., I, 3, vi.

36. Ibid., I, 6, vii.

37. Ibid., VI, 2, x.

38. "Itinerarium burdigalense". In: Paulus Geyer, *Itineraria hierosolymitanum saeculi III--VIII*. Viena: F. Tempsky; Leipzig: G. Freytag, 1898, p. 22; Michael Avi-Yonah, *The Jews of Palestine*. Nova York: Schocken, 1976, p. 164.

39. Amiano Marcelino, *The Later Roman Empire*, trad. Walter Hamilton. Londres: Penguin, 2004, p. 255.

40. Ibid.

41. Paula Frederiksen, *Augustine and the Jews: A Christian Defense of Jews and Judaism*. Nova York: Doubleday, 2008, pp. 243-4.

42. Gavin I. Langmuir, *Toward a Definition of Anti-Semitism*. Berkeley: University of California Press, 1990, p. 71.

43. Ver William Horbury, *Messianism among Jews and Christians* (Londres: T & T Clark, 2003, pp. 289-308).

44. Nicholas de Lange, "Jews in the Age of Justinian". In: Michael Maas (Org.), *The Cambridge Companion to the Age of Justinian*. Cambridge: Cambridge University Press, 2005, pp. 419-20.

45. Horbury, *Messianism among Jews and Christians*, p. 151.

46. Yaakov Elman, "Middle Persian Culture and Babylonian Sages: Accommodation and Resistance in the Shaping of Rabbinic Legal Tradition". In: Charlotte Elisheva Fonrobert; Martin S. Jaffee, *The Cambridge Companion to the Talmud and Rabbinic Literature*. Cambridge: Cambridge University Press, 2007, p. 181.

47. Pessachim, 3 (Gemara), Norman Solomon, *The Talmud: A Selection* (Londres: Penguin, 2009, p. 151).

48. Ibid., pp. 148-9.

49. Elman, "Middle Eastern Culture", pp. 188-9.

50. Shabbat 2, 31 (Solomon, *Talmud*, pp. 104-5).

51. Gittin, 9, 90 (Solomon, *Talmud*, p. 399).

52. Yevamot, 4, 47 (Solomon, *Talmud*, pp. 306-7).

53. Andrew Sharf, *Byzantine Jewry from Justinian to the Fourth Crusade*. Londres: Schocken, 1971, p. 53.

54. Fontes cristãs contaram uma história bem diferente sobre entendimentos entre Omar e o clero cristão, pelos quais os judeus continuariam a ser mantidos fora dos lugares santos! Yehoshua Frenkel, "The Use of Islamic Materials by Non-Islamic Writers". In: Michael M.

Laskier; Yaacov Lev, *The Convergence of Judaism and Islam: Religious, Scientific, and Cultural Dimensions*. Gainesville, FL: University Press of Florida, 2011, p. 97.

6. ENTRE OS CRENTES [pp. 262-327]

1. Sharf, *Byzantine Jewry*, p. 33.
2. Nigel Groom, *Frankincense and Myrrh: A Study of the Arabian Incense Trade*. Nova York: Longman, 1981.
3. Gordon Darnell Newby, *A History of the Jews of Arabia: From Ancient Times to Their Eclipse under Islam*. Columbia, SC: University of South Carolina Press, 1988, p. 40.
4. Christian Robin, "Le judaisme de Himyar". *Arabie, Revue de Sabeologies*, I, pp. 97-172, 2003. O livro de G. W. Bowersock *Throne of Adulis: Red Sea Wars on the Eve of Islam* (Oxford: Oxford University Press, 2013) saiu há muito pouco tempo para que eu pudesse tirar proveito adequado de sua massa de informações.
5. Newby, *A History of the Jews*, p. 61.
6. P. Yule, "Zafar, Watershed of Pre-Islamic Culture". Propylaeum DOK Digital Repository of Classical Studies, 2008; ver também Yule, "Zafar: The Capital of the Ancient Himyarite Empire Rediscovered" (*Jemen Report*, v. 36, pp. 22-9, 2005).
7. Com relação ao entrelaçamento das culturas árabe e judaica antes do surgimento do islã e em seu período de formação, ver Reuven Firestone, "Jewish Culture in the Formative Period of Islam", em David Biale (Org.), *Cultures of the Jews* (Nova York: Schocken, 2002, pp. 267-305).
8. Batsheva Bonne-Tamir, "Oriental Jewish Communities and their Genetic Relationship with South-West Asian Populations". *Indian Anthropologist*, 1985.
9. Reuben Ahroni, *Yemenite Jewry: Origins, Culture and Literature*. Bloomington, IN: Indiana University Press, 1986.
10. Charles Pellat, "Sur Quelques Femmes hostiles au prophète". In: *La Vie du prophète Mahomet, Colloque de Strasbourg, 1980*. Paris: PUF, 1983, pp. 77-86; ver também Amnon Shiloah, "Encounters between Jewish and Muslim Musicians Throughout the Ages", em Laskier e Lev, *The Convergence of Judaism and Islam*, pp. 273-4.
11. Fred Donner, *Muhammad and the Believers: At the Origins of Islam*. Cambridge, MA: Harvard University Press, 2010, p. 230.
12. Shelomo Dov Goitein, *Letters of Medieval Jewish Traders*. Princeton, NJ: Princeton University Press, 1973, p. 141.
13. Com relação à *ibrisim*, ver Shelomo Dov Goitein et al., *A Mediterranean Society: The Jewish Communities of the Arab World as Portrayed in the Documents of Cairo Geniza*, v. I: Economic Foundations (Berkeley: University of California Press, 1967, p. 60); com relação à seda indiana *lalas*, Goitein, *India Traders of the Middle Ages* (Leiden: Brill, 2008, p. 278); e quanto à *lasin*, a "seda refugo", Goitein, *A Mediterranean Society*, v. IV: Daily Life (Berkeley: University of California Press, 1983, p. 168).
14. Yedida K. Stillman, "Costume as Cultural Statement: The Esthetics, Economics and Politics of Islamic Dress". In: Daniel H. Frank (Org.), *The Jews of Medieval Islam: Community, Society and Identity*. Leiden: Brill, 1995, p. 134.

15. Goitein, *A Mediterranean Society*, v. I, p. 101.

16. Ibid., v. III: The Community (Berkeley: University of California Press, 1971, p. 382).

17. Jonathan Bloom, *Paper Before Print, The History and Impact of Paper in the Islamic World*. New Haven: Yale University Press, 2001, p. 42.

18. Joel L. Kraemer, "Women Speak for Themselves". In: Stefan C. Reif, *The Cambridge Genizah Collections: Their Contents and Significance*. Cambridge: Cambridge University Press, 2002, p. 196.

19. Kraemer, "Women Speak for Themselves", pp. 197 e ss; Goitein, *Mediterranean Society*, v. II, 2, p. 219.

20. Ibid., p. 194.

21. Ibid., p. 207; Goitein, v. III, p. 227.

22. Com relação a Wuhsha, Goitein, v. III, pp. 346-52.

23. Sara Reguer, "Women and the Synagogue in Medieval Cairo". In: Susan Grossman; Rivka Haut, *Daughters of the King: Women and the Synagogue*. Filadélfia: Jewish Publication Society, 1992, p. 55.

24. Uma cópia da carta de Hasdai figura na coleção da Guenizá do Cairo em Cambridge. A tradução para o inglês vem de Franz Kobler, *Letters of Jews through the Ages*, v. 1: From Biblical Times to the Renaissance (Nova York: East and West Library, 1952, pp. 98-101).

25. Ibid., p. 105.

26. Peter B. Golden, "The Khazars". In: Denis Sinor (Org.), *The Cambridge History of Early Inner Asia*. Cambridge: Cambridge University Press, 1990.

27. Ver Constantine Zuckerman, "On the Date of the Khazar Conversion to Judaism and the Chronology of the Kings of Rus, Oleg and Igor: A Study of the Anonymous Khazar Letter from the Geniza of Cairo" (*Revue des Études Byzantines*, 1995, v. 53, pp. 237-70).

28. Kevin Alan Brook, *The Jews of Khazaria*. Lanham: Rowman & Littlefield, 2006, p. 80.

29. O saque de Córdoba teve lugar em abril de 1013, e o poema de Shmuel "Deixando Córdoba", que seu filho Yehosef, antologista do *diwan*, diz ter sido escrito na mesma época de sua partida, parece ambientar-se no inverno, o que torna mais provável que o poeta tenha deixado a cidade antes, e não depois, do desastre.

30. Ibn al-Khatib, "Chronicle of Granada", citado in Ross Brann, *Power in the Portrayal: Representations of Jews and Muslims in Eleventh and Twelfth Century Islamic Spain* (Princeton NJ: Princeton University Press, 2002, pp. 36-7).

31. Trad. (na maior parte) de Raymond P. Scheindlin, *Wine, Women, and Death: Medieval Hebrew Poems on the Good Life* (Filadélfia: Jewish Publication Society, 1986, p. 159). Existem atualmente muitas traduções da poesia hebraica medieval feita na Espanha, cada qual com um sabor que distingue uma da outra. Peter Cole, *The Dream of the Poem: Hebrew Poetry from Muslim and Christian Spain, 950-1492* (Princeton NJ: Princeton University Press, 2007), é de modo geral a mais livre de todas as traduções recentes, ao passo que a tradução do erudito Scheindlin é a mais reservada, às vezes de um modo meio atabalhoado, mas sempre muito fiel ao texto. Talvez os leitores, em especial os que sabem o hebraico (ou cujo conhecimento esteja enferrujado, como o meu), queiram compará-la com o estilo mais coloquial e agressivo de Hillel Halkin, *Grand Things to Write a Poem On: A Verse Autobiography of Shmuel Hanagid* (Jeru-

salém: Gefen, 1999). Todas essas traduções, cada qual à sua maneira, são excelentes, e Scheindlin, sobretudo, faz todo o possível para preservar alguma coisa da métrica que Naghrela copiou de modelos árabes. Existe também uma tradução mais literal e, por isso, um pouco mais terra a terra, de Leon J. Weinberger, *Jewish Prince in Moslem Spain: Selected Poems of Samuel ibn Nagrela* (Tuscaloosa: University of Alabama Press, 1973), que, no entanto, procura por todos os meios respeitar ou, pelo menos, registrar as disposições das rimas. Weinberger, Scheindlin e Halkin apresentam os textos em hebraico, o que ajuda quando se trata de comparar as escolhas de imagens por esses tradutores. Dou como exemplo o final de um famoso poema erótico em que um jovem enóforo desperta o poeta que dormitava, induzindo-o a "beber o sangue da uva entre meus lábios", quando uma lua desbotada ainda pende no céu da madrugada atrás do rapaz, observada pelo poeta deitado e um tanto embriagado. No entanto, como é exatamente essa lua em forma de recurvada cimitarra? No original de Naghrela, em hebraico, é simplesmente *yod*, a letra "y", que pende como um apóstrofo, ou uma vírgula suspensa; Cole escolhe "vírgula", Scheindlin "C", e Cole, de maneira desconcertante, prefere um "D" (ou a forma da letra *daled*). Na verdade, nada disso pode ser o que o imaginativo poeta Naghrela queria que víssemos.

32. Dessa vez, a versão realmente linda de Halkin, *Yehuda Halevi* (Nova York: Nextbook; Schocken, 2010, p. 29).

33. Cole, pp. 58-9, 66.

34. Ibid., p. 39.

35. Brann, p. 36.

36. Halkin, *Yehuda Halevi*, p. 33.

37. Tradução para o inglês de Weinberger, p. 55.

38. Halkin, *Grand Things to Write a Poem On*, p. 92.

39. Ibid., p. 97.

40. Moshe Perlmann, "Eleventh Century Authors on the Jews of Granada". *Proceedings of the American Academy for Jewish Research*, v. 18, p. 283, 1948.

41. Ibid., p. 286.

42. Tradução para o inglês de Halkin, *Yehuda Halevi*, p. 85.

43. Cole, p. 147.

44. Halkin, *Yehuda Halevi*, p. 60.

45. Ibid., p. 79.

46. Cole, p. 159.

47. Yehudah Halevi, *The Kuzari: An Argument for the Faith of Israel*, org. e intr. H. Slominski. Nova York: Schocken, 1964, pp. 98-9.

48. Cole, p. 164.

49. Ibid., pp. 166-7. Existem também traduções, justapostas aos originais, dos poemas marinhos de Halevi — em si um gênero inteiramente novo na poesia hebraica, a menos que se considere como tal o Livro de Jonas — no belo livro de Joseph Yahalom, *Yehudah Halevi: Poetry and Pilgrimage* (Jerusalém: The Hebrew University Magnes Press, 2009, pp. 107 e ss.). Quem sabe hebraico percebe a habilidade das onomatopeias do poeta, o bater incessante das ondas, rimadas pela aterrorizada palpitação do coração do poeta: *khamu ga*lim, barutz galg*alim,* **ve'avim** *vekalim,* al penei ha **yam** ("ondas rodopiantes, espuma batida, nuvens a disparar, sobre a face do mar").

50. Yahalom, *Halevi*, p. 108.
51. Cole, p. 169.
52. Halkin, *Yehuda Halevi*, pp. 211-2.
53. O maravilhoso *Livro de Tahkemoni*, de Judah Alharizi, escrito em fins do século XII, não muitas gerações depois da morte de Halevi, menciona todos aqueles que procuraram, em vão, informações sobre o restante da vida de Halevi. Judah Alharizi, *The Book of Tahkemoni: Jewish Tales from Medieval Spain*, trad., explicações e notas de David Simha Segal. Portland, OR: Littman Library of Jewish Civilization, 2001, pp. 43, 240-1, 533.
54. Em contraste com historiadores do período anterior às pesquisas do material da Guenizá do Cairo, para os quais era ilusório crer que Halevi tivesse chegado à Palestina, Goitein acreditava que cartas achadas na Guenizá e datadas do período em que supostamente ele morreu provam que ele de fato terminou seus dias ali.

7. AS MULHERES ASQUENAZES [pp. 328-63]

1. Existe na Guenizá do Cairo uma carta da viúva pedindo ajuda. Ver Judith R. Baskin, "Medieval Jewish Women", em Linda E. Mitchell (Org.), *Women in Medieval Western European Culture* (Nova York: Garland, 1999, p. 79); ver também Avraham Grossman, *Pious and Rebellious: Jewish Women in Medieval Europe* (Waltham, MA: Brandeis University Press, 2004); e Elisheva Baumgarten, *Mothers and Children: Jewish Family Life in Medieval Europe* (Princeton NJ: Princeton University Press, 2004).
2. Robert Chazan, *Medieval Jewry in Northern France: A Political and Social History*. Baltimore: Johns Hopkins University Press, 1973, pp. 37-8.
3. Para uma discussão inteligente e muitas vezes comovente dos problemas de veracidade nas narrativas judaicas, ver Jeremy Cohen, *Sanctifying the Name of God: Jewish Martyrs and Jewish Memories of the First Crusade* (Filadélfia: University of Pennsylvania Press, 2004).
4. Jeremy Cohen, *Living Letters of the Law: Ideas of the Jew in Medieval Christianity* (Berkeley: University of California Press, 1999, p. 155).
5. Albert de Aachen, em Kenneth R. Stow, *Alienated Minority: The Jews of Medieval Latin Europe* (Cambridge, MA: Harvard University Press, 1992, p. 109).
6. Sobre o modo como as fontes hebraicas tratam essas crises, ver Robert Chazan, *God, Humanity and History: The Hebrew First Crusade Narratives* (Berkeley: University of California Press, 2000, pp. 32-3 passim).
7. Nils Roemer, *German City, Jewish Memory: The Story of Worms*. Waltham, MA: Brandeis University Press, 2010, p. 13.
8. Os textos completos estão transcritos em Shlomo Eidelberg (Org. e trad.), *The Jews and the Crusaders: The Hebrew Chronicles of the First and Second Crusades* (Hoboken, NJ: KTAV, 1996); ver também David G. Roskies (Org.), *The Literature of Destruction: Jewish Responses to Catastrophe* (Filadélfia: Jewish Publication Society, 1989, pp. 75-82).
9. Jacob Marcus, *The Jew in the Medieval World: A Source Book, 315-1791*. Cincinatti: Union of American Hebrew Congregations, 1938, p. 129; para a linguagem figurada de Massada e sua adoção nas narrativas, se não como uma questão de fato histórico, ver Susan Einbinder,

Beautiful Death: Jewish Poetry and Martyrdom in Medieval France (Princeton NJ: Princeton University Press, 2002).

10. Jacob Marcus, *The Jew in the Medieval World*, p. 167.

11. Cohen, *Sanctifying the Name of God*, pp. 142 e ss.

12. Ver, por exemplo: Robert Chazan, *Reassessing Jewish Life in Medieval Europe* (Cambridge: Cambridge University Press, 2010), obra que constitui um retrocesso gratuito em relação à força e profundidade do trabalho anterior de Chazan sobre as narrativas das cruzadas; Jacob Marcus, *The Jew in the Medieval World*; e Jonathan Elukin, *Living Together, Living Apart: Rethinking Jewish-Christian Relations in the Middle Ages* (Princeton NJ: Princeton University Press, 2007), em minha opinião o menos convincente dos três livros.

13. Ricardo de Devizes, *Cronicon*, org. de John T. Appleby. Londres: Thomas Nelson & Sons, 1963, pp. 3-4; ver também Anthony Bale, *The Jew in the Medieval Book: English Anti-Semitisms, 1350-1500* (Cambridge: Cambridge University Press, 2006, p. 27).

14. Ricardo de Devizes, *Cronicon*, p. 4.

15. Com relação a esses ataques, ver Anthony Julius, *Trials of the Diaspora: A History of Anti-Semitism in England* (Oxford: Oxford University Press, 2010, pp. 118 e ss.).

16. Informações sobre o culto subsequente são encontradas em Bale, *The Jew in the Medieval Book*, pp. 105-43.

17. Cecil Roth, *A History of the Jews of England*. Oxford: Clarendon, 1941, p. 9.

18. Com relação a "meninos judeus no forno", ver Miri Rubin, *Gentile Tales: The Narrative Assault on Late Medieval Jews* (New Haven: Yale University Press, 1999, pp. 10 e ss.).

19. Ibid., p. 11.

20. Joe Hillaby, "The Ritual Child-Murder Accusation: Its Dissemination and Harold of Gloucester". *Transactions of the Jewish Historical Society of England*, v. 34, pp. 69-109, 1996; também Joshua Trachtenberg, *The Devil and the Jews: The Medieval Conception of the Jew and its Relation to Modern Anti-Semitism* (Filadélfia: Jewish Publication Society, 1983, pp. 124 e ss.).

21. Sheila Delaney (Org.), *Chaucer and the Jews: Sources, Contexts, Meanings*. Londres: Routlege, 2002.

22. Emily Taitz, "Women's Voices, Women's Prayers: The European Synagogues of the Middle Ages". In: Susan Grossman; Rivka Haut, *Daughters of the King: Women and the Synagogue*. Filadélfia: Jewish Publication Society, 1992, p. 65.

23. Ivan Marcus, "Mothers, Martyrs and Moneymakers: Some Jewish Women in Medieval Europe". *Conservative Judaism*, v. 38, p. 42, primavera 1986.

24. Judith R. Baskin, "Women and Ritual Immersion in Medieval Ashkenaz: The Politics of Sexual Piety". In: Lawrence Fine (Org.), *Judaism in Practice: From the Middle Ages to the Modern Period*. Princeton NJ: Princeton University Press, 2001, p. 138.

25. Lawrence Hoffmann, "Women at Rituals of Their Children". In: Fine, *Judaism in Practice*, pp. 99-114.

26. Ibid., p. 113.

27. Ibid., p. 142.

28. Cecil Roth, *A History of the Jews of England*, pp. 15-6.

29. Ibid.

30. Cecil Roth, *The Jews of Medieval Oxford*. Oxford: Clarendon, 1950, pp. 41 e ss.

31. "The Deacon and the Jewess or an Apostasy at Common Law". *Collected Papers of Frederick W. Maitland (on-line)*, v. 1, p. 1911.

32. Ibid., p. 52; Suzanne Bartlet, *Licoricia of Winchester*. Portland, OR: Vallentine Mitchell, 2009, pp. 56-7.

33. Zefira Entin Rokeah, "Money and the Hangman in Late 13th Century England: Jews, Christians and Coinage Offences, Alleged and Real". *Jewish Historical Studies*, v. 31, pp. 83-109, v. 32, pp. 159-218, 1988-90.

34. Zefira Entin Rokeah (Org.), *Medieval English Jews and Royal Officials: Entries of Jewish Interest in the English Memoranda Rolls, 1266-1293*. Jerusalém: The Hebrew University Magnes Press, 2000, p. 380.

35. Ibid., pp. 393-4. Ver Zefira Entin Rokeah, "Crime and Jews in Late Thirteenth Century England" (*Hebrew Union College Annual*, v. 55, pp. 131-2, 1984).

8. JULGAMENTOS [pp. 364-411]

1. Isadore Twersky (Org.), *A Maimonides Reader*. Nova York: Behrman House, 1972, p. 47.
2. Twersky, p. 50.
3. Joel L. Kraemer, *Maimonides*. Nova York: Doubleday, 2008, p. 103.
4. Ibid., pp. 104-11.
5. Ibid., pp. 116 e ss.
6. Ibid., p. 207.
7. Twersky, p. 438.
8. Ibid., p. 457.
9. Twersky, p. 290.
10. Kraemer, *Maimonides*, pp. 440-1.
11. Susan Einbinder, "Trial by Fire: Burning Jewish Books". In: *Lectures on Medieval Judaism at Trinity University, Occasional Papers*, v. III. Kalamazoo, MI: Medieval Institute Publications, Western Michigan University, 2000, pp. 1 e ss.
12. "The Dirge of Rabbi Meir von Rothenburg", trad. John Friedman. In: John Friedman; Jean Connell Hoff; Robert Chazan, *The Trial of the Talmud, Paris 1240*. Toronto: Pontifical Institute of Mediaeval Studies, 2012, pp. 169-70.
13. Carta do papa Gregório IX ao rei da França, 20 de junho de 1239, em Robert Chazan (Org.), *Church, State and Jew in the Middle Ages* (Nova York: Behrman House, 1980).
14. Hillel de Verona também afirmou, erroneamente, que os livros de Maimônides e os exemplares do Talmude tinham sido queimados no mesmo lugar em Paris. Se houve mesmo a queima dos primeiros, isso só pode ter ocorrido em Montpellier.
15. Javier Rois, *A Vigilant Society: Jewish Thought and the State in Medieval Spain*, trad. Selma L. Margaretten. Albany, NY: State University of New York Press, 2013, p. 271. Foi Pedro, o Venerável, que, em "Against the Inveterate Obtuseness of the Jews", pela primeira vez insistiu na bestialidade dos judeus: "Não ouso chamar-te homem [...] pois o que está extinto e sepultado em ti é precisamente o que separa o homem dos animais e das feras, e que eleva o homem acima deles, ou seja, a razão". Robert Chazan et al., *The Trial of the Talmud, Paris, 1240*, p. 13;

Dominique Iogna-Prat, *Order and Exclusion: Cluny and Christendom Face Heresy, Judaism, and Islam, 1000-1150*, trad. Graham Robert Edwards. Ithaca, NY: Cornell University Press, 2002, pp. 275 e ss.

16. Hyam Maccoby, *Judaism on Trial: Jewish-Christian Disputations in the Middle Ages* (Rutherford, NJ: Fairleigh Dickinson University Press, 1982), apresenta rica documentação, que inclui a *Vikuah* de Nahmânides e um relato em hebraico de um terceiro debate em Tortosa, Espanha, em 1413-4.

17. Ibid.

18. Ibid., p. 119.

19. Ibid., p. 146.

20. Willis Johnson, "The Myth of Jewish Male Menses". *Journal of Medieval History*, v. 24, n. 3, pp. 273-95, 1988.

21. "Play of the Saucemakers". *Publications of the Surtees Society*, pp. 155 e ss., 1911.

22. Anthony Bale, *Feeling Persecuted: Christians, Jews and Images of Violence in the Middle Ages*. Londres: Reaktion, 2012, p. 46.

23. Ibid., pp. 90-2.

24. Rubin, *Gentile Tales*, op. cit., p. 45.

25. O mais completo inventário da iconografia animalista das iluminuras hebraicas está em Thérèse e Mendel Metzger, *Jewish Life in the Middle Ages: Illuminated Hebrew Manuscripts of the Thirteenth to the Sixteenth Centuries* (Nova York: Alpine Fine Arts Collection, 1982), sobretudo nas pp. 19-37.

26. Marc Michael Epstein, *Dreams of Subversion in Medieval Jewish Art and Literature*. University Park, PA: Pennsylvania State University Press, 1997, pp. 16-38, 70-95.

27. Marc Michael Epstein, *The Medieval Haggadah: Art, Narrative, and Religious Imagination*. New Haven: Yale University Press, 2011, pp. 19-28.

28. Com relação ao trabalho de iluminadores cristãos para clientes judeus, ver Eva Froimovic, "Early Ashkenazic Prayer Books and their Christian Illuminators", em Piet van Boxel e Sabine Arndt (Orgs.), *Crossing Borders: Hebrew Manuscripts as a Meeting Place of Cultures* (Oxford: Bodleian Library, 2009, pp. 45-56).

29. Stanley Ferber, "Micrography: A Jewish Art Form". *Journal of Jewish Art*, pp. 12-24, 1977.

9. EXÍLIO DO EXÍLIO [pp. 412-61]

1. Fac-símiles foram publicados para marcar os seiscentos anos do atlas: Hans-Christian Freiesleben, *Der Katalanische Weltatlas vom Jahre 1375* (Stuttgart: Brockhaus, 1977); Georges Grosjean (Org.), *Mapamundi: der Katalanische Weltatlas vom Jahre 1375* (Zurique: Urs Graf, 1977). Ver também Jean-Michel Massing, "Observations and Beliefs: The World of the Catalan Atlas", em Jay A. Levenson (Org.), *1492: Art in the Age of Exploration* (Washington, DC: National Gallery of Art; New Haven: Yale University Press, 1991), pp. 27-33; J. Brian Harley, "The Map and the Development of the History of Cartography", em J. Brian Harley e David Woodward (Orgs.), *The History of Cartography: Cartography in Prehistoric, Ancient, and Medieval Europe*

and the Mediterranean (Chicago: University of Chicago Press, 1987, v. 1); Evelyn Edson, *The World Map, 1300-1492: The Persistence of Tradition and Transformation* (Baltimore: Johns Hopkins University Press, 2007).

2. Com relação a portolanos, ver Tony Campbell, "Portolan Charts from the Late 13th Century to 1500", em J. Brian Harley e David Woodward (Orgs.), *The History of Cartography: Cartography in Prehistoric, Ancient, and Medieval Europe and the Mediterranean*; com relação à ligação com Maiorca, ver Felipe Fernández-Armesto, *Before Columbus: Exploration and Colonization from the Mediterranean to the Atlantic, 1229-1492* (Filadélfia: University of Pennsylvania Press, 1987, pp. 13-7).

3. Para informações sobre Abraão Cresques e Jafudà, ver o excelente site <www.cresquesproject.net>, com artigos de Jaume Riera i Sans, "Cresques Abraham, Master of *Mappaemundi* and Compasses", e Gabriel Llompart i Moragues, "Majorcan Jews and Medieval Cartography", trad. Juan Ceva. Ver também David Abulafia, *A Mediterranean Emporium: The Catalan Kingdom of Majorca* (Cambridge: Cambridge University Press, 1994, pp. 204-8).

4. Gabriel Llompart i Moragues, "The Identity of Jaume Ferrer the Seafarer", trad. Juan Ceva, em <www.cresquesproject.net>.

5. Abulafia, pp. 75-99; A. Lionel Isaacs, *The Jews of Majorca*. Londres: Methuen, 1936.

6. David Nirenberg, *Communities of Violence: Persecution of Minorities in the Middle Ages* (Princeton NJ: Princeton University Press, 1996, pp. 231 e ss.), afirma que acusações de envenenamento de poços raramente eram citadas como razão para ataques a judeus e muçulmanos, mas que se acreditava que a peste fora causada pelo acúmulo de pecados, entre os quais a própria presença deles no seio da cristandade. Em 1351, numa mensagem ao conselho da municipalidade, o bispo de Valência declarou que "em face dos pecados deles [dos judeus e muçulmanos], o Senhor pode ter havido por bem enviar pestilências". Contudo, com certeza houve ataques e assassinatos em Barcelona, Cervera e Tarrega, onde, segundo o cronista Joseph Ha-Cohen, trezentos judeus foram mortos.

7. Com relação a Martínez, ver Benzion Netanyahu, *The Origins of the Inquisition in Fifteenth Century Spain* (Nova York: Random House, 1995, v. 2, pp. 128-48); e Yitzhak Baer, *A History of the Jews in Christian Spain* (Filadélfia: Jewish Publication Society, 1961).

8. Léon Poliakov, *The History of Anti-Semitism: From Mohammed to the Marranos*, trad. Natalie Gerardi. Filadélfia: University of Pennsylvania Press, 2003, v. 2, pp. 158-9.

9. "Rabbi Hasdai Crescas Gives an Account of the Spanish Massacres of 1391". In: Franz Kobler (Org.), *Letters of Jews Through the Ages: From Biblical Times to the Middle of the Eighteenth Century*. Nova York: East and West Library, 1952, v. 1, pp. 272-5; Baer, *History*, v. 2, pp. 104-5.

10. Isaacs, *The Jews of Majorca*, pp. 79-90.

11. Com relação a Jafudà e os demais depois de 1391, ver Jocelyn N. Hillgarth, "Majorcan Jews and Conversos as Owners and Artisans of Books", em Haim Beinart, Aaron Mirky, Avraham Grossman e Yosef Kaplan, *Exile and Diaspora: Studies in the History of the Jewish People Presented to Professor Haim Beinart* (Jerusalém: Ben-Zvi Institute of Yad Izhak Ben-Zvi; The Hebrew University of Jerusalem, 1991, pp. 125-30).

12. Com relação a Llull e aos judeus, ver Jeremy Cohen, *The Friars and the Jews: The Evolution of Medieval Anti-Judaism* (Ithaca: Cornell University Press, 1982, pp. 199-225).

13. Tanto o relato judeu (em *Shebet Yehuda*, de Salomão ibn Verga) quanto o cristão sobre

o debate de Tortosa, no qual Bento XIII impacientou-se com a evidente incapacidade de Halorki/ Gerónimo persuadir os rabinos são tratados em Maccoby, *Judaism on Trial*, pp. 168-216.

14. Isaacs, *The Jews of Majorca*, pp. 110-7.

15. Yosef Hayim Yerushalmi, "Exile and Expulsion in Jewish History". In: Benjamin R. Gampel (Org.), *Crisis and Creativity in the Sephardic World, 1391-1648*. Nova York: Columbia University Press, 1997, p. 14. Segundo Yerushalmi, às vezes pensava-se que Toledo pudesse também ser chamada de "Toletula", derivação do hebraico *tiltul*, "perambulação" ou "vagueação".

16. Jerrilynn D. Dodds, "Mudejar Tradition and the Synagogues of Medieval Spain: Cultural Identity and Cultural Hegemony". In: Vivian B. Mann; Thomas F. Glick; Jerrilynn D. Dodds, *Convivencia: Jews, Muslims, and Christians in Medieval Spain*. Nova York: G. Braziller; Jewish Museum, 1992, pp. 113-31; Francisco Cantera Burgos, *Sinagogas españolas*. Madri: Instituto Benito Arias Montano, 1984; Carol Herselle Krinsky, *Synagogues of Europe: Architecture, History, Meaning*. Cambridge, MA: MIT Press, 1985; Ana María López Alvarez, *Catálogo del Museo Sefardí*. Madri: Ministerio de Cultura, Dirección General de Bellas Artes y Archivos, 1987; Ana María López Álvarez; Santiago Plaza Palomero (Orgs.), *Juderías y Sinagogas de la Sefarad Medieval*. Ciudad Real: Universidad de Castilla-La Mancha, 2003.

17. Por exemplo, os quatro volumes da *Bíblia de Toledo* (hoje dividida), copiados por Israel ben Israel, membro de uma família que transmitiu qualificações profissionais de geração a geração. Gabrielle Sed Rajna, "Hebrew Illuminated Manuscripts from the Iberian Peninsula", em Mann et al., *Convivencia*, pp. 134-6. Para a árvore genealógica da família de escribas Ben Israel, ver Katrin Kogman-Appel, *Jewish Book Art between Islam and Christianity: The Decoration of Hebrew Bibles in Medieval Spain* (Leiden; Boston: Brill, 2004, pp. 61-4).

18. Dodds, "Mudejar Tradition", p. 128.

19. Yirmiyahu Yovel, *The Other Within: The Marranos: Split Identity and Emerging Modernity*. Princeton, NJ: Princeton University Press, 2009, pp. 111, 130. O livro de Yovel, um tour de force, modificou bastante o debate sobre a relação entre os conversos e aqueles que se mantiveram no judaísmo no século XV, embora o tema ainda seja, por assim dizer, controverso. Baseio-me nele no tocante aos pormenores de vários meios pelos quais os conversos continuaram a manter contato com os judeus e vice-versa. Mas é possível que ele se mostre um pouco gentil demais com relação à indignação que muitos judeus religiosos sem dúvida sentiam pelos apóstatas, mesmo os que eram conhecidos como *anusim*, ou "forçados".

20. Norman Roth, "Anti-Converso Riots of the Fifteenth Century, Pulgar and the Inquisition" (disponível em: academia.edu), pp. 368 e ss.; A. Mackay, "Popular Movements and Pogroms in Fifteenth-Century Castile". *Past and Present*, v. 55, p. 34, 1972.

21. Com relação às implicações racistas do Estatuto de Exclusão, ver John Edwards, "The Beginning of a Scientific Theory of Race? Spain 1450-1600", em Yedida K. Stillman e Norman A. Stillman (Orgs.), *From Iberia to Diaspora: Studies in Sephardic History and Culture* (Leiden; Boston: Brill, 1999, pp. 180-3).

22. Yovel, *The Other Within*, pp. 145-7.

23. Ibid., pp. 149-51.

24. Sed Rajna, "Hebrew Illuminated Manuscripts", pp. 152-3. Ver a introdução de Bezalel Narkiss e Aliza Cohen-Mushlin ao fac-símile *Kennicott Bible* (Londres: Facsimile Editions, 1985); também Narkiss, Cohen-Mushlin e Anat Tcherikover, *Hebrew Illuminated Manuscripts in the*

British Isles: Spanish and Portuguese Manuscripts (Oxford: Oxford University Press, 1982, v. 1, pp. 153-9).

25. Com relação à origem polêmica de parte dessa iconografia animalista, ver Marc Michael Epstein, *Dreams of Subversion in Medieval Jewish Art and Literature* (University Park, PA: Pennsylvania State University Press, 1997, passim). Kogman-Appel, *Jewish Book Art*, p. 214, acredita que os motivos de gatos e camundongos possam ter sido inspirados em imagens do sul da Alemanha.

26. A história clássica da Inquisição foi Henry Charles Lea, *A History of the Inquisition of Spain* (Nova York: Macmillan, 1906-7); ver também Cecil Roth, *Conversos, Inquisition and the Expulsion of the Jews from Spain* (Madison, WI: University of Wisconsin Press, 1995); e Henry Kamen, *Inquisition and Society in Spain* (Londres: Weidenfeld & Nicolson, 1985). O grande clássico da historiografia moderna, a um tempo notável como obra acadêmica e profundamente comovente por sua força literária, é Haim Beinart, *The Expulsion of the Jews from Spain*, trad. Jeffrey M. Green (Portland, OR: Littman Library of Jewish Civilization, 2002).

27. Yovel, *The Other Within*, p. 162.

28. Benzion Netanyahu, *Don Isaac Abravanel: Statesman and Philosopher*, 5. ed. Ithaca: Cornell University Press, 1998, pp. 26-41.

29. A respeito da gestação do decreto de expulsão, ver Maurice Kriegel, "The Making of a Decree", *Revue Historique*, v. 260, pp. 49-90, 1978; Beinart: *Expulsion*, pp. 5-54, e "Order of the Expulsion from Spain, Antecedents, Causes and Textual Analysis", em Gampel (Org.), *Crisis and Creativity*, pp. 79-95.

30. Yovel, *The Other Within*, pp. 179-80.

31. Acerca das rotas de saída e das inúmeras provações envolvidas no abandono das cidades onde os judeus viviam e da saída da Espanha dentro do prazo, ver Beinart, *Expulsion*, passim.

32. Ibid., pp. 523-4.

33. François Soyer, *The Persecution of the Jews and Muslims of Portugal: King Manuel I and the End of Religious Tolerance (1496-7)*. Leiden; Boston: Brill, 2007; com relação às crianças de São Tomé, pp. 130-1; acerca da captura das crianças e da conversão à força dos pais e outros adultos, pp. 210-26.

34. José Chabás; Bernard R. Goldstein, "Abraham Zacuto: Supplemental Note for a Biography". In: *Astronomy in the Iberian Peninsula*. Filadélfia: American Philosophical Society, 2000, pp. 6-11.

35. Abraão Zacuto, *The Book of Lineage or Sefer Yohassin*, trad. e org. Israel Shamir. Tel Aviv: Zacuto Foundation, 2005.

36. Israel Efros, *The Problem of Space in Jewish Medieval Philosophy*. Nova York: Columbia University Press, 1917.

Referências bibliográficas

Levantamentos gerais: Entre as histórias acadêmicas dos judeus, nada pode ser comparado aos dezoito volumes de *A Social and Religious History of the Jews* (2. ed., Nova York: Columbia University Press, 1952-83), de Salo Baron. Pesando dezessete volumes a menos, mas nem por isso um peso leve, *The Course of Jewish History* (Nova York: Dell, 1958), de Howard Sachar, continua legível, embora inevitavelmente datado do ponto de vista arqueológico. *A History of the Jews* (Nova York: Harper & Row, 1987), de Paul Johnson, continua a ser uma excelente introdução em um único volume. *Unsettled: An Anthropology of the Jews* (Nova York: Viking, 2003), de Melvin Konner, proporciona uma visão geral boa e estimulante, e Raymond Scheindlin, grande especialista em poesia hebraica medieval, realizou uma invejável façanha de compressão em *A Short History of the Jewish People From Legendary Times to Modern Statehood* (Oxford: Oxford University Press, 2000). *How Jewish is Jewish History?* (Portland, OR: Littman Library of Jewish Civilization, 2007), de Moshe Rosman, é um relato brilhante sobre o desenvolvimento da historiografia judaica. Para um enfoque novo e abrangente, do ponto de vista cultural, da história judaica, e ao qual o presente livro muito deve, David Biale (Org.), *Cultures of the Jews: A New History* (Berkeley; Nova York: Schocken, 2002), é uma antologia excepcional de ensaios eruditos e interpretativos, quase todos aliciantes no melhor sentido. Uma coletânea ainda valiosa de fontes primárias com relação a esse período é Frans Kobler (Org.), *Letters of Jews Through the Ages: From Biblical Times to the Middle of the Eighteenth Century* (Nova York: East and West Library, 1952, v. 1).

A "tropa judaica" em Elefantina: Bezalel Porten, *Archives from Elephantine: The Life of an Ancient Jewish Military Colony* (Berkeley: University of California Press, 1968) e *The Elephantine Papyri in English: Three Millennia of Cross-Cultural Continuity and Change* (Leiden: Brill, 1996); Joseph Meleze Modrzejewski, *The Jews of Egypt from Rameses II to the Emperor Hadrian* (Filadélfia: Jewish Publication Society, 1995); James M. Lindenberger, *Ancient Aramaic and Hebrew Letters* (Atlanta, GA: Scholars, 2003). Ver também (embora em desacordo com a obra acadêmica de Porten) Boulos Ayad Ayad, *The Jewish-Aramean Communities of Ancient Egypt* (Cairo: Institute of Coptic Studies, 1976).

Origens da Bíblia e evolução da religião israelita: São muitos os estudos acadêmicos recentes de excepcional qualidade, sobretudo no campo da epigrafia, o estudo de inscrições. Para o leitor comum, porém, *The Bible: A Biography* (Nova York: Atlantic Monthly Press, 2007 [Ed. bras.: *A Bíblia: Uma biografia*. Rio de Janeiro: Zahar, 2007]), de Karen Armstrong, ainda é uma excelente e lúcida introdução à "hipótese documental", a filologia historicizante da Bíblia que surgiu no século XIX. Para leituras atentas dos "livros históricos", ver o perspicaz estudo de Sara Japhet, *From the Rivers of Babylon to the Highlands of Judah* (Winona Lake: Eisenbrauns, 2006), e *The Ideology of the Book of Chronicles and Its Place in Biblical Thought* (Winona Lake: Eisenbrauns, 2009). A obra clássica sobre a gênese da religião israelita em meio ao paganismo de Canaã é *Canaanite Myth and Hebrew Epic: Essays in the History of the Religion of Israel*, de Frank Moore Cross (Cambridge, MA: Harvard University Press, 1973); ver também seu *From Epic to Canon: History and Literature in Ancient Israel* (Baltimore: Johns Hopkins University Press, 1998); Michael Coogan, *The Old Testament: An Historical and Literary Introduction to the Hebrew Scriptures* (Oxford: Oxford University Press, 2011); com relação às formas mais arcaicas, ver Steven Weitzman, *Song and Story in Biblical Narrative: The History of a Literary Convention in Ancient Israel* (Bloomington, IN: Indiana University Press, 1997). Acerca do surgimento lento, variável e incoerente do monoteísmo a partir do politeísmo e do henoteísmo (deuses ordenados hierarquicamente): John Day, *Yahweh and the Gods and Goddesses of Canaan* (Sheffield, RU: Sheffield Academic Press, 2000); Baruch Halpern, *The First Historians: The Hebrew*

Bible and History (University Park, PA: Pennsylvania State University Press, 1996); Christopher de Hamel, *The Book: A History of the Bible* (Londres: Phaidon, 2001); Richard S. Hess, *Israelite Religions: An Archaeological and Biblical survey* (Grand Rapids: Baker Academic, 2007); Robert S. Kawashima, *Death of the Rhapsode* (Bloomington, IN: Indiana University Press, 2004); Christopher Rollston, *Writing and Literacy in the World of Ancient Israel: Epigraphic Evidence from the Iron Age* (Atlanta, GA: Society of Biblical Literature, 2010); Ron E. Tappy; P. Kyle McCarter (Orgs.), *Literate Culture and Tenth-Century Canaan: The Tel Zayit Abecedary in Context* (Winona Lake: Eisenbrauns, 2008); Seth Sanders, *The Invention of Hebrew* (Urbana, IL: University of Illinois Press, 2009); W. M. Schniedewind, *How the Bible Became a Book: The Textualization of Ancient Israel* (Cambridge: Cambridge University Press, 2004); Mark S. Smith, *The Origins of Biblical Monotheism: Israel's Polytheistic Background and the Ugaritic Texts* (Oxford: Oxford University Press, 2001) e *The Early History of God: Yahweh and the Other Deities in Ancient Israel* (Grand Rapids: Eerdmans, 2002); Francesca Stavrakopoulou; John Barton (Orgs.), *Religious Diversity in Ancient Israel and Judah* (Londres: T & T Clark, 2010); Karel van der Toorn, *Scribal Culture and the Making of the Hebrew Bible* (Cambridge, MA: Harvard University Press, 2007) e *The Image and the Book: Iconic Cults, Aniconism, and the Rise of Book Religion* (Louvain: Peeters, 2006); Susan Niditch, *Oral World and Written Word: Ancient Israelite Literature* (Louisville, KY: Westmisnter John Knox Press, 1996).

Arqueologia do período bíblico: Uma introdução crítica boa e equilibrada ao período mais antigo, narrando os avanços recentes nas áreas da escavação e da interpretação, é *The Archaeology of the Land of the Bible*, de Amihai Mazar (New Haven: Yale University Press, v. 1: An Introduction: 10 000-586 B.C.E., 1990); ver também sua colaboração com o "decano" da escola "minimalista" Israel Finkelstein, *The Quest for Historical Israel* (Leiden; Boston: Brill, 2007); e as muitas obras do próprio Finkelstein, como *David and Solomon: In Search of the Bible's Sacred Kings and the Roots of the Western Tradition* (Nova York: Free Press, 2006), e, com Neil Asher Silberman, *The Bible Unearthed: Archaeology's New Vision of Ancient Israel and the Origin of its Sacred Texts* (Nova York: Free Press, 2001). William G. Dever, de início também um "minimalista", afastou-se dessa posição e adotou uma atitude mais flexível em várias reinterpretações vigorosas; com relação a essa mudança, ver seu veemente estudo *Historical Biblical Archaeology and the Future: The New Pragmatism* (Londres: Equinox, 2010); a respeito de sua postura anterior, *Sacred Time, Sacred Place: Archaeology and the*

Religion of Israel (Winona Lake: Eisenbrauns, 2002), *Who Were the Early Israelites and Where Did they Come From?* (Grand Rapids: Eerdmans, 2003) e *Did God Have a Wife?* (Grand Rapids: Eerdmans, 2005). Pesquisas novas e importantes são expostas em Assaf Yasur-Landau, Jennie R. Ebeling e Laura B. Mazow, *Household Archaeology in Ancient Israel and Beyond* (Leiden; Boston: Brill, 2011). A única exposição detalhada das importantes escavações em Khirbet Qeiyafa é Yosef Garfinkel, Saar Ganor e Michael Hassel, *Footsteps of King David in the Valley of Elah* (Tel Aviv: Yedioth Ahronoth; Sifre Hemed, 2012).

Desenvolvimento do judaísmo durante os períodos helenístico e romano e sua relação com a cultura clássica: A grande autoridade contemporânea sobre a evolução do judaísmo é Shaye Cohen. Ver sua coletânea de ensaios *From the Maccabees to the Mishnah* (Filadélfia: Westminster, 1987) e *The Beginnings of Jewishness: Boundaries, Varieties, Uncertainties* (Berkeley: University of California Press, 1999). Ver também Jacob Neusner, *From Politics to Piety: The Emergence of Pharisaic Judaism* (Englewood Cliffs: Prentice-Hall, 1973), *A Life of Yohanan ben Zakkai* (Leiden: Brill, 1970) e *First-Century Judaism in Crisis: Yohanan ben Zakkai and the Renaissance of the Torah* (Eugene: Wipf & Stock, reimpressão, 2006). Com relação à Bíblia na época da definição de seu cânone, a obra magistral é James Kugel, *Traditions of the Bible: A Guide to the Bible as it Was at the Start of the Common Era* (Cambridge, MA: Harvard University Press, 1998); e também Michael E. Stone, *Scriptures, Sects, and Visions: A Profile of Judaism from Ezra to the Jewish Revolts* (Filadélfia: Fortress, 1980). O melhor guia para a arqueologia é Eric M. Meyers e Mark A. Chancey, *Alexander to Constantine: The Archaeology of the Land of the Bible* (New Haven: Yale University Press, 2012) e *Archaeology, the Rabbis and Early Christianity: The Social and Historical Setting of Palestinian Judaism and Christianity* (Nashville: Abingdon, 1981). Ver também Elias Bickerman, *The Jews in the Greek Age* (Cambridge, MA: Harvard University Press, 1988), *The God of the Maccabees: Meaning and Significance in the Revolt of the Maccabees* (Leiden: Brill, 1979) e *From Ezra to the Last of the Maccabees* (Nova York: Schocken, 1962); Christine Hayes, *The Emergence of Judaism: Classical Traditions in Contemporary Perspective* (Wesport, CT: Greenwood, 2007); os muitos estudos de Erich S. Gruen, sobretudo *Heritage and Hellenism: The Reinvention of Jewish Tradition* (Berkeley: University of California Press, 1998), *Diaspora: Jews amidst Greeks and Romans* (Cambridge, MA: Harvard University Press, 2002) e *Rethinking the Other in Antiquity* (Princeton, NJ: Princeton University Press, 2011); Lee I. Levine, *Judaism and*

Hellenism in Antiquity: Conflict or Confluence (Seattle: University of Washington Press, 1998); Christopher Haas, *Alexandria in Late Antiquity: Topography and Social Conflict* (Baltimore: Johns Hopkins University Press, 1997); Peter Schäfer, *Judeophobia: Attitudes Toward the Jews in the Ancient World* (Cambridge, MA: Harvard University Press, 1997) e *The History of the Jews in the Greco-Roman World* (Londres: Routledge, 2003); Sara Raup Johnson, *Historical Fictions and Hellenistic Jewish Identity* (Berkeley: University of California Press, 2005); Arnaldo Momigliano, *On Pagans, Jews and Christians* (Middletown, CT: Wesleyan University Press, 1987); Victor Tcherikover, *Hellenistic Civilization and the Jews* (Filadélfia: Jewish Publication Society, 1959); Joseph Sievers, *The Hasmoneans and their Supporters: From Mattathias to the Death of John Hyrcanus I* (Atlanta, GA: Scholars, 1990); Steven Weitzman, *Surviving Sacrilege: Cultural Persistence in Jewish Antiquity* (Cambridge, MA: Harvard University Press, 2005); William Buehler, *The Pre-Herodian Civil War and Social Debate: Jewish Society in the Period 76-40 BC* (Basileia: F. Reinhardt, 1974); Daniel Harrington, *The Maccabean Revolt: Anatomy of a Biblical Revolution* (Wilmington, DE: M. Glazier, 1988); Martin Goodman, *Rome and Jerusalem: The Clash of Ancient Civilizations* (Nova York: Alfred A. Knopf, 2007); Susan Sorek, *The Jews Against Rome* (Londres: Hambledon Continuum, 2008); Shaye Cohen, *Josephus in Galilee and Rome: His Vita and Development as an Historian* (Leiden: Brill, 1979); Jonathan C. Edmondson (Org.), *Flavius Josephus and Flavian Rome* (Oxford: Oxford University Press, 2005); Frederick Raphael, *A Jew Among Romans: The Life and Legacy of Flavius Josephus* (Nova York: Pantheon, 2013).

Manuscritos do Mar Morto: Os estudos acadêmicos clássicos são *An Introduction to the Complete Dead Sea Scrolls* (Minneapolis, MN: Fortress, 2000) e *The Dead Sea Scrolls: Qumran in Perspective* (Filadélfia: Fortress, 1981), ambos de Geza Vermes; entretanto, para uma concepção radicalmente distinta, ver Norman Golb, *Who Wrote the Dead Sea Scrolls?: The Search for the Secret of Qumran* (Nova York: Simon & Schuster, 1984); ver também Frank Moore Cross, *The Ancient Library of Qumran* (Minneapolis, MN: Fortress, 1995); Michael E. Stone, *Ancient Judaism: New Visions and View* (Grand Rapids: Eerdmans, 2011); obras excelentes são Michael Wise, Martin Abegg e Edward Cook, *The Dead Sea Scrolls: A New Translation* (San Francisco: HarperSan Francisco, 1996) e Peter W. Flint e James C. VanderKam, *The Dead Sea Scrolls After Fifty Years: A Comprehensive Assessment* (Leiden: Brill, 1997). Com relação à própria cidade de Jerusalém, há livros recentes e magníficos: Lee I. Levine, *Jerusalem: Portrait of the City* *in the Second Temple Period* (Filadélfia: Jewish Publication Society, 2002); Simon Goldhill, *Jerusalem: City of Longing* (Cambridge, MA: Harvard University Press, 2010) e *The Temple of Jerusalem* (Londres: Profile, 2004); e sobretudo Simon Sebag-Montefiore, *Jerusalem: A Biography* (Londres: Phoenix, 2012). Com relação aos ossuários: Pau Figueras, *Decorated Jewish Ossuaries* (Leiden: Brill, 1983); Eric M. Meyers, *Jewish Ossuaries: Reburial and Rebirth, Secondary Burials in their Ancient Near East Setting* (Roma: Biblical Institute Press, 1971); Rachel Hachlili, *Jewish Funerary Customs, Practices and Rites in the Second Temple Period* (Leiden: Brill, 2005).

Judeus e cristianismo primitivo: Para leituras e interpretações sugestivas, ver Daniel Boyarin, *Border Lines: The Partition of Judaeo-Christianity* (Filadélfia: University of Pennsylvania Press, 2007) e também seu estudo *A Radical Jew: Paul and the Politics of Identity* (Berkeley: University of California Press, 1994). A grande autoridade tradicional sobre a separação de caminhos de judeus e cristãos é Jacob Neusner; ver, em especial, *Jews and Christians: The Myth of a Common Tradition* (Binghamton: Global, 2001). A visão oposta é apresentada em Hyam Maccoby, *The Mythmaker: Paul and the Invention of Christianity* (Nova York: Harper & Row, 1986). Ver também Peter Schäfer, *The Jewish Jesus: How Judaism and Christianity Shaped Each Other* (Princeton, NJ: Princeton University Press, 2012). Com relação aos ebionistas e cristãos judeus, ver Oskar Skarsaune; Reidar Hvalvik (Orgs.), *Jewish Believers in Jesus: The Early Centuries* (Peabody: Hendrickson, 2007); ver também Geza Vermes, *The Religion of Jesus the Jew* (Londres: SCM, 1993). Acerca da Mishná, ver a boa introdução de Neusner a seu estupendo *The Mishnah: A New Translation* (New Haven: Yale University Press, 1988). Uma exposição útil da origem e da ramificação da cultura rabínica e de seus múltiplos comentários pode ser encontrada em Hyam Maccoby, *Early Rabbinic Writings* (Cambridge: Cambridge University Press, 1988). Com relação à evolução do Talmude, ver Talya Fishman, *Becoming the People of the Talmud: Oral Torah and Written Tradition* (Filadélfia: University of Pennsylvania Press, 2011), e uma obra de valor inestimável, Charlotte Elisheva Fonrobert; Martin S. Jaffee (Orgs.), *The Cambridge Companion to the Talmud and Rabbinic Literature* (Cambridge: Cambridge University Press, 2007). Com relação à "dispensação agostiniana", ver o trabalho brilhante de Paula Frederiksen, *Augustine and the Jews: A Christian Defense of Jews and Judaism* (Nova York: Doubleday, 2008). Acerca da evolução das instituições religiosas e do ritual judaicos, ver Lee I. Levine, *The Ancient Synagogue: The First Thousand Years* (New Haven: Yale University Press, 2005), obra monumental e indispensável; Philip A.

Harland, *Associations, Synagogues and Congregations* (Minneapolis, MN: Fortress, 2003); Baruch Bokser, *The Origins of the Seder: The Passover Rite and Early Rabbinic Judaism* (Berkeley: University of California Press, 1984), fascinante; Leonard Glick, *Marked in Your Flesh: Circumcision from Ancient Judea to Modern America* (Oxford: Oxford University Press, 2005). Para as implicações do sacrifício, ver o persuasivo trabalho de David Biale, *Blood and Belief: The Circulation of a Symbol Between Jews and Christians* (Berkeley: University of California Press, 2007).

Judaísmo e islã: *The Jews of Islam*, de Bernard Lewis (Princeton, NJ: Princeton University Press, 1984), ainda é o estudo definitivo e bem equilibrado da relação entre judeus e muçulmanos, sobretudo em seus primórdios; ver também, de Lewis, *The Multiple Identities of the Middle East* (Londres: Weidenfeld & Nicolson, 1998); Shelomo Dov Goitein, *Jews and Arabs: A Concise History of Their Social and Cultural Relations* (Nova York: Schocken, 1955); e Eliyahu Ashtor, *The Jews of Moslem Spain* (Filadélfia: Jewish Publication Society, 1992). Bat Ye'Or, *The Dhimmi: Jews and Christians Under Islam* (Rutherford, NJ: Fairleigh Dickinson University Press, 1985), é de um pessimismo bem mais polêmico, mas, no essencial, não está errado. Acerca de muitos aspectos dessa relação complicada, ver Michael M. Laskier e Yaacov Lev, *The Convergence of Judaism and Islam: Religious, Scientific, and Cultural Dimensions* (Gainesville, FL: University Press of Florida, 2011), e, para uma interpretação comparada, Mark Cohen, *Under Crescent and Cross: The Jews in the Middle Ages* (Princeton, NJ: Princeton University Press, 1994). Com relação aos judeus e aos começos do islã, ver Fred Donner, *Muhammad and the Believers: At the Origin of Islam* (Cambridge, MA: Harvard University Press, 2010), obra vigorosa de síntese acadêmica que leva em conta estudos recentes. Infelizmente, *Throne of Adulis: Red Sea Wars on the Eve of Islam*, de G. W. Bowersock (Oxford: Oxford University Press, 2013), saiu tarde demais para que este livro tirasse proveito de suas novas pesquisas, mas o leitor pode consultar os ensaios (e as notas de fim) de Christian Robin e Paul Yule, *Himyar: Spatantike im Jemen* (Aichwald: Linden Soft, 2007), e Iwona Gajda, *Le Royaume de Himyar à l'époque monotheiste* (Paris: Académie des Inscriptions et Belles-Lettres, 2009), sobretudo pela reserva cética da autora, e Reuben Ahroni, *Yemenite Jewry: Origins, Culture and Literature* (Bloomington, IN: Indiana University Press, 1986). Quanto à descoberta da Guenizá do Cairo, ver o relato cativante de Peter Cole e Adina Hoffman, *Sacred Trash: The Lost and Found World of the Cairo Geniza* (Nova York: Schocken, 2011). Shlomo Dov Goitein dedicou longos anos de trabalho profícuo explorando, editando, traduzindo e interpretando o imenso tesouro da Guenizá. *A Mediterranean Society* (Berkeley: University of California Press, 1967-93), sua obra magistral em três volumes, foi reduzida com sensibilidade (Berkeley: University of California Press, 1999) e constitui a introdução perfeita ao assunto. Ver também três esplêndidas obras suas: *Letters of Medieval Jewish Traders* (Princeton, NJ: Princeton University Press, 1973), *From the Land of Sheba: Tales of the Jews of Yemen* (Nova York: Schocken, 1973) e *India Traders of the Middle Ages* (Leiden: Brill, 2008). Para aspectos específicos do mundo revelado pela Guenizá, ver seu *India Traders*. Para um levantamento posterior ao de Goitein, ver os artigos compilados em Stefan C. Reif, *The Cambridge Genizah Collections: Their Content and Significance* (Cambridge: Cambridge University Press, 2002).

A respeito da poesia em hebraico da Espanha medieval, são muitas as traduções bem-feitas e variadas, a maioria com excelentes comentários críticos e notas biográficas. *Dream of the Poem: Hebrew Poetry from Muslim and Christian Spain (950-1492)*, de Peter Cole (Princeton, NJ: Princeton University Press, 2007), cobre todo o período, desde os trabalhos antigos de Dunash ibn Labrat (e de sua mulher) até a obra produzida na Espanha cristã, não muito antes da expulsão dos judeus, e inclui seleções generosas da produção de outros dois gigantes da poesia hebraica, Salomão ibn Gabirol e Moshe ibn Ezra. Ver também a coletânea organizada por Raymond Scheindlin, *Wine, Women and Death: Medieval Hebrew Poems on the Good Life* (Filadélfia: Jewish Publication Society, 1986). Há também uma seleção excelente — mas traduzida de forma muito livre — em T. Carmi (Org.), *The Penguin Book of Hebrew Verse* (Nova York: Penguin, 1981). Ross Brann, *Power in the Portrayal: Representations of Jews and Muslims in Eleventh and Twelfth Century Islamic Spain* (Princeton, NJ: Princeton University Press, 2002) constitui uma leitura brilhante da trama de influências e conflitos interculturais nessa literatura. Com relação a Shmuel Naghrela (Shmuel Hanagid), ver Hillel Halkin, *Grand Things to Write a Poem On: A Verse Autobiography of Shmuel Hanagid* (Jerusalém: Gefen, 1999); para um estilo diferente de tradução, ver Leon J. Weinberger, *Jewish Prince in Moslem Spain: Selected Poems of Samuel ibn Naghrela* (Tuscaloosa: University of Alabama Press, 1973). Sobre Halevi, Halkin escreveu uma biografia breve, mas tocante e eloquente, *Yehuda Halevi* (Nova York: Schocken, 2010). Quanto à sua peregrinação, há dois livros admiráveis: Raymond Scheindlin, *The Song of a Distant Dove: Judah Halevi's Pilgrimage* (Oxford: Oxford University Press, 2008) e Yosef Yahalom, *Yehuda Halevi: Poetry and Pilgrimage* (Jerusalém: The Hebrew University Magnes Press, 2009). Acerca de Maimônides, ver a excelente biografia de Joel Kraemer, *Moses Maimonides* (Nova York: Doubleday, 2008); e uma seleção criteriosa e bem editada de seus textos, feita por Isadore Twersky, *A Maimonides Reader* (Nova York: Behrman House, 1972).

A Europa cristã medieval e os judeus: No tocante à evolução do judaísmo na Idade Média, ver Ephraim Kanarfogel, *The Intellectual History and Rabbinic Culture of Medieval Ashkenaz* (Detroit: Wayne State University Press, 2013); e Lawrence Fine (Org.), *Judaism in Practice: From the Middle Ages to the Early Modern Period* (Princeton, NJ: Princeton University Press, 2001). O mais prolífico especialista no campo das relações entre judeus e cristãos é Robert Chazan, que num trabalho recente, *Reassessing Jewish Life in Medieval Europe* (Cambridge: Cambridge University Press, 2010), preconizou um tratamento mais equilibrado e menos trágico do lugar e da experiência da vida judaica na Europa cristã e latina, pensando, talvez, na história da judeofobia, de Joshua Trachtenberg, *The Devil and the Jews: The Medieval Conception of the Jew and Its Relation to Modern Anti-Semitism* (New Haven: Yale University Press, 1944), que ainda pode ser lida com proveito. Para a história definitiva do fenômeno, ver Robert Wistrich, *Antisemitism: The Longest Hatred* (Londres: Thames Methuen, 1991). Ver também Leonard Glick, *Abraham's Heirs: Jews and Christians in Medieval Europe* (Syracuse: Syracuse University Press, 1999). Trabalhos mais recentes e muito bem pesquisados sobre o assunto são Anna Sapir Abulafia, *Christian-Jewish Relations 1000-1300* (Nova York: Pearson, 2011) e *Christians and Jews in Dispute: Disputational Literature and the Rise of Anti-Judaism in the West 1000-1150* (Aldershot, RU: Ashgate, 1998). E para outra interpretação comparativa, David Nirenberg, *Communities of Violence: Persecution of Minorities in the Middle Ages* (Princeton, NJ: Princeton University Press, 1996). E também os textos em Kenneth Stow, *Popes, Church and Jews in the Middle Ages: Confrontation and Response* (Aldershot, RU: Ashgate, 2007). Com relação a um momento inelutavelmente trágico, ver Robert Chazan, *In the Year 1096: The First Crusade and the Jews* (Filadélfia: Jewish Publication Society, 1996); *God, Humanity, and History: The Hebrew First Crusade Narratives* (Berkeley: University of California Press, 2000); e *European Jewry in the First Crusade* (Berkeley: University of California Press, 1987). Os textos das narrativas foram compilados e organizados por Shlomo Eidelberg, *The Jews and the Crusaders: The Hebrew Chronicles of the First and Second Crusades* (Madison, WI: University of Wisconsin Press, 1977). Para o aspecto mais mortificante, tanto da literatura quanto da experiência, ver Jeremy Cohen, *Sanctifying the Name of God: Jewish Martyrs and Jewish Memories of the First Crusade* (Filadélfia: University of Pennsylvania Press, 2004); também de Cohen, *Living Letters of the Law: The Idea of the Jew in Medieval Christianity* (Berkeley: University of California Press, 1999). Acerca de Worms, ver a vigorosa história, que cobre vários séculos, de Nils Roemer, *German City, Jewish Memory: The Story of Worms* (Waltham, MA: Brandeis University Press, 2010). Sobre Eleazar e os pietistas, ver Ivan Marcus, *Piety and Society: The Jewish Pietists of Medieval Germany* (Leiden: Brill, 1981), e, com relação à França, ver as obras de Susan Einbinder, em particular *Beautiful Death: Jewish Poetry and Martyrdom in Medieval France* (Princeton NJ: Princeton University Press, 2002). Acerca de Inglaterra medieval, Cecil Roth, *A History of the Jews of England* (Oxford: Clarendon, 1964) ainda é importante, mas a grande obra de síntese é Anthony Julius, *Trials of the Diaspora: A History of Anti-Semitism in England* (Oxford: Oxford University Press, 2010). Relatos brilhantes de mitos judeofóbicos invariavelmente deprimentes são Miri Rubin, *Gentile Tales: The Narrative Assault on Late Medieval Jews* (New Haven: Yale University Press, 1999) e Anthony Bale, *Feeling Persecuted: Christians, Jews and Images of Violence in the Middle Ages* (Londres: Reaktion, 2010). No tocante aos estereótipos literários, Miriamne Ara Krummel, *Crafting Jewishness in Medieval England* (Nova York: Palgrave Macmillan, 2011). E acerca da história social e econômica: Suzanne Bartlet, *Licoricia of Winchester* (Londres: Vallentine Mitchel, 2009); Robin Mundill, *England's Jewish Solution: Experiment and Expulsion 1262-1290* (Cambridge: Cambridge University Press, 1998) e *The King's Jews: Money, Massacre and Exodus in Medieval England* (Londres: Continuum, 2010). Para a história de mulheres e famílias judias: Elisheva Baumgarten, *Mothers and Children: Jewish Family Life in Medieval Europe* (Princeton, NJ: Princeton University Press, 2004); Simha Goldin, *Jewish Women in Europe in the Middle Ages: A Quiet Revolution* (Manchester, RU: Manchester University Press, 2011); Avraham Grossman, *Pious and Rebellious: Jewish Women in Medieval Europe* (Waltham, MA: Brandeis University Press, 2004); Susan Grossman; Rivka Haut (Orgs.), *Daughters of the King: Women and the Synagogue: A Survey of History, Halakha and Contemporary Realities* (Filadélfia: Jewish Publication Society, 1992); Ivan Marcus, *Rituals of Childhood* (New Haven: Yale University Press, 1996).

Arte, arquitetura e iluminuras judaicas: As mais sedutoras interpretações dessas obras fascinantes são *Dreams of Subversion in Medieval Jewish Art and Literature* (University Park, PA: Pennsylvania State University Press, 1997) e *The Medieval Haggadah: Art, Narrative and Religious Imagination* (New Haven: Yale University

Press, 2011), de Marc Michael Epstein. Ver também Katrin Kogman-Appel, *Jewish Book Art Between Islam and Christianity: The Decoration of Hebrew Bibles in Medieval Spain* (Leiden; Boston: Brill, 2004), e outro estudo dela, profundamente esclarecedor, *A Mahzor from Worms: Art and Religion in a Medieval Jewish Community* (Cambridge, MA: Harvard University Press, 2012). Para uma pesquisa abrangente e organizada por tema, ver Thérèse e Mendel Metzger, *Jewish Life in the Middle Ages: Illuminated Hebrew Manuscripts of the Thirteenth to the Sixteenth Centuries* (Nova York: Alpine Fine Arts Collection, 1982). Há ensaios interessantes em Piet van Boxel; Sabine Arndt (Orgs.), *Crossing Borders: Hebrew Manuscripts as a Meeting Place of Cultures* (Oxford: Bodleian Library, 2009), e em Vivian B. Mann, Thomas F. Glick e Jerilyn Dodds, *Convivencia: Jews, Muslims, and Christians in Medieval Spain* (Nova York: G. Braziller; Jewish Museum, 1992). O catálogo raisonné de incunábulos britânicos é Bezalel Narkiss, *Hebrew Illuminated Manuscripts in the British Isles* (Oxford: Oxford University Press, 1982). A respeito de arquitetura, ver Carol H. Krinsky, *Synagogues of Europe: Architecture, History, Meaning* (Nova York: Architectural History Foundation, 1985).

Debates, perseguições e expulsão na Espanha: Sobre a direção nefasta da teologia e das prédicas cristãs, ver Jeremy Cohen, *The Friars and the Jews: The Evolution of Medieval Anti-Judaism* (Ithaca: Cornell University Press, 1982); Hyam Maccoby, *Judaism on Trial: Jewish-Christian Disputations in the Middle Ages* (Rutherford, N.J.: Fairleigh Dickinson University Press, 1982); Robert Chazan, *The Trial of the Talmud, Paris 1240* (Toronto: Pontifical Institute of Mediaeval Studies, 2012). Ver também a obra vigorosa e ainda importante de Benzion Netanyahu, *The Origins of the Inquisition in Fifteenth Century Spain* (Nova York: Random House, 1995). O relato clássico do desfecho na Espanha é Yitzhak Baer, *A History of the Jews in Christian Spain* (Filadélfia: Jewish Publication Society, 1982), mas Cecil Roth, *Conversos, Inquisition and the Expulsion from Spain* (Madison, WI: University of Wisconsin Press, 1995) ainda é importante, tal como Henry Kamen, *The Spanish Inquisition: An Historical Revision* (Londres: Weindenfeld & Nicolson, 1997). Yirmiyahu Yovel, *The Other Within: The Marranos: Split Identity and Emerging Modernity* (Princeton, NJ: Princeton University Press, 2009) oferece um relato sempre absorvente e muito informativo sobre o período que antecedeu e o que se seguiu à expulsão dos judeus; o mesmo acontece com *The Expulsion of the Jews from Spain*, trad. Jeffrey M. Green (Portland, OR: Littman Library of Jewish Civilization, 2002), de Haim Beinart, o mais incisivo dos alunos de Baer. Quanto ao terrível desdobramento dos acontecimentos em Portugal, dispomos agora de uma obra comovente e magistral, François Soyer, *The Persecution of the Jews and Muslims of Portugal: King Manuel I and the End of Religious Tolerance* (Leiden: Brill, 2007).

Lista de ilustrações

As ruas de Elefantina, cortesia de Oxford Film and Television Ltd.
Khirbet Qeiyafa, © Tim Kirby
Amuleto de prata, cortesia do Museu de Israel, Jerusalém/ The Bridgeman Art Library
Réplica em miniatura de santuário de Khirbet Qeiyafa, © Jim Hollander/ epa/ Corbis
Inscrição no túnel de Siloé, © Tim Kirby
Estatuetas representando a deusa semítica Aserá, © akg-images/ Erich Lessing
Membros do levantamento topográfico do Sinai, cortesia do Fundo de Exploração da Palestina, Londres, RU/ The Bridgeman Art Library
Planície de Er Rahah, vista da fenda no Ras Sufsafeh, cortesia do Fundo de Exploração da Palestina, Londres, RU/ The Bridgeman Art Library
Ossuário de calcário com decoração de motivos arquitetônicos, cortesia do Museu de Israel, Jerusalém/ The Bridgeman Art Library
Ossuário do sumo sacerdote Caifás, © Tim Kirby
Iraq al-Amir, © akg-images/ Gerard Degeorge
Candelabro de cerâmica, cortesia do Museu de Israel, Jerusalém/ doação de Morris e Helen Nozatte, através da Fundação Família Morris Nozatte/ The Bridgeman Art Library

Prutá da monarquia dos asmoneus, cortesia do Museu de Israel, Jerusalém/ The Bridgeman Art Library
Leão e filhotes de Iraq al-Amir, © Tim Kirby
Túmulo de Zacarias, © akg-images/ Gerard Degeorge
Arco de Tito, © Tim Kirby
Pedras do Templo de Jerusalém, © Tim Kirby
Murais da sinagoga de Dura-Europos, cortesia do Museu Nacional de Damasco, Síria/ Fotos, © Zev Radovan/ The Bridgeman Art Library
Mosaicos de Séforis representando os meses de Tevet e Nissan, cortesia de Private Collection/ Fotos, © Zev Radovan/ The Bridgeman Art Library
Mosaico de Séforis, representando uma menorá, © akg-images/ Bible Land Pictures
Pintura de um palmeiral, das catacumbas de Vigna Randanini, © Araldo De Luca
Mosaico de um golfinho, cortesia de Brooklyn Museum of Art, Nova York, EUA/ Museum Collection Fund/ The Bridgeman Art Library
Caderno de exercícios de criança, T-S K5.13, reproduzido com permissão dos Síndicos da Biblioteca da Universidade de Cambridge
Cheque de Abu Zikri Kohen, T-S Arabic 30.184, reproduzido com permissão dos Síndicos da Biblioteca da Universidade de Cambridge
Vitral do "menino de Bourges", na catedral de Lincoln, © Sonia Halliday Photographs
Caricatura de Arão, © The National Archives
"Chronica Roffense", cortesia da Biblioteca Britânica, Londres, RU/ The Bridgeman Art Library
Mishné Torá, de Maimônides, cortesia da Biblioteca da Academia Húngara de Ciências, Budapeste/ The Bridgeman Art Library
Hagadá da Cabeça de Aves, cortesia do Museu de Israel, Jerusalém/ The Bridgeman Art Library
Frontispício de *Guia dos perplexos*, de Maimônides, cortesia de The Art Archive/ Bodleian Library Oxford
Dedicatória na Sinagoga El Tránsito, © akg-images/ Bible Land Pictures
Decoração mudéjar em estuque na Sinagoga El Tránsito, © akg-images/ Bible Land Pictures
Arcos em ferradura na Sinagoga Santa María la Blanca, © akg-images/ Album/ Oronoz
Página-tapete da Bíblia Kennicott, cortesia de The Art Archive/ Bodleian Library Oxford
Hagadá de Barcelona, cortesia de The Art Archive/ British Library

A Bíblia Cervera, cortesia do Instituto da Biblioteca Nacional, Lisboa, Portugal/ Giraudon/ The Bridgeman Art Library
Ilustração "Fomos escravos no Egito", © The British Library Board (Add. 26957 f.39v)
Ilustração "Este é o pão da aflição", © The British Library Board (Add. 26957 f.39)
Ilustração Jonas e o "Grande Peixe", Bíblia Kennicott, cortesia de The Art Archive/ Bodleian Library Oxford
Ilustração de menorá, Bíblia Kennicott, cortesia de The Art Archive/ Bodleian Library Oxford
Página de cólofon da Bíblia Kennicott, cortesia de The Art Archive/ Bodleian Library Oxford
Micrografia hebraica, © The British Library Board (Add. 15282 f.45v)
Atlas catalão, cortesia de The Art Archive/ Bibliothèque Nationale Paris

Índice remissivo

Abaye, rabino, 257
Abd al-Rahman III, califa de al-Andalus, 292, 295, 303
Abraão: aliança com YHWH, 137, 240; e sacrifício do filho Isaac, 208, 226, 407; terra natal, 33; viagens, 91
Abraão ben Yiju, 289
Abraão de Kent, 355
Abravanel, rabino Isaac, 446, 449, 451, 458, 460
Absalão, 73; Túmulo de, 150
Abu Afaq, 270
Abu Bakr, 274
Abu Zikhri, 278
Abulafia, Samuel Halevi, 431-2
Acab, rei de Israel, 99
Ácaba *ver* Aila
Acábias ben Mehallel, 214
Áden, 263, 276, 281, 288-9
Adiabena, Assíria, 187
"Adon Olam" (poema), 253

Adriano, imperador romano, 196, 198, 212, 246, 259-60, 336, 364
Afonso VI, rei de Castela, 316-7
Afonso X (o Sábio), rei de Leão e Castela, 433
África, 27, 192, 251, 263, 280, 288, 294, 317, 369, 415, 417-8, 426, 458
Afrodísia, Anatólia, 242
Agostinho, Santo, 248, 332, 390
Agripa, 169-70
Agripa II, 185
Aharoni, Yohanan, 103
Ahibi (mercador de Alexandria), 128
Aila, golfo de (hoje, de Ácaba), 262
aiúbidas, dinastia dos (Egito), 372
Akhenaton, faraó, 60
Akiva, rabino, 197, 336, 364
Albenech, Jacob ibn, 434
Alberto de Aachen, 334
Albright, William Foxwell, 97, 112
Alcorão, 269, 280, 307, 431, 442; sobre rabinos, 269

Alemanha: judeus assassinados por cruzados, 331-8; massacres por seguidores de Rintfleisch, 404
Alexandre de Afrodísias, 377
Alexandre II, papa, 332
Alexandre Janeu, rei asmoneu, 142, 147, 151-5
Alexandre, o Grande, 49, 116, 118, 120
Alexandre, Tibério Júlio, 126, 175, 186
Alexandria: convite a Eleazar, 123; corrida de pombos, 280; Grande Sinagoga de, 117, 127; judeus em, 122, 126, 128, 151, 186; tentativa de lançar elefantes contra judeus no hipódromo de, 119, 129; visita de Halevi, 323, 325
Alhambra, Granada, 313, 432
Ali, genro de Maomé, 273
Alice (criada de Licorícia), 359
Alípio, 247
Alix, condessa de Blois, 329
Almeida, Francisco de, 461
almôadas, 313, 317, 366-7, 372-4, 431
almorávidas, 313, 315-7, 365-6
Alytorus, 170, 172
Amã (persa), 114, 130, 210, 251, 344
Amalric I, rei de Jerusalém, 372
Ambrósio, bispo de Milão, 249
Ammani, Aharon al-, 324, 326
Amon, rei de Judá, 62-3
amoraim (sábios), 214, 252
Amri, rei de Israel, 99
amuletos, 22, 59, 102, 116, 179, 234, 255, 263; *ver também tefilin*
Ananias (parente de Neemias), 39, 45, 47
Ananias bar Azarias, 42-3
Ananias bar Haggai, 44
Ananias, rabino, 336
Ananias, Shmuel ibn, 324
Ananus bar Ananus (sacerdote), 177
Andalus, al-, 292, 294-5, 297, 300, 307, 313, 365-6

Andaluzia, 301, 313, 315, 317, 366, 442, 443, 447, 450
animais: sacrificados, 131
anjos, 126, 130, 138, 192-3, 226, 236, 239, 398, 414
Antigo Testamento, 86, 90, 121, 406
Antíoco III, imperador selêucida, 119, 138, 140, 152
Antíoco IV, imperador selêucida, 114, 118-9, 135, 139-40, 145-7, 151-2, 154, 170, 187, 237
Antíoco VII, imperador selêucida, 152
Antioquia, 117, 137, 196, 229-30, 234-8, 240, 243, 245-6, 251, 260, 285-6, 330
Antípatro, 152, 157, 159
Antonino Pio, imperador romano, 212, 227, 250
Antônio, Marco, 159
Apião (gramático), 127, 186
Apolônio (general selêucida), 141
Apolônio (ministro das finanças), 134
Apriés, faraó, 67
árabe, língua, 318-9, 365, 374, 415, 417, 420, 431, 433, 458-9
árabes: poesia pública, 270; vida civilizada na Espanha, 314
Arábia: expulsão dos judeus, 273; presença judaica na, 263-8
Arad, norte do Neguev, 101; fortaleza, 37, 107, 109; templo de pedra, 101
aramaico, 25, 27-8, 36, 39, 46, 55, 103, 153, 191, 197, 205, 209, 216, 221, 225, 227-8, 255, 257, 266, 281, 284, 286, 378, 450; substitui o hebraico como língua falada e escrita no século IV a.C., 102
Arão, 164, 408
Arão de Lincoln, 341, 347, 352, 354, 359
Arco de Tito, 182
Argel, 426
Aristeu, 121-4

Aristóbulo (irmão de Hircano II), 157
Aristóbulo de Panias, 119
Aristóteles, 120, 124, 319, 373, 377, 379, 389
Armleder, distúrbios de (1338), 404
Arnold, Matthew, 114
Artabano da Hircânia, 25
Artaxerxes, rei persa, 39, 52, 210
Ascalon, 68, 70, 76, 132, 136, 143, 162, 372
Asenet (moça egípcia), 125-6
Aserá (Astarte; consorte de YHWH), 38, 59, 100
Ashdod, 77
"Ashrei" (poema), 253
Ashu (*depois*, Berakha), 289
Ásia Menor, 119, 145, 152, 213, 221, 250
Asma bint Marwan, 270
asmoneus, dinastia dos: como guardiães da Torá, 139, 142; e autoria dos Livros do Macabeus, 142-3; e os selêucidas, 237; estabelece legitimidade, 142, 146; expansionismo, 161; guerra civil judaica, 154; imagens, 151; influência dos gregos sobre, 149; instituição da festa de Chanuká, 144, 151; mausoléu e túmulos, 149; recriação do Estado judaico, 135, 142; rivalidade com sacerdotes, 152-6; sucessão questionada, 157; tratados, 152
asquenazes, 328-9, 339, 348-50, 368, 406, 409; papel das mulheres, 328, 349-50
assideus, 142
Assíria: conflito com babilônios, 66; destrói Israel, 26, 34, 58, 71; praga destrói o exército, 35, 62; sitia Jerusalém, 35
Assuero, rei persa, 210, 344
Astarte *ver* Aserá
Atil (capital do Império Cazar), 294, 298, 300
Atlas catalão, 413-4, 416-7
Atos dos Apóstolos, 213, 234, 236
Augusto, César (Otaviano), imperador romano, 159, 170

Avaniahu, 104
Ayn Musa (Poço de Moisés), 94-5
Azeca (cidadela), 68, 105

Baal (divindade fenícia), 62, 69, 97, 100
Babata (mulher idumeia), 198-9
Bábilas, 236
Babilônia, 32-4, 36, 39, 41, 52, 66-7, 72, 79, 119, 204, 237, 249, 254-8, 269, 280, 386; conflito com assírios e Judá, 66-7; destrói o Templo em Jerusalém, 33-4; escrita da Bíblia, 33; exílio dos judeus na, 33, 51, 58; sinagogas na, 252
babilônios, 22, 26, 30, 33, 35, 51, 53, 59-60, 66-8, 104, 132, 157, 258
Baddus, príncipe, 307
Baer, Yitzhak, 435
Bagavahya (governador persa da Judeia), 47-8
Bagazushta (cáspio de Elefantina), 43
Balaão, 151
Ball, John, 422
Baltazar, rei, 78
Banias, batalha de (200 a.C.), 138
Banu Aws, clã, 272
Banu Nadir, clã, 264, 271-3
Banu Qaynuka, clã, 271
Banus (asceta), 172
Barcelona: debate sobre o Talmude em, 392-8; massacre de judeus em, 424
Barkay, Gabriel, 102
Baron, Salo, 340
Barrabás, 168
Barroso, Pedro Gómez, arcebispo de Sevilha, 422
Barry, Sir Charles, 87
Bartlett, W. H.: *Forty Days in the Desert on the Track of the Israelites*, 94
Baruc (secretário-escriba de Jeremias), 66
Baruch de Rothenburg, Meir ben, 387
Bat-Enosh (mulher de Lamec), 193

Becket, Thomas, 352
Bedford, Francis, 86
Beebee, Charlotte, 29
Beit Alfa, 225, 227
Beit Shearim, 230, 238, 266
Belaset (de Lincoln), 346
Belaset (de Oxford), 351, 356
Belia (nora de Chera), 351, 355
Belial, 192, 381
Bell, Gertrude, 205
Bellette (filha de Doulcea), 328, 347
Bellvivre, Luis de, 426
Ben Ezra, sinagoga (Fustat, Egito), 273, 276, 282, 286
Benjamim de Tiberíades, 260
Benjamim de Tudela, 273, 326
Bento (de York), 341-2
Bento (filho de Licorícia), 361
Bento XIII, papa, 427
Benveniste, Abraão de, 437-8
Berenice, irmã de Agripa II, 185
Bernáldez, Andrés, 436, 452
Bernardo de Claraval, são, 339
Bernays, Jacob, 120
Bersebá, 99, 107
Besant, Walter, 91
Beseleel, 164
Betsã (Citópolis), 136, 148, 162, 167, 222
Biale, David, 131
Bíblia (hebraica): como literatura de sabedoria, 124; como registro, 30, 32, 98, 101-3; datação, 69, 71-2, 101; e profecia, 165; fixação do cânone, 165; forma primitiva, 61; iluminuras, 441; interesse vitoriano na recuperação da, 85-6; interpretação acadêmica moderna da, 84-6, 97; linguagem da, 74; palavra de Deus, 30; poemas épicos e cânticos, 70; profetas posteriores, 71; tom de adversidade, 72; tradução para o grego, 121

Bíblia de Cervera (Bíblia de Braga), 441-2
Birtles, sargento, 84
bizantinos *ver* Império Bizantino
Blois, França, 329-30
Bnei Hazir, sepulcro da família, 150
Boabdil (Abu Abdallah Muhammad), rei mourisco de Granada, 447-8
Bonne-Tamir, Batsheva, 266
Borium, Mauritânia, 260
Braga, Isaac de, 440, 443, 455
Branca de Castela, mãe de Luís IX, 393
Breasted, James, 205
Bréauté, Fawkes de, 356
Brunel, Isambard Kingdom, 87
Bulan, rei cazar (rei Sabriel), 298-300
Burckhardt, John Lewis: *Travels in Syria and the Holy Land*, 93
Burdett-Coutts, Angela, baronesa, 90
Bury St. Edmunds, 343

Cabala, 370, 410, 419, 423, 461
Caifás (sacerdote), 164
Caldeia, Mesopotâmia, 33, 91
Calígula, Caio, imperador romano, 169-70, 186
Calínico, 249
Calisto III, papa, 440
Cam (filho de Noé), 115
Cambises II, rei dos medos e persas, 31, 36-7, 48
Caminha, Álvaro de, 453
Canaã, 71, 91, 96-7, 99, 101
cananeus: e êxodo, 98-9; sítios, 107
Cântico dos Cânticos, 132, 193, 254, 309, 318, 383
Cantimpré, Thomas de, 401
Capsali, Elijah, 451, 456
Caracala, imperador romano, 212, 250
caraítas (seita), 269, 286, 301, 380, 388-9
Carlos V (o Sábio), rei da França, 412

Carlos VI (o Louco), rei da França, 412-4
Carlyle, Thomas, 85
Carquêmis, batalha de (605 a.C.), 66
Carta de Aristeu, A, 121
Cartafilo, 363
Carter, Howard, 203
cartilhas e cadernos escolares, 76, 108
Casa do Nilo (Séforis), 223
casamento: e deveres conjugais, 350, 357; em Elefantina, 41-4
Cássio, 159
Castela, 316-7, 421-4, 428-9, 431, 433, 437, 439-40, 442-3, 453; guerra civil (1467), 439; massacre de judeus em, 423
Cazar, reino de, 298, 321
Cédron, vale do: túmulos cavados na rocha, 371
César, Júlio, 159, 170
Cesareia Marítima, 160, 162-3, 167-70, 262
Cesário de Heisterbach, 402
chametz, 40
Chanuká (festa), 129, 142-4, 151, 157-8, 300, 324
Charlecote, Thomas, 360
Chaucer, Geoffrey, 347
Chera de Winchester, 351, 355
circuncisão, 137, 140, 143, 170, 212, 215, 229, 240, 244, 248, 265, 268, 299, 340, 346, 349, 402
Ciro, o Grande, rei persa, 33, 36, 51-2, 71, 181, 210
cisterciences, 391
Citópolis *ver* Betsã
Cláudio, imperador romano, 169-70, 185
Cleópatra, rainha do Egito, 183
Clermont-Ferrand, Concílio de (1095), 332
códices, 257
cohanim (sacerdotes), 113, 264
Colombo, Cristóvão, 458
Colonel, Ferrán Pérez *ver* Seneor, Abraão

Colônia, 338
Concílio de Latrão, Quarto (1215), 356
Concílio de Latrão, Segundo (1139), 353
Conder, Claude, 91-2, 105
Constâncio II, imperador romano, 265
Constantino, o Grande, imperador romano, 205, 241-3, 246, 293
Constantinopla, 236, 245, 292-3, 439, 453; tomada pelos turcos otomanos, 439
Copin (ou Jopin, de Lincoln), 346
Corcós, Samuel *ver* Viladesters, Mècia de
Córdoba, 294-5, 299, 301, 303-4, 306, 313, 317-8, 321, 365, 370, 419, 424, 430-1, 441, 443
Coruña, La, 440-1, 443, 455
cosméticos: uso e composição, 256
Cosroes II, rei sassânida, 260
Cota, família (de Toledo), 438
Crescas, rabino Hasdai ben Abraão, 424, 460
Crespin, Bento, 354
Cresques, Abraão, 413-7, 419-20, 425-6, 453
Cresques, Jafudà (*depois*, Jaume Ribes), 413-6, 420, 425
Criação: história, 70, 191, 193, 269; mediante as letras hebraicas (tradição cabalística), 410
crianças: em simulação de crucificações, 345; supostos assassinatos por judeus, 329-30, 344
Crisóstomo, João, 234-8, 242-6, 249-51, 330, 404; *Contra os judeus*, 236
cristãos-novos, 425-6, 428, 442-3, 449
cristianismo: condenação do Talmude, 391-4, 401, 427, 429; construção antiga em Dura-Europos, 205; crença em supostos assassinatos de crianças por judeus, 328-31; debates com judeus, 392-400; declarada religião oficial do Império Romano, 231, 241; e a Bíblia, 30; e imagem da cruz, 200; imagens cristãs, 410; perseguição a judeus,

331-43; primeiras relações com o judaísmo, 229; seguidores cumprem rituais judaicos, 241; separação do judaísmo, 232, 237-42; tentativa de conversão de judeus na Idade Média, 399; tolerância de judeus na sociedade cristã, 392
Cristo *ver* Jesus de Nazaré
Crocodópolis, Egito, 117, 126-7
Crônicas, Livro das, 36, 51
Crônicas, Livros das, 62, 64, 66, 79, 82, 100, 153, 214
cruz: como símbolo, 200
cruzadas, cruzados, 280, 317, 321, 327-9, 331, 335-9, 364, 368-70, 389, 417

Da'ud, Ibrahim, 307
Dafne (subúrbio de Antioquia), 230, 234, 237
Daniel (profeta), 146, 178, 222, 251, 391; Livro de, 61, 78, 121, 214, 239, 345
Dario, rei persa, 52, 210
Davi de Oxford, 353-4, 359
Davi, rei de Israel: como autor dos Salmos, 132; "Elegia de Davi" (Segundo Livro de Samuel), 69; mata Golias, 105, 205, 211; palácios de, 110; prefigura Naghrela, 309; questionamento da existência de, 103, 106; rivalidade com sacerdotes, 153, 155; Templo, 110
Débora, Cântico de, 69
Demétrio de Faleros, 122
Demétrio Nicátor, 237
Demétrio, imperador selêucida, 154
Demétrio, o Numerologista, 125
Derby, Edward Henry Stanley, 15º conde de, 87
Deus de Israel *ver* YHWH
deuses e cultos locais, 59
Deuteronômio, 33, 37-8, 41, 57, 63-4, 94, 206-7; direito de divórcio, 45; e templo judeu de Elefantina, 37; injunções, 78,

107, 215; invocação por Maimônides, 365; lei mosaica, 96; leitura pública da Torá por Moisés, 57; Livro do, 63-4, 71, 191; significado da palavra, 65; sobre o cativeiro dos judeus no Egito, 33
Devonshire, William Cavendish, sétimo duque de, 87
Dez Mandamentos, 63, 95, 116, 356, 419, 434; em antigos papiros judaicos, 116
Dhu Nuwas (ou Yusef As'ar; Senhor dos Peiot), rei de Himiar, 267
diadochi, 118
Dião Cássio, 175, 196
Diocesareia *ver* Séforis
Diodoro Sículo, 196
Disraeli, Benjamin, 20, 85
divórcio, 29, 45, 116, 258, 280, 288, 350-1, 358
Djebel Musa, 94
Djebel Serbal, 94
Dodds, Jerrilynn, 432
dominicanos, 390, 393, 398, 400, 440
Donin, Nicholas, 388, 390, 392, 394
Dor (cidade de Israel), 136
Doroteu, 117, 127
Dositeu, filho de Drimilo, 126
Doulcea, mulher de Eleazar bar Yehudah, 328, 347-51, 357
Draper, Simão, 361
Druso, filho de Tibério, 169
Dunash ben Labrat, 300, 303, 317
Dura-Europos (sítio arqueológico), 204-6, 211

ebionitas, 238-9, 242
Ebiri, Abu Ishaq al, 312
Eclesiastes, Livro do, 7, 19, 118, 123, 258, 310
Eduardo I, rei da Inglaterra, 359-62
Eduardo, príncipe de Gales (depois rei Eduardo VII), 86

Efraim de Bonn, 329
Efrém, o Sírio, 246, 250
Egito: autoridade de José no, 125; batalha contra Josias, 66; batalha de Megido, 66; cativeiro dos israelitas, 33; colonos judeus e sociedade judaica, 49, 58, 126-8; domínio dos aiúbidas, 372; domínio fatímida, 372; epidemia e fome, 385; êxodo dos israelitas, 25-6, 33-4; expulsão dos persas, 49; Maimônides no, 370-3, 385; rebelião contra ocupação persa e colonos judeus, 46; templo judaico em, 36; visita de Halevi, 32-5; volta dos israelitas ao, 26, 34-5; *ver também* Elefantina
Egito (moderno): ataca Israel (1973), 98
"Ein Keiloheinu" (poema), 253
Eldad, o Danita, 294
Eleanor de Castilha, rainha consorte de Eduardo I, 362
Eleanor de Provença, rainha consorte de Henrique III, 362
Eleazar (fariseu), 153
Eleazar (irmão de Judas Macabeu), 147
Eleazar (líder zelote), 183-4
Eleazar bar Natan, rabino, 336
Eleazar bar Ya'ir, 336, 343
Eleazar bar Yehudah, rabino (o Perfumista), 328, 347-50
Eleazar, sumo sacerdote de Jerusalém, 123-4, 133, 145, 230
Elefantina, ilha (Egito): caráter da cidade, 41; colonos judeus em, 27-31, 38-40, 44-6, 53; mulheres em, 45, 116; observâncias religiosas em, 37-40, 59; Templo de YHWH em, 36, 126-7; Templo destruído e reconstruído, 48
Elesbão, rei cristão de Axum (Etiópia), 267
Élia Capitolina, 196
Elias, 99
Eliezer, filho de Yohanan ben Zakkai, 178

Elimas (mago judeu), 234
Eliyahu, Jacó, 80
eloísta, texto, 71
Elyashib ben Eshyahu, 77
embriaguez, 189, 382
Emicho de Flonheim, 334
empréstimos de dinheiro, 333, 352, 361
Encyclopedia of Early Judaism, 133
Engilbert, bispo de Trier, 334
Enoque, Livro de, 191-3
Epifânio de Salamina, 239
epispasmo (cirurgia de reversão), 137
Esaú, 70, 253
Escopas, 138
escravos, 27, 34, 43, 55, 140, 188, 210, 231, 236, 248, 271, 280, 288, 305, 381, 415, 454, 460
Esdras: comemora a volta dos judeus a Jerusalém, 51, 55-7; como suposto autor do Pentateuco, 57; e decreto de Ciro, 52; e exclusivismo judeu, 59; enviado por Artaxerxes para corrigir práticas incorretas na Palestina, 39; inaugura leituras da Torá, 55-7, 132; Livro de, 50, 52, 59, 62, 64, 101, 460
Espanha: conversões de judeus, 424-6, 429; dignitários judeus, 304-11; expulsão dos judeus, 362, 439-43, 447-52; financiamentos por judeus, 446; grande segregação, 428; imigrantes judeus, 296; Inquisição na, 435-7, 440, 444-5; movimento antijudaico, 421-30; perseguição de judeus na, 312, 317, 434, 439; Reconquista cristã, 432; sob o domínio dos mouros, 366; vida civilizada de árabes na, 314
Espina, Alonso de, 439, 442; *Fortalitum Fidei*, 440
Espinosa, Baruch, 58
essênios, 165, 194

Ester, rainha, 114, 210, 251, 344; Ester, Livro de, 191, 410
estoicos, 189
Estrabão, 31, 136
Estrasburgo, 405; massacre de judeus em, 419
eucaristia, 39, 241; e suposto roubo de hóstias, 404
Eudes de Châteauroux, 392
Evangelho, 84, 205, 229, 233, 236, 239, 241-2, 331, 399
Evangelho segundo João, 233
Evangelho segundo Mateus, 232-3, 239, 401
Êxodo, 33, 41, 95-6, 108, 137, 164, 206-7, 242; "Cântico do Mar", 69, 97; como mito de fundação, 70, 97; como registro histórico, 91, 145; e levantamento topográfico do Sinai, 92, 95; sobre cativeiro dos judeus no Egito, 33
Ezequias, rei de Judá: aqueduto, 34, 78-83, 89, 101, 103; como reformador, 62, 71; e língua hebraica, 102; expurgos, 101; Isaías adverte contra a compra de cavalos no Egito, 34
Ezequiel (profeta), 26, 35, 40, 61, 210, 391
Ezequiel, o Dramaturgo, 118
Ezra, Moshe ibn, 309, 314, 316, 383, 430
Ezra, Yehuda ibn (neto de Halevi), 323
Ezra, Yitzhak ibn, 323

Fadak, 264
Fadil, al-Qadi al-, 372-3
Faium, região de (Egito), 116, 127
faraó: em manuscritos iluminados, 408
fariseus, 142, 153-4, 156-8, 161, 165-6, 177, 196, 233, 239; disputa com Jesus de Nazaré, 233
fatímidas, califas, 372-3, 380
Feibush, Joel ben Simon, 409
fenícios, 26, 38, 42, 135, 140, 221; paganismo dos, 99

Fernando de Aragão, rei da Espanha, 442-4, 447-50, 455
Ferrer, Jaume, 415, 453
Ferrer, Vicente, 427, 429, 434, 442
Ferruziel, Shlomo ibn, 316
Ferruziel, Yosef ibn, 316
Fez (cidade do Marrocos), 367, 426
Fidalgo, Shemtob e Oraboe, 456
filactérios, 61, 122, 320, 348, 365, 455
Filhos da Luz, 194-6
Filhos do Céu (anjos maus), 193
Filipa (sobrinha de Seute), 127-8
Filipe Augusto (Filipe II), rei da França, 339, 353
filisteus, 70, 99, 105, 107-9, 153, 209
Filo de Alexandria, 300, 330
Filostórgio, 265
Fineias, 146
Finkelstein, Israel, 99
Flaco, governador romano do Egito, 186
Fortaleza de Elah ver Khirbet Qeiyafa
França: oposição ao Talmude na, 391; situação dos judeus na, 329-30, 332, 339; ver também Paris
franciscanos, 390, 393
Franco, Yucef, 448
Freud, Martha, 120
Freud, Sigmund, 120
Fúlvia (nobre romana): conversão ao judaísmo, 187
Fundo de Exploração da Palestina, 84, 90-2, 97-8
Fustat, 253, 273, 276, 278, 280-7, 289, 292, 324, 372-3, 376, 384

Gabbai, Shlomo ibn, 323, 326
Gala, mulher de Teodósio, 236
Galil, Gershon, 108
Galileia, 92, 99, 115, 136, 143, 162, 164, 167, 171, 173, 176, 197, 212-3, 221, 223-4, 227,

230, 247, 260-1, 326, 369, 370, 460; conquistada por Vespasiano, 176
Galo, Céstio, coimperador romano, 224
Gama, Vasco da, 458
Gamaliel II, rabino, 216
Gamaliel VI, rabino, 250
Gamaliel, Rabban, 207, 214
Gamarias (filho de Safã), 104
Ganor, Saar, 105
Gaon, Abraão ibn, 441
García, Benito, 448
Garfinkel, Yossi, 104-12
Gat, 70, 105, 107
Gaza, 132, 136, 143, 162
Gazer, 76, 103, 107
geês, língua judeo-etíope, 192
Geldern, Simon von, 283
Gênesis, 33, 91, 125, 241, 269; e história da Criação, 269; sobre Abraão, 240; sobre cativeiro dos judeus no Egito, 33
Gênesis Apócrifo, 191-3
Gentilla, 357
gentios, 20, 41, 46, 116, 124, 137, 150, 166, 170, 187-8, 236-7, 241, 243, 248, 331, 342, 357, 369, 384, 388, 394, 408, 414, 420, 424, 459; observância de rituais judaicos por, 241
Gerondi, Efraim, 419
Gershom ben Judá, rabino de Mainz: *A luz do exílio*, 350
Gesém, o Árabe, 53-4
Géssio Floro, 170
Gibson, Margaret, 283
Gigantes, Livro dos, 192
Gion, fonte de (Siloé), 78-9, 85
Glainville, Ranulfo de, 341
gnosticismo, 192, 242
Godolias (governador nomeado pelos babilônios), 104
Góis, Damião de, 457
Goitein, S. D., 278, 282, 284-5, 291
Golb, Norman, 194
Golias (gigante filisteu), 105, 205, 211, 399
Granada, 304, 307, 309-10, 312-5, 325, 417, 419-30, 432, 440, 444, 446-7, 453; *ver também* Espanha
grego (língua grega), 116, 118, 121, 144, 151, 205, 211, 230, 234-5, 237, 252
Gregório IX, papa, 387-8, 398
Gregório VII, papa, 338
gregos: cultura e valores, 114-5, 319; relações dos judeus com, 115-26, 135-6, 151
Grove, George, 87-8, 90-1
Guemará (comentários), 252
Guenizá do Cairo, Fustat, 273, 276-7, 279-81, 283-5, 288, 299, 323, 384
Guerra do Yom Kippur (1973), 20, 98
Guilherme de Malmesbury, 344
Guilherme de Newburgh, 340, 343
Guilherme I (o Conquistador), rei da Inglaterra, 340
Guzmán (prefeito de Sevilha), 422

Habacuque (profeta), 460; Livro de, 191
Habus, emir de Granada (protetor de Naghrela), 307
Hachlili, Rachel, 150
Hagadá, 39, 75, 207, 216, 393, 407-9, 416, 437; de Sarajevo, 407; Hagadá "Dourada" aragonesa, 408; ilustrações da, 206, 406-8
Hakim bin Amr Allah, califa, 279
Hakohen, Yehiel ben Menahem, 404
Halevi, Salomão *ver* Santa María, Pablo de
Halevi, Yehudah, 298, 314-27, 369-71, 383, 387, 423, 430-2, 450; *Kuzari*, 298, 318-9, 321
Halicarnasso, mausoléu de, 150
Halorki, Joanna, 423
Halorki, Josué *ver* Santa Fe, Gerónimo de
Hamate Tiberíades, 225, 227

Hamate, batalha de (605 a.C.), 66
Hammam-Lif (ou Naro), Tunísia, 221-2, 231
Hanasi, Yehudah, 224, 371, 460
Hannah (filha de Doulcea), 328, 347
Hanoch ben Moshe, 304
Haram al-Sharif *ver* Monte do Templo (Jerusalém)
Harmon, 130
Harold (menino de Gloucester), 346
haroset, 409
Hasdai ibn Shaprut, 292, 295-6, 302, 304, 307, 317
Hassun de Ascalon, 291
Hayyim, José ibn, 441-2
Hazael, rei arameu, 103
Hazarfati, Joseph, 441
Hazor, 99, 103
hebraico: alfabeto, 76-80, 144; bíblico, 102, 301; clássico, 74, 77; defesa por Halevi, 319; desenvolvimento da forma padrão, 77; e educação/alfabetização, 76; origem do, 108; refinado por Dunash (*yahudiyya*), 301; revivescência literária e poética na Idade Média, 252-4, 301-5, 314, 316
Hecateu de Abdera, 132
Hedjaz, 264, 266-7, 269, 272-3
Hegra, 264
Heine, Heinrich, 283
hekhalot, literatura, 254
Helcias (sumo sacerdote), 64-5
Helena, rainha de Adiabena, 187
helenismo, 115-6, 119, 126, 136, 151; *ver também* gregos
Hélio (deus do Sol), 227
Heliodoro, 138
Hengstenberg, Ernst Wilhelm: *Livro de Moisés, ilustrado com monumentos egípcios*, 94
Henrique II, rei da Inglaterra, 352
Henrique III, rei da Inglaterra, 346, 353-60

Henrique III, rei de Castela, 422, 432
Henrique IV, imperador alemão, 338
Henrique IV, rei de Castela, 437, 440
Henrique V, imperador alemão, 338
Hephaistias, Egito, 126
Heracleópolis, Egito, 116, 126-7
Heráclio, 259-60, 299
Herodes, o Grande: aceita as condições romanas, 159; construção do forte de Massada, 183; construções suntuosas, 151; controla Antioquia, 237; doenças e morte de, 168; e aquedutos de Ezequias, 89; e o governo dos asmoneus, 158; governo de, 160-4, 168-9; legitimidade judaica de, 161; manda executar membros de sua própria família, 168
Heródoto, 31, 35, 114, 173, 459
hiddur mitsvá, 164-5
Hilel (letrado), 160, 175, 178, 214, 258
Hilel II, patriarca, 247
Himiar, reino de, 264-7, 270, 273
Hinos de Ação de Graças, 192
"hipótese documentária" (ou documental), 70
Hircano (neto de Tobias), 134, 139
Hircano II, rei asmoneu, 157-9
Hircano, João, 143, 147, 152, 155, 160
Hirra al Yahudiya, 270
Hisdai, irmãos ibn, 389
Hiyya, rabino, 258
Holland, reverendo F. W., 93
holocaustos de animais, 131
homossexualidade, 125
Hopkins, Clark, 203-8
Hugh (menino de Lincoln), 346-7
Huna ben Natan, 255
Huyayy ibn Akhtab, 273

Iahweh *ver* YHWH
iavista, texto, 71
Ibn Abbas, 265

Ibn Hazm, 307, 312
iconografia, 205, 222, 225, 227, 408, 442; *ver também* imagens
idolatria, 26, 32, 71, 100, 207, 241, 268, 368
idumeus, 153, 161, 177, 266
Iêmen, 263, 265, 267, 368, 374; perseguição aos judeus no, 373, 377
ieshivas, 280, 284, 288, 291, 315, 370, 389, 423, 454
iluminuras de manuscritos, 405-9, 420, 441-2
imagens, 206-11, 220, 223-4, 227, 405-10, 442
Império Bizantino, 250, 260, 263, 267, 298; derrota os persas (meados do século vii), 299; extensão, 235
impiedade: judaísmo e, 190, 192
imposto comunitário (*jaliya*), 275, 278, 366
Inca, Maiorca, 426
incognoscível, Deus judaico como, 319
Inglaterra: expulsão dos judeus (1290), 352, 362-3, 447; judeus perseguidos e martirizados na, 340-6, 361; negócios judaicos na, 353
Inocêncio III, papa, 356, 390, 392
Inocêncio IV, papa, 391, 397
Inquisição: na Espanha, 435-7, 440, 444-5
Iona (mãe de Filipa), 128
Ioudaikon, 125
Irã, 204, 276, 288
Iraq al-Amir *ver* Qasr el-abd
Iraque, 205, 276, 288
Isaac (filho de Abraão), 70, 208, 226, 269, 407
Isaac bar Davi, 337
Isaac de Diocesareia, 224
Isaac ibn Shaprut, 294
Isabel de Castela, rainha da Espanha, 442-4, 447-9, 451, 455
Isabela, rainha consorte de Manuel de Portugal, 455
Isaías (profeta), 34, 62, 165, 178, 375, 391; Segundo Isaías, 38, 71-2; Livro de, 34, 71-2, 101, 108, 191, 371, 375, 396, 427
islã, 222, 264-5, 268-9, 273, 275, 302, 307-8, 315, 319, 367-8, 370, 372, 385, 417, 431-2, 443; afinidade cultural com o judaísmo, 285; como a "verdadeira fé abraâmica", 268; fim na Espanha, 447; primórdios, 268; situação dos judeus no, 274-5, 278
Islá (de Elefantina), 39
Ismael (Ism'ail), 269
Israel: destruição pela Assíria, 26, 34, 58, 71; primeiro reino, 99; *ver também* Palestina
Israel (moderno): contraste entre Tel Aviv e Jerusalém, 38, 163; guerra do Yom Kippur (1973), 20, 98
israelitas: dados arqueológicos sobre, 99; e levantamento topográfico pelo Fundo de Exploração da Palestina, 92-3; exílio na Babilônia, 33; êxodo do Egito, 25-6, 33-4; migração para Jerusalém, 58; volta ao Egito, 26, 34; *ver também* judeus
Itália, 276, 280, 331, 406
itureus, 153, 161, 266
Izdegerdes I, rei sassânida, 255
Izdegerdes II, rei sassânida, 255
Izzet Pasha, 84

Jacó, 70, 125, 407
Jacó ben Nissim ibn Shahin, 214
Jafa, 88, 143, 148, 162, 167-8
Jaime I, rei de Aragão, 393, 395-7, 400
jardins internos (*kharm*), 313
Jasão (sumo sacerdote), 135, 137-40; túmulo, 150
Jasão de Cirene, 144-5
Jeconias, rei de Judá, 53
Jedanias (marido de Mitaías), 45, 47
Jedanias bar Gemarias, 39-40
Jedua, sumo sacerdote de Jerusalém, 120
Jeremias (profeta): adverte contra uma volta

para o Egito, 26, 32, 34-5, 40; Babilônia e profecias de, 67; Livro de, 58, 66, 101; sofrimento dos judeus como desígnio de Deus, 155
Jericó, 152, 161
Jeroboão II, rei de Israel, 104
Jerônimo, são, 248, 249
Jerusalém: abastecimento de água, 88; Alexandre, o Grande, em, 120; altitude, 26; Antíoco IV reprime golpe de Jasão, 140; aqueduto de Ezequias, 79-83, 89, 101; ausência de um rei, 56; cerco por Nabucodonosor, 35; cidadela (Acra) para tropas estrangeiras, 139, 147, 152; como centro de um pequeno Estado, 103; conselho de anciãos em, 133; construções dos asmoneus, 152; crescimento da população (200 a.C.), 132; destruição (587 a.C.), 69; destruição pelos romanos, 119, 176-7; e a Lei Oral, 156, 165; e o monoteísmo, 101; escavações mostram casas luxuosas, 135; expansão no governo dos asmoneus, 151; ginásio em, 137; gregos em, 123, 132, 137; investimentos de romanos, 157, 180-1; levantamento topográfico, 84, 91; massacre de judeus (1099 d.C.), 317, 339; melhorias e expansão no governo de Herodes, 162, 164; Muro Ocidental remanescente do Templo de Herodes, 163, 181, 246, 369; ocupação pelos cruzados, 321, 339, 369-70; origens de, 99; os judeus voltam da Babilônia e reconstroem, 51-5; restaurada pelos persas, 114; saqueada pelos romanos, 182; sinagoga incendiada pelos cruzados, 317, 339; sitiada (588 a.C.), 67; túneis para abastecimento de água, 34; visita de Maimônides, 371; *ver também* Templo (Jerusalém)
Jesus ben Sirac: Livro da Sabedoria de, 118, 123, 191, 283

Jesus de Nazaré, 25, 92, 164, 168, 197, 205, 211, 217, 229, 232, 236, 238-45, 248-9, 252, 259-60, 328, 332-3, 335, 337, 342-3, 359, 363, 374, 390-2, 394, 397, 401-3, 405, 407, 414, 421-3, 427, 435, 439, 449; aceito como o Messias opelos ebionitas, 239; circuncisão e, 239; descendência de Davi, 197; e práticas rituais judaicas, 229; ensinamentos de, 238; estilo de retórica, 217; imitação dos tormentos de, 403; judeidade de, 86, 249; julgado por Caifás, 164; morto por judeus, 232-3, 243, 248, 332; nascimento, 25
Jesus, filho de Ananias, 180
Jezabel, 65, 99
Jó, Livro de, 191
Joan, infante de Aragão, 413
Joanan (sumo sacerdote), 48
João de Giscala, 167, 176, 179
João Evangelista, São, 217
João II, rei de Portugal, 453-4
João Sem Terra, rei da Inglaterra, 354-5
João, bispo de Speyer, 334
Joaquim, rei de Judá, 66-7, 255
Joás, sr., 68, 75
Jonas, 90
Jônatas (irmão de Judas Macabeu), 147, 149
Jônatas (sócio de Ahibi), 128
Jônatas, filho de Saul: morte de, 69
Jônatas, rabino, 258
Jônatas, rei asmoneu, 119
Jordão, rio, 77, 85, 91, 134, 139-40, 143, 180, 198, 252
Josce de York, 341-3
José (filho de Jacó), 70, 125, 325, 407
José e Asenet (conto), 125, 144
José, filho de Caifás, 163
José, filho de Tobias, 134
José, pai de Jesus de Nazaré, 239

José, rabino Maimon ben (pai de Maimônides), 365-6, 371
José, rei dos cazares, 293, 295, 298
Josefo, Flávio: *A guerra judaica*, 175, 184, 330; Alexandre, o Grande e, 120; *Antiguidades judaicas*, 119, 121, 184, 330; atrocidades dos gregos, 115; cerco de Jerusalém, 179; cerco de Jotapata, 172-4, 184; conselho de anciãos, 133; *Contra Apião*, 166, 183-4, 187; corrupção de romanos, 170, 174; deserção para o lado romano, 171-2, 175; destruição de Jerusalém e do Templo, 175, 177; e acusações de sequestros de crianças por judeus, 330; essênios, 165; exílio em Roma, 179, 184; explica os judeus e o judaísmo aos gentios, 188; fariseus e saduceus, 165; ferido por hierosolimitas, 171; Hircano e fariseus, 153; intervenção dos romanos em assuntos de judeus, 158; israelitas no Egito, 34; *Josippon*, 331; massacre romano no Pessach, 171; Massada, 183-4; narra a história de Yohanan ben Zakai, 179; posição social de, 177; referência à mãe, 171; *sicarii*, 168; sucessão dos asmoneus, 157; suposta atrocidade de Ptolomeu contra gregos de Alexandria, 130; Tobias e seu filho José, 134; tratados com asmoneus, 152
Josias, rei de Judá, 26, 62-5, 71, 77, 101-2, 103
Jossima, 43, 44
Josué: conquistas de, 70, 90, 96-7; e a Torá, 213; imagens, 408; Livro de, 105
Josué, filho de Yohanan ben Zakai, 178
Jotapata, cerco de, 172, 184
Journal of Sacred Literature and Biblical Record, 88
Juan I, rei de Castela, 422-3
Jubileus, Livro dos, 191-2
Judá: conquistada pelos babilônios, 26; exílio no Egito, 34; primórdios do reino, 99;
provoca litígios entre o Egito e a Mesopotâmia, 34; reis de, 62-7
Judá ben Ilai, rabino, 127
Judá I (patriarca), 212
Judá, o Levita, 328
Judá, o Príncipe, 221, 229, 250
Judá, rabino Isaac ben, 434
judaísmo: afinidade cultural com o islã, 285; como religião popular, 56; conversão ao, 187; e obediência, 114; iniquidade e tribulação, 190-3; monoteísmo, 187; preservação por Yohanan ben Zakai, 179; relações com o cristianismo primitivo, 229; Roma volta-se contra, 251; separação do cristianismo, 232, 237-42, 248; tolerado pelos romanos, 185, 212, 248; *ver também* judeus
Judanes, marido de Babata, 198-9
Judas de Séforis, 164
Judas Iscariotes, 401
Judas Macabeu, 143, 146, 152
Judeia: deportações da, 58; e sítio arqueológico de Khirbet Qeiyafa, 107; escrita da Bíblia na, 32; invasões, 41; rebelião contra Roma (*c.* 132 d.C.), 196-7; renomeada por Adriano como Síria Palestina, 198
judeus: abolição do patriarcado, 250; acusados de canibalismo, 187; acusados de feitiçaria, 234; acusados de matar crianças, 329-30, 344; acusados de profanação de objetos sagrados cristãos, 403; adotam nomes gregos, 117; assassinados e perseguidos na Europa medieval, 329-40, 404; atitude em relação a riquezas materiais, 289; caricaturas de, 405; colonos no Egito, 27-31, 38-40, 44-6, 53; comércio internacional, 287; como besteiros, 353; como mestres de outros povos, 190; como o Povo do Livro, 272; como prestamistas e fonte de financiamento, 333, 351-3, 360;

conversões forçadas aos cristianismo e ao islã, 342, 344, 364, 367-8, 399, 424-6, 435; dados arqueológicos, 73-4; demonizados, 236, 251, 403; denunciados por João Crisóstomo, 236, 242-4; disputas com cristãos, 393-9; e observâncias religiosas, 38-40, 58; em Antioquia, 237, 243; em Roma, 184; exílio na Babilônia, 33-4, 51; expulsos da Arábia, 273; expulsos da Inglaterra (1290), 352, 362-3, 447; festas judaicas, 144, 244, 418; helenizados, 115-7; identidade, 59; lei e, 165; leis de dieta, 40, 107, 124, 131; massacrados por Maomé, 271-2; medicina e médicos judeus, 295, 372, 419; migrantes no governo de Herodes, 162; na Arábia, 262-8; na Babilônia, 254-9, 285; na sociedade cristã medieval, 390; narrativas ficcionais, 118; nomes, 30, 38; perseguição cultural pelos selêucidas, 141; práticas mortuárias, 230-1; primeiras perseguições pelos cristãos, 249; proscrição de desenhos e imagens, 206-7; prosperidade no governo de Herodes, 162, 164; questionamento da história antiga, 99, 103; rebeliões contra Roma, 195-9, 224; rejeitam Maomé, 269; relações com gregos, 115-26, 135, 151; religião israelita primitiva, 100; rivalidade entre sacerdotes e governantes, 153-6; rolos sagrados e textos, 60-1, 65; situação sob o islã, 274-5, 278; tributados sob o islã, 278; túmulos e sepultamento, 149-50; uso de distintivo diferenciador, 356, 361, 429; vestuário, 276, 355, 428; vida em Fustat, 287; vistos pelos romanos, 185-90; *ver também* judaísmo

Judi (conselheiro de Joaquim), 67

Judite, Livro de, 191

Juízes, Livro dos, 33, 70-1, 100, 153; Cântico de Débora, 69

Juliana de Hammam-Lif, 221

Juliano, o Apóstata, imperador romano, 245-6, 248

Justiniano, imperador romano, 251-2, 263

Justino I, imperador bizantino, 267

Justino Mártir, 211, 238, 243

Juvenal, 185, 402

Ka'b al Ahbar, 265

kabod, 102

Karima (Al Wuhsha, a Corretora), 291-2

Karnak, Egito, 29

Kerkeosíris, Egito, 126

Ketef Hinnom, 102, 112, 116

Khatib, Ibn al, 308

Khaybar, 264, 271-3, 275

Khirbet Qeiyafa (hoje Fortaleza de Elah), 104-11

Khnum (deus egípcio), 32, 36, 47-8

Kimchi, David, 441

King's Lynn, 342, 344

Kitchener, Horatio Herbert, 91-2

kittim, 175, 194

kokhim (nichos mortuários), 150, 230

kosher, 110, 123, 145, 194, 215, 257, 280, 353, 357, 359, 410, 420, 430

Ktesias (chefe de polícia egípcio), 116

Kuntillet Ajrud, 76, 100

kynodesme, 136

Laborde, Léon de: *Voyages de l'Arabie Petrée*, 93

ladino (língua sefardita), 433, 436, 450

Lamec (filho de Matusalém), 193

Langton, Stephen, arcebispo de Cantuária, 356

Laquis, fortaleza de, 68, 75

leitura: pública e cerimonial, 55-7, 62, 112, 132, 253

lenda do judeu errante, 363

Leontópolis, Egito, 126
levitas, 52, 55, 60, 64, 131, 219, 253, 259, 265, 314; entoando salmos, 131
Levitas de Yavne, rabino, 214
Levítico: injunções e Código de Santidade, 37, 52, 78, 107, 125, 128, 215, 365
Lewis, Agnes, 283
Liabanus, 236
Líbano, 92
Libelo de Sangue, 345
Licorícia de Winchester, 328, 351, 354-61; assassinada, 359
Lincoln (Inglaterra), 345-7, 357
Lisímaco, 139
Livro de conhecimentos astronômicos (Afonso x, o Sábio), 433
Llull, Ramón, 426
Lopes, Jorge (*antes*, Jacó de Rua), 456
Lucena, Andaluzia, 315, 424
Lúcio Vero, coimperador romano, 204
Luís I (o Piedoso), rei da França, 333
Luís IX, rei da França (são Luís), 387-8, 392-3
Luís VII, rei da França, 330, 339
Luna, Álvaro de, 437, 439
Luxor, Egito, 29, 376
Lynn *ver* King's Lynn

Maadana (filha de Jeroboão II), 104
Macabeus: e cristãos, 230; Livros dos, 115, 118-30, 139-42, 144-50, 152-3, 330, 336; revolta dos, 139
MacDonald, sargento James, 93, 96
Macedônio (ancião), 236
macedônios, 120
Magnésia, batalha de (190 a.C.), 138
Magreb (Mauritânia), 260
Maimônides, Abraão (filho de Moisés), 385
Maimônides, Davi (filho de Moisés), 385
Maimônides, Davi (irmão de Moisés), 375-6
Maimônides, Moisés: *As causas dos sintomas*, 385; *Carta sobre a conversão forçada (Iggeret hashemad)*, 367; *Comentário sobre a Mishná*, 379; ensinamentos e crenças, 377-85; *Epístola*, 374; estudo sobre hemorroidas, 402; *Guia dos perplexos*, 377, 379, 382, 385, 389; *Mishné Torá*, 365, 368, 374, 379-80, 382-3, 407; morte do irmão Davi, 375-6; Nahmânides e, 394; oposição de rabinos fanceses e espanhóis, 389, 419; *Sefer HaMada (Livro da Sabedoria)*, 379, 389; trabalho excessivo e exaustão, 385; viagens e carreira, 284, 320, 364, 368-74
Mainz: massacre de judeus em, 335-7
Maiorca, 413, 415, 417-20, 424-9, 433, 454
Malabar (Índia), 288-9, 376, 414, 461
Malaquias, Livro de, 380
Malebisse, Ricardo, 343
Manassés, rei de Judá, 37, 62-4, 71, 73, 244, 300, 330
Mâneton (sacerdote-gramático egípcio), 34, 125, 129, 186
Mankhazina, Jacó e Estrela, 456
Manuel I, rei de Portugal, 455-7
manuscritos com iluminuras, 405-9, 420, 441-2
Manuscritos do Mar Morto *ver* Qumran, rolos de
Maomé: afinidades com judeus, 268; afirma ter estado no céu, 269; ascendência, 264, 267; rejeição pelos judeus, 269-70; reprime os oponentes judeus, 270-3
mappae mundi, 413; *ver também* Atlas catalão
Marcelino, Amiano, 247
Marchana, Diego, 445
Marcial, 185, 190
Marco Aurélio, imperador romano, 204
Marco Polo, 413, 416-7
Marduk (deus mesopotâmico), 32
Maria, Virgem, 239, 331, 345, 356, 394, 403
maror (ervas amargas), 409

Martínez, Ferrán, 421-2, 427
Marwab (militar judeu), 273
Maseías bar Jezanias, 44
Maspero, Gaston, 28
Massada, fortaleza de, 183, 194, 336, 343
massebot (pedras verticais), 101, 110
Mastema (contra-Criador), 193
Matatias (patriarca), 142, 146, 149
Mateus, São, 232, 239, 401
matsá, 40, 242, 251, 409
Mausias (de Elefantina), 47
mausoléus, 149
Mauzi, 49
Máximo, Magno, imperador romano, 249
Mazar, Benjamin, 112
mazkr: significado correto de, 61
Mea Shearim (bairro de Jerusalém), 84
Meca, 267-8, 271
medicina, 234, 295, 304, 316, 333, 353, 383, 417, 428; médicos judeus, 316, 333, 366, 372, 419
Medina, 264, 268-72, 274
Mégara, 135
Megido, 99; batalha de (Armagedon), 66
Meir de Rothenburg, rabino, 349, 406
Meir, rabino, 220
Melquias, filho de Recab, 54
Menahem ibn Saruq, 292, 294, 296, 318
Menelau, 135, 139
Mênfis, Egito, 27-8, 35, 39
merkavá, 228, 269
Merneptá, faraó, 33
Mesa, rei dos moabitas, 77
Mesad Hashavyahu, 119
Mesopotâmia, 26, 32-4, 66, 72, 99, 131, 205, 210, 238, 264, 281
Messias: nos rolos de Qumran, 195-6; parecer de Maimônides, 386; parecer de Nahmânides, 396-7; vinda esperada pelos judeus, 218, 321, 399

mezuzá, 61, 122, 455
micrografia, 410
midrash, 165, 217, 225, 289
Migdol, Egito, 27, 28
Miguel (arcanjo), 192
Milla, mulher de Samuel (Inglaterra), 357
Míriam (irmã de Moisés), 408
Míriam (mulher de Judanes), 198
Míriam bat Tanchum, 331
Misgav, Haggai, 108
Mishná: Beit Hamidrash e, 228; circuncisão, 137; comentário de Maimônides, 365, 373, 375, 379-81, 385, 388; comentários acrescentados à, 252; como obra supra-histórica, 215; e o Talmude, 225; imagens e, 207, 220; leis sobre alimentação, 40; marido e mulher na, 350; mulheres e, 222; nomes na, 228; origens da, 156, 160, 213-4; prescrições e ideais da, 214-20, 255, 258, 290, 380; redação, 121
Mitaías, sra., 44
Modin, 139, 146, 149
Modrzejewski, Joseph, 130
moedas: imagens, 199; primeira cunhagem de, 143
Moellin, rabino Jacob, 349
Moisés: como legislador, 119; descalço diante da sarça ardente, 226; e leitura, 57; e levantamento pelo Fundo de Exploração da Palestina, 92-5; e Séfora, 137, 349; imagens e, 407; Josefo e, 189; Josias recupera a pureza da Lei, 65; legado aos israelitas, 37; Lei de, 55, 58, 240, 374; Leis de, 246, 382, 391; lidera a fuga dos israelitas do Egito, 25; morte de, 96; nome de, 34; representado como criança na sinagoga de Dura, 209-10; repúdio das leis mosaicas por Paulo, 240
Moisés de Bristol, 354

monoteísmo, 33, 59, 74, 92, 96, 103, 187-8, 229, 265, 267, 391
Monte do Templo (Haram al-Sharif, Jerusalém), 81, 83, 89, 163, 218, 259, 261, 321, 327, 371
Montefiore, família, 89
Montefiore, Sir Moses, 87
Montfort, Simão de, 360
Moriá, monte, 226
Morto, mar: como via comercial, 161; proximidade de Jerusalém, 165; *ver também* Qumran
mosaicos (iconográficos), 212-3, 218, 220-5, 227-8, 231, 237-8, 252-3, 265-6, 405, 442
Mosconi, Leon, 419
Moshe, Yehuda ibn, 433
Mosolam bar Zaccur, 42-3
Mu'min, Abd al-, 366
mulheres: asquenazes, 328, 349; assassinadas, 328; como prestamistas, 351; como tentadoras, 65; direitos e deveres no casamento, 350; direitos em Heracleópolis, 116; em cartas na Guenizá, 290; em cultos religiosos, 348-9; em Elefantina, 44; na comemoração pela volta a Jerusalém, 55; na Mishná, 222; uso de cosméticos, 256; vestuário, 277, 291
Mulk, Ibn Sana al-, 372
Muriel, mulher de Davi de Oxford, 355, 357-8, 360
Muro das Lamentações (Muro Ocidental), 163, 181, 246, 369
Murphy, C. M., 204, 205
Murray, John, 87
Musa, Mansa (governante do Mali), 415

Nabucodonosor, rei da Babilônia, 33, 35, 51-2, 58-9, 67, 345
Naghrela, Shmuel ibn, 304-5, 307-10, 313, 383

Naghrela, Yehosef ibn, 310-2, 448
Nahmânides (rabino Moshe ben Nahman): debate com cristãos, 393-400, 405; *Vikuah*, 393, 397, 399-400
Nahray ben Nissim, 277
Najran, 267, 272
Naphaina (filho de Vidranga), 48
Naro *ver* Hammam-Lif
Nasrida, dinastia (Espanha), 313
Natan, Samuel ben Abraão ibn, 441
Natanael, Halfon ibn, 324
Necao II, faraó, 66
Neemias: como governador de Judá, 39; como guardião da chama do Templo, 142; e a escrita de Crônicas, 62; e exclusivismo judaico, 59; Livro de, 50-1, 53, 191; rota do périplo noturno, 83; volta a Jerusalém, 52-7
nefesh, 131, 150, 182, 282
Nefilim (gigantes), 193
Nicanor, 147; Dia de, 151
Niceia, Concílio de (325 d.C.), 242-3
Nicolau V, papa, 438
Nifoci, Isaac, 419-20, 425
Nilo, rio, 26-7, 29-35, 45, 49, 59, 65, 67, 85, 94, 116, 209, 281, 290, 324, 376, 416; *ver também* Egito; Elefantina
Nitai, o Arbelita, 214
Noé, 115, 193, 241; Arca de, 238, 406
Novo Testamento, 86, 205, 213, 233, 239, 390, 395
Números, Livro de, 102, 131, 146, 151, 197

Obadias de Bertinoro, 274
Obadias, rei cazar, 298
Omar I, califa, 273-4
Omar II, califa, 274
Onias (sumo sacerdote), 126, 133, 137, 139
Ophrit, Abraão ben, 434
Osaías (oficial militar), 68, 75-6

Osea (pai de Shelomam), 25, 27
Oseias (dois, em Elefantina), 49
Oseney, priorado de, 354
Óstia, porto de (Roma), 231
Oxford, castelo de, 354

Pablo Cristiani (Paulo, o Cristão), 390, 393, 396-8
paganismo, 22, 99, 188, 208, 227, 248-9, 330, 395
Pais da Igreja, 234, 241, 247-8
Paixão de Cristo, 343, 345, 401, 403, 407, 421
Palavras de Ahiqar ("Livro da Sabedoria"), 46
Palestina: fotografada e divulgada, 86, 95; hostilidade étnica na, 167-9; levantamento topográfico da, 90-1; observância religiosa na, 41; sob domínio dos cruzados, 369-70; viagem de Halevi, 370; visita de Maimônides, 369-70; zelotes e guerra de destruição, 167
Palmer, Edward, 93, 95, 109
Palmer, H. S., 93
Palmer, Johannes Ferdinand, 83
papel: uso primitivo, 280-1
papiros, 28-9, 30, 38, 41, 45, 47, 74, 116, 127, 205; em Elefantina, 28-9, 45, 144
Paris, 29, 130, 330, 386-7, 389, 392-4, 399, 406; Talmude condenado e queimado em, 386-8, 392
Paris, Mateus, 356, 363
Patros, Egito, 27, 35-6, 59
Paulo, São: circuncisão e, 248; como agente do governo, 156; confronta Elimas, o mago, 234; em Antioquia, 236; ensinamentos de, 239-40; polêmica com Pedro, 229, 239; Torá e, 216
Pedro (o Cruel), rei de Castela, 431
Pedro, o Eremita, 332
Pedro, o Venerável, abade de Cluny, 339, 391
Pedro, São, 229, 239

Pelágia (meretriz penitente de Antioquia), 236
Penaforte, Raimundo de, 398, 400
Peni, Carlo, 93
Pentateuco, 34, 164, 282, 380; classificado como documento histórico por Espinosa, 58; *ver também* Torá
Pere (Pedro IV, o Cerimonioso), rei de Aragão, 412, 418, 425
pergaminho, 21, 57, 73-4, 103, 155, 182, 201, 280, 284, 319, 386, 447
Péricles, 174, 207
Peroz, rei da Pérsia, 255
Pérsia: Babilônia persa, 254-6; conflito com gregos, 114; conquista Dura-Europos, 204; domínio no Egito, 27, 46-7; e volta dos judeus a Jerusalém, 53; perda do poder no Egito, 49
Pessach: celebração por Josias, 64; em Elefantina, 39-40; Hagadá de, 39, 75, 206-07, 216, 393, 406-9, 416, 437; Seder de, 39-40, 242, 256, 407-9, 452, 456
Peste Negra, 419
Peterborough, catedral de, 353
Peton (filho de Filoxenes), 116
Petrie, William Flinders, 29, 97
Petrônio, 169, 185
Peu (marido de Mitaías), 45
Peytevin (irmão de Muriel), 357-8
Pilatos, Pôncio, 164, 401
Pilti (filho de Ananias bar Azarias), 42-4
Pinheiro, Francisco de, 460-1
Pitágoras, 119
Platão, 119, 189, 319
platônicos, 188
Plínio, o Velho, 166
poesia (hebraica), 253-4, 303-5, 308, 314, 316-21, 325
Políbio, 138
poligamia, 198, 350, 357

politeísmo, 37, 71, 99, 111
Pompeu, general romano, 157-9, 161, 184
Popeia Sabina, mulher de Nero, 170, 172
porcos, 106-7, 141, 244, 366; ausência de ossos em Khirbet Qeiyafa, 107; proibição do consumo de carne de porco, 107
Portugal, 446, 450-5, 457, 459-60
Poulceline de Blois, 329-30, 351, 360
prostração: como prática judaica, 222, 286
Psamético I, faraó, 31
Ptolemais (depois, Acre), 132, 136, 143, 162, 167-8, 207
Ptolomeu II Filadelfo, 121
Ptolomeu III, 127
Ptolomeu IV Filopátor, 130
Ptolomeus, dinastia dos, 118-9, 122, 126-7, 134-5, 138, 140, 159, 186
Purim (festa), 129-30, 210, 250-1, 339, 344, 437, 450
Putifar, 125

Qasr el-abd (hoje Iraq al-Amir), 134
Qillir, Eleazar ben, 253, 284
Quinn, James e Alexander, 88
Qumran: comunidade ascética em, 165-7, 194, 239
Qumran, rolos de: conteúdo, 191, 194-5; datação, 102; descoberta, 116; e astronomia e astrologia, 227; Manuscritos do Mar Morto, 102, 116, 149, 194, 227, 269; pseudepígrafos, 269; sobre a dinastia dos asmoneus, 149
Qurayza, clã, 271-2

Rá (deus egípcio), 32
Raha, planície de, 96
Rahaina (mulher de Maomé), 271
Ralph (seleiro), 360
Ramsés II, faraó, 33, 96
Raquel, sra. (de Mainz), 336

Ras Sufsafa, 95
Rashi de Troyes ver Salomão ben Isaac
Rav Yehudah, 256
Rava (talmudista), 257
Reis, Livros dos, 33, 36, 62-3, 71, 79, 82, 99-100, 111, 153, 214
Reland, Adriaan: *Palaestina ex monumentis veteribus illustrata*, 93
Renânia: massacre de judeus na, 331-2, 342, 404
Ribes, Jaume ver Cresques, Jafudá
Ricardo de Devizes, 341, 346
Ricardo I (Ricardo Coração de Leão), rei da Inglaterra, 340, 343, 351, 354
Ricardo, duque da Cornualha, 347
Rintfleisch, "rei" (cavaleiro alemão), 404
Rivalto, Giordano da, 404
Rivers, Richard Woodville, barão, 447
Roberto de Bury, 346
Robinson, Edward, 82, 86, 90, 93; *Biblical Researches*, 82, 86
Rolo da Guerra (Qumran), 195
rolos: como amuletos, 102, 116; e conflito entre sacerdotes e governantes, 155; usados para os primeiros Talmudes, 257
Roma (antiga): adota o cristianismo como religião oficial, 231, 241; ascensão ao poder, 152; campanha de descristianização de Juliano, 246; depravações na Galileia e em Jerusalém, 176-7; derrota Antíoco III em Magnésia, 138; destrói Jerusalém, 119, 177-81; e sepultamentos judaicos, 230-1; em operações de pacificação, 168; expulsão dos judeus, 187; impõe um reino-fantoche a Israel, 159; intervém e domina em Jerusalém, 157-9; judeus em, 184; rebeliões judaicas contra, 195-9, 224; resistência de zelotes a, 171-2, 175-6; soldados provocam distúrbios, 171; suprime o paganismo, 248; visão dos judeus e do

judaísmo, 185-7, 212, 248; volta-se contra o judaísmo, 251
Rosh Hashaná, 324, 409
Rostovtzeff, Michael, 205
Rothschild, família, 19, 89
Rua, Isaac e Valida de, 456
Rubin, Miri, 345
Ruthard, bispo de Mainz, 335

Saadia, o Gaon, 300-2, 386; *Crenças e opiniões*, 300
Saba, rabino Abraão, 455
sábado *ver* Shabat
Sabbathaios (cidadão de Tebas), 126
Sabriel, rei *ver* Bulan, rei cazar
Saccarium Aaronis (Tesouro de Arão), 353
sacerdotes e sacerdócio, 133
sacrifícios: de animais, 64, 239; de crianças, 63, 73; no templo, 56, 131, 138, 226; queimados, 49, 52, 64, 131; vivos, 120
Sadoc (sumo sacerdote), 133, 147
saduceus, 153, 156, 161, 164-5, 178, 239
Safã (escriba-conselheiro), 64, 104
Safiyya (mulher de Maomé), 273
Sagrera, Guillermo, 426
Saladino (Salah al-Din Yusuf ibn Ayyub), 370, 378, 382, 384-5
Salim ibn Umayr, 270
Salmos, Livro dos, 108, 132, 161, 191-2, 461
Salomão bar Abraão, rabino, 388-9, 394
Salomão bar Sansão, 336, 338
Salomão ben Isaac, rebe (Rashi), 333, 348, 358, 387, 389
Salomão de Braga, 441
Salomão ibn Gabirol, 383
Salomão, rei de Israel: autoria de partes dos livros apócrifos, 132, 148; como autor do Cântico dos Cânticos, 132; mulheres de, 34, 65; reino de, 73; rivalidade com sacerdotes, 153, 155; Templo de, 35, 98, 111, 181, 327
Salomé, filha de Judanes, 198
Salomit (filha de Zorobabel), 104
Samaria, 34, 48, 55, 59, 74, 77, 86, 100, 104, 143, 162, 197
samaritanos, 165, 168, 269; templo do monte Gerizim, 151
Sambalate, o Horonita, 48, 53-4
Samson (amigo de Eliyahu), 81
Samson ben Tzadok, 349
Samuel, 211; história de, 71; imagem de, 209
Samuel (de Bristol), 346
Samuel (mecenas de Dura), 209
Samuel, Livro de, 69-70, 105-6, 373; "Elegia de Davi", 69
Samw'ayal ibn Adiya, 266
Sanders, Seth, 77
Santa Fe, Gerónimo de (*antes* Josué Halorki), 423, 427, 436
Santa María, Pablo de (*antes* Solomão Halevi), 423, 436
Santángel, Luis de, 443, 458
São Tomé, ilha de, 453-4, 456
Sapor I, rei sassânida persa, 204
Sara (mulher de Abraão), 70, 193
Saraim, 106, 109
Sarajevo, Hagadá de, 407
Sardenha, 415, 450
Sarit de Colônia, 328
Sarmiento, Pero de, 438
sassânidas, 204, 210, 235, 254, 259, 267
Saul (cantor *chazam* de Toledo), 434
Saul, rei de Israel: morte de, 69; rivalidade com sacerdotes, 153
Sayce, Archibald, 82
Schama, Arthur Osea (pai do autor), 27, 232
Schechter, Solomon, 282-4, 299
Schedia, Egito, 117, 126
Schick, Conrad, 82-4, 92

Scott, David: *The Engineers and Machinists' Assistant*, 86
Sedecias, rei de Judá, 67
Seder, ritual do, 39-40, 242, 256, 407-9, 452, 456
sefarditas, 303, 434, 450, 461; deixam a Espanha, 451-2
Sefelá, 67, 76, 104, 108-9, 132
Sefer Ahavah (Livro do Amor), 383
Sefer Hasidim, 348
Sefer Mikhlol, 441
Sefer Torá (plural, *Sifrei Torá*), 113, 182, 434
Sefer Yetzirot (Livro da Criação), 410
Séfora (mulher de Moisés), 137, 349
Séfora de Worms, 328
Séforis (Diocesareia), 136, 162, 173, 221-8, 231, 260, 286, 370-1, 442, 460
selêucidas, 118, 130, 134, 138-9, 143, 152, 159, 204, 237, 330
Seleuco IV, imperador selêucida, 138
Selum (filho de Col-Hoza), 54
Semeías, 49
Senaqueribe, rei assírio, 34-5, 78
Sêneca, 185, 187, 190
Seneor, Abraão (*depois* Ferrán Pérez Colonel), 443, 446, 451
Seneor, Melamed, 451
Septuaginta, 116, 121, 127, 191, 252
sepultamento, práticas de, 230-1
Serekh Hayachad, 166, 191
Seute, 127
Severo, imperador romano, 212
Sevilha, 309, 315, 322, 421-2, 430, 434, 443-4, 446
sexo: proibições relativas a, 350-1
Shabaraz, general, 260
Shabat: como inovação, 132; comportamentos dos judeus no, 218; guardado em Elefantina, 38; na *Mishné Torá*, 380; nas regras de Qumran, 166; Tácito desacredita o, 186; tratado do Talmude sobre, 258
Shamai (letrado), 160, 175, 178, 214, 258, 459-60
Sharpe, Samuel, 93
Shawar, vizir egípcio, 372
shechiná, 321, 350, 383
Shelomam (Shelomo, soldado israelita), 25-8
shema (oração afirmativa diária), 116, 239, 253, 260, 348, 396, 437
Shema (servo de Jeroboão), 104
Sherira de Pumbedita, 214
Shushan, Isaac ben, 434
Shushan, José ben Meir, 431, 435
sicarii (salteadores), 168, 183
Sicília, 276, 280, 287, 415, 450
siddur, 282, 407, 437
Siena, Egito, 31-2, 48
Sifrei Torá ver *Sefer Torá*
Siloé, fonte de, 78, 81, 89
Silva, general romano, 183
Simão bar Giora, 176, 182
Simão bar Kochba, 197-8
Simão Macabeu, 147-9
Simão, o Justo, 133, 213-4
Simeão Estilita, 250
sinagogas (*proseuche*): atacadas por multidões, 249; construção de, 220; criação no Egito, 117-8; decoradas com mosaicos, 221-7, 252; descoberta em Dura-Europos com afrescos, 206-11, 220; em assentamentos gregos, 117; em Fustat, 273, 276, 286; em Toledo, 432, 434; no governo de Herodes, 161; papel na vida judaica, 228, 253; proibição de sepultamentos em, 230; projeto, 213, 228; símbolos visuais do Templo perdido, 226; sob o domínio dos romanos, 212; transformadas em igrejas cristãs, 250-1
Sinai: levantamento topográfico do, 91-2

Sinai, monte, 94, 96, 378, 387, 414
Sinédrio, 212-3, 224
sinetes, 74, 103-4, 266; impressões de, 155
Síria, 67, 92, 143, 159, 196, 203-4, 211, 247, 249, 251, 271, 274, 276, 281, 288
Sisto IV, papa, 444
Sitjar, António, 425-6
Slater, John, 82
Smith, Eli, 82
Smith, William, 94; *Dictionary of the Bible*, 87, 90
Smith, William Robertson (orientalista), 283
Sociedade para o Manejo da Água de Jerusalém, 89
Sociedade Sírio-Egípcia, 88
Socó, 105
Speyer, 332, 334
Spittler, C. F., 83
Stanley, Arthur Penrhyn, deão de Westminster, 86-9, 92, 94-5, 97; *Sinai and Palestine*, 87
Stephenson, Robert, 87
Stern, Ephraim, 103
sufismo, 380
Survey of Western Palestine, 91
Sweetman (filho de Davi de Davi de Oxford e Licorícia), 358, 360

Tabernáculo (santuário do deserto), 37, 60, 92, 95, 111, 164
Tabernáculos, Festa dos, 142, 144, 151, 154, 199, 208, 227, 324, 399
Tácito, 88, 175, 185, 187-8, 190
Tafnes, Egito, 35, 39
Talas (Casaquistão), batalha de (751 d.C.), 281
talit (xale de oração), 56, 113, 320, 348, 365, 457
Talmude: babilônio, 254-9, 286; circuncisão e, 137; condenado e queimado em Paris, 386-8, 392; escrita do, 121; gêmeos (o "Yerushalmi" e o "Bavli"), 252; hostilidade dos cristãos ao, 390-4, 398, 401, 427, 429; interpretação de Maimônides, 385, 388; leis dietéticas, 40; leitura dos Decálogo, 116; marido e mulher no, 350; origens do, 156, 160, 214, 225, 228; regras e tratados, 256-8
tâmaras e tamareiras, 93, 198-9, 222, 232, 264, 271
Tamet (Tapemet), 42-5
tamid (sacrifício queimado), 131, 218
Tasa (filha de Ananias), 128
Tashbetz (rabino Shimon ben Zamakh Duran), 349
Tebas, Egito, 29, 47, 126
Tecla, a "igual aos apóstolos" (seguidora de Paulo), 236
tefilin (filactérios), 253, 320, 348, 365-6, 380
Teima, Hedjaz, 273
Tel Aviv, 38, 163
Tel Dan, 103
Tel Safi, 105
Tel Zayit, 76, 108
Templo (Jerusalém): aristocracia do, 133; culto no, 179; destruição pelos babilônios, 33-4; destruição pelos romanos, 175, 178, 180, 212; e injunções da Mishná, 218; expansão no governo de Herodes, 160; Monte do Templo (Haram al--Sharif), 81, 83, 89, 163, 218, 259, 261, 321, 327, 371; plano de restauração por Juliano, 247; Primeiro Templo, 36, 110, 241, 255; proibido a não judeus, 115; reconstrução do, 52, 191; restauração por Josias, 64; sacrifícios no, 131-2; salvação da chama do, 141-2; salvo de depravação de selêucidas, 139; Santo dos Santos, 133, 141, 158, 182, 208, 226, 259; Segundo Templo, 27, 49, 191, 229, 230, 252, 327;

símbolos exibidos em sinagogas, 226; sumo sacerdote no, 133
Teodósio I, imperador romano, 249
Teodósio II, imperador romano, 250
Teódoto (*arquisinagogos*), 229
teofania, 78, 91, 95-6, 379, 407
Teofrasto de Éreso: *Sobre a piedade*, 120
Terra Santa, 85-6, 88-93, 109, 321-2, 324, 332, 338, 369, 417, 421; fotografada e mapeada, 85, 90
Thaalibi: *Livro de informações curiosas e interessantes*, 281
Thibaut, conde de Blois, 329-30
Thomas de Norwich, 345
Thompson, William, arcebispo de York, 87, 89
Tiago, o Justo (irmão de Jesus), 239
Tiban As'ad Abu Karib, 265
Tibbon, Samuel ibn, 382, 384, 389
Tiberíades, 162, 222, 227, 260, 265-6, 326, 370, 459
Timóteo, 248
Tiran *ver* Yotabe
Tisha b'Ab, 157
Tito, imperador romano, 111, 158, 171, 174-5, 178, 180, 182, 185-6, 195-7, 296
tobíadas, dinastia dos, 135, 141
Tobias (amonita), 134
Tobias, Livro de, 191
Todros, rabino Davi, 329
Toledo (Espanha): comunidade e cultura judaicas, 430-1; conversão de judeus ao cristianismo em, 435-8; distúrbio (1349), 419, 424; Estatuto de Exclusão, 438, 443; guerra civil (1467), 438; morte de judeus em, 446; mudança de Halevi para, 316; perseguição a judeus em, 434
Tomar, Portugal, 457
Torá: autorização da poligamia, 198; choque entre a política e a Torá, 153; defesa pelos fariseus, 156; e adornos, 164; e assideus, 142; e comentários da Mishná, 217; e fuga dos judeus do Egito, 34; e o saque de Jerusalém pelos romanos, 182; e práticas dos judeus no Egito, 45; instruções materiais da, 320; interpretações da, 225, 228; Josefo e, 189; lei da, 45, 116, 122, 233, 239; leitura em grego, 252; leitura pública da, 56-8, 62, 112, 132, 253; Maimônides e a, 381-2, 385; onipresença e indestrutibilidade da, 61, 115; polêmicas entre Hilel e Shamai sobre a, 160; proibição de imagens, 207; redefinição pelos *tannaim* (sábios), 213; rituais originários da, 229; sacralidade da, 102, 112; sacrifícios de animais exigidos pela, 239
Torquemada, Tomás de, 444, 446-7, 449
Torres, capitão Ferdinand de, 438
Torres, Luis, 458
Trajano, imperador romano, 195
Trier, 328, 334
Trifo (possivelmente rabino Tarfon), 211, 238, 243
Trikomia, Egito, 126
Trindade: disputa sobre a, 398
Tucídides, 174, 180
túmulos de Jerusalém, 150
Tweed, William Marcy ("Boss"), 28
Tyler, Wat, 422

Umm Thana (de al-Mahalla), 290
Ur, Caldeia, 33
Urânia (de Worms), 348
Urbano II, papa, 332-3

Valladolid, 429, 440
Varrão, Marco Terêncio, 188
Verga, Salomão ibn, 456; *Shebet Yehuda*, 427, 456

Vermelho, mar: comércio no, 263; travessia do, 98
Vermes, Geza, 194
Vespasiano, imperador romano, 158, 172-6, 178-9, 181-2, 185, 212
Vidranga (comandante militar de Elefantina), 48-9
Viena, Exposição Internacional de (1873), 84
Vigilantes, Livro dos, 192
Viladesters, Mècia de (*antes* Samuel Corcós), 425
Violante da Hungria, rainha consorte de Jaime I de Aragão, 426
Vitória, rainha da Inglaterra, 90
Vizinho, José, 457

Wadi Qura, Hedjaz, 273
Warren, capitão Charles, 92; *Underground Jerusalem*, 84
Wellhausen, Julius, 70
Whitty, John Irwine, 88-9; "O sistema de águas de Jerusalém, na Antiguidade e na Idade Moderna", 88
Whyl (cáspio de Elefantina), 43
Wilbour, Charles Edwin, 28-9, 38
William de Norwich, 345
Wilson, Charles, 92, 95
Worms, 328, 332, 334-5, 339, 343, 347-8, 357, 406
Wuhsha, Al *ver* Karima
Wyatt (naturalista do Fundo de Exploração da Palestina), 93

Xerxes, rei da Pérsia, 25

Yaakov, rabino Nahman ben, 257
Yadin, Yigael, 97, 99, 112
Yahud (província persa), 51
yahudiyya (dialeto judeu do árabe), 264, 301, 303

Yahya, Gedaliah ibn, 326
Yannai (poeta), 253, 284
Yathrib *ver* Medina
Yehiel ben José, rabino, 393-4
Yekutiel ben Moses, 334
Yerushalmi, Chayim Yosef: *Zakhor*, 179
Yeshua (sumo sacerdote), 52
YHWH: aliança com Israel, 30, 72, 137, 208; castiga os israelitas, 26; culto exclusivo, 59, 71-2, 100-1; dá as leis aos israelitas, 26; e a celebração da volta a Jerusalém, 58; e a escrita, 78; e as tribulações dos judeus, 191; e o exílio dos judeus na Babilônia, 33; e Zeus, 119; invocação de, 68; nome de, 71; templo no Egito, 36
"Yigdal" (poema), 253
Yishaq bar Hanina, 266
Yohanan ben Zakai, 178, 182, 198, 212, 214
Yom Kippur, 98, 291, 409
Yom Tov de Joigny, 343
York: autos medievais, 401; massacre de judeus (1190), 342-3
Yose b Yoezer de Seredah, 214
Yose b Yohanan, 217
Yose ben Yose, 254
Yotabe, ilha (Tiran), 262-3
Yovel, Yirmiyahu, 445
Yusuf, Abu Ya'qub, califa almôada, 368

Zabara, Moisés ibn, 441
Zacarias, túmulo de, 150
Zaccur, filho de Mosolam, 44
Zacuto, rabino Abraão, 453, 457-60; *Almanaque perpétuo dos movimentos dos corpos celestes*, 458; *Sefer Yohassin (Livro da linhagem)*, 459
Zafar, 265, 266
Zamaris da Babilônia, 237
zelotes: começos, 167; e Manuscritos do Mar Morto (Qumran), 194; resistência aos ro-

manos, 171-2, 175-7, 179; resistência em
    Massada, 183
Zenon, arquivo, 127, 134
Zeus (deus grego), 119, 122, 211

zodíaco, 225, 227, 413
zoroastrismo, 192, 255, 268
Zoroastro: morte de, 254
Zorobabel, príncipe, 51, 104, 162